KB054696

메트로폴리스

일러두기

도서는 《 》, 신문·잡지·영화·드라마·그림은 〈 〉, 노래는 ' '로 표기했습니다.

메트로폴리스

METROPOLIS

매일경제신문사

차 례

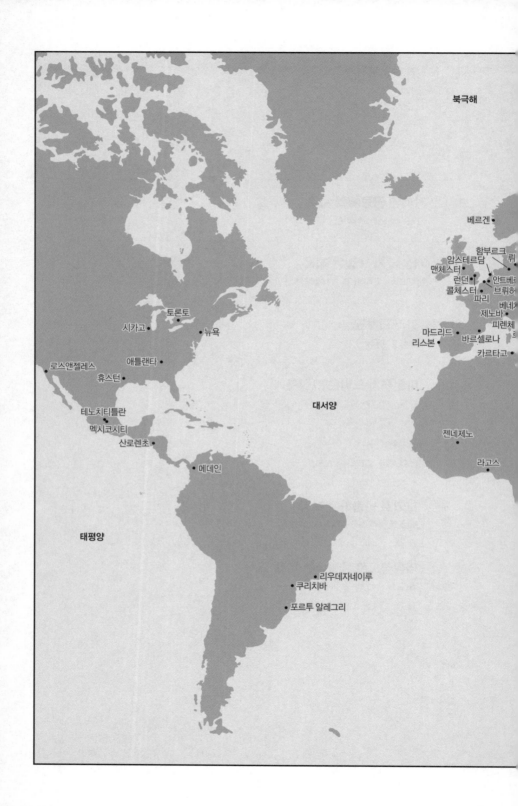

북극해

베르겐•

함부르크
암스테르담   뤼
맨체스터•   런던• •안트베
콜체스터•   •브뤼허
파리
베네치
제노바•   피렌체
마드리드•   •바르셀로나
리스본•   카르타고•

토론토
시카고•   •뉴욕

애틀랜타•
로스앤젤레스•
휴스턴•

대서양

테노치티틀란•
멕시코시티•
산로렌초•

젠네제노•

메데인•

라고스•

태평양

리우데자네이루•
•쿠리치바
•포르투 알레그리

레닌그라드/
상트페테르부르크
탈린
노브고로드
│히(그단스크)
│클린 •민스크 •모스크바
바르샤바 •키예프
스탈린그라드(볼고그라드) 훠얼궈쓰
콘스탄티노폴리스/ 사마르칸트 우루무치
이스탄불
테네 메르브 베이징
차탈회위크 고베클리 테페 발흐 란저우 송도 서울
비블로스 테헤란 아이하눔 도쿄
티레 바그다드 호라산 상하이
알렉산드리아 바빌론 우루크
에리두 우르 하라파
카이로 오르무즈 모헨조다로 광저우
두바이 홍콩
메카
뭄바이
방갈로르
아디스아바바 캘리컷
퀼른
쿠알라룸푸르 믈라카
나이로비 싱가포르
몸바사 팔렘방
킬와 자카르타

인도양

케이프타운

남양南洋

대도시의 세기

오늘 하루, 세계의 도시 인구는 또 20여 만 명이 늘었다. 내일도 그럴 것이고, 모레도, 글피도 마찬가지일 것이다. 2050년, 인류의 3분의 2가 도시에 살고 있을 것이다. 지금 우리는 지난 6,000년간 이어진 과정의 정점인 역사상 최대의 인구이동 현상을 목도하고 있고, 앞으로 21세기 말쯤이면 도시 종족으로 탈바꿈할 것이다.[1]

인류는 어떻게 그리고 어디서 생활할 것인가? 이는 우리가 스스로에게 던질 수 있는 제일 중요한 질문 가운데 하나다. 우리가 과거의 역사와 현재에 관해 알고 있는 많은 사실은 바로 이 질문을 숙고하는 데서 비롯된다. 기원전 4000년경 메소포타미아에 최초의 도시적 정착지가 출현한 이래, 도시는 대규모의 정보 교환소 역할을 해왔다. 사람들이 조밀하고 비좁은 대도시에서 활발하게 교류함에 따라 역사를 움직이게 하는 동력인 각종 사상과 기법, 혁명과 혁신이 생겨났다. 서기 1800년경이 되자 세계 인구의 3~5퍼센트 정도가 제법 큰 규모의 도시 지역에서 살게 되었다. 그런데 그 소수의 인구가 세계 발전에 엄청난 영향을 미쳤다. 도시는 항상 인류의 실험실이자 역사의 촉매 역할을 맡아왔다. 도시로 향하는 수많은 사람들이 그러했던 것과 마찬가지로 나 역시 도시의 자기력磁氣力에 이끌린 끝에, 다음과 같은 전제에 따라 이 책을 구상하고 집필하기 시작했다. 바로 좋고 나쁘고를 떠나 인류의 과거와 미래는 도시와 밀접한 관련이 있다는 사실 말이다.

지금, 우리의 도시들이 화려하게 부흥하고 있는 동시에 그 조직이 전례 없는 난관에 봉착해 있기도 한 이 시기에 나는 이 방대하고 다면적이며 복잡한 주제에 뛰어들었다. 20세기 초, 도시는 희망이 아닌 절망의 장소였다. 모든 것을 삼킬 듯한 산업 대도시는 사람들을 옥죄고, 그들의 몸과 마음을 해치며 사회적 붕괴를 일으켰다. 20세기 후반이 되자 이러한 산업화의 폐해를 둘러싼 반응이 대대적으로 일어났다. 인류는 집중이 아니라 분산의 과정을 밟고 있는 것처럼 보였고, 뉴욕과 런던 등 세계적인 주요 대도시들은 쇠락의 길을 걸었다. 자동차, 전화, 값싼 항공료, 세계 곳곳에서 거침없이 유통되는 자본 그리고 근래에 이르러서는 인터넷 덕분에 사람들의 활동반경이 넓어졌고 그로 인해 기존의 갑갑하고 밀집된 도심은 제 모습을 되찾았다. 무한한 가상의 사회관계망을 확보한 사람들에게는 굳이 도시의 전통적인 사회관계망이 필요하지 않게 되었다. 증가하는 범죄와 물리적 황폐화로 고통받고 있던 도심의 상업지구는 교외의 사무단지, 대학교 교정, 홈오피스, 시외의 상점가에 자리를 빼앗기고 있는 듯했다. 하지만 20세기의 마지막 몇 년과 21세기 초반의 십수 년을 거치는 동안 그런 예측은 빗나가고 말았다.

특히 중국에서는 30년 동안 4억 4,000만 명의 농촌 인구가 도시로 이주하고 마천루가 우후죽순처럼 솟구친 데 힘입어 유서 깊은 도시들이 잇달아 되살아났고, 몇몇 도시들이 새로 등장했다. 세계 곳곳에서 도시들이 경제적 중심으로서의 지위를 되찾았다. 지식경제와 초고속 통신은 분산을 촉진하기보다 대기업, 소기업, 신생 벤처기업, 창의적 자유계약 노동자 등이 벌집 속의 벌처럼 도시에 가득 몰려들도록 손짓한다. 전문가들이 한곳에 모이며 기술적·예술적·금융적 혁신이 일어난다. 인간은 서로 지식을 공유할 때, 대면적 환경에서, 특히 정보의 흐름을 촉진하는 장소에서 협력하고 경쟁할 때 번창한다. 한때 도시들이 커다란 생산공장을 유치하거나 국제 무역에서 시장점유율을 확보하려고 애썼다면 오늘날의 도시들은 고급두뇌를 두고 경쟁한다.

후기산업사회에 접어들면서 도시는 밀도가 높아질 때 누릴 수 있는 혜택 그리고 인적 자본에 대한 의존성이 커졌다. 그로 인해 현대의 대도시들이 탈바꿈하고 있다. 세계 각국의 부러움을 사는 중국이 도시 주도적 성장을 하는 데에서 알 수 있듯이, 번영을 구가하는 도시는 국가 경제 전체를 바꾸어놓는다. 한 지역의 인구밀도가 2배 증가할 때마다 그 지역의 생산성은 2~5퍼센트 향상된다. 도시 안에 가득한 에너지 덕분에 경쟁력과 창업가 정신이 고양된다. 그런 힘은 밀도뿐 아니라 규모에 의해서도 확장된다.[2]

지난 30년 동안 지구를 엄습한 주요 변화 중 하나는 세계의 주요 대도시들이 해당 국가에서 차지하는 비중이 너무 커졌다는 충격적인 사실이다. 오늘날 세계 경제는 몇몇 도시와 도시권에 치우쳐 있다. 2025년이면 총 6억 명(세계 인구의 7퍼센트)의 인구를 지닌 440개의 도시들이 전세계 국내총생산의 절반을 차지하게 될 것이다. 현재, 상파울루, 라고스, 모스크바, 요하네스버그 같은 신흥 시장의 도시들은 각각 자국 국부國富의 3분의 1에서 2분의 1까지를 책임지고 있다. 나이지리아 인구의 10퍼센트를 차지하는 라고스에서는 나이지리아의 산업 및 상업 활동의 60퍼센트가 이뤄진다. 만에 하나 독립을 선언해 도시국가가 되면 라고스는 아프리카에서 다섯 번째로 부유한 나라가 될 것이다. 중국의 경우 불과 3개의 거대도시권역megacity region이 국가 경제 총산출의 40퍼센트를 담당한다. 이것은 새로운 현상이 아니다. 사실 우리는 역사적으로 흔히 일어났던 상황, 즉 인류사에서 흔히 보아 왔던, 대도시가 지닌 지대하게 큰 역할을 다시 목도하고 있을 뿐이다. 고대 메소포타미아나 콜럼버스가 도착하기 이전의 중앙아메리카, 혹은 그리스 도시국가들의 발흥기나 중세 도시국가의 전성기에, 선택된 일군의 대도시들이 무역을 독점했고, 민족국가들과의 경쟁에서도 승리했다.

역사를 통틀어, 주요 도시들이 해당 국가에서 차지하는 비중이 지나치게 늘어나는 현상이 주는 영향은 경제적 측면에 그치지 않았다. 과도하게 번창하는 주요 도시들은 비교적 불리한 위치의 다른 도회지와 지역으로부터 인재와 부를 빨아들인다. 문화도 지배한다. 이러한 주요 도시들은, 역사적 도시들과 마찬가지로, 타의 추종을 불허하는 다양성을 그 어느 때보다 뚜렷하게 드러낸다. 오늘날 가장 막강한 몇몇 대도시들의 경우, 전체 인구 중 외국 태생의 주민들이 차지하는 비율이 35~50퍼센트 정도 된다. 해당 국가의 나머지 지역들에 비해 더 젊고 교육 수준이 높을 뿐 아니라 더 부유하다. 다문화적 성격이 짙은 세계적 도시들은 자국의 다른 지역들보다 오히려 외국의 세계적 도시들과 공통점을 더 많이 갖는다. 오늘날의 여러 현대 사회에서 가장 심각한 분열은, 세대나 인종, 계급, 도농 간에 일어나는 것이 아니라 대도시와 나머지 지역 즉 세계화된 지식경제에서 뒤처진 촌락, 교외, 소도시들 간에 일어난다. '대도시적metropolitan'이라는 단어에는 매력과 기회라는 의미가 담겨 있다. 아울러 이 단어는 점점 더 거센 지탄의 대상으로 전락하는 정치적·문화적·사회적 엘리트주의의 약칭과 다름없는 것으로 통하기도 한다. 물론 큰 도시에 대한 혐오는 새로운 현상이 아니다. 역사적으로 우리는 대도시가 인간의 도덕과 정신건강에 미치는 악영향을 오랫동안 염려해왔다.

2019년과 2020년 사이, 코로나19가 충격적인 속도로 전 세계를 강타한 사태는 21세기에 도시가 거둔 승리에 대한 일종의 역설적 찬사였다. 코로나바이러스는 도시 안과 도시 사이의 복잡한 사회관계망을 통해 퍼졌다. 그런 사회관계망을 지닌 도시는 우리에게 번영과 위험을 동시에 초래한다. 파리나 뉴욕 같은 도시를 떠나 안전해 보이는 시골로 향한 도시 사람들은 종종 적대적인 눈초리에 시달렸고, 전염병을 옮길 우려가 있다거나 아직 도시에 남아 있는 이웃들을 저버렸다는 이유로 비난을 받았다. 그런 반발은 우리 역사에서 계속해서 있어왔던 도시와 비非도시 간의 대립을 떠올려준다. 대도시는 특권의 장소임과 동시에 오염의 온상과도 같은 취급을 받았고, 부를 쌓을 기회가 많은 곳이기는 하지만 위험의 징후가 나타나자마자 벗어나야 하는 곳으로 치부되기도 했다.

최초의 도시가 탄생한 이래 역병과 세계적 유행병, 질병은 무역로를 따라 퍼졌고, 인구밀도가 높은 도시 지역을 무자비하게 휩쓸었다. 1854년, 시카고 인구의 6퍼센트가 콜레라로 사망했다. 그래도 사람들은 19세기의 그 기적적인 대도시로 꾸준히 몰려들었다. 시카고 인구는 1850년대 초 3만 명에서 1850년대 말 11만 2,000명으로 폭증했다. 오늘날도 마찬가지다. 세계적 유행병이 만연하는 상황인데도 도시 인구의 증가세는 꺾일 낌새가 보이지 않는다. 도시의 개방성과 다양성 그리고 밀도 때문에 피해를 입는 상황에서도 언제나 우리는 도시의 혜택을 누리려고 값비싼 대가를 치렀다.

최근의 도시화 규모는 밤에 지구 표면을 점점이 수놓은 불빛 덩어리를 통해 우주에서도 확인할 수 있다. 도시 부흥의 징후는 길거리에서도 뚜렷이 나타난다. 위험하고 다소 초라했던 20세기 중엽과 말엽의 여러 도시들이 이제 최고급 식당, 길거리 음식, 카페, 미술관, 음악 공연장 등에 힘입어 매력 넘치고, 더 안전하고, 더 멋있고, 더 비싼 곳으로 탈바꿈했다. 동시에 디지털 혁명으로 도시 생활의 여러 가지 불리한 점을 덜어줄 많은 신기술이 등장할 것으로 보인다. 인공지능을 통해 교통 흐름을 관리하고, 대중교통을 조정하고, 범죄를 근절하고, 오염을 줄여줄 수많은 내장 센서를 갖춘 미래의 데이터 중심적 '스마트 도시'가 각종 신기술에 힘입어 탄생할 것이다. 이제 또다시, 도시들은 떠나야 할 곳이 아니라 달려가야 할 곳이 되었다. 오늘날의 도시 부흥 현상은 분주한 도시 풍경 이를테면 퇴락한 구역에서의 젠트리피케이션, 임대료 상승, 재활용된 건물, 우후죽순처럼 솟아오르는 마천루 군단 등을 통해서 쉽게 엿볼 수 있다.

상하이는 1990년대 초반의 스모그가 심한 "제3세계의 변방"(어느 현지 신문의 표현이다)에서 초대형 고층건물을 거느린 21세기 후기산업 사회의 대도시 혁명을 상징하는 곳으로 변모했다. 상하이를 비롯한 중국 대도시들의 영향으로, 세계의 마천루 건설 공사 건수는 21세기에 접어든 이후 402퍼센트나 늘어났고, 높이가 150미터가 넘고 층수가 40층 이상인 지구상의 건물 수는 18년 동안 약 600개에서 3,251개로 급증했다. 21세기 중반쯤이면 4만 1,000개의 고층건물들이 세계 각국의 도시들을 호령할 것이다. 도시 풍경의 급작스러운 수직화는 런던과 모스크바 같은 전통적으로 저층 건물 위주로 발달된 대도시들에서 아디스아바바와 라고스 같은 신흥 도시들에 이르기까지 세계 전역에서 생생히 나타나는 현상이고, 이들 도시 모두는 스카이라인에 각자의 남성성을 과시하고 싶은 강박적 욕구를 지니고 있다.[3]

도시들은 위로 솟구치는 동시에 영역도 넓히고 있다. 도심과 교외간의 전통적 분리 현상이 해소되었다. 1980년대 이래 여러 교외는 일자리, 민족적 다양성, 거리 생활, 범죄 확산, 마약 중독 따위의 요소들을 통해, 즉 도심의 여러 미덕과 악덕을 계승한 데 힘입어 획일적이고 상투적이며 단조로운 장소에서 벗어나 한층 더 도시적인 모습을 꾸준히 갖춰왔다. 교외의 주택단지에 둘러싸인 기존의 촘촘한 도시가 굴레를 벗고 급속도로 영역을 넓혔다. 그 결과가 바로 지역 전체를 아우르는 대도시들이다. 경제적 관점에서, 지금 런던과 잉글랜드 남동부의 상당수 지역 간의 분리 현상을 찾아보기는 어렵다. 미국 조지아주의 애틀랜타는 면적이 약 5,180제곱킬로미터이다(반면 프랑스의 파리는 면적이 104제곱킬로미터에 불과하다). 세계에서 가장 큰 초거대도시 megalopolis인 도쿄에서는 1만 3,572제곱킬로미터 넓이의 땅에 4,000만 명이 살고 있다. 하지만 그 거대한 도시도 중국의 거대 계획지역, 즉 베이징과 허베이와 톈진을 아우르고 총 21만 7,560제곱킬로미터의 면적과 1억 3,000만 명의 인구를 자랑하는 도시군인 징진지京津冀에 비할 바가 못 된다. 지금 우리가 논의하는 21세기의 '대도시'란 도쿄 중심부나 맨해튼의 업무지구(권력과 부의 소재지라는 고전적 개념)를 의미하는 것이 아니라 도시들이 다른 도시들 속으로 녹아드는, 방대한 상호연결형 지역을 가리킨다.

자칫 개성 강한 최근의 도시들을 둘러싼 희미한 미래상에 현혹되기 쉽지만 그것이 전부는 아니다. 수직형 생활에 대한 뜨거운 욕망은 매우 부유한 사람들의 특권이 되었다. 그것은 지저분하고, 혼잡하고, 정신 사나운, 저 아래의 거리에서 벗어나 구름 속의 안식처를 마련하려는 욕구의 징후다. 유엔UN에 의하면, 기본적인 편의시설과 기간시설이 부족한 빈민가와 비공식 거주지가 인류의 '지배적이고 독특한 거주지 유형'으로 자리 잡고 있다. 하지만 대다수 인류의 향후 생활방식은 상하이나 서울의 번쩍거리는 중심 업무지구나 넓게 팽창한 휴스턴 혹은 애틀랜타보다는 자가 건축과 자기조직화가 이뤄지는 뭄바이나 나이로비의 초고밀도 구역에서 더 쉽게 찾아볼 수 있다.

오늘날, 세계적으로 약 10억 명이, 즉 전체 도시 거주자 4명당 1명이 빈민가, 판자촌, 파벨라favela(포르투갈어 사용권이나 브라질의 빈민가_옮긴이), 바리오barrio(스페인어 사용권 도시 빈민가_옮긴이), 타운십township(남아프리카공화국의 흑인 빈민 거주지역_옮긴이), 캄풍kampung(인도네시아 빈민들의 무단 정착지_옮긴이), 캄파멘토campamento(칠레의 판자촌_옮긴이), 게제콘두gecekondu(터키의 빈민가_옮긴이), 비야 미세리아villa miseria(아르헨티나의 빈민가_옮긴이) 같은, 자가 건축 중심의 비계획적 도시 구역에 살고 있다. 세계 노동인구의 약 61퍼센트(약 20억 명)는 비공식 경제를 통해 생계를 유지하고, 그들 중 다수가 날로 증가하는 도시 인구의 의식주를 해결해주고 있다. 이 같은 자급자족형 도시 생활은 대거 몰려드는 이주자들에 전혀 대응하지 못하는 도시 당국의 허점을 메우는 역할을 한다. 흔히 우리는 세계적 도시들의 중심지에서 성공을 누리는 지식경제 혁신가들에게 많은 관심을 쏟는다. 그러나 밑바닥에서 일하는 다른 혁신가들도 있다. 그들 덕분에 도시는 근면함과 독창성을 꾸준

히 발휘할 수 있다.[4]

　마천루와 판자촌의 급속한 확산은 현재의 '도시 세기'를 예고하는 현상이다. 가장 긴박한 분위기의 거대도시에서 생활하는 사람들도 농촌 사람들보다 더 많이 벌고, 자녀에게 더 양질의 교육을 시키고, 물질적 편의를 더 많이 누린다. 리우데자네이루의 빈민가인 파벨라로 이주한 농촌 출신 1세대 주민들의 경우 문맹률이 79퍼센트였지만, 지금 그들의 손자 손녀들은 94퍼센트가 글을 읽고 쓸 줄 안다. 사하라 사막 이남에 있는 인구 100만 명 이상인 도시들의 경우, 인구가 더 적은 다른 정착지들에 비해 영아 사망률이 3분의 1 정도 낮다. 가족 전체의 하루 수입이 2달러 이하이고 나이가 13세에서 18세 사이에 속하는 인도의 농촌 소녀들은 16퍼센트만 학교에 다니는 반면 하이데라바드Hyderabad에 거주하는 동일 조건의 도시 소녀들은 48퍼센트가 학교에 다닌다. 맹렬한 속도로 진행된 도시화에 힘입어 중국인의 평균 기대수명이 8년 늘어났다. 상하이에 사는 사람은 평균 기대수명이 83세로, 중국 서부의 농촌 사람들보다 10년 더 생존할 수 있을 것이다.[5]

　오늘 하루, 도시로 이주한 20만 명 중 일부는 가난한 농촌을 떠난 사람들이다. 발붙이고 살던 땅에서 밀려난 사람들에게 도시는 생계를 유지할 수 있는 유일한 선택지다. 그러나 지금까지 늘 그랬듯이, 도시에서는 다른 곳에서 잡을 수 없는 기회를 만날 수 있다. 도시에서는 임기응변과 강한 정신력도 필요하다. 발전 중인 도시의 지저분하고 비위생적인 빈민가는 세계에서 창업가 정신이 가장 활발한 곳에 속한다. 동시에 빈민가에서는 거대도시에서의 생활에 따른 충격과 긴장을 덜어주는, 정교한 상호지원망이 조성된다. 아시아 최대의 빈민가 중 하나인 뭄바이의 다라비Dharavi 지역은 면적이 2.1제곱킬로미터에 불과하지만 무려 100만 명 가까이 살고 있다. 약 1만 5,000개의 단칸방 작업장과 수천 개의 소상공업체가 형성하는 내부경제는 그 규모가 연간 10억 달러에 이른다. 다라비 주민들 중에는 2,000만 명 넘는 뭄바이 시민들이 버린 엄청난 양의 쓰레기를 재활용하는 일에 종사하는 사람들이 많다. 과도한 인구밀도와 열악한 기본 공공 서비스(예를 들면 부실한 치안)에도 불구하고, 다라비는 인도의 다른 거대 빈민가들처럼 마음 놓고 돌아다닐 수 있는 곳이다. 라고스의 한 거리가 얼마 안 되는 독학파 컴퓨터광들의 활약으로 1990년대 말부터 아프리카 최대의 정보통신기술시장인 오티그바 컴퓨터 마을Otigba Computer Village로 바뀌었다. 수천 명의 기업인들이 활동하는 오티그바 컴퓨터 마을의 하루 매출 규모는 500만 달러를 넘는다.

집적효과는 미국의 월스트리트나 상하이 푸동 신지구의 은행업자들, 런던 소호 거리의 창의적인 광고인들, 실리콘밸리와 방갈로르Bangalore(인도 카르나타카 주의 주도_옮긴이)의 소프트웨어 공학자들에게만 이득을 안겨주지는 않는다. 도시화가 확대되고 강화되면서 생긴 집적효과는 세계 전역의 수많은 사람들의 삶과 생활방식을 바꿔놓고 있다. 자급자족적, 비공식적 도시경제는, 그 무대가 급성장하는 라고스의 길거리이든 로스앤젤레스 같은 부유한 대도시이든 간에, 그야말로 맨땅에서 도시를 세우고 사회를 조직해 작동시킬 수 있는 인간 능력의 증거다. 그것은 지난 6,000년 동안 우리 인간이 도시를 체험하며 얻은 본질이기도 하다.

물론 이 온갖 성공적 결과에도 불구하고, 도시는 가혹하고 잔인하다. 도시는 더 많은 수입과 교육 기회를 선사하지만, 우리의 영혼을 짓뭉개고, 정신을 갉아먹고, 폐를 오염시키기도 한다. 도시는 우리가 최선을 다해 극복하고 타개해야 할 곳, 즉 소음과 오염과 과밀의 용광로와도 같다. 미로처럼 굽이치는 골목, 복잡다단한 활동과 상호작용, 지속적인 생존투쟁, 심각한 인구 집중, 난장판과 자발적 질서 따위의 다채로운 요소를 간직한 다라비 같은 곳은 유구한 역사를 자랑하는 우리의 도시 생활, 예를 들면 메소포타미아 도시의 미로처럼 구불구불한 골목, 고대 아테네인들의 불길한 무정부 상태, 중세 유럽 성곽도시의 혼잡하고 모든 것이 뒤범벅된 상태, 19세기 산업도시 시카고의 빈민가를 연상시킨다. 도시 생활이라고 하면 왠지 주눅이 든다. 도시 생활의 에너지, 쉼 없는 변화 그리고 크고 작은 갖가지 불편함 때문에 한계로 내몰린다. 역사를 통틀어 도시는 기본적으로 우리의 본성이나 기질에 상반되는 곳으로, 악덕을 부추기고, 질병을 키우고, 사회적 병리 현상을 유발하는 장소로 지목되었다. 바빌론 신화는 아득한 옛날부터 지금까지 반향을 일으킨다. 그동안 도시는 빛나는 성공의 역사를 써왔지만, 우리를 파멸로 몰아넣을 수도 있다. 대도시에는 감탄스러운 점이 있지만 그만큼 무시무시한 점도 많다.

그래서 이 적대적인 환경인 도시를 받아들이고 용도에 맞게 다듬어가는 방법만큼이나 우리에게 매력적인 것은 없다. 이 책에서 내가 바라보는 도시는 권력과 유익의 장소임과 동시에 거주자들의 삶에 지대한 영향을 미치는 터전이기도 하다. 《메트로폴리스》는 웅장한 건물이나 도시계획에 관한 책이 아니다. 이 책의 주제는 도시에 거주하는 사람들 그리고 도시 사람들이 도시 생활의 압력에 대처하고 그것을 극복하기 위해 발견한 방법에 대한 것이다. 건축이 중요하지 않다는 말이 아니다. 다만 건축환경建築環境, built environment(인간생활과 관련된 물리적 구조의 전체를 뜻하는 것으로 주택, 도로, 공원, 공장, 사무소, 상하수도 시설, 문화·교육시설 등을 포함하는 가시적인 환경구조의 총체를 지시하는 개념_옮긴이)과 인간 간의 상호작용이 바로 도시 생활의 핵심이자 이 책의 핵심적 내용이라는 말이다. 비유하자면 나는 유기체의 외형이나 주요 장기보다 유기체의 결합조직에 더 관심이 많다.

도시가 인류사의 여러 층위 위에, 그리고 거의 무한할 정도로 끊임없이 뒤엉키는 방식으로 인간의 생활과 경험 속에 들어선다는 사실을 고려할 때, 도시는 우리가 가늠하기 어려운 만큼이나 매혹적인 대상이다. 고유의 아름다움과 추함, 즐거움과 비참함, 지나칠 정도로 당혹스러운 복잡성과 모순을 감안하면 도시는 인간 조건의 생생한 현장이자 사랑하는 만큼 증오하게 되는 대상이다. 도시는 쉼 없는 변화와 적응의 과정을 겪는 휘발성 지대다. 물론 도시는 웅장한 건물들과 특징적인 대형 건물들을 무기로 불안정성을 은닉하지만, 그 영속성의 상징물 주변에서는 무자비한 변화의 물결이 휘몰아친다. 강력한 소용돌이에 따른 지속적 파괴와 재건으로 인해 도시는 매력적인 동시에 실체를 파악하기가 너무 어렵다. 그리하여 나는 이 책에서 시종일관 정지한 상태가 아닌 움직이는 상태의 도시를 다루고자 했다.

이 책을 쓰기 위한 사전 연구 단계에서, 무척 대조적인 모습을 지닌 뭄바이와 싱가포르, 상하이와 멕시코시티, 라고스와 로스앤젤레스 등을 비롯해 유럽, 아메리카, 아프리카, 아시아 등지의 여러 도시를 방문했다. 이를 바탕으로 처음부터 끝까지 연대기적인 서술을 고수하면서도 특정 시기에 관한 이야기뿐 아니라 일반적인 도시 조건에 관한 이야기를 들려줄 수 있는 일련의 도시들을 선택했다. 이들 도시 중에는 아테네, 런던, 뉴욕같이 선택할 만한 대상으로 보이는 도시도 있고 우루크, 하라파, 뤼벡Lübeck, 믈라카Malacca 등 그리 익숙하지 않은 도시도 있다. 한편 도시의 역사를 탐구하기 위해 나는 각종 시장, 수영장, 경기장, 공원, 길거리 음식 판매대, 커피숍, 카페, 상점, 쇼핑센터, 백화점 따위에서 소재를 찾아다녔다. 아울러 도시에서의 살아 있는 경험과 생생한 일상생활을 파악하기 위해 공식 기록뿐 아니라 그림, 소설, 영화, 노래 따위도 조사했다. 도시의 총체성을 이해하기 위해서는 바라보기, 냄새 맡기, 만지기, 걷기, 읽기, 상상하기와 같은 감각을 통해 도시를 경험해야 한다. 역사상 오랫동안, 도시 생활은 먹기와 마시기, 성性과 쇼핑, 잡담과 놀이 같은 감각적 요소를 중심으로 전개되어 왔기 때문이다. 그리하여 도시 생활이라는 극장을 만들어내는 그 모든 요소들을 이 책의 핵심적 내용으로 다루었다.

도시들은 대체로 번창하고 있다. 도시에서는 권력과 부와 안전을 누리는 만큼 즐거움과 흥분, 매력도 느낄 수 있기 때문이다. 앞으로 이 책을 통해 확인할 수 있겠지만, 6,000년 넘는 세월 내내 인류는 격동하는 도시의 소용돌이에서 살아가는 방식을 실험해왔다. 우리는 도시에서 생활하는 데 능숙하고, 도시는 전쟁과 재난에 맞설 줄 아는 끈질긴 창조물이다. 동시에 우리는 도시를 건설하는 데 무척 서툴다. 진보라는 이름 아래, 우리는 사람들을 해방하기보다 구속하는 장소 그리고 삶의 수준을 높이기보다 떨어트리는 장소를 계획하고 건설했다. 완벽하고 과학적으로 계획된 대도시라는 꿈을 좇는 전문가들 때문에 불필요한 비극이 초래되기도 했다. 흔히 계획은 위생처리된 환경 즉 도시 생활에 가치를 부여하는 에너지가 사라진 환경을 초래하기도 한다.

큰 도시들이 늘어났을 뿐 아니라 인간의 많은 거주지역들이 도시로 탈바꿈하는 이 시대에, 도시에서 우리가 어떤 식으로 살아야 하는가라는 질문은 더없이 시급한 것이다. 각 시대와 문화에서 이뤄진 방대한 양의 도시 체험을 이해해야만, 비로소 우리는 제3천년기의 가장 큰 도전과제 중 하나를 다룰 수 있다. 도시는 결코 완벽한 적이 없었다. 그리고 우리는 완벽한 도시를 만들 수도 없다. 사실, 도시에서의 기쁨과 역동성은 도시의 공간적 혼란스러움에서 비롯된다. 공간적 혼란스러움이란 건물과 사람과 활동이 서로 뒤섞여 상호작용하며 연출하는 다양성을 가리킨다. 질서가 잡힌 상태는 본질적으로 반反도시적이다. 도시가 시선을 끄는 비결은 도시 특유의 점진적 발전 과정, 다시 말해 여러 세대에 걸쳐, 촘촘하게 엮인 구조가 풍요롭게 형성되며 도시가 만들어지고 다시 만들어지는 과정이다.

이 혼란스러움은 도시다움의 핵심을 이룬다. 행인과 시장, 작은 상점, 길거리 음식 판매상과 식당, 세탁소와 술집, 카페와 소규모 공장과 작업장 등으로 가득한 거리 위에 마천루들이 솟아 있는 홍콩이나 도쿄 같은 도시를 떠올려보자. 아니면 불협화음이 연상되는 거대 도시 속의 다라비 같은 거주지를 떠올려봐도 좋다. 다라비는 지속적이고 열성적인 길거리 차원의 활동이 일어나는 현장이자, 가까운 거리 안에서 모든 기본적 수요를 충족시킬 수 있는 곳이다. 미국계 캐나다인 작가 제인 제이콥스Jane Jacobs가 1960년대에 주장했듯이, 한 도시의 밀도와 그곳의 거리 생활을 통해 도시성都市性, urbanity(시민다움을 갖추는 요령)이 만들어진다. 걸어 다닐 만한 인근 동네들은 도시 거주의 핵심 요소 중 하나다. 소매점, 소규모 공장, 주택가, 사무실 등이 엄격히 분리되어 있는 세계 곳곳의 현대 도시들을 떠올려보자. 그렇게 역할을 기준으로 구역을 나누는 방식은 도시를 위생적으로 만들어주는 효과를 낳아 도시는 깔끔하고 깨끗해지지만 특유의 에너지가 사라진다. 도시를 계획하여 개발하면 이 같은 효과를 얻을 수 있다. 자동차도 마찬가지다. 처음에는 미국에서, 그 뒤로 유럽에서, 최근에는 라틴아메리카와 아시아와 아프리카에서 그랬듯이, 자동차가 널리 보급됨에 따라 도시의 모습이 근본적으로 바뀌었다. 고속도로의 영향으로 교외화와 시외의 소매 활동이 촉진되었지만, 도심 안에서는 도로가 북적이고 주차장이 늘어나자 거리 생활의 흔적이 자취를 감추고 말았다.

세계 인구의 50퍼센트 이상이 도시화의 세례를 받고 있다고 말하면 이는 자칫 잘못된 표현일 수 있다. 오늘날 도시 사람들의 대다수는 도시적인 생활방식 또는 도시풍의 생활방식에 따라 살지 않는다. 그런 생활방식이라는 것이, 걸어 다닐 만한 동네가 있고, 문화와 오락을 즐길 수 있고, 고용 기회를 얻을 수 있고, 주변에 공공장소와 시장이 있는 환경을 의미한다면 그렇다는 말이다. 도시에 사는 세계 인구의 50퍼센트 이상 중 다수는 교외의 생활방식에 따라 살고 있다. 잔디밭에 둘러싸인 화려한 단독주택에서 생활하든, 아니면 이른바 '도착 도시arrival city(급속도로 발전하는 대도시의 변두리에 자리 잡은 무단 거주지)'에서 살든 간에 말이다.

21세기의 문제는 인류의 도시 종족화가 너무 빠르게 진행되고 있다는 점이 아니라 도시 종족화의 정도가 충분하지 않다는 점이다. 이문제가 왜 중요할까? 만일 우리가 지구를 마음대로 아낌없이 쓸 수 있다면 이는 그다지 중요한 문제가 아닐 것이다. 20만 명의 사람들이 매일 도시로 흘러들어오고 있다는 사실 또는 2010년경에 인류의 과반수가 도시 종족이 되었다는 사실은 주목할 만하다. 그러나 훨씬 더 놀라운 사실이 남아 있다. 그것은 바로 2000년부터 2030년 사이에 세계의 도시 인구가 2배 증가할 동안 도심 콘크리트 숲의 면적은 3배 확장될 것이라는 점이다. 그 30년 동안, 지구상의 도시 면적은 남아프리

카공화국의 크기만큼 늘어날 것이다.[6]

세계적 차원의 이 팽창 현상을 통해 도시는 생물다양성과 기후에 파멸적인 결과를 초래하며 습지대, 황무지, 우림, 강어귀, 홍수림紅樹林, 범람원, 농지 등으로 파고들고 있다. 도시화의 이 서사시적 과시욕 때문에 산들이 피해를 입고 있다. 정말이다. 2012년부터 지금까지 중국 북서부의 오지에서는 700개 넘는 산봉우리가 잔인하게 깎여나갔고, 거기서 나온 잡석은 신新실크로드New Silk Roads의 교두보이자 새로운 마천루 도시인 란저우 신구蘭州新區, Lanzhou New Area 건설 현장의 인공 토단을 축조하는 데 쓰였다.

미국의 도시들이 그러했던 것처럼 중국 도시들의 중심부 밀도가 낮아지고 있다. 도로와 사무단지의 개발로 인해 사람들이 밀도가 높고 다용도로 쓰이는 도심의 동네를 벗어나 교외로 이동하고 있는 것이다. 이것은 저밀도적, 자동차 의존적 도시화와 도시 팽창 현상이라는 세계적 추세의 일환이다. 형편이 나아질수록 사람들은 더 많은 생활공간을 요구하기 마련이다. 만일 중국과 인도의 도시 거주자들이 미국인들처럼 저밀도적 생활을 선택한다면 차량 이용 시간과 에너지 사용량이 늘어나 전 세계의 탄소 배출량이 139퍼센트 증가할 것이다.[7] 2020년에 코로나바이러스가 맹위를 떨치고 있고, 앞으로도 세계적 유행병이 발생할 우려가 있기 때문에 여러 모로 도시에 불리한 상황이 조성되었다. 사람들은 대도시를 떠나고 싶어 할 것이다. 대도시는 견디기 힘든 장기간의 격리와 봉쇄조치를 겪어야 하고 감염 위험이 상대적으로 높은 곳이다. 실제로 대도시 이탈 현상이 일어나면 생태적 피해는 더 심각해질 것이다.

도시는 더 뜨겁고, 더 축축하고, 더 고약한 기후에서 문제를 해결할 방법을 찾을지도 모른다. 이 책에서 이야기하는 기나긴 도시의 역사를 통해 알 수 있듯이, 도시는 온갖 종류의 재난에 맞서고 대응할 수 있는 끈질기고 유연한 존재이고, 우리는 오래전부터 도시 생활의 압력과 가능성에 익숙해진 유연한 도시 종족이다. 그리고 우리는 계속 혁신해야 한다. 현재, 홍콩, 뉴욕, 상하이, 자카르타, 라고스 같은 인구 500만 명 이상인 주요 대도시들 가운데 3분의 2가 해수면 상승의 위협에 노출되어 있고, 더 많은 대도시들이 기온 상승으로 더위에 시달리고, 거대한 폭풍우 피해를 입고 있다. 도시들은 무시무시한 환경 재해의 최전선에 놓여 있다. 바로 이 점 때문에 도시들은 기후변화의 영향을 완화해야 하는 과업의 최전선에 있다고 볼 수도 있다. 도시에 관해 가장 특기할 만한 사항 가운데 하나는, 변화할 줄 아는 도시의 능력이다. 역사적으로 도시는 기후변화, 무역로 변경, 기술 변화, 전쟁, 질병, 정치적 격변 따위에 꾸준히 적응해왔다. 예컨대 19세기의 대규모 세계적 유행병을 계기로 토목, 위생, 도시계획 같은 분야의 발전이 이뤄지며 현대 도시들이 형성되었다. 21세기의 세계적 유행병은 우리가 상상조차 할 수 없는 방식으로 도시의 변화를 초래할 것이며 도시는 기후변화의 시대에 적응할 수밖에 없을 것이다.

그런 진화 과정은 앞으로 어떤 모습을 띠게 될까? 지금까지 도시가 걸어온 역사에 비춰볼 때, 도시의 크기는 주요 교통수단, 외부적 위협, 자원의 유용성, 인접 농지의 가격 같은 요인들에 의해 결정되었다. 역사적으로 볼 때, 대체로 이들 요인 때문에 도시의 성장이 억제되었다. 오직 풍족하고 평화로운 사회만 영역을 넓힐 수 있었던 것이다. 21세기의 경우, 우리의 안전을 위협하는 요소는 외부의 침략군이 아니라 불안정한 기후일 것이다. 대중교통망, 걸어 다닐 만한 인근 동네, 다채로운 상점과 서비스 시설 등을 갖춘, 인구밀도가 높은 도시들의 이산화탄소 배출량과 자원 소모량은 도시 외곽으로 뻗어나가 형성된 거주지역들보다 훨씬 더 적다. 그런 도시들은 도시 팽창 현상이라는 죄를 범하지 않기 때문에 특유의 조밀성을 무기로 자연과 충돌하는 상황도 어느 정도 줄일 수 있다. 다들 도심에 모여 살자는 말이 아니다. 알다시피 도심에는 공간이 넉넉하지 않다. 지금 내가 말하는 것은 교외와 변두리 지역의 도시화다. 즉, 교외와 변두리 지역이 도심과 연관된 공간적 혼란스러움, 형식과 기능, 밀도, 다양한 용도 등을 갖추는, 그런 도시화다.

2020년에 우리가 봉쇄조치를 겪는 동안, 도시의 밀집성은 혜택에서 위협으로 변모했다. 도시 생활의 즐거움 중 하나인 사교는 반드시 피해야 할 행위로 전락했다. 사람들은 서로를 무서운 적으로 여기게 되었다. 함께 모이지 말고 서로 떨어지라는 지시가 수십억 명의 사람들에게 떨어졌다. 도시 생활이 반전을 맞이한 것이다. 그러나 질병에 대한 도시 인구의 취약성과 봉쇄조치의 효과에 매몰된 나머지 조밀화가 환경적 지속가능성을 달성하는 필수적인 방법이라는 사실을 놓치면 곤란하다. 경제학자들과 도시계획가들은 현대의 대도시들이 지식경제 분야에서 빛나는 성공을 거두는 데 기여한 '집적효과'를 높이 평가한다. 집적효과는 기술 신생 벤처기업에 국한되지 않고, 여러 다양한 방식으로 나타난다. 촘촘한 도시 지역에서는 갖가지 혁신과 창의성이 꽃핀다. 이때, 도시의 혁신과 창의성은 인근 동네의 차원에서 생긴다는 사실을 염두에 두어야 한다. 다시 말해 대규모 금융거래 혹은 마법 같은 고급 기술의 차원이 아니라 일상생활의 차원에서 촉발된다는 말이다. 이를 뒷받침하는 역사적 사례가 많다. 기후변화와 세계적 유행병이라는 심각한 도전과제에 대응할 태세를 갖춘 끈질기고 유연한 도시가 필요한 시기에는, 제대로 작동하고 자원이 풍부한 공동체가 도시의 복원력을 키우는 데 보탬이 될 수 있다. 다라비, 라고스의 오티그바 컴퓨터 마을, 그리고 수많은 비공식 공동체들의 에너지는 날마다 빛나는 도시의 독창성을 생생히 보여주는 증거다.

앞서 언급한 해법이 통하려면 생활의 도시화가 정말 거대한 규모로 이뤄져야 한다. 무엇보다, 도시의 다양한 정체성을 포용할 수 있도록 우리의 상상력을 넓혀야 한다. 역사는 우리의 시야를 열어 도시를 폭넓게 체험할 수 있게 해주는 필수적인 통로를 만들어줄 것이다.

　한국에서《메트로폴리스》를 출판하게 되어 더없이 영광스럽다. 내가 즐거운 마음으로 연구해 집필한 만큼 여러분도 모쪼록 지난 6,000년간 인류가 밟아온 도시 여정의 서사시를 둘러싼 이 이야기를 즐겁게 읽어주기 바란다. 기후 비상사태와 세계적 유행병의 시대를 맞은 지금이 바로, 도시와 도시 생활에 대해 생각해봐야 할 적기가 아닐까 싶다. 도시와 도시 생활은 우리 모두가 나눠야 할 풍성하고 생생한 이야깃거리다.

　《메트로폴리스》를 한국 독자들에게 선보일 수 있어 특히 설렌다. 한국은 지난 40~50년간 세계적 도시주의의 최전선에 있었기 때문이다. 한국만큼 빠르고 성공적으로 도시화를 이룩한 나라는 드물다. 높은 인구밀도, 초현대적 도시성, (갖가지) 연계성에 힘입어, 그리고 도시 조직과 녹색 기반시설을 통합하려는 노력을 통해, 서울은 확실히 다른 나라들에 전해줄 만한 교훈을 여럿 얻었다. 이 책의 많은 부분은 예나 지금이나 성공적이고 자기확신적인 사회들이 나름의 도시주의를 외부에 전파하고자 하는 방식에 할애되어 있다. 전례 없고 급속한 도시 성장의 시대에 한국은 과거의 도시 건설자들이 맡았던 역할을 세계적 도시 문명의 기수로서 물려받을 자격이 충분하다. 확실히 한국은 미래를 두려워하지 않는다. 오히려 미래를 기꺼이 끌어안는다. 그 점은 과감한 계획을 수립하고 도시 생활을 재구성하기를 주저하는 분위기가 팽배한, 이 격동하는 세기의 귀중한 자질이다.

한국 도시들을 접하고 느끼게 되는 첫인상은 활기, 실험, 열광적 에너지 즉 대도시 생활의 매력을 더해주는 특질들이다. 2018년, 다행히도 나는 해외에서 평판이 엇갈리는, 무척 새롭고 미래 지향적인 도시인 송도를 방문했다. 특히 감시 기술체계의 측면에서, 송도를 생기 없고 다소 따분하며 기술형 관료의 색채가 너무 짙은 곳으로 바라보는 사람들이 많다. 그러나 송도를 둘러보며 나는 아득한 옛날부터 지금까지 도시 건설의 유구한 역사를 관통하는 여러 주제를 곱씹지 않을 수 없었다.

확실히 송도는 현대성의 최전선에 서 있다. 물론 송도는 미래지향적인 도시이지만, 역설적이게도 아주 고풍스러운 면도 많다. 완벽한 도시를 건설하려는, 인간의 해묵은 욕망은 이 책에서도 여러 번 소개하고 있다. 도시적 이상향을 좇아 최신 기술체계와 기법을 동원함으로써 아예 처음부터 다시 시작하는 것이 최선이라는 식의 욕망 말이다. 지금까지 늘 우리는 도시를 실험실로 여겼다. 언제나 우리는 도시 생활의 장점을 보존하는 한편 단점을 배제하며 과거를 무너트리려는 욕망에 휩싸여왔던 것이다. 내가 보기에, 송도는 아득한 과거의 인더스 강 유역 문명(기원전 2000년경, 상세한 설명은 2장을 참고하라), 아리스토텔레스, 고대 알렉산드리아, 에버니저 하워드 경, 르 코르뷔지에 등과 연결된다. 송도는 스스로 만들어낸 콘크리트 지옥에 등을 돌리고 새출발하려는 우리의 강한 충동을 대변한다. 혼잡하고 분주한 21세기에, 송도는 여태까지 인류가 항상 추구해온 목표를 달성하려는 거대한 야심 즉, 혁신과 참신한 사고를 통한 도시 재창조라는 측면에서 독특한 곳이다. 나는 지금이 바로 참신한 해답을 실험하고 모색하는 과정에서의 그런 대담함이 필요한 때라고 믿어 의심치 않는다.

그러나 송도에 있으면서 내 가슴을 가장 뒤흔든 것은 이제 막 탄생한 도시에 머물고 있는 희귀한 경험이었다. 이 책의 처음부터 끝까지, 나는 도시를 단순한 피조물이 아니라 북적대고 때로는 혼돈스러운 인간 거주지로 표현하고 싶었다. 도시는 그저 건축, 기반시설, 기술체계 따위와 관계있는 것이 아니다. 도시는 그곳의 이야기나 역사와 관계있고, 세월이 흐르며 쌓이는 기억, 신화, 집단 경험 같은 요소들과 연관된다. 그런 요소들 때문에 도시는 매우 매력적이고 흥미로운 주제로 떠오르는 것이다. 송도는 너무 교묘하게 처리된 곳으로, 외부인의 이목을 의식한 이상향처럼 보일지 모르지만, 나는 사람들이 역사상 그 어느 기본계획 입안자도 예측하지 못한 방식으로 이곳에서 살아가며 이곳의 모습을 바꿔나갈지 그 과정에 대해 생각해볼 수밖에 없었다.

우리 인간은 도시 환경에서 잘 지내고, 도시 환경을 필요에 맞게 잘 바꾼다. 이 점은 이 책 《메트로폴리스》의 이면에 자리 잡은 기본적인 관점이기도 하다. 앞으로 역사가 송도에 어떤 영향을 미칠지, 송도에서 어떤 이야기와 전설이 생겨날지를 상상하지 않고서는 송도 본래의 도시 풍경을 제대로 바라볼 수 없다. 사실, 도시는 그런 과정을 겪기 마련이다. 도시는 진화하고 적응한다. 도시는 우리의 집이다. 오랜 세월을 거치며 도시에는 우리가 도시를 사용하는 다양한 방식이 반영된다. 나는 기술체계가 장악한 송도라는 도시에서, 늦은 밤에 술집과 카페와 식당에서 도시의 그런 삶이 형태를 갖추는 장면을 목격했다. 그것은 건축환경에 대한 인간의 욕망 및 활동의 재확인 과정이다. 그것은 공식적 요소에 대한 비공식적 요소의 승리를 가리킨다. 도시계획가가 부여한 질서에 맞서 인간 생활의 혼란스러움이 거둔 승리이다.

다양한 상황에서 낯선 사람들과 잡담을 나누며 나는 비록 신생 도시이지만 그 빛나는 한국의 도시에 무언가 영속적인 요소가 있다는 생각이 들었다. 도시들은 언제나 상호작용, 대화, 그리고 우연한 만남의 장소였다. 배경은 바뀌지만, 도시에서 인간이 하는 행동은 수천 년이 흘러도 변함이 없다. 송도는 호기심을 자극하는 곳이다. 송도는 이제 막 태어난 도시이고, 모름지기 도시에는 역사가 쌓이면서 예기치 못한 일이 일어나는 법이기 때문이다.

송도 이곳저곳을 돌아다니는 내 머릿속에는 스마트 도시의 시험대로서 송도가 맡은 역할보다 송도를 둘러싼 호기심이 더 많이 떠올랐다. 그 점은 여러모로 이 책의 머리말에 녹아 있다. 내가 《메트로폴리스》를 쓰면서 겨냥한 바는, 독자들 각자가 살고 있는 장소에 관해 다르게 생각하도록 유도하는 것이었다. 설령 남다른 독특함을 띠고 있어도 어느 도시에나 보편성은 있다. 기원전 4천년기의 우루크나, 고대 로마나, 17세기의 런던이나, 20세기의 로스앤젤레스를 거론할 때, 나는 독자들이 그 개별 도시들에 대해 생각해볼 뿐 아니라 그 도시들을 자신이 속한 시대와 자신이 거주하는 도시에 대해 다시 생각하고 질문을 던지는 계기로 삼기를 바라기도 했다. 다양한 시대와 장소에 대한 설명이나 평가는, 필연적으로 우리의 제한적 맥락 밖으로 나아갈 기회로 이어지기 때문에 우리 앞에 놓인 도전과제를 다시 곱씹어보는 데 도움이 된다. 흥망성쇠를 통해 도시들은 한없이 매혹적인 다채로운 인간의 행동과 활동을 드러낸다. 부디 이 인간에 관한 이야기를 즐겁게 읽어주기 바란다.

2021년 1월, 런던에서
벤 윌슨

1장

도시의 여명

─

우루크

기원전 4000~1900년

엔키두Enkidu는 자연과 어우러져 살고 있었다. 그는 '하늘에서 떨어진 바위'만큼 강하고 거룩한 아름다움을 지녔으며, 야수들과 함께 자유롭게 뛰어다닐 때면 가슴이 기쁨으로 벅차올랐다. 그런데 웅덩이에서 멱을 감는 샤마트Shamat의 나체를 보고 나서는 달라진다. 난생처음 본 여인의 모습에 넋이 나간 채 여섯 날 낮과 일곱 날 밤 내내 샤마트와 사랑을 나눈다.

엔키두는 거침없고 황홀한 성적 합일을 만끽한 뒤 자유로운 황야로 돌아가고자 한다. 그러나 자연을 움켜쥐었던 그의 손아귀가 헐거워졌다. 짐승들이 슬슬 그를 피한다. 그의 힘이 줄어들었다. 처음으로 쓰라린 외로움이 찾아왔다. 영문을 알 수 없어진 엔키두는 샤마트에게 돌아갔다. 샤마트는 연인인 엔키두에게 전설상의 도시 우루크에 대해 말한다. 성벽 뒤의 수많은 인간들과 웅장한 건물과 그늘진 야자수 숲이 있는 우루크는 샤마트의 고향이다. 우루크 사람들은 몸뿐 아니라 머리도 쓰면서 일하고, 근사한 옷을 입고 지낸다. 날마다 그곳에서는 "북소리가 울리고" 축제가 열린다. 거기에는 "매력이 넘치고 기쁨으로 가득한" 절세미인들이 있다. 샤마트는 엔키두에게 빵을 먹고 맥주를 마시는 법을 가르쳐준다. 샤마트는 지금 잠들어 있는 그의 거룩한 힘이 깨어나리라고 말한다. 엔키두는 덥수룩한 몸의 털을 깎고, 살갗에 기름을 바르고, 값비싼 옷으로 발가벗은 몸을 가리고 나서 우루크를 향해 떠난다. 그는 성과 음식과 사치의 유혹에 이끌린 나머지 자연의 기질과 자유를 저버렸다.

우루크와 바빌론, 로마와 테오티우아칸Teotihuacan과 비잔티움, 바그다드와 베네치아, 파리와 뉴욕과 상하이 같은 도시들은 상상이 실현된 이상적인 도시이자 인간 창의력의 정수로서, 우리의 마음을 훔쳐 왔다. 엔키두는 원시적 자연 상태의 인간을 대변한다. 그는 황야의 자유로움과 도시의 부자연스러움 중 하나를 선택해야 하는 인간을 상징한다. 샤마트는 세련된 도시 문화의 화신이다. 그런 도시들은 샤마트처럼 우리를 어르고 꼬드긴다. 우리의 힘과 잠재력이 꽃필 것이라고 약속한다.[1]

엔키두의 이야기는, 인류가 남긴 가장 오래된 문학 작품으로 그 문자화 시기가 최소한 기원전 2100년으로 거슬러 올라가는 《길가메시 서사시》의 도입부에 나온다. 《길가메시 서사시》는 교양 있고, 도시화의 세례를 듬뿍 받았던 수메르인들, 그러니까 오늘날의 이라크 지역에 해당하는 메소포타미아에 살았던 수메르인들이 남긴 작품이다. 《길가메시 서사시》의 엔키두처럼 어느 나그네가 기원전 3000년경에 전성기를 누리던 우루크를 처음 찾아갔다면 아마 어안이 벙벙했을 것이다. 5~8만 명의 인구와 7.77제곱킬로미터의 면적을 자랑하는 우루크는 당시 지구상에서 인구밀도가 가장 높은 곳이었다. 개미집과 마찬가지로, 우루크는 여러 세대에 걸친 인간 활동으로 겹겹이 쌓인 쓰레기와 폐건축 자재의 산물인 흙무더기가 몇 킬로미터 밖에서도 보일 정도로 우뚝 솟아 있는 인공 언덕 꼭대기에 들어서 있었다.

우루크에 당도하기 한참 전에 나그네는 도시의 존재를 알아차리게 되었을 것이다. 우루크 사람들은 주변 지역을 경작했고, 그 시골 지역을 이용해 필요한 부분을 채웠다. 인공 수로로 물을 대는 수천 제곱킬로미터 넓이의 들판에서는 대도시 우루크를 먹여 살리는 밀과 양, 대추야자 그리고 일반 주민들이 마시는 맥주의 원료인 보리가 자랐다.

무엇보다 놀라운 것은 사랑과 전쟁의 여신 에안나Eanna와 하늘의 신 아누Anu에 바친, 우뚝 솟은 신전들이었다. 신전들은 도시 높은 곳의 넓은 토단 위에 세워져 있었다. 피렌체의 종탑과 반구형 건물 혹은 21세기 상하이의 마천루 숲처럼 신전들도 대단한 볼거리였다. 석회석에 석고 반죽을 덧칠해 만든 아누의 거대한 백색 신전White Temple은 현대의 여느 마천루만큼 햇빛이 눈부시게 빛났다. 백색 신전은 주변의 평원을 밝히는 봉화처럼 문명과 세력의 메시지를 뿜어냈다.

고대 메소포타미아인들에게 우루크는 자연에 대한 인간의 승리를 대변했다. 그 고압적인 인공의 풍경은 명명백백한 승리의 증거였다. 곳곳에 성문이 나 있고 돌출형 망루가 솟아 있는 성벽은 둘레가 9킬로미터, 높이가 7미터였다. 성문을 거쳐 안으로 들어오자마자 그곳 주민들이 어떻게 자연을 상대로 승리를 거뒀는지 알 수 있었다. 도시 주변에는 과일과 약초, 채소가 자라는 깔끔한 정원이 있었다. 대규모의 용수로망을 통해 유프라테스 강의 물이 우루크의 심장부까지 흘러들었다. 지하에 체계적으로 매설된 토관을 통해서는 수만 명의 주민들이 배출하는 폐수가 성벽 밖으로 빠져나갔다. 정원과 대추야자는 자연스레 도시 중심부에서 밀려났다. 창문이 없는 조그만 집이 빼곡히 들어선, 좁고 구불구불한 미로 같은 거리와 골목은 무척 갑갑하게 보였을 것이다. 이렇듯 도시 안에는 공터가 거의 없었다. 하지만 그런 지면 구획은 비좁은 거리와 촘촘히 들어선 집 덕분에 생기는 그늘과 산들바람이 메소포타미아의 뜨거운 햇볕의 위력을 잠재우는 도시 미기후微氣候(지표면 상태나 지물의 영향을 강하게 받아서 미세한 발생하는 기상이나 기후상태의 차이)를 조성하도록 고안된 것이었다.[2]

시끄럽고 갑갑하고 바삐 돌아가는 우루크와 그 자매 도시들은 세상 어디에도 없는 독특한 곳들이었다. 《길가메시 서사시》와 비슷한 시기에 등장한 어느 문학 작품의 저자가 상상한 바에 따르면 여신 이난나Inanna는 다음과 같은 일이 반드시 일어나도록 했다.

> 창고에 식량이 채워질 것이다. 도시에 거처가 세워질 것이다. 주민들은 호화로운 음식을 먹을 것이다. 호화로운 음료를 마실 것이다. 노는 날에 목욕하는 사람들은 안뜰에서 즐거워할 것이다. 사람들이 축제 장소에 모여들 것이다. 지인들은 함께 식사할 것이다. 이방인들은 창공의 기이한 새들처럼 함께 쏘다닐 것이다. 순종견純種犬, 사자, 야생 염소, 털이 긴 양인 알룸alum은 물론이고 원숭이, 거대한 코끼리, 물소, 먼 곳에서 온 동물들도 도시의 광장에서 서로를 밀쳐댈 것이다.

이어서 저자는 밀을 쌓아두는 미곡창과 금, 은, 구리, 주석, 청금석 따위를 보관하는 저장탑을 갖춘 도시의 모습을 그려낸다. 무척이나 이상적으로 묘사된 이 글에는 사람들의 쾌락을 위해 세상의 모든 좋은 물산들이 우루크로 흘러들어왔다고 되어 있다. "도시 안에서는 티기_{tigi}라는 북이 울렸고, 도시 밖에서는 피리와 잠잠_{zamzam}이라는 악기 소리가 들렸다. 우루크의 항구에 정박한 배들은 기쁨으로 넘쳐흘렀다."³

'우루크'는 '도시'의 대명사다. 우루크는 세계 최초의 도시였고, 1,000년 넘게 세계에서 가장 강력한 도심으로 군림했다. 사람들이 몰려들어 방대한 공동체를 이루자 상황이 급변했다. 우루크 사람들은 세상을 바꾸는 기술 체계를 선구적으로 확립했고, 전혀 새로운 의식주 양식과 사고방식을 경험했다. 유프라테스 강과 티그리스 강 둑 위에 생겨난 도시라는 발명은 인류사에 있어 멈출 수 없는 새 힘으로 용솟음쳤다.

도시 탄생의 조건

마지막 빙하기가 막을 내릴 무렵, 그러니까 지금으로부터 약 1만 1,700년 전에 인류의 삶에 지대한 변화가 찾아왔다. 세계 도처에서, 수렵채집사회들이 기온 상승의 혜택을 입고 야생작물을 재배하기 시작했다. 그러나 농업에 가장 유리한 지역을 품은 곳은 비옥한 초승달 지대였다. 비옥한 초승달 지대는 서쪽의 나일 강에서 동쪽의 페르시아 만까지 펼쳐진, 다시 말해 오늘날의 이집트, 시리아, 레바논, 이스라엘, 팔레스타인, 요르단, 이라크, 그리고 터키의 동남부와 이란의 서쪽 가장자리를 아우르는 반원형 지대다. 이 지역에서는 각양각색의 지형과 기후 그리고 고도를 찾아볼 수 있었고, 그 결과 특별한 생물다양성을 띠고 있었다. 인류의 사회적 발전과 관련해 가장 중요한 점은,

현대 농업의 선구자적 주역들이라 할 수 있는 즉 에머밀emmer wheat(고대 품종의 밀 중 하나_옮긴이), 외알밀, 보리, 아마亞麻, 병아리콩, 완두콩, 렌즈콩, 쓴살갈퀴 그리고 길들이기에 적합한 대형 포유류 즉 소, 염소, 양, 돼지 등이 비옥한 초승달 지대에 있었다는 사실이다. 이후 불과 수천 년 만에 농업의 요람이 도시화의 요람으로 변신했다.

1994년, 터키의 괴베클리 테페Göbekli Tepe, Pot-Belly Hill(배불뚝이 언덕)에서 클라우스 슈미트Klaus Schmidt의 감독 아래 고고학적 발굴 작업이 시작되었다. 원형으로 배치된 T자 모양의 커다란 돌기둥들로 이뤄진, 널찍한 의식 시설이 발견된 것이다. 그 인상적인 장소는 비교적 선진적인 정착형 농업 공동체가 만든 것이 아니었다. 무게 20톤의 커다란 돌들은 지금으로부터 1만 2,000년 전에 다른 곳에서 채굴해 그 언덕으로 옮겨놓은 것이었다(반면, 스톤헨지는 5,000년 전부터 만들어지기 시작했다). 괴베클리 테페 신전 유적지가 발견되자 기존의 견해가 뒤집혔다. 그곳은 수렵채집인들이 대거 집결해 협력했다는 증거였다. 서로 다른 무리나 부족 출신의 500여 명이 함께 거대한 석회암을 캐서 그 언덕으로 옮겼을 것으로 추정된다. 그들의 목적은 우리가 알 수 없는 신이나 신들을 숭배하고 신성한 의무를 완수하는 것이었다. 괴베클리 테페에 사람이 살았다는 증거는 없다. 그곳은 순례와 숭배의 장소였다.

기존의 해석에 따르면, 그 같은 대형 공사는 잉여 곡물 덕분에 공동체의 일부 구성원들이 일상적 생계 활동의 부담에서 벗어나 전문적이고 비생산적인 용무를 수행할 수 있게 된 이후에야, 말하자면 농업과 촌락이 등장한 뒤에나 가능한 일이었다. 그러나 괴베클리 테페 신전이 발견되면서 기존의 견해가 뒤집혔다. 그 언덕을 만들고 신을 숭배한 사람들에게는 놀랄 만큼 많은 양의 사냥감과 초목이 있었다. 야생에서 구할 수 있는 풍부한 음식이 정교한 종교체계와 공존하게 되자 호모사피엔스는 15만 년 넘게 유지했던 생활방식과 부족 구조를 바꿀 용기를 얻었다.

신전이 농장보다 먼저 생겼다. 신을 섬기는 데 전념하고자 정착한 사람들을 부양하려면 농장이 꼭 필요했을 것이다. 유전자 지도에 의하면 최초로 재배된 외알밀 품종은, 그 신성한 장소의 공사가 시작된 지 약 500년 뒤에 괴베클리 테페로부터 32킬로미터 떨어진 곳에서 자라기 시작했다. 그 무렵, T자 모양의 기둥들이 더 넓은 구역에 분포한 여러 언덕 위에 들어섰고, 인근에 촌락들이 형성되었다.

괴베클리 테페는 현대의 고고학자들을 위해 고이 보존된 셈이었다. 기원전 8000년경 알 수 없는 어떤 이유에서 의도적으로 땅에 묻혔기 때문이다. 그로부터 5,000년 뒤에 메소포타미아 남부에 수메르인들의 신전이 세워질 때까지, 괴베클리 테페 규모의 공사가 다시 시도되지는 않았다. 그때까지 수천 년 동안 비옥한 초승달 지대의 사람들은 새로운 생활방식을 실험했다.

신석기 혁명은 빨리 진행되었다. 기원전 9000년경, 비옥한 초승달 지대의 사람들은 대부분 야생에서 구한 음식을 먹고 살았다. 기원전 6000년경, 그 지역에 농업이 확고히 자리 잡았다. 여러 가지 음식을 먹고 이동하며 생활한 수렵채집 부족들은 여러 세대를 거치는 동안 몇 가지의 주요 곡물과 가축을 키우는 정착형 농업 공동체들에게 자리를 내줬다. 예리코Jericho는 수렵과 야생 곡물 재배를 병행하는 사람들이 건설한 임시 숙박지가 그 출발점이었다. 그로부터 700년이 채 지나기 전에, 예리코에는 에머밀, 보리, 콩과 식물 따위를 키우는 수백 명의 사람들이 정착했다. 그들은 튼튼한 벽과 망루를 세워 침입에 대비했다. 오늘날의 터키에 위치한 차탈회위크Çatalhöyük는 기원전 제 7천년기 무렵 인구가 5,000명 내지 7,000명 정도로, 선사시대의 관점에서 보자면 초대형 공동체였다.

그러나 예리코와 차탈회위크는 도시가 되지 못했다. 두 곳 모두 도시화가 연상되는 여러 가지 동기와 특성이 부족한, 대규모 촌락에 머물렀다. 도시는 푸르고 기름진 들판에 둘러싸여 있고 주변에서 건축자재를 쉽게 구할 수 있는 유리한 입지의 산물이 아니었던 듯싶다. 어쩌면 예리코와 차탈회위크는 너무 살기 좋은 곳이었는지도 모른다. 두 공동체는 필요한 모든 것을 땅에서 얻었고, 설령 부족한 것이 있어도 교역을 통해 해결했을 것이다.

최초의 도시는 비옥한 초승달 지대의 가장자리인 메소포타미아 남부 지역에서 탄생했다. 그 이유를 설명해주는 유서 깊은 이론이 있었다. 메소포타미아 남부는 토양과 기후가 그리 좋지 않다. 강수량은 적다. 땅은 메마르고 평평하다. 유프라테스 강과 티그리스 강의 물을 이용해야만 그 불모지의 잠재력이 꽃필 수 있었다. 사람들은 유프라테스 강과 티그리스 강에서 물을 끌어오려고 관개사업에 서로 힘을 보탰다. 얼마 지나지 않아 그 황무지에서 다량의 잉여 곡물 생산이 가능해졌다. 이렇듯 도시는 온화하고 풍요로운 환경의 산물이 아닌 최대한 협력하고 독창성을 발휘해야 하는, 비교적 혹독한 지대의 산물이었다. 세계 최초의 도시들은 역경을 이겨낸 인간 승리의 결과로 메소포타미아 남부에서 탄생했다. 그 중심에 신전이, 그리고 풍경을 바꾸는 작업과 고도로 밀집된 인구를 관리하는 작업을 조율하는 고위 사제와 관료 들이 있었다.

이것은 설득력 있는 이야기다. 그러나 초기의 문명 발전을 둘러싼 우리의 숱한 관념들과 마찬가지로, 이 이야기도 최근에 대대적인 반전을 겪었다. 도시의 뿌리에 영양분을 공급한 환경은 보다 습기가 있고 평등주의적인 성격을 띠고 있었다.

수메르인들 그리고 수메르인들과 종교적 통합을 이룬 여러 민족들은 최초의 도시가 원시적 늪지대에서 탄생했다고 믿었다. 그들의 전설에는 사람들이 배를 타고 돌아다니는, 물의 세계가 등장했다. 그들이 남긴 점토판에는 개구리, 물새, 물고기, 갈대 따위가 묘사되어 있었다. 오늘날 그들의 도시들은 바다와 주요 강에서 멀리 떨어진, 황량하고 열악한 사막의 모래 언덕 밑에 파묻혀 있다. 초기의 고고학자들은 사막에 있는 그 도시들이 늪지대에서 탄생했다는 신화를 전혀 믿지 않았다. 그러나 물과 땅이라는 이중적 성격의 도시 기원설은 메소포타미아 남부의 생태적 변화에 관한 최근의 발견 결과와 일맥상통한다.

기후변화는 도시화를 촉발하는 데 일조했다. 기원전 제5천년기에는 페르시아 만의 해수면이 오늘날보다 2미터 가량 상승해 있었다. 이는 지구 기온이 급증하고 해수면이 상승한 충적세沖積世 기후최적기의 결과였다. 페르시아 만의 맨 안쪽 부분은 지금보다 북쪽으로 200킬로미터 정도 더 들어가 있었다. 즉, 오늘날의 이라크 남부의 건조한 지역은 그 아득한 옛날에 광활한 습지대였다. 앞서 언급한 기후변화 직후, 티그리스 강과 유프라테스 강이 페르시아 만과 만나는 그 삼각형 습지대에는 사람들이 앞다투어 몰려들었다. 습지대에는 쉽게 구할 수 있고 영양분이 풍부한 온갖 식량이 있었다. 바닷물에는 물고기와 연체동물로 가득했다. 개울가와 시냇가의 우거진 식생에는 수많은 사냥감이 숨어 있었다. 삼각주에는 하나가 아니라 몇 가지 생태계

가 조성되어 있었다. 푸르른 충적토 범람원은 곡물 재배의 버팀목, 반
사막은 목축의 버팀목이 되었다. 삼각주는 비옥한 초승달 지대의 다
양한 문화권 출신의 여러 민족에게 든든한 생활 터전이 되었다. 그들
은 진흙 벽돌 쌓기, 관개, 도자기 만들기 등과 관련된 북쪽의 지식을
갖고 있었다. 정착민들은 역청을 발라 튼튼해진 갈대로 토대를 만들
어 땅을 다지면서 습지대의 모래투성이인 거북 등 모양의 섬 위에 마
을을 세웠다.[4]

그로부터 수천 년 전, 괴베클리 테페의 수렵채집형 공동체 구성원
들은 사냥의 천국이라는 장점을 살려 공동체 자체보다 더 중요한 것
을 세웠다. 기원전 5400년에 이르기 전, 사막이 메소포타미아의 습지
대와 만나는 지점의 어느 석호潟湖 옆에 있는 모래톱에서도 비슷한 일
이 일어났다. 애초에 사람들은 그곳을 신성하게 여겼을 것이다. 석호
는 생명을 불어넣는 힘이 있었기 때문이다. 훗날 에리두Eridu로 불린
그 모래섬에 인간이 살았다는 사실을 엿볼 수 있는 가장 오래된 흔적
은 물고기와 야생 동물의 뼈 그리고 홍합 껍질이다. 그 신성한 장소는
축제 의식이 열린 곳으로 추정된다. 머지않아 그곳에는 민물의 신을
섬기기 위한 조그만 사당祠堂이 들어섰다.

여러 세대를 거치는 동안 그 사당은 재건을 통해 점점 더 커졌고,
세련미를 갖추게 되었으며 마침내 벽돌로 만든 평평한 토단 위에 우
뚝 솟아 주변을 내려다봤다. 삼각주는 식량을 야생에서 구할 수도, 직
접 기르거나 키워 마련할 수도 있는 곳이었기 때문에 그 야심만만한
건설 사업을 추진하는 데 보탬이 되었다. 에리두는 천지가 창조된 곳
으로 추앙받게 되었다.

수메르인들의 신념체계에서, 엔키Enki라는 신이 갈대 틀을 만들어

거기에 진흙을 채워 넣기 전까지 이 세상은 물로 이뤄진 혼돈의 현장이었다. 엔키 덕분에 다른 신들은 갈대와 진흙으로 만든, 물기 없는 땅 위에 거처를 정할 수 있었다. 최초로 습지대에 정착한 사람들이 마을을 세웠던 것과 동일한 방식으로 말이다. 엔키는 에리두에 자기 신전을 짓기로 했고, 에리두에서는 물이 땅으로 바뀌었다. 엔키는 "신들이 마음에 들어 하는 거처, 즉 신전에 살도록" 해주려고 인간을 창조해 신들을 섬기도록 했다.

사막과 바다 사이에 위치한 습지대는 질서와 혼돈, 삶과 죽음이 교차하는 곳을 상징했다. 삼각주는 적대적 환경 한가운데 위치한 오아시스와도 같이 놀랍도록 풍족한 자원을 지니고 있었고 그로 인해 사람들은 그곳이 신이 천지를 창조한 가장 신성한 장소라는 믿음을 갖게 되었다. 그러나 삼각주가 선사하는 풍요로움에도 불구하고, 그곳은 살기에 위험한 장소였다. 봄이 찾아와 저 멀리의 아르메니아 산맥과 토로스 산맥 그리고 자그로스 산맥에 잔뜩 쌓인 눈이 녹으면 삼각주 인근의 강들이 예측을 불허하는 위험한 존재로 돌변했기 때문이다. 갈대로 만든 집들이 모인 촌락들과 들판 전체가 거세게 바뀌는 물길에 휩쓸리곤 했다. 때로는 갑작스레 엄습하는 모래 언덕들이 주변의 풍경을 집어삼키기도 했다. 평평한 토단 위에 단단히 서 있어 홍수에도 끄떡없었던 신전은 변화무쌍한 자연 현상 속에서도 영속성의 강력한 상징이었을 것임에 틀림없다. 이처럼 에리두는 세상이 그 존재감을 명백히 드러내는 장소일 뿐 아니라 엔키가 실제로 머무는 장소로도 여겨지게 되었다. 벽돌 건물은 지속적인 보수가 필요하다. 따라서 에리두에서 신을 섬기던 사람들은 혼돈 상태를 막아주는 엔키를 도와줘야 했다.[5]

반대로 그 신의 일꾼들에게는 식량과 거처가 필요했고, 권위 있는 사제들이 일꾼들에게 할당량을 분배해야 했다. 신전 주위에는 신의 집에 알맞은 장식을 하기 위한 작업장들이 들어섰다. 하지만 에리두는 결코 도시가 되지 못했다. 수메르 신화에 그 이유가 나온다. 엔키는 문명과 도시화라는 선물을 나누기는커녕 그것을 자기 신전 안에 간직해두기만 했던 것이다. 신성한 도둑이자 사랑과 성, 다산과 전쟁의 여신인 이난나가 배를 타고 에리두로 와서 엔키에게 술을 먹여 취하게 할 때까지는 분명 그랬다. 하지만 술에 취한 엔키가 잠자는 동안 이난나는 거룩한 지식을 훔치고 소금기 있는 물을 건너 습지대의 섬, 우루크로 돌아왔다. 고향으로 돌아온 이난나는 신성한 지혜를 퍼트렸다.

이 이야기는 실제로 일어난 일을 신화화한 것이다. 에리두는 본보기가 되었다. 습지대에 있는 둔덕들에 에리두의 신전과 비슷한 성소들이 생겨났다. 유프라테스 강 기슭의 어느 인공 언덕에, 이난나를 섬기는 신전이 들어섰다. 그 신전은 '천국의 집'이라는 뜻인 에안나Eanna로 알려졌다. 바로 가까이의 둔덕에는 하늘의 신인 아누Anu를 모신 쿨라바Kullaba라는 신전이 서 있었다. 습지대 사람들은 기원전 5000년경에 바로 그 신성한 장소에서 신을 섬기고 거기 정착하기 시작했다.

이후 몇 세기 동안, 2개의 신전 구역인 에안나와 쿨라바는 재건을 되풀이했고, 신전 재건에 참여한 사람들은 매번 이전보다 더 큰 야심과 건축적 과감성을 발휘했다. 서로 800미터쯤 떨어진 2개의 둔덕은 하나로 녹아들어 대규모 정착 지역인 우루크를 형성했다. 에리두의 신전은 내내 동일한 방식으로 재건된 반면, 우루크 사람들은 신전을 점점 더 크고 웅장하게 만들었으며 그 점에서 우리는 파괴와 역동성이라는 특징을 지닌 문화를 엿볼 수 있다.

2012년에 재현한 기원전 2100년 세계 최초의 도시 우루크 전경.
© artefacts-berlin.de, 독일 고고학 연구소 자료

　　신전 재건의 원동력은 웅장한 작품을 만들어내려는 집단적 노력이었다. 삼각주에서는 잉여 식량이 생겼고, 그 결과 많은 사람들이 건설 공사라는 중노동에 몸을 쓰고 공공사업 계획에 머리를 쓸 수 있었다. 그런 수생 환경은 배를 통한 이동이 용이해지는 데도 보탬이 되었다. 습지대는 도시화의 밑거름 역할을 했다. 그러나 도시화 추진은 강력한 이념이기도 했다. 엄청나게 투입된 그 육체노동과 시간을 달리 어떻게 설명할 수 있겠는가? 에안나와 쿨라바로 이뤄진 신전 단지는 실용적 요소가 전혀 없었다. 초기의 신전들은 에리두의 신전과 흡사했다. 그러나 우루크를 세운 사람들은 전혀 새로운 기법을 개발해 멋진 건설적 비약을 이뤄냈다. 그들은 역청으로 방수 효과를 내는, 다져

1장 도시의 여명 ○ 우루크 기원전 4000~1900년

서 굳힌 흙을 이용해 토단을 만들었다. 그리고 석회암 덩어리와 현장 타설 콘크리트로 건물의 기초와 벽을 만들었다. 기둥과 외벽의 어도비 벽돌adobe(모래, 진흙, 물, 짚 따위를 섞어 흙벽돌을 빚은 뒤 햇볕에 말려 만든 벽돌_옮긴이)에는 수많은 원뿔꼴 채색 테라코타로 이뤄진 기하학적 문양의 모자이크로 장식되어 있었다.

새로운 신전 공사가 시작될 무렵 기존의 신전에는 잡석이 가득했을 것이다. 잡석은 새 신전이 올라설 토단의 핵심을 만드는 데 쓰였을 것이다. 그 거대한 언덕은 공사의 집단적 성격에 걸맞게, 주민들이 쉽게 이용할 수 있도록 설계되었다. 행렬용 계단과 경사로는 지상과 연결되었다. 주 건물들에는 기둥이 일렬로 늘어서 있어 건물 내부가 밖에서 보였다. 주 건물들 주변에는 마당, 통로, 토단, 작업장 그리고 용수가 공급되는 정원이 있었다. 그 커다란 건물은 훗날 수만 명의 주민들이 좁은 거리를 가득 메우며 생활하는, 4제곱킬로미터 넓이의 도시로 성장한 우루크의 심장부가 되었다.[6]

그러나 기원전 제4천년기의 후반부에 이르러 메소포타미아 남부에는 또다시 급격한 기후변화가 찾아왔다. 연간 기온이 급상승하고 강수량이 감소하자 2개의 거대한 강의 수위가 낮아졌다. 충적세 중반에 최고조에 이르렀던 페르시아 만의 해안선이 후퇴했다. 우루크의 젖줄인 습지와 개울이 말라붙고, 쇄설물이 쌓이기 시작했다.

지금으로부터 5,000년 전에 일어난 이 지형의 변화상 때문에 습지대가 도시화의 발원지라는 사실이 오랫동안 드러나지 못했다. 그러나 범세계적 맥락에서 바라볼 때 그리고 최근의 몇 가지 발견에 비춰볼 때, 도시화의 습지대 발원설은 메소포타미아뿐 아니라 다른 지역에도 적용할 수 있다. 외딴곳에서 도시들이 생기는 현상은 습지대의 최적 조건에서 일어난 일이었다. 오늘날의 멕시코에 있는, 아메리카 대륙 최초의 도심인 산로렌초San Lorenzo는 멕시코 만의 젖줄인 세모꼴 습지대를 굽이쳐 흐르는 여러 강줄기를 내려다보는, 높은 인공 둔덕 위에 위치해 있었다. 에리두와 우루크를 건설한 사람들처럼 기원전 제2천년기 산로렌초의 올멕족들도 어로, 수렵, 채집 등에 종사한 사람들이자 기온과 습도가 높은 수생 환경의 수혜자들이었다. 또한 신들의 대형 석재 두상頭像으로 유명한 산로렌초도 에리두처럼 숭배의 장소였다. 올멕 문명과 비슷한 시기에 있었던 중국 상商왕조 시대(기원전 1700~1050년)의 초기 도시들도 황허 강 하류 습지대의 충적평야에서 출현했다. 그리고 고대 이집트의 수도인 멤피스도 삼각주가 나일 강과 만나는 지점에 세워졌다. 사하라 사막 이남의 아프리카 지역도 비슷한 궤도를 밟았다. 그 지역 최초의 도시화는 오늘날의 말리에 있는 니제르 강 삼각주Niger Delta의 습지대를 무대로 젠네제노Djenné-Djenno에서 기원전 250년경부터 진행되었다.[7]

물론 최초의 도시들이 전적으로 습지대에서만 출현한 것은 아니다. 그 도시들이 다른 곳의 다른 사회들과 상당한 규모의 교류를 하지 않은 것도 아니다. 오히려 습지대의 매력적인 위치를 차지한 도시들은 다른 문화권의 사람들을 끌어당기는 자석 같았다. 다른 문화권에서 건너온 사람들은 건축기술, 신념, 도구, 농법, 각종 기능과 직업, 관념 따위를 지니고 왔다. 기후변화로 인해 메소포타미아는 지구상에서 가장 인구밀도가 높은 곳이 되었다.

예측불허의 축축한 환경에서 든든하게 버티고 있는 도시들은 매혹적인 대상이었다. 그 도시들은 자연에 대한 인간의 승리를 보여주는 증거였다. 에리두는 신념과 지형 간의 충돌로 탄생했다. 습지대의 풍족하고, 풍요롭고, 자급적인 자원 덕택에 도시들은 다른 정착지들을 압도했을 뿐 아니라 그곳들보다 더 크고 더 정교해질 수 있는 에너지를 얻었다.[8]

메소포타미아 남부의 환경이 급격히 바뀌자 습지대 고유의 생활 방식이 사라졌다. 하지만 이 무렵 도시 문명은 이미 1,000여 년의 발전을 거치면서 무르익어 있었다. 습지대가 후퇴하자 우루크는 고도가 높아지고 기후가 건조해졌다. 그러나 대체로 도시화의 역사는 변화하는 환경에 인간이 적응하는 과정이자 인간이 욕구를 채우고자 환경을 적응시키는 과정이다.

기존의 생존방식이 더는 통하지 않자 습지대의 농부들은 우루크로 몰려들었고, 그 결과 메소포타미아 남부의 도시 인구는 전체 인구의 90퍼센트에 이르렀다. 건축이나 공학과 관련한 오랜 전통을 자랑하는 그 대규모 인구집단은 기후변화를 극복할 수 있었고, 상당한 인구를 먹여 살리는 데 보탬이 되는, 대형 관개시설을 구축함으로써 충적평야의 새로운 잠재력을 활용할 수 있었다. 물론 농업이 도시보다 먼저 등장했다. 그러나 이 시기의 우루크에서 일어난 농업혁명은 도시혁명의 산물이었다.

도시라는 신성한 특권

도시는 결코 단순히 건물들을 모아놓은 곳이 아니다. 도시가 다른 정착지들과 구분되는 점은, 도시의 물리적 특성이라기보다 도시가 촉진하는 인간 활동이다. 도시에서는 촌락이나 농장에서 구할 수 없는 직업을 가질 수 있다. 우루크는 '신들의 대장간'으로 알려졌다. 즉, 고도로 숙련된 금세공인, 구리 제련공, 야금업자, 보석 세공인 등으로 유명한 장소였다. 우루크 인구의 상당수는 돌, 금속, 보석의 원석 따위를 비롯한 여러 가지 재료를 다루는 숙련된 장인들이었다. 그런데 그 큰 도시에 필요한 고급스러운 원료를 인근에서는 구할 수 없었다. 하지만 기후변화는 풍부한 수확량 이상의 혜택을 선사했다. 한때 소금기 있는 습지대를 굽이쳤던 개울의 수로들이 이제 도시의 운하망으로 변신했고, 덕분에 우루크는 거대한 수상 교역로인 유프라테스 강과 연결된 것이다.[9]

오늘날의 바레인에 해당하는 여러 섬들에서 생산된 진주층眞珠層과 진귀한 조개가 우루크로 운반되었다. 아나톨리아 동부, 이란과 아라비아에서는 금과 은, 납과 구리가 건너왔다. 우루크의 장인들은 흑요석, 석영, 사문석, 동석, 자수정, 벽옥, 산석, 대리석 같은 여러 가지 흥미로운 재료에 목이 말랐다. 2,400킬로미터 이상 떨어진 아프가니스탄과 파키스탄 북부의 산악지대에서는 귀하디귀한 청금석이 건너왔다. 홍옥수와 마노는 더 멀리 떨어진 인도에서 왔다. 신들의 집을 장식하려면 사치스러운 재료들이 필요했다. 그러나 인간들도 호화롭게 꾸며진 장신구와 무기, 술잔과 그릇을 쓸 수 있었다. 인간들은 배로 운반해온 포도주와 기름도 음미할 수 있었다.[10]

고대 우루크는 전문적인 직업을 가진 사람들이 모여 사는 몇 개의 특별 구역으로 나뉘었다. 사람들은 개인별로, 그리고 가족 단위로 안뜰 주택이나 작업장에서 일했다. 시원하고 그늘진 거리를 갖춘 도시 구획과 촘촘하게 배치된 가옥 덕분에 친목과 교제가 촉진되었고, 결과적으로 의견 교환, 실험적 시도, 협력, 치열한 경쟁 등이 활성화되었다. 우루크의 격렬한 역동성과 고속성장은 우루크가 교역의 발상지 역할을 맡은 데 힘입은 바가 컸다.

《길가메시 서사시》에는 놀랍도록 현대적인 듯 보이는 그 도시에 관한 질문들이 담겨 있다. 사람들은 왜 엔키두처럼 타협하고 도시에 정착하기로 했을까? 아울러 그들은 도시의 안락함을 위해 원시적 자유를 포기함으로써 어떤 대가를 치렀을까? 도시의 발명은 비교적 최근의 현상이고, 우리가 도시를 체험하며 보낸 시간은 인류가 지구에서 지낸 시간의 지극히 일부분에 불과하다. 어떻게 자유로운 생활방식을 버리고 비좁은 환경에서의 정체 상태를 선택할 수 있을까? 무수한 세월 동안 하나의 환경에서 진화한 종족이 어떻게 거의 전적으로 다른 환경에 적응할 수 있을까? 그에 따른 심리적 대가는 무엇일까?

《길가메시 서사시》를 지은 사람들은 이처럼 다양한 질문을 던졌다. 역사 속 많은 사례들과 마찬가지로, 반인반신의 우루크 왕인 길가메시는 도시 생활이 따분해진다. 그는 마치 야생 황소처럼 우루크 백성들에게 으스댄다. 야생 인간인 엔키두는 길가메시의 기세를 꺾기 위해 신들이 붙여준 동반자였다. 어떤 면에서 길가메시와 엔키두는 문명의 세례를 입은 도시적 자아와 다투는 시골풍의 자연적 본능이라는 이중성을 대변한다고 볼 수 있다. 도시풍에 물든 길가메시와 야만스러운 엔키두는 서로 힘과 에너지를 불어넣었고, 믿음직한 친구가 된다. 엔키두는 저 멀리 떨어져 있는 신들의 비밀스러운 금단의 장소, 레바논 산Mount Lebanon의 삼나무숲으로 용감히 떠나 그곳의 거대한 수호자인 괴물 훔바바Humbaba와 싸우라고 부추긴다. 진정한 남자가 되려면 도시의 아찔한 안락함에서 벗어나 자연과 맞서 싸워야 한다는 말처럼 말이다. 삼나무숲을 정복하면 길가메시는 평소 탐내던 영원한 명성과 영예를 얻게 될 것이다.

그렇게 하면 또 다른 소득도 올릴 수 있었다. 우루크 같은 메소포타미아 남부의 도시들에는 건축자재가 부족했기 때문에 레바논 산의 삼나무는 건축가들과 건설자들에게 귀중한 상품이었다. 가령 우루크의 수많은 신전 중 하나의 지붕을 만드는 데만 해도 3,000 내지 6,000미터 분량의 목재가 필요했다. 길가메시와 엔키두는 우루크를 위해 자연에 맞선 전쟁에 나선다. 이제 막 문명을 맛본 엔키두는 가장 아름다운 삼나무를 베어내 뗏목을 타고 유프라테스 강을 따라 저 멀리 내려가겠노라고 서약한다. 도시 세계로 돌아온 뒤에는 삼나무를 깎고 다듬어 신전의 커다란 문을 만들 것이었다.

두 영웅은 거인 훔바바와 싸워 이기고 죽인 뒤 멋진 삼나무를 우루크로 가져온다. 그러나 의기양양해진 두 영웅은 급기야 신들의 심기를 건드린다. 길가메시가 어느 여신의 성적 구애를 거절하자, 여신은 천상의 황소Bull of Heaven를 보내 우루크를 파괴하고 길가메시를 죽이려고 한 것이다. 하지만 길가메시와 엔키두는 그 짐승을 죽여버렸고 그들의 오만한 태도에 신들은 머리끝까지 화가 치밀어 올랐다. 신들은 엔키두가 병에 걸리도록 하고, 결국 엔키두는 쓰러진다.

엔키두는 몸져누운 채 죽어가며 샤마트를 저주했다. 샤마트는 자유롭고 행복한 자연에서의 생활에서 벗어나도록 그를 유혹한 매춘부다. 엔키두는 자신이 신성한 삼나무로 만든 문에도 저주를 퍼붓는다. 그는 자연스러운 삶과 문명 속에서의 삶을 바꾸기로 결심한 탓에 힘이 빠지고 약해지고 만 것이다.[11]

도시는 일종의 치명적인 살인자다. 인간과 동물이 배출하는 막대한 양의 폐기물이 저 한쪽에 괴어 있는 물로 흘러가는 우루크 같은 도시는 마치 미생물을 위해 특별히 지은 도시처럼 보일 정도였다. 19세기의 산업도시인 맨체스터와 시카고에서는 전체 유아의 60퍼센트가 다섯 번째 생일을 맞이하기 전에 죽었고, 주민들의 기대수명이 26세에 불과했다. 반면, 동시대의 농촌지역에서는 5세 이전에 사망하는 유아가 전체의 32퍼센트였고, 주민들의 기대수명이 40세였다. 역사 전체를 통틀어 도시는 빠져나와야 할 곳이었다. 20세기 미국과 유럽에서는 범죄가 만연하고 갑갑하기만 한 도시를 서둘러 떠나 수풀이 울창한 교외라는 약속의 땅으로 향하는 행렬이 이어졌다. 수십 년 동안의 도시 위기를 겪은 뒤인 1990년대에는 뉴욕 시민들의 60퍼센트, 런던 시민들의 70퍼센트가 다른 곳에서 살고 싶다는 반응을 보였다. 도시 생활과 관련한 신경계 처리 과정을 이해하기 위해 MRI 스캔을 이용한 최근의 조사에 따르면, 정신을 차리기 힘든 도시 환경으로 인한 사회적 스트레스를 받은 사람들은 오른쪽 배측 전두엽 피질과 슬전측 대상피질의 회백질이 줄어들었다. 그 부위는 우리 뇌에서 감정과 스트레스 처리 능력을 통제하는 중요한 곳이다. 도시는 우리 뇌의 신경회로망 배선을 바꾼다. 따라서 도시 사람들은 시골 사람들보다 기분장애와 불안장애를 앓을 가능성이 훨씬 더 높다. 범죄, 질병, 죽음, 우울감, 신체적 노화, 빈곤, 인구과밀 따위를 감안할 때 도시는 괴로운 곳이자 어떻게든 살아남아야 하는 곳인 셈이다.[12]

20세기에 들어 의술이 발달하고 위생이 개선되기 전에도 도시에는 인구가 꾸준히 유입되어야 했다. 그래야 기존의 주민들을 부양할 수 있고 질병으로 숨진 사람들(주로 아기와 유아, 아이 들)의 빈자리를 채울 수 있었기 때문이다. 엔키두도 도시에 발을 들여놓은 데 따른 값비싼 대가를 깨달았다. 그가 세상을 떠나자 절친한 벗인 길가메시는 가슴이 찢어질 듯 슬퍼했다. 미칠 듯한 괴로움에 휩싸인 영웅의 눈에 비친 도시는 이제 인간이 쌓은 업적의 최고봉이 아닌 죽음을 상징하는 곳이었다. 그리하여 길가메시는 우루크를 버리고 자연에서 위안을 찾았다. 죽은 친구가 그랬듯이 야생동물의 가죽으로 몸을 가린 채 황야를 떠돌아다녔다.

길가메시는 자연과의 합일을 모색하면 죽음을 모면할 수 있다고 믿었다. 영생을 찾아 나선 그는 우트나피슈팀Utnapishtim을 만나려고 세상의 끝자락으로 향한다. 아득한 옛날, 엔릴Enlil이라는 신은 도시에 사는 인간들의 소란스러움에 짜증이 났고, 평온하고 고요하게 지내고 싶었던 나머지 홍수를 일으켜 인간의 도시를 휩쓸어버리려고 했다. 그 계획은 또 다른 신인 엔키 때문에 수포로 돌아갔다. 엔키는 우트나피슈팀에게 커다란 방주를 만들어 거기에 그의 가족을 태우고 갖가지 식물의 종자와 암수 동물을 싣도록 명령했다. 홍수가 가라앉자 신들은 생존자들이 다시 땅에서 살도록 허락했다. 자신들에게 음식을 제공할 인간이 없으면 허기가 질 것이라는 사실을 깨달았기 때문이다. 생명을 보존한 대가로, 우트나피슈팀과 그의 아내는 영생을 보장받았다. 길가메시는 우트나피슈팀 부부의 비밀을 알고 싶었다. 숱한 모험 끝에 길가메시는 우트나피슈팀의 거처에 당도한다. 거기서 마침내 그는 죽음이라는 것이 피할 수 없는 삶의 조건이라는, 뼈아픈 교훈과 마주하게 된다.

우루크에 대한 찬가로 시작했던 서사시는 길가메시가 원래 자리로 돌아오며 끝난다. 문명을 거부하고 영생을 찾아 나서며 역경을 겪었던 길가메시는 고향으로 돌아오고서야 비로소 진정한 깨달음에 이르게 된다. 개인들은 숙명적으로 죽을 수밖에 없을지 모르지만, 인간들의 집단적 힘은 그들이 짓는 건물과 점토판에 새겨넣은 지식을 통해 살아남는 것이다. 길가메시는 우루크에 거대한 성벽을 쌓고, 자신의 이야기를 후세에 전하고자 문자(우루크에서 발명된 것)를 이용한다. 성벽과 서사시는 둘 다 길가메시가 황야에서 그토록 갈구했던 영생을 그에게 보장해주는 영원한 기념물이다.

한때 세상 끝까지 떠나갔던 그는 우루크의 매력에 이끌려 되돌아온다. 우루크는 인간의 운명을 좌우하는 막강한 존재가 되었다. 서사시가 마무리될 무렵, 길가메시는 그를 세상 저 끝에서 고향까지 태워준 뱃사공에게 이렇게 말한다. "우루크의 성벽 위를 걸어 보게. 어떤 인간이 거기에 버금갈 수 있겠는가? 위로 올라가 거닐어보게. 토대를 보게. 정말 웅장하지 않은가? 일곱 현인들Seven Sages이 깔아놓은 것이라네."¹³

세상의 끝자락에서 돌아온 길가메시는 우루크의 주민들에게 그들의 도시가 신들이 내린 선물이고 이 세상에서 만들어진 것 중 제일 훌륭한 것이라는 사실을 알려준다. 그의 모험은 결국 도시 생활에 대한 신뢰를 새롭게 다지는 계기가 된다.

수메르의 신들은 샘이나 숲속의 빈터나 구름 속이 아니라 우루크처럼 실재하고 물리적인 도시들의 심장부에 살고 있었다. 수메르인들은 고도로 발전한 그들의 도시에서 신들과 함께 살도록 선택된 사람들인 반면 나머지 인간들은 짐승의 털가죽을 입은 유목민이나 자급자족하는 농민으로 힘겹게 살아가는 자들이었다. 도시 생활의 부담에도 불구하고 도시 사람들은 신들이 내린 은혜, 예를 들어 맥주, 이국적인 음식, 각종 기술, 사치품, 값비싼 예술작품 같은 온갖 특권을 누렸다.

수메르인들의 관점에서 도시와 인간은 이 세상이 탄생한 순간과 동시에 창조된 것이었다. 그들이 보기에 에덴동산은 없었다. 도시는 징벌이 아니라 낙원이었다. 자연의 예측 불가능성과 다른 인간들의 야만성에 맞서는 요새였다. 도시의 신성한 기원에 관한 믿음에 힘입어 그들의 도시 문명은 참으로 비범한 영속성을 지니게 되었다.[14]

도시화가 최초로 이뤄진 모든 현장에서, 도시계획은 인간의 활동과 우주의 근원적 질서와 에너지를 조화시키는 방법으로 여겨졌다. 하나의 커다란 정방형이, 길거리가 동서남북에 맞춰 구획된 9개의 작은 정방형으로 나뉘는 방식에 따라 배치된 중국의 초기 도시들에는 천상의 기하학적 배열이 반영되었다. 천상과 마찬가지로 도시 안에서는 거룩한 에너지(기氣)가 중앙에서 주변부 쪽으로 퍼져나갔다. 중국 도시들의 그런 양식은 기원전 제2천년기나 제1천년기부터 인민공화국이 선포된 서기 1949년까지 이어졌다. 마야인의 도시들은 별을 본보기 삼아 우주의 신성한 힘을 이용하고, 주야 평분점equinoctial point에 맞춰 거리를 설계하는 방식으로 건설되었다. 마야인의 도시들은 단지 신성한 장소에 그치지 않았다. 메소포타미아의 대도시들이 그랬듯이, 마야인의 도시들도 인간이 신과 직접 연결되는 곳이었다. 천상을 닮은 질서정연한 모습이자 혼돈 상태의 원시적 힘을 누그러트리는 조직적 구조를 구현하려는 그 욕망은, 세계 곳곳의 여러 민족들이 독자적으로 정착지를 건설하기 시작한 이유를 일부분 설명해준다.

도시는 크고 인간미가 없으며 쌀쌀맞다. 도시는 수천 명(훗날에는 수백만 명)의 이름 없는 개인들 간의 협력에 기댄다. 도시의 밀도와 규모 때문에 우리는 이방인들과 공존할 수 있는 능력의 한계를 느낀다. 도시는 기근과 질병과 전쟁에 취약하다. 도시에는 성벽을 쌓고 신전을 짓고, 관개시설을 만들어 유지하려는 잔혹한 형태의 강박충동이 필요했다. 또한 도시는 얼핏 잘 굴러가지 않는 곳처럼 보이기도 한다.

그러나 도시는 분명히 제대로 작동하고 있다. 우루크의 역사와 초기 도시들이 탄생한 이유를 살펴보면 도시가 제대로 작동하는 까닭을 둘러싼 해답에 가까이 갈 수 있을 것이다. 우루크에서 시작된 메소포타미아의 도시 문명은 전쟁과 환경적 재난과 경제적 붕괴를 견디며 4,000여 년 동안 지속되었다. 숱한 제국과 왕국의 흥망을 지켜봤고, 그 막강한 피조물들보다 훨씬 오래 버텼다. 도시 문명은 건물의 복원력보다 이념의 확고함에 더 의존했다. 도시에서의 삶은 고역이고, 무척 부자연스럽다. 길가메시의 전설은 도시 사람들이 여러 세대에 걸쳐 도시의 위력과 세력을 되새기고자 나눈 이야기 중 하나였다. 도시에서의 삶, 대부분의 인간은 누릴 수 없는 생활방식은 저주가 아니라 신성한 특권이었다.

도시의 발전을 이끌 기술 혁신

필요한 것은 많은데 자원이 희박한 도시에게는 수입원이 있어야한다. 기원전 제4천년기에 해당하는 이른바 '우루크기' 내내, 우루크산 가공품은 메소포타미아, 아나톨리아, 이란, 시리아 등지에서 그리고 저 멀리 파키스탄에서도 흔한 물건이 되었다. 우루크는 숙련된 장인들이 만든 값비싼 사치품을 팔았다. 실용적인 품목도 수출했다. 인구가 많고 신기술을 받아들인 덕분에 우루크는 최초의 대량생산 기법을 활용하며 전례 없는 규모로 물건을 팔 수 있었다.

우루크에서 발견된 여러 개의 도랑과 구덩이는 약 40명의 일꾼들이 일했을 법한 대형 구리 주조소의 흔적으로 추정된다. 우루크의 많은 부녀자들은 높은 수준의 생산량을 유지할 수 있는 수평형 바닥 베틀을 이용해 양털로 고급 직물을 짰다. 우루크의 도공들은 2가지 중대한 혁신적 수단 즉 메소포타미아식 벌집 가마와 고속 녹로轆轤를 활용했다. 벌집 가마는 굽는 온도가 월등하게 높으면서도 도자기를 화염으로부터 보호할 수 있었다. 그 이전의 도공들은 회전반(아래쪽 회전축에 끼워 넣은 상태에서 손으로 돌리는 석재 원반)을 사용했다. 반면 우루크기에 이르러 회전 장치는 막대나 손으로 움직이게 되었고 점토를 올려놓는 위쪽의 바퀴 모양의 장치와 굴대로 연결되었다. 그 기술 덕택에 우루크 사람들은 도자기를 더 빨리, 훨씬 더 좋게 만들 수 있었다. 그들은 사치품 시장을 겨냥해 고운 질감의 가벼운 식기류를 생산했다. 아울러 그들은 규격화된 도자기와 보관용 항아리 같은 비교적 조잡한 상품도 대량으로 공급할 능력이 있었다.

그 같은 일련의 발명과 개선 과정은 인간들이 촘촘하고 경쟁이 치열한 환경 속에 모여 있을 때 가능했다. 혁신이 혁신을 낳았다. 벌집 가마의 높은 온도는 야금술冶金術과 화학작용을 실험하는 데 활용되었다. 메소포타미아의 뱃사공들은 최초로 돛을 사용한 사람들이었다. 바퀴가 발명되기 전에 우루크라는 도시가 먼저 발명되었다는 점은 우리의 직관에 반하는 인상적인 사실이다. 십중팔구 그 도시에서는 필요성이 제기되었을 것이고, 바퀴와 굴대를 조합할 수 있는 기술과 집단 지성이 발휘되었을 것이다. 우루크의 목수들은 주조 구리 재질의 최신 연장으로 둥근 구멍과 굴대를 완벽하고 정교하게 깎으며 실력을 쌓았다. 우루크 사람들은 귀중한 재료와 맞바꾸고 수출품을 담아 운반하기 위한 용도의 도기들도 대량으로 만들어야 했다.

정보는 아주 먼 곳으로 퍼져나가고 있었다. 짐수레에 달린 바퀴는 오늘날 서남아시아 지역의 도심뿐 아니라 우크라이나, 폴란드, 카프카스 산맥, 슬로베니아 등지에서도 발견되고 있다. 기원전 제4천년기에 기술이 급속도로 발전해 세계 곳곳으로 관념이 전파된 것은 전혀 놀라운 일이 아니다. 더 넓은 지역으로 퍼져나간 광범위한 교역망은 관념의 이동 경로였다. 우루크 출신 상인들은 그 경로를 따라 이동했고, 재료를 조달해 상품을 판매할 교역소를 각 지역에 세웠다. 그들은 부의 매력뿐 아니라 생활방식을 둘러싼 급진적인 관념도 전해줬다.

우루크에서 획기적인 돌파구가 열리자 자극을 받은 다수의 후발주자들이 도시화의 물결에 올라탔다. 우루크의 북서쪽 저 멀리에서도 이미 다양한 인구밀도를 보이는 읍락들이 있었다. 예리코, 차탈회위크, 텔 브라크Tell Brak 등은 꽤 큰 정착지의 가장 알맞은 사례들이다. 그중 우루크는 독보적인 위치에 있었다. 오늘날의 이라크, 이란, 터키, 시리아 등지의 여러 고고학적 현장에서는 우루크 사람들이 선도적으로 사용한 재료들로 만든 우루크식 신전과 공공건물이 발견된다. 메소포타미아 남부의 기름진 평원에서는, 수십 개의 새로운 도시들이 생겨났고, 그 가운데 우르Ur, 키시Kish, 니푸르Nippur, 움마Umma, 라가시Lagash, 슈루팍Shuruppak 같은 몇 개의 도시들은 훗날 우루크와 경쟁하다가 우루크를 능가하게 된다. 우루크를 인간들이 함께 생활하고 번영할 수 있는 방법을 둘러싼 실험장으로 본다면 우루크는 그 실험을 멋지게 통과했다고 평가할 수 있다. 사람들은 우루크의 종교적 이념, 식습관, 사회구조 따위를 받아들였다. 마치 거대한 두상화頭狀花처럼 우루크는 그 문화를 아주 먼 곳까지 퍼트렸다. 우루크는 어머니 도시였고, 대도시의 원조였다.[15]

이것은 한 도시의 이야기가 아니라 문화와 교역체계를 공유하는, 서로 연결된 도시망에 관한 이야기다. 도시화된 정착지들이 무리를 지어 형성되자 관념과 기술의 상호작용 및 융합의 기회가 늘어났다. 이렇듯 인간 활동이 점점 더 복잡해짐에 따라 바퀴만큼 중요한 다른 발전상도 나타났다.

우루크의 문화적 영향력이 엿보이는 흔적은 2가지 주요 형태를 띤다. 이른바 빗각 테두리 그릇의 조잡함은 그것이 일회용품이라는 증거가 아니라 그릇의 대량생산 속도를 짐작하게 하는 증거다. 쓰고 나서 버리는 빗각 테두리 그릇은 선사시대판 종이컵이다. 우루크에서 만들어진 그 그릇은 오늘날 서남아시아 전역에서 셀 수 없을 만큼 많은 양이 발견되고 있다.

빗각 테두리 그릇은 그 크기와 모양이 규격화되어 있었다. 용도는 아직 뜨거운 논란의 대상이다. 하지만 원래는 종교적 용도로 쓰였을 가능성이 커 보인다. 식량이나 맥주를 넣을 수 있는 그 그릇은 신전에 바치는 공물을 담는 데 쓰였다. 그리고 신전 관계자들은 그것을 사람들이 수행한 작업과 제공한 용역의 대가로 식량을 분배하기 위한 도량형 단위로 썼다. 신전은 복잡하고 고도로 의례화된 식량 분배망의 중심에 서 있었으며, 공동체 구성원들에게는 각자의 기여도에 따라 식량이 분배되었다. 얼핏 별로 좋아 보이지 않는 그 그릇에는 또 다른 기능도 있었다. 사람들은 빗각 테두리 그릇 하나에 담을 수 있는 분량을 실라sila로 불렀다. 실라는 보편적인 가치의 척도가 되었다. 보리의 양을 기준으로 삼는 일종의 화폐, 즉 하루치 노동이나 양 한 마리, 기름 한 병 같은 것의 가격을 정하는 화폐가 되었다. 실라를 기본단위로 하는 화폐 체계는 우루크에서 가장 먼저 생겼고, 교역을 촉진하는 수단으로서 주변 지역 곳곳에 전파되었다. 화폐는 우루크의 창의적 발효 작용에서 비롯된 또 하나의 발명품이었다.

그러나 지불수단으로 쓰기 위해 많은 양의 곡물을 운반하는 것은 비효율적인 일이었다. 그래서 우루크 사람들의 두 번째 가공품이 등장했다. 그것은 바로 고대 도시들의 유적지에서 대거 발견된 원통 인장이다.

석회석, 대리석, 청금석, 홍옥수, 마노 같은 다채로운 재료로 만든, 2~3센티미터 길이의 원통 인장에는 신, 일상생활 장면, 배, 신전, 현실이나 상상 속의 동물 등을 주제로 삼은 조그맣고 복잡한 문양이 새겨져 있다. 그것을 젖은 점토 위에 놓고 굴리면 문양이 그대로 찍혔다. 그렇게 만들어진 점토판은 일종의 증명서나 정보 전달수단이었다. 원거리 교역이라는 새로운 세계에서 점토판은 수출품의 명칭을 나타내는 문자 도형이나 구매영수증으로, 또 화물과 곡식 창고에서의 임의적 조작을 막기 위한 인장으로 쓰였다.

인장이 찍힌 자국은 불라bulla라는 공 모양의 작은 점토 용기의 표면에서 발견되기도 한다. 그 점토 용기에는 각 상품, 예컨대 피륙 한 필, 기름이나 곡물 한 항아리를 나타내는 점토 상징물이 담겨 있었다. 불라는 앞으로 전달할 상품이나 수행할 노동을 상세히 설명하는 일종의 합의문이기도 했다. 즉, 계약 당사자들이 젖은 점토에 찍은 인장 자국으로 타결한 거래 명세서였다. 우루크 사람들이 그 '계약서'와 약식 차용증서를 보관한 곳은 신전이었다. 신전은 훗날의 영국 중앙은행에 버금가는 금융적 신뢰의 보루였다. 신에 대한 믿음과 금융제도에 대한 믿음이 불가분의 관계를 이뤘다. 십중팔구 사람들은 금융거래가 진행되고 기록이 보관되는 장소와 물리적으로 가까운 곳에 있기 위해 우루크에서 살고 싶은 유혹을 느꼈을 것이다. 거래가 완료되면 사람들은 불라를 깨트렸고, 계약이 이행되어 합의가 종료되었다는 점을 확실히 하는 차원에서 불라 안의 내용물을 없앴다.

빗각 테두리 그릇이 화폐의 출발점이라고 한다면 불라는 금융의 시초를 나타낸다고 하겠다. 그러나 도시 생활이 너무 복잡해졌기 때문에 점토 상징물과 인장으로는 거래의 속도를 따라잡기에 역부족이었다. 인장과 불라는 점점 더 많은 정보를 암호화하기 시작했다. 우선 시간과 제품의 양을 확정해주는 방법이 고안되었다. 불라와 점토판은 추상적인 숫자 암호로 양을 기록하기 시작했다. 그것은 역사상 최초의 수 체계였다. 그러나 숫자만으로는 부족했다. 곡물, 맥주, 직물, 금속과 같이 저장하거나 교환할 수 있는 모든 상품에는 수량, 투입한 노동량, 지급한 할당량, 교역 거리 따위를 나타내는 그림문자와 수치가 부여되었다. 처음에는 날카로운 첨필로 젖은 점토 위에 옥수수 한 알, 양 한 마리, 항아리 하나 그리고 액체를 가리키는 물결선 한 줄과 같이 해당 상품을 간단하게 묘사하는 그림을 그려 넣고 숫자를 덧붙이는 수준에 머물렀다.

그러나 점토는 정확한 그림을 그리기에 적합한 매체가 아니었고, 그림으로 간단히 표현할 수 없는 '대상'도 있었다. 시간이 흐르면서 그림문자는 그것이 가리켜야 하는 대상과 전혀 다른 모양의 기호로 바뀌었다. 이제 세모꼴 첨필로 새긴 쐐기 모양의 기호가 구어에서 쓰이는 소리를 토대로 점토에 찍히게 되었다. 그 비약적 발전 덕택에 그림문자를 이용할 때보다 월등히 많은 정보를 전달할 수 있다. 쐐기 모양의 기호, 설형문자는 표기를 향한 첫걸음이었다.

우루크는 단순히 인간들이 모여 있는 곳이 아니었다. 우루크는 자료를 처리하는 곳이 되었다. 그때까지의 역사를 통틀어 그 어떤 사회도 그토록 막대한 양의 정보를 관리했어야 하지는 않았다. 점토에 기호를 새기는 방식은 우루크의 회계사들이 그토록 많은 양의 자료를 감당하지 못하기 시작하는 인간의 기억력 한계를 극복하려고 발명한 것이었다. 약 1,500년 뒤 《길가메시 서사시》의 저자는 우루크의 성벽과 기념비적 건물들을 극찬했다. 그 도시의 물리적 부분에 대한 찬사가 보이는 서사시의 도입부 바로 뒤에 다음 구절이 나온다. "구리 서판 상자를 찾아라. 청동 자물쇠를 풀어 비밀의 문을 열어라. 청금석 서판을 꺼내어 읽어보아라. 갖은 고통을 이겨낸 길가메시의 이야기를 읽어보아라."

우루크가 이 세상에 선사한 선물은 바로 도시화와 문어文語였다. 첫 번째 선물이 두 번째 선물로 이어졌다. 우루크는 기존의 확고한 사고방식에 대한 근본적인 혁신이나 타격을 두려워하는 사회가 아니었다. 표기와 수학은 도시라는 가마솥에서 탄생했다. 표기와 수학은 복잡성을 관리하는 행정 기법이었다. 지금까지 발견된 가장 오래된 서판 가운데 하나는 점토에 쓴 영수증이다. 그 내용은 다음과 같다. "보리 2만 9,086자루. 37개월. 쿠심Kushim."[16]

그 영수증에는 상품의 양, 상품이 전달되는 기간, 회계사의 서명이 담겨 있다. 무척 일상적인 내용이다. 그러나 이름에 주목하기 바란다. 쿠심은 바로 우리가 아는 역사상 최초의 이름이다. 쿠심은 왕이나 사제도, 전사나 시인도 아니었다. 신분이 그리 높지 않은 사람이었다. 우리가 알고 있는 가장 오래된 이름의 소유자는 평생 우루크에서 셈을 하고 영수증을 쓴, 부지런한 경리사원이었다.

쿠심 같은 회계사들은 기존의 일 처리 방식을 급진적으로 공격하는 보병들이었다. 그 성장하는 도시의 건축가들, 야금업자들, 양조업자들, 직공들, 도공들과 흡사하게도 쿠심과 동료 회계사들은 그들의 직업적 관행을 세련되게 다듬고자 애썼다. 쿠심의 경우를 살펴보면 그는 초기 형태의 문어와 수학을 실험했다. 그는 소유권과 제품의 움직임을 상세히 열거하는, 꼼꼼한 기록을 남길 줄 알았을 것이다. 그는 법적 계약서를 작성하고 대금을 지불하고 수확량을 예측하고 이자를 계산하고 부채를 관리할 수 있었을 것이다. 그러나 쿠심은 본인의 가슴속 깊은 곳의 생각을 적지는 못했다. 쿠심의 단편적인 글이 《길가메시 서사시》의 정서적 깊이와 시적 창의성을 담을 수 있는 전문全文으로 진화하려면 회계사 같은 사람들이 여러 세대에 걸쳐 지식을 점점 더 쌓고 표기법을 조금씩 개선해야 했다.

그 요란스럽게 성장하는 도시에서, 쿠심 같은 사람들은 이른바 전문 행정가들과 관료들이라고 하는 인간사에 관여하는 전혀 새로운 존재들이었다. 그들은 계약을 체결하고 집행하고, 대금 지불과 공정성을 보장하면서 급증하는 교역을 관리했다. 오늘날 그들이 찍은 인장은 교역로를 따라 저 멀리 떨어진 여러 지역에서 발견된다. 하지만 그들은 자신이 속한 사회에 더 깊은 영향을 미쳤다. 문서 기록은 구술적 의사소통과 기억에 근거한 대면 사회에서 기록과 기록 보관에 입각한, 비교적 익명성이 짙은 사회로의 전환을 의미했다.

쿠심 같은 여러 세대의 행정가들은 행정제도가 훌륭하게 운영되는 데 공헌했다. 기원전 제4천년기의 우루크는 기술혁신의 요람이었다. 물론 베틀과 바퀴 같은 생산과 운송 분야의 기술도 있었다. 그러나 아마 가장 의미심장한 것은 관리 기술이었을 것이다. 표기와 수학 그리고 금융은 극비사항에 해당하는, 그리고 고위 행정가들과 사제들이 고이 간직하고자 하는 귀중한 기법들이었다. 그 3가지 기법을 소유한 자들에게 권력이 있었다.

그리고 사회가 여러 세기를 거치며 이 기법들이 더 정교해짐에 따라 권력도 변화를 겪었다. 쿠심 같은 전문 관료는 평생에 걸쳐 축적된 고도의 전문적 기능을 지니고 있었다. 우루크가 점점 성장하고 교역이 활발해지면서 금세공인, 건축가, 예술가, 도공 같은 사람들도 마찬가지의 길을 걸었을 것이다. 식량의 의례적 분배에 뿌리를 둔 그 도시에서는 어떤 사람들이 다른 사람들에 비해 더 많은 자격을 갖추고 있다는 점이 분명해졌다. 우루크는 각자의 부와 기능과 권력에 따라 등급이 정해지는, 계층사회가 되었다.

이는 인류사에서 엿볼 수 있는 도시화의 어두운 면이다. 서로 합의한 공동의 과업으로 출발했을 법한 것이 고도로 중앙집권화된, 매우 불평등한 사회로 변질되었다. 아마 갑작스러운 변화나 권력 장악은 없었을 것이다. 각 세대는 앞 세대의 업적을 발판으로 삼았다. 그리고 효율성 측면의 발전 과정에는 자유와 평등을 약간 희생하는 한이 있더라도 대가가 지불되었다. 자비로운 신전에서 노동의 대가로 사람들에게 식량을 나눠주던 관행이 결국 할당량 관리를 통해 힘겨운 노동을 강요하는 방식으로 변질되었다. 문서 기록으로 인해 소유권이 확립되었고, 없던 부채가 생겨났고, 의무가 강제되었다. 두뇌가 아니라 체력으로 일하는 사람들은 전문가와 행정가 들보다 가난하고 지위가 낮았을 것이다.

우루크와 동일한 크기의 도시들이 힘들고 지저분한 일을 처리하기 위해서는 출산이라는 자연스러운 방법으로 공급할 수 있는 것보다 더 많은 인력이 필요했다. 그 점은 예나 지금이나 마찬가지다. 어느 회계사의 서판에는 쿠심의 서판에 이어 3명의 이름인 갈 살Gal Sal, 엔팝크스En-pap X, 수칼기르Sukkalgir가 더 적혀 있다. 쿠심과 마찬가지로, 이 세 사람은 인간사회가 도시라는 가마솥에서 얼마나 빨리 변화했는지를 엿볼 수 있게 해주는 사례들이다. 엔팝크스와 수칼기르는 갈 살의 노예들이었다. 신전을 세우고, 관개용수로를 파고, 밭을 일구고, 복잡한 도시 조직을 운영하기 위해 점점 더 많은 인력이 필요해지자 강제노동이 주요 상품으로 자리 잡게 되었다. 기원전 제4천년기 말엽, 우루크의 인장에는 손이 묶인 채 위축된 모습의 죄수들이 무장 경비병들의 엄중한 감시를 받고 있는 모습과 같이 도시 생활의 위협적인 측면이 드러나는 그림이 새겨지기 시작했다.

그 가여운 노예들은 도시에서 비롯된 또 다른 부산물이기도 한 조직화된 전쟁의 증거였다. 우루크의 성벽은 기원전 제3천년기 초엽에 건설되었다. 그것은 새로운 현실의 징후였다. 그 무렵, 타의 추종을 불허한 우루크의 전성기가 막을 내렸다. 우루크의 교역체계와 신전에 기반한 관료제는 이전보다 엄혹해진 세상에서 더는 유지되기 어려웠다. 과거에 뿌린 씨앗이 싹을 틔우고 있었지만, 이제 우루크는 씁쓸한 수확을 거두고 있었다. 새로 출현한 경쟁 도시들이 메소포타미아 평원에서 번창하고 있었다. 그 도시들의 등장은 새로운 시대, 즉 서로 경쟁하는 군사기술과 군대, 장군과도 같은 시대의 이정표였다.

오늘날 우루크의 신전 유적지에서는 전곤戰棍(끝에 못 따위가 박힌 곤봉 모양의 옛날 무기), 새총, 화살촉 등이 발견된다. 웅장한 에안나 신전은 파괴되었다. 원인은 전쟁이거나 주민들의 반란이었을 것이다. 기원전 제3천년기의 메소포타미아에서는 고도로 조직화된 10여 개의 도시국가 간에 맺어졌다가 깨지는 동맹과 연합의 변화무쌍한 드라마가 펼쳐지고 있었다. 그 도시국가들끼리 땅과 수역을 두고 다투면서 평화가 자주 깨졌다. 전쟁으로 도시의 성장이 촉진되었다. 점점 더 많은 사람들이 비교적 안전한 도시로 몰려들었다. 커다란 방어용 성벽은 도시 간 폭력이 벌어지고 산악지대와 스텝 지대 출신의 유목민들이 도시를 습격한 그 시대의 특징 중 하나였다. 왕권도 마찬가지였다.

고대 수메르어에서 '루lu'는 '사람', '갈gal'은 '크다'라는 뜻이었다. 루갈, 즉 중요한 사람은 원래 약탈자들로부터 도시와 들판을 지키고, 경쟁 도시가 저지른 잘못에 보복을 가하고, 전리품을 습격자들에게 빼앗기지 않도록 지키는 데 매진하는 반+직업적 전사들의 무리를 이끄는 지도자였다. 권력이 신전에서 궁전으로, 사제와 관료 들에서 장군들에게로 옮겨갔다. 이후 세월이 흐르며 루갈은 '세습적 성격의 왕'을 뜻하게 되었다.[17]

현재 루브르 박물관에 소장된 한 조각품의 파편들에서는 기원전 제3천년기의 잔학함이 드러난다. 독수리 전승비Stele of Vultures는 움마와 라가시가 두 세력권 사이의 농지를 두고 벌인 싸움을 기념한 것이다. 그 비석은 2미터 높이의 석회암 판이다. 윗부분은 둥글고, 측면에는 돋을새김 조각이 있다. 돋을새김 조각에는 손에 창을 든 라가시의 왕이 전차를 타고 밀집대형의 군사들을 싸움터로 이끄는 장면이 묘사되어 있다. 군사들은 패배한 적군들의 엎드린 시체를 밟고 지나간다. 하늘에는 독수리들이 적군들의 목을 부리로 문 채 빙빙 돌고 있다. 여기서 우리는 기원전 제3천년기에 라가시가 이룩한 3가지 업적, 즉 전쟁 기술로 활용된 바퀴, 군대와 조직화된 전투, 국가의 선전 활동에 쓰인 표기와 예술을 확인할 수 있다.

막강한 도시의 발흥과 몰락이 알려주는 것

국가와 제국과 왕이 있기 오래전 이미 도시가 존재했다. 정치조직의 기본 재료인 도시에서는 사람들을 독자적 공동체로 편성하는 관료제와 종교가 탄생했고, 도시를 방어하고 도시의 힘을 투영하는 데 필요한 왕과 군대도 등장했다. 도시를 향한 사랑과 도시의 업적에 관한 자긍심, 외부자들에 대한 두려움이 맞물리면서 훗날 모든 영토와 제국 곳곳으로 퍼져나간 집단적 정체성이 형성되었다. 수천 년의 세월이 흐르는 동안, 표기법은 거래 내역을 기록하는 기호체계에서 문어로 진화했다. 기원전 제3천년기의 메소포타미아에서 최초의 문학 작품들, 즉 왕과 도시와 신을 찬미하는 서사시들이 나왔다. 《길가메시 서사시》에서는 주인공의 고향이 누차 '양우리 우루크'로 언급된다. 양우리는 양치기가 철통같이 지켜주는, 적대적인 환경 속의 안전한 피난처이자 소속감을 느끼는 장소다. 인간의 부족적 본능이 여전히 소규모 친족 무리의 연대와 보호막을 갈망했다고 본다면 전쟁의 위협에 시달리면서도 전쟁에 의해 형성된 곳인 도시는 부족의 몇 가지 특징을 모방했다고 할 수 있을 것이다. 도시는 크게 확대된 집과 가정의 모습으로, 즉 보호의 장소이자 새로운 종류의 친족 집단의 모습으로 사람들에게 다가갔다. 《길가메시 서사시》의 취지는 강력한 왕들과 신들의 고향인 도시와 결속력 있는 주민들을 찬미하는 것이다. 훗날 도시를 바탕으로 출현한 나라들처럼 도시들에도 사람들을 초超부족으로 단결시킬 수 있는 그런 신화가 필요했다.

서로 우위에 오르기 위한 몸부림이 끝없이 펼쳐지는 과정 속에서, 기존의 최강자 지위에 오른 도시는 오래 버티지 못했다. 도시가 굴복을 거부하는 가운데 또 하나의 도시국가가 최고의 권좌를 노렸다. 기원전 2296년, 움마의 왕 루갈자게시Lugalzagesi가 키시와 우르, 우루크를 비롯한 여러 도시국가들을 정복했다. 루갈자게시는 신성함과 유서 깊은 계보를 고려해 우루크를 수도로 삼았고, 우루크에게 과거의 대도시적 지위를 회복시켜줬다. 그는 단일 왕국의 왕으로서 메소포타미아 대부분의 지역을 통치했다. 그러나 얼마 뒤 루갈자게시는 아카드라는 신생 도시와 그곳의 카리스마 넘치는 자수성가형 지배자인 사르곤의 도전에 직면했다. 사르곤은 우루크를 포위했고, 성벽을 부쉈고, 루갈자게시를 사로잡아 옥에 가뒀다. 이후 사르곤은 우르와 라가시와 움마를 상대로 승리를 거뒀다.

사르곤이 세운 역사상 최초의 제국, 아카드 제국은 유서 깊고 원숙한, 수메르의 도시 문명에서 탄생했다. 그의 제국은 거의 2,000년 동안 성벽 뒤에서 무르익은 힘이 확장된 결과였다. 특정 목적에 따라 건립된 최초의 수도인 찬란한 도시, 아카드를 중심으로, 제국의 도시망이 페르시아 만에서 지중해까지 뻗어 있었다. 수도인 아카드는 지금까지의 역사를 수놓은 여러 제국의 대도시들처럼 기념비적인 건축물이 있고 세계주의를 표방하고 막대한 부를 지닌 도시로 묘사된다. 고대 메소포타미아의 역사 내내, 아카드는 아서 왕의 전설에 나오는 카멜롯Camelot 같은 곳으로 신화에 등장했고, 사르곤이라는 이름은 막강하고 공정한 통치자의 전형으로 등장했다. 아카드 제국은 약 2세기 동안 사르곤과 그의 후계자들의 통치 아래 번성했다.

그 거대한 제국이 무너진 이유는 뜨거운 논쟁거리다. 지금으로부터 약 4,200년 전에 발생한 또 한 번의 세계적 기후변화기는 적어도 부분적인 원인으로 작용했다. 산악지대의 강수량이 감소해 유프라테스 강과 티그리스 강의 흐름이 느려지는 바람에 도시 생활의 기반인 관개농업에 재난이 초래되었다. 구티족Gutians으로 알려진 부족 전사들이, 약하지만 살찐 먹잇감을 노리는 탐욕스러운 늑대들처럼, 자그로스 산맥에서 쏟아져 내려왔다.

"누가 왕이었는가? 누가 왕이 아니었는가?" 당시의 기록이 외로이 묻고 있다. 구티 족은 혼돈의 시기를 예고했다. 교역이 쇠퇴했다. 도시 조직이 붕괴했다. "도시를 만들고 세운 이래 처음으로 드넓은 벌판에 곡식이 나지 않았고, 수위가 높아지면 잠기는 연못에서 물고기를 잡을 수 없고, 물을 대는 과수원에서 당밀도 포도주도 생기지 않았다." 막강했던 아카드는 적들에게 점령되고 파괴되어 그 자취가 지구상에서 모조리 사라졌다.[18]

도시는 경이로울 정도로 집요한 창조물이다. 아카드 제국의 몰락은 누군가에게는 재앙이었으나 또 다른 누군가에게는 기회였다. 구티 족은 메소포타미아를 통치하지 않았다. 오히려 그들은 수십 년 동안 여러 지방을 약탈했다. 타고 남은 문명의 불꽃은 몇몇 도시들의 성벽 뒤에 버티고 있었다. 그 도시들은 이미 쇠락했지만 겉으로는 독립을 유지하고 있었다. 결국 우르가 한 지방 왕국을 이끄는 도시로 떠올랐다. 인도를 비롯한 여러 곳까지 이어지는 원거리 해상 교역을 장악한 데 힘입어, 우르는 계단식으로 높이 쌓은 신전인 거대한 지구라트를 통해 힘을 과시했다. 훗날, 지구라트는 수메르 문명의 대표적인 특징으로 자리 잡았다.

그러나 세력과 웅장함의 정점에 이르자마자 우르는 아카드와 똑같은 운명을 맞았다. 아모리족Amorites 때문이었다. 오늘날의 시리아에 해당하는 지역에서 살았던 유목 부족인 아모리족은 기후변화로 빚어진 장기간의 가뭄을 피해 기원전 제3천년기의 마지막 세기에 대규모로 이동하기 시작했다. 수메르인들의 관점에서, "집도 도회지도 모르는 […] 날고기를 먹는 […] 짐승의 본능을 지닌 파괴자들"인 아모리족이 침입하자 우르의 제국은 서서히 잠식되었다. 아모리족의 침입으로 정신이 없던 우르는 또 다른 약탈자들, 즉 오늘날의 이란에 해당하는 지역에서 살았던 엘람인들Elamites의 공세에 속수무책이었다.[19]

기원전 1940년, 당시 세계에서 가장 부유하고 거대한 도시의 성벽이 그 야만인들의 공격으로 무너지고 말았다. 신전은 약탈을 당한 뒤 파괴되었다. 거주 구역은 불에 타 잿더미로 변했다. 생존자들은 포로로 끌려가거나 폐허로 전락한 우르에 남겨진 채 굶주렸다. "축제가 열렸던 넓은 길에 머리가 여기저기 굴러다녔다. 한때 사람들이 거닐었던 모든 거리에 시체가 쌓여 있었다. 땅의 축제가 벌어졌던 곳에 시체가 산더미를 이뤘다." 개들조차 그 폐허를 떠났다.[20]

도시들의 발흥과 몰락, 소멸과 재건이라는 현실은 메소포타미아인들의 마음속에 깊이 배어 있었다. 우선, 진흙 벽돌은 내구성이 약하기 때문에 대형 구조물조차 오래 버티지 못했다. 그리고 생태학적 요인도 작용했다. 유프라테스 강이나 티그리스 강은 걸핏하면 진로가 갑자기 바뀌었고, 그 결과 인근 도시들이 황폐화되었다. 몇 년 뒤나 심지어 몇 세기 뒤에, 강이 원래의 진로를 되찾으면 도시들에는 다시 사람들이 살기 시작하며 활기를 띠었다.[28]

기원전 1940년, 약 2,000년의 역사를 자랑하는 우루크와 우르는 어떤 기준에서 봐도 오래된 도시들(오늘날의 런던과 파리만큼, 혹은 그보다 더 오래된 도시들)이었다. 역사의 격렬한 흐름, 온갖 치열한 투쟁과 전쟁, 막강한 제국의 흥망, 야만족의 침입, 집단 이주, 기후변화 등에 맞서 우루크와 우르는 굳건히 버텨왔다. 그리고 두 도시는 아직 생명력을 품고 있었다. 유목 부족들의 침략을 받아 파괴되기는커녕 우루크와 우르는 '야만인들'을 수용하고 교화했다. 아모리족은 그 오래된 도시들에 정착했고, 피정복민들의 도시풍 생활방식과 종교, 신화와 지식을 받아들였다. 아마도 야만스러웠을 법한 그 승리자들은 9개의 새로운 신전과 여러 개의 기념물을 세워 우르를 재건했다. 나머지 도시국가들은 유목 부족 출신의 지도자들이 통치하게 되었다. 수메르인들에 의해 우루크에서 출발한 도시 문명은 메소포타미아에서 명맥을 유지했고, 새로운 민족들인 아모리족, 아시리아인, 히타이트인에게 전파되었다. 니네베Nineveh와 바빌론 같은 새로운 대규모 도시들에서는, 우루크와 우르에서 시작된 도시 건설 관행, 각종 기법, 신화, 종교 등이 보존되었다.

우루크는 무척 오랫동안 실용적이고 신성한 도시로 남아 있었지만, 장기간의 쇠퇴기에 접어들기 시작했다. 그리스도가 탄생할 무렵, 우루크는 유프라테스 강이 진로를 바꿔 저 아득히 사라짐에 따라 환경적 위기를 겪었다. 그 무렵, 우루크와 그 밖의 도시들을 빛나게 했던 종교가 수명을 다했다. 우루크라는 도시의 명맥을 이어야 할 이유가 없었고, 서기 300년경에 우루크에 남아 있는 것은 거의 없었다. 태양과 바람과 비와 모래가 힘을 모아 거대한 벽돌 구조물들을 먼지로 만들어버렸다. 우루크가 습지대에서 위대한 도시로 도약한 지 거의 5,000년 뒤인 서기 700년경, 그 신비로운 도시는 아무도 찾지 않는 폐허로 전락했다.

관개시설이 사라지자 사막이 드넓은 밀밭을 삼켜버렸다. 1849년에 발견되었을 때 우루크는 모래언덕 사이에 묻혀 있었다. 당시 우루크를 발견한 사람들은, 성서 시대 이전에 그 위대한 도시 문명이 그토록 열악한 환경에서 그처럼 오랫동안 번영할 수 있었다는 사실을 믿기 어려웠다. 이후 지금까지, 이라크의 잃어버린 옛 도시들은 더 많은 비밀을 내놓고 있고, 덕분에 우리는 오랫동안 잊힌 문명에 대해, 또 우리가 도시화를 향해 걸었던 길의 기원에 대해 배울 수 있다. 폭력과 전쟁이 이라크를 뒤덮은 상황에서도 말이다.

우루크와 메소포타미아의 여러 도시들은 우리에게 소리 높여 말한다. 한때 막강했으나 기후변화와 경제난으로 황폐화된 그 도시들은 오늘날 모든 도시들의 궁극적인 숙명을 끈질기게 일깨우고 있다. 그 도시들의 유구한 역사는 눈부신 발견, 인간의 업적, 권력욕, 복잡한 사회의 복원력 등에 관한 역사다. 그 도시들은 다가올 모든 것의 서막이었다.

2장

에덴동산과 죄악의 도시

하라파와 바빌론

기원전 2000~539년

히브리 성경(기독교의 구약성경에 해당한다_옮긴이)의 나훔서Book of Nahum에는 "화 있을진저 피의 성이여. 그 안에는 거짓이 가득하고 포악이 가득하며 탈취가 떠나지 아니하는도다. 휙휙 하는 채찍 소리, 윙윙하는 병거兵車 바퀴 소리, 뛰는 말, 달리는 병거!"라는 외침이 나온다. 히브리 성경에서 낙원은 동산이다. 히브리 성경에 의하면 도시는 죄악과 반항을 바탕으로 탄생했다. 동생을 죽인 뒤 황야로 쫓겨난 카인은 최초의 도시를 세웠고, 아들의 이름을 따서 그곳을 에녹Enoch으로 불렀다고 한다. 그는 에녹을 하느님의 저주를 피하기 위한 안식처로 삼았다. 히브리 성경에서 반항과 도시는 서로 단단히 뒤엉켜 있다. 청동기시대의 폭군 니므롯Nimrod은 도시를 세워 사람들의 마음이 하느님에게서 떠나도록 했다. 훗날, 니므롯은 에레크Erech(우루크)와 아카드와 바벨 같은 도시를 비롯한 메소포타미아 지역에 여러 가지 무신론적 요소를 도입했다.

창세기에서 도시는 인간의 오만에 대한 궁극적 상징이다. 하느님은 사람들에게 번성하여 땅을 채우라고 명령했다. 그러나 사람들은 도시로 몰려들었고, 그곳을 자부심의 상징으로 가득 채우기 시작했다. 바벨 백성들은 "어서 도시를 세우고 그 가운데 꼭대기가 하늘에 닿게 탑을 쌓아 우리 이름을 날려 사방으로 흩어지지 않도록 하자"라고 말했다. 하느님은 바벨을 파괴했다. 물론 바벨은 하느님이 파괴한 마지막 도시는 아니었다. 하느님의 뜻을 거역한 바벨의 백성들은 언어가 서로 달라져 뿔뿔이 흩어졌다. 이로써 도시는 타락과 혼란, 분열을 의미하게 됐다.

같은 맥락에서 히브리 성경에도 좋은 본보기가 담겨 있다. 기원전 제2천년기와 기원전 제1천년기의 도시들은 폭력과 욕망의 원천임과 동시에 목가적 이야기와 멋진 삶에 대한 반감의 원천이기도 했다. 그런 관점은 오늘날까지 내려온 우리의 도시관에 영향을 끼쳤다. 서양 문화에는 반反도시주의라는 뿌리 깊은 경향이 있다. 혐오스러운 눈초리로 도시를 바라보는 구약성경의 선지자라도 되는 것처럼, 장 자크 루소는 지나치게 커진 도시에는 "종교나 원칙이 없는, 나태와 무기력, 쾌락과 욕구로 인해 상상력이 타락한 나머지 괴상한 것만 떠올리고 범죄만 부추기는, 교활하고 게으른 사람들로 가득하다"고 썼다.[1]

규모가 확대되고 온갖 인간 활동이 중첩되면서 점점 혼잡해진 도시는 너무 커진 곳, 시대에 뒤떨어진 곳, 응집력이 없는 곳으로 평가되었다. 1830년대에 프랑스의 파리를 지켜보던 어느 작가는 "진흙탕에 개미처럼 빽빽이 들어찬 남자들과 여자들이 해로운 공기를 마시고, 복잡한 거리와 공공장소를 걸어가면서 난잡하게 뒤엉켜 사귀는, 악마와 같은 거대한 춤"이라고 표현했다. 지저분한 도시는 지저분한 사람들을, 정신적으로나 육체적으로나 흉하게 일그러진 사람들을 만

들어냈다.[2]

1950년대 미국의 민족학자 겸 행동 연구가인 존 B. 칼훈John B. Calhoun은 정교한 '쥐의 도시'를 만들었고, 거기에 설치류들을 풀어 도시 같은 고밀도의 조건에서 살도록 했다. 시간이 흐르자, '설치류 천국'은 '지옥'으로 바뀌었다. 암컷 쥐들은 새끼를 방치하거나 학대했다. 어린 쥐들은 고약한 '비행 청소년'이 되거나 흐리멍덩한 '사회 부적응자' 혹은 '낙오자'로 전락했다. 그런 사회적 혼란을 틈타 우위에 오른 쥐들은 각 구역의 '두목' 자리에 올랐다. 도시의 가혹한 환경 때문에 많은 쥐들이 성욕 과잉 현상 그리고 암수를 구분하지 않는 성욕에 시달렸고, 동성애적 성향을 띠게 되었다.

쥐도 인간과 마찬가지로 도시에서 번성한다. 그러나 칼훈의 실험에 따르면 쥐는 나름의 진화적 역사를 통해 조밀하고 난잡한 건축환경에서 서식하는 데 따른 충격과 스트레스에 적응할 준비를 갖추지 못했기에 그릇된 길로 빠진다. 그것은 다수의 건축가와 도시계획가들이 칼훈의 실험 결과에서 얻은 교훈이기도 했다. 그들이 보기에 현대 도시는 쥐를 대상으로 유발한 것과 동일한 병리 현상을 인간에게 초래하는 장소였다. 칼훈의 실험은 도시가 맞이할 완전한 사회적 파국의 시대를 예고하는 것이었다.

쥐는 도시 생활의 상징이다. 도시의 어둡고 으슥한 곳에 무리를 지어 사는 위험한 서민들은 흔히 쥐에 비유되었다. 자연과 분리된 채 초만원인 대도시에 갇혀 사는 서민들은 사회 질서를 위협하는 인간 이하의 존재로 전락한다. 그러나 지금까지 모든 시대의 사람들은 어지럽고 비계획적이고 자기조직적인 도시가 붕괴할 경우 이를 과학적 혹은 철학적 원칙에 따라 재건해 다시 완벽한 도시로 만들 수 있다고 믿어왔다. 도시를 계획하라. 그러면 우리는 더 나은 사람들이 될 수 있을 것이다. 이렇게 믿은 셈이다. 문학 작품과 영화에는 음울한 도시의 악몽 같은 미래상이 가득하지만, 기술이나 건축술에 힘입어 모든 혼란 상태가 정리된 도시 또한 완벽한 이상향으로 그려지기도 했다. 이 같은 이중성은 인류 역사 속 면면히 이어져 내려오는 특징이다.[3]

현실의 도시들을 냉담한 시선으로 바라보는 성경에는 인간의 악덕이 근절되고 신에 대한 경건한 숭배로 가득 차 있는, 완전무결한 도시인 새로운 예루살렘New Jerusalem이 이상향으로 그려져 있다. 성경은 동산에서 시작해 천상의 도시로 마무리되는 셈이다. 플라톤과 토머스 모어는 철학적 근거를 바탕으로 완벽한 도시를 떠올렸다. 레오나르도 다빈치는 15세기에 밀라노를 강타한 치명적인 역병에 대응하고자 실용적이고 위생적인 도시를 설계했다. 카날레토Canaletto(18세기 이탈리아의 화가_옮긴이)가 묘사한 베네치아의 모습에는 화려한 도시 문명의 정점이, 즉 지저분함과 누추함은 배제되고 건축적으로 멋지고도 생생한 이상적 도시의 미래상이 담겨있다.

"도시를 올바르게 계획하라. 그러면 더 나은 사람들이 생길 것이다." 크리스토퍼 렌 경Sir Christopher Wren(17~18세기의 영국 건축가_옮긴이)은 중세 유럽의 헝클어진 골목길을 없앤 뒤, 이동과 상업활동을 촉진하고 근대적 합리성을 표현할 수 있는 넓은 가로수길인 대로와 곧은 길로 이뤄진 도시를 만들고자 했다. 스위스의 건축가 르 코르뷔지에 Le Corbusier는 도시를 온통 뒤덮고 옥죄는, 복잡하게 뒤엉킨 역사의 잔재를 지우고 그 빈자리를 합리적으로 계획된, 기하학적 현대 도시 환경으로 채우고 싶어했다. 그는 "이 세상에는 마치 납골당처럼 죽은 시대들의 파편이 흩어져 있다"라고 말했다. 영국의 사회개혁가 에버니저 하워드 경Sir Ebenezer Howard은 영혼을 파괴하고 오염된 산업 대도시를 해체하고, 정리 정돈된 산업시설과 쾌적한 소주택과 풍부한 녹지를 갖춘 최대 인구 3만 명 정도의 교외 전원도시를 만들고자 했다. 그는 다음과 같이 선언했다. "도회지와 농촌은 결합해야 한다. 그리고 이 즐거운 합일을 통해 새로운 희망과 새로운 삶, 새로운 문명이 생겨날 것이다."⁴

이상적 대도시의 등장

역사는 엉망진창인 도시를 해체하고 그 빈자리를 과학적으로 설계한 대안으로 채우려는 몽상적 계획으로 점철되어 있다. 르 코르뷔지에는 파리나 뉴욕을 파괴하고 나서 처음부터 다시 시작할 기회를 잡지 못했다. 그러나 공원 속의 고층건물과도 같이 그가 시도한 현대주의 건축의 몇 가지 실험에 힘입어 전 세계 도시들의 외관과 그곳에 거주하는 사람들의 삶이 바뀌었다.

이상향적 도시주의를 통해 완벽한 인간성을 구현한다는 미래상은 '벽돌에 의한 구원'으로 일컬어지기도 했다. 시대를 막론하고 다양한 형태의 하향식 도시계획이 사람들의 마음을 사로잡곤 했다. 하지만 그것이 완전히 성공한 적은 거의 없었다. 선의에서 수립된 도시계획이 도리어 도시 생활을 훼손하는 경우가 더 많았다. 이처럼 우리는 지난 역사에서는 큰 희망을 찾아낼 수 없다. 그러나 만일 도시 기반의 여러 사회들과 달리 처음부터 악덕과 악습이 없는 도시 문명이 있었다면 어땠을까? 그동안 고고학자들은 바로 그런 문화의 유적을 복구했고, 지금도 복구하고 있다.

현재까지, 오늘날의 파키스탄과 아프가니스탄, 인도에 걸쳐 있는 100만 제곱킬로미터 넓이의 땅에 산재한 1,500개 이상의 정착지가 발견되었다. 고도로 발달한 도시들과 도회지들 그리고 무역로의 전략 거점이 해안과 하천계에 위치해 있었고, 약 500만 명이 살았던 그 도시와 도회지 들의 주축은 다음의 5개 대도시였다. 하라파, 모헨조다로, 라키가리Rakhigarhi, 돌라비라Dholavira, 간웨리왈라Ganweriwala 등으로 알려진 이들 대도시에는 각각 1만 명 정도의 인구가 살았다(이 지역의 문명은 대표적인 도시 하라파의 이름을 따 하라파 문명으로 불린다). 1920년대에 비로소 이들 도시 몇 개의 규모가 드러났다. 이후 더 많은 사실이 밝혀졌지만, 하라파 문명에 관한 우리의 지식은 여전히 미약한 수준에 그치고 있다.[5]

하라파인들은 금, 은, 진주, 조가비, 주석, 구리, 홍옥수, 상아, 청금석 등을 비롯해 인도 아대륙과 중앙아시아에서 나는 여러 가지 매력적인 품목을 구해 들여왔다. 하라파인들은 그 다양한 수입품을 재료로 만든 정교하고 아름다운 장신구와 금속세공품으로 명성을 떨쳤다. 하라파 상인들은 메소포타미아의 핵심적인 도시 지역까지 건너가 상점을 세웠다. 아카드, 우루크, 우르, 라가시 같은 도시들에 살고 있었던 왕과 궁정, 신과 권력자들은 이국적인 동물과 직물, 고급 도자기 뿐 아니라 인더스 강 유역의 작업장에서 만들어진 사치품도 간절히 필요로 했다. 메소포타미아의 도시국가들이 번성하고 있을 때 인더스 강 유역에서는 기원전 2600년부터 도시 건설의 역사가 급속도로 진행되고 있었다. 인더스 강 유역의 상인들은 틀림없이 티그리스 강과 유프라테스 강 유역에 산재한 환상적인 도시들의 이야기와 함께 고향으로 돌아왔을 것이다. 한곳에서 도시화가 일어나면 다른 곳에서도 비슷한 과정이 촉발되었다. 하라파와 모헨조다로 같은 도시들은 메소포타미아와 페르시아 만에서 고급 공예품에 대한 수요가 늘어남에 따라 형성되었다.[6]

그러나 대양을 건너가 우루크나 우르의 거리를 누비다가 고향으로 돌아온 모험적인 상인들이 도입한 것은 청사진이 아니라 관념이었다. 하라파인들은 튼튼하게 지은 주택으로 이뤄진 상설 정착지에서 살았고, 야생에서 구하거나 직접 재배한 온갖 음식을 즐겼다. 티그리스 강, 유프라테스 강, 황허 강, 니제르 강, 나일 강 등의 하천계처럼 인더스 강 하천계에서도 대량의 잉여 곡물이 생산되었다. 하라파인들은 기술과 문자 체계, 고도로 전문화된 공예 기능을 발전시켰다. 무엇보다 인더스 강 유역의 그 광범위한 사회는 공동체 관계를 좌우하는 일련의 세련된 신념으로 결속되어 있었다. 하라파인들은 메소포타미아의 도시들에 관한 이야기로부터 대략적인 도시 개념을 차용했지만, 그들이 만들어낸 도시들은 전적으로 토착문화와 독창성의 산물이었다. 여러 측면에서 하라파인들은 중국과 메소포타미아, 이집트의 도시 사람들을 능가했다. 최근 고고학자들은 무려 10만 명의 인구를 자랑한 모헨조다로를 청동기시대 최대의 도시이자 당시 지구상에서 가장 빛나는 기술 혁신이 이뤄진 장소였을 것으로 여기고 있다.[7]

그러나 청동기시대의 다른 주요 문명들과 대조적으로, 하라파 문명의 도시들에는 궁전이나 신전도, 경외감을 일으키는 지구라트나 피라미드도 없었다. 사제나 왕의 흔적도 전혀 없다. 대형 공공건물들도 위풍당당하기보다 수수한 정도였다. 곡물 창고, 일반 창고, 강당, 목욕탕, 시장, 정원, 선거船渠 같은 건물들은 기능과 취지의 측면에서 자유민적 성격을 띠었다. 하라파인들은 노예를 소유하지 않은 듯하고, 철저히 구별되는 사회적 서열에 따라 생활하지도 않은 것처럼 보인다. 또한 도시의 가옥들은 크기가 다양하지 않았고, 각 가옥이 보유한 가공품의 양도 큰 차이가 없었던 것 같다.

메소포타미아의 도시국가들은 끝없는 충돌 국면으로 빠져들어 도시들이 모조리 파괴되고 세력 확대가 불가능해진 반면, 인더스 강 유역의 도시국가들은 사냥에 필요한 무기를 제외하고는 무기를 전혀 보유하지 않았다. 지금까지 전쟁에 관한 묘사나 서술도 발견된 적 없고, 고고학적 유적에서도 싸움의 자취를 전혀 찾아볼 수 없다. 그리고 통치자나 관료제에 대한 직접적인 증거도 없다.

하라파 문명의 도시 사람들은 기반시설과 토목의 측면에서 시대를 훨씬 앞서 있었다. 주요 도시들은 인더스 강 유역의 홍수 수위보다 높은 곳의 거대한 벽돌 토대 위에 건설되었다. 모헨조다로의 어느 벽돌 토대를 만드는 데는 400만 시간의 노동이 필요했을 것으로 추산된다. 서로 직각으로 뻗은 주요 도로들은 동서남북에 맞춘 격자무늬를 이뤘다. 그 큰 거리에 의해 모헨조다로는 더 좁은 거리와 다층 주택들이 있는 여러 개의 거주 구역으로 나뉘었다. 통일성은 거리 구획에서 주택의 크기와 외관 그리고 벽돌의 치수로까지 확대되었다. 모헨조다로에는 심지어 공공 쓰레기통도 있었다. 가장 특기할 만한 것은 인더스 강 유역의 도시계획에 부여할 만한 최고의 영예이기도 한 도시 전역에 설치된 하수도 시설이었다.

지붕 위에 솟아 있는 커다란 공공건물은 잊자. 모헨조다로의 가장 중요한 측면은 지상 1층 아래에 있었다. 한 도시가 날마다 인간의 배설물을 처리할 때 기울이는 신중함만큼 자유민들의 집단적 노력을 뚜렷하게 상징하는 요소는 드물다. 인더스 강 유역의 도시들을 세운 사람들은 하수 처리 문제를 가장 먼저 고려했다. 기원전 제3천년기 도시들의 모든 가정에는 수세식 변소가 있었다. 4,000여 년이 흐른 뒤인 오늘날 파키스탄의 동일한 지역에서도 모든 가정이 수세식 변소를 갖추고 있지는 않다. 19세기 유럽의 산업도시도 마찬가지였다. 1850년대 맨체스터의 빈민가 거주자는 100여 명의 이웃들과 함께 공중변소를 써야 했다. 19세기 중반에 이르러서야 비로소 세계 최강의 도시인 런던과 파리가 대규모 위생처리 문제와 씨름하기 시작했다. 모헨조다로와 하라파의 각 가정에서 배출되는 분뇨는 토관을 통해 인근 거리의 하수구로 흘러갔고, 거기서 다시 주요 도로 밑의 대형 지하 하수도 시설로 빠져나갔다. 그 대형 하수구는 중력을 이용해 오물을 성벽 밖으로 내보냈다. 각 가정의 욕실에서 배출되는 오수도 하수구를 거쳐 밖으로 나갔다.

청결은 경건함 다음으로 중요하다는 옛말이 있지만, 이 시기의 인더스 강 유역의 도시들에서는 청결이 경건함 다음으로 중요하지 않았다. 청결이 바로 경건함이었다. 영혼을 정화할 때 발휘되는 물의 위력은 신념체계의 중심을 이뤘다. 모헨조다로와 그 밖의 도시들에 살았던 사람들은 특별히 설계된 방수 욕실에서 샤워를 즐겼다. 그 대도시의 핵심적인 특징은 물이 새지 않는 커다란 웅덩이라는 점이었다. 가로 12미터, 세로 7미터, 깊이 2.4미터의 그 웅덩이는 역사상 최초의 공중목욕탕이었다. 그 도시들에는 신전이 없었다. 그러나 도시 자체가, 아니 적어도 도시의 하수구, 우물, 저수지, 목욕탕 따위로 구성된 기반시설이 일종의 수상 신전을 이루고 있었음을 확인할 수 있을 것이다.

새로운 증거에 의하면 하라파 문명의 도시화는 기후변화에 잇달아 적응한 데 따른 결과였다고 추정할 수 있다. 하라파 문명의 도시들이 기원전 2500년부터 기원전 1900년까지 전성기를 누리는 동안 강의 진로가 바뀌고 계절별 강수량이 달라지면서 환경의 예측 불가능성이 커졌다. 따라서 물을 받아 저장하고 다양한 작물을 재배하는 새로운 방법을 발견하는 것이 인더스 강 유역 도시화의 핵심 특징으로 자리 잡았다. 그 도시들은 점점 뜨거워지고 건조해지는 환경에서 복원력을 갖추도록 설계되었다.[8]

열악한 사막에 위치한 도시 돌라비라에는 고도의 치수 시설이 건설되어 있었다. 서로 밀접하게 연관된 제방들은 우기에 일어난 홍수의 물길을 16개의 거대한 직사각형 석조 유수지로 돌리는 역할을 했다. 여러 달 동안 건조한 날씨가 이어질 때는 유수지의 물이 수로를 통해 도시나 들판으로 흘러갔다. 계절풍으로 내린 빗물은 높이 솟은 성채 꼭대기의 저장고에 담겨 있다가 필요할 때 중력을 통해 낮은 곳으로 보내졌다. 모헨조다로에서는 최소한 700개의 우물을 통해 지하수를 이용할 수 있었다. 우물들은 매우 깊고 튼튼하게 만들어졌고, 최근에 발굴된 우물들은 마치 높이 솟은 망루 같은 모양을 하고 있다.[9]

복잡한 물 관리는 사활을 걸고 다뤄야 하는 문제였다. 하라파 문명의 도시들은 사전에 계획한 수역학적 시설 위에 건설되었지만, 이념의 관점에서 볼 때 그 도시들은 물에 대한 신성한 경외감 그리고 오염에 대한 혐오라는 토대 위에 서 있었다. 선진적인 토목 기술과 맞물린 상업적 성공은 확실히 평등하고 평화로운 사회를 형성하는 데 보탬이 되었다.

반면 메소포타미아의 도시들은 그런 세련미를 지니지 못했다. 그리고 배관설비와 집중화된 하수 처리 시설은 더더욱 갖추지 못했다. 인더스 강 유역의 도시들이 번영을 누린 지 2,000년 뒤에 로마인들이 등장하고 나서야 비로소 인더스 강 유역 사람들의 치수 공학과 도시계획 수준을 능가하게 되었다. 초기의 고고학자들은 하라파 문명의 도시들을 아이들의 도시들로 여겼다. 많은 장난감과 놀이의 흔적이 발견되었기 때문이다. 하라파인들은 온갖 종류의 음식과 강황, 생강, 마늘을 비롯한 향신료를 썼다. 추출된 인골에서 채취한 증거를 살펴보면 이 사회의 특정인들이 다른 사람들보다 더 많은 영양분을 섭취했을 것 같지는 않다. 하라파 문명의 도시들에서 살았던 사람들의 기대수명은 높았다. 그들은 옷도 잘 입었다. 지금까지 발견된 가장 오래된 면사는 바로 하라파 문명의 도시에서 나온 것이다.[10]

모헨조다로와 하라파의 생활수준은 두 도시가 존재했던 시기뿐 아니라 역사를 통틀어서도 놀랍도록 높았다. 그런 사회의 질서정연함과 청결함에 이끌리지 않는 사람은 드물 것이다. 그 문명은 망각된 이상향이자 지금까지 우리가 밟아온 도시 여정에서 누락된 지점일지 모른다. 아마 에덴동산은 큰 대가를 치를 필요 없이 수요가 충족되고 안전이 보장되는 장소 즉, 도시였을 것이다.

기원전 1900년경 인더스 강 유역의 도시들은 사람들에게 버림받았다. 무시무시한 대격변이나 외부 침략, 광범위한 인명 손실의 징후는 전혀 없다. 사람들은 자발적으로 도시를 떠났다. 그들의 탈도시화는 도시화만큼 평화롭고 이상향적인 행보였던 듯하다. 계절풍은 동쪽으로 이동하면서 위력이 약해지기 시작했다. 곡물과 깨끗한 물이 절실한 대도시들은 새로운 기후에서 살아남을 수 없었다. 주민들은 자원 감소에 맞서 끝까지 몸부림치는 대신 소규모의 농업 공동체로 흩어졌고, 갠지스 강의 평원을 향해 이동하기 시작했다. 도시 생활이라는 산소를 빼앗기자 인더스 강 유역의 문자도 쓰임새를 잃었다. 도시들은 서서히 잠식해오는 사막의 모래에 파묻히기 시작했고, 결국 비밀을 간직한 채 사라졌다.

불가사의한 하라파 문명은 여전히 우리의 호기심을 자극한다. 도시들의 유적에서 발견된 새로운 사실이 널리 보고되고 있다. 하라파 문명은 평화롭고 기술적으로 진보한 사회의 본보기인 듯싶다. 얼핏 이상향 같은 이 문명에 쏠리는 최근의 관심에는 타당한 이유가 있다. 지금 이 시대에는 새로운 예루살렘 즉, 지금 우리 인류가 겪는 문제에 대한 해답으로 보이는 이상적 도시를 설계하는 데 열중하는 분위기가 감돌고 있다. 최근 어느 매체에는 '공상과학소설은 이제 그만. 완벽한 도시, 건설 중'이라는 머리기사가 실렸다. 하라파 문명의 도시화는 다음과 같이 약속한다. 처음부터 설계를 똑바로 할 수 있으면 그대들의 도시는 인간의 능력을 최대한 발휘시키고 사람들에게 성공을 안겨주는 장소가 되었을 것이다. 인더스 강 유역의 사람들은 레오나르도 다빈치, 에버니저 하워드 경, 르 코르뷔지에 등이 풀지 못한 수수께끼를 풀었던 것 같다. 그런데 현대의 첨단 기술을 이용해 모헨조다로의 시대정신을 재창조할 수 있다고 믿는 사람들이 있다. 하라파인들이 물에 대한 경외감을 바탕으로 도시를 세웠다면 우리는 디지털적 미래에 대한 신뢰를 바탕으로 나름의 도시를 세우고 있는 셈이다.[11]

맨해튼의 인구밀도와 아름다운 스카이라인을 빼다 박은 듯한 도시가 있다고 생각해보자. 그런데 그 도시의 크기가 아늑하고 걸어 다닐 만한 보스턴 도심의 크기와 같다고 치자. 자, 그곳에 베네치아의 운하가 뚫려 있고, 푸른 공원이 여러 개 있다. 가로수가 늘어서 있는 파리풍의 대로에는 자동차가 없다. 하지만 그 대로에서는 소호 거리의 창의적 활기와 거리 생활을 느낄 수 있다. 자동차는 필요 없다. 도시의 어느 곳을 거치든 간에 걷거나 자전거를 타고 직장이나 학교에 갈 수 있다. 쓰레기차나 배달차도 필요 없다. 쓰레기는 기송관氣送管에 빨려 들어가 재활용 분류 과정을 거치고, 모든 물건이 드론과 배를 통해 배달된다. 인간의 분뇨는 도시에 동력을 공급할 생물자원으로 바뀐다.

첨단기술로 완벽히 통제하는 도시, 송도

이 꿈같은 녹색 기술 도시 곳곳 이를테면 주택과 사무실에서 거리와 송수관에 이르는 모든 곳에 설치된 수백만 개의 센서와 감시 카메라는 단일 플랫폼의 도시 컴퓨터로 도시의 작동 상황에 관한 실시간 자료를 전송한다. 높이 솟은 마천루에서는, 대형 화면을 갖춘 첨단 통제실이 도시를 쉴 새 없이 지켜본다. 간편한 도시 애플리케이션을 스마트폰에 깔고 나서 도시를 돌아다니면 우리는 통제실의 컴퓨터 화면에서 깜빡이는 점이 될 것이다. 우리의 이동 경로는 측정되고 기록되며 도시의 향후 발전 방향에 관한 자료로 제공될 것이다. 이것이 바로 '유비쿼터스 도시Ubiquitous City'다. 센서는 신경 종말이고, 컴퓨터는 도시의 두뇌인 셈이다. 운영체계는 에너지와 물의 사용 현황을 감시하고, 전등과 에어컨과 각종 기기의 전원을 꺼서 낭비를 줄인다. 재사용할 수 없는 물은 도시에 산재한 온실에 공급된다. 심지어 어느 수도꼭지에서 물이 새는 상황도 통제실 컴퓨터에 보고된다. 사고나 범죄, 화재가 즉각 탐지되면 인간의 개입 없이 자동적으로 응급 구조대가 파견된다. 이 도시는 스마트한 도시라기보다 지각이 있는 도시다.

마치 공상과학소설 같은 이야기다. 그러나 이 이상향적(혹은 취향에 따라서는 음울한) 도시는 이미 존재한다. 관련 홍보물과 지지자들에 의하면 존재한다. 이 도시는 똑같은 주택용 고층건물이 늘어선 삭막한 도시들과 고속 경제성장으로 유명한 어느 나라에 있다. 바로 대한민국의 송도로, 황해를 매립해 마련한 땅 위에 350억 달러를 들여 새로 만든 이상향적 도시다. 21세기 '첨단 기술의 이상향'으로 불리는 송도는 초만원인 아시아의 대도시들에 시급한 해답을 제시하는, 살아 움직이는 도시로 선전되고 있다. 송도에는 60만 명이 거주할 예정이다 (내가 이 책을 쓰고 있는 시점에는 10만 명을 살짝 넘었다). 송도 시민들은 높은 생활수준을 보장한다는 약속에 이끌린 사람들이다. 그러나 더 중요한 점은 송도가 깨끗하고 지속 가능하고 안전하고 환경 친화적인 미래를 전 세계에 팔기 위해 이를 먼저 보여주는 도시 진열장이자 실험실이라는 사실이다. 송도는 어느 곳에서나 복제할 수 있도록 설계되었다. 새로운 도시의 여러 설계자들과 오래된 도시의 여러 구원자들은 시험대에 오른 최신의 도시 장치를 보려고 송도로 향한다. 송도 전체의 운영체계는 약 100억 달러에 구입할 수 있다.[12]

타락한 도덕성으로 유혹하는 도시

도시적 이상향은 모순적인 표현이다. 하라파나 송도 같은 기능적이고 청결한 도시는 우리의 몇 가지 욕구를 충족시킬 수 있겠지만, 우리의 여러 가지 욕구 중에는 그런 도시가 아예 고려하지 않는 욕구가 더 많다. 사실 우리는 언제나 우리가 도시 덕분에 더 나은 사람으로 성장하기를 바라지는 않는다. 오히려 그 반대인 경우가 종종 있다. 혹자는 도시의 중요한 역할이 익명성과 야릇한 신비성 즉, 독특한 성격의 자유를 제공하는 것이라고 말할지도 모른다. 16세기에 인구가 10만 명 넘는 베네치아를 방문한 어떤 사람은 이렇게 지적했다. "그곳에서는 아무도 다른 사람의 처신에 신경 쓰거나 서로의 삶에 끼어들지 않는다. 아무도 그대가 성당에 오지 않는 이유를 묻지 않을 것이다. 그대가 기혼이든 미혼이든, 아무도 이유를 묻지 않을 것이다. 또 무엇보다 그대가 개인적으로 상대방의 기분을 상하게 하지 않으면 그 사람도 그대의 기분을 상하게 하지 않을 것이다."[13]

도시에서는 물질주의, 쾌락주의, 성욕 같은 인간의 저열한 욕구를 건드리는 것들도 접할 수 있다. 이것은 도시가 지닌 매력의 일부분이자 도시가 우리에게 행사하는 힘의 일부분이다. 뉴욕의 그리니치 빌리지Greenwich Village, 파리의 몽마르트르, 샌프란시스코의 텐더로인 Tenderloin, 제1차 세계대전과 제2차 세계대전 사이 저속한 분위기를 풍겼던 상하이와 베를린, 오늘날의 암스테르담, 방콕 그리고 죄악의 도시인 라스베이거스 등에서는 전통적 관습으로부터의 일탈 그리고 대담하고 위험하고 도덕적으로 의심스러운 행위를 경험할 수 있었고, 지금도 그렇다. 그것은 우리가 도시에서 누리고 싶어 하는 경험이다.

익명적인 도시 생활과 불법적인 활동을 동일시하는 태도는 18세기 초엽의 런던에서 현실화되었다. 당시 런던은 색정적 요소와 단단히 밀착해 있었다. 영리 목적의 가장무도회와 축제가 엄청난 인기를 누렸다. 가장복을 입은 채 서로 어울리는 수천 명의 사람들 사이에서 사회적 서열과 계급적 구별, 관습적 도덕과 제약이 무너졌다. 누가 누구인지 알 수 없었다. 당시의 어느 언론인은 다음과 같이 썼다. "자연의 섭리가 뒤집혔다. 여자가 남자로 바뀌었고, 남자가 여자로 바뀌으며 아직 어른의 보살핌을 받아야 하는 아이들의 키가 2미터였고, 궁정의 아첨꾼들이 광대로 변신했다. 밤의 여인들은 성자聖者로, 가장 훌륭한 사람들이 짐승이나 새, 신이나 여신으로 변신했다."[14]

도시가 인간의 본성을 더럽히고 도덕성을 뒤엎을 것이라고 우려하는 사람들이 볼 때, 가장무도회는 도시 생활의 특징인 위장과 변화하는 정체성에 대한 생생한 은유이자 악몽 같은 환각이었다. 혼란과 물질주의, 과잉과 악덕을 가장 심각하게 구현한 도시는 고대 세계의 찬란한 영광이자 첫 번째 죄악의 도시인 바빌론이다. 하늘에 닿으려고 했다는 이유로 하느님이 언어의 혼란을 일으켜 벌한 사람들이 세운 탑이 있던 곳인 바벨(바빌론을 가리키는 히브리어)은 세계주의, 제국의 노골적인 힘을 상징하는 눈부신 건축물, 신성모독적인 특유의 관능성 같은 특징들을 지닌, 어마어마하게 큰 도시가 되었다. 요한계시록의 저자는 금, 은, 보석, 진주, 세마포, 비단, 상아, 대리석, 향료, 포도주, 기름, 밀가루, 가축, 전차, 노예 등의 상품을 쭉 열거하다가 "이 큰 성과 같은 성이 어디 있느냐!"라고 놀란다. 상품에는 '사람들의 영혼'도 포함되어 있다.

바빌론은 "여러 죄악을 하늘 위로 쌓아 올렸다." 니네베, 소돔, 고모라 같은 추악한 환락의 소굴들이 그랬듯이, 바빌론의 가장 심각한 죄악도 간통과 "불경스러운 정욕"이었다. 바빌론 사람들이 섬긴 신들 중에는 "춤추고 노래하는 여인들, 창녀들, 신전의 매춘부들"과 놀아나는 난잡한 사랑의 여신 이슈타르Ishtar가 있었다. 헤로도토스(역사학의 아버지로 일컬어지는 기원전 5세기의 그리스 역사가_옮긴이)는 신전에서의 매춘을 둘러싼 추잡한 이야기를 상세히 열거한다. 그의 설명에 의하면 바빌론의 처녀들은 길거리에서 몸을 팔아 순결을 잃었다. 처녀는 이슈타르 신전 밖에 앉은 채, 지나가는 남자가 동침의 권리를 사려고 은화를 무릎 위에 던져줄 때까지 기다려야 했다. 동침이 끝나야 처녀는 집으로 돌아올 수 있었다. "키가 크고 아름다운 여자들은 금방 집으로 돌아가지만, 못생긴 여자들은 오랫동안 신전 밖에 머물러야 한다. 어떤 여자들은 3, 4년이나 기다려야 한다." 구약외경舊約外經에는 바빌론의 어느 신전 밖 장면이 기록되어 있다. 전업 매춘부들은 허리에 띠를 두른 채 길거리에서 손님을 기다린다(헤로도토스가 기록으로 남긴 일회성 희생 제물들은 전업 매춘부들이 아니었다). "행인에게 선택되어 동침한 매춘부는 자기보다 인기가 없어 보이고 허리의 띠를 끊지 못한 동료 매춘부를 보며 고소해한다."

바빌론은 풍기문란의 소굴이라는 악명으로부터 결코 벗어나지 못했다. 요한계시록에서 바빌론은 바빌론의 탕녀Whore of Babylon로 의인화되었다. "큰 바빌론, 곧 땅의 창녀들과 흉측한 것들의 어머니." 하라파인들이 도시적 이상향에서 살았다고 본다면 바빌론은 예나 지금이나 도시적 디스토피아를 대표하는 곳으로 볼 수 있다.

기원전 제1천년기의 큰 도시들에 대한 역사적 인식은 고대 그리스인의 저작 내용과 비슷한 히브리 성경에 담긴 내용에 지대한 영향을 받으면서 형성되었다. 바빌론 제국은 기원전 588년에 예루살렘을 점령했고, 솔로몬 신전을 파괴했다. 유대 사회의 중추 세력에 속한 사람들은 포로가 되어 바빌론에 끌려갔다. 그 정치사회적 격변을 거치는 동안 유대인들의 세계관, 특히 도시관이 형성되었다. 히브리 성경의 내용 대부분은 유대인이 바빌론에서 겪은 경험의 산물이었다. 적들의 수도에서, 즉 인구 25만 명의 방대하고 다채로운 대도시에서 볼모로 잡혀 있던 유대인들이 보기에 바빌론은 모든 세속적 악과 타락의 전형이었다. 예레미야는 "뭇 민족이 그 포도주를 마심으로 미쳤도다"라고 썼다. 사도 요한은 성적 차원을 추가했다. "바빌론이 음행으로 빚은 분노의 포도주를 모든 민족이 마신다."

성적 요소와 고대 도시는 뗄 수 없는 관계였다. 바빌론의 전성기는 내가 쓰고 있는 이 책의 연대기적 기간 전체의 거의 중간에 걸쳐 있다. 즉, 에리두와 바빌론 사람들의 시간적 거리는 바빌론과 우리 현대인의 시간적 거리와 같다. 그래도 바빌론 사람들은 수천 년 전의 에리두와 우루크 같은 최초의 도시들을 자신들과 끈끈히 이어주는 도시적 전통과 관습에 대해 그리고 바빌론의 역사에 대해 잘 알고 있었다. 《길가메시 서사시》(바빌론 사람들이 좋아한 작품이다)에서, 야만스러운 엔키두가 자연의 순수함을 버리고 우루크의 환희를 맛보도록 꼬드기는 것은 거침없는 성의 유혹이라는 점을 기억하기 바란다.

도시, 성적의 욕망을 부추기다

《길가메시 서사시》에 나오는 엔키두의 이야기에는 진실성 이상의 것이 담겨 있는 듯하다. 성의 즐거움은 강력한 매력이다. 그것은 도시 생활의 단점에 대한 보상이 될 수 있다. 그동안 우리에게 어떤 선물을 줬든 간에, 도시는 즐거움을 발견하는 새로운 방법을 우리에게 제공해왔다. 다채로운 배경을 지닌 사람들이 인구가 과밀한 도시 안에 모여 있는 상태는 발명이나 창작에 유리하다. 아울러 그동안 몰랐던 성적 관습에 눈뜨고, 마음 맞는 상대방을 만나는 데도 유리한 조건이다.

도시는 취향이 맞는 상대방을 찾으려는 다양한 사람들의 안식처다. 그리고 금지된 만남을 위한 은밀성과 익명성을 확보할 수 있는 곳이기도 하다. 여러 사례 가운데 하나를 소개하겠다. 오늘날의 통계학자들이 발견한 바에 의하면 1770년대에 영국의 도시 체스터에서는 35세 이하 인구 중 8퍼센트가 성적 접촉으로 감염되는 질병을 앓았는데, 인근 농촌 지역의 경우 성병에 감염된 35세 이하 인구의 비율은 1퍼센트였다. 매춘부의 숫자가 비정상적으로 높은 편이 아니었다는 점에서 볼 때 체스터는 악덕의 도시는 아니었다. 매독에 걸린 남녀의 비율은 동일했다. 따라서 부부간 성관계 이외의 성관계가 흔했다고 추정할 만하다. 이것과 일맥상통하는 연구 결과도 있다. 2019년의 어느 연구에 따르면 19세기 벨기에와 네덜란드의 농촌 지역은 사생아 출생률이 0.5퍼센트였는데 산업도시들의 경우에는 6퍼센트였다는 것이다. 그렇다고 도시 사람들이 농촌 사람들보다 더 죄를 많이 지었다고 보기는 어렵다. 도시 사람들에게는 금지된 만남의 기회(와 은신처)가 더 많을 뿐이다.[15]

우루크를 지배한 신은 이난나였다. 이난나는 훗날 바빌론의 만신전萬神殿에서 중요한 신으로 떠오른다. 관능적이고, 매혹적이고, 재치가 넘치는 이난나는 독보적인 여신이었다. 이난나는 우루크에 성적 자유와 왕성한 에너지를 불러일으켰다. 다른 신들을 비롯한 그 누구도 이난나의 매력에 넘어가지 않을 수 없었다. 해가 지면 이난나는 노출이 심한 옷차림으로 우루크 거리를 쏘다니다가 선술집에서 꼬실 만한 남자를 물색했다. 이난나는 젊은 남자들과 여자들이 우연한 성적 접촉을 기대하고 만나는 장소인 선술집을 자주 찾았다. 실제로 이난나가 밤거리를 돌아다닌 것은 아니지만, 우루크는 "머리카락이 풍성하고 곱슬곱슬한 아름답고 음탕한 여자들과 대체로 쓸 만한 여자들"로 그리고 성적 개방성으로 명성이 자자했다. 도시 길거리에서의 성행위는 해가 진 뒤에 흔히 벌어지는 일이었을 것이다.[16]

성적 놀이터로서의 밤의 도시를 18세기의 제임스 보스웰James Boswell만큼 솔직하고 꼼꼼하게 기록한 연대기 작가는 없다. 1763년 5월 10일, 그는 일기에 다음과 같이 썼다. "튼튼하고 명랑한 계집아이를 고른 뒤 팔로 감싸 안고 웨스트민스터 다리Westminster Bridge로 데려갔다. 그런 다음 완전무장을 갖추고(즉, 콘돔을 끼고) 그 귀한 건축물에서 사랑을 나눴다. 저 밑에 템스 강이 흐르는 곳에서 짧게 그 짓을 하니까 무척 즐거웠다." 보스웰은 대부분 돈 몇 푼이나 술을 대가로 몸을 파는 가난한 여자들을 상대했다. 그러나 늘 그랬던 것은 아니다. 어느 날 밤에 그가 런던의 스트랜드Strand 거리를 걸어가는데 "아름답고 발랄한 아가씨"가 어깨를 톡톡 쳤다. 그녀는 어느 군 장교의 딸이었다. 보스웰은 하룻밤의 정사를 치르려고 함께 집으로 돌아온 과정을 기록하면서 이렇게 썼다. "그녀가 선사하는 즐거움에 빠지지 않을 수 없었다."[17]

보스웰의 사례 같은 우발적 접촉은 우루크에서 시작된 도시 생활의 특징이다. 보스웰은 우발적 접촉을 기록으로 남긴 최초의 인물들 중 한 사람일 뿐이다. 예로부터 대다수의 도시 지역에는 이런저런 종류의 홍등가가 있었다. 홍등가는 해당 도시의 풍습과 규제가 적용되지 않는 장소다. 보스웰이 밤거리를 배회하기 몇 세기 전, 런던의 템스 강 남쪽 기슭에는 사우스워크Southwark라는 자치구가 있었다. 사우스워크에서는 런던의 법적 문서가 통하지 않았다. 사람들은 그곳의 극장, 곰 놀리기 공연장, 허름한 선술집, 매춘굴에 자주 드나들었다. 매춘굴은 윈체스터 주교Bishop of Winchester(화대의 대부분을 챙겼다)에게 빌린 것이었고, 헨리 2세가 1161년에 반포한 사우스워크 매춘업주 통제에 관한 법령에 따라 규제되었다. 중세의 사우스워크에는 창녀의 구멍Sluts' Hole, 오쟁이진 남편의 안뜰Cuckold Court, 음경 골목Codpiece Lane, 매춘부의 둥지Whore's Nest 같은 이름이 붙은 거리들이 있었다. 런던의 다른 곳에는 색골 골목Gropecunt Lane이라는 이름을 지닌 거리들이 몇 군데 있었고, 영국의 다른 여러 도시들과 장이 서는 도회지들의 중심가도 사정은 마찬가지였다.

런던 무어필즈Moorfields의 어둡고 좁은 길인 남색자 길Sodomites Walk은 런던의 거친 '남창들'과의 우연한 성관계를 노리는 남자들이 돌아다녔기 때문에 그런 이름이 붙었다. 예나 지금이나 도시는 동성애자들의 피난처이자 위험지대다. 특히 동성애를 은밀히 즐겨야 했던 시절에는 더욱 그랬다. 1726년 어느 동성애자 회합 장소(당시에는 '남창집molly house')가 습격을 당했고, 3명이 남색 혐의로 재판을 받아 처형되었다. 그러자 도덕적 충격에 휩싸인 추문폭로 전문 언론인들은 런던 전역에 퍼져 있는 남창집과 함께 가학피학성애자들과 복장도착자들의 소굴 같은 여러 변태성욕 현장의 실태를 고발했다. 격분한 어느 언론인은 이렇게 한탄했다. "소돔이 한 가지 악덕으로 악명을 떨쳤지만, 런던은 온갖 사악함으로 소문난 온상이다."[18]

도덕주의자들이 볼 때 런던 곳곳에서 횡행한 비밀스럽고 폭넓은 동성애 문화의 흔적은 그들이 이미 도시 생활에 관해 알고 있던 모든 사실을 확인해주는 것이었다. 동성애 문화는 남성의 권위와 가족의 가치를 맹렬히 공격하는 적이었다. 그것은 성적 과잉과 성적 도착을 부추겼다. 동성애자들은 도시의 상태를 대변했다. 그들은 대도시의 혼란을 틈타 전통적 도덕률을 위반하며 쾌락을 추구했다. 그런데 바로 이 지점에서 대안 도시의 모습이 드러난다. 다시 말해, 본인의 정체성을 밝히고 인적 관계망을 형성해 스스로를 보호하는 것이 안전한 선택으로 여겨지는 지하세계가 드러나는 것이다. 동성애 도시는 비동성애 도시와 나란히 존재했다. 동성애 도시와 타협한다는 것은, 폭력과 협박과 체포의 위험을 피하기 위해 전적으로 다른 행동 수칙을 세우고 아예 다른 도시의 심상 지도mental map(개인의 '공간에 대한 인지 상태'를 자유롭게 표현한 지도_옮긴이)를 만든다는 것을 의미했다. 동성애자들은 어느 술집, 어느 커피점, 어느 목욕탕, 어느 클럽이 안전한 곳인지 알아야 했다. 일련의 시각적 암호와 신호 그리고 언어적 표현을 배워야 했다. 비슷한 취향의 다른 남자들을 발견할 수 있는 장소로 알려진 곳들도 있었다. 즉, 동성애자는 누구보다 도시를 잘 알고 있어야 했을 것이고, 동성애 혐오적 폭력으로부터 쾌락과 교제 그리고 안전을 보장할 수 있는, 오직 큰 도시에만 있는 다양한 공공장소와 반半공공장소를 활용했을 것이다.[19]

1960년대에 해방의 물결이 밀려오기 전까지, 동성애 문학에서 도시는 성애적 위력과 위험을 모두 띠고 있는 장소로 표현되었다. 도시는 성적 성취가 순식간에 일어나는 장소이자 누추한 곳에서 급하게 성교를 이뤄야 하는 장소로 묘사되기도 했다. 더 관대한 시대가 찾아오기 전에 출판된 책이나 시, 비망록을 살펴보면, 동성애자에게 도시에서의 사랑은 외로운 것이었다. 19세기 후반과 20세기 초반에 콘스탄티노스 카바피Constantine Cavafy(이집트계 그리스 시인_옮긴이)가 알렉산드리아를 소재로 쓴 시에서 연인들은 카페와 상점과 길거리에서 만난다. 그들이 성관계를 맺는 곳은 시간당 요금을 내고 빌린 방이다. 쾌락은 너무 빨리 끝난다. 두 사람은 헤어진다. 그러나 카바피에게 그 기억은 평생 남을 수 있는 것이다. 미시마 유키오Yukyo Mishima, 三島 由紀夫의 소설《금색禁色》에 등장하는 제2차 세계대전 이후의 동성애 하위문화도, 특정 기회를 틈타 주점과 클럽, 야간의 공원에서 성관계가 벌어지는 현장이다. "동성애자들의 얼굴에는 끝나지 않을 어떤 외로움이 묻어있다." 미국의 시인 하트 크레인Hart Crane의 서사시《다리The Bridge》의 한 절인 〈터널The Tunnel〉에서 사랑은 지하철역의 "소변기에서 재빨리 타버린 성냥"이라는 묘사를 통해 지하도시의 공중변소에서 벌어지는 우발적 성관계의 일시적 성격을 드러내는 표현으로 묘사된다.

동성애적 접촉의 누추한 환경과 익명성 때문에 많은 사람들은 도시를 특히 야간에 성과 관련한 사고가 잘 일어날 법한 곳으로 여긴다. 1980년대에 뉴욕과 샌프란시스코 같은 도시들을 엄습한 후천성 면역결핍증은 대중매체와 정치인들이 동성애 도시를 난잡하고 위험한 곳으로 더 분명하게 낙인을 찍는 빌미가 되었다. 다시 말하지만, 이는 무척 불공정한 낙인이었다. 사랑의 거래적 성격은 이성애적 도시 체험의 특징이기도 했다. 역사를 통틀어 볼 때, 지금까지 도시는 남성들이 지배해왔다. 도시의 길거리는 흔히 여염집 여자들이 남자들의 보호를 받지 않은 상태에서는 가지 말아야 할 곳으로 간주되었다. 그리고 암암리에 남자들은 길거리에 혼자 있는 여자들을 성적으로 헤플 가능성이 높은 여자들로 바라보았다. 그런 여자들은 성적 만족을 노린 접근과 공격에 노출되기 마련이었다. 각종 업소의 영업시간이 끝난 뒤, 도시는 늘 성적인 위험 요소로 팽배해 있었으며 적어도 위험하다는 인식이 퍼져 있었다. 도시에는 다른 곳에서 이주해온 사람들과 가난한 사람들이 많이 살았고, 따라서 부유한 사람들은 여자들과 어린 남자들의 몸을 충동적으로 탐할 기회가 있었다. 그 점은 특히 성적으로 억압된 사회의 도시들에서, 즉 남자와 여자 들이 동등한 조건으로 만나지 못하고, 간혹 우발적인 방종을 저지르면 어김없이 심하게 비난을 받기 마련인 도시들에서 더욱 뚜렷한 현상이었다. 도시에서 일어나는 성의 일회성 그리고 성의 상업화 때문에 대도시는 사랑을 일회용 상품처럼 취급하는 곳으로 인식되었다. 반면 농촌 지역에서의 사랑은 순수한 것이라는 생각이 퍼져 있기도 했다.

상업화된 성과 쾌락주의는 일부 도시들의 경제에서, 혹은 한 도시의 일부 구역의 경제에서 중요한 역할을 맡는다. 집시와 이주자 들, 극장과 술집, 카페와 식당으로 가득하고 허름하고 초라했던 19세기 런던의 소호 거리는 전통적인 가정생활과 사업 관행의 규칙이 잠시 유보되는 곳, 한밤중의 모험과 뜻밖의 사건을 경험할 수 있는 곳으로서 사우스워크의 왕관을 물려받았다. 훗날 소호 거리는 성 산업의 중심지 겸 런던 시민과 관광객 들 모두가 가고 싶어하는 최고의 행선지, 즉 도시 안의 도시가 되었다. 오늘날, 음탕한 욕구를 채우려고 자기 집에서 멀리 떨어진 곳으로 향하는 사람들이 있다. 그들은 예를 들어 암스테르담의 홍등가나 성 산업을 통해 경제적 이익을 내는 라스베이거스 혹은 방콕으로 간다. 로스앤젤레스의 샌퍼낸도 밸리San Fernando Valley는 수십억 달러 규모의 퇴폐 산업이 위치한 교외 중심지로 자리 잡으면서 샌포르낸도 밸리San Pornando Valley나 실리콘밸리Silicone Valley(실리콘을 넣어 가슴을 확대한 사례를 자주 접할 수 있는 곳이라는 점을 비꼬는 말_옮긴이)로 불리게 되었다.

도시에서의 성적 유용성은 당연히 사람들이 도시로 이주하는 요인이 되었을 것이다. 우루크를 겨냥한 "매춘부와 창녀, 매음녀의 도시"라는 표현은 비판이 아니라 성적 자유에 대한 찬사였다. 매춘부들은 결혼의 속박에서 벗어난 격정적인 요부, 이난나의 시녀들이었다. "백성들이 이난나를 우러러보도록 남성다움 대신 여성다움을 선택한, 놀기 좋아하는 소년들과 축제를 즐기는 자들"도 이난나 옆에서 시중을 들었다. 창녀와 남창과 매춘녀 들, 동성애자와 복장도착자 들로 이뤄진 측근들은 축제 때 이난나의 마음을 기쁘게 하려고 무장 호위병들에게 '진저리나는 짓'을 시킨다. 우루크의 이난나는 나중에 바빌론의 이슈타르가 되었고, 그리스의 아프로디테가 되었다.[20]

아, 지금 나는 우루크와 바빌론이 자유연애 공동체였다고 주장하는 것이 아니다. 두 도시의 사람들이 성이나 여성의 권리에 대한 특별히 깨어 있는 태도를 지니고 있었다는 주장을 펼치려는 것도 아니다. 내가 지적하고 싶은 점은, 특히 공적·종교적 맥락에서 성적 흥분이 초기 도시 생활의 핵심 요소였다는 사실이다. 도시와 관능성은 불가분의 관계에 있었다. 도시는 육체적 친밀성의 장소였을 뿐 아니라 감정을 고양하고 욕구를 자극하는 구경거리와 흥청거림과 다채로움의 장소이기도 했다. 하지만 그 욕구를 정확히 어떻게 채웠는지는 알아내기 어렵다. 고대 우루크와 바빌론 사람들의 성생활을 재구성하기란 불가능에 가깝다.

그러나 알다시피 우루크와 바빌론 사람들에게는 후세대의 도덕적 결벽성이 배제된 성적 개방성 그리고 특정 맥락에서의 비교적 높은 수준의 관대함이 있었다. 신전에는 점토로 만든 남자와 여자의 성기 모형이 있었고, 남자와 여자 간의, 또 남자와 남자 간의 성행위를 묘사한 작품도 있었다. 항문 성교는 피임의 한 형태로 권장되었다. 메소포타미아인들의 삶에서 가장 중요한 100가지 중에는 신, 종교 관습, 지혜, 예술, 왕권 같은 항목이 포함된다. 성은 24번째, 매춘은 25번째로 중요한 항목으로 꼽힌다. 우리가 알기로 메소포타미아의 대도시들에서는 동성애가 아주 흔했다. 하지만 의미심장하게도, 역사상 최초의 성문법전(기원전 1792년부터 기원전 1750년까지 바빌론을 다스린 왕인 함무라비가 만든 법전)에서는 동성애가 범죄로 언급되지 않는다.[21]

우리가 함무라비 법전을 통해 알고 있는 바에 따르면 기혼 여성은 간통뿐 아니라 공개적으로 남편의 명예를 떨어트리는 그 어떤 행위를 저질러도 사형에 처해졌다. 한 여인의 처녀성은 그 여인의 아버지가 소유하는 상품이었다. 처녀성은 결혼을 통해 판매되었다. 누군가의 처녀성을 부당하게 빼앗은 사람은 거금을 들여 보상해야 했다. 도시에는 부적절한 만남에 유리한 구석진 곳과 은밀한 장소가 많았기 때문에 딸과 아내를 보호하려면 엄격한 제재가 필요했다. 도시는 해방의 물결 속에서도 완전히 새로운 금기와 제약을 만들어낸다. 또한 보기와 달리 쉽게 가시지 않는 갈증을 부추기고, 사람들이 서로 신체적으로 근접하도록 유도하면서 욕망을 자극하기도 한다.

메소포타미아에서는 여성의 순결을 중시하는 태도와 성적 충동을 중시하는 태도가 결합되었고, 그 결과 광범위한 매춘 관행이 형성되었다. 그런 모순은 모든 시대의 도시들에서 공통적으로 나타났다. 인간의 욕망을 부추기지 않는 도시는 무용지물이다. 20세기의 성 혁명 이전에, 흔히 도시들은 성적으로 욕구 불만인 젊은 남자들과 세심한 보호를 받는 여자들로 가득했다. 우루크와 바빌론을 비롯한 큰 도시들의 신전 매춘부와 남창 들은 화대가 가장 비쌌고, 인기가 제일 높았고, 솜씨가 으뜸이었다.

비록 신전에 상당한 수입을 안겨주었지만, 그 신성한 매춘에 담긴 영적 의도가 무엇인지는 불분명하다. 특히 그곳의 성 노동자들을 고려하면 더욱 그렇다. 아마 신들이 성적 약탈을 일삼고 사람들이 성행위를 도시 생활의 중요한 요소로 여기고 있던 사회에서는 이치에 맞는 관행이었을 것이다. 대다수 남자들은 더 저렴한 성적 만족의 수단으로 뒷골목의 포도주 전문 술집과 선술집을 드나드는, 그리고 가난하고 떠돌아다니는 사회 최하층의 소년 소녀 노예들을 활용했다. 바빌론에는 시골에서 이주한 사람들과 먼 지방 출신의 거주자들이 많이 있었다. 그 젊은 남자와 여자 들 그리고 소년과 소녀 들은 살기 위해 몸을 팔아야 하는 경우가 많았다. 메소포타미아 남자들이 이성애적 혹은 동성애적 혼외 간통을 저질러 비난을 받았다는 증거는 거의 없다.

증오의 대상으로서의 바빌론

도시는 증오의 대상이다. 성경에서는 지옥 불로 도시들을 파괴해 느끼는 특별한 기쁨이 엿보인다. "소돔과 고모라와 그 이웃 도시들도 그들과 같은 행동으로 음란하며 다른 육체를 따라가다가 영원한 불의 형벌을 받음으로 거울이 되었느니라."

'다른 육체'를 따라가는 행위에는 동성애가 포함될 뿐 아니라 온갖 성적 특질과 취향을 지닌 자들이 육체를 탐하는 짓도 포함된다. 음란한 도시들을 이 세상에서 없애버린다는 개념에는 강렬한 쾌감이 있었다. 그 도시들은 영성의 적으로서 독실하고 종교적인 삶을 저해했다. 물론 바빌론은 전형적인 죄악의 도시였다. 느부갓네살Nebuchadnezzar에 의해 바빌론으로 끌려간 유대인 포로들은 역사상 최강의 도시 안으로 들어갔다. 그들은 바빌론으로 끌려온 것이 그동안 자기들이 저지른 죄 때문에 하느님이 내린 공정한 벌이라고 믿었다. 따라서 그들은 우상을 숭배하는 수많은 신전들과 무리를 이룬 잡다한 인간들과 대도시 특유의 온갖 소음과 광경으로 가득한 그 도시에 강하게 반발할 수밖에 없었다. 그들은 세속적 유혹으로 얼룩져 있는 바빌론에 맞설 수밖에 없었다.

거대한 격자형의 거리로 구획된 바빌론은 유프라테스 강 양쪽 기슭에 걸쳐 있었다. 구도심은 동쪽 기슭에, 신도심은 서쪽 기슭에 자리 잡고 있었다. 바빌론을 에워싼 엄청나게 큰 성벽 곳곳에는 20미터 높이의 망루가 설치되어 있었다. 헤로도토스가 전하는 바에 따르면 그 성벽은 워낙 두꺼운 나머지 말 4필이 끄는 전차가 성벽 위를 달리다가 180도로 방향을 바꿀 수 있을 정도였다. 매우 튼튼하게 보강한 9개의 성문 가운데 이슈타르 성문이 가장 장엄했다. 오늘날 베를린의 페르가몬 박물관Pergamon Museum에서는 원래의 벽돌로 복원한 이슈타르 성문을 볼 수 있다. 이슈타르 성문의 장엄함은 메소포타미아 문명의 전형적인 상징이다. 그 옛날, 이슈타르 성문은 경이로운 푸른색 광택 덕분에 그리고 용과 황소, 사자를 얕은 돋을새김한 황금색 조각 덕분에 마치 청금석처럼 빛났다. 그 성문을 통과하면 이슈타르/이난나를 상징하는 돋을새김 사자 조각들이 즐비한 약 800미터 길이의 의식용 가로街路인 행렬의 길Processional Way이 나왔다.

웅장한 행렬의 길을 따라 걸어가면 고대 도시의 위대한 기념물들,

즉 에리두에서 시작된 3,000여 년간의 도시 건설 역사의 결정체인 건물들이 보였다. 엄청나게 큰 왕궁이 바로 오른쪽에 버티고 있었고, 그 건너에 유프라테스 강이 흐르고 있었다. 다음에는 그 위대한 도시 위로 높이 솟아 있는 거대한 지구라트인 에테메난키Etemenanki가 보였다. 에테메난키라는 이름은 '하늘과 땅의 기초를 이루는 집'이라는 뜻이다. 우리가 도시적 오만과 혼란의 궁극적 상징으로 여기는 바벨탑이 바로 에테메난키다. 그 고대의 마천루를 쌓는 데 1,700만 개의 벽돌이 쓰였다. 에테메난키의 높이와 폭은 같았을 것으로 추정되고, 토대의 크기는 가로와 세로가 각각 91미터였다. 꼭대기는 도시와 하늘이 만나는 곳이었다.

마치 세상이 시작된 원래의 습지대 도시를 새로운 수도로 옮겨놓았다는 듯이, 바빌론의 중심부는 에리두라는 이름으로 불렸다. 그곳에는 대형 신전이 여럿 있었다. 그중에서 제일 크고 거룩한 신전은 에사길Esagil('지붕이 높은 집'이라는 뜻)이었다. 에사길은 바빌론의 수호신이자 메소포타미아의 여러 신들 가운데 최고의 신인 마르둑Marduk을 모시는 신전이었다. 우루크나 우르 같은 초기의 대도시들이 단 하나의 신이 머무는 곳이었다면 바빌론은 온갖 신들이 관계망을 형성한 채 머무는 곳이었다. 으리으리한 궁전과 거대한 신전, 인상적인 성문과 초대형 지구라트 그리고 장엄한 의식용 대로를 갖춘 바빌론은 궁극적인 신통력과 세속 권력의 화신으로 설계된 도시였다.

바빌론은 우주의 중심에 있었다. 그 대도시의 업적을 기리는 어느 서판에는 다음과 같은 글귀가 적혀 있다.

바빌론, 풍요의 도시

바빌론, 백성들이 부를 감당하지 못하는 도시

바빌론, 흥겨움과 즐거움과 춤의 도시

바빌론, 백성들이 끊임없이 흥청대는 도시

바빌론, 포로들을 풀어주는 영광의 도시

바빌론, 순결한 도시[22]

바빌론은 타락의 대명사다. 그러나 이 같은 판단은 암스테르담 국립미술관Rijksmuseum을 방문하지 않은 채 홍등가인 더 발런De Wallen만 찾아간 관광객이 암스테르담 전체를 부정적으로 재단하는 것과 같다. 전성기의 바빌론은 타의 추종을 불허하는, 지식과 예술 분야의 중심지이자 신성한 도시로 평가되었다. 의학의 아버지인 그리스의 히포크라테스는 바빌론에서 수학과 천문학이 앞서가고 있을 때 바빌론 학자들의 자료에 의존했다. 바빌론 사람들에게는 역사에 대한 열정이 있었다. 마치 19세기의 고고학자들처럼, 바빌론의 학자들은 메소포타미아 전역을 누비면서 그들의 3,000년 역사를 이해하고자 했고, 그 결과 수많은 박물관과 도서관, 문서보관소가 생겨났다. 아울러 바빌론의 학자들이 현장 답사를 통해 수집한 신화와 전설을 바탕으로 메소포타미아 문학이 번성하게 되었다

불행히도 바빌론은 바빌론에 끌려온 여러 민족집단 중 하나 때문에 불후의 악평에 시달리게 되었다. 그 민족은 바빌론을 하느님이 그들의 죄악을 벌하려고 정한 천벌의 장소로 여겼고, 그들이 쓴 책은 세계의 주요 종교 가운데 3개의 기반이 되었다. 바빌론의 흉측한 이미지는 기독교에 전해졌다. 그리스도의 시대가 도래할 무렵에 바빌론은

이미 과거의 영광을 잃었지만, 죄악, 부패, 폭정 등의 약칭으로 자리 잡게 되었다. 무엇보다 큰 영향을 미친 것은 요한계시록이었다. 환각을 일으키는 듯하고 박진감 넘치는 문체로 종말과 죄악과 구원을 얘기하는 요한계시록은, 바빌론을 기독교인들의 집단 기억 속에, 그리고 거기서 비롯된 문화 속에 영원히 못박아버렸다. 바빌론의 적과 희생자 들이 바빌론을 표현한 방식은 그때부터 지금까지 사람들이 주요 도시들을 바라보는 관점에 지대한 영향을 끼쳐왔다.

바빌론의 쇠퇴

예루살렘이 함락된 뒤 바빌론이 누린 미증유의 전성기는 겨우 몇 십 년 만에 막을 내렸다. 기원전 539년, 바빌론은 페르시아의 키루스 대제Cyrus the Great에게 정복되었고, 그는 바빌론에 잡혀 있던 유대인들을 풀어주었다. 하지만 바빌론에 매료된 많은 유대인들은 풍성한 문화와 부의 혜택을 누리고자 한동안 그곳에 남았다. 이후 목적을 이루고 예루살렘으로 돌아온 사람들은 그들이 잡혀 있던 도시에 대한 강한 분노를 드러냈고, 바빌론을 잿더미로 만들어버리는 장면을 자주 떠올렸다. 예레미야는 바빌론의 몰락이 임박했음을 상상하며 환희를 느꼈다. "그러므로 사막의 들짐승이 승냥이와 함께 거기에 살겠고, 타조도 그 가운데에 살 것이요. 영원히 주민이 없으며 대대에 살 자가 없으리라. 여호와의 말씀이니라. 하나님께서 소돔과 고모라와 그 이웃 성읍들을 뒤엎었듯이 거기에 사는 사람이 없게 하며 그 가운데에 머물러 사는 사람이 아무도 없게 하시리라."

오만한 야심을 품었다가 천벌을 받은 바빌론의 몰락은 훗날 문학적·예술적 은유로 자리 잡았다. 그러나 실상은 조금 달랐다. 바빌론이라는 도시는 바빌론 제국이 페르시아인들에게 멸망된 뒤에도 큰 도시로 남아 있었다. 키루스는 그 대도시를 약탈하지 않았다. 기원전 331년, 알렉산드로스 대제는 페르시아인들을 물리쳤고, 바빌론을 자신이 세운 제국의 수도로 삼아 훨씬 더 큰 건물을 짓고 거대한 지구라트를 쌓아 새롭게 꾸밀 작정이었다. 하지만 그는 바빌론의 부활이 시작되기 전 거기서 숨을 거뒀다.

바빌론은 서기 제1천년기까지 버텼다. 바빌론의 소멸은 경제적 상황의 변화 때문이었다. 티그리스 강 근처에 새로 출현한 도시 셀레우키아Seleucia가 인근 지역의 상업적 거점이 되었다. 하지만 바빌론은 학문적 중심지로, 에리두에서 비롯된 도시의 문화와 전통을 끝까지 간직한 수호자로, 설형문자를 해독할 수 있는 학자들을 보유한 마지막 장소로 남았다. 그러나 그 거인 같은 도시는 몸집이 조금씩 작아졌다. 한때 세계를 호령했던 대도시의 벽돌은 하나씩 사라졌고, 이는 근처의 농장과 촌락, 새로운 도회지에서 재활용되었다. 서기 10세기, 바빌론은 촌락 규모로 줄어들었고, 그로부터 2세기 만에 영영 자취를 감추고 말았다. 바빌론의 종말은 돌연한 굉음이 아니었다. 그것은 1,500년 동안 이어진 흐느낌의 결과였다.

그러나 신화가 실상을 가리고 말았다. 그리스인들은 모든 동양적 요소를 의심의 눈초리로 바라봤다. 그들은 메소포타미아의 도시들을 최대한 전제적이고 사치스럽고 퇴폐한 곳으로 보이도록 하는 데 열중했고 그리스 도시 문명의 찬란함을 과장했다. 자신들이 동쪽의 이웃들에게 진 빚을 감추기 위해서였다. 그리스인들의 그런 선전 활동은 서양의 예술적 전통에 막대한 영향을 끼쳤다. 서양 예술에서 흔히 바빌론은 가학적 성향의 여자들과 성욕이 지나친 폭군들이 지배하는 도색적이고도 악덕한 도시로 표현되었다. 들라크루아Delacroix의 〈사르다나팔루스의 죽음Death of Sardanapalus〉(1827년)과 에드윈 롱Edwin Long의 〈바빌론의 신부 시장The Babylonian Marriage Market〉(1875년)은 19세기 화가들이 바빌론을 성애적 표현의 단골 소재로 삼은 고전적인 사례들이다.

히브리 성경에 나오는 바빌론은 서양적 사고에서 대도시의 원형으로 자리 잡았다. 무엇보다 히브리 성경 속의 바빌론은 큰 도시들이 겪을 수밖에 없는 문제를 보여주는 가장 적나라한 사례였다. 기독교 저작에서 바빌론은 모든 세속적 죄악과 약점에 대한 은유로서 제국 시대의 로마와, 아니 모든 큰 도시들과 한 몸을 이뤘다. 바빌론은 예루살렘의 축어적·상징적 대척점에 서게 되었다. 서기 5세기에 서고트족의 로마 약탈 사건을 계기로 집필한 글에서 아우구스티누스Augustine of Hippo는 2가지 도시를 마음속에 떠올렸다. 첫 번째 도시는 '세속적 삶을 선택하는 사람들의 도시'였다. 그것은 하느님이 경시되는 세속적 도시였다. '사람들의 도시들'은 바빌론과 로마다. 로마는 새로운 바빌론이다. 훗날 바빌론의 왕관은 많은 대도시들이 차례대로 물려받았다. 두 번째 도시는 '하느님의 도시', 즉 사람들이 세속적인 것을 포기한 채 조화롭게 살고 있는 천상의 도시였다. 바빌론은 물질주의, 정욕, 왁자지껄함 같은 특징을 띠는, 전형적인 '사람의 도시'다.

물론 바벨/바빌론이나 소돔과 고모라가 풍기는 이미지는 도시에 적대적인 사람들에게 아주 유리한 근거로 작용했다. 소규모 도회지나 촌락과 대도시 간의 분열은 역사를 관통하는 하나의 특징이다. 소규모 도회지나 촌락에서는 미덕을 찾아볼 수 있는 반면, 갖가지 언어가 통용되고, 여러 문화가 충돌하고, 다양한 민족집단이 거주하고, 음탕함과 탐욕이 넘치는, 부도덕한 국제도시는 영혼과 정치를 더럽히는 곳이다. 급속도로 성장한 17세기 후반의 런던은 도덕주의자들에게 악의 소굴이자 종교적 불신의 온상으로 지목되었다. 런던을 방문한 어느 시골 사람은 '이 도시의 이토록 많은 이들 사이에서 팽배한 종교적 냉담함과 무신론적 태도'에 충격을 받았다고 했다. 역사적으로 볼 때, 그 시골 출신의 방문객 말고도 도시에 대한 충격적인 느낌을 표현한 사람은 헤아릴 수 없을 만큼 많다.[23]

토머스 제퍼슨은 미국에 대해 이렇게 말했다. "유럽의 사례처럼, 큰 도시들의 인구가 점점 늘어나면 우리도 유럽만큼 부패할 것이다." 공화국의 건전성이 농업의 우월적 지위에 달려 있다는 제퍼슨의 신념은, 미국의 역사와 문화를 관통하면서 반反도시적 성격이 뚜렷한 사회를 형성하는 데 기여한 사상이다. 한편, 간디는 자급자족적 촌락을 인도의 정신적·도덕적 가치가 실현될 수 있는 유일하고 진정한 장소로 여겼다. 농촌 마을을 이상화한 간디의 태도는 훗날 독립 이후의 인도에 끔찍한 파장, 즉 도시 개발을 등한시하는 결과를 초래했다. 한 국가의 전통, 가치관, 종교, 도덕성, 민족성, 문화가 존재하는 곳이 로스앤젤레스나 런던 같은 다문화적 대도시가 아니라 농촌이라고 생각하는 사람들이 많아지게 된 것이다.

중세와 르네상스 시대의 수많은 그림을 통해 바빌론은 건축적 측면에서 완벽한 도시, 즉 범접할 수 없을 정도로 아름답고, 희한하게도 서양식 건물처럼 보이는 여러 건물을 거느린 도시로 묘사된다. 하지만 화려하게 표현된 바빌론의 외관은 그 도시 안에서 들끓는 악행을 과장하려는 수단이다. 여러 그림에서 묘사된 바빌론에는 각 화가의 관심사가 반영된 경우가 많다. 대★ 피터르 브뤼헐Pieter Bruegel the Elder이 파괴된 바벨탑을 소재로 그린 유명한 작품들에는 고전 양식의 건물이 등장하지만 그 건물은 1560년대의 안트베르펜 강을 굽어보고 있다. 종교개혁 시기에는, 부패하고 영적 파산을 겪은 로마가 바로 바빌론이었다.

바벨탑은 역사상 가장 강력한 은유 중 하나다. 18세기 말엽에 인구가 100만 명을 넘었을 때 런던은 제국 시절의 로마 이래 최초로 유럽에서 인구 100만 명을 돌파한 대도시의 반열에 올랐다. 그때까지 상업적 힘과 극단적 불평등의 측면에서 런던 같은 도시는 없었다. 당시 급성장하고 있던 세계적 초거대도시를 경험한 많은 사람들은 런던을 재탄생한 바빌론으로 여겼다. 런던에서는 모든 사물이 균형을 잃은 것 같았고, 다른 어느 도시에 있는 사물보다 더 크고 더 과장된 듯 보였다. 런던에는 호화로운 건물, 궁전 같은 집, 멋진 현대식 광장, 화려한 상점 그리고 온갖 세속적 산물이 있었다. 런던은 더럽고 지저분하며 어둡고 위험한 곳, 거지들과 매춘부들과 도둑들과 사기꾼들의 소굴이었다. 성욕은 조지 왕조 시대의 런던 곳곳에서 넘쳐흘렀다. 1790년대의 추산에 의하면 런던 인구 100만 명 가운데 전업 및 시간제 매춘부들이 5만 명이나 있었다. 전설의 도시 바빌론처럼 런던에서도 남녀의 몸과 마음을 비롯한 모든 것이 매매의 대상이었다.

아편에 중독된 매음녀들과 그 밖의 소외된 사람들의 동반자이자 가출 소년인 토머스 드 퀸시Thomas De Quincey는 1803년에 런던의 밤거리를 헤매다 칠흑 같은 어둠의 한가운데로 뛰어들었다. 자욱한 아편 연기 속 몽롱한 지하세계를 떠돌며 하룻밤을 보낸 뒤 집으로 돌아오려고 하는데 "갑자기 까다로운 골목길이 나타났다." "골목길에는 아무

소리도 들리지 않았고, 입구가 어딘지 알 수 없었으며 스핑크스의 수수께끼 같은 거리에는 뚜렷한 출구나 통로가 없었기" 때문에 마치 그곳 주민들 외에는 아무도 밟은 적 없고 지도에도 없는 영역에 들어온 듯한 기분이 들 정도였다. 훗날, 아편 중독으로 몸이 마비되었을 때 그는 자신이 목격했던 기괴한 것들을, 또 자신과 마주쳤던 사람들의 얼굴을 꿈속에서 만났다. 마치 런던의 그 터무니없는 미로 때문에 신경망의 배선이 다시 깔린 것 같았다. 토머스 드 퀸시는 그 모든 일을 "바빌론의 혼란"이라고 불렀다.

토머스 드 퀸시는 집 없이 떠돌며 밥 먹듯 굶는, 상냥한 미성년 매춘부인 앤Ann과 맺은 우정 이야기를 통해 그 어두운 밤 비참함을 적나라하게 묘사했다. 두 사람은 일종의 남매 관계였고, 서로에게 사소한 친절을 베풀며 그 가혹한 상황을 이겨내고자 했다. 잠시 런던을 떠나게 된 드 퀸시는 나중에 자기가 돌아오면 매일 밤 정해진 시간에 특정 장소로 가서 다시 만나기로 앤과 약속했다. 그러나 매일 밤 앤을 기다리고 정신없이 찾아다녔지만, 드 퀸시는 그녀를 다시 만나지 못했다. 그 갑작스러운 이별 때문에 그는 남은 생애 내내 괴로워했다. "틀림없이 우리는 때때로 미로처럼 복잡한 런던 거리를 헤매며 같은 순간에 서로를 찾아다녔을 것이다. 아마 서로 지척에 두고도 보지 못했을 것이다. 런던 거리보다 넓지 않은 장애물이 종종 영원한 이별로 귀결되었을 것이다."

가출 소년과 10대 매춘부, 즉 바빌론에서 길을 잃은 가여운 영혼들이 런던의 상징으로 자리 잡는다. 바빌론은 백성들의 기를 꺾어놓는다. 광활한 황야 한가운데 놓인 개인은 맥을 못춘다. 드 퀸시에 따르면 런던에 도착하자마자 우리는 "이렇게 깨달을 것이다. 우리는 이제 더는 주목받지 않는다. 누구도 우리를 보지 않는다. 누구도 우리의 말을 듣지 않는다. 누구도 우리를 고려하지 않는다. 우리는 심지어 자신도 고려하지 않는다." 도시 거주자는 "총체적 인간 생활의 초라하고 연약한 하나의 단위"에 불과하다. 19세기판 바빌론("거대한 인간 시장")에 사는 모든 사람은 상품이다. 그 도시에는 향정신성 마약을 비롯한 여러 가지 유혹이 도사리고 있었다. 드 퀸시가 밤에 마주친 가난한 사람들은 무의미한 상태, 불안정한 상태, 굴욕적 의존상태로 내몰렸다. 수만 명의 동료들과 마찬가지로 앤에게는 팔아야 할, 지친 몸밖에 없었다.[24]

도시의 두 얼굴

바빌론은, 적어도 유대 기독교적 관점에서의 바빌론은, 우리가 큰 도시들을 바라볼 때 쓰는 렌즈가 되었다. 아우구스티누스는 "현세의 도시, 지배를 목표로 삼지만 바로 그 지배욕에 의해 지배되는 도시"에 대해 썼다. 달리 말해, 도시는 인간의 통제 범위를 벗어난 무시무시한 힘이 되어 그 산물을 집어삼킨다. 바빌론을 극심한 압제의 장소이자 죄악의 도시로 바라보는 관념은, 지금까지 내내 설교단에서 강력히 주장된 것이다. 그러나 흥미롭게도 바빌론은 세속적 형식을 통해서도 꾸준히 오명을 뒤집어쓰고 있다. 드 퀸시뿐 아니라 블레이크Blake(18~19세기 영국의 화가이자 시인인 윌리엄 블레이크_옮긴이), 워즈워스Wordsworth(18~19세기 영국의 시인인 윌리엄 워즈워스_옮긴이), 디킨스Dickens(19세기 영국의 소설가인 찰스 디킨스_옮긴이) 등도 런던을 성경에서 부정적으로 묘사된 바빌론 같은 곳, 즉 죄악과 범죄, 억압, 불의, 타락의 장소로 바라봤다.

낭만주의 시대부터 할리우드 시대에 이르는 기간에 서양 문화에는 강력한 반反도시적 편견이 있었다. 유럽과 미국이 거센 도시화의 물결에 휩쓸리고 있을 때와 정확히 일치하는 그 기간에 서양인들은 도시를, 인간을 원자화하고, 공동체를 파괴하고, 인간 본성의 '자연스러운' 요소를 왜곡하는 힘으로 여겼다. 20세기의 사회학자들도 그런 선례에 따라 도시 생활에서 유발되는 병리 현상을 연구했다. 유럽인과 미국인 들은 도시 생활에 대한 반감을 물려받았다. 반면, 유럽과 미국을 제외한 여러 문화권에는 그런 반감이 없고 오히려 도시 생활이 비교적 흔쾌히 수용된다. 메소포타미아, 중앙아메리카, 중국, 동남아시아 등지에서는 도시가 신성한 곳으로, 신이 인간에게 준 선물로 여겨졌다. 유대 기독교적 세계관에서, 도시는 하느님에게 적대적인 필요악이다. 이 같은 차이는 역사 면면히 이어진 현상이다.

바빌론은 어떤 일이 벌어진 곳으로 묘사되었을까? 드 퀸시가《아편 상용자의 고백》을 발표한 지 몇 년 뒤인 1831년, 당대 최고의 인기 예술가 존 마틴John Martin은 이미 1819년에 그려둔 본인의 그림을 바탕으로 〈바빌론의 몰락The Fall of Babylon〉이라는 제목의 유명한 메조틴트 판화를 내놓았다. 그 작품에서 하느님에게 벌을 받아 움츠려 있는 바빌론 백성들은 웅장한 규모의 건물과 지구라트 때문에 아주 작게 보인다. 대중들은 마틴의 〈바빌론의 몰락〉에 담긴 종말론적 장면에 환호했다. 티레Tyre, 소돔, 니네베, 폼페이 같은 도시들이 파괴되는 모습을 담은 통속극적 그림들은 지나치게 빨리 진행되는 도시화를 겪고 있던 불안한 시대의 사람들에게 큰 호소력이 있었다. 도시는 제 살을 갉아먹는 '정복욕' 때문에, 산더미처럼 쌓인 죄악과 타락 때문에, 스스로 빚어낸 혼돈 때문에 숙명적으로 파괴될 수밖에 없는 곳이었다.

그런 종말론적 미래상은 19세기에 니네베와 바빌론의 유적이 발견되면서 매력을 한층 더 갖추게 되었다. 바빌론과 바빌론을 둘러싼 은유에서 비롯된 이야기는 꾸준히 전 세계의 대중들을 사로잡았고, 그들의 도시관에 지대한 영향을 미쳤다. 한때 막강했던 대도시들의 유적지들은, 성경에 적혀 있는 내용, 그리스인들의 평가, 그리고 대ᴬ 피터르 브뤼헐과 존 마틴이 작품을 통해 묘사한 바와 한치도 틀림없이 웅대해 보였다. 이 세상에 영원한 것은 없다. 런던이 다른 대도시들의 선례에 따라 죄악과 모순적 혼돈의 무게를 이기지 못하고 무너지기까지 얼마나 걸릴까?

성경의 영속적인 힘은 공상과학소설의 대표적 주창자에 영향을 미쳤다. H. G. 웰스ᴴ. ᴳ. ᵂᵉˡˡˢ가 1908년에 발표한 소설 《공중전쟁ᵀʰᵉ Wᵃʳ ⁱⁿ ᵗʰᵉ Aⁱʳ》에는 성경 속 예언 같은 표현으로 가득하다. 그 점은 특히 대도시를 바라보는 웰스의 태도에서 두드러진다. 《공중전쟁》에서 뉴욕은 치명적인 공습을 당한다. 그가 대도시를 묘사하는 방식은, 여러 세기 동안의 예술적 미화를 거치며 히브리 성경을 통해 물려받은 것이다. 뉴욕은 런던을 대신해 '현대판 바빌론'의 자리를 차지했고, 세계의 무역과 금융과 쾌락의 중심지가 되었다. 뉴욕은 한때 로마가 지중해의 부를, 바빌론이 동방의 부를 삼켰듯이, 대륙의 부를 다 빨아들이고 있었다. 거리에서는 지나친 장엄함과 비참함이 그리고 극심한 문명과 무질서가 눈에 띄었다. 어느 구역에서는, 빛과 불꽃과 꽃으로 장식된 대리석 궁전들이 보이고, 다른 구역에서는 정부의 권력과 정보 범위 밖의 토끼장과 땅굴 같은 곳에서 형언하기 힘들 만큼 북적대며 사는, 검고 사악한 다국어 구사자들이 보였다. 뉴욕의 악덕, 뉴욕의 범죄, 뉴욕의 법률은 모두 사납고 무서운 에너지가 부추긴 것이다.

여기서 재미있는 점은 웰스가 약 3,000년의 역사를 자랑하는 성경 속의 비유적 묘사로 빚어낸 렌즈를 통해 뉴욕이라는 현대 도시를 바라본다는 사실이다. 현대 도시는 매력적이면서도 불쾌한 곳이다. 그러나 바빌론은 반드시 무너져야 할 대상이다. 웰스는 소돔과 고모라가 지옥 불로 잿더미가 되었듯이 교만하고 탐욕스러우며 다문화적인 뉴욕이 공습으로 파괴되는 모습을 흥미롭게 묘사한다. 여러 민족의 웅얼거림이 들리는 듯한 바벨탑이 그랬듯이, '인종의 소용돌이'인 뉴욕도 폭력적 해체라는 벌을 받는다.

물론 이것은 소설 속의 허구다. 그러나 1920년대에 두각을 드러낸 뉴욕은 바빌론적 성격이 훨씬 더 뚜렷했다. 뉴욕의 고층 마천루는 메소포타미아의 계단식 지구라트가 부활한 것 같았다. 마천루와 생활방식 그리고 부유함에 힘입어 뉴욕은 1세기 전의 런던처럼 바빌론이라는 칭호가 전혀 아깝지 않은 도시가 되었다. 웰스가 상상의 날개를 펼친 이래, 뉴욕은 《세계가 충돌할 때When Worlds Collide》(1951년), 《인디펜던스 데이》(1996년), 《어벤져스》(2012년) 등을 포함한 수십 편의 영화를 통해 지구상에서 사라지고 말았다.

웰스의 종말론적 소설이 나온 지 몇 년 뒤, 또 한 사람이 뉴욕을 없애버리려는 꿈을 품었다. 하지만 그에게는 목적이 있었다. 르 코르뷔지에는 뉴욕을 미래의 초현대적 대도시로 여기지 않았다. 그는 뉴욕에 팽배한 어지러움과 혼란스러움, 무의미함에 주목했다. 뉴욕은 너무 뒤엉켜 있었다. 마천루들이 합리적 계획 없이 아무렇게 들어서 있었다. 뉴욕은 '압도적이고, 경이롭고, 흥미롭고, 무척 역동적인 곳'

으로 볼 수도 있었지만, 모든 측면에서 혼란스럽고 혼잡했다. 르 코르뷔지에가 볼 때, 뉴욕 사람들은 "불길하고 난잡한 거리"에서 "쥐처럼 숨어" 살았다. 그는 이미 죽은 채 "풍요로운 현재를 어지럽히는" 구도심을 말끔히 제거하고자 했다. 뉴욕은 미래가 아니었다. 그러나 뉴욕은 미래로 향하는 길을 가리켰다. 성경의 예언자처럼 르 코르뷔지에는 바빌론을 파괴해야 새로운 예루살렘을 세울 수 있다고 생각했다. 이상향은 소멸을 통해 나타나는 것이기 때문이다.[25]

새로운 뉴욕에서는, "유리 마천루들이 숲 한가운데에서 깨끗하고 투명한 수정처럼 솟아 있을 것" 같았다. 르 코르뷔지에가 볼 때, 뉴욕은 "새로운 시대의 징후 속 환상적이고 거의 불가사의한 도시, 수직적 도시"가 될 듯싶었다. 일단 과거를 말끔히 제거하면 새로운 합리적 대도시, 푸르른 공원 구역에 자리 잡은 고층건물들을 연결하는 고가도로가 교차하는 "방사형 도시"가 등장할 것으로 보였다. 그 새로운 "공원 속의 고층건물"은 생활과 노동, 쇼핑과 놀이를 위한 장치일 것으로 기대되었다. 고층 방사형 도시는 수백만 명을 바빌론적 혼란에서 벗어나도록 하면서 새로운 도시적 이상향을 탄생시킬 듯했다.

물론 원래의 뉴욕은 그가 계획한 방사형 도시를 만들기 위해 파괴되지는 않았다. 그러나 르 코르뷔지에의 새로운 발상은 여러 세대의 도시계획가들에게 영향을 끼쳤다. 제2차 세계대전 이후, 전 세계의 여러 도시들에서 불도저가 활개를 쳤다. 전쟁으로 파괴된 도시들뿐 아니라 미국의 도시들처럼 폭격 피해를 입지 않은 대도시들에서도 불도저들이 분주히 움직였다. 도시 내에서 불도저들이 주로 활약한 곳은 '빈민가 정리'와 '도시 재개발'의 대상인, 상대적 빈곤 구역이었다. 고층건물과 간선도로 위주의 생활에 관한 코르뷔지에 식의 실험이 진행되는 동안 안정적이고 자기조직적인 노동자 계급의 공동체들은 산산조각이 나버렸다. 그런 공동체들은 난잡하고 흉해 보였다. 도시를 거칠고 위험한 장소로 여기는 관념은 종교와 정치와 문화 같은 여러 분야를 관통하고 있다. 드 퀸시는 도시를 사악한 곳으로 묘사했고, 디킨스는 도시의 퇴폐성을 표현했고, 할리우드의 누아르 영화에서는 도시가 부패로 충만한 장소로 나오고, 존 B. 칼훈은 쥐의 도시를 실험했다. 바빌론을 완전히 무너트리고 나서 처음부터 다시 시작하려는 열망은 강한 전염성을 갖고 있었다.

최근 중국에서는 대규모 도시화가 이뤄졌다. 베이징과 상하이 같은 도시들의 혼잡하고 밀집된 중심부를 불도저들이 휘저었고, 주민들은 교외의 고층건물로 거처를 옮겼다. 그것은 현대적이고 질서정연한 느낌을 풍기는, 깔끔한 도시를 만들겠다는 미명 아래 추진된 사업이다. 뭄바이와 라고스 같은 도시들에서는, 그 도시들을 세계적인 멋진 대도시들처럼 보이도록 하기 위해 비공식적 정착지들을 마구 파괴하고 있다. 우리가 환경을 공학기술을 이용해 과학적으로 구축하면 과도하게 확대된 도시적 혼돈 상태에서 벗어날 수 있다는 관념이 여전히 팽배해 있다.

그러나 혼돈과 혼란 말고 도시에 "무질서한 기상"과 "사납고 무서운 에너지"(H. G. 웰스의 표현)를 불어넣는 것이 또 있을까? 칼훈의 도시화된 쥐들은 고밀도의 압력을 못 이겨 폭력과 사악함에 굴복했겠지만, 인간은 쥐보다 적응력이 월등하게 뛰어나다. 대도시는 켜켜이 쌓인 역사와 수많은 내부적 모순 위에서 만들어진다. 수천 년 동안 온갖 가설을 세웠지만, 아무도 대도시들이 어떻게 작동하는지 모른다. 대도시는 무척 취약하고 우리가 통제할 수 없는 곳으로 보인다. 논리가 먹히지 않는 곳, 무정부 상태와 붕괴 직전에 있는 곳으로 비친다. 대도시는 우리의 선의와 이성적인 판단에 따라 작동하는 만큼, 우리의 욕망과 악덕, 이기심을 동력 삼아 움직이기도 한다. 대도시는 우리를 위협하는 곳, 우리가 이해할 수 없는 곳인 만큼 우리의 정신을 고양하고 의욕을 자극하는 곳이기도 하다. 대도시는 크고, 나쁘고, 잔인한 곳이다. 그러나 대도시는 번창하는 곳이자 강한 힘을 지닌 곳이기도 하다. 대도시에는 성인용품점과 오페라 극장이 있고, 도박장과 대성당, 스트립쇼장과 미술관이 있다. 분명히 우리는 도시에 훌륭한 하수도 시설이 있기를 바라고, 매춘부들의 수가 줄어들기를 바란다. 그러나 위생처리된 도시는 전기 불꽃이 일어나지 않는 도시다. 한 도시의 모순과 대립적 요소와 상스러움은 그 도시에 강렬한 자극과 맥동하는 에너지를 선사한다. 도시에는 위생처리가 필요한 만큼 오물도 필요하다. 도덕적 기준이 낮은 곳, 저열한 퇴폐업소가 있는 곳, 매력과 재력을 갖춘 곳. 이것은 대도시에 에너지를 불어넣는, 대도시의 상반되고 불온한 성격이다. 도시는 유토피아인 동시에 디스토피아이다.

3장

국제 도시

아테네와 알렉산드리아

기원전 507~30년

싱가포르, 뉴욕, 로스앤젤레스, 암스테르담, 런던, 토론토, 밴쿠버, 오클랜드, 시드니 같은 도시들의 공통점은 전체 주민의 35퍼센트 내지 51퍼센트가 외국 태생이라는 사실이다. 그런데 이 세계적 도시들도 브뤼셀과 두바이 앞에서는 맥을 추지 못한다. 브뤼셀과 두바이의 경우, 전체 인구에서 외국 태생의 주민이 차지하는 비율이 각각 62퍼센트와 83퍼센트다.

이 수치만으로 다양성을 둘러싼 전모를 밝힐 수는 없다. 예컨대 이 수치에서는 해당 도시의 인구 중 이주자들의 자식이나 손자와 손녀 들이 차지하는 비율이 드러나지 않는다. 그리고 이주자들의 출신 국적이나 그들의 사회적 지위에 관한 정보도 보이지 않는다. 두바이에 거주하는 외국 태생 주민들 가운데는 세계 각국에서 건너온, 기술이 뛰어나고 재산이 많은 사람들이 있지만 그들은 소수에 불과하다. 두바이의 외국 태생 주민들 가운데 다수는 파키스탄, 인도, 방글라데시, 스리랑카, 필리핀 등지에서 건너온 저임금 노동자들이다. 이와 대조적으로 토론토의 이민자 인구는 전체 인구의 51퍼센트를 차지하고, 이민자들의 출신 국적은 230개에 이르며, 특정 국가 출신의 인구집단이 지배적인 위치를 점하고 있지도 않다. 그리고 토론토 주민의 29퍼센트는 부모 중 적어도 한 사람이 캐나다 밖에서 태어난 경우다.

도시의 역동성은 주로 관념과 상품, 사람의 지속적 유입에 따른 결과다. 역사를 통틀어 볼 때, 도시가 번영을 누리려면 언제나 그곳의 관문을 두드리는 대규모의 이주자들이 있어야 했다. 외국에서 건너온 이민자들은 새로운 관념과 일 처리 방식을 선보인다. 뿐만 아니라 그들에게는 고국에서 맺은 인맥도 있다. 그래서 항구도시에는 진취적 분위기가 흐른다. 설령 외국 출신의 주민들이 많지 않아도 항구도시는 다른 여러 지역과 연결되는 곳이고, 전 세계를 돌아다니는 사람과 물건 들이 자주 드나드는 곳이기 때문이다. 기원전 5세기에 아테네가 거둔 놀라운 성공은 대부분 외부적 영향에 대한 개방성 그리고 자유민 인구의 3분의 1 이상이 외국 태생이라는 점 덕분이었다. 아테네인들의 강박적 절충주의에 대해서는 다음과 같은 기록이 남아 있다. "그들은 온갖 사투리를 들으며 각 방언에서 무언가를 얻어냈다. 다른 그리스인들은 고유의 사투리와 생활방식, 옷차림을 고집하는 경향이 있지만, 아테네인들은 모든 그리스인과 야만인 들이 뒤섞어 빚어낸 것들을 쓴다."[1]

그리스의 철학자 디오게네스는 출신지를 묻는 질문에 자신을 '코스모폴리테스kosmopolites'라고 소개했다. 코스모폴리테스는 '세계시민'이라는 뜻이다. 그것은 외국인을 극렬히 혐오한 도시국가의 시대인 기원전 4세기에 나온 말이라고 믿기 어려울 정도로 급진적이었다. 플라톤의 《국가론》은 아테네의 항구 구역인 페이라이에우스Piraeus에 있는 어느 메틱metic(아테네에 거주하는 외국 태생의 주민)의 집을 배경으로 시작되고, 따라서 그의 철학적 탐구는 이주와 교역, 상업 그리고 아테네 밖의 더 넓은 세계와 연관된다.[2]

그리스에서 가장 국제적인 대도시 안에서도 가장 국제적인 구역에 조성된 도시풍 무대장치는, 그리스의 도시 문명, 특히 아테네인들이 그토록 진취적인 성격을 띠게 된 요인을 짐작케 한다. 그것은 새로운 형태의 도시화, 즉 뱃사람들에 의한 도시화였다. 문화가 서로 겹치고 무역로가 교차하고 관념이 널리 유포되는 지중해 연안의 지형적 특성에 힘입어, 수천 년의 역사를 자랑하는 내륙 도시들과는 눈에 띄게 다른 도시들이 탄생했다. 그리스인들은 서남아시아에서 기원한 도시 건설 과정의 계승자들이었다. 그리스 신화에서 에우로페Europa 공주는 레반트 지방의 해안에서 제우스에게 납치되어 크레타 섬으로 끌려간다. 이 이야기는 현실을 신화화한 것이다. 다시 말해, 서남아시아와 이집트에서 일어난 도시화는 제우스가 아니라 뱃사람들에 의해 레반트 지방의 항구 비블로스Byblos에서 크레타 섬으로 전래되었다.

이집트와 메소포타미아, 지중해가 만나는 교차로에 위치한 항구 비블로스(오늘날의 레바논에 있다)는 고대 세계의 대규모 관문 도시 중 하나였다. 파피루스 수출로 유명했던 그 도시의 이름에서 책을 가리키는 그리스어 단어인 'biblios(비블리오스)'가 생겼고, 'biblios'에서 성경을 가리키는 영어 단어인 'Bible'이 나왔다. 비블로스를 거점으로 활동한 가나안 상인들 덕분에 2개의 거대한 문명인 메소포타미아 문명과 이집트 문명으로 레바논산 귀한 삼나무를 비롯한 여러 가지 상품들이 건너갈 수 있었다. 그들은 쉬지 않는 해양 민족이었다. 비블로스 출신의 뱃사람들은 기원전 제2천년기 초반 서쪽의 지중해로 나아가 크레타 섬에 이르렀다. 한편 기원전 2700년경 크레타 섬에서는 새로운 도시 문명이, 그러니까 훗날 에우로페로부터 이름을 따오게 되는 대륙 최초의 도시 문명이 뿌리를 내렸고, 그 문명의 주인이 바로 미노스인들이다. 나중에 미노스인들은 도시 개념을 유럽 대륙에, 즉 그리스의 미케네인들에게 전해주었다.

바다에서는 상품과 관념이 유통되었다. 그러나 바다의 물결은 위험도 함께 몰고 왔다. 기원전 1200년경, 정체불명의 해양 민족이 지중해의 여러 문명을 유린했다. 미케네 문명은 그 근본 없는 해적들의 연합체에게 파괴되었고, 오늘날 궁전의 유적이 남아 있다. 이후 여러 세대에 걸쳐 그리스인들은 조상들을 트로이아 전쟁의 영웅들로 추앙했다. 그리스는 분열과 소규모 공동체의 시기인 이른바 암흑시대로 진입했다.

그런 파열음이 빚어지는 와중에 기존의 도시들이 붕괴하자 새로운 도시화의 물결이 밀려왔다. 레반트 지방의 항구도시들은 지중해와 오늘날의 터키, 시리아, 레바논, 이스라엘 등지의 산악지대 사이의 좁고 기다란 띠 모양의 땅에 들어서 있었다. 거기 사는 사람들은 페니키아인들로 알려졌지만, 페니키아는 왕국이나 단일한 독립체가 아니라 언어와 문화와 종교와 냉혹한 사업 감각으로 뭉친 셈 족 도시국가들의 연합체였다. 비블로스, 티레, 시돈 같은 도시들이 페니키아인들의 3대 거점이었다. 선지자 이사야는 티레에 대해 이렇게 말했다. "면류관을 씌우던 자요. 그 상인들은 고관들이요. 그 무역상들은 세상에 존귀한 자들이었다." 티레 같은 도시들은 크기가 작고 인구가 적었다(약 4만 명). 그러나 몇 배나 큰 나라들보다 더 매서운 힘을 갖고 있었다.

뛰어난 항해사 겸 뱃사람이자 사업가였던 페니키아인들은 어느 누구보다 멀리 서부 지중해로 진출했다. 그렇게 먼바다로 나선 그들은 서남아시아로부터 기원한 미래 도시의 씨앗을 품고 있었다. 곳곳에 페니키아인의 무역 거점과 식민지가 생기면서 도시 세계가 유럽 해안과 아프리카 해안으로 뻗어나갔다. 그중에서 가장 유명한 곳은 오늘날의 튀니지 땅에 건설된 '신도시'라는 뜻의 카르타고였다. 카르타고는 티레를 본떠 만든 도시로 현지인이 아닌 외국 출신 주민들이 정착하게 되었다. 페니키아인들이 개설한 체인점 격인 카르타고는 몇 세기 뒤 로마와 지중해의 패권을 다툴 만큼 성장했다. 페니키아인들은 이탈리아와 시칠리아와 이베리아에 무역 거점을 설치했다. 그들은 헤라클레스의 기둥Pillars of Hercules(지브롤터 해협의 동쪽 끝에 해협을 끼고 솟아 있는 2개의 바위산_옮긴이)을 거쳐 대서양에 이르렀고, 거기서 다시 모로코 해안을 따라 내려가며 교역에 나섰다. 먼 훗날에 도시로 발전한 카디스Cadiz(스페인 남서부 대서양 해안의 항구도시_옮긴이)와 리스본은 원래 페니키아의 상업 중심지였다. 페니키아인들은 올리브유, 향수, 향유, 직물, 장신구 등을 다른 귀중한 품목인 은, 금, 주석, 구리, 납, 상아, 소금에 절인 생선, 고래잡이의 부산물, 뿔소라와 교환했고, 그것을 다시 니네베와 바빌론 같은 저 먼 곳의 시장에서 팔았다.

뿔소라는 모험심 강한 상인들이 드넓은 미지의 대서양으로 향하도록 손짓하는, 굉장한 보물이었다. 뿔소라의 점액은 '티레의 자주색'으로 알려진 염료를 만드는 원료였고, 그 자주색은 바빌론 같은 큰 도시의 통치자와 고위 사제 들이 탐내는, 아주 값비싼 왕족의 색깔이었다. 옷 한 벌의 장식품을 염색하는 데만 해도 약 1만 2,000개의 뿔소라의 분비물을 부지런히 뽑아내야 했을 것이다. 뿔소라의 점액 1온스는 금 1온스보다 최소한 20배 높은 가치가 있었다. 메소포타미아 대

도시들의 막강한 구매력은, 페니키아인들이 뿔소라를 잡으려고 대서양으로 나가 약 3,200킬로미터에 이르는 거리를 누비며 일련의 도시적 정착지를 세우는 동력이 되었다.

그리스인들은 페니키아인들을 그리 좋아하지 않았다. 호메로스는 오디세우스가 파렴치한 페니키아 상인 때문에 하마터면 재산과 목숨을 빼앗길 뻔한 사연을 언급한다. 그리스인들은 바다 멀리 떠돌아다니는 티레와 비블로스, 시돈의 뱃사람들을 무슨 수를 써서라도 이겨야 할 적수로 여겼다. 그러나 페니키아인들은 그리스인들에게 정말 소중한 2가지 선물을 안겨줬다.

실용성을 중시한 페니키아 사업가들은 불편하고 시간을 낭비하는 상형문자와 설형문자를 쓰는 대신, 새로운 문자를 개발했다. 최초의 알파벳이기도 한 페니키아 알파벳은 여기저기 이동하는 상인들에게 꼭 맞는 간략하고 효율적인 문자였다. 페니키아 알파벳은 이후 그리스 문자와 라틴 문자를 위시한 거의 모든 알파벳 문자의 기초가 되었다. 페니키아 알파벳은 페니키아인들이 지닌 무역제국의 촉수가 북아프리카 해안을 거쳐 대서양에 이르고, 에게 해까지 장악함에 따라 널리 보급되었다. 페니키아 알파벳은 에게 해에서 이뤄진 상인들 간의 교류를 통해 기원전 800년과 기원전 750년 사이의 어느 시점에 그리스인들에게 전파되었을 것이다.

그리스인들이 페니키아 알파벳을 토대로 독자적인 문자를 고안했다는 것은 도시화와 관련해 의미심장한 사건이었다. 본토의 그리스인들은 에게 해의 섬들과 소아시아의 해안으로 진출해 포카이아Phocaea, 밀레토스Miletus, 에페소스Ephesus 같은 도시들을 세웠다. 신화, 역사, 노래, 연극, 스포츠, 의식 절차 등 아주 멀리 떨어진 곳에서도 정체성을 유지할 수 있도록 그리스인들을 결속시키는 요소들도 에게 해와 소아시아 해안으로 이식되었다. 치열한 경쟁의식, 특히 그리스인들의 적수인 페니키아인들에 대한 경쟁의식도 마찬가지였다. 페니키아인들과 마찬가지로, 그리스인들도 크리미아와 카디스 같은 수백 개의 복제 도시(모국의 도시와 집단적 기풍이 같았고, 자치적이었으며, 도시망에 통합되어 있었다)를 건설하는 데 착수했다.[3]

그 과정은 다음과 같은 이야기에 고스란히 담겨 있다. 오늘날의 터키 해안에 건설된 큰 도시인 포카이아의 그리스인들이 무역 거점을 세울 만한 곳을 찾던 중 우연히 오늘날 프랑스 남부에 있는 어느 하천, 물이 흘러 들어가는 작은 만灣을 발견했다. 그들이 거기 당도했을 때 공교롭게도 현지의 부족인 리구리아족의 우두머리가 사윗감을 구하려고 연회를 열고 있었다. 리구리아족 우두머리의 딸은 그리스인들의 이국적인 모습에 깊은 인상을 받았고, 의식용 술잔을 그리스인들의 지도자에게 건넸다. 그를 남편감으로 점찍었다는 신호였다. 두 사람의 혼인에 따른 결실은 바로 오늘날 마르세유Marseilles로 불리는 도시다.[4]

7세기 이탈리아 남부에서는, 에트루리아 상인들이 그리스에서 건너온 식민지 개척자들과 접촉하고 있었다. 그 결과, 에트루리아 부족들은 포 강Po Valley 유역과 오늘날의 토스카나 주에 해당하는 지역에 도시국가를 건설하기 시작했다. 거기서 약간 남쪽의 티베르 강 주변에서는 팔라티누스 언덕Palatine Hill 위 오두막촌에 사는 라틴인들이 소택지의 물을 빼낸 뒤 흙을 채워넣기 시작했다. 라틴인들은 이웃인 에트루리아인들과 그리스 상인들에게 영향을 받았다. 아마 이 무렵에 그리스 상인들은 팔라티누스 언덕 아래쪽에 조그만 이주지를 세워뒀을 것이다. 라틴인들이 세운 도시, 즉 그들이 '로마'라고 부른 도시는 촌락에서 읍락을 거쳐 도시로 나아가는 점진적 진화의 결과가 아니었다. 그것은 지중해 도처에서 찾아오는 뱃사람들을 통해 전파된 새로운 발상의 결과였다.

그리스 문명은 마치 연못가의 개구리들처럼(플라톤의 유명한 표현이다) 지중해 전역의 해안과 섬들에 자리 잡은 1,000여 개의 도시 집단을 배경으로 진화했다. 마르세유와 로마의 사례에서 알 수 있듯이, 그리스인들은 다양한 민족들과 뒤섞이는 과정을 거쳐 지중해 지역의 모든 문화에 눈뜨게 되었다. 그리스인들은 아나톨리아에서 아시아적 발상과 기법을 이용했다. 그들은 페니키아인과 메소포타미아인, 페르시아인, 이집트인의 영향에 노출되었고, 다른 여러 민족들의 전통에도 영향을 받았다. 아나톨리아 서부의 이오니아 지방의 도시들, 즉 아시아와 연계된 개방적 성격의 대도시들에서 그리스적 우주의 지적 전성기가 시작된 것은 우연이 아니다. 헤카타이오스Hecataeus와 헤로도토스의 저작들에는 다른 문화들에 관한 뜨거운 호기심이 배어 있었다. 두 사람의 업적은 들쭉날쭉한 지중해 연안에서 각양각색의 민족들과 함께 어울리며 항해술, 천문학, 의학, 철학 분야의 이론을 차용하고 개선한 문명의 소산이었다. 우주의 원자론을 정립한 공로로 유명한 데모크리토스는 트라키아Thrace(발칸 반도 남동부 지방_옮긴이)에서 태어났지만, 그리스의 여러 도시를 여행한 뒤 아시아와 이집트로 건너갔다가 결국 아테네에 정착하는 등 평생을 이곳저곳 돌아다니며 보냈다.

그리스 사회의 핵심은 폴리스polis였다. 'polis(폴리스)'는 인간사회의 조직화와 연관된 단어인 'polity(정치조직체)', 'politics(정치)', 'political(정치적)'뿐 아니라 도시적인 요소를 암시하는 단어인 'metropolis(대도시)',

'metropolitan(대도시적)', 'cosmopolitan(국제적)'의 어근이다. 정치철학은 합리적 도시를 모색하는 과정에서 출발했다. 폴리스라는 단어는 그저 '도시'나 '도시국가'라는 뜻으로 이해할 수 있을 것이다. 그러나 그리스인들이 이해한 이 단어의 진정한 의미는 깔끔하게 번역하기 어렵다. 간단히 말해, 폴리스는 도시 환경 속에서 조직된 자유 (남성) 시민들의 정치적·종교적·군사적·경제적 공동체였다.[5]

정치적 의미에서의 폴리스는 기원전 8세기나 기원전 7세기에 호메로스가 지은 서사시에 나오지 않았지만, 기원전 6세기 무렵에 널리 쓰이게 되었다. 다시 말해, 그리스의 팽창기에 'polis'라는 단어가 통용되었다는 것이다. 그리스의 식민지 개척자들이 본국으로부터 멀리 떨어진 열악한 곳에서 힘을 합쳐 도시를 건설하며 시민들의 자치 공동체 개념을 발전시켰고, 그 개념이 다시 그리스로 역수입되었을 가능성이 있다. 아니면 본국과 국외에서 진행된 급속한 도시화의 결과로, 즉 문제에 대한 해답을 찾는 과정을 통해 폴리스라는 개념이 널리 퍼졌을 수도 있다. 그리스인들은 폴리스를 만들어내는 행위를 시노에시즘synoecism('여러 가정을 하나로 통합하는 과정'이라는 뜻)이라고 불렀다.[6]

"인간은 정치적 동물이다"라고 한 아리스토텔레스의 말을 굳이 인간이 극적인 정치적 사건의 요체를 좋아한다는 뜻으로 이해할 필요는 없다. 오히려 인간은 타고난 '도시 동물'이라는 뜻으로 이해하는 편이 낫다. 인간은 자신의 욕구를 채우고 문화를 이룩하기 위해 서로 뭉쳐서 더 큰 덩어리를 이루려는 경향이 있다. 그리스인들의 관점에서 도시는 인간의 자연스러운 상태였고, 그 자체로 신성한 것이었다. 사실 도시는 자연계보다 훨씬 더 우월한 것이었다. 왜냐면 편안한 삶과 정의를 누릴 수 있는 조건이 조성된 곳은 도시밖에 없었기 때문이다. 그리스적 사고에서 폴리스는 기본적으로 물리적 장소가 아니었다. 그것은 공동체였다. 그리스인들이 말하는 '아테네'는 '도시로서의 아테네'가 아니라 '시민 공동체로서의 아테네'였다. 그것은 의미심장한 점이었다.

그리스인의 정체성에는 도시 생활을 둘러싼 강한 흥미, 권위에 속박된 삶에 대한 혐오감 그리고 개인적 독립을 중시하는 경향이 깊이 스며들어 있었다. 대다수의 그리스 도시국가들은 기원전 9세기와 기원전 8세기에 왕을 권좌에서 끌어내렸다. 그리스인들은 폴리스를 형성하는 과정에 참여하며 스스로를 야만인들보다 더 자유롭고 인간다운 존재로 인식했다. 그리스인들은 언어와 문화를 공유했을 뿐 아니라 도시 거주라는 독특한 생활방식도 공유했다. 저 멀리 흑해나 오늘날의 스페인 땅에 사는 그리스인들도 도시에 거주하기를 좋아했다. 시인 포세이디포스Poseidippos는 "그리스는 하나만 있지만, 폴리스는 여럿 있다"라고 말했다.[7]

그리스 세계는 중앙 권력이 통제하는 제국이 아니었다. 그것은 수백 개의 자치적 폴리스로 구성된 문명이었다. 각 폴리스의 시민 인구는 1,000명 내지 5만 명이었다. 폴리스는 인간이 도시에서 어떻게 살아야 하는가에 관한 이론들이 시험대에 오르는 현장이었다. 폴리스는 과두정, 군주정, 독재정, 귀족정, 민주정 같은 다양한 정치형태를 띠었고, 새로운 요구와 위협에 대응하며 변화했다. 수많은 도시 현장에서 진지한 실험이 진행된 이 시기는 정치사상의 토대가 마련되는 계기였다. 아울러 이 시기는 훗날 물리적 도시에도 영속적인 영향을 끼쳤다.

민주주의의 시초, 아테네

15세의 소년, 알렉산드로스 그리요로풀로스Alexandros Grigoropoulos가 경찰에게 살해되는 사건이 발생하자 분노한 시민 수천 명이 아테네 거리로 뛰쳐나왔다. 2008년 12월, 아테네에는 폭동과 약탈이 일어났다. 폭동이 끝나고 그리스에 금융위기가 찾아올 무렵, 일군의 활동가들이 아테네 중심부의 엑살시아Exarcheia 지구 한복판에 있는 옛 주차장, 즉 알렉산드로스 그리요로풀로스가 경찰의 총격으로 사망한 현장 근처를 비폭력적인 방식으로 점거했다.

그 주차장 터는 1990년에 시 당국이 공공부지로 전환하기 위해 매입하려고 한 곳이었다. 그러나 시 당국은 2009년이 되어서도 매입하지 못했고, 결국 개발예정부지로 남아 있었다. 점거자들은 곧장 주차장의 아스팔트를 뜯어내고 나무와 꽃을 심었다. 그들은 기념행사를 기획했고, 일부 인원은 당국의 개입에 맞서 주차장, 즉 나바리노 공원 Navarinou Park을 지키는 데 힘썼다. 몇 달이 흐르고, 몇 년이 지났다. 나바리노 공원의 정체성을 결정하고자 인근 주민들이 한데 모였다. 그곳은 아테네의 심장부에 자리한 푸른 보석이 되었다. 놀이와 오락, 휴식과 공개토론의 장소이자 여러 공공 행사의 개최지가 되었다.[8]

나바리노 공원을 둘러싼 이 이야기는 항의에 나선 시민들이 세계 각국의 도시들에서 공공부지와 공공건물을 되찾아 다른 목적으로 사용한 범세계적 운동의 일부분이다. 2011년, 시민들이 카이로의 타흐리르 광장Tahrir Square과 마드리드의 푸에르타 델 솔 광장Puerto del Sol plaza을 점거했다. 월스트리트 점령 운동 참가자들은 뉴욕의 주코티 공원Zuccotti Park에 텐트를 쳤고, 세계 곳곳의 도시들에서 이와 비슷한 점령 운동이 벌어졌다. 2013년, 시위자들은 몇 달 동안 이스탄불의 게지 공원Gezi Park에서 야영하며 버텼다.

권력을 상대로 표출된 이 모든 분노의 사례들은 그 발생 원인이 가지각색이다. 그러나 이들 사례는 많은 공통점을 갖고 있다. 이 사례들에는 지난 수십 년 동안 일어난 도시들의 변화 과정에 대한 많은 사실이 담겨 있다. 그동안 여러 측면에서 사적 공간이 공적인 시민 공간보다 우위에 오르면서 인간사회는 점점 더 내향적 성격을 띠게 되었다. 9.11 테러 이후, 보안과 감시가 도심의 핵심적 특징으로 자리 잡았다. 도심에서 일어나는 각종 움직임과 활동은 철저한 감시의 대상이 되었다. 세계 도처에서 공공구역이 사유화되고, 위생처리의 현장으로 전락하고, 통제되는 경우가 많아졌다. 쇼핑단지, 쇼핑센터, 금융가, 상점가 등은 완전한 공공장소도 그렇다고 완전히 사적인 장소도 아닌 그 중간의 어느 지점에 속하는 장소다. 나바리노 공원 그리고 아테네의 다른 주차장과 건물 들을 점거하고 탈바꿈시킨 사건은 이미 이스탄불의 공공장소가 잠식된 지 한참이 지났을 때 일어난 일이다. 2013년에 터키인들이 갑자기 항의에 나선 것은 레제프 타이이프 에르도안Recep Tayyip Erdoğan 대통령 정부가 이스탄불의 몇 안 되는 녹지 공원 중 하나를 불도저로 밀어버리고 그 자리에 쇼핑몰을 세우려고 했기 때문이다. 타흐리르 광장('해방 광장'이라는 뜻)은 지난 몇 년 동안 수많은 시민들이 주목한 곳이었다. 그러나 호스니 무바라크Hosni Mubarak 대통령 치하에서 '공공 공간'은 '정부 관할하의 공간'의 동의어였다. 즉, 정치적 색채를 띤 모든 행동이 금지되고, 엄격한 규율이 적용되는 곳이었다.

종교적·정치적 견해가 다르고 경력과 소득 수준이 다른 사람들이 타흐리르 광장에 모여들었다. "그 광장은 점차 도시 안의 도시로 변모했다. 사흘 뒤, 야영 구역, 기자실, 의료시설, 출입 통로, 무대, 화장실, 식음료 판매용 포장마차, 신문 가판대, 예술품 전시장 따위가 설치되었다." 광장을 점거한 사람들은 날마다 벌어지는 "음악회, 경연대회, 토론회, 주요 언론인 초빙 강연회"를 즐겼다. 세계 곳곳의 시민들이 광장과 공원을 점거한 것은, 도시의 공공 생활이 보안과 자동차, 상거래의 필요성에 종속된 것처럼 보이는 상황에서 나온 대도시들에 대한 자의식적 비판이자 기존의 도시 안에 일종의 이상적이고 모범적인 도시, 즉 정치적 반대와 토론이 공연, 풍자, 음식, 오락, 시장, 사회적 상호작용 등과 어우러지는 장소를 재창조하려는 시도였다.[9]

특정 장소, 이를테면 금융 권력의 진원지와 가까운 곳(예를 들면 주코티 공원)이나 정치 권력의 진원지와 가까운 곳(예를 들면 타흐리르 광장)을 일시적으로 점거하면 그곳을 민주적 항의의 장소로 탈바꿈시켜 이념적 목적을 달성하는 데 힘을 실을 수 있었다. 게지 공원을 점거한 사람들은 이스탄불이 더 폭넓은 차원에서 시민들의 뜻에 반하는 방향으로 바뀌고 있다는 점을 부각했다. 그런데 공공 생활을 되살리고자 노력하는 주민들의 적극적인 참여를 계기로 공공 공간의 용도가 바뀐 사례도 많다. 예컨대, 마드리드에서는 라 라티나 La Latina 지구의 주민들이 어느 건축 부지를 차지한 뒤 그곳의 용도를 결정했다. 이후 엘 캄포 데 세바다 El Campo de Cebada('보리밭'이라는 뜻)로 개명된 그 부지에는 해마다 여름이면 휴대용 공기주입식 수영장이 여기저기 들어선다. 그곳에서는 반상회, 주 2회의 토론회, 시민 조찬모임, 연극, 노천영화 상영회 등도 열린다. 주민들은 농구장과 정원도 만들었다. 지난 몇십 년 동안, 홍콩에서는 수천 명의 필리핀 출신 가사 노동자들이 매주 일요일에 시내의 은행과 유명 의상실과 5성급 호텔 주변의 거리에 가득 모여 소풍을 즐기고, 춤을 추고, 친목을 도모하고, 시위에 나섰다. 홍콩에서 가장 가난하고 불안정한 처지에 놓인 사람들이 으리으리한 금융 중심지를 일시적으로 점거한 채 나름의 목적에 맞게 변모시킴으로써 불과 몇 시간 동안 색다른 종류의 도시가 등장하는 셈이다.

공공 공간은 경쟁의 공간이다. 메소포타미아의 대도시, 중세의 군주국, 현대의 공산국가와 같은 독재 체재에서, 도시 안의 빈 땅은 주로 혹은 전적으로, 국가 권력과 군사력을 과시하는 장소, 즉 참여의 장소가 아닌 구경거리의 현장으로 쓰여왔다. 유교 영향권의 도시들에서 공공 공간은 거룩한 곳, 의무적 의식 절차에 따라 운영되는 곳이었기 때문에 일상의 사회적 상호작용이 일어날 여지가 거의 없었다. 조선 시대(1392~1897년)에 평민들은 한양의 간선도로인 종로에서 말을 타고 지나가는 양반들과 마주칠 때마다 절을 해야 하는 상황에 부아가 치민 나머지 종로 바로 옆에 나란히 나 있는 좁은 골목으로 발길을 옮겼다. 피맛골, 즉 '말을 피하는 거리'로 알려진 그 비좁은 길은 군데군데 들어선 식당과 상점 덕분에 사람들이 모여 얘기하고 어울리는 장소였으며 한양이라는 대도시의 공식적인 부분을 관할하는 규칙에서 벗어난 비공식적 공공 공간이 되었다.[10]

거리 활동은 도시가 지닌 공공적 성격의 필수요소다. 그러나 지금까지 도시의 거리는 서로 다른 용도 간의 긴장 관계로부터 자유롭지 못했다. 거리는 교제와 사업, 앉아 있기, 산책과 놀이의 장소일까? 아니면 원활한 교통과 사회적 통제를 위한 장소일까? 이 같은 긴장 관계는 도시가 탄생한 이래 지금까지 없어지지 않고 있다. 제인 제이콥스의 견해에 따르면 보행자 중심의 복합용도형 인근 거리가 바로 도시성의 핵심이다. 그녀가 힘주어 주장했듯이, 도시에서 생성되는 자발적 질서는 거리에서 이루어지는 수많은 일상 활동과 상호작용을 통해 조금씩 쌓이는 것이다. 제이콥스는 도시 고속도로 때문에 맨해튼의 활발한 거리 생활이 위기를 맞은 1950년대와 1960년대에 이 문제를 주제로 글을 썼다. 화기애애한 거리의 생명력을 자동차의 출현만큼 무디게 하는 것도 없었다. 하지만 도시의 공공 공간을 침범한 적들에 대한 반격은 21세기 도시의 영혼을 지키기 위한 광범위한 투쟁의 일부분이다.

공공 공간은 누구나 이용할 수 있는 공동의 장이고, 시민사회는 이 공공 공간에서 형성된다. 도시는 정치적 실험이 진행되는 연구실이었고, 이따금 급진적 변화의 현장이었다. 바로 이 때문에 그동안 도시에 접근할 수 있는 권리를 둘러싸고 치열한 경쟁이 벌어진 것이다. 고대 그리스의 폴리스가 그 이전의 도시들과 구별되는 점은, 폴리스의 정치적 발전 양상에 따라 폴리스의 물리적 지면 구획이 이뤄진 방식이다. '나는 물건을 사러간다' 라는 뜻의 그리스어인 아고라조agorázō와 '나는 공개적으로 발언한다' 라는 뜻의 그리스어 아고레우조agoreúzō는 모두 '아고라agora(시장이나 광장이라는 뜻_옮긴이)' 라는 단어에서 나왔다. 폴리스의 살아 숨 쉬는 심장인 아고라는 폴리스의 집단적 에너지로 상업, 오락, 풍문, 소송 절차, 정치가 실없는 잡담 속에서 한데 뒤섞이는 장소였다. 아고라 한쪽에서는 춤추고 노래하는 모습이 보였다. 다른 쪽에서는 칼을 삼키는 곡예사와 던지기 곡예사가 구경꾼들의 시선을 차지하려고 기량을 다퉜다. 탁 트인 곳에 일렬로 설치된 탁자에서는 은행업자들이 생선 장수와 과일 장수 들의 외침에 자신의 목소리가 묻힐까 봐 신경 쓰면서 일상적인 업무를 처리했다. 상점과 천막 시장의 가게에서는 교양 있는 시민이 원할 법한 모든 물건을 구할 수 있었다. 반면 중국, 중앙아메리카, 바빌론 제국, 이집트, 메소포타미아 등지에서 도시의 심장부는 주민들을 위한 장소가 아니라 신성한 권위를 재현하는 장소였다.

시인 에우불로스Eubulos는 아테네 아고라에서 벌어지는 공적·사적·정치적·상업적 생활의 우아한 복합성을 포착했다. "아테네의 같은 장소에서는 늘 무화과, 법적 소환용 증인, 포도, 순무, 배, 사과, 증거 목격자, 장미, 모과, 죽, 벌집, 병아리콩, 소송, 초유, 푸딩, 도금양桃金孃나무, 추첨기, 붓꽃, 새끼 양, 물시계, 법률, 고발장 같은 온갖 것들이 함께 팔린다." 아리스토파네스Aristophanes는 희극 〈구름The Clouds〉에서 아테네인들이 "남들의 성생활에 대해 상스러운 농담을 하려고 아고라에 간다"고 꼬집는다. 아테네인들은 새로운 소식과 정치적 사안에 관한 토론도 벌였다. 많은 사람들 앞에서 발언하고, 간통에서 행정 문제에 이르는 갖가지 정보를 주고받는 것은 도시 생활의 필수요소였다.[11]

기원전 561년부터 기원전 510년 사이 대부분의 기간 동안 아테네를 통치했던 참주 페이시스트라토스Peisistratus와 그의 아들 히피아스Hippias는 독재정을 미화하는 건물들을 세우려고 0.15제곱킬로미터 넓이의 아고라 부지를 새롭게 정리했다. 기원전 507년에 권력을 잡은 급진적 귀족 클레이스테네스Cleisthenes의 치세 하에 아고라는 비록 겉모습은 혼란스러워 보였지만 한층 더 민주적인 장소로 바뀌었다. 민주정 체제에서 시장의 노점과 상점 들이 그 신성한 구역에 자리 잡게 되었다. 스토아stoa로 불린 열주랑列柱廊은 여름의 햇볕과 겨울의 바람을 피할 수 있는 곳이었다. 의사당과 법원 같은 새로운 공공건물이 들어섰다. 시민에 의한 행정행위가 공동체의 평범하고 왁자지껄한 일상

과 뒤섞여 한몸을 이뤘다.[12]

그리스의 대다수 폴리스는 모든 구성원이 서로 알고 지내는 소규모의 대면 사회였다. 그러나 아테네는 예외였다. 아테네의 인구는 총 25만 명이었고, 그 중에서 성인 남성 시민의 인구는 4~5만 명이었다. 클레이스테네스의 급진적 개혁을 통해, 아티카 지방의 유서 깊은 부족사회가 강제로 해체되었다. 대신에 씨족적·지역적 충성심이 배제된 10개의 시민 부족이 인위적으로 조직되었다. 그 민주적인 폴리스는 국가 운영에 협조해야 하는, 서로 잘 알지 못하는 사람들의 도시였다. 그처럼 복잡한 체계는 아테네라는 도시의 구조 자체를 바꿔야 작동하는 것이었다.

해마다 전체 시민 중에서 추첨으로 뽑히는 500인회의 구성원들은 아고라에 마련된 청사에서 회의를 열었다. 그 청사의 높은 담장 너머에서 아테네의 국정이 운영되었다. 하지만 법원은 전혀 달랐다. 법원 청사는 지붕이 없었고, 담장이 낮았다. 모든 시민은 배심원 자리에 앉을 자격이 있었고, 사건이 있을 때마다 추첨을 거쳐 배심원으로 선출되었다. 배심원단은 통상적인 재판의 경우 최소 201명으로 구성되었지만, 국사범 재판의 경우에는 최소 501명으로 구성되었고, 법원 청사의 수용 가능 인원을 고려하면 배심원의 수는 최대 1,500명까지 확대될 수 있었다. 아테네에서는 대화와 법정 그리고 상거래가 서로 충돌하며 공존했고, 비공식적 요소와 공식적 요소가 매끄럽게 뒤섞였다. 그 결과, 시민의 공공 생활과 사생활이 너무 복잡하게 엮인 나머지 그 2가지를 구분할 수 없을 정도가 되었다. 공적 용무를 담당하지 않는 사람은 아테네에 있을 권리가 없는 사람이나 마찬가지였다.

대부분의 폴리스에서 민회가 열린 장소는 아고라였다. 아테네에서 진행된 민주적 실험의 규모는 아테네의 정치적 지형이 혁신적으로 바뀌게 된 요인이었다. 아고라에서 10분쯤 걸어가면 나오는, 사발 모양의 언덕 기슭에는 일꾼들이 바위를 깎아 만든 연단이 있었다. 그 언덕은 6,000여 명의 시민들을 수용할 수 있는 집회장으로 쓰였다. 모든 시민이 연단에 서서 동료 시민들에게 연설할 권리가 있었다. 이 아테네 민회의 회합장소는 '프닉스Pnyx'로 불렸다. 기원전 507년에 시작된 클레이스테네스의 개혁과 더불어 프닉스라는 회합 장소가 만들어지면서 민중 주권과 대중 참여가 물리적 외형을 갖게 되었다.[13]

회합에서 시민들은 입법에 관한 최종결정권을 행사했고, 정무관과 장군 같은 공직자를 선출하고 책임을 추궁했으며, 대외정책, 군사적 문제, 내부적 사안 따위를 두고 투표를 했다. 민회의 일상적 의결에 6,000명의 정족수가 필요했고, 따라서 프닉스에서는 매주 시민들이 만석을 이룬 채 공적 사안을 토론하고 결정을 내렸을 것이다. 프닉스라는 이름은 '함께 빼곡히 자리 잡은 상태'라는 뜻이다. 서로 잘 알지 못하는 사람들이 공적인 책임을 함께 지는 대규모 폴리스에서 개인적·공적 가시성可視性과 투명성은 더없이 중요한 요소였다. 프닉스는 동료 시민들이 연설에 어떤 반응을 보이는지, 그들이 투표를 어떻게 하는지, 어떤 식으로 처신하는지 따위를 지켜볼 수 있는 공간이었다.

아테네의 장군 겸 정치가인 페리클레스Pericles는 기원전 431년의 그 유명한 연설에서 시민들에게 아테네를 사랑하라고 촉구했다. 그러나 페리클레스가 연설에서 언급한 '사랑'은 일반적 의미의 사랑이나 애국적 열의로서의 사랑이 아니었다. 그가 말한 '사랑'의 정확한 의미는 연인끼리 느끼는 애욕적 열정, 즉 에라스타이erastai였다.[14]

모든 그리스인들에게는 아테네를 향한 뜨거운 애착이 있었다. 남성 시민들은 각자의 폴리스를 위해 싸우고 목숨을 바치는 것이 당연한 의무였다. 자기 도시에 대한 애착은 개인적 정체성의 토대였고, 페리클레스가 암시하듯이 무척 감정적인 것이었다. 다른 어떤 방법으로 폴리스가 작동될 수 있었겠는가? 참주와 사제 들, 전사형 귀족들이 오랫동안 지배한 세계에서 자치라는 것은 새로운 발상이었다. 아테네의 민주정은 그보다 훨씬 더 급진적인 발상이었다. 공공 공간이 조성되면서 아테네라는 도시를 작동시키는 데 필요한 집단적 에너지가 공급되었다. 아테네에는 자치적 공화제와 관련한 제도나 시설이 있었다. 사람들이 서로 만나 어울리는 장소인 체육관, 극장, 옥외 경기장 등도 있었다. 그러나 페리클레스가 거론한 종류의 열정은 다른 수단에 힘입어 생겨났다. 민주정을 비판한 어떤 사람은, "그리스 도시들 중에서 축제를 제일 많이 열어야 하는 바람에 아테네에서 공적 용무가 지체되는 경우가 잦다"고 불평했다. 아테네식 달력 기준으로 3일에 한 번꼴로 노상 잔치나 행진, 스포츠 행사, 종교의식이 열렸다.

파나테나이아 축제Panathenaea, 즉 '모든 아테네인들의 축제'는 가장 호사스럽고 거룩한 제전이었고, 전 시민이 하나 되어 행복감에 취하는 행사였다. 파나테나이아 축제보다 더하지는 않아도 그만큼 흥겨운 축제는 봄에 열리는 '디오니소스 축제Dionysia'였다. 아테네 사회의 모든 부문이 참여했다. 많은 사람들이 다가올 축제를 위해 음식, 특대형 빵, 커다란 포도주용 가죽 부대 따위를 운반했다. 남성 시민들은 나무와 금과 청동으로 만든 음경을 장대에 달아 옮기거나 발기한 대형 남근상을 수레에 싣고 다녔다. 행진이 끝난 뒤에는 대규모 시민 합창단 간의 치열한 경연 대회가 열렸다. 한꺼번에 500명이 참가해 디오니소스를 기리며 격정적이고 황홀한 노래와 춤을 선보였다. 그런 다음 축하연이 벌어지고 코모스Komos라는 야간 행진이 열렸다. 코모스는 가면과 독특한 복장을 착용한 채 횃불이 밝힌 거리를 이튿날 이른 시간까지 돌아다니는 떠들썩한 잔치였다.

숙취가 찾아올 무렵, 디오니소스 축제의 본행사가 시작되었다. 본행사는 기원전 440년부터 오데온odeon에서 열렸다. 오데온은 페리클레스의 지시로 만든 음악당이었다. 거기서 고위 정무관이 3명의 극작가들을 소개했다. 그들은 앞으로 며칠 동안 경쟁을 펼치도록 선발된 사람들이었다. 세 극작가들은 각자 진지한 비극 세 편과 외설적이고 금기를 깨며 농담으로 가득한 풍자극 한 편을 내놓아야 했다. 그들이 선보인 작품들은 며칠 동안 디오니소스 극장에서 잇달아 상연되었다. 수십 년에 걸쳐 관객들은 아이스킬로스Aeschylus, 에우리피데스Euripides, 아리스토파네스, 소포클레스Sophocles 같은 작가들의 감동적인 연극 작품의 첫 번째 공연을 감상했다.

철학자 디카이아르코스Dicaearchus는 철학자, 시인, 정치가 들로 유명한 전설적인 도시로 향하는 길에 "아테네로 가는 길은 즐겁고, 곳곳에서 농토를 이어주고 있다"라고 썼다. 그러나 아테네는 급수시설이 부실했다. 거리는 "형편없고, 낡고, 좁은 길"이었고, 집들은 대부분 변변찮고 허름했다. 심지어 부자들의 집도 그랬다. 실상을 확인하고 깜짝 놀란 디카이아르코스는 아테네를 처음 방문하는 사람이라면 누구나 "여기가 그토록 많은 사람들이 얘기한 아테네가 맞는지 믿기 힘들 것"이라고 말했다. 오늘날의 고고학적 연구 결과도 디카이아르코스의 평가를 뒷받침한다. 아무렇게나 지어진 아테네의 집들은 작고 칙칙했다. 빈민가처럼 여러 채가 한곳에 다닥다닥 붙어 있었고, 주변에는 아주 좁은 거리와 막다른 골목이 있었다. 배수장치가 없었기 때문에 빗물이 군데군데 깊이 파인 거리를 따라 흘러갔다.

아테네는 무척 비좁고 몹시 밀접한 곳이었다. 사생활은 공공 생활에 단단히 묶여 있었다. 거리의 혼란스러움과 아고라의 소란스러움이 모든 사람들에게 파고들었다. 비합리적이고 엉망진창인 아테네의 유기적 성장은 아테네의 가장 큰 장점 중 하나였을지 모른다. 헤로도토스에 따르면 아테네인들은 참주정 시절에 "일을 게을리하고 책임을 회피했다." 그러나 클레이스테네스가 등장하고 민주정이 도래하자 그들은 엄청난 힘을 발휘했다. "한 가지 분야뿐 아니라 모든 면에서 그들은 전심전력을 다했고, 평등과 발언의 자유로 달성될 수 있는 바를 생생히 입증했다." 민주주의가 제대로 작동하려면 민주주의와 그 운영방식이 맹목적 숭배의 대상이 되어야 했다. 자유로운 표현과 삶의 의미에 관한 무한한 탐구는 인간사회가 마주하는 가장 심각한 도전 과제다. 왜냐면 그 2가지는 위험하고 안정을 위협하는 것이기 때문이다. 그러나 민주주의는 효과적으로 작동했기 때문에 수용되었다. 기원전 5세기에 아테네는 융성기를 맞이했고, 경제적·군사적으로 막강한 제국의 반열에 올랐다. 온갖 발상으로 가득하고 과감한 실험을 두려워하지 않는, 성장세에 있는 그 도시는 확실히 철학자들에게 유리한 곳이었다.

먼 훗날에 키케로Cicero는 소크라테스가 "미덕과 악덕을 탐구함으로써" 철학을 "일상생활"에 적용했다고 언급했다. 인간 조건을 둘러싼 일반적 진리는 "평범한" 사람들의 복잡하게 뒤엉킨 삶에서 발견될 수 있었다. 거리와 시장에서는, 특히 집 밖에서의 교제 문화가 있는 아테네의 비좁고 북적이는 거리와 시장에서는 바로 그런 종류의 통찰에 이를 수 있었다. 소크라테스는 아테네의 한 구역인 케라메이코스

Kerameikos(도공과 매춘부 들이 사는 허름한 동네)에 자주 들렀다. 청년들은 아고라에 들어갈 수 없었기 때문에 소크라테스는 아고라 가장자리의 여러 작업장 주위를 어슬렁거리며 장인들이 각자의 일에 열중하고 구두장이들이 가죽신에 못을 박아 넣는 모습을 구경했다. 소크라테스는 비교적 시설이 열악한 키노사르게스Cynosarges 체육관에서 운동했다. 아테네 성벽 밖에 있는 그 체육관은 '잡놈들', 즉 부모 중 한 사람이 외국 태생인 소년들과 성인 남자들이 이용할 수 있는 곳이었다. 소크라테스는 아테네를 돌아다니며 지위가 높은 사람, 낮은 사람, 자유민, 여성, 노예 등 마주치는 모든 사람들에게 질문을 던지고 토론에 나섰다. 이후 나이가 들자 그는 아고라에 모인 군중 앞에서 발언했다.

젊은 시절의 소크라테스는 누추한 케라메이코스 구역에서 철학자인 파르메니데스Parmenides와 그의 벗인 제논Zeno과 마주쳤다. 두 사람은 이탈리아 남부 출신이었고, 당시 케라메이코스 구역에 체류하고 있었다. 아테네는 문학 활동이나 철학자들이나 과학자들로 유명한 곳이 아니었다. 그리스의 지적·예술적 에너지는 대체로 소아시아와 그 밖의 식민지에서 비롯된 것이었다. 민주주의 실험이 진행되고, 군사적 성공을 거두고, 경제력이 급성장하고 있는 신흥 강국인 아테네에는 그리스 세계 곳곳의 사람들이 몰려들었다. 역사학의 아버지인 헤로도토스와 의학의 아버지인 히포크라테스Hippocrates는 아테네에 매력을 느껴 건너온 외국인 거주자들이었다. 과학자인 아낙사고라스Anaxagoras, 정치이론가인 프로타고라스Protagoras, 수학자인 테오도로스Theodorus, 웅변가인 고르기아스Gorgias, 시인인 시모니데스Simonides, 철학자인 아리스토텔레스 등도 마찬가지였다. 그들보다 더 많은 외국 태생의 주민들이 조각가, 예술가, 장인, 기술자, 상인 등으로 활약했다. 페리클레스는 이렇게 자랑했다. "우리 도시는 세계에 활짝 열려 있다. 우리 도시의 위대함 때문에 세상 전체의 열매들이 우리에게 흘러온다. 덕택에 우리는 다른 나라들의 물산을 우리 것만큼 마음대로 쓸 수 있다."

기원전 5세기 전반기 아테네의 역동성은, 대체로 외국 출신 이주자들이 대거 유입됨에 따라 아테네의 시민 인구가 기원전 480년의 3만 명에서 기원전 450년의 5만 명으로 증가한 결과이자, 새로운 사상이 급속도로 유입된 결과였다. 소크라테스가 아테네 이곳저곳을 돌아다니며 목격한 국제적 분위기는 아테네에서 공공 공간과 개방적 제도를 통해 새로운 형태의 시민들이 등장했기 때문에 조성된 것이었다. 혼잡하고 밀접한 도시 환경에 힘입어 관념의 순환과 교환이 촉진되었다. 거리를 배경으로 정치와 철학, 예술, 소매업, 사업 같은 온갖 분야가 서로 뒤섞이면서 도시에 활기가 감돌았다.

그런데 기원전 5세기 중반 상황이 바뀌었다. 기원전 451년과 기원전 450년 사이에 제정된 페리클레스의 시민권법에 따라 새로운 범주의 자유 외국인 거주자들, 즉 메틱이 출현하게 되었다. 거센 이주의 물결에 대처하기 위해, 시민권은 부모 모두가 아테네 시민인 사람에게만 부여되었다. 물론 아테네에서 이주자들은 여전히 환영을 받는 존재였다. 아테네라는 도시를 작동시키려면 이주자들이 필요했기 때문이다. 하지만 이주자와 그 자손 들은 더 이상 정치과정에 참여하거나 재산권을 누리지 못했다. 이제 그들은 아테네의 '본토박이' 인구와 결혼할 수도 없게 되었다. 아테네의 시민 인구는 아테네 전체 인구의 15퍼센트에 불과했다. 그리고 그 신성화된 집단 중에서도 가난하고 소외된 자들이 꽤 많았을 것이다(기원전 5세기의 아테네와 오늘날의 두바이는 공통점이 많다. 페르시아 만에 자리한 그 도시의 경우, 본토박이는 전체 인구의 15퍼센트에 불과하다. 두바이에는 현대판 메틱, 즉 돈을 벌고 쓸 수 있는 권리가 있고 상대적으로 특전을 누리는 외국 태생의 주민이 있다. 그리고 두바이라는 도시를 건설하고 두바이의 부유한 거주자들의 다양한 요구를 충족시키는, 가난하고 지위가 불안한 대규모 이주자들이 있다. 두바이처럼 아테네에도 2개의 도시, 즉 시민들의 도시와 소외된 자들의 도시가 있었다).[15]

아테네의 여성들은 교육을 받지 못했다. 부유하고 존경을 받는 지위에 있는 여성들조차 사회적으로 배제되었다. 여성들도 아고라에서 빚어지는 왁자지껄한 분위기에 한몫하는 경우가 있었겠지만, 그런 여성들은 아마 물건을 사고 팔거나 심부름을 하는 하층민, 메틱 혹은 노예였을 것이다. 축제와 개인적 연회 같은 행사에 여성들이 포함되는 경우가 있었지만, 거기 참가하는 여성들은 남성들이 마음대로 조종하는 무희와 매춘부 들이었다. 아테네는 남성의 도시였다. 남성들이 여성들을 적극적으로 억압하는 도시였다.

아테네의 황금기는 오래가지 못했다. 아테네인들이 대내외적으로 외국인들에게 점점 강압적인 태도를 보이면서 적들이 생겨났다. 기원전 430년에 발생한 역병이 아테네를 강타했다. 역병은 사람들로 붐비는 항구인 페이라이에우스를 통해 고대 지중해의 교차로인 아테네에 들어와 도시 전체를 휩쓸어버렸다. 사실, 아테네는 최악의 위생처리와 인구과밀, 지속적 뒤섞임에 힘입어 발전이 촉진된 도시였다. 아테네 인구의 3분의 1 내지 2분의 1이 역병으로 죽고 이후 수십 년 동안 전쟁이 벌어졌다. 기원전 404년, 그러니까 클레이스테네스의 개혁을 거쳐 아테네가 위대한 도시로 발전한 지 1세기도 흐르기 전에, 아테네는 힘을 잃었고 국체가 붕괴했다.

진정한 국제도시, 알렉산드리아

플라톤은 "모든 도시는 다른 모든 도시와 자연스러운 전쟁을 벌인다. 선전포고에 의한 전쟁이 아니라 끝없는 전쟁 말이다"라고 썼다. 다른 도시국가들과의 지속적인 경쟁으로 단련된 몇몇 도시국가는 역사적으로 유명한 도시국가로 발전했다. 그러나 여러 군데 흩어진 채 서로 다투는 도시국가 집단은 큰 약점을 안게 된다. 폴리스와 폴리스 간의 전쟁은 그리스 특유의 현상이었다. 독립적 도시국가는 하나의 정부 단위로서 시민들에게 많은 혜택을 베풀었다. 그러나 결국 도시국가는 인구가 많고 영토가 넓은 강대국의 침략으로부터 시민들을 보호할 수 없었다.

마케도니아의 필리포스Philip 2세가 기원전 338년에 마지막까지 독립을 지키고 있던 도시국가들에게 승리를 거두면서 그리스를 정복했다. 그의 아들인 알렉산드로스 대제 치세에 그리스 사상과 그리스 도시들이 아시아 지역 깊숙이 뻗어나갔다. 알렉산드로스 대제는 페르시아 제국을 굴복시켰다. 바빌론을 손에 넣었다. 그리고 인도로 진군했다. 그가 발칸 반도에서 출발해 인도의 펀자브 지방까지 진군하는 동안 그리스의 식민지 개척자와 퇴역 군인 들은 수십 개의 도시를 세웠다. 그들에게는 고대 폴리스의 이념적·물리적 흔적이 남아 있었다. 그 양서류형 도시국가가 천천히 내륙으로 기어가고 있었다.

그리스인들은 바빌론과 페르시아 제국의 도시인 수사Susa 같은 곳에서 고대의 학문적 지식을 흡수했다. 아마 그리스인들이 선보인 가장 흥미진진한 이종교배의 사례는 알렉산드로스 대제가 죽은 지 한참 뒤에 출현한 그리스–박트리아 왕국에서 찾아볼 수 있을 것이다. 전성기인 기원전 2세기와 기원전 1세기에 카스피 해에서 오늘날의 이란, 투르크메니스탄, 우즈베키스탄, 아프가니스탄, 타지키스탄, 파키스탄 같은 나라들의 영토의 상당 부분까지 뻗어 있었던 그리스-박트리아 왕국은 당시 세계에서 가장 풍요로운 곳 중 하나이자 '도시 1,000개를 거느린 제국'으로 평가되었다. 오늘날의 아프가니스탄 북부 지역에서 발견된 유적지 아이하눔Ai-Khanoum에는 페르시아와 그리스의 건축 양식이 뒤섞인 궁전 한 곳과 조로아스터교 신전을 본떠 만든 제우스 신전 여러 개가 있었다. 아테네로부터 약 4,020킬로미터 떨어진 아이하눔에는 아고라가 있었고, 고대 세계 최대 규모의 체육관 중 하나와 최대 6,000명까지 수용할 수 있는 극장이 있었다. 그리스의 건축과 예술은 인도에 큰 영향을 끼쳤고, 중국에도 다소 영향을 주었다. 부처의 모습을 표현한 최초의 조각상은 다름 아니라 그리스의 아폴론 조각상에 영향을 받은 것이다. 소포클레스와 에우리피데스의 연극이 페르시아와 인더스 강 유역에서 상연되었고, 호메로스의 《일리아스Iliad》는 초기 산스크리트어 서사시들이 그 구체적 형태를 갖추는 데 일조했다. 중앙아시아 전역에서 아리스토텔레스의 저작을 읽고 토론했다.

알렉산드로스 대제를 둘러싼 기억은 그의 원정로 곳곳에 각인되었다. 오늘날의 파키스탄에 있었던 알렉산드리아 부케팔라Alexandria Bucephala는 알렉산드로스 대제가 자기 애마의 이름을 따서 지은 도시다. 알렉산드리아 프로프타시아Alexandria Prophthasia(아프가니스탄의 도시들인 헤라트Herat와 칸다하르Kandahar 사이에 있었다)는 '(앞날을) 내다본 알렉산드로스'라는 뜻('불행을 미연에 방지했다'라는 의미)이다. 실제로 알렉산드로스는 그 도시에서 자신에 대한 암살 음모를 미리 알아냈다. 인더스 강 유역의 알렉산드리아는 세계적인 항구도시 중 하나로 키울 목적으로 건설되었다. 한 무리의 퇴역 군인들이 오늘날의 타지키스탄에 속한 페르가나 분지Fergana Valley에 정착해 건설한 도시 알렉산드리아 에스카테Alexandria Eschate는 '가장 멀리 나아간 알렉산드로스'라는 뜻으로 중앙아시아까지 침투한 폴리스의 최종 범위를 나타내는 도시다. 펀자브 지방에 속한 알렉산드리아 니카이아Alexandria Nicaea는 '승리하는 알렉산드로스'라는 뜻이고, 여러 알렉산드리아 가운데 가장 동쪽에 있었던 도시다.

제일 오래 버틴 알렉산드리아는 이집트에 있었다. 기원전 332년에 그 지역을 정복한 뒤 알렉산드로스 대제는 호메로스가 찾아와 《오디세이아Odyssey》의 일부분을 낭송하는 꿈을 꿨다. 호메로스가 읽은 구절은 지중해 해안의 파로스 섬Pharos에 관한 내용이었다. 알렉산드로스는 저 멀리 외딴곳의 바위너설로 향했고, 거기서 마음속으로 가장 멋진 도시를 떠올렸다. 알렉산드로스 휘하의 도시계획가인 로도스의 디노크라테스Dinocrates of Rhodes는 곡식 낟알을 바닥에 일렬로 뿌리는 방식으로 격자형 거리의 설계도를 보여주었다. 그러자 새들이 갑자기 땅으로 내려와 그가 뿌려놓은 낟알을 먹어치웠다. 그러자 어떤 사람이 불길한 징조라고 말했다. 하지만 알렉산드로스를 모시던 점쟁이는 생각이 달랐다. 그는 새로 들어설 그 도시가 언젠가 이 세상의 젖줄이 될 것이라고 여겼다.[16]

아테네의 거리 조성 계획을 특징적으로 보여주고 아테네에 역동성을 부여하는 복잡한 형태의 통로와 골목은, 아테네를 파멸로 몰아넣은 민주주의에 따른 무정부 상태와 연관이 있었다. 플라톤은 아테네 전성기의 그림자 속에서 살았다. 페리클레스 시대의 영광은 이미

사라지고 없었다. 플라톤은 인간의 본성에 대한 철학적 이해와 도시 공간 구획의 수학적 원리를 바탕으로 창조되는 이상 도시Ideal City를 떠올렸다. 플라톤이 인간의 욕구를 채워주는 것으로 여긴 도시는 바로 엄격한 질서, 즉 법적 질서, 강력한 통치 질서, 원래의 설계에서 구현된 기하학적 완벽성의 질서가 확립된 도시였다.

경직되고 단조로운 격자구조는 현대적으로 보일지 모르지만, 기하학적 질서를 추구하는 욕구는 최초의 도시들만큼이나 유서 깊은 것이다. 중국의 경우 도시는 풍수 원리에 입각해 건설되었다. 풍수 원리에 따르면 건축환경은 반드시 자연과 조화를 이뤄야 했다. 도시는 우주에 퍼져 있는 생명력인 자연 에너지(기氣)가 최대한 많이 흐를 수 있도록 설계되었다. 풍수의 대가들은 어디에 도시를 세워야 하는지 결정했고, 도시의 지면 구획을 감독했다. 거리는 기를 받을 수 있도록 동서남북을 고려해 배치되었고, 그 결과 격자형으로 구획된 대칭적 정방형의 성곽도시가 만들어졌다. 도시 내부에서 가장 중요한 장소인 성벽으로 둘러싸인 사찰, 궁궐, 종루鐘樓, 고루鼓樓, 관청, 문서 보관소는 기가 모였다가 밖으로 흘러나가는 도시 정중앙 구역과 북쪽 구역에 있었다. 정방형 안에 또 정방형이 자리 잡는 구획식 지면 배치를 통해 신성한 중심부에서 저기 바깥의 주변부까지 이어지는 엄격한 위계질서를 중심으로 조직된 도시 풍경이 빚어졌다. 중앙아메리카, 이집트, 메소포타미아 등지의 고도로 조직화된 전제정 체제들과 마찬가지로 중국의 도시는 벽돌로 국가 권력을 그대로 본떠 표현했다.

기원전 5세기부터는 격자무늬가 그리스 세계의 도시들에서도 확고히 자리 잡았다. 그러나 마야 문명의 도시들이나 유교 문명의 도시들과 대조적으로, 그리스 도시들의 격자형은 우주론에 부합하기 위해서가 아닌 인간사의 정치적·사회적 문제에 응답하기 위해 만들어진 것이었다. 우리가 알기로 최초의 기술형 관료는 밀레토스의 히포다모스Hippodamus of Miletus다. 그는 아테네의 항구 구역인 페이라이에우스와 지중해 도처의 여러 신도시들을 설계한 인물이다. 히포다모스의 관점에서 볼 때, 어떤 도시의 물리적 형태와 그 도시의 정치체제의 성격은 불가분의 관계에 있었다. 다음과 같이 생각한 셈이다. "훌륭한 도시를 설계하라. 그러면 인간의 문제를 해결하고 인간의 잠재력을 발휘시킬 수 있을 것이다."

맨해튼 같은 현대의 직교형 대도시가 '히포다모스의 격자'에 입각해 건설되었다는 말이 있다. 하지만 히포다모스는 격자형을 발명한 사람이 아니다. 그는 도시 공간을 조직하는 방식을 근본적으로 바꾼 사람이다. 그는 폴리스의 시민들이 공유할 수 있는 동일한 크기의 단위로 이뤄진 격자구조의 도시가 평등한 곳이라고 믿었다. 아테네 같은 난잡하고 자연발생적인 도시와 달리, 격자구조의 도시는 기능별 구획을 통해 합리적 질서를 구현할 수 있었다. 히포다모스와 그의 추종자들은 도시를 공공구역, 사적 구역, 상업지구, 장인들의 작업 구역, 종교 구역, 주택가 등으로 나눠야 하며 도시 중심부에는 정치와 법과 사업이 뒤섞여 굴러가는 아고라가 있어야 한다고 믿었다.

히포다모스가 제시한 격자형 도시는 그리스의 민주주의뿐 아니라 수학적·기하학적 조화라는 그리스적 개념에도 영향을 받은 결과물이었다. 아리스토파네스는 희곡《새The Birds》에서 자와 컴퍼스로 무장한 채 대칭적 완벽성을 꿈꾸는, 그 새로운 유형의 도시 건설자를 조롱한다. "이 일직선의 자를 들고, 나는 이 원 안에 정사각형을 새기는 작업에 나선다. 원 중심에는 시장이 있을 것이고, 일직선의 모든 거리들이 시장 쪽으로 이어질 것이다. 사방팔방 빛을 일직선으로 내뿜는 별과 같은 중심을 향해 모든 것이 모여들 것이다."[17]

우아함까지는 아니어도 형식성을 향한 이 같은 충동은 알렉산드리아에서 절정에 이르렀다. 바닷바람이 순환될 수 있도록 도로는 직각으로 배치되었다. 약 6미터 넓이로 정해진 일직선 거리는 수입품들을 유통하는 데, 그리고 도시에 거주하는 다양한 민족집단을 분리하는 데도 보탬이 되었다. 무엇보다 알렉산드리아는 세계에서 가장 분주한 항구였다. 상품은 원활하게 운반되어야 했고, 도시의 다양한 공동체에 속한 사람들을 수용할 장소가 필요했다. 그들은 공동체별로 정해진 5개의 구역(상상력을 발휘해본다면 알파 구역, 베타 구역, 감마 구역, 델타 구역, 엡실론 구역)에 거주했다.

알렉산드로스는 자신이 꿈꾼 도시가 완성된 모습을 보지 못한 채 바빌론에 있는 느부갓네살 2세의 궁전에서 숨을 거뒀다. 알렉산드로스 휘하의 장군들 중 한 사람인 프톨레마이오스 1세 소테르Ptolemy I Soter는 마케도니아에서 매장하려고 운반 중이던 알렉산드로스의 시신을 빼앗았다. 알렉산드로스 대제가 자신의 이름을 딴 도시의 화려하게 장식된 무덤에 묻히자 알렉산드리아에는 신성한 분위기가 감돌았다. 하지만 일찌감치 알렉산드리아는 승승장구하고 있었다. 거대한 등대를 갖춘 알렉산드리아의 최신식 항구 덕택에 이집트는 더 넓은 세상과 교류할 수 있었다. 알렉산드리아는 중국, 인도 아대륙, 아라비아, 나일 강, 아프리카의 뿔Horn of Africa(동아프리카의 소말리아반도를 가리키는 말_옮긴이), 지중해 사이에서 이뤄진 고수익 무역의 든든한 버팀목이 되었다. 성장을 거듭한 알렉산드리아는 마침내 세계의 중심이 되었고, 알렉산드로스가 그 도시를 꿈꾼 지 불과 70년 만에 30만 명이 거주하는 세계 최대의 도시로 발돋움했다.

알렉산드리아의 규칙적이고 질서정연한 지면 구획은 전제정 체제의 건축양식이었다. 길고 넓은 거리들에는 훗날 로마의 특징으로 자리 잡을 개선식凱旋式을 위한 이상적 무대가 마련되었다. 프톨레마이오스 2세 필라델포스Ptolemy II Philadelphus의 치세인 기원전 270년대에 알렉산드리아에서는 굉장한 축제가 열렸다. 180명의 남자들이 수레에 실린 커다란 디오니소스 조각상을 끌고 꽃이 흩뿌려진 거리를 지나갔다. 뒤이어 사제들, 멋진 옷차림의 젊은 남녀들, 황금 전차들, 악사들, 신화에 나오는 인상적 장면을 그림으로 보여주는 장식 수레들이 잇달아 지나갔다. 그 장식 수레는 코끼리와 낙타, 들소가 끌었다. 표범, 치타, 흑표범, 사자, 곰, 타조, 코뿔소, 기린, 얼룩말 같은 진귀한 동물들도 지나갔다. 그 화려한 행렬 뒤에는 프톨레마이오스 왕조의 권력을 떠받치는 것이 무엇인지 일깨워주는 5만 명의 군인들과 2만 3,000명의 기병들이 나타났다. 파라오처럼 통치하는 마케도니아 출신의 신격화된 왕을 위해 그리스적 전통이 동원된 그 행진은 디오니소스를 기리기 위한 것이었다. 그러나 시민의 참여를 강조하는 아테네의 디오니소스 축제와 달리, 그 행진은 국가가 극적 효과를 노리고 기획한, 보여주기식 행사였다.

평상시에도 알렉산드리아의 외양과 분위기에는 다채로운 영향력이 어지럽게 뒤섞여 있었다. 알렉산드리아는 길이 7,315미터, 폭 30미터의 직선 도로인 카노푸스의 길Canopic Way로 양분되었다. 그 길은 동쪽 해의 문Sun Gate에서 서쪽 달의 문Moon Gate까지 뻗어 있었다. 좌우로 건물의 커다란 정면 외벽, 신전, 조각상, 체육관, 대리석 기둥 따위를 거느린 카노푸스의 길에는 궁전과 의식용 대로, 극장과 체육관, 제우스 신전과 이시스Isis와 오시리스Osiris 같은 이집트 신을 섬기는 신전, 유대교 예배당, 그리스풍 조각상, 스핑크스, 이집트 고미술품 등을 비롯한 각종 건조물과 건축양식이 뒤섞여 있었다. 알렉산드로스의 시신이 잠들어 있는 영묘는 알렉산드리아의 거룩한 심장부였다. 그의 영묘는 도시의 중심선을 이루는 소마 거리Street of the Soma와 카노푸스의 길이 만나는 지점에 있었다.

'세상에 문을 열고 있었던' 아테네는 온갖 관념과 물건이 유통되는 시장이었을 것이다. 그러나 알렉산드리아와는 비교도 되지 않았다. 거대한 무역 도시인 알렉산드리아의 시끌벅적한 시장에는 그리스인, 유대인, 이집트인, 페르시아인, 메소포타미아인, 바빌론인, 아나톨리아인, 시리아인, 이탈리아인, 이베리아인, 카르타고인, 페니키아인, 갈리아인, 에티오피아인 같은 세계 각국 사람들이 모여들었고, 아마 인도인과 사하라 사막 이남의 아프리카인도 왔을 것이다. 그리스 철학자 디오 크리소스토무스Dio Chrysostom에 따르면 알렉산드리아는 "세상의 온갖 사람들이 한데 모여 서로의 모습을 보며 서로 비슷해지는 시장"이 되었다. 그 국제적 상업도시는 누구나 환영했다.[18]

다양한 인구집단 속에서 휘몰아치는 바람은 유클리드와 아르키메데스를 비롯한 당대의 위대한 학자들도 알렉산드리아로 불러들였다. 알렉산드리아에서 활약한 그들의 동료 학자들로는 위대한 사상가이자 천문학자 그리고 수학자이기도 했던 사모스의 코논Conon of Samos과 키레네의 에라토스테네스Eratosthenes of Cyrene를 꼽을 수 있었다. 칼케돈의 헤로필로스Herophilus of Chalcedon는 인체를 이해하는 방식을 바꿔놓았다. 그전까지는, 아리스토텔레스가 주장했듯이, 심장을 인체를 통제하는 장기로 간주했다. 그러나 헤로필로스는 뇌와 척수 및 신경계의 연계성을 추적해 이것이 인체의 사령탑이 뇌라는 사실을 밝혀냈다. 이전의 여러 세기 동안 이어진 천문학과 지리학 연구도 서기 1세기에 이르러 클라우디오스 프톨레마이오스Claudius Ptolemy에 의해 돌파구가 열렸다. 수학과 기하학 분야에서 유클리드가 그랬듯이, 클라우디오스 프톨레마이오스의 가르침은 훗날 1,500년 넘는 세월 동안 우주에 대한 인간의 이해 방식을 지배하게 된다.

앞서 언급한 학자들이 알렉산드리아로 건너온 까닭은 그곳이 글로 기록된 모든 저작의 유일한 보고였기 때문이다. 프톨레마이오스 2세와 그의 후계자들은 의식적으로 알렉산드리아를 역사상 세계에서 가장 위대한 도시로 만들기 위해 애썼다. 그 야심만만한 시도의 요체는 알렉산드리아를 전대미문의 지식과 연구의 중심지로 만드는 것이었다. 프톨레마이오스 왕조의 군주들이 보낸 요원들은 거의 무한대의 현금을 무기 삼아, 구할 수 있는 모든 두루마리 문서를 찾아 전 세계를 샅샅이 돌아다녔다. 팔레론의 데메트리오스Demetrius of Phalerum(아테네 출신의 망명 정치인이자 아리스토텔레스의 옛 제자)의 지시에 따라, 알렉산드리아 도서관에서는 역사상 최초로 전 세계의 지식을 체계적으로 정리하는 작업이 시작되었다. 에페소스 출신의 문법학자인 제노도토스Zenodotus는 호메로스가 남긴 글을 편집하기 위해 알렉산드리아에 왔다. 다작으로 유명한 시인 겸 작가인 칼리마코스Callimachus는 그리스 문학 작품을 분류하고 그 목록을 작성하라는 명령을 받고 키레네에서 알렉산드리아로 건너왔다. 하마터면 묻힐 뻔했던 시와 과학, 철학 분야의 위대한 작품들이 후대인들을 위해 자료관의 호화로운 전용 구역에 보관되었다.

아테네와 알렉산드리아는 서로 매우 다른 두 도시의 가장 적절한 사례다. 아테네라는 도시의 풍경의 불규칙적인 외곽선과 개방적인 문화는 길거리에서 토론과 논쟁이 벌어질 수 있는 밑바탕이 되었다. 플라톤에 의하면, 소크라테스는 철학이라는 것이 동료 시민들과 아테네의 공공장소에서 나누는 대화를 통해 이뤄지는 행위라고 생각했기 때문에 그 어떤 내용도 글로 남기지 않았다고 한다. 이와 대조적으로 거리가 합리적이고 직선적으로 설계된 알렉산드리아는 엄격하게 관리된 곳으로, 관념이나 사상이 도시 생활과 유리된 채 제도 속에 갇혀 있던 곳으로 묘사된다. 아테네가 자발적이고 실험적이었다고 한다면 알렉산드리아는 백과사전적이고 순응주의적인 사고방식을 지니고 있었다고 볼 수 있다. 아테네는 철학과 정치학, 연극 분야에서 개가를 올렸고, 알렉산드리아는 과학, 수학, 기하학, 역학, 의학 등의 분야에서 성공을 거뒀다.

알렉산드리아는 일반 대중을 통제하고 최고 권력을 선전할 목적으로 특별히 설계되었지만, 그 목적을 무한정 달성할 수는 없었다. 알렉산드리아의 일반 대중은 시간이 갈수록 점점 까다로워지고, 거칠어지고, 시끄러워졌다. 그 이집트의 대도시는 격자구조 안에 갇혀 있으려 하지 않았다. 알렉산드리아는 악명 높은 쾌락주의적 일탈과 도시적 소란의 장소뿐 아니라 진지한 배움의 장소라는 나름의 역할도 찾았다. 그 당당한 거대도시는 특유의 세계주의적 분위기에 힘입어 독특한 지적 성격을 띠게 되었다. 아테네는 조국애, 군사적 애국주의, 민주적 참여, 급진적 배타성 등에 의해 통합된 초부족으로 변신했기 때문에 구성원들이 서로 단단히 결속되어 있었다. 한편 알렉산드리아는 마치 세계 속의 작은 세계처럼 광대한 규모와 다양한 특성을 지니고 있었다. 알렉산드리아에서는 위험한 철학적·정치적 공론에 빠지지 않는 한 혁신적 사고를 포용했기 때문에 세계 곳곳에서 지식인들이 몰려들어 다른 견해의 소유자들과 교류할 수 있었다. 알렉산드리아 도서관에서 원고를 편집하는 사람과 낙장을 살피는 사람 그리고 편집 책임자 들은 문화와 지식의 구성요소를 둘러싼 토착주의적 관념에 사로잡혀 있지 않았다. 그들은 그리스어 문헌뿐 아니라 바빌론인과 페니키아인, 이집트인과 히브리인이 남긴 문헌도 기꺼이 수집해 연구했다.

알렉산드리아는 인간의 삶으로 가득한 도시였다. 그곳은 진정한 국제도시였다. 인구 50만 명의 도시이자, 전제정에 의해 통합된 다양한 인종과 전통의 용광로였다. 알렉산드리아에서는 문명 충돌이 다른 곳에서 상상할 수 없는 규모로 허용되고 장려되었다. 그것은 외부인을 의심하는 참여 민주주의 사회에서는 불가능했을 법한 방식이었다. 알렉산드리아의 중독성 강한 이국적 분위기는 당시 새롭게 떠오르고 있던 초강대국이 거부할 수 없는 미끼가 되었다.

로마가 지중해에서 거침없이 세력을 확장하자 프톨레마이오스 왕조는 쇠락의 길로 접어들었다. 대신 알렉산드리아는 로마를 덮친 정치적 위기에서 중요한 역할을 맡았다. 알렉산드리아의 강력한 영향력은 로마 정치인들의 정신을 연거푸 흐려놓는 마취제처럼 작용했다. 프톨레마이오스 왕조의 내전에 개입한 율리우스 카이사르는 세계에서 가장 부유한 도시 그리고 신비스러운 문화와 마주쳤을 뿐 아니라 사랑에도 빠지고 말았다. 아마 대단한 미인은 아니었겠지만, 클레오파트라는 알렉산드리아의 진정한 딸이었다. 플루타르코스Plutarch에 따르면, 재치 넘치고, 교양 수준이 높고, 그리스어와 라틴어, 히브리어, 에티오피아어, 아랍어, 이집트어를 유창하게 구사했던 그녀의 혀는

"마치 현이 여러 개 달린 악기 같았다."

훗날 로마인들은 지난 역사를 돌이켜보며 클레오파트라와 알렉산드리아가 로마의 위인들을 매혹하고 로마 공화정의 몰락을 부추겼다고 생각했다. 카이사르는 클레오파트라와 사랑에 빠졌을 뿐 아니라 알렉산드리아에서 그리스 문화와 이집트 문화가 뒤섞여 있는 모습에 매료되기도 했다. 특히 신성한 군주제라는 개념에 푹 빠지고 말았다. 기원전 44년 카이사르가 암살을 당하고 내전이 벌어지자, 클레오파트라는 로마를 통치한 카이사르의 세 동지들 중 한 사람인 마르쿠스 안토니우스Mark Antony의 편에 섰다. 클레오파트라와 안토니우스는 기원전 41년에서 기원전 40년으로 넘어가는 겨울에 연인 사이로 발전했다. 그 겨울 내내 두 사람은 사교모임과 연회와 술잔치를 즐겼다. 플루타르코스는 "안토니우스가 알렉산드리아에서 숱하게 저지른 바보짓을 기록으로 남기는 일은 지루한 작업일 것이다"라고 탄식했다. 카이사르처럼 안토니우스도 위대한 도시의 호화로움에 넘어가고 말았다. 그는 알렉산드리아에 머문 채 로마 제국의 동쪽 부분을 통치했다. 제국의 서쪽 부분은 카이사르의 양아들인 옥타비아누스Otavian가 다스렸다. 안토니우스가 알렉산드리아의 정치계에 뼈를 묻다시피 하며 새로운 아시아 제국을 세우려고 할 때, 로마인들은 두려움과 혐오의 눈빛을 감출 수 없었다. 완전히 알렉산드리아 사람으로 변해버린 안토니우스는 살아 있는 디오니소스 신으로 추앙되었다. 클레오파트라는 아프로디테와 이집트 여신 이시스의 환생으로 숭배되었다. 최후의 결정타는 동로마 제국의 영토를 클레오파트라와 그녀의 자식들(율리우스 카이사르 사이에서 태어난 아들과 안토니우스 사이에서 태어난 세 명의 자식)에게 나눠주도록 선언한 알렉산드리아 영토분할령이었다.

로마 원로원은 그 터무니없는 계획을 비준하지 않았다. 옥타비아누스는 카이사르와 클레오파트라가 낳은 아들의 정통성을 인정하지 않으려고 했다. 두 사람 사이에서 태어난 알렉산드리아 태생의 소년이 로마 세계의 파라오 같은 후계자가 되는 사태를 막아야 했기 때문이다. 안토니우스의 적들은 스스로를 동방의 신처럼 여기고 로마보다 알렉산드리아를 더 사랑하는 안토니우스를 주시하라고 말했다. 로마는 내전에 돌입했고, 알렉산드리아는 내전에서 중추적인 역할을 맡았다. 기원전 31년, 옥타비아누스가 악티움 해전에서 안토니우스에게 승리를 거뒀고, 이후 안토니우스와 클레오파트라는 최후의 도피처인 프톨레마이오스 왕조의 그 대도시로 달아났다. 기원전 30년에 옥타비아누스의 군대가 알렉산드리아를 장악하자 두 사람은 자살했다. 이집트는 독립을 잃었고, 로마 제국의 일부분으로 편입되었다. 알렉산드리아는 제국의 수도에서 로마 세력권의 몇몇 큰 도시들 중 하나로 전락했다.

알렉산드리아에서 빛나는 승리를 거두고 경쟁자들이 죽어버리자 옥타비아누스가 로마의 최고 통치자에 등극했다. 얼마 뒤 그는 카이사르 아우구스투스Caesar Augustus로, 즉 실질적 황제로 변신했다. 이전의 다른 로마인들처럼, 옥타비아누스, 즉 아우구스투스도 알렉산드리아의 크기와 아름다움과 위엄에 감탄했다. 널리 알려졌듯이, 그는 이집트에서 목격한 광경에서 영감을 얻어 로마를 벽돌 도시에서 대리석 도시로 바꿔놓았다.

알렉산드리아는 그 후로도 오랫동안 지적 원천으로 남았다. 그러나 알렉산드리아 도서관은 조금씩 부서졌고, 지식이 담긴 귀중한 파피루스는 화재와 전쟁과 포악한 황제들 그리고 사상을 통제하는 주교들과 습도 탓에 야금야금 사라졌다. 서기 365년, 프톨레마이오스 왕조의 그 국제도시에 머물러 있던 마지막 영광마저 해저 지진에 따른 쓰나미에 휩쓸려버렸다.

알렉산드리아가 그랬듯이 로마도 세계의 보편 도시였다. 최근 고고학자들이 로마에서 발견된 시체들의 DNA를 연구한 결과에 따르면, 기원전 27년까지 이어진 성장기 동안 로마에서는 이탈리아인, 동지중해인, 북아프리카인 들이 뒤섞여 살았다. 그리고 제국으로서의 전성기를 구가하는 동안, 로마는 '유럽과 지중해의 유전적 교차로'였다. 당시 로마에는 북유럽인부터 중앙아시아인에 이르는 다양한 민족이 살고 있었다. 그리스의 웅변가 아에리우스 아리스티데스Aelius Aristides의 표현을 빌리자면 로마는 "세상의 모든 민족 출신의 주민들이 살고 있는 성채"였다.

4장

목욕탕 속의 쾌락

로마

기원전 30~537년

로마인들은 크면 클수록, 많으면 많을수록 좋다고 여겼다. 도시도, 공공건물도, 야심도, 클수록 좋은 것이었다. 영토와 사치품, 힘과 물건도 많을수록 좋았다. 로마와 그 거대도시를 중심으로 형성된 방대한 제국의 규모를 느끼고 이해하는 것은 가슴 벅찬 일이다.

로마의 영광을 온전히 경험하고 싶은 사람에게는 로마의 원대한 취향을 포괄하는 건축물 하나가 안성맞춤일 것이다. 시인 스타티우스 Statius는 다음과 같이 읊는다. "수고와 근심을 떨쳐버려라! 빛나는 대리석이 번쩍거리는 목욕탕을 찬미하노라."[1]

서기 3세기 무렵, 로마인들은 대규모의 황실 공중목욕탕(테르마이 thermae) 11개와 그보다 규모가 작고 흔히 사설로 운영되는 목욕탕(발네아이balneae) 900여 개를 이용할 수 있었다. 그중에서 가장 경외감을 자아내는 것은 동생을 죽인 정신이상자인 카라칼라Caracalla 황제가 서기 212년부터 216년에 걸쳐 지은 테르마이였다. 무게 1만 7,000톤, 부피 6,300세제곱미터의 대리석으로 뒤덮인 그 공중목욕탕은 녹지 안에 들어서 있었고, 건물 정중앙에 만신전의 반구형 지붕만큼 큰 거대한 반구형 지붕이 있었다.

목욕탕을 찾은 로마인은 일정한 순서에 따라 목욕을 했다. 옷을 벗은 뒤 운동을 하고 나서 물에 뛰어들었다. 먼저 냉탕인 프리기다리움frigidarium에 들어갔다. 온탕인 테피다리움tepidarium에 들어가면 더 따뜻했고, 열탕인 칼리다리움calidarium은 확실히 뜨거웠다. 이렇듯 차가운 물에서 뜨거운 물 순서로 목욕을 즐긴 뒤에는 기름과 향기 나는 연고를 몸에 바르는 방식의 안마를 받았다. 한편 소小플리니우스Pliny the Younger가 깔끔하게 요약한 목욕 절차는 다음과 같다. "나는 기름을 바르고, 운동을 하고, 목욕을 한다." 제국의 수도에서든 소아시아나 북아프리카든 황량하고 몹시 추운 브리타니아Britannia 북부에서든 간에 모든 로마인들은 보통 이런 식으로 목욕을 했다.

그런데 카라칼라 욕장Baths of Caracalla에서는 궁극의 목욕을 체험할 수 있었다. 목욕탕 건물 한가운데에 있는 냉탕인 프리기다리움에 몸을 담그면 위풍당당한 40미터 높이의 원통형의 둥근 천장과 삼중 궁륭형 천장이 보였다. 그 커다란 천장은 무게 50톤, 높이 11미터의 정교하게 장식한 흰색 대리석 주두柱頭를 얹은 이집트산 화강암 재질의 도리스 양식 회색 기둥들이 떠받치고 있었다. 그 거대한 궁륭형 천장에는 치장용 벽토가 발려 있었고, 선명한 색깔이 칠해져 있었으며, 프레스코와 반짝이는 유리 모자이크로 장식되었다. 윤이 나는 대리석 벽에는 커다란 아치형 창문을 통해 들어오는 햇빛이 비쳤다. 높이 솟은 기둥들 사이의 틈으로는 신과 황제의 조각상들이 내려다보고 있었다. 프리기다리움에는 바닥 부분에 3미터 높이의 〈지친 헤라클레스 Farnese Hercules〉를 비롯한 여러 멋진 조각상도 있었다. 모자이크와 프레스코 그리고 조각상에는, 신과 황제, 신화의 영웅 그리고 인기 운동선수와 레슬링 선수와 검투사가 놀랍도록 상세하게 묘사되어 있었다.

카라칼라 욕장과 훗날의 디오클레티아누스 욕장은 고딕 양식의 대성당 같은 웅장한 규모의 건축물이 탄생하는 데 큰 영향을 미쳤다. 세계 최고의 도시로 진입하는 관문으로 설계된 뉴욕의 펜실베이니아 역Pennsylvania Station은 1910년에 개통해 1963년에 무의미하게 철거될 때까지 20세기의 건축적 쾌거 중 하나로 꼽혔고, 뉴욕의 영광뿐 아니라 현대식 교통 개념을 기리는, 일종의 신전으로 평가되었다. 정면 외벽은 로마의 콜로세움을 본떠 만들었고, 큰 동굴 같은 중앙홀은 카라칼라 욕장을 그대로 모방한 것이었다. 커다란 아치형 창문으로 환한 빛이 들어오는 중앙홀은 뉴욕에서 가장 크고 위엄 있는 실내 공간이었다. 건축역사학자 리처드 가이 윌슨Richard Guy Wilson은 이렇게 회고했다. "펜실베이니아 역에서 기차를 타거나 마중을 나갈 때 사람들은 화려한 가장행렬의 일원이 되었다. 그토록 웅장한 공간을 지나가는 동안의 행동과 움직임은 중요한 의미를 띠게 되었다."[2]

욕장의 호화로움을 맛보는 로마인들은 바로 그런 가장행렬에 참여한 셈이었다. 카라칼라 욕장은 몇 개의 궁전 같은 욕장 중 하나였다. 귀족이든 평민이든, 부자든 빈자든, 외국 태생이든 본토박이든, 시민이든 해방 노예든 간에 모든 로마인들은 1년 내내 날마다 이 로마의 영광을 누릴 수 있었다. 서기 4세기 무렵의 로마인들은 한꺼번에 6만 명 이상이 목욕을 즐길 수 있었을 것으로 추정된다. 그전에 이미 아그리파(기원전 25년), 네로 황제(서기 62년), 티투스 황제(서기 81년), 트라야누스 황제(서기 109년), 코모두스 황제(서기 183년) 등이 로마에 대형 공중목욕탕을 남겨뒀다. 이후 몇 세기에 걸쳐 세베루스 알렉산

지금은 철거되어 사라진 뉴욕의 펜실베이니아 역 내부.
본보기로 삼은 로마의 카라칼라 욕장(서기 216년)과 같은
위엄과 규모를 자랑하고 있다.

펜실베이니아 역 내부, 뉴욕, 사진, 1911년.
(조지 P. 홀 앤 선Geo. P. Hall & Son, 뉴욕역사학회, 게티 이미지)

데르 황제, 데키우스 황제, 디오클레티아누스 황제, 콘스탄티누스 황
제 등이 지은 더 크고 호화로운 목욕탕이 뒤를 이었다. 화려하게 장식
된 목욕탕은 무엇보다 권력의 표현 즉, 황제의 권력, 세계에 대한 로
마의 패권, 자연에 대한 도시의 지배권에 대한 표현이었다. 지위가 높
건 낮건 간에 로마인들은 모두 목욕탕이라는 동일한 장소에서 로마의
장엄함과 관대함을 맛볼 수 있었다. 도시 문명의 모든 세련된 요소가
바로 목욕탕의 대리석과 모자이크 사이에서 명백히 드러났다.

물은 목욕탕에서 즐길 수 있는 일부분에 불과했다. 목욕탕에는 사

우나가 있었고, 안마방, 향수 바르는 방, 털을 손질하는 방, 화장이나 미용 목적의 방도 있었다(세네카는 겨드랑이 털이 뽑힌 목욕탕 손님들이 내지르는 비명 소리를 상세히 묘사한 바 있다). 손님들은 유서 깊은 걸작 조각품들 근처에 있는 2개의 대형 체육관에서 역도, 레슬링, 권투, 펜싱 같은 운동을 즐겼다. 그 멋진 조각품들 가운데 오늘날 유일하게 남아 있는 것은 한 덩어리의 대리석으로 조각한 커다란 군상群像인 〈파르네세 황소Farnese Bull〉다. 실외의 정원에서 운동을 하려는 사람들은 여러 종목과 놀이를 즐겼다. 평소 사색을 즐기는 사람들은 특별히 마련된 강당에서 열리는 강연에 참석하거나 2개의 도서관 중 하나에서 라틴어나 그리스어 문헌을 빌려 독서실로 가져가 읽을 수 있었다. 향수와 장신구를 파는 가게와 간이 식당도 있었다. 그 밑에는 배수를 돕는 지하 수로망이 있었고, 그 수로망은 욕조와 사우나의 물을 데우기 위해 매일 10톤 분량의 장작을 태우는 아궁이와 연결되었다.

얼핏 카라칼라 욕장은 그저 품위 있는 온천이나 요양소 같아 보일 수도 있었다. 그러나 실상을 전혀 달랐다. 세네카는 "나는 정신 사나운 소음에 둘러싸여 있다. 내 거처 바로 건너편에 목욕탕이 있다"라며 한탄했다. 중요한 인물들이 벌거벗은 수행원들과 함께 도도하게 목욕탕으로 들어오면서 자신의 지위와 부를 과시했다. 사람들은 업무를 해결하거나, 정치를 논하거나, 잡담을 나누거나, 저녁 초대를 받으려고 목욕탕을 찾았다. 또한 그들은 무언가나 누군가를 보기 위해, 혹은 남의 눈에 띄기 위해 목욕탕에 갔다. 그들은 먹었고, 마셨고, 주장했고, 이성끼리 시시덕거렸고, 가끔은 작은 방에서 성관계를 맺었다. 대리석에 낙서를 남기기도 했다. 식사 약속을 잡은 뒤 함께 모여 식사 전 목욕을 즐기기도 했다. 목욕탕에서는 포도주를 쉽게 마실 수 있었다. 그 넓고 편안한 황실 공중목욕탕에는 수천 명의 대화나 논쟁으로 빚어지는 불협화음에서부터 빵, 사탕, 음료수, 간단한 요깃거리 따위를 팔러 다니는 행상인의 외침에 이르기까지 크고 요란스러운 온갖 소음이 울려 퍼졌다. 역기를 드는 사람들은 끙끙대고 헐떡거렸다. 누군가는 근처에서 벌어지는 공놀이의 점수를 크게 외쳤다. 안마사들이 손으로 살집을 살짝살짝 때리는 소리가 둥근 천장을 가득 메웠다. 귀에 거슬리게도 어떤 사람들은 목욕을 즐기는 동안 노래를 불러대기도 했다. 던지기 곡예사, 어릿광대, 요술쟁이, 마술사, 체조 선수 같은 공연가들 주변에는 손님들이 몰려들었다.

오비디우스$_{Ovid}$에 의하면 아우구스투스 시절의 로마에서 목욕탕은 젊은 연인들이 만나는 단골 장소였다. "많은 목욕탕에 은밀한 위안이 숨어 있다." 마르티알리스$_{Martial}$가 보기에 목욕탕은 남녀들이 쉽게 성관계에 돌입할 수 있는 장소였다. 마르티알리스가 묘사한 어느 무명의 남자는 목욕을 핑계로 젊은 남자들의 음경을 뻔뻔하게 바라보고, 정숙한 여인 라에비나$_{Laevina}$는 혼욕이라는 짜릿한 경험에 너무 빠진 나머지 젊은 애인과 눈이 맞아 달아난다. 어느 목욕탕에는 다음과 같은 내용의 낙서가 적혀 있었다. "아펠레스와 덱스테르는 여기서 무척 즐겁게 점심을 먹었고, 같은 시간에 사랑을 나눴다." 그 목욕탕에 다시 왔을 때 두 사람은 이렇게 휘갈겨 썼다. "우리 두 사람, 서생원 아펠레스와 그의 형제인 덱스테르는 두 여인과 두 번씩 사랑을 나눴노라."[3]

목욕탕에서는 독특하고 다양한 도시적인 체험을 할 수 있었다. 무엇보다 공동활동을 경험할 수 있었다. 부자들과 빈자들이 밀접한 관계를 맺었다. 우정을 맺었고, 우정이 굳건해졌다. 사업적 거래가 시도

되었다. 여기저기서 대화를 나누는 소리가 들끓었다. 어떤 형태가 되었든 간에 그런 사회화의 기회는 아마 목욕을 통해 맛볼 수 있는 주된 즐거움이었을 것이고, 따라서 로마인들은 목욕에 투자하는 시간이 아깝지 않았을 것이다. 로마의 어느 남학생은 수업을 마친 뒤 설레는 마음으로 다음과 같이 썼다. "얼른 가서 목욕해야지. 그래 시간이 됐어. 가자. 수건 몇 장을 들고 하인을 따라가자. 목욕탕으로 가고 있는 손님들을 모조리 뒤쫓아가 '안녕하세요? 목욕 즐겁게 하세요! 저녁 맛있게 드세요!'라고 말해야지."[4]

로마와 흥망을 함께한 목욕 문화

로마인들의 끔찍한 목욕 사랑은 지금까지 항상 의문의 중심에 있었다. 그것은 치명적 악덕이었을까? 세월이 흐를수록 목욕 그리고 목욕과 연계된 활동을 향한 욕구는 더 강렬해졌다. 목욕 시간도 점점 더 길어졌다. 확실히 그 방종과 탐닉, 치장의 현장은, 로마가 지중해와 서유럽의 주인으로 떠오른 비결인 엄숙하고 금욕적인 정신과는 극도로 어울리지 않았다.

널찍하고 화려한 목욕탕은 제국 수도의 다른 여러 공공건물과 불안한 대조를 이뤘다. 로마의 공공 공간에는 그 도시국가가 팔라티누스 언덕의 조잡한 오두막촌에서 세계를 호령하는 초강대국으로 도약한 이야기가 담겨 있었다. 세계의 모든 주요 대도시들처럼 로마도 신화와 역사에서 에너지를 끌어모았다. 카피톨리누스 언덕Capitoline Hill에 자리한 세계 최대의 신전인 유피테르 옵티무스 막시무스 신전

Temple of Jupiter Optimus Maximus은 원래 로마의 마지막 왕 루키우스 타르퀴니우스 수페르부스Lucius Tarquinius Superbus가 만들었지만, 전설에 따르면, 로마인들이 왕정을 무너트리고 공화정을 세운 해인 기원전 509년에 완성되어 헌정되었다고 한다. 폐위된 왕과 싸우는 과정에서 쌍둥이 신들인 카스토르Castor와 폴리데우케스Pollux가 공화정 지지자들의 편에 선 모습이 목격되었다. 카스토르와 폴리데우케스에게 헌정된 신전은 포룸 로마눔Forum Romanum(로마 중심부의 공공 복합장소_옮긴이)의 여러 상징적 건물 가운데 하나로 남아 있었다. 그것은 로마인들의 자유를 위한 투쟁과 신들이 인정한 로마의 정치체제를 기리는 기념물이었다.

로마는 역사로 가득 채워진 도시였다. 로마 중심부를 따라 걸으면 로마의 업적이, 특히 기원전 4세기와 기원전 3세기 사이에 연달아 이룩한 업적이 떠올랐다. 로마인들은 과거를 돌이켜보며 억세고 단호한 사람들로 추정되는 조상과 자신 들을 비판적으로 비교하는 습관이 있었다. 그들은 혹시나 조상들에 비해 연약하고 허약해지고 있을까 봐 두려워했다. 광활한 제국을 건설하면서 그런 염려는 현실이 되었다. 로마가 수수하면서도 야심만만한 시골 마을에서 어엿한 제국의 대도시로 성장하는 동안 갖가지 사치품과 사치스러운 관행이 유입되었다. 진귀한 음식, 극장, 노예, 예술품, 이주자, 귀금속, 보석 그리고 새로 정복한 다양한 지역에서 당도한 온갖 것들이 들어왔다. 그중에는 목욕탕도 끼어 있었다.

목욕 관행은 로마가 차츰 위엄을 갖추고 있던 시기에 전래되었다. 우월적 지위를 확보하고 있던 시기에도 로마는 도시 경관의 화려함이라는 측면에서 당대의 큰 도시들보다 뒤처져 있었다. 안티오키아

Antioch, 알렉산드리아, 카르타고, 코린토스Corinth 등은 분명히 로마보다 인상적인 도시였다. 사실 세련된 마케도니아인들은 로마를 뒤떨어진 곳으로 폄하했고, 그런 부정적 평가는 로마를 찾은 어느 사절이 뚜껑이 없는 하수구에 빠졌을 때 더욱 굳어졌다. 기원전 2세기 후반에 로마가 광활한 제국의 대도시답게 단장되자 모든 것이 완전히 바뀌었다. 기원전 1세기의 정치적 거물들인 술라, 크라수스, 폼페이우스, 카이사르는 신전, 포룸forum(로마 제국 시대의 도시 중심부에 조성된 직사각형의 광장_옮긴이), 바실리카basilica(로마 시대에 공공의 목적으로 사용된 대규모 건물_옮긴이), 개선문, 제단, 극장, 정원, 시민들을 위한 건물, 종교의식용 건물 등을 통해 자신들의 관대함을 표현했다. 그러나 목욕탕은 그들의 위엄에 어울리지 않는 것이었다. 목욕탕을 갖고 싶은 사람은 사비를 들여서 마련해야 마땅했다.

수십 년간의 내전이 종식되고 안토니우스와 클레오파트라가 세상을 떠나자, 옥타비아누스가 로마의 유일한 지배자로 떠올랐다. 그는 로마를 하나로 결속시킬 수 있는 유일한 강자였다. 기원전 27년, 그에게는 아우구스투스와 프린켑스princeps('제1인자'라는 뜻_옮긴이)라는 2가지 칭호가 부여되었다. 아우구스투스의 오른팔은 정치인 겸 장군인 마르쿠스 빕사니우스 아그리파Marcus Vipsanius Agrippa였다. 기원전 1세기 초반의 여러 위인들처럼 아우구스투스와 아그리파도 기념비적 건물을 통해 권력을 드러냈다. 아그리파는 만신전과 넵투누스 바실리카Basilica of Neptune를 포함한 여러 고귀한 대리석 건물을 짓도록 지시했다. 아그리파는 기원전 25년에 목욕탕 건설 공사도 지휘하기 시작했다. 그 목욕탕에는 그가 개인적으로 특별히 만들어놓은 수로교인 아쿠아 비르고Aqua Virgo(오늘날에도 트레비 분수Trevi Fountain에 물을 대주고 있다)를 통해 매일 10만 세제곱미터의 민물이 공급되었다. 그것은 공화정 후기에 사회적 초점이 수수한 사설목욕탕에서 사치스러운 공중목욕탕으로 갑자기 이동하는 과정에서 나타난 대표적 사례였다.

기원전 12년에 아그리파가 세상을 떠나면서 그의 대규모 목욕탕 단지가 로마인들에게 유증되었다. 그것을 계기로 목욕탕은 아그리파의 건축적 야심에 걸맞은 합법적 공공건물로 승격되었다. 그 다음의 위대한 공공시설은 서기 60년대에 네로 황제가 지은 것이었다. 도시 국가 시절의 로마에서는 대체로 최상류층과 일반 대중이 이익을 두고 다투는 방식 때문에 독특한 정치적 역동성이 나타났다. 그런데 공화정 시대가 제정 시대로 넘어감에 따라 국가에서 제공하는 대규모의 최신식 오락 공간이 로마인들의 공공 생활에서 핵심적인 역할을 맡게 되었다.[5]

서기 1세기 초반, 세네카는 기원전 202년에 한니발의 군대를 무찌른 영웅인 스키피오 아프리카누스가 살았던 집을 찾아갔다. 그 위대한 장군의 목욕탕은 작고 컴컴했다. 세네카가 남긴 글에 따르면, 스키피오 시절의 로마인들은 "오로지 즐거움만을 느끼기 위해서가 아니라" 가끔씩 그리고 필요할 때만 목욕을 했다. 검소하고 남자다웠던 로마인의 기질이 겨우 몇 세기 만에 사라지고 만 것이다.

과거에는 그 어느 신전에서도 드물고 사치스러운 광경이었겠지만, 요즘 우리는 벽이 커다랗고 값비싼 거울로 반짝이지 않으면, 누미디아산 석재로 만든 모자이크가 알렉산드리아산 대리석을 돋보이게 하지 않으면, 둥근 천장이 유리(모자이크)에 파묻히지 않으면, 타소스산 대리석이 수영장을 둘러싸지 않으면, 그리고 끝으로 은으로 만든 수도꼭지에서 물이 쏟아져 나오지 않으면, 스스로 가난하고 초라하다고 생각한다. 아무것도 떠받치지 않는 기둥과 조각상을 단지 장식을 목적으로 얼마나 많이 만들어놓았는가? 돈 낭비일 뿐이다! 또 얼마나 많은 물덩어리가 요란하게 층층이 내려오는가! 너무 호화로워진 우리에게 남은 것은 밟고 다니는 귀석貴石밖에 없다.

세네카와 동시대에 살고 있던 사람이라면 아마 공화정기의 조상들에 대해 "그래. 우리 조상들은 분명히 아주 불결한 사람들이었어! 틀림없이 냄새가 났을 거야!"라고 말했을지 모른다. 그러나 세네카는 까다로운 성격의 동포들에게 이렇게 반박했다. "우리 조상들에게는 천막과 농장 그리고 영웅의 냄새가 났다." 요컨대 조상들의 일상적 지저분함은 군건한 공화주의와 용기를 의미하는 것이었다. 세네카는 청결함에 관한 더 깊이 있는 도덕적 교훈을 얻었다. "새롭고 산뜻한 목욕 시설을 마련했다는 것은 사람들이 옛날보다 더 더러워졌다는 말이다."[6]

목욕을 타락과 퇴폐를 부추기는 관습으로 여기는 태도는 목욕에 로마 제국의 쇠망의 씨앗이 있다고 생각한 여러 세대의 역사가들에게 영향을 미쳤다. 황제들이 빵과 서커스라는 넉넉한 선물을 통해, 그리고 정확히 그런 선물의 범주에 속하는 웅장한 공중목욕탕을 통해 로마인들을 순종과 복종의 늪에 빠트렸다는 설이 있다. 그러나 우리는 공중목욕탕을 이용하는 관습을, 과거의 로마인들이 그랬듯이, 도시 문명의 정점을 찍는 행위로 바라볼 수도 있다. 청결함은 로마인과 상스럽고 씻지도 않는 야만인을 가르는 기준이었다. 무엇보다 목욕은 로마인이 바라보는 청결함, 즉 세련된 것, 고상한 것, 새로운 것의 의

미를 규정하는 요소였다.[7]

그런데 로마인의 목욕 행위를 바라보는 또 하나의 방식도 있다. 세네카 시절의 로마는 스키피오 아프리카누스 시절의 로마와 무척 달랐다. 세네카 시절의 로마는 인구가 100만 명 넘는 도시이자 크기와 규모의 측면에서 역사상 최초의 사례였다. 목욕을 퇴폐의 증거나 극단적 도시성의 증거로 바라보는 대신에, 도시 거주자들에게 기본적으로 필요한 요소로 여기는 것이 더 이치에 맞는 관점이다. 바로 그런 측면을 드러내기 위해서는 로마라는 세계에서 벗어나 물과 도시를 둘러싼 더 보편적인 이야기를 파고들 필요가 있다.

도시 공간 속 공공 수영장에 담긴 의미

물에 몸을 담그고 씻거나 노는 행위는 자연과의 원초적 만남이다. 그것은 우리가 행진하는 군중의 일원으로서 갑갑한 공간에 끼인 채 전혀 모르는 이방인들의 몸과 냄새를 가까이서 느껴야 할 때 일상적으로 겪는 단정함의 기준과 신체적 왜곡으로부터 몸이 해방되는 유쾌한 경험이다. 벌거벗은 상태나 거의 벌거벗은 상태, 그러니까 사회적 지위를 나타내는 옷차림이 일시적으로 제거된 상태는 희귀한 수평적 경험이기도 하다. 야외 수영장이 선진국들 사이에서 유행하고 있던 1936년에 경제학자 겸 은행가인 조시아 스탬프 경Sir Josiah Stamp은 다음과 같이 썼다. "수영 덕택에 부유한 자들과 가난한 자들, 지위가 높은 자들과 낮은 자들이 쾌락과 건강의 공통적인 기준을 누리게 되었다. 수영을 시작하는 것은 민주주의에 착수하는 것이다."[8]

코파카바나 해변Copacabana Beach은 750만 명의 리우데자네이루 주민들을 위한 물의 해방구다. 코파카바나 해변을 비롯한 리우데자네이루의 여러 해변에서는 물놀이뿐 아니라 냉혹한 도시 생활에서 잠시 벗어난 휴식을 즐길 수 있다. 아울러 온갖 도시 문화 이를테면 곳곳에서 열리는 축구 대회와 배구 대회, 우연한 만남과 가족 행사, 파티, 축제도 맛볼 수 있다. 해변은 편리한 공공 공간이라기보다 멋진 광경이 쉴새 없이 펼쳐지는 장소다. 현지인들은 '좋은 하루 보내세요'라고 말하는 대신 "테냐 우마 보아 프라이아Tenha uma boa praia(해변에서 즐겁게 지내세요)"라고 인사한다. 리우데자네이루는 불평등이 심각한 도시다. 그러나 해변은 사회적 계층의 외부적 표시를 벗어던지는 곳이다. 해변의 중요성은 포괄적 공공 공간이 부족한 대도시인 로스앤젤레스에서 깊은 공감을 일으키고 있다. 말리부에서 팰로스버디스Palos Verdes까지 이어진 길이 64킬로미터의 해안선을 이용하고 즐길 수 있는 권리는 고급주택의 침범으로부터 필사적으로 보호되고 있다.[9]

다른 대도시들도 근처에 해변, 일례로 뉴욕의 코니아일랜드Coney Island가 있지만, 도시 안에 해변이 있어 모든 시민이 쉽게 갈 수 있는 경우는 드물다. 아, 해변을 도시 안에 만들면 어떨까? 2003년부터 지금까지 파리는 가마솥 같은 여름에 지친 사람들이 더위를 식히고 편히 쉴 수 있도록 도시 해변을 조성해왔다. 센 강 옆의 조르주 퐁피두Georges Pompidou 고속도로는 여름 몇 달 동안 차량 통행이 차단되고, 그 빈자리를 모래와 야자수, 해먹과 일광욕객에게 내어준다. 파리 플라주Paris Plage('파리 해변'이라는 뜻_옮긴이)는, 사회주의 성향의 시장이 파리 시민들, 특히 휴일을 즐길 여유가 없고 황량한 주변부에 틀어박혀 지내는 파리 시민들이 '공공 공간을 점유하고 기존과 다른 도시 생활을 체험'할 수 있도록 하려고 고안한 것이었다. 파리 플라주를 설치한 것은 정치적 행위였다. 당시의 파리 시장은 다음과 같이 말했다. "파리 플라주는 각기 다른 사람들이 서로 뒤섞이는, 멋진 단골 장소가 될 것이다. 파리 플라주는 이 도시의 철학이자 공유와 형제애를 위한 시적 공간이다."[10]

도시 생활의 본질적(이면서도 오랫동안 망각된) 양상이었던 모종의 요소를 재창조하려는 시도가 있었다. 런던의 역사를 통틀어, 템스 강과 이슬링턴Islington, 페컴Peckham, 캠버웰Camberwell 같은 교외의 시골티가 나는 하천들에는 일요일에 수많은 남성 물놀이객들이 모여들었다. 17세기의 어느 시에는, "여름의 유쾌한 저녁"에 수천 명의 런던 시민들이 템스 강의 시원함을 맛보는 모습이 담겨 있다. 조너선 스위프트Jonathan Swift는 첼시 근처에서 발가벗고 물에 들어간 사실을 기록으로 남겼다. 어느 편지에서 그는 "이 뜨거운 날씨 때문에 몹시 목이 마르고, 지금 수영을 하러 간다"라고 썼다. 15년 뒤, 벤저민 프랭클린은 횡영과 평영, 배영을 선보이며 첼시에서 블랙프라이어스 다리Blackfriars Bridge까지(약 5.6킬로미터 거리) 헤엄쳐 건너갔다. 1세기 뒤, 빅토리아 시대의 어느 작가는 "미역이라고 부르는, 그 타락한 문명의 비참한 대용물"을 깎아내렸다. 그에 의하면 진정한 수영이란 알몸으로 "흐르는 물 속에서" 해야 하는 것이었고, "그렇지 않으면 결코 수영이 아니었다."[11]

그러나 19세기 중엽에 이르러, 도시에서 즐기는 수영과 당대의 예절 의식은 더 이상 공존할 수 없었다. 알몸으로 수영을 즐기는 행위는 민폐로 간주되었다. 한 신문에 기고한 어느 필자는, "최소한의 통제도 받지 않은 채 온갖 새로운 짓을 하며" 헤엄치는 사람들의 "역겨운 모습" 때문에 자기 아내와 딸이 템스 강이 보이는 창문 쪽에 가지 말도록 해야 했다고 불만을 털어놓았다(하지만 그들은 단지 증기선 쪽으로 헤엄쳐 갔다가 돌아왔을 뿐이다). 또 어느 필자는 하이드 공원Hyde Park의 서펜타인 연못Serpentine에서 "발가벗고" 헤엄치는 "수백 명의 남자 어른들과 사내아이들의 고함소리와 거슬리는 소음"을 문제 삼았다. 도시에서 수영을 즐기는 사람들은 아득한 옛날부터 여가를 즐기는 행위가 허용되어왔다고 반발했지만, 소용없었다.¹²

도시에서의 수영을 민폐로 여기는 분위기에 엎친 데 덮친 격으로 산업혁명의 여파 때문에 런던의 강에서 알몸으로 즐기는 수영은 위험한 짓이 되어버렸다. 1850년대에 이르러 템스 강은 매일 300만 명의 배설물이 쏟아져 악취를 풍기는 하수 집하장으로 전락했다. 19세기에 도시화가 집중적으로 진행될 때까지, 많은 도시 거주자들은 농촌과 그곳의 개울과 연못에 쉽게 갈 수 있었다. 공공 수영장은 바로 도시 주민들이 자연에 접근할 수 있는 길이 막힌 시점에 도입되었다. 신체 노출과 남녀 간의(특히 서로 다른 사회적 계급에 속한 남녀 간의) 부적절한 접촉을 둘러싼 염려 때문에 도시에서의 수영은 통제되고 격리된 환경에서만 가능하게 되었다. 1829년에 리버풀에서 박물관이나 시청만큼 웅장하고 위풍당당하게 설계된 최초의 현대식 시립 욕장이 문을 열었다. 그것은 공중보건과 공공 여가활동에 대한 리버풀 시의 헌신적 태도를 상징하는 시설이었고, 이후 영국의 여러 도시들은 더 크고 아름답고 좋은 욕장 즉, 외곽으로 무분별하게 뻗어나간 도시에 높이 솟은 멋진 건물을 만들기 위해 서로 경쟁하게 되었다. 1860년대에 독일의 도시들이 영국 도시들의 선례를 따랐고, 1890년대에는 미국 도시들이 그 뒤를 이었다.

19세기 말엽과 20세기 초엽의 뉴욕 빈민가 주민들은 물놀이 욕구를 채우기가 힘들었다. 어느 주민은 다음과 같이 회고했다. 공원이 없는 상황에서 "유일한 여가활동은 너벅선들이 있는 이스트 강까지 내려가는 것이었다. 사람들은 거기서 헤엄을 쳤지만, 대소변을 보기도 했다." 1870년대와 1880년대에 뉴욕에서 가장 가난하고 불결한 주민들을 위해 허드슨 강과 이스트 강에 23개의 수상 욕장이 설치되었다. "쓰레기를 밀어내려면" 평영이 필수적이었다. 그래도 수영은, 특히 세계 각국의 도시 빈민들 사이에서 여전히 널리 인기를 끌었다. 공공장소에서의 수영을 금지하려고 애쓰는 시 당국은 운동과 놀이를 즐길 수 있는 몇 안 되는 기회 중 하나를 절대 놓치지 않으려는 노동계급 남성들의 격렬한 저항에 부딪혔다.[13]

그것은 1935년에 브로드웨이를 강타한 연극 〈막다른 골목Dead End〉에 스며 있는 정서이기도 했다. 〈막다른 골목〉은 로어 이스트 사이드Lower East Side 지역의 서민용 연립주택에 사는 불량청소년들이 옷을 반쯤 벗은 채 이스트 강의 부두 끄트머리에서 놀고 있는 장면으로 시작한다. 그 말썽꾼들은 대공황 시기를 지내며 미래가 불투명했겠지만, 유연하고 튼튼한 몸이 있었고, 시원한 물속에서 도시의 무더위를 피할 기회가 있었다. 〈막다른 골목〉을 관람하려고 모여드는 연극 애호가들은 그 청소년들에게 허락된 한 가지 여가활동에서 큰 의미를 느꼈을 것이다. 〈막다른 골목〉이 상연되기 1년 전, 이스트 강에서 450명이 익사했다(빅토리아 시대 말기 런던의 템스 강에서 매년 수영을 하다가 익사한 사람들의 숫자와 정확히 일치했다). 그리고 강물에 빠져 죽지 않더라도 병균에 감염되었을 것이다. 이스트 강에는 미처리 하수, 기름때, 산업 폐수 등이 가득했다. 거기서 헤엄을 치다가 소아마비나 장티푸스에 걸리는 경우가 많았다. 어쨌든, 이스트 강에서 수영을 즐길 수

수영은 예로부터 도시에서 즐길 수 있는 기본적인 오락 수단 중 하나였다. 1938년, 뉴욕의 가장 가난한 이민자 구역에 사는 아이들이 버려진 공장 건물에서 오염된 이스트 강으로 뛰어들고 있다. 1년이 지나지 않아, 이곳은 로버트 모시스의 주도로 0.22제곱킬로미터 규모의 이스트 강 공원으로 변신했다.

이스트 강에 뛰어드는 10대 청소년들, 뉴욕, 사진, 1937년. (《뉴욕 타임스》)

있는 기회는 이른바 '젠트리피케이션' 때문에 줄어들고 있었다. 〈막다른 골목〉에서 그 청소년들의 거친 강변 놀이터는, 개인의 소형 선박을 보호하는 방파제를 설치하고 좋은 전망을 확보하고자 강변을 잠식하고 있는 신축 고급 아파트 때문에 위태로워졌다.[14]

〈막다른 골목〉이 브로드웨이에서 초연된 지 1년 뒤, 그러니까 1936년의 기록적인 여름 더위가 맹위를 떨치는 동안, 뉴욕에서 가장 인구밀도가 높고 가장 빈곤한 구역에 대형 야외 수영장 단지 11개가

문을 열었다. 뉴딜 정책의 일환으로 진행된 그 사업에는 수영장 단지 1개당 100만 달러의 건설 비용이 쓰였다. 그 찌는 듯한 여름이 이어지는 동안, 179만 명 이상이 수영장과 다이빙장, 어린이 물놀이터를 이용했다. 같은 시기에 영국에서, 런던 시의회London County Council의 대표 허버트 모리슨Herbert Morrison은 런던을 모든 시민이 도보 거리 안의 야외 수영장을 이용할 수 있는 도시로 키우고 싶어했다.[15]

이제 비좁고 숨 막히는 듯한 연립주택에 거주하는 미국의 노동계급 가정의 구성원들도 깨끗한 물가에 모여 햇볕을 쬐고, 이웃들과 함께 소풍을 즐길 수 있었다. 이스트 할렘East Harlem의 토머스 제퍼슨 공원 수영장에는 한꺼번에 1,450명을 수용할 수 있었다. 센트럴 할렘Central Harlem의 콜로니얼 공원Colonial Park 수영장과 브루클린의 베스티 헤드 레크리에이션 센터Besty Head Recreation Center에는 각각 4,500명과 5,500명이 동시에 들어갈 수 있었다. 그 시설들은 소년, 소녀 들이 서로 어울리고 우정을 맺고 연애를 하는 놀이터였다. 그 새로운 수영장들은 놀이 설비, 야구장 내야 시설, 경주로, 야외 연주 무대, 체육관 등을 새로 갖춘, 해당 공원의 중요한 명소로 자리 잡았다.[16]

19세기 유럽의 대규모 욕장은 청결의 장소일 뿐 아니라 친목과 교제의 현장이기도 했다. 아울러 단호할 정도로 세련되고 활기가 넘치는 시민적 자부심의 탁월한 상징이었다. 그런데 뉴딜 정책에 따라 건설된 뉴욕의 야외 수영장과 공원은 무언가 다른 의미를 암시했다. 거의 같은 시기에 유럽의 도시들에서 개장된 아르데코 양식의 멋진 야외 수영장들도 마찬가지였다. 그 야외 수영장들과 공원들은 해당 도시의 심장부에 자리한 놀이터였다. 그 시설들 덕분에 10대 청소년들은 최초로 그들만의 공간 즉, 도심의 콘크리트 숲에서 벗어나 잠시 쉴 수 있는 공간을 갖게 되었다. 뉴욕 시장 피오렐로 라과디아_{Fiorello La} _{Guardia}는 이스트 할렘의 토머스 제퍼슨 공원 수영장 개장식에서 들뜬 마음으로 몰려든 아이들에게 "좋아, 얘들아. 여기는 다 너희들 거야!" 라고 외쳤다. 최하층에 속한 많은 사람들이 누릴 만한 공간이 부족한 도시에서는 수영장이 금세 공공 생활의 핵심으로, 특히 1930년대와 1940년대에 형성되기 시작한 청년 문화의 중심으로 자리 잡았다. 이 스트 할렘 같은 사회적 보수 성향의 이민자 거주 구역들에서는, 야외 수영장의 출현으로 남녀의 경계가 무너졌다. 이제 소년과 소녀 들은 수영장에서 동등하게 서로 뒤섞였다. 더구나 옷을 많이 입지 않은 채, 그리고 부모들의 감시망에서 벗어난 상태에서 그렇게 했다.[17]

공식적으로는 모든 인종이 수영장을 함께 이용할 수 있었다. 그러 나 수영장은 도시 내 인종 문제의 최전선이자 온상이었다. 개장 당시 토머스 제퍼슨 공원 수영장은 백인 노동계급의, 특히 이탈리아계 미 국인의 전용 구역이었다. 할렘 지역의 아프리카계 미국인들은 콜로니 얼 공원 수영장을 자주 이용했다. 역사적으로 오랫동안 목욕이나 수 영은 남녀가 다른 장소에서 즐기는 행위로 여겨졌다. 그러나 1930년 대에 혼욕 관행이 본격적으로 시작되고 노출이 심한 수영복이 등장하 자, 아프리카계 미국인 남자들이 백인 여자들과 함께 수영장에 있는 상황에 대한 심각한 우려가 제기되었다. 하지만 그런 우려가 적용되 지 않는 수영장도 있었다. 대표적인 사례가 브루클린의 베스티 헤드 레크리에이션 센터였다. 1930년대에 그 수영장에는 노동계급에 속한 절대다수의 유대인들이 소수의 아프리카계 미국인들과 뒤섞여 수영 을 즐겼다.

1950년대에 어느 흑인 청소년들과 백인 청소년들이 수영장 이용을 둘러싸고 싸움을 벌였다. 이스트 할렘 지역에서 생긴 일이었다. 미국으로 건너온 지 얼마 안 되는 푸에르토리코 출신의 10대 소년들이 여자애들과 놀기 위해 토머스 제퍼슨 공원 수영장에 들어가려고 하자 이탈리아계 미국인 10대 소년들이 막아섰다. 에드윈 토레스Edwin Torres의 1975년 소설 《카를리토의 길Carlito's Way》에서 스페니시 할렘Spanish Harlem(이스트 할렘을 가리키는 말_옮긴이)에 사는 푸에르토리코 출신의 주인공은 수영장을 둘러싼 그 영역 다툼을 다음과 같이 회상했다.

> 그 패싸움 얘기를 해주지. 이탈리아 놈들이 푸에르토리코인들은 파크가Park Avenue의 동쪽으로 갈 수 없다고 말했어. 그러나 수영장은 하나밖에 없었고, 그것이 바로 이스트 강 언저리의 112번가에 있는 제퍼슨 수영장이었지. 말하자면 파크가, 렉싱턴가, 서드가, 세컨드가, 퍼스트가, 플레즌트가를 지나가야 했어. 온통 이탈리아 놈들 천지였지. 나이 먹은 녀석들은 독기 서린 눈초리로 우리를 쳐다보며 건물 현관과 상점 앞 주변에 서 있더군. 다들 내복차림이었어. 어린 녀석들은 쓰레기통을 들고 지붕 위에, 방망이와 자전거 체인을 들고 지하실에 있었지. 우리는 두들겨 맞았어. 우리 동네가 아닌 데다 녀석들의 숫자가 너무 많았거든. 우리는 수영장에 들어가려고 했지만, 녀석들은 어림도 없다는 식이었어. 개자식들.[18]

수영장은 그 노동계급 도시의 중요한 현장, 즉 토박이들이 방어하고 신출내기들이 공격하는 장소가 되었다. 세월이 한참 흐른 뒤, 푸에르토리코인들은 수영장의 상징적 중요성과 협박에 굴하지 않은 자신들의 의지를 다시 떠올렸다. 그보다 더 중요한 점은, 그들이 다른 사람들처럼 수영장을 마음껏 이용하고 수영장에서의 사교생활의 일부분이 되고 싶어했다는 사실이다. 거리에서의 협박에도 불구하고 그들 중 다수가 수영장을 이용했다. 얼마 뒤 수영장은 이탈리아인들과 푸에르토리코인들이 함께 이용하는 곳이 되었다. 수영장을 둘러싼 이 이야기는 물에 몸을 담그는 행위가 도시 거주자들에게 미치는 변함없는 중요성의 증거다. 수영장(이나 강이나 해변)은 도시의 부가물이나 부속물이 아니다. 수영장은 도시의 모든 공공 공간과 귀중한 유동자산 중에서 제일 소중한 것 가운데 하나다.

목욕탕 공동체

라바리 에스트 비베레Lavari est vivere. 로마 시대의 어느 낙서다. '목욕, 그것은 살아 있다는 것!'이라는 뜻이다. 따뜻한 세정수, 자욱한 증기, 우아한 대리석 무늬, 향기가 나는 분위기, 사치스러운 욕구 충족 따위를 둘러싼 경험은 로마인들이 볼룹타스voluptas라고 부른 정신적·신체적 행복으로 귀결되었다. 어느 로마인의 묘비에는 다음과 같은 내용이 새겨져 있었다. "목욕과 포도주와 성교는 우리 몸을 망가트린다. 그러나 목욕과 포도주와 성교는 인생의 진수다."[19]

로마의 인구가 100만 명에 이를 무렵 황실 공중목욕탕인 테르마이가 출현한 것은 우연이 아닐지 모른다. 골목길이 복잡하게 뒤엉킨 로마의 거리는 밤낮으로 지나가는 사람들과 마차나 수레 때문에 늘 시끄럽고 혼잡했다. 화로, 즉석식품점, 빵집, 주물공장 등에서 그리고 목욕탕의 물을 데우려고 피운 장작불에서 피어나는 연기가 하늘을 뒤덮었다. 티베르 강은 하수, 작업장 폐수, 배출된 목욕물 따위로 오염되었다. 많은 빈민들이 모기가 서식하기 좋은 강 근처에 살았다. 말라리아가 몇 년마다 발생했다. 도시화가 너무 심하게 진행된 나머지 이제 더는 빈민들이 이용할 만한 개울이나 강이 없을 정도였다.

기원전 1세기의 시인 호라티우스Horace는 로마라는 도시에서 어떻게 시를 쓸 수 있는지 반문했다. 한쪽으로 기운 채 빨리 움직이는 수레들과 들보를 높이 들어 올리는 대형 기중기들과 이리저리 뛰어다니는 개들 그리고 걸리적거리는 진흙투성이의 돼지들 때문에 정신을 차릴 수 없었다. 포럼과 길모퉁이에는 언제나 이런저런 이유로 떼를 지어 "열을 내며 말다툼"하고 끝없이 얘기를 주고받는 사람들로 가득했다. 서기 110년경에 유베날리스Juvenal는 "좁고 구불구불한 거리를 꽹음을 내며 지나가는 마차들과 길이 막혀 오지도 가지도 못하는 마부들"로 가득한 로마 거리의 모습을 글로 남겼다. 사람은 지나다니기가 더 힘들었다. "앞에서 몰려오는 사람들 때문에 막히고, 뒤에서는 엄청나게 많은 사람들이 내 등을 밀친다. 어떤 사람은 팔꿈치로 내 몸을 찌르고, 다른 사람은 딱딱한 장대로 친다. 또 어떤 사람은 나무 막대로, 또 한 사람은 포도주병으로 내 머리를 두드린다. 내 양발에는 진흙이 흥건하다. 사람들이 사방에서 발로 차고, 어느 군인은 군화에 박힌 징으로 내 발가락을 찌른다."[20]

로마 인구의 대부분은 연립주택인 인술라insula('섬'이라는 뜻의 라틴어)에 몰려 살았다. 로마 인구가 이미 정점을 지났을 무렵인 서기 4세기에 로마에는 무려 4만 6,000동의 인술라와 불과 1,790채의 단독주택이 있었던 것으로 추산된다. 오늘날의 세계적 금융 중심지의 주민들이 흔히 그렇듯이, 로마인들도 그 작은 거주 공간을 위해 터무니없이 비싼 임대료를 냈다. 때로는 8층이나 9층이나 심지어 10층까지 지은 인술라는 부실한 공사와 허술한 관리 그리고 화재에 취약한 점으로 악명 높았다. 유베날리스가 글로 남겼듯이 인술라가 "바람이 불때마다 흔들린" 것은 당연했다. 화재가 발생할 경우 "불에 타 죽을 걱정을 가장 할 필요 없는 사람은 비를 막아줄 기와밖에 없는 사람일 것이고, 거기에는 온순한 비둘기들이 알을 낳는다."[21]

법적 규정에 따라 인술라 주변의 통로는 너비가 70센티미터만 되어도 무방했기 때문에 도시의 한 구획에 여러 개의 인술라가 아주 촘촘히 들어섰다. 지상에는 일반 상점과 단칸 상점인 타베르나taberna가 있었고, 주거공간은 그 위에 있었다. 2층에는 가장 넓고 비싼 주거공간이 있었지만, 2층에서 더 위로 올라갈수록 방의 크기는 작아지고 방값은 싸졌다. 셋방의 경우 부엌이나 화장실이 그리 좋지 못했다. 거주자들은 침실용 변기로 용변을 해결했고, 변기에 담긴 배설물은 1층의 계단실에 설치된 둥근 통에 버렸다. 통에 담긴 분뇨는 매일이 아니라 가끔씩 비워졌다. 인술라에 사는 주민들은 거리 곳곳에 있는 술집과 즉석식품점에서 끼니를 해결했다.[22]

100만 명에 가까운 사람들이 그처럼 열악한 조건에서 지내다 보니 생활은 주로 집 밖에서, 그러니까 상점가, 시장, 길모퉁이, 공원 등에서 이루어졌다. 로마인의 하루는 동이 트자마자 시작되었다. 사람들은 각자의 연립주택에서 나와 후견인의 집을 찾아갔다. 힘센 자들에게 경의를 표하는 그 일과를 마무리하기까지 2시간이 걸렸다. 세 번째 1시간과 네 번째 1시간과 다섯 번째 1시간은 모두 네고티아negotia(용무)를 처리하는 데 할애되었고, 여섯 번째 시간에는 점심을 먹고 낮잠을 잤다. 그 뒤에 볼룹타스, 즉 쾌락을 즐길 시간이 찾아왔다.

마르티알리스는 목욕하기에 제일 좋은 시간이 물의 온도가 완벽해지는 때, 다시 말해 너무 뜨겁지도 너무 차갑지도 않을 때인 여덟 번째 시간이라고 언급했다. 그때, 즉 대략 오후 2시쯤에는 로마의 대형 목욕탕들에 사람들이 몰려들기 시작했을 것이다.

호화로운 목욕탕은 일상생활의 현실과 대비되었다. 100만 명이 북적대며 사는 대도시에서는, 비교적 단순하고 규모가 작은 도시를 결속시키는 참여와 연대가 불가능했다. 목욕탕에서, 사람들은 공동체의 일원이면서도 군중 속에 매몰되지 않는 로마 시민 고유의 특성을 느낄 수 있었다. 개인의 미천함은 공공의 웅대함으로 상쇄되었다.

윌리엄 셰익스피어는 '테아트룸 문디teatrum mundi'라는 라틴어 문구를 '전 세계의 무대'로 번역했다. 도시 생활이라는 극장에서는 쾌락과 오락을 무대의 중앙에 배치하곤 한다. 그리고 목욕탕은 이 극장에서 핵심적인 배경 역할을 맡았다. 서기 1세기, 로마에서는 1년에 93일 동안 호사스러운 공공 오락 행사가 열렸다. 서기 4세기에는 공공 오락 행사가 열리는 날이 175일로 늘어났다. 그처럼 잦은 휴일에는 로마 시민 전체가 여러 경기장에서 일제히 오락의 즐거움을 맛볼 수 있었다. 트라야누스 황제(욕장을 건설한 인물이기도 하다)가 재건한 키르쿠스 막시무스Circus Maximus는 15만 명을 수용할 수 있었다. 콜로세움의 수용 인원은 5만 명 이상이었다. 로마의 3대 극장은 모두 합해 5만 명이 들어갈 수 있었다.

카라칼라 욕장은 로마의 모습을 뽐내는 새로운 방식의 핵심이었다. 카라칼라 욕장은 로마를 처음 방문한 사람들이 로마에서 가장 인상적이고 놀랍게 여길 건물들 즉, 카라칼라 욕장, 팔라티누스 궁전, 키르쿠스 막시무스, 콜로세움을 지나가도록 의도적으로 구획한 새롭고 아름다운 거리에 서 있었다. 그 건물들의 용도는 경마, 전차 경주, 검투사 시합, 해상전투 공연, 야생동물 죽이기, 화려한 쇼, 개선식 같은 여가활동이 벌어지는 곳으로 대체로 잔인하고 가학적인 구경거리와 오락이 끊임없이 이어지는 곳이었다.

로마인들은 여가활동과 화려한 쇼가 사치스럽거나 경박한 행위가 아니라는 점을 알고 있었다. 사실 여가활동은 모든 번창하는 큰 도시의 핵심 요소이고, 아마 법원이나 공공기념물만큼이나 꼭 필요한 요소일 것이다. 서기 2세기의 콜로세움에서든 21세기의 프랑스 국립경기장Stade de France에서든 간에 열광적으로 떠들어대는 군중의 일원이 된다는 것은 중독성 있는 경험이다. 개인은 군중 속에 포섭되어 도시의 일원임을 느낄 수 있다. 현대 세계에서 축구는 수백만 명 중 하나인 개인에게 공동체의 일원이라는 정체성을 부여해오고 있다. 올림픽 대회나 대규모 대중가요 공연, 마라톤 대회를 개최할 수 있고, 스포츠, 극장, 전시관, 공원, 나이트클럽 등의 형태로 거의 상시적인 오락거리를 제공할 수 있는 도시의 능력은, 그 도시의 존재 이유와 위상에 지대한 영향을 미친다. 모름지기 대도시란 부를 쌓고 기회를 잡을 수 있는 곳이다. 아울러 개인이 자신보다 더 큰 무언가의 일원이 될 수 있는 가능성을 만나는 곳이기도 하다. 따라서 개인은 화려함 속의 누추함을 감수하거나 몹시 협소한 주거공간을 위해 터무니없는 임대료를 지불하며 살 수 있다. 이 같은 기회와 가능성을 품고 있는 도시들에는 언제나 유능한 인재들과 씀씀이가 큰 관광객들이 몰려들기 마련이었다.

문명화된 도시인의 생활방식, 목욕

목욕탕은 도시를 알거나 목격하거나 경험한 적 없는 여러 곳들로 침투한 로마식 도시 팽창 과정의 결정적인 특징이 되었다. 기본적으로 목욕은 게르만인이나 갈리아인, 브리타니아인이 야만인의 때를 벗고 로마인으로, 또 도시인으로 탈바꿈하는 통과의례였다.

로마인에게 점령되기 전 1만 년 동안 영국 제도에는 도시와 비슷한 것이 전혀 없었다. 그나마 도시에 가장 근접한 것은 오피둠oppidum, 즉 토루를 쌓아 요새화한 정착지였다. 기원전 1세기 초엽부터 브리타니아인들은 언덕 요새에서 낮은 지대로 내려와 오피둠을 짓기 시작했다. 오피둠은 흔히 강이 서로 만나는 지점과 강어귀 근처에, 또는 내륙의 교역로 인근에 조성되었다. 일부 오피둠에서는 자신들만의 동전을 주조하기 시작했다. 오피둠은 도시가 아니라 '원시적 도시'의 성격을 띠고 있었다고 보는 편이 가장 적절하다. 여러 오피둠 가운데 제일 넓은 것은 오늘날의 에식스Essex 주에 속한 콜른Colne 강의 강둑 쪽에 있었다. 그 오피둠은 브리타니아인들이 섬긴 전쟁의 신인 카물루스Camulus의 이름을 따서 카물로두논Camulodunon('카물루스의 요새'라는 뜻)으로 불렸고, 콜른 강은 카물로두논의 든든한 방어막이자 해상 교역로로 이어지는 통로였다.

서기 43년, 한창 번영을 구가하던 카물로두논은 당시 가장 철저하게 조직된 전투부대와 마주하게 되었다. 코끼리와 대포를 거느린 그 막강한 전투부대는 로마 황제가 친히 이끌고 있었다. 그 천하무적의 군대가 들이닥치자 카투벨라우니 부족Catuvellauni의 군장인 카라타쿠스Caratacus는 도망을 치고 말았다. 클라우디우스 황제Claudius는 카라타쿠스가 수도로 삼고 있던 카물로두논에서 몇몇 브리타니아족 군장들의 항복을 받아들였다.

클라우디우스 황제가 떠나자마자, 브리타니아 최초의 도시(오늘날의 콜체스터Colchester에 해당한다)를 세우기 위한 공사가 시작되었다. 그 도시는 기존의 오피둠을 바탕으로 방어용 성벽과 격자형 거리를 추가해 건설한 로마식 군사 요새로 출발했다. 요새의 건물은 대부분 제20 군단, 트라키아 기병 연대, 제1 방기오네스족 보병대Cohort of the Vangiones 등을 수용하고자 정밀하게 배치된 길쭉한 직사각형 모양의 막사들이었다.

이후 6년 만에 그 요새는 철거되었고, 새로운 격자형 거리가 들어섰다. 옛 군사 요새 터에는 원래 크기의 2배인 민간 도시가 건설되었고, 그 도시는 로마의 신규 속주인 브리타니아의 수도 역할을 맡았다. 거기에는 주로 로마화 과정을 밟고 있던 현지의 권력자들, 그리고 도시화의 세례를 입은 퇴역 군인들과 그들의 추종자들이 살았다. 그 도시 한가운데에는 지중해산 대리석으로 뒤덮인 로마식 신전이 있었다. 또 포룸과 공공건물, 극장과 이중 아치형의 기념용 관문도 있었다. 아직 당시의 공중목욕탕 유적은 발견되지 않았다. 틀림없이 오늘날의 콜체스터의 땅 밑에 파묻혀 있을 것이다. 서기 1세기와 2세기에 로마 제국 내의 어느 지역이든 간에 로마식 도회지나 도시에 공들여 만든 목욕탕이 없었다고 생각하기는 어렵다. 개인 사업가들이 만든 소규모 목욕 시설이나 오늘날의 튀니지에 속한 렙티스 마그나Leptis Magna의 하드리아누스 욕장Hadrianic Baths, 오늘날 포르투갈에 속한 코님브리가Conimbriga의 공중목욕탕, 오늘날 프랑스 파리의 테르메 드 클루니Thermes de Cluny 같은 대규모 공중목욕탕을 로마에 옮겨놓아도 전혀 손색없었을 것이다.

로마 군인들은 마치 로마에 있는 것처럼, 아니 최소한 오늘날의 이탈리아 반도나 프랑스 남부나 제국 어느 지역의 고향 도시에 있는 것처럼 목욕과 오락을 즐길 수 있는 상태를 최소한의 복무 조건으로 여겼다. 날씨가 춥고 축축한 저 아득한 북쪽에서 목욕은 지중해의 햇볕을 쬐지 못하는 군인들이 소중한 따뜻함을 맛볼 수 있는 기회였다. 이렇듯 오늘날의 엑서터나 요크 같은 곳에 주둔한 로마 군영에 들어선 최초의 석조 건물은 목욕탕 그리고 각종 시합과 공연이 열리는 원형 극장이었다. 콜체스터와 마찬가지로, 그 군사 요새들은 얼마 지나지 않아 콜로니아colonia, 즉 퇴역 군인들을 위한 정착지로 탈바꿈했다. 서기 2세기, 브리타니아에는 로마군 병력의 10퍼센트가 주둔했기 때문에 도시 건설 사업에 필요한 인력 수급에 전혀 문제가 없었다.[23]

로마군에 점령되고 나서 몇십 년 동안, 브리타니아에서는 과거에 이베리아, 갈리아, 게르마니아, 판노니아(오늘날의 헝가리와 오스트리아에 해당한다), 다키아(오늘날의 루마니아와 몰도바에 해당한다) 같은 곳들, 즉 도시화가 이뤄지지 않은 지역들에서 벌어진 것과 동일한 상황이 펼쳐졌다. 일단, 거센 침략과 점령의 물결이 몰려와 사람들과 그들의 생활방식을 삼켜버렸다.

그런 다음 도시화의 과정이 전개되었다. 로마 제국은 도로와 교량으로 연결된 지중해식 모형에 따라 건설된 수천 개의 도회지들이 관계망을 이룬 도시 제국이었다. 브리타니아의 사례에서 드러나듯이, 새로 정복된 지역에는 도시화를 통해 군사행정적 중심지가 형성되었을 뿐 아니라 현지에서 일어날 법한 돌발 사태에 대비한 예비군으로 고용된 퇴역 군인들의 본거지도 생겼다. 도회지는 또 다른 역할도 했다. 도회지는 피정복민들, 특히 현지의 권력자들이 로마의 통치를 수용하고 로마의 생활방식을 포용하고 싶은 마음을 강하게 느낄 수 있는 곳이었다. '문명'이라는 의미를 가진 영어 단어 'civilisation'은 라틴어 단어 'civis(키비스)'에서 유래했고, '도시풍의'라는 의미를 가진 'urbane'은 'urbanitas(우르바니타스)'에서 나왔다. 'urbanitas'의 여러 가지 뜻 중에는 '암시적이고 우아하게 말하는 기술', 즉 '도시의 다양한 사람들과 뒤섞여 살 때만 터득할 수 있는 기술'이라는 뜻이 있다. 라틴어 단어 'cultus(쿨투스)'는 영어 단어 '문화'라는 뜻의 'culture'의 어원으로 '고상함'이나 '세련됨'을 의미하고, 'cultus'의 반의어는 '촌스러운 우둔함'이라는 뜻의 'rusticitas(루스티키타스)'다.

　신흥 도회지인 론디니움Londinium은 브리타니아로 밀려드는 외부적 영향의 관문이자 로마 세계의 각양 각처에서 건너온 이국적인 상품과 사람들이 모여드는 상업 중심지였다. 론디니움은 로마 제국 최전성기에 탄생했다. 지중해에서 발견된 난파선과 그린란드 만년설의 오염 실태에 관한 연구에 따르면 서기 1세기와 2세기에 로마 제국의 교역량 및 금속 생산량 수준은 당시 유럽에서 가장 높았고, 18세기 말엽과 19세기 산업혁명이 일어나기 전까지 최고의 자리를 빼앗기지 않았다.

　목욕탕은 '문명'의 두드러진 물리적 상징이었다. 그리고 유럽의 황량한 서쪽 지역에서 나타난 초기의 도시적 형태를 주도했을 것이다. 서기 1세기가 끝나기 몇십 년 전, 그러니까 론디니움이 탄생할 무렵에 생긴 목욕탕은 오늘날 허긴 힐 욕장Huggin Hil Baths으로 부르는 곳으로 세인트폴 대성당St Paul's Cathedral 부지에서 남동쪽으로 몇 미터 떨어진 곳에 있었다. 이곳은 비교적 작은 도시 지역에 조성된 대규모 복합

목욕 시설이었고, 로마다움Roman-ness에 흠뻑 빠지고 싶은 로마의 상인들과 브리타니아의 귀족들이 즐겨 찾는 곳이었다.[24]

도시의 생명력을 가늠하는 기준, 목욕

그런데 목욕탕은 사람들의 몸을 깨끗이 씻어주는 구실을 하지 못했다. 마르쿠스 아우렐리우스 황제는 "목욕이라고 하면 기름, 땀, 때, 기름투성이의 물, 온갖 역겨운 것이 떠오른다"라고 말했다. 로마 시대의 황실 공중목욕탕에서 물을 얼마나 자주 갈았는지는 알려진 바 없다. 매일 수천 명이 드나들며 목욕을 했기 때문에 목욕탕의 수질이 마르쿠스 아우렐리우스가 묘사한 것보다 훨씬 더 나빴을 것이다. 사람들은 눈에 보이지 않는 세균, 병균, 기생충 알 따위가 들끓는 따뜻한 물속에 몸을 담갔다. 로마 제국 각지에서 발견된 빗, 옷, 배설물 등을 연구한 결과에 의하면 수준 높은 수역학 기술과 화장실 설비에도 불구하고 로마인들은 목욕 관습이 없는 다른 사회의 야만인들만큼 장내 기생충과 벼룩과 이에 시달렸다. 어쩌면 야만인들보다 더 시달렸을지도 모른다. 물이 관을 통해 공급되다 보니 면역체계를 약화시키는 납중독이 생겼고, 여러 사람이 함께 물을 쓰다 보니 이질痢疾 같은 질병이 퍼졌다. 수많은 목욕탕이 있어도 로마에는 정기적으로 역병이 들이닥쳤다. 걸핏하면 따뜻한 물속에 한참 몸을 담그는 습관이 정자 수 감소를 유발해 출생률 하락을 초래했을지도 모른다. 만약 그런 추정이 사실이라면 목욕과 로마 제국의 쇠망을 연결하는 전혀 다른 차원의 요인이 추가되는 셈일 것이다.[25]

하지만 지금까지 로마 제국의 멸망을 둘러싼 수백 가지 이론이 제시되었다. 서기 3세기, 적들이 라인 강과 도나우 강, 유프라테스 강을 건너오고, 내전이 잇달아 일어나고, 곳곳에서 유행병이 돌고, 기존의 교역망이 철저하게 붕괴하면서 로마 제국은 심각한 위기에 놓였다. 이후 로마는 위기를 넘겼지만, 로마 세계의 도시 풍경에서 장기적 쇠퇴의 조짐이 뚜렷했다. 서기 3세기의 위기 이후, 로마식 도시라는 개념이 저 서쪽 지역에서 흔들리고 있었다. 파리에서는 거대한 원형 극장이 파괴되었고, 남은 석재들은 야만인 무리들의 침입에 맞서 도시를 지키기 위한 성벽 공사에 쓰였다. 갈리아를 비롯한 여러 지역의 도시들에서 역사적으로 중요한 건물들이 잇달아 약탈되었다. 약탈에서 살아남은 포룸과 원형 극장과 대형 가로에는 소규모 임시 상점들이 가득 들어섰다. 도시 내부에서 발견된 '흑토' 층에 비춰보면 서기 4세기부터 브리타니아에서는 시장용 원예 관행이 도시권으로 파고들기 시작했던 것 같다.

도시의 탄생에 기여한 교역은 복원되지 못했다. 픽트족, 고트족, 색슨족, 훈족, 서고트족 등이 변경에 출몰했다. 멋진 편의시설을 빼앗긴 채 사람으로 북적대는 성채 수준으로 전락한 도시들에서는 화려한 문명의 소산 같은 것을 더는 찾아볼 수 없었다. 사람들은 더 이상 목욕탕에 투자하지 않았다. 서기 3세기에 서유럽에서 가장 웅장한 2개의 목욕탕(각각 오늘날 프랑스의 파리와 독일의 트리어Trier에 있었다)이 폐허로 변했다. 서유럽에 펼쳐진 로마 속주의 최상류층은 기존의 목욕탕과는 다른 장소 이를테면 분수, 조각상, 기둥, 모자이크, 온탕 등을 갖춘 교외의 개인 고급 별장에서 로마식 취향을 추구했다. 도시들이 비유적으로, 또 실질적으로 해체되고 있던 시절, 그 고급 별장은 로마다움을 맛볼 수 있는 최후의 보루이자 몇몇 행운아들의 좋았던 시절을 상기시키는 환상의 나라 같은 곳이 되었다.[26]

도시는 연약한 존재다. 지속적인 투자와 재건 활동과 시민의식이 없으면 도시는 정말 순식간에 허물어진다. 성직자 길다스Gildas가 《브리타니아의 폐허에서On the Ruin of Britain》에 남긴 기록에 따르면 서기 407년에 로마군이 철수한 직후 총 28개의 로마 도시들이 파괴되었다. 그러나 이미 당시 그 28개의 도시들은 2세기에 걸친 점진적 탈도시화로 인해 껍데기만 남아 있는 상태였다. 론디니움은 서기 5세기 말엽에 완전히 버림받은 도시로 전락했다. 그로부터 세월이 한참 흐른 뒤에, 룬덴위크Lundenwic라는 색슨족의 촌락이 유령 도시인 론디니움에서 서쪽으로 1.6킬로미터 떨어진 곳, 즉 오늘날의 코번트 가든Covent Garden에 해당하는 지역에 들어섰다. 갈리아와 게르마니아에서 로마 도시들은 대규모 촌락 정도의 크기로 축소되었다. 한때 인구 10만 명을 자랑하는 속주의 수도였던 트리어는 대성당 주변에 모인 몇 개의 촌락으로 쪼개졌고, 심지어 1300년경에도 인구가 8,000명에 불과했다. 아우구스투스가 갈리아에 세운 도시 오툉Autun은 10제곱킬로미터 넓이의 땅에 수만 명이 모여 살던 도시에서 면적 0.1제곱킬로미터의 촌락으로 쪼그라들었다. 님Nimes과 아를Arles에서는 사람들이 원형 극장의 커다란 방어벽 안으로 피했고, 거기서 도회지가 형성되었다. 도시는 이제 약탈자와 습격자들이 군침을 흘리는 먹잇감이었다. 도로는 교역의 길이 아니라 침입의 길로 바뀌었다. 그리스와 발칸 반도, 이탈리아에서는 사람들이 평지의 도로변에 있는 도시들을 버리고 방어에 유리한 언덕 꼭대기의 촌락, 흡사 로마 시대 이전 그들의 조상들이 살았던 곳과 비슷한 곳으로 향했다. 한편 북유럽에서는 토목공사를 하고 통나무집을 갖춘 오피둠이 다시 생겼다.

석조 공사는 중단되었다. 문맹률이 치솟았다. 그린란드 만년설의 오염도를 측정한 결과에 의하면 이 무렵의 금속 가공량은 선사시대 수준으로 하락했다. 원거리 교역으로 먹고살기 힘들어지자 큰 도시들은 경제적 능력을 상실했다. 권력과 재력이 도시에서 수도원과 장원莊園(봉건사회의 경제적 단위를 이루는 영주의 토지_옮긴이), 성채로 옮겨 갔다. 적어도 향후 1,300년 동안 유럽은 기반시설, 기술체계, 위생처리, 수도 시설, 인구, 시민문화, 생활 수준, 고상함 등의 측면에서 로마 제국의 도시화 수준으로 돌아가지 못하게 되었다. 1800년까지 인구 100만 명을 넘긴 도시가 없었다. 도시적 세련미의 표상인 목욕탕은 한번 자취를 감춘 후 1829년에 리버풀의 피어 헤드Pier Head 시립 욕장이 개장할 때까지 다시는 일반 대중을 위한 용도로 쓰이지 않았다.

성 히에로니무스St Jerome는 "그리스도 안에서 한번 세례를 받은 자는 두 번째 세례를 받을 필요가 없다"라고 말했다. 목욕탕에 필요한 기능과 기술이 부족했을 뿐 아니라 공중목욕 문화도 찾아볼 수 없게 되었다. 기독교인들은 나체 상태를 못마땅하게 여겼다. 로마식 방종과 치장에 따른 공허함과 시간 낭비를 혐오했고, 천박한 목욕탕을 방탕함과 죄악의 온상으로 여겼다. 남은 것은 순례자들의 몸을 씻겨주는 종교적 전통뿐이었다. 도시적 목욕에 따른 즐거움까지는 아니어도 도시적 목욕이라는 사회적·공동체적 문화는 사라졌다.[27]

하지만 제국의 수도 로마에서는 대형 고가교를 통해 궁궐 같은 목욕탕에 뜨거운 물이 꾸준히 공급되었다. 서기 408년, 로마 시민들은 아직 몇 세대 전의 조상들처럼 아그리파 욕장이나 카라칼라 욕장, 디오클레티아누스 욕장으로 줄줄이 향했다. 유럽의 도시 구조가 허물어지고 있던 5세기 초엽, 로마는 대도시의 능력과 자격을 상징하는 횃불로 남아 있었다. 시칠리아와 북아프리카산 곡물, 중국산 비단, 올리브유, 인도네시아산 향신료 같은 온갖 물산이 꾸준히 흘러들어왔다. 제국이 둘로 나뉘었고, 서로마 제국에서는 몇 년씩 황제가 없을 때도 있었다. 제국의 수도 로마는 과거에 누렸던 힘의 창백한 그림자에 휩싸였다. 한때 역사상 가장 강력한 제국의 국정을 좌우한 로마 원로원은 이제 한낱 시의회 규모로 쪼그라들었다. 세계를 뒤흔드는 정치적 드라마의 장이었던 로마의 포룸은 그 기능을 상실했다. 이교도 신전들은 기독교 권력에 의해 폐쇄되었다. 그러나 로마는 세상에서 가장 큰 도시로 남았다. 로마의 웅장함과 편리성은 여전히 작동하고 있었다. 인구는 80만 명 수준까지 줄어들었지만 여전히 로마에는 다양한 인종이 살고 있었고, 주민들은 좋은 음식과 재미있는 오락을 즐기며 살았다. 로마에는 대형 시장 2개, 원형 극장 2개, 원형곡마장 2개, 극장 3개, 검투사 양성소 4개, 해상전투 공연용 연못 5개, 방첨탑方尖塔 6개, 성당 7개, 교량 8개, 바실리카 10개, 포룸 11개, 황실 공중목욕탕 11개, 수로교 19개, 도서관 28개, 대로 29개, 아치형의 대리석 문 36개, 관문 37개, 매음굴 46곳, 공중변소 144개, 제과점 254개, 상품보관소 290개, 동네 423곳, 분수 500개, 사설 목욕탕 856개, 가옥 1,790채, 조각상 1만 개, 연립주택 4만 6,602동이 있었다.[28]

서기 408년은 로마가 알라리크Alaric가 이끄는 대규모의 서고트족 군대에 포위된 해이기도 하다. 2년 뒤, 그러니까 예전에 수도 로마의 방어선이 야만인 군대에 뚫린 지 8세기 만에, 알라리크가 로마를 약탈했다. 서고트족은 로마에 사흘만 머물렀기 때문에 로마와 로마 주민들이 입은 피해는 비교적 경미했다. 하지만 심리적 타격은 돌이킬 수 없을 정도로 컸다. 성 히에로니무스는 "온 세상을 빼앗은 도시가 빼앗겼다"라며 놀라워했다. 반달족이 침입해 시칠리아와 사르데냐, 아프리카 속주(오늘날의 리비아)에 왕국을 세우면서 상황이 더 나빠졌다. 그 세 지역은 로마에 식량을 공급하는 곡창지대였다. 곡물 호송 선단의 역할이 사라지자 로마는 거대한 인구를 먹여 살릴 수 없게 되었다. 서기 455년, 반달족이 로마를 약탈했다. 그들은 14일 동안 로마의 수많은 보물을 빼앗았다. 로마의 인구는 5세기 중엽에는 65만 명이었지만 5세기 말엽 10만 명으로 급격히 감소했다. 이제 로마에는 거의 유산만 남아 있었다. 그냥 유산이 아니라 비대한 유산이었다. 제국의 수도 로마는 자기 몸을 뜯어먹기 시작했다.

버려진 채 허물어지는 연립주택들과 오랫동안 잃어버린 위대함을 기리며 무너져가는 기념물들 사이에 남아 있던 사람들은 제국의 고귀한 건물들에서 돌, 대리석, 청동, 납 같은 재료를 떼어내기 시작했다. 그들은 아우구스투스 포룸Augustan Forum에 석회 가마를 설치했고, 거기서 대리석 조각상, 대좌臺座, 기둥 따위를 태워 회반죽을 만들었다. 찢어진 도시의 살점은 어디론가 팔려 가거나 성당을 짓는 데 쓰였다. 이후 몇 세기 동안 로마인들은 로마의 유물과 예술품을 팔면서 먹고 살았다. 훔친 돌을 이용해 필사적으로 수리하지 않으면 도시는 차츰 무너져내렸고, 부서진 주랑 현관과 기둥의 밑동, 조각상과 포장용 돌이 아무렇게나 흩어져 있었다. 여기저기에 풀이 자랐다. 키르쿠스 막시무스도 예외는 아니었다. 하지만 그렇게 계속 허물어졌어도 카시오도루스Cassiodorus가 썼듯이 "로마는 전체가 하나의 대리석"이었다. 로마는 "윗부분이 사람의 눈에 보이지 않을 만큼 거대한 콜로세움과 높고 아름다운 반구형 지붕이 그 도시만큼 큰 만신전"을 위시한 "여러

건물들의 감탄스러운 숲"이었다. 아울러 "속주만큼 크게 지은 목욕탕들"도 아직 쓰이고 있었다.[29]

　로마인들은 여전히 목욕탕을 즐겨 찾았다. 카라칼라 욕장을 포함한 여러 공중목욕탕에 마지막 물방울이 떨어진 서기 537년까지만 그랬다. 로마를 포위한 동고트족 군대가 수로교를 차단해버렸다. 이제 더는 물이 로마로 흘러가지 않게 되었다. 그러나 공중목욕탕은 이후 몇 세기 동안 대체로 손상되지 않은 채 남아 있었다. 공중목욕탕의 골조와 거대한 궁륭형 천장은 소멸한 로마 문명을 드러내주는 뚜렷한 시각적 흔적이었다. 유적이 꽤 많이 남아 있었기 때문에 16세기와 17세기의 예술가들도 공중목욕탕에 대한 기록을 남길 정도였다. 로마 외곽에 있던 카라칼라 욕장은 인상적인 유적으로 바뀌었다. 디오클레티아누스 욕장은 새로운 건물들에 흡수되었다. 미켈란젤로는 커다란 교차 궁륭형 홀과 붉은 화강암 기둥이 있는 디오클레티아누스 욕장의 냉탕을 바실리카식 건물인 산타 마리아 델리 안젤리 에 데이 마르티리 성당Santa Maria degli Angeli e dei Martiri의 좌우 측랑 사이의 중심부로 개조했다. 나중에 디오클레티아누스 욕장의 골조를 이루는 다른 부분들은 로마 국립박물관Museo Nazionale Romano의 일부분이 되었다. 디오클레티아누스 욕장의 커다란 반원형 응접 공간은, 훗날 공화국 광장 Piazza della Repubblica의 윤곽선 구실을 하며 살아남았다.

　로마는 이미 강국의 지위에서 물러난 지 오래였다. 서기 537년에 목욕탕이 문을 닫은 것은 역사적으로 중요한 사건이다. 고대 로마 도시 문화의 원천이 말라붙은 것이다. 수로교가 끊기자 로마의 인구는 약 3만 명으로 줄어들었다. 로마에서 몸을 씻고 싶으면 티베르 강에 가야 했을 것이다. 로마는 교황청의 본거지이자 기독교 순례자들이

모여드는 중심지이며 상상력을 부추기는(혹은 약탈 욕구를 자극하는) 전설적인 유적지로서 살아남아 후세 사람들을 현혹했다. 서유럽은 마지막 대도시를 잃었다. 북아프리카와 서남아시아의 동로마 제국의 도시들에서는 시 당국이 용수를 계속 공급했다. 목욕은 여전히 도시 체험의 핵심 요소였다. 이후 온수를 이용한 공중목욕의 전통과 관련된 편의시설이 수백 개의 이슬람 도시들에 전파되어 현지 실정에 맞게 바뀌었다. 하맘hammam으로 불린 공중목욕탕은 기도를 드리기 전 목욕재계할 때 꼭 필요한 시설이었다. 하맘은 남자들뿐 아니라 여자들에게 중요한 사교 장소의 역할을 맡기도 했다. 이슬람 도시들에서 하맘과 모스크(이슬람 사원_옮긴이), 수크(이슬람식 시장_옮긴이)는 도시 생활의 근간을 이루는 3대 시설이었다. 하맘은 서남아시아, 북아프리카, 이베리아 반도 등지의 도시들에서 급격히 늘어났다. 예컨대 다마스쿠스Damascus의 경우, 하맘이 도시 성벽 안에는 85개, 도시 외곽에는 127개 있었다. 일본에서도 목욕은 종교 사원에서 몸과 마음을 깨끗이 하는 의식으로 시작되었다. 13세기에 이르러, 큰 욕조와 한증실을 갖췄고 혼욕이 가능한 영리적 목적의 대중목욕탕, 센토우銭湯, せんとう가 도시의 특징이자 일상생활의 관습으로 자리 잡았다. 센토우는 공동체적 상호작용이 일어나는 곳, 즉 일본 사회의 핵심 요소이자 사교와 결속의 한 형태로서, 하다카노 츠키아이裸の付き合い라 불리는 '알몸 상태의 교제'가 이뤄지는 현장이었다. 20세기에 이르러 이 신체적 친교의 형태는 '스킨시푸(스킨십)'라는 이름으로 불리게 되었다. 18세기에 100만 명에 가까운 인구를 자랑한 에도江戸(도쿄의 옛 이름)에는 약 600개의 센토우가 있었다. 1968년, 센토우의 개수는 2,687개로 최고치를 기록했다. 도쿄의 스카이라인은 수많은 목욕탕에서 하늘로 치솟은 굴뚝들이

장식했다. 그것은 목욕이 도쿄의 사교생활에서 중추적인 역할을 차지한다는 뚜렷한 시각적 증거였다.

목욕은 도시의 생명력을 가늠하는 기준이다. 유럽의 여러 지역에서 목욕탕과 수로교의 유적은 도시성의 붕괴를 가리켰다. 이슬람권 대도시들과 아시아 전역의 도시들에서 살아남은 목욕탕은 만개한 도시 생활을 상징했다. 유라시아 대륙의 서쪽 끝부분이 예전처럼 다시 보잘것없는 곳으로 전락하는 동안, 세계의 나머지 지역들 대부분은 맹렬한 에너지와 도시화의 시대로 접어들었다.

5장

다채로운 식도락의 향연

바그다드

537~1258년

해삼을 따려고 바닷속으로 뛰어들었다. 그런데 정작 건져낸 것은 옛날 도자기들이 걸려 있는 산호 덩어리였다. 1998년, 인도네시아의 어부들이 역사상 가장 충격적인 난파선 중 하나를 우연히 발견했다. 1,100년 넘는 세월 동안, 난파선과 거기 실린 화물은 자바 해의 퇴적물 밑에서 해양 벌레들의 공격을 피한 채 잠들어 있었다. 총 6만 점의 유물이 회수되었다. 일부 유물은 갑부들을 위해 청동, 금, 은, 도자 등으로 만든, 정교하고 무척 값비싼 장신구들이었다. 18개의 은괴도 있었다.

하지만 대부분의 화물은 서기 826년 당시에는 보물이 아니었다. 전체 화물의 98퍼센트는 중국에서 만들어져 일반인 고객들에게 팔려갈 예정인 저렴하고 평범한 물건들이었다. 그러나 고고학자들과 역사학자들에게 그 화물들은 중세의 일상생활을 엿볼 수 있는 사료라는 점에서 가격을 매길 수 없을 만큼 귀한 것이었다. 일부 도자기들은 싱가포르의 아시아 문명 박물관Museum of Asian Civilisations에서 전시되고 있다. 중국 후난 지방에서 대량생산된, 윤기 나는 표면과 추상적인 디자인이 매력적인 창사長沙(중국 후난성의 성도_옮긴이) 그릇들은 너무 새것처럼 보이기 때문에 마치 아시아 문명 박물관의 기념품 가게에서 파는 물건 같은 느낌이 들 정도다. 아시아 문명 박물관에 전시된 그 그릇들은 난파선에서 회수한 총 5만 5,000점의 창사 그릇들 중 일부분에 불과하다. 오늘날, 아시아 문명 박물관의 중앙무대를 차지한 창사 그릇들은 중세의 무역체계와 몇 세기 동안 번성한 도시 문화를 생생히 증언하고 있다.

문제의 다우선dhow(홍해와 인도양에서 널리 사용된 돛단배_옮긴이)은 십중팔구 향신료와 직물, 비단과 그 밖의 잡다한 물건을 운반하고 있었을 것이고, 그 물건들은 1,000년이 넘는 세월 동안 물속에 잠겨 있으면서 대부분 소실되었다(그래도 상당량의 대회향大茴香이 검출되기는 했다). 난파선에는 대량생산된 다른 품목(똑같은 크기와 모양의 잉크병 763개, 향료 항아리 915개, 물주전자 1,635개)도 있었다. 중국 전역의 가마에서 구워 만든 그 물건들은 세계 시장을 단단히 겨냥해 도안을 그려 넣은 것으로 강과 운하를 거쳐 항구까지 운반되었다. 도안으로는 동남아시아 고객들을 고려한 연꽃무늬 그리고 페르시아와 중앙아시아 지역에 적합한 문양이 있었다. 대부분의 그릇에는 방대한 이슬람 시장의 수요에 부응해 기하학적 문양과 마름모꼴 문양, 이슬람교 경전의 글귀, 아라비아어 단어 등을 새겨 넣었다. 광저우에 거주하는 1만 명 이상의 외국 상인들은 바그다드나 사마르칸트, 코르도바에서 유행하는 품목이나 문양을 바탕으로 상품을 주문했다. 흰색 도자기와 녹색 얼룩무늬 그릇은 페르시아에서 인기가 높았다. 반면 황홀할 만큼 아름답고 현대인들에게 익숙한 품목이기도 한 중국산 청화백자는 전적으로 바그다드 사람들의 취향에 좌우되었다.

벨리퉁_{Belitung} 선박(문제의 난파선이 발견된 곳 근처에 있는 섬의 이름을 딴 명칭이다)에는 세계 최대의 도시, 바그다드의 고가품 시장으로 향하던 귀중한 화물이 실려있었다. 그 배는 828년(이나 그 직후)에 또 하나의 세계적인 무역 대도시인 광저우에서 상품을 선적했다. 아마 그 상품은 페르시아 만의 진주나 중동산 유리 제품과 향수 그리고 항해 도중에 실은 향신료나 진귀한 목재와 바꾼 것이었을 것이다. 바그다드와 광저우 간의 무역은, 페르시아 만에서 출발해 아라비아 해, 인도양, 벵골 만, 안다만 해, 믈라카 해협, 동중국해 등을 거쳐야 하는 왕복 약 2만 300킬로미터의 험난한 여정이었다.[1]

한 계절 내내 그 먼 바닷길을 누빈 평범한 화물선 한 척에서 서로 단단히 맞물려 있던 세계의 단면이 드러난다. 거기 실린 다양한 화물에서는 당시 가정용품과 음식에 관한 사람들의 취향이 얼마나 폭넓게 퍼져 나갔으며 또 서로 뒤섞이고 있었는지가 드러난다. 문제의 다우선은 페르시아 만으로 돌아오는 길에 이 항구도시에서 저 항구도시로 이동하며 각 지역의 시장에 적합한 상품을 거래했을 것이다. 그 배는 자바 해에서 침몰했고, 당연히 금전적·인적 손실을 입었을 것이다. 그러나 최근에 발견된 사실은 우리가 중세를 바라보는 관점을 혁명적으로 바꾸는 계기가 되었다. 문제의 다우선은 그 배가 누빈 세계의 상호연계성을 생생하게 보여주는 구체적 사례다. 그 배는 조선업 전문 도시이자 오늘날 이란 땅에 속해 있는 시라프_{Siraf}에서 아프리카산 마호가니 재목과 저 멀리 자이르에서 수입한 아프젤리아_{afzelia} 나무 재질의 내용골_{內龍骨}, 인도산 티크재 들보를 재료로 건조되었다. 선체를 단단히 결박하는 삼끈은 아마 원래 쓰던 캅카스 지방이나 인도에서 난

대마 대신에 말레이 해 지역에서 난 부용芙蓉으로 만들었을 것이다. 저장용 항아리는 베트남에서 만들었고, 선내에서 발견된 개인 물품에서 알 수 있듯이, 선원들과 승객들은 아라비아인들, 동남아시아인들, 중국인들이었다. 일부 요리 도구는 태국에서, 다른 용품들은 수마트라에서 만든 것이었다.[2]

그러나 원거리 교역과 복합적 연계성의 세계 한가운데에는 지구적 차원에서 진행되는 무역의 열기를 북돋을 만큼 부유하고 강력한 중심지가 있었다. 벨리퉁 난파선의 발견된 화물은 중국과 동남아시아뿐 아니라 중앙아시아, 스텝 지대, 레반트, 아프리카, 지중해 등지에서도 바그다드로 흘러간 이국적인 은빛 경이로움을 상징한다.

그곳이 바로 두바이나 선전深圳 같은 20세기 말엽과 21세기 초엽의 으리으리한 즉석 마천루 도시들의 조상이기도 한 바그다드다. 벨리퉁 선박이 갖가지 이국적 상품과 실용적 상품을 잔뜩 싣고 돌아오기 위해 돛을 올리기 불과 67년 전, 아바스 왕조Abbasid의 칼리프인 알 만수르al-Mansur는 맨땅의 잿더미 속에서 본인이 꿈꾸는 세계의 지적·영적·상업적 수도의 윤곽을 그렸다. 매우 정교하고 감탄스러운 그 도시 설계안에 따라, 그리고 총 10만 명의 건축가와 측량사, 기술자와 목수, 제철공과 노동자 들을 동원해 특별히 건설한 그 도시는 알 만수르가 762년에 공사를 시작한 지 불과 4년 뒤에 완성되었다. 이후 몇십 년 만에 바그다드의 인구는 100만 명을 넘었고, 최전성기에는 아마 무려 200만 명을 기록했을 것이다. 시인 알리 이븐 아비 탈리브Ali ibn Abi Talib는 이렇게 물었다. "바그다드는 가장 사랑스러운 도시 아니었던가? 시선을 사로잡는 장관 아니었던가?"[3]

3개의 대륙에 걸쳐 있는 광활한 도시 제국의 중핵에 자리 잡은 바그다드는 새로운 세계적 문명의 위업을 보여주는 도시였다. 이슬람교는 아라비아 사막의 베두인족 유목민들에 의해 세계 각지로 전파되었다. 그러나 이슬람교의 뿌리는 도시 문화였다. 레반트와 페르시아 지역의 도시들에 값비싼 상품을 팔아 얻은 이익으로 부를 축적한 메카는 6세기의 부유한 상업도시였다. 인도양과 지중해 간의 상거래에 종사한 사람들 중에는 무함마드Muhammad(이슬람교의 시조_옮긴이)라는 젊은이도 있었다. 농업이 발달하지 못한 사막 도시인 메카는 오로지 국제무역에 의존하다시피 했다. 하지만 콘스탄티노폴리스Constantinople의 로마인들과 페르시아인들이 대규모 전쟁을 치르는 바람에 레반트와 페르시아 지역의 시장이 얼어붙으면서 호시절은 지나가고 말았다.

아라비아 지역에서 그리고 동로마 제국 곳곳에서도 전쟁과 역병 때문에 교역이 시들해졌다. 상황은 몇 세기 전에 서로마 제국이 멸망할 때와 비슷했다. 코린토스와 아테네는 거의 버림받은 도시가 되었다. 538년, 세계 4대 도시 중 하나인 안티오키아가 페르시아인들에게 약탈을 당하며 파괴되었고, 30만 명의 시민들이 추방되었다. 에페소스와 사르디스Sardis 같은 소아시아의 로마 도시들은 좋았던 옛 시절의 위엄이 무너지는 가운데 서 있는 허름한 가옥 몇 채가 딸린 방어용 요새 수준으로 쪼그라들었다. 안티오키아가 약탈을 당한 지 3년 뒤인 541년, 알렉산드리아에서 선페스트가 발생했다. 알렉산드리아의 거리는 썩어가는 수천 구의 시체들로 넘쳐났다. 무역선들이 그 치명적인 병을 지중해 전역의 도시들로 퍼트리는 바람에 인구의 3분의 1이 사라졌다. 동로마 제국의 찬란한 수도 콘스탄티노폴리스도 7세기에 급격한 인구 감소를 겪었다.

알라신이 천사 지브릴Jibril(기독교의 천사 가브리엘에 해당한다_옮긴이)

을 통해 내린 계시를 무함마드가 받기 시작한 것은 바로 이 같은 종말론적 상황 즉, 폐허로 변하는 도시들, 비틀거리는 제국들, 사회적 격변들을 배경으로 일어난 일이었다. 무함마드가 610년부터 받기 시작한 계시에는 전쟁으로 파괴되고 역병이 창궐하는 이 세상이 어떻게 될지에 관한 설명뿐 아니라 알라신을 섬기기로 선택한 사람들이 세속적 성공과 영적 구원에 이를 수 있는 지름길도 담겨 있었다. 무엇보다 알라신의 계시는 서로 분열해 다투고 지나치게 독자적인 아라비아의 사막 부족들에게 던지는 단결의 메시지였다. 하지만 그 계시는 투쟁의 와중에서 비롯된 것이었다. 다신교적 성향인 메카의 권력자들은 무함마드의 과격한 일신교적 메시지에 적대적으로 반응했다. 622년, 설교자인 무함마드와 그의 추종자들은 어쩔 수 없이 야트리브Yathrib(오늘날의 메디나Medina)라는 농업도시로 피신했다.

이슬람교가 구체적 형태를 갖추고, 개종자들이 신앙을 위해 모여들고, 첫 번째 정복이 일어난 곳이 바로 메디나였다. 메카는 630년에 함락되었고, 예언자 무함마드가 632년에 세상을 떠나기 전에 무슬림들이 아라비아의 대부분 지역을 장악했다. 이슬람교는 탈진해버린 두 세계적 제국 즉, 로마인의 제국과 페르시아인의 제국이 남긴 영토의 많은 부분을 놀라운 속도로 흡수했다. 이후 수십, 수백 년 동안, 이슬람교는 정복과 개종의 행진을 거듭한 끝에 서쪽으로는 북아프리카 해안으로, 또 지브롤터 해협 너머로, 동쪽으로는 실크로드를 따라 중국과 인도의 변경까지 뻗어나갔다.

서로마 제국을 갈기갈기 찢어놓은 야만인들과는 정말 대조적으로, 무슬림들(상당수가 도시화의 세례를 입지 못한 상태였다)은 도시 생활에 적응했다. 이슬람교가 번창하는 과정에서는 도심이 처음부터 중요한 역할을 맡았다. 서로 배경이 다른 사람들이 같은 신을 섬길 수 있는 장소는 부족적·민족적 정체성을 깨트리는 데, 그리고 신앙 하나로 결속된 움마ummah(인더스 강에서 대서양까지, 사하라 사막에서 캅카스 산맥까지 아우르는 광범위한 무슬림 공동체)라는 개념을 다지는 데 기여했다.

로마 제국의 도시들은 고유의 색채를 뚜렷이 드러냈지만 이슬람권 도시들에서는 그런 통일성이 분명히 나타나지 않았다. 다르 알 이슬람dar al-Islam(직역하면 '이슬람의 집'이라는 뜻)은 중앙아시아의 도시국가들, 이란과 이라크의 대도시들, 지중해의 고전적 폴리스들 같은 세계에서 제일 오래된 몇몇 도시들과 도시 문화권이 포함된 광활한 영역을 아우르는 세계적 제국이었다. 무슬림들은 유서 깊은 도시적 토대를 갖춘, 그리고 기독교인들과 유대인들, 불교도들, 조로아스터교도들이 정착해 사는 도시들을 물려받았다. 그러나 고전적 도시의 물리적 구조는 이슬람 세력이 팽창하기 훨씬 전에 변화를 겪고 있었다.

옛 로마 제국의 동쪽 도시들에서는 넓은 거리와 탁 트인 공공 공간, 기념비적 건물과 격자형 지면 구획이 사람들의 공간 확보 욕구 때문에 잠식되고 있었다. 이슬람의 정복 전쟁이 시작되기 몇 세기 전부터 장기적으로 진행된 도시 내부의 치밀화 및 공터 이용 과정에 따라, 상점들과 가옥들이 큰길을 파고 들어가 구불구불하고 복잡한 통로가 생기면서 큰길의 폭이 차츰 좁아졌다. 포럼과 아고라, 공공구역이 증축되었다. 그리고 하나의 건물이 여러 개의 작은 부분으로 나뉘는 경우가 생겼다. 게다가 로마 제국 시절의 시 당국과 대조적으로, 이슬람 당국은 부동산 소유자들과 주민들이 각자 원하는 대로 건물을 지을 수 있는 재량권과, 도시가 필요에 따라 유기적으로 발전할 수 있는 여지를 많이 주는 등 도시계획의 측면에서 비교적 간섭을 삼가는 태도

를 보일 때가 많았다.[4]

도시는 기본적인 교통수단인 인간의 다리, 말, 기차, 노면 전차, 지하철, 자동차를 중심으로 형성되는 경향이 있다. 이슬람 세력이 우위를 차지할 무렵, 바퀴 달린 마차(거리의 폭이 비교적 넓어야 다닐 수 있다)는 비용효과가 더 좋은 화물 운반수단인 낙타에게 자리를 내주고 있었다. 시 당국의 규정에 따르면 거리의 폭은 반대 방향의 낙타 두 마리가 서로 지나칠 수 있을 정도면 되었다. 가옥 소유자들은 거리를 사이에 두고 마주보는 건물의 2층 이상을 서로 이어주는 연결부를 만들어도 무방했다. 따라서 거리는 촘촘한 도시 경관을 파고 들어가는 폐쇄형 복도로 변하는 경우가 많았다. 흥미롭게도, '시장'을 의미하는 아라비아어 단어 수크$_{sūq}$는 '거리'를 뜻하는 아카드어 단어 수쿠$_{suqu}$에서 유래했고, 또 수쿠는 '좁다'라는 뜻인 아카드어 단어 사쿠$_{saqu}$에서 비롯되었다. 탁 트인 아고라는, 서로 뒤얽힌 가느다란 골목길을 따라 도시 곳곳으로 퍼져나가는 길쭉한 모양의 거리형 시장인 수크로 바뀌었다.[5]

그 무질서하고 혼잡해 보이는 상태에도 불구하고 도시는 숨을 멈추지 않았다. 오히려 그 과밀 상태에서 새로운 종류의 역동성이 뿜어져 나왔다. 그 엉망진창처럼 보이는 모습은 도시가 저지른 실패가 아니라 도시가 이룩한 성공의 신호였다. 사람들이 종교적 이유와 사업상의 이유로 도시에 몰려들어 모든 이용 가능한 공간을 채웠다. 상인들이 떼를 지어 모여드는 특별 구역을 갖춘 수크는 복잡성과 정교함의 측면에서 아고라와 포럼을 능가했다. 이슬람식 도심을 지배한 것은, 그때까지의 도시 역사에서 새로 등장한 2가지 시설인 수크와 모스크였다. 모스크는 공동예배 장소, 재판소, 교육기관 같은 여러 가지

역할을 수행했다.

모스크에서 예배를 보는 사람에게는, 세계 무역체계를 통해 확보된 막대한 양의 물질적 부를 수크에서 확인할 수 있는 길이 열렸다. 이슬람 도시는 출신 민족이나 출생 도시와 무관하게, 그리고 원래부터 이슬람교를 믿은 사람인지 아니면 다른 종교를 믿다가 개종한 사람인지와 상관없이 모든 무슬림들에게 문호가 열려 있었다. 아라비아 제국은 지중해, 시리아, 이집트, 메소포타미아 같은 세계에서 가장 생산력이 높은 지역들과 도시화된 핵심 지대들을 아우르고 있었다. 아라비아 제국의 교역로는 사하라 사막 깊숙이, 실크로드를 따라 중앙아시아와 중국까지 그리고 바다를 건너 동아프리카와 인도와 동남아시아까지 파고들었다. 무슬림들은 세계의 경제적 중심지를 장악하고 그 열매를 맛보는 것을 알라신에 복종한 데 따른 결과일 뿐이라고 생각했다.

중세 내내, 세계 20대 도시 중 19개가 이슬람 도시이거나 중화제국에 속한 도시였다(콘스탄티노폴리스가 유일한 예외였다). 인간세계의 부와 에너지가 스페인의 코르도바와 서아프리카 가나 제국의 도시Ghana City에서 중국의 광저우까지 땅과 바다에 걸쳐 펼쳐진 진주 목걸이처럼 연결된 도시망으로 집중되었고, 그 중심에 바그다드가 있었다. 중세는 유럽에게 암흑시대였지만, 유럽을 제외한 대부분의 지역에게는 황금시대였다.

다채로운 식도락이 펼쳐지는 바그다드의 길거리

9세기의 수필가 알 자히즈al-Jahiz는 다음과 같은 글을 남겼다. "튼튼하게 건설된 것으로 유명한 도시들을 위시해 여러 큰 도시들을 보았다. 시리아의 여러 지역에서, 비잔티움 제국의 영토에서, 그 밖의 여러 지방에서 그런 도시들을 봤지만, 바그다드보다 더 고귀한 도시, 더 완벽하게 둥근 도시, 뛰어난 장점을 더 많이 갖고 있거나, 더 널찍한 관문이 있거나 더 완벽한 요새를 갖춘 도시는 보지 못했다." 유클리드를 존경한 아바스 왕조의 칼리프 알 만수르는 완전한 원형을 이루는 도시를 만들도록 명령했다. 도시를 둘러싼 육중한 성벽에는 동일한 간격의 성문 4개가 있었다. 거대한 성문에서 일직선 도로를 따라가면 안쪽의 중심부, 즉 둥근 도시 안의 둥근 도시가 나왔다. 바그다드 사람들은 그 원형의 전용구역 안에 있는 황궁의 커다란 녹색 반구형 지붕과 대大모스크Great Mosque를 볼 수 있었다. 그러나 칼리프의 조정朝廷과 왕족들, 호위병들과 황실 관료들을 위한 공간인 내밀한 구역 안에 감히 들어갈 수는 없었다. 그곳은 베이징의 자금성과 비슷했다. 즉, 도시의 중심에 자리 잡은 신성한 통치권의 장소였다. 바그다드는 기하학적·도시적 완벽성을 의도적으로 드러냈다. 알 자히즈는 "그 도시는 마치 거푸집에 부어 찍어낸 것 같다"라며 감탄했다.[6]

아바스 왕조의 칼리프들은 바그다드를 '우주의 배꼽'에 비유했고, 바그다드의 완벽한 원형은 그런 비유가 현실에서 구체화된 것이었다. 메소포타미아는 세계의 중심이었고, 바그다드는 메소포타미아의 중심이었다. 바그다드는 우주의 구조를 상징하는 일련의 동심원으로 이뤄져 있었다. 칼리프의 궁전은 모든 나라나 모든 민족과 동일한 거리에 있는, 바그다드의 정중앙에 있었다. 땅과 강, 바다의 모든 길이 바그다드로 이어졌다. 4개의 성문이 각각 일직선 도로를 통해 원형의 중심으로 연결되었기 때문에 바그다드는 실질적으로나, 비유적으로나 세계의 교차로였다. 다마스쿠스 문Damascus Gate('샴 문Sham Gat'으로 불리기도 했다)은 시리아와 지중해 쪽으로, 쿠파 문Kufa Gate은 아라비아 반도와 메카를 향해 열려 있었다. 바그다드 북동쪽에 자리한 호라산 문Khorasan Gate은 이란과 중앙아시아와 저 멀리 중국과 이어졌다. 남동쪽의 바스라 문Basra Gate은 인도양과 동남아시아의 해양 세계를 가리키고 있었다. 9세기의 지리학자 아마드 알 야쿠비Ahmad al-Yaqubi는 바그다드 근처를 흐르는 강을 바라보며 마치 알 만수르의 입에서 나올 법한 말을 했다. "이것이 티그리스 강이구나. 우리와 중국 사이에는 아무런 장애물이 없도다. 바다 위의 모든 것이 이 강을 따라 우리에게 올 수 있구나."[7]

물론 지리적 조건 때문에 바그다드가 우주의 중심이 된 것은 아니었다. 비결은 힘과 돈이었다. 전 세계의 물산과 자원이 지구상에서 제일 부유한 상업 제국이 거둬들인 세금의 형태로, 제국의 새로운 수도로 흘러들었다. 바그다드는 군사력의 중심지이자 황실 관료들의 거주지가 되었다. 그들의 막강한 구매력과 사치 욕구는 수십만 명의 이주자들이 아라비아와 페르시아에서 바그다드로 몰려드는 원인이 되었다.

결국 바그다드에는 제국 각지의 무슬림뿐 아니라 소규모 집단의 유럽인과 아프리카인, 아시아인(중국에서 건너온 다수의 금세공인과 도장공과 비단 짜는 직공이 포함된다)도 몰려들었다. 그들 모두가 제국의 대도시에 집중되는 엄청난 부에 매료되었다. 아마 노예들은 국적이나 출신 민족(대표적인 예를 들면 슬라브족, 누비아족, 에티오피아인, 수단인, 세네갈인, 프랑크족, 그리스인, 튀르크족, 아제르바이잔인, 베르베르인)이 훨씬 더 다양했을 것이다. 바그다드에는 성당과 수도원을 갖춘 기독교인 구역도 있었다. 아울러 약 4만 5,000명의 유대인들도 있었다. 그런데 문화적으로 다채로운 바그다드 주민들의 극소수만이 이른바 원형 도시Round City에서 살았다. 그들은 바로 칼리프의 궁전 가까이에서 사는, 즉 외벽과 궁전 벽 사이에 끼인 도넛 모양의 거주 구역 안에서 사는 제국의 관리들과 행정관들이었다. 진짜 도시, 즉 사람들이 생활하고 일하는 도시는 둥근 대도시의 성벽 밖에 펼쳐져 있었다. 바그다드는 여러 도시들로 구성된 도시였다.

알 만수르 휘하에서 도시계획을 총괄한 신하들은 원형 도시 외곽에 대규모 거주 구역 4개를 배치했다. 인구밀도가 높은 4개의 거주 구역에는 대로, 거리, 공동주택, 상점, 모스크, 정원, 곡마장, 목욕탕, 수크 등이 있었다. 바그다드는 티그리스 강 너머로 확장되었다. 티그리스 강 동쪽에 새로 형성된 도시는 서쪽의 원래 도시와 어깨를 견주며 성장했고, 두 도시는 유명한 배다리로 연결되었다. 알 만수르 이후의 칼리프와 귀족 들은 마치 자궁 같았던 원형 도시에서 벗어나 자신과 왕족들을 위해 도시의 다양한 위치에 궁전과 모스크를 지었다.

중국인 죄수 두환杜環, Du Huan(8세기 중국 당나라 시대의 여행 작가_옮긴이)은 "그곳에서는 이 세상의 모든 산물을 구할 수 있다. 온갖 것이 팔리고 모든 것이 값싼 이 시장에서 수레들은 수많은 물건을 나른다. 양단洋緞, 수를 놓은 비단, 진주, 보석 따위가 시장과 길거리의 상점 여기저기에서 손님을 기다린다"라고 썼다. 전성기의 바그다드를 묘사한 어느 필자는 이렇게 기록했다. "이곳의 모든 상인과 모든 상품에는 정

이슬람 도시, 부하라. 해질녘의 구도심.
사진. (애덤 존스Adam Jones)

해진 거리가 있다. 그리고 각각 정해진 거리에는 상점과 노점, 진열 구획이 줄지어 있다."[8]

　시장에는 중국산 자기와 도기, 토기, 중앙아시아산 비단, 융단과 직물, 시라즈Shiraz산 자두, 예루살렘산 모과, 시리아산 무화과, 이집트 산 빵과자, 인도산 후추와 소두구小豆蔻, 동아시아산 향신료 같은 세계 각지의 물산이 모여 있었다. 가축, 말, 노예, 귀금속, 석재, 장신구, 융단, 목공품, 철물류, 생선, 빵, 푸딩, 치즈, 사탕과자, 비누, 세제, 약초, 향신료 그리고 손님들이 원하는 거의 모든 것을 지정된 공간에서 판매하는 전용 거리와 시장이 있었다. 가령, 신선도를 유지하려고 눈으로 뒤덮어 포장한 수박이 부하라Bukhara(우즈베키스탄의 고대 도시_옮긴이)에서 급행으로 운반되었다.

《천일야화Arabian Nights》의 〈짐꾼과 세 자매The porter and the Three Ladies of Baghdad〉편에서, 짐꾼은 바그다드의 시장을 돌아다니며 흥청망청 물건을 사는 한 여인을 따라다닌다. 맨 처음에는 아주 맛 좋은 포도주 한 병을 산다. 다음에는 과일가게에 들어가 "시리아의 사과, 오스만의 모과, 오만의 복숭아, 나일 강에서 자란 오이, 이집트의 라임, 술탄국의 오렌지와 시트론 그리고 알레포의 재스민, 향기로운 도금양 열매, 다마스쿠스의 수련, 쥐똥나무꽃과 국화꽃, 새빨간 아네모네, 제비꽃, 석류꽃, 장미, 수선화"를 산다. 그런 다음 푸줏간에 들러 양고기를 산다. 이번에는 말린 과실, 피스타치오 열매, 티하마Tihamah의 건포도, 껍질 벗긴 아몬드를 사려고 식료품 가게에 들어간다. 그리고 나서 제과점으로 향해 "속이 보이는 과일 파이, 사향 냄새가 나는 과일튀김, '비누 과자', 레몬 빵, 절인 멜론, '자이납Zaynab의 빗', '여인의 손가락', '법관의 한 입 과자 몇 조각'과 갖가지 사탕"을 산다. 그때쯤 짐꾼은 피곤해지지만, 여인은 장보기를 끝낼 기색을 보이지 않는다. 향수 가게에서 "10가지 화장수, 사향 냄새가 나는 장미수, 등화수, 수련 화장수, 버드나무꽃 화장수, 제비꽃 화장수 그리고 나머지 5가지 화장수, 설탕 두 덩어리, 향수 뿌릴 때 쓰는 병 하나, 남자용 향료 한 개, 침향, 용연향, 사향, 알렉산드리아 밀랍으로 만든 초"를 장바구니에 담는다. 마지막으로 채소 가게에 들러 "크림치즈와 시리아의 단단한 치즈 그리고 사철쑥을 곁들여 소금물과 기름에 절인 버드나무 열매와 올리브 열매"를 산다. 이 꿈 같은 식도락적 난장판은 짐꾼이 여인의 호화로운 집으로 가면서 음탕한 성적 난장판으로 바뀐다.

9세기의 칼리프 알 마문al-Ma'mum은 평범한 노동자로 변장한 채 바그다드의 유명한 길거리 음식을 맛보려고 궁전을 몰래 빠져나오곤 했다. 휘하의 조신朝臣들은 어쩔 줄 몰라 했다. 그가 즐겨 찾은 곳은, 꿀, 장미수, 설탕, 말린 과실, 향신료, 사프란 등으로 맛을 낸 달콤한 빵푸딩이 담긴 냄비 위쪽에 설치된 진흙 화덕인 탄누르tannur로 굽는 닭고기나 오리고기, 양고기 요리인 주드하바judhaba를 파는 시장의 요리점이었다. 천천히 익어가는 고기의 기름기와 육즙은 아래쪽의 달콤한 빵에 떨어지면서 정말 맛있고 달콤하며 짭짤한 요리가 탄생했다. 그 요리는 바그다드 주민들뿐 아니라 이따금 암행하는 칼리프도 유혹하는 시장과 길가의 포장 판매 음식이었다.[9]

알 마문의 조카이자 아바스 왕조의 10대 칼리프인 알 무타와킬al-Mutawakkil이 어느 날 배를 타고 가는데 한 선원이 만들고 있던 시크바자sikbaja가 익어가는 냄새가 났다. 시크바자가 너무 먹고 싶어진 알 무타와킬은 당장 갖고 오라고 명령했다. 바그다드의 별미인 시크바자는 육고기나 생선을 재료로 식초, 꿀, 말린 과실, 향신료 등을 넣고 끓인 뒤 양념한 소시지를 곁들이는 달콤새콤한 국이었다. 그것은 가장 미천한 사람들과 가장 부유한 사람들 모두에게 사랑받은 음식이었다. 알 무타와킬은 그 이름 모를 선원이 끓여준 시크바자를 먹은 뒤 냄비에 돈을 잔뜩 넣어 돌려줬고, 평생 먹어본 시크바자 중 가장 맛있었다고 말했다.[10]

사치스러운 식도락을 즐기는 칼리프들뿐 아니라 갑부들이건 가장 가난한 자들이건 간에 바그다드 사람들은 희귀하고 값비싼 재료를 썼고, 음식을 무척 진지하게 여겼다. 바그다드는 칼리프나 자기가 좋아하는 음식의 요리 과정을 친히 살펴보는 곳, 시인들이 요리법에 애가哀歌를 바치는 곳, 요리사들이 유명인으로 떠오르는 곳이었다. 바그다드 길거리에서는 즙이 많고 양념이 된 양고기 요리인 샤와르마 shawarma(회전 케밥의 조상격)나 견과와 약초를 썰어 넣은 9세기식 닭고기 부리토 바즈마와르bazmaward를 우적우적 베어먹을 수 있었다. 그리고 잘게 썰어 끓인 가지에 호두 가루와 아몬드 가루, 바싹 졸인 양파, 신선한 약초, 식초, 계피, 회향茴香 씨앗 등을 섞은 바드힌잔 마흐시 badhinjan mahshi도 인기 있는 길거리 음식이었다.

도시적 사교성을 창출하는 길거리 음식

알 마문이 말했듯이, 길거리 음식은 도시 사람들이 즐길 수 있는 최고의 음식 가운데 하나일 것이다. 서기 2세기의 로마나 19세기의 뉴욕 같은 거대도시에서는 넓은 공간을 차지하는 화로가 딸린 가정용 주방을 갖추기가 쉽지 않았다. 그래서 길거리 음식이 필요해졌고, 맛있는 음식을 먹는 기쁨을 중시하는 모든 도시에서는 길거리 음식이 중요해졌다. 게다가 길거리 음식과 포장 판매 음식은 거대도시들의 경제에서, 특히 이주자들과 소외집단에 속한 사람들의 생명줄인 비공식 경제에서 중요한 역할을 담당했다. 음식 판매는 음식 말고는 팔 만한 것이 별로 없는 다수의 이민자들이 도시로 진입하는 수단이었다. 현재, 멕시코시티와 뭄바이에는 각각 약 25만 명의 노점상이 있고, 그들은 전체 노동인구 중에서 꽤 많은 비중을 차지한다. 19세기 중반, 런던에는 이곳저곳 돌아다니며 음식을 파는 행상인들 10만 명이 있었고, 그중에 500여 명은 완두 수프와 장어 스튜만, 또 300여 명은 생선 튀김만 전문적으로 팔았다.[11]

주변으로 넓게 퍼져 있는 현대 도시 라고스는 교통체증을 배경으로 설치된 거대한 시장이자 노천 주방처럼 보인다. 라고스에서 제일 흔한 광경 중 하나는 상인들이 부드러운 아게게Agege 빵을 파는 모습이다. 아게게 빵은 라고스의 아게게라는 구역에 있는 수백 개의 소규모 빵집에서 만들어져 수천 명의 행상인들을 거쳐 아침 통근자들에게 팔린다. 행상인들은 버터와 마요네즈를 듬뿍 발라 피라미드 모양으로 쌓은 뒤 셀로판지를 덮어놓은 아게게 빵을 머리에 인 채 도시를 돌아다니며 특유의 목소리로 "아게게 빵 사세요!"라고 외친다. 그들은 종종 에와 아요긴ewa ayogin으로 불리는, 끓인 콩국을 파는 사람과 함께 다닌다. 아게게 빵을 파는 것보다 더 흔히 눈에 띄는 장면은 길가에서 삼각대를 세워놓고 옥수수 속대를 굽는 모습이다. 옥수수를 구워 파는 사람들이 밝힌 바에 따르면 석쇠, 삼각대, 숯, 냄비, 옥수수 따위를 마련하는 데 필요한 창업 비용은 30달러 미만이다. 옥수수에 코코넛, 배, 곡식 낟알 따위를 지나가는 자동차 운전자들에게 끼워팔아 하루 4달러쯤 벌 수 있다고 하며 이는 평균 일당보다 조금 많은 편이다. 옥수수는 라고스 시민들의 주식이다. 어느 행상인은 이렇게 말한다. "일 때문에 도로에 나왔어요. 일 덕분에 밥 먹고 살고, 집세를 내면서 아버지 없는 자식들 학비를 댈 수 있었죠. 나이지리아 사람들은 옥수수를 안 먹고는 못 살아요. 덕분에 앞으로도 쭉 돈을 벌 수 있겠죠."[12]

길거리 음식은 모든 사람이 이리저리 움직이는 크고 혼잡한 도시에서 통하는 품목이다. 개발도상국 사람들은 거리에서 식사를 해결하는 경우가 많다. 비공식 지하 경제와 거기 참가하는 대규모의 인력이 없으면 많은 사람들이 끼니를 해결하기 힘들 것이다. 유연성과 기동성을 갖춘 길거리 상인들은 공식 경제가 감당하지 못하는 부분에서 새로운 시장을 개척할 수 있다. 대다수가 여성인 라고스의 행상인들에게 길거리 음식 장사는 경쟁자들이나 경찰 때문에 늘 위태로운 일이다. 오늘날의 라고스처럼 빅토리아 시대의 런던에서도 길거리 음식 행상인 대다수가 실업자들과 문맹자들, 사회적으로 버림받은 사람들, 일시적 빈민들과 이주자들이었다. 그들은 거리 질서를 깨트리고 위협하는 자들로, 거지나 매춘부, 사기꾼, 도둑이나 다름없는 자들로 치부되었다.

런던 시민들은 손수레를 끌거나 광주리를 든 채 거리를 가로지르는 길거리 음식 행상인들(대다수가 여성이었다)이 파는 음식을 사 먹었다. 뜨거운 파이, 견과, 딸기, 체리, 생선, 굴, 케이크, 우유 같은 갖가지 음식을 살 수 있었다. 길가에서 소시지를 튀기는 사람들과 사과를 굽는 사람들이 구두닦이, 칼 가는 사람, 옷 수선하는 사람, 대중가요를 만들어 파는 사람, 헌 옷 파는 사람과 같은 거리의 다른 상인들과 경쟁했다.

개혁자 겸 작가이자 풍자 잡지 〈펀치Punch〉의 공동창간자인 헨리 메이휴Henry Mayhew는 1850년대의 가장 인기 높은 길거리 음식과 음료를 다음과 같이 열거했다. 생선튀김, 장어 스튜, 절인 고둥, 양 족발, 햄 샌드위치, 완두콩 수프, 푸른 완두콩 수프, 1페니짜리 파이, 건포도가 든 푸딩, 고기 푸딩, 구운 감자, 스파이스 케이크spice cake(향료를 넣어 만든 케이크_옮긴이), 머핀muffin(작고 둥근 빵_옮긴이), 크럼핏crumpet(밀가루와 이스트로 만드는 부드러운 빵_옮긴이), 첼시 번Chelsea bun(건포도가 들어간 롤빵의 일종_옮긴이), 사탕과자, 브랜디 맛 캔디, 차, 커피, 생강 맥주, 레모네이드, 뜨거운 포도주, 초유, 당나귀의 젖과 응유와 유장乳漿, 청량음료. 가난한 노동자들은 거리의 노점이나 수레에서 파는 커피와 따뜻한 음식으로 아침 식사를, "여러 종류의" 조개 요리로 점심 식사를 해결했다. 저녁에는 장어 수프, 완두콩 수프, 구운 감자, 케이크, 과일 파이, 빵과자, 견과, 오렌지 등을 먹었다. 늦은 밤에 극장에 가는 사람들과 그냥 놀러 나온 사람들, 파티를 즐기는 사람들은 커피, 샌드위치, 고기 푸딩, 돼지나 양의 족발 따위로 허기를 달랠 수 있었다.[13]

음식 행상인들로 가득한 도시에서 그들 특유의 서정적인 외침과 노래는 사람들의 집단 기억 속에 자리 잡았다. 그들의 외침은 음식 냄새와 뒤섞여 거리에 퍼지는 왁자지껄한 시의 일부분이었다. "잘 익은 체리, 잘 익었어, 잘 익었어!", "뜨거운 푸딩파이 사세요!", "브랜디맛 캔디! 브랜디맛 캔디가 왔어요! 4개에 1페니! 불처럼 매콤하고 뜨거운 생강 빵!" 같은 단조로운 가락의 외침이 연거푸 들려왔다.[14]

길거리 음식의 역사는 도시 자체의 역사다. 그것은 도시 성장의 동력인 이주자들의 역사다. 메이휴 시절의 런던 시민들은 로마 시대의 조상들처럼 길거리 행상인들이 파는 굴을 매년 수억 개씩 사 먹었다. 찰스 디킨스의 소설 《픽윅 보고서The Pckwick Papers》(1836년)에서 샘Sam은 "선생님, 가난과 굴이 언제나 함께하는 것은 크게 주목할 만한 상황입니다"라고 언급한다. 몇 세대에 걸쳐 런던 시민들의 배를 채워주던 굴 양식장이 300만 명의 인구를 거느린 거대도시의 수요를 따라가지 못하게 된 19세기 후반기까지는 그랬다. 따라서 굴은 귀한 음식이 되었고, 사람들은 가장 영국다운 길거리 음식인 피시 앤 칩스fish and chips(생선튀김과 감자튀김으로 구성된 영국 요리_옮긴이)로 눈길을 돌렸다. 생선을 기름에 푹 담가 튀기는 관습은 16세기에 스페인과 포르투갈에서 박해를 피해 영국으로 망명한 세파르디 유대인Shepardic Jewish(스페인, 포르투갈, 북아프리카계 유대인_옮긴이)을 통해 도입되고 대중화되었다. 그 관습이 감자튀김과 결합된 시기는 1860년대였다. 당시 조셉 말린Joseph Malin이라는 10대의 동유럽 출신 아슈케나지 유대인Ashkenazi Jews(독일, 폴란드, 러시아계 유대인_옮긴이)은 어느 날 생선튀김과 감자튀김을 결합하면 좋겠다는 생각이 스치자 가업인 양탄자 짜기를 포기한 뒤, 그는 목에 쟁반을 건 채 피시 앤 칩스를 거리에서 팔기 시작했고, 거리에서 성공을 거두자 이스트엔드East End에 상설 점포를 냈다.

1920년대에 이르러 피시 앤 칩스는 노동계급이 애용하는 포장판매 음식이 되었고, 영국에는 총 3만 5,000개의 피시 앤 칩스 가게가 있었다. 그런데 사람들의 입맛은 세월이 흐르면서 또 다양하게 바뀌었다. 20세기 후반기에는 닭 튀김이 영국의 여러 도심에서 흔히 볼 수 있는 음식으로 자리 잡았다. 그것은 아프리카인과 아프리카계 카리브인, 아시아인, 동유럽인 들의 입맛과 요리법이 반영된 현상이었다. 다만 여기에 밤늦게까지 술을 마시는 문화는 반영되지 않았다. 다양한 문화가 공존하는 도시들에서, 닭 튀김은 민족적·종교적·계급적 구분을 초월한다.

유대인 난민들에 의해 런던에 도입된 피시 앤 칩스는 훗날 런던으로 연이어 이주한 이탈리아인, 중국인, 키프로스인, 인도인, 폴란드인, 루마니아인 등이 만들어 팔았다. 한편, 뉴욕의 로어 이스트 사이드에서는 먹고살기에 급급한 이민자들이 최초로 손수레에서 여러 가지 즉석식품들을 만들어 의류 공장 노동자들에게 팔았다. 유대인들은 소금에 절인 쇠고기, 베이글, 크림치즈, 훈제연어, 팔라펠falafel(콩과 채소를 넣어 만든 빵_옮긴이), 피클, 소금에 절인 소의 어깨살 요리 따위를 팔았다. 독일과 오스트리아와 스위스에서 건너온 사람들은 햄버거와 핫도그, 프레첼pretzel(매듭처럼 꼬아 만든 독일식 빵_옮긴이)을 팔았다. 이탈리아 출신 이민자들은 피자와 아이스크림을, 그리스 출신 이민자들은 시시 케밥을 팔았다. 20세기 초반부터, 시 당국이 뉴욕 시내를 위생 처리하고 노점상이 즐비한 인도를 원상태로 복구하려고 하자 로어이스트사이드의 거리에서 손수레들이 사라졌다. 길거리 음식을 중심으로 형성되어 이민자 공동체를 결속시킨 야외에서의 사교 전통이 막을 내렸다. 이후 등장한 길거리 음식들에서 현대 도시들을 엄습한 사회적 변화가 생생히 드러난다. 유대인과 동유럽인 들이 끌고 다니던 손수레는 자취를 감추고, 중국 음식, 베트남 음식, 텍사스 주와 멕시코 국경 지대의 음식, 일본 음식, 한국 음식이, 최근에는 할랄 요리를 파는 아프가니스탄인과 이집트인, 방글라데시인 들이 그 빈자리를 메웠다.

도시의 심장부에 닿으려면 도시의 위장을 지나가야 한다. 그리고 음식은 사람들이 도시에서 생활하고 도시를 체험하는 방식에 따라 변화한다. 로스앤젤레스는 오랫동안 길거리 음식과 사랑을 나눴다. 그 시초는 19세기 말엽에 멕시코인들이 타말리tamale를 팔기 위해 끌고 다니던 손수레(타말레오tamalero)와 거리를 누빈 중국인 행상인들이었다. 아이스크림 판매용 화물차를 개조한 트럭인 론체로lonchero에서는 1960년대부터 타코, 토스타다, 부리토, 고르디타, 세비체, 토르타 같은 음식이 이스트사이드Eastside의 라틴계 주민들에게 팔렸다. 1980년대부터 라틴계 공동체의 규모가 커지고 여기저기 생기자 로스앤젤레스의 요리 문화가 바뀌었다. 론체로의 인기는 이민자 구역에서 대학교 교정으로, 그리고 밤 문화의 명소로, 마침내 로스앤젤레스 전역으로 퍼졌다.

소셜미디어의 출현과 2008년에 발발한 금융위기가 맞물리면서 로스앤젤레스에 푸드 트럭이 폭발적으로 늘어났다. 식당을 운영할 여유

1903년에 뉴욕 거리 헤스터 스트리트의 풍경을 담은 이 생생한 사진이 보여주듯이, 거리에서 음식을 사서 먹는 행위는 도시 사교성의 핵심이다.

환등 슬라이드, 1903년. (미국 국립문서기록관리청)

가 없는 형편의 요리사들이 생기고, 소비자들의 수입이 줄어들고, 모험적 미식 사업을 홍보할 수 있는 기술체계가 등장함에 따라 로스앤젤레스에서 세계 각국의 길거리 음식을 판매하는 푸드 트럭의 수는 3,000개를 넘어섰다. 이는 길거리 음식을 지저분하고, 권리 침해적이고, 비위생적인 것으로 치부하는 엄격한 법률과 당국의 반대에도 불구하고 일어난 혁명적 변화였다. 길거리 음식을 판매하는 라틴계 주민들이 늘어나고 다른 민족 출신의 사람들도 그런 추세에 합류하자 오랫동안 자동차가 지배했던 대도시에 이질적인 거리 생활의 보금자리가 생겨났다. 사람들은 식도락 블로그와 소셜미디어를 통해 널리 퍼진 미식 열풍에 이끌려 그때까지 가볼 생각조차 하지 않았던 곳으로 찾아갔다. 이처럼 음식이 풍기는 강력한 매력은, 주차장과 인도에서 먹고 마시고 음악을 즐기고 친목을 도모하는, 전혀 새로운 문화로 이어졌다.

빅토리아 시대의 행상인과 뉴욕의 손수레 행상인과 로스앤젤레스의 푸드 트럭 요리사 들처럼 라고스의 행상인들도 그 도시에서 사업가적 기질이 가장 뚜렷한 부류에 속한다. 시장, 저렴한 카페, 즉석식품 판매용 손수레, 론체로 등은 도시 공동체와 도시 경제의 고동치는 심장이다. 21세기의 도시는 음식의 질과 다양성에 의해 평가된다. 도시를 찾는 관광객들은 그곳의 박물관과 풍경만큼이나 시장, 식당과 길거리 음식에도 이끌린다. 흔히 우리는 도시 곳곳의 음식을 맛보며 이국적인 음식점과 시장의 분포 형태를 바탕으로 도시의 지리적 특성을 파악한다.

《아라비안 나이트》에 나오는 짐꾼 이야기에서 짐작할 수 있듯이, 관광객들의 식사는 이쪽 전문 시장에서 저쪽 전문 시장으로 옮겨 다니며 도시 이곳저곳을 돌아다니는 일정과 연계된다. 역사적으로 흔히 그랬듯이, 대다수의 도시들은 이런저런 상점에 할애된 실내외의 공간이 연이어 펼쳐진 거대한 시장 혹은 야외 주방과 다름없었다. 도시가 잠들어 있는 한밤중 내내 움직이는 도쿄의 츠키지築地 수산 시장, 파리의 레 알Les Halles, 런던의 코번트 가든 같은 대형 도매 식품시장들에는 밤새도록 영업하는 술집, 카페, 길거리 음식점, 식당 등의 지원 생태계가 형성되었다. 야간에 음식을 판매하는 관행은 도시의 밤 문화로 이어졌다. 옛날부터 도시의 시장에서는 대부분 길거리 음식으로 끼니를 해결했다. 도시의 생명력과 활기는, 사람들이 배를 채우고 미각 세포를 자극하는 활동의 일환으로 생겨났다. 뭄바이나 라고스 시민들에게, 사교성과 예의, 흥겨움은 거의 모든 거리에서 밤낮으로 주식과 고급 요리 둘 다 제공하는 쉼 없는 활동과 밀접한 관련이 있다. 길거리 시장과 행상인이 사라진 도시는 도시적 사교성을 창출하는 데 가장 중요한 요소들 중 하나를 잃어버린 것과 같다.

오늘날의 라고스를 소재로 쓴 2015년작 소설《도둑을 위한 365일 Every Day Is for the Thief》을 통해 저자 테주 콜Teju Cole은 라고스의 시장이 도시 생활에서 차지하는 중심성을 이렇게 조명한다. "우리는 세상사에 참여하려고 시장에 간다. 모든 세상사가 그렇듯이, 시장에 갈 때는 주의가 필요하다. 도시의 본질인 시장은 늘 가능성과 위험으로 살아 움직인다. 세상의 무한한 다양성 속에서 서로 낯선 사람들끼리 만난다. 조심성이 필요하다. 다들 물건을 사거나 팔려고 시장에 있는 것이 아니라 의무적으로 그렇게 하는 것이다. 자기 집에 머무르면, 시장에 가지 않으면, 어떻게 타인들의 실존에 대해 알 수 있겠는가? 또 어떻게 자신의 실존에 대해 알 수 있겠는가?"[15]

이슬람판 르네상스의 중심, 바그다드

바그다드 사람들은 그저 맛있는 요리만 먹고 싶어하지는 않았다. 그들은 맛있는 요리법도 읽고 싶어했다. 문방구 시장인 수크 알 와라킨Sūq al-Warrakin에는 책방이 100개 넘게 있었다. 그곳에 있는 많은 책들이 음식 문화 전반에 관한 책들이었다. 요리법을 둘러싼 뜨거운 관심은 새롭고 혁신적인 기술체계, 즉 제지술을 중시하는 분위기로 이어졌다.

알 만수르가 바그다드를 창건할 무렵, 바그다드에서는 중국으로부터 도입된 제지술 덕분에 유례없는 규모로 문서 자료들이 널리 유통되고 있었다. 바그다드 최초의 제지소는 아바스 왕조 치하에서 최고의 재력과 권력을 누린 중앙아시아 출신의 씨족인 바르마키드 가문 Barmakids이 설립한 것이었다(유럽에서는 거의 500년 뒤인 13세기까지 종이를 만들지 못했다). 책이나 문서를 읽고 싶은 강렬한 욕구는 필경사 筆耕士라는 새로운 직업이 나타나 채워주었다.[16]

'세계의 교차로'로서 바그다드는 전 세계의 물산과 자원 그리고 지식을 빨아들였다. "교양 있는 사람들의 터전이자 학자들의 본산"인 그 도시에서, 고위 권력자나 칼리프의 후원을 이끌어내는 데 성공한 시인은 부유한 유명인사로 자리매김할 수 있었다. 벨리퉁 난파선에서 회수한 유물 가운데 수백 개는 잉크병이었다. 그것은 당시 읽고 쓸 줄 아는 능력이 크게 향상되었음을 엿볼 수 있는 뚜렷한 증거다.[17]

하지만 추진력은 최상층부에서 나왔다. 9세기 중반, 바그다드는 세계에서 가장 큰 지식의 보고였다. 바이트 알 히크마 Bait al-Hikma(지혜의 집)는 수많은 문서와 책을 간직한 대규모 왕립 기록보관소였다. 바그다드를 '세계의 교차로'로 여기는 시각은 무역 분야에만 국한된 것이 아니었다. 아바스 왕조의 수도라는 지리적 위치에는 중대한 의미가 담겨 있었다. 학자들이 서쪽에서만 오지는 않았다. 물론 서쪽에서 건너온 학자들은 아테네와 알렉산드리아, 로마가 남긴 가르침에 뿌리를 둔 막대한 양의 지식을 전해주었다. 하지만 동쪽의 페르시아, 인도, 중앙아시아, 중국 등지에서도 학자들이 찾아왔다. 제지술의 도입과 바그다드 사람들의 왕성한 잡식성 호기심에 힘입어, 지난 몇 세기에 걸쳐 쌓인 지식과 자칫 사라질 뻔한 지식의 상당 부분이 보존되고 확장되었다. 사방팔방으로 문호를 개방한 바그다드는 다채로운 요리법과 다양한 사람들이 모이는 곳일 뿐 아니라 각양각색의 관념이 통용되는 곳이었다.

서쪽과 동쪽에서 지식이 유입되어 서로 부딪히는 과정은, 무함마드 이븐 무사 알 콰리즈미Muhammad ibn Musa al-Khwarizmi(780년경~850년경)의 눈부신 업적을 통해 생생히 엿볼 수 있다. 알 콰리즈미는 원래 페르시아의 조로아스터교 신자였다. 그는 오늘날의 우즈베키스탄에 해당하는 호라산Khorasan 지역의 어느 오아시스 도시에서 태어났고, 당시의 수많은 지식인들처럼 지혜의 집에 매료되어 바그다드로 건너왔다. 바그다드에서 그는 수학, 기하학, 과학, 점성학 등의 분야에서 그리스와 바빌론, 페르시아와 인도, 중국의 학자들이 남긴 방대한 양의 지식, 바그다드 사람들이 집대성한 엄청난 양의 지식을 흡수했다.[18]

그의 저서 《이항과 동류항 삭제에 의한 계산 요약본The Compendious Book on Calculation by Completion and Balancing》은 혁명적인 결과물이었다. 본인의 대표작인 이 책에서 콰리즈미는 수학에 대한 이해의 폭을 크게 넓혔다. 그는 고대 그리스의 기하학, 중국의 수학, 인도의 수 이론을 바탕으로 근대 대수학의 토대를 닦았고, 1차 방정식과 2차 방정식의 해법을 제시했다. 산술에 관한 그의 두 번째 역작인 《인도 수학에 의한 덧셈과 뺄셈 방법The Book of Addition and Subtraction According to the Hindu Calculation》은 대단한 파장을 일으켰다. 그 책을 통해 인도의 수 체계가 아라비아 세계에 그리고 훗날 유럽에 소개되었다. 그의 라틴어식 이름인 알고리트미Algoritmi에는 그가 계산법 분야에 이바지한 공로가 담겨 있다. 오늘날, 알고리듬은 우리 생활을 지배하고 있다. 하지만 중세에 '알고리듬 전문가_Algorist'는 1부터 9까지와 0으로 숫자를 암호화하는 알 콰리즈미의 방식을 받아들인 사람을 가리키는 말이었다. 얼마 지나지 않아, 알고리듬 전문가들(즉, 알 콰리즈미의 추종자들)은 십진 분수를 쓰기 시작했다.

알 콰리즈미가 우즈베키스탄의 어느 오아시스 도시 출신이었다고 말하면 마치 그가 궁벽한 곳에서 갑자기 튀어나와 바그다드라는 큰 도시에서 이름을 떨쳤다는 것처럼 들린다. 하지만 사실은 다르다. 로마나 그리스, 아라비아의 도시들에 초점을 맞춘 현대의 역사학자들에 의해 너무나 오랫동안 배제되고 무시되었지만, 중앙아시아에는 가장 세련된 도시 문화 중 하나와 세계에서 가장 선진적인 도시들 몇 개가 있었다.[19]

중앙아시아에는 중국과의 활발한 교역을 통해 엄청나게 번창한 발흐_Balkh, 사마르칸트, 메르브_Merv 같은 상업 중심지가 있었다. 그 광활한 지역의 주요 도시들은 몇 세기에 걸쳐 왕래한 여행자들과 이주자들에 의해 만들어지고, 또 그 형태가 바뀌기를 되풀이했다. 그리스인과 유대인, 중국인, 그리고 인도인과 페르시아인, 튀르크인, 시리아인, 아라비아인 들은 중앙아시아의 여러 도시들에 각자 고유의 문화와 기법과 기술체계, 종교를 전파했다. 그 도시들은 스텝 지대의 유목 부족들에게도 매력적인 곳이었다. 유목민들은 꿀, 밀랍, 송골매, 짐승의 가죽이나 털 따위를 시장에 팔려고 갖고 왔다. 덕분에 중앙아시아의 도시들은 급속도로 발전했다. 10세기 말엽에 아라비아의 역사학자 알 마크디시_al-Muqaddasi는 메르브를 "즐겁고, 멋지고, 우아하고, 눈부시고, 드넓고, 유쾌한 도시"로 묘사했다. 실크로드의 여러 도시들처럼, 메르브에도 기념비적인 건축물과 첨단 기반시설이 있었다.[20]

옥수스 강 유역의 도시 발흐(오늘날의 아프가니스탄 북부 지방에 속해 있다) 출신으로 이슬람교에 귀의한 불교 신자들인 바르마키드 가문 사람들은, 칼리프 왕조 이후 바그다드에서 가장 부유하고 강력한 왕조를 이뤘다. 그들은 바그다드에 제지술을 도입했을 뿐 아니라 고향인 발흐의 지적 에너지와 개방적 태도도 전파했다. 지금은 폐허 더미에 불과하지만, 발흐는 당시 유서 깊은 대도시들 중 하나였고, 로마인들에게는 말로 표현하기 어려울 정도로 부유한 도시로, 아라비아인들에게는 비교할 수 없을 만큼 아름다운 도시로 통했다.[21]

중앙아시아의 그 다채롭고 국제적인 대도시들은, 숙련된 과학자와 천문학자, 의사, 수학자 들이 모여 있고 책에 대한 열정으로 가득한 지적 중심지로서 번영을 누렸다. 한편 바그다드는 세계적인 대도시로 발돋움하는 것이 목표였기 때문에 당연히 중앙아시아의 도시들에서 오랫동안 숙성된 지적 에너지를 이용했다. 알 콰리즈미는 중앙아시아의 대도시들에서 칼리프국의 수도에 매력을 느껴 찾아온 많은 사람들 중 한 명일 뿐이었다. 바르마키드 가문이 권좌에 오른 덕택에 중앙아시아의 지적 에너지는 바그다드의 괄목할 만한 성장을 뒷받침하는 기반이 되었다.

서력기원 이전과 직후의 몇 세기 동안, 알렉산드리아는 지식의 비약적 발전이 이뤄지는 배경이 되었다. 1660년대부터 왕립학회Royal Society of London for Improving Natural Knowledge가 창립된 뒤 과학적 흥분에 휩싸인 런던은 아이작 뉴턴, 로버트 보일, 존 로크, 크리스토퍼 렌Christopher Wren, 로버트 훅 등을 위시한 여러 선각자들이 서로 만나 교류하는 곳이 되었다. 연대기적으로 알렉산드리아와 런던에서 일어난 그 두 차례의 과학 혁명의 중간 시기에 놓인 바그다드는, 근대 이전에

타슈켄트. 실크로드는 상품뿐 아니라 지식을 전달하는 통로이기
도 했다. 서기 9세기에 바그다드는 세계 최대 규모를 자랑하는
지식의 보고였을지 모르지만, 바그다드에서 활동한 학자들 대
다수는 중앙아시아의 여러 거대 국제도시 출신들이었고, 바그
다드의 지적 에너지도 그 도시들에서 흘러들어온 것이었다.

티무르의 인생, 아미르 티무르 박물관,
타슈켄트, 패널 페인팅. (에디 제럴드Eddie
Gerald, 알라미 스톡 포토)

일어난 3대 과학 혁명의 진원지 가운데 하나로서 알렉산드리아나 런던과 어깨를 나란히 하는 도시다. 시기는 각각 다르지만, 그 3개의 도시에서 인간의 지식이 폭발적으로 증가한 까닭은 무엇일까? 물론 이 질문에는 쉽게 답할 수 없지만, 최소한 알렉산드리아와 바그다드, 런던이 일련의 동시발생적 요인을 공유했다고 말할 수 있다. 우선, 세 도시는 정치적 측면에서나 상업적 측면에서 강력한 힘을 갖고 있었다. 그리고 세 도시에는 과학 실험을 후원하는 데 돈을 아끼지 않은, 야심만만한 권력자들이 있었다. 아울러 활기차고 호기심이 많은 대중들도 있어서 탐구 문화가 조성되는 데 보탬이 되었다. 무엇보다 세 도시 모두 새로운 관념과 사람들에게 문호를 개방했다.

바그다드의 탁월한 재력 그리고 지식에 대한 열망에 이끌린 수많은 박식가博識家들이 바그다드에 모여 함께 일하고 생각하며 먹었다. 바그다드에서의 지적 생활은 지혜의 집과 천문대를 중심으로 돌아갔다. 무엇보다 바그다드의 학자들은 광학, 의학, 화학, 공학, 야금학, 물리학, 음악 이론, 건축학 등의 분야에서 획기적인 업적을 쌓았다. 위대한 박식가 아부 무사 자비르 이븐 하이얀Abu Musa Jabir ibn Hayyan(서양에는 라틴어식 이름인 게베르Geber로 알려져 있다)은 '화학의 아버지'이자 연구실 기반 실험의 선구자로 평가된다. 그는 과학사에서 로버트 보일이나 앙투안 라부아지에Antoine Lavoisier와 동렬에 놓여 있었다. 하지만 그의 업적은 종종 무시된다. 그는 신비로운 언어로, 이따금 암호로 글을 쓰는 연금술사였고, 그의 라틴어식 이름인 게베르Geber는 '알 수 없는 말'이라는 뜻의 영어 단어 'gibberish'의 어원이다.[22]

이슬람판 르네상스의 증표 중 하나는 방대한 양의 고대와 당대의 지식이 일상적 용도에 맞게 수집되고, 집대성되고, 간소화되는 방식이었다. 달리 말해 그 방대한 지식은 실용적 성격을 띤다고 할 수 있었다. 수학과 천문학, 지리학은 세계를 완벽히 파악할 수 있는 열쇠였다. 그 3가지 학문은 무엇보다 지도와 항해 보조장비를 제작하는 데 보탬이 되었기 때문이다. 지리학자 알마크디시는 《세계 지식을 위한 최고의 구획The Best Divisions for Knowledge of the World(985년)》을 쓰려고 자료를 조사하는 과정에서 페르시아 만과 홍해의 많은 항구들을 답사하고, 여러 명의 "선장, 화물 관리자, 연안 경비원, 대리상代理商, 상인"을 면담했다. 그는 "그들을 가장 식견 있는 사람들로 여겼다." 그들은 복잡한 도구를 다루고 수학적·천문학적 계산을 처리하는 전문직 종사자들이었다.[23]

역사에서 사라진 국제 도시, 팔렘방

페르시아 만과 중국의 주강珠江, Pearl River을 잇는 해상 실크로드는 몇 세기에 걸쳐 불교 포교자들과 상인들이 왕래한 여러 개의 항로로 이뤄져 있었다. 그 항로들은 무역의 길이었을 뿐 아니라 배움의 길이기도 했다. 신라의 불교 승려인 혜초는 불교 사원에서 공부하기 위해 고국을 떠나 당나라의 광저우로 향했다. 720년대에 광저우에서 다시 페르시아인 소유로 추정되는 배(선원들도 페르시아인들이었을 것으로 추정된다)를 탔고, 바닷길로 동남아시아의 여러 도시들을 거쳐 인도에 이르러 곳곳을 돌아다니다가 다시 육로를 이용해 당나라로 돌아왔다. 혜초 같은 승려들은 아시아의 도시망을 통해 지식을 전파하는 정보 교류의 한 축이었다. 막강한 신기술의 결과물인 종이를 통해 종교와

관념, 교역이 확산했다.[24]

중세의 큰 도시들 중 하나인 퀼론Quilon은 오늘날 거의 쓰이지 않는 명칭이다. 하지만 퀼론의 흥미진진한 이야기에는, 새로운 천년기를 맞아 이뤄진 도시의 급속한 성장 과정과 전성기 아시아 도시들의 낯설고 다양하며, 이국적인 세계의 모습이 생생히 담겨 있다. 퀼론(오늘날은 '콜람Kollam'으로 불린다)은 인도 남부 케랄라 주Kerala의 말라바르 해안 Malabar Coast에 있다. 이미 9세기 이전부터 퀼론은 항구로서 찬란하고 오랜 역사를 지니고 있었다. 9세기 초반, 타밀족의 왕 우다야 마르탄다 바르마Udaya Marthanda Varma는 시리아 출신의 기독교 수도승들인 마르 사보르Mar Sabor와 마르 프로트Mar Proth를 불러 퀼론을 재건하고 그곳의 무역을 관리하도록 명령했다.[25]

두 사람은 임무를 충실히 수행했다. 825년, 퀼론은 인도에서 가장 분주한 항구가 되었을 뿐 아니라 알렉산드리아, 카이로, 광저우 등과 어깨를 나란히 하는 중세 초기의 4대 화물 집산지 중 하나로 떠올랐다. 퀼론에는 인도에 체류하는 중국인 공동체가 있었다. 그리고 네스토리우스파 기독교인, 아라비아와 페르시아의 무슬림, 유대인, 자이나교도, 힌두교도, 불교도, 그리고 인도양 각지에서 건너온 여러 민족 출신의 사람들도 있었다. 페르시아의 상인 술라이만 알 타지르Sulaiman al-Tajir는 9세기의 퀼론을 중국의 대형 정크선들이 가득한 곳으로 묘사했다. 그가 볼 때 당시 중국인들은 퀼론을 광저우와 바그다드 간의 무역로에 위치한 환적 중심항으로 여겼다. 퀼론은 세계적 무역항이라는 역할 덕택에 부를 축적했다. 몇 세기 동안 퀼론은 인류에게 가장 사랑받은 상품 가운데 하나인 후추 무역의 중심지였다.[26]

음식, 그리고 음식을 둘러싼 우리의 변화무쌍한 취향은 세상을 바꾼다. 당나라의 승려 의정義淨, Yijing에 따르면 중국 음식은 오래전부터 밍밍하고 단조로웠다. 인도식 요리법과 인도산 식재료가 도입되면서 중국 요리는 혁신적으로 바뀌었고, 그 과정에서 무역이 활발해졌다. 1만 9,300킬로미터에 걸쳐 형성된 그 탄탄한 교역망은 퀼론 같은 세계적 대도시들의 생명수였다.[27]

몸바사Mombasa와 광저우 같은 계절풍 해역 곳곳의 도시들은 도시성과 국제성의 측면에서 무척 비슷했다. 퀼론은 유달리 국제성이 짙은 도시는 아니었다. 퀼론은 계절풍 해역의 평균적인 도시일 뿐이었다. 오늘날의 뭄바이에서 남쪽으로 60킬로미터 떨어진 곳에 있었던 도시 사이무르Saymur에는 본토박이들과 함께 오만, 시라프, 바스라, 바그다드 등지에서 건너온 1세대 이주자들 1만 명과 현지에서 태어난 그들의 자손들이 살고 있었다. 사이무르는 다양한 종교가 있고 다양한 언어가 쓰이는 구자라트 해안과 콘칸 해안의 여러 도시들 가운데 하나였다.

모가디슈는 막강한 부와 힘을 지닌 대규모 상업도시였고 직물, 유향, 금 수출품, 부유한 상인공동체 등으로 유명했다. 고고학적 유물을 통해 모가디슈의 폭넓은 교류 범위를 짐작할 수 있는데, 실제로 스리랑카와 베트남과 중국에서 만들어진 동전들이 모가디슈에서 발견되었다. 이후 세월이 흘러 모가디슈는 페르시아인들이 10세기에 오늘날의 탄자니아 해안 근처의 조그만 섬에 세운 도시국가인 킬와Kilwa에 밀려났다. 킬와의 주민들은 중개상이었다. 즉, 인도와 중국, 아라비아에서 상품을 수입해 본토의 시장에서 금, 상아, 코뿔소 뿔, 대형 고양잇과 동물의 가죽, 거북이 등 껍데기, 홍수림 재목, 철 따위를 대가로 판매하고, 그 아프리카산 상품을 다시 아시아 곳곳으로, 특히 중국으로 수출하는 상인이나 금융업자나 선적인船積人이었다. 해안 근처의 섬에 막강한 상업도시가 들어서자 본토에는 내륙의 상품을 가공하고 킬와에 식량을 공급하는 역할을 맡은 위성 도회지들이 생겼다.

계절풍 교역체계를 통해 형성된 부는 오늘날과 마찬가지로, 믈라카 해협과 순다 해협 쪽으로 집중되었다. 말레이 반도, 수마트라 섬, 자바 섬 등지에는 무역선을 통해 얻는 한 줌의 이익을 두고 다투는 여러 개의 독립적인 도시국가들이 있었다. 나중에는 카이로에 자리를 빼앗기기는 했지만, 그 도시국가들이 산재한 지역은 중세 세계에서 바그다드 다음으로 부유한 곳으로 꼽혔다. 여름에 계절풍이 불면 인도네시아의 향료제도(말루쿠Maluku 제도)에서 상인들이 정향, 육두구 씨앗, 육두구 가루 등을 갖고 그곳으로 건너왔다. 하지만 그들이 당장 거래할 상대가 없었다. 인도와 아라비아, 중국의 상인들은 겨울에 부는 계절풍을 통해 그곳에 도착했기 때문이다. 결과적으로, 향신료와 그 밖의 상품들은 다른 화물선에 실어 세계 시장으로 향하기 전의 일정 기간 창고에 보관해야 했다.

수백 년 동안 중요한 세계의 교차로를 지배한 세력은 사람들의 기억에서 거의 사라진 도시국가들의 연명체인 스리비자야Sri Vijaya였다. 스리비자야를 주도한 대도시는 수마트라 섬의 팔렘방이었다. 팔렘방은 8세기부터 수마트라 섬, 말레이 반도, 자바 섬 전역에, 그리고 버마와 태국의 일부분에 산재한 일군의 도시들을 장악하기 시작했다. 아라비아인들의 다우선, 인도인들의 배, 중국인들의 정크선이 불교를 신봉하는 그 풍요로운 화물 집산지로 몰려와 거래를 하고 선박을 수리했다. 팔렘방은 지구상의 양대 제국인 아바스 왕조의 칼리프 제국 그리고 중국 당 제국의 무역업자들이 서로 만나는 곳이었다.

몇 세기에 걸쳐 번영을 누리고 늘 분주한 국제적인 도시였던 팔렘 방은 역사에서 사라진 세계적인 대도시 중 하나로 꼽힌다. 애석하게 도, 그 도시의 흔적은 많이 남아 있지 않다. 스리비자야 제국은 13세 기에 지구상에서 사라졌고, 팔렘방의 항구는 철저히 약탈된 뒤 퇴적 물 밑에 묻혀버렸다. 전성기의 팔렘방은 막대한 부의 집산지 겸 국제 적 명성을 자랑하는 지적 중심지였다. 그러나 사실 우리는 서기 11세 기의 팔렘방보다 기원전 4천년기의 우루크에 대해 더 많이 알고 있 다. 실제로, 중세 인도양의 도시 세계는 대체로 팔렘방과 사정이 비슷 하다. 그 세계는 늘 변화하고, 자유롭게 떠돌며, 밖을 바라보는 문명, 자취를 거의 남기지 않는 문명이었다.

　　팔렘방 사람들은 전성기에도 주로 목조 수상가옥에서 살았을 것 으로 추정된다. 팔렘방은 자연조건이나 무역 양상의 변화에 따라 다 른 곳으로 떠나고 움직일 태세를 갖춘, 민첩한 도시 문명이었다. 비록 역사 속에 묻히고 말았지만, 아시아와 동아프리카에서 건너온 상인들 이 향신료, 직물, 자기磁器 같은 화물 주변에 서서 흥정하는 장면을 상 상상해볼 수는 있다. 이는 서로 연결된 계절풍 지대의 모든 도시들에 서 익숙한 광경이었다. 마치 시계 같은 계절풍이 불면 수많은 외국 상 인들이 그 지역의 항구로 찾아왔다. 그들은 몇 달 동안 머물며 사업을 하고 관계를 다지고 친교를 쌓고 의견을 나누다가 다시 계절풍이 불 면 고국으로 돌아갔다. 어떤 상인들은 몇 년 동안 외국 도시에 머물렀 고, 현지인과 결혼하는 상인들도 많았다.

　　어느 페르시아 상인은 팔렘방의 엄청난 인구와 "셀 수 없을 만 큼 많은 시장들"을 회상했다. 그는 어느 시장 한 군데서만 800여 명 의 환전상들이 있다고 전했다. 6세기의 타밀어 서사시인 《마니메칼라이Manimekalai》에는 오늘날의 첸나이Chennai 근처의 도시 칸치푸람 Kanchipuram이 나온다. 칸치푸람 시내의 넓은 길에는 사탕, 길거리 음식, 베틀후추잎, 방향제 따위를 파는 상인과 정육업자 들뿐 아니라 생선 장수, 도공, 금세공인, 놋쇠 장인, 목수, 석공, 칠장이, 가죽 장인, 재단사, 악사, 보석세공인, 고등 자르는 사람, 화환 만드는 사람 등 온갖 직업에 종사하는 사람들이 있었다. 그곳에서 조금 떨어진 곳에는 곡물상들의 거리, 음유시인과 연예인 들의 거리, "성적 기쁨을 주는 창녀들이 사는" 거리, 코끼리 조련사들의 거리와 말 조련사들의 거리, 상점 경비원들이 사는 거리가 있었다. 게다가 "금의 품질을 정하는 시금자試金者들의 아름다운 집들이 늘어선 거리", 여러 명의 보석판매상들이 사는 거리, 사제들이 사는 거리, 왕궁이 있는 중심가, 대신들과 주요 관리들이 사는 거리, 그리고 시의회와 광장 같은 공공구역도 있었다.[28]

팔렘방에는 대형 상점도 많았다. 팔렘방의 대형 상점들과 시장들이 자랑한 규모와 호사스러움은, 2003년에 자바 섬 근처의 바다에서 발견된 난파선(말레이시아적 특성과 인도네시아적 특성을 한꺼번에 지니고 있다)으로부터 회수된 10세기 말엽의 화물 50만 점, 중국의 거울과 화폐와 녹색 도자기들, 서아시아와 이집트에서 건너온 값비싼 향수병, 아프리카와 카슈미르의 수정, 아프가니스탄산 청금석, 스리랑카산 보석, 아라비아산 약물, 태국산 고급 도자기 등을 통해 짐작할 수 있다. 그 난파선에는 각종 식품과 향신료와 직물도 있었을 공산이 크다.[29]

벨리퉁 선박도 팔렘방 근처에서 가라앉았다. 아마 일부 화물을 교환하려고 팔렘방에 들르던 참이었을 것이다. 아니면 계약을 맺고 향신료를 선적한 뒤 떠나는 중이었을지도 모른다. 그 난파선에서는 스리비자야의 동전과 걸이식 저울도 나왔다. 그 다우선은 십중팔구 앙코르 왕조의 캄보디아, 버마, 자바 섬, 태국, 말라야, 베트남 등지의 신흥 항구도시들에서 교역에 나섰을 것이다.

벨리퉁 난파선에서 발견된 유물을 아시아 문명 박물관에 소장하기로 한 결정은 주목할 만하다. 싱가포르는 해협 주변에서 수천 년 동안 번창한 도시 문명의 현대판 창도자로 그리고 팔렘방 같은 강력한 도시국가들의 자연스러운 계승자로 자부한다. 싱가포르인들이 볼 때, 벨리퉁 난파선과 21세기에 발견된 다른 난파선들은 시대를 초월한 아시아의 도시적 전통을 품고 있는 유물이다. 싱가포르는 이전의 팔렘방처럼 주변 해협으로 집중되고 항만시설의 고도화를 추동하는 막대한 선박 운송량을 담당하고 있다. 팔렘방과 마찬가지로 싱가포르는 세계 각처에서 몰려든 대규모의 체류자들이 거래 자금을 조달하고, 연예업에 종사하고, 칵테일을 만들고, 고급 요리를 내놓는 도시다. 과거의 계절풍 지대 대도시들처럼 싱가포르에도 아주 가까이에서 공존하는 여러 종교가 있다. 도교 사원, 힌두교 사원, 자이나교 사원 근처에 모스크가 있다. 불교 사찰과 유대교 사원도 가까이에 있다. 조로아스터교 신자들과 시크교도들과 무신론자들도 있고, 대부분의 기독교 종파도 활동하고 있다.

특히, 싱가포르는 고유의 역사적 유산에 깊은 동질감을 느낀다. 그리고 독특한 형태의 도시주의, 즉 서양과 영국의 식민주의보다 고대의 범아시아적 도시 건설 개념에 더 치우친 도시주의의 지표로 자처한다. 지금까지 싱가포르는 1819년부터 영국이 개발하기 시작해 만들어진 도시로 치부되었다. 그런데 벨리퉁 선박이 발견되자 상황이 바뀌었고, 싱가포르는 9세기부터 16세기까지 번영한 도시국가들의 역사적 권위를 주장할 수 있었다.

그런 도시적 전통 덕분에 지금 싱가포르가 품고 있는 도시적 야심이, 그리고 싱가포르가 도시의 미래 관리 측면에서 주장하는 도덕적 주도권이 한층 더 중요해진다. 스마트 도시 기술체계와 녹색 정책을 선도하고, 멋진 건축물과 청결함, 안전성과 삶의 질을 자랑스럽게 홍보함으로써 싱가포르는 아시아적 대안을 제시한다. 의도적으로 아시아 문명 박물관에 전시된 벨리퉁 난파선과 그것이 상징하는 세계에는 아시아의 도시들이 세계를 주름잡고 유럽이 소박한 변두리에 머물던 시절이 부각되어 있다.

중세의 육로와 해로에 관한 풍부한 역사는 중국의 실크로드 재생 계획, 일대일로一帶一路 구상을 정당화하는 데 이용되기도 한다. 오늘날 중국과 서유럽을 연결하는 원양 항로와 장거리 고속열차는 과거의 사례들과 마찬가지로 도시화의 막강한 힘이 분출된 결과물이다. 란저우, 우루무치, 휘얼궈쓰 같은 내륙 깊숙한 곳의 도시들이 지금 21세기의 두바이로 선전되면서 중요한 무역 도시로 탈바꿈하고 있다. 해로에서도 파키스탄의 과다르, 스리랑카의 함반토타, 미얀마의 차욱퓨, 탄자니아의 바가모요 같은 곳들이 중국인들에 의해 마천루가 즐비한 항구도시를 목표로 개발되고 있다.

그 도시들이 선배 격인 옛 도시들의 세계주의와 지적 활력과 흥분을 그대로 재현할 것인지의 여부는 아직 단정하기 이르다. 그래도 고속철도, 항만시설, 발전소, 수송관, 교량, 공항 등에 투입되는 수조 달러의 자금은 세계의 경제적 무게중심을 다시 아시아로, 즉 콜럼버스의 신대륙 발견 이전의 아시아로 옮겨놓으려는 노력의 일환으로 도시 건설을 촉진하고 있다.

몽골군의 출현과 바그다드의 몰락

13세기 초엽, 칭기즈칸은 무력과 협상을 통해 여러 부족들을 정복하며 몽골 평원에서의 권력을 확고히 다졌다. 공성용攻城(성이나 요새를 공격함_옮긴이) 장비가 부족한 몽골 군대는 소스라칠 만한 공포와 흉악함을 무기로 도시를 차지했다. 1213년, 몽골족은 금나라의 수도인 중도中都(오늘날의 베이징)를 포위했다. 그러나 중도는 난공불락의 도시로 보였다. 1년 뒤, 금나라 황제는 수도인 중도를 버리고 떠났고, 남은 백성들은 굶주림에 시달렸다. 그해 6월, 마침내 성문이 열렸다. 철옹성 같았던 그 넓은 도시 안으로 몽골족이 쏟아져 들어왔다. 수천 명이 떼죽음을 당했다. 이후 몇 달 동안 중도의 여러 곳이 불길에 휩싸였다. 칭기즈칸은 중국 북부 지방 대부분을 차지했다. 살아남을 도시는 없어 보였다. 몽골족이 무자비한 포위전 요령을 익혔기 때문이다. 설상가상으로, 그 유목민들은 중국의 도시들에서 정말 중요한 것 즉, 고도의 공성 기술도 배웠다.

몽골군은 중도에서 6,400킬로미터 떨어진 중앙아시아의 도시 지대로 쳐들어갔다. 가장 먼저 함락된 주요 도시는 30만 명의 인구를 자랑하는 세계 최대 도시 중 하나이자 부의 집산지 겸 학문의 중심지인 부하라였다. 부하라의 외곽은 거의 불탔다. 도시 내부의 성채는 최신 공성기의 공격을 받고 함락되었다. 생존자들 중에서 청년들은 군대에 끌려갔고, 여자들과 어린이들은 노예로 팔렸으며 장인들은 저 멀리 몽골 땅으로 끌려갔다. 몽골족은 사마르칸트에 쳐들어갔고, 사마르칸트는 부하라와 똑같은 최후를 맞이했다. 니샤푸르는 대형 석궁 3,000개와 투석기 3,000개와 화염방사기 700개의 공격을 받았다. 몽골군은 니샤푸르 주민들을 학살한 뒤 도시 전체를 부수고 갈아엎어 버렸다. 1220년에는 지식의 본산이자 바르마키드 가문의 고향인 발흐가 초토화되었다.

모스크바는 1238년에, 키예프는 1240년에 파괴되었다. 10만 명 이상의 인구를 자랑한 키예프는 세계 최대의 도시 중 하나였고, 실크로드와 스텝 지대 스칸디나비아 반도를 잇는 교역로의 핵심 교차점이었다. 몽골족은 루블린, 크라쿠프Krakow, 부다, 페스트 등지를 약탈하고 발칸 반도의 도회지들을 파괴하면서 유럽 내부로 진격했다. 1258년, 몽골군은 바그다드에 들이닥쳤고, '비둘기 무리를 습격하는 굶주린 송골매처럼, 또는 양떼를 습격하는 사나운 늑대처럼' 거리를 누비며 바그다드 주민들을 닥치는 대로 죽였다. 아바스 왕조의 칼리프는 융단에 돌돌 말린 채 말발굽에 짓밟혀 죽었다. 학문과 사치로 명성을 떨친 고상한 도시가 폐허로 변했다.

13세기에 몇몇 세계적 도시들, 팔렘방, 메르브, 키예프, 바그다드, 콘스탄티노폴리스가 파괴되자 유구한 세계 무역의 양상이 뒤흔들렸다. 그러나 그 거대한 붕괴 현상은 새로운 도시들과 도시 문화가 출현하는 계기가 되었다. 13세기는 도시화 역사에서 중추적인 역할을 맡게 되었다.

6장

전쟁으로 일군 자유

뤼벡

1226~1491년

1942년 3월 28일과 29일 사이의 차갑고 맑은 밤, 보름달 빛이 트라베 강과 바케니츠 강의 강물에 비치고 있었다. 그 은빛 윤곽선은 영국 공군 폭격기 234대에 탑승한 항법사들이 확실하게 표적에 다가가는 데 도움이 되었다. 영국 공군이 한밤중에 투하한 2만 5,000발의 소이탄은 항구도시 뤼벡의 중세풍 심장부를 도려냈다.

뤼벡은 제2차 세계대전 당시 영국의 소이탄 폭격 작전에 희생된 첫 번째 독일 도시로, 전략적 가치가 거의 없고 방어 수단이 부실해 비교적 파괴하기 쉬운 표적이었다. 나치는 이른바 '베데커 전격전 Baedeker Blitz', 즉 군사적 가치가 아니라 역사적 가치를 기준으로 고른 영국 도시들 이를테면 엑스터, 바스, 요크, 캔터베리, 노리치, 입스위치, 콜체스터 등에 대한 공습으로 앙갚음했다. 1942년 5월, 쾰른은 최초로 폭격기 1,000대의 공습을 당한 도시가 되었다. 그 북유럽 중세풍 도시의 유산은 화염에 휩싸여 타들어갔다.[1]

히틀러가 1942년 3월 29일 아침에 눈물을 흘리지는 않았을 것 같

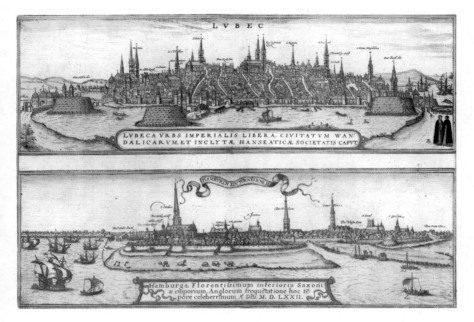

뤼벡(위쪽)의 급성장은 하늘로 솟은 뾰족탑에 의해 생생히 드러났다. 함부르크(아래쪽)와 더불어 뤼벡은 중세 북유럽 유수의 무역 대도시 중 하나였다. 뤼벡과 함부르크 같은 촘촘한 도시들은 군사기술의 최첨단을 달리고 있었다.

뤼벡과 함부르크, 1588년, 프란츠 호겐베르크Franz Hogenberg와 게오르크 브라운Georg Braun 공저의 《세계의 도시들Civitates Orbis Terrarum》에서 발췌. 뉘른베르크, 1572~1616년. (에이케이지 이미지)

다. 10년 전인 1932년, 대통령 선거 도중 뤼벡의 의회는 나치 연설자들의 정치 활동을 금지했다. 독일의 여러 도시 중 뤼벡만 그런 조치를 내렸다. 어쩔 수 없이 시 외곽의 마을 바트 슈바르타우Bad Schwartau에서 가두 연설에 나선 히틀러는 절대로 뤼벡이라는 명칭을 쓰지 않았다. 그는 뤼벡을 "바트 슈바르타우 가까이에 있는 소도시"로 지칭했다.

히틀러는 그 치욕을 묵과하지도 망각하지도 않았다. 권력을 잡은 뒤, 그는 711년 동안 전쟁과 침략, 정치적 격변에도 살아남은 "바트 슈바르타우 가까이에 있는 소도시"의 독립적 지위를 박탈하고, 그곳의 지도자들을 처형해버렸다.

제2차 세계대전 이후에 심장부가 복구된 뤼벡은 오늘날 북유럽에서 제일 아름다운 도시 중 하나로 꼽힌다. 뤼벡의 미로 같은 중세풍 거리 여기저기에는 우아한 고딕 양식의 건물들이 서 있다. 관광객들은 뤼벡의 유명한 포도주 가게, 해산물 식당, 제과점 등에 몰려든다. 제과점들은 마지팬marzipan(아몬드와 꿀과 계란을 섞어 만든 과자_옮긴이)을 전문적으로 취급하는데, 뤼벡 사람들은 뤼벡이 마지팬의 원조 도시라고 주장한다.

포도주, 청어, 마지팬 이 3가지는 겉보기와 달리 뤼벡이 한때 유럽에서 가장 부유한 대도시 가운데 하나로 떠올랐던 비결과 유럽이 12세기부터 시작된 폭발적 도시화에 힘입어 후진성에서 벗어난 원인을 이해하는 데 보탬이 된다.

자유 도시의 모범 사례, 뤼벡

뤼벡은 효율적이고, 번창하고, 무장을 갖춘 소규모 자치적 독립체인 '자유 도시'의 가장 훌륭한 모범사례다. 자유 도시는 유럽이 세계의 지배적 위치에 오르는 데 필요한 토대가 되었다. 유럽의 많은 도시들처럼, 뤼벡도 전쟁을 통해 단련되었고 구체적 형태를 갖췄다.

뤼벡은 원래 리우비체Liubice 즉, '사랑스럽다'라는 뜻으로 불렸다. 서西슬라브인들의 요새형 촌락인 리우비체가 자리 잡고 있던 곳은, 여러 이교도 부족들과 기독교 부족들이 싸움을 벌이는 변경지대였다. 오늘날의 뤼벡은 1143년에 홀슈타인 백작인 아돌프 2세가 슬라브인들을 몰아내고 독일인과 덴마크인 들을 이주시키기 위한 군사작전의 일환으로 리우비체에서 4킬로미터 떨어진 곳인 방어에 용이한 강 가운데의 섬에 성채를 지으면서 탄생했다. 슬라브인들의 땅에는 풍부한 자원이 있었고, 과거 몇 세기 동안 바이킹들이 확립한 중요한 교역로가 펼쳐져 있었다. 따라서 약탈지가 절실한 플랑드르인과 프리슬란트인, 네덜란드인 들뿐 아니라 인구가 급속히 늘어나는 독일의 여러 왕국들도 슬라브인들의 땅에 군침을 흘렸다. 뤼벡이 건설된 지 4년 뒤에 슬라브인의 땅을 빼앗기 위한 군사작전은 공식적인 십자군 운동으로 탈바꿈했다. 이제 그 신생 도회지는 전쟁의 최전선에 서게 되었다. 교황 에우제니오 3세가 내린 칙서에 따라 십자군들에게는 면죄부가 부여되었다. 아울러 그들에게는 이교도들을 복속시키거나 개종시키려면 자비를 베풀지 말고 싸워야 한다는 명령이 떨어졌다.

뤼벡은 나무와 흙으로 지은 하나의 성채였다. 여러 채의 오두막이 모여 있었을 것으로 짐작되는 '읍'은 1157년에 일어난 화재로 불에 타 없어졌다. 2년 뒤에 작센과 바이에른의 공작인 하인리히 사자공이 뤼벡을 재건했고, 뤼벡에 유라 키비타티스 호네스티시마ıura civitatis honestissima, 즉 '가장 영예로운 시민권 헌장'을 하사했다. 슬라브인들에 맞선 십자군 운동을 주도한 하인리히 사자공은 열렬한 건설자이기도 했다. 그는 뤼벡뿐 아니라 뮌헨과 아우크스부르크와 브라운슈바이크를 포함한 여러 도시들도 새로 만들거나 발전시켰다. 그가 다양한 십자군 운동을 펼치는 동안, '기독교에 관한 얘기는 전혀 없었고 오로지 돈 얘기만 있었다'고 한다. 도시가 새로 생기면 하인리히 사자공을 비롯한 봉건 군주들은 그들이 탐내던 것, 즉 신속한 금전적 보상을 받을 수 있었다.[2]

성전聖戰과 도시 건설은 동시에 진행되었다. 서쪽에서 건너온 이주자들은 새로 건설된 도시들을 이후의 정복과 개종, 식민지 개척 활동을 펼치기 위한 교두보로 삼았다. 그러자 하인리히 사자공은 뤼벡으로 건너오는 개척자들에게 폭넓은 자치권을 부여했다. '가장 영예로운 시민권 헌장'을 부여받은 도시의 지도자들은 독자적 입법권과 자치권을 확보했다. 하인리히는 덴마크, 스웨덴, 노르웨이, 고틀란드, 러시아 등지로 사절단을 파견해 상인들에게 통행세 없이 뤼벡에 올 수 있는 권리를 부여했다. 독일의 어느 연대기 작가는 다음과 같이 기록했다. "이후 내내 그 도회지에서는 이런저런 활동이 꾸준히 늘어났고, 주민들의 수가 꽤 많아졌다."[3]

뤼벡은 초창기에 변경의 도회지로서 정복 활동을 지원하며 번창했다. 뤼벡은 몰려드는 십자군들에게 무기와 식량과 교통수단을 제공했다. 뤼벡은 드랑 나흐 오스텐Drang nach Osten, 즉 동쪽으로의 전진에 동참하는 전사와 상인, 이주자 들의 출발점이었다. 튜턴 기사단과 검의 형제기사단Livonian Brethren of the Sword이 슬라브인들과 발트 해 민족들을 상대로 수십, 수백 년 동안 자행한 살육과 인종청소로 인해 오늘날의 독일에서 폴란드와 리투아니아와 라트비아와 에스토니아에 이르는 광활한 지역 곳곳에 독일인들의 강력한 도시들이 잇달아 생겨났다.

12세기에 시작되어 13세기에 활발해진 성전과 도시의 급성장은 서로 밀접한 관계가 있는 2가지 현상이었다. 13세기 후반기에 중앙유럽에는 10년마다 약 300개의 새로운 도회지들이 생기고 있었다. 토지를 향한 갈망, 무자비한 속도, 정력적인 도시 건설 등의 측면에서 볼 때, 당시 유럽의 새로운 땅에 정착한 사람들은 19세기에 미국 서부로

쇄도한 개척자들과 비슷했다.[4]

그 같은 사태는 사회적 대격변을 일으킨 십자군 운동으로 촉발된 것이었다. 저기 지중해 동쪽 이슬람 세력의 수중에 있는 성지를 탈환할 목적으로 11세기 말엽에 시작된 군사작전에 따라 노르망디, 프랑스, 플랑드르, 독일, 잉글랜드 등지의 호전적인 서유럽인들이 군도群島처럼 펼쳐진 이슬람의 여러 도시들을 체험하고, 그 도시들의 세련미와 지적 풍성함 그리고 현지의 시장들에서 막대한 부를 목격하게 되었다.

제노바, 베네치아, 피사 같은 이탈리아 공화국들의 운명은 십자군 운동에 좌우되었다. 십자군 운동 기간에 그 공화국들은 화물 선적을 맡고 해군력을 제공하며 부를 축적했다. 그 항구도시들은 훈훈한 신심信心을 느꼈을 뿐 아니라 동지중해와의 직접 교역이라는 귀중한 상업적 특권도 얻었다. 십자군이 안티오키아(1098년), 에데사(1099년), 야파(1099년), 예루살렘(1099년), 아크레(1104년), 트리폴리(1109년), 티레(1099년) 등을 차례로 정복한 덕택에 이탈리아 상인들은 홍해 깊숙이까지, 그리고 방대하고 원숙한 계절풍 지대의 교역체계까지 손을 뻗은 무슬림이나 유대인 중개상들과 직접 거래할 거점을 확보하게 되었다. 사치품인 향신료와 직물이 다시 이탈리아의 도시국가들로, 또 거기서 유럽 구석구석으로, 독일의 여러 시장으로, 저지대 국가들과 잉글랜드로 수입되기 시작했다.

이탈리아 도시국가들은 무역을 독점하기 위해 서로 싸우는 격렬하고 폭력적인 경쟁 관계에 얽매여 있었다. 가령 1099년에 베네치아인들은 로도스 섬 앞바다에서 벌어진 전투에서 피사의 함선 28척을 침몰시켰다. 피사는 1130년대에 경쟁 도시인 아말피를 두 차례 약탈했다. 하지만 그 욕심 많은 이탈리아 도시들은 지중해를 지배하는 제국과 기독교 세계에서 가장 큰 도시의 그늘 밑에 있었다. 독점권을 획득하는 데 급급하고 서로를 시샘한 피사인과 제노바인, 베네치아인들은 콘스탄티노폴리스의 거리에서 싸움을 벌이기도 했다.

그 위대한 대도시와 공격적인 이탈리아인들 간의 관계가 위태로워졌다. 1170년대에 비잔티움 제국과 베네치아의 사이가 나빠졌고, 비잔티움에 체류하던 베네치아 상인들이 투옥되었다. 이후 20년 동안 베네치아와 비잔티움 제국 간의 무역이 중단되었다. 얼마 지나지 않아 보복의 기회가 찾아왔다. 1203년, 제4차 십자군에 가담한 베네치아인들이 성지로 향하던 길에 기독교 군대의 진로를 바꾸는 데 성공했고, 왕실의 분쟁을 조정한다는 명분을 내세워 콘스탄티노폴리스를 포위하도록 유도했다.

거칠고 막돼먹은 십자군들은 "세상에 그토록 엄청난 도시가 있을 수 있는지 믿기 힘들었기 때문에 오랫동안 콘스탄티노폴리스를 쳐다봤다." 당시, 서유럽에는 인구 2만 명 이상의 도시가 없었다. 인구 1만 명 넘는 정착지도 드물었다. 콘스탄티노폴리스에는 약 50만 명이 살았다. 십자군들은 눈이 휘둥그레진 채 그 도시의 경관, 거대한 성벽과 망루, 커다란 성당, 궁전, 대리석 거리, 오래된 기둥, 성_聖소피아 성당의 기묘한 반구형 지붕을 바라봤다.[5]

콘스탄티노폴리스가 약탈을 당할 때 현장에 있었던 프리기아 출신의 역사학자 니케타스 코니아테스Niketas Choniates는 "오 도시여, 도시여, 모든 도시들의 눈이고, 모두의 자랑거리, 이 세상 밖의 놀라움이자 모든 선한 것이 머무는 곳이여! 오 도시여, 그대는 하느님이 주신 그 진노의 잔을 마셨는가?"라며 울부짖었다. 콘스탄티노폴리스의 몇

몇 위대한 보물은 신흥 도시들을 장식하기 위해 이탈리아로 운반되었다. 더 많은 보물들이 흥분한 군사들에 의해 불타고 부서졌다. 수녀를 비롯한 여자들은 겁탈을 당했고, 아이들은 길거리에 버려진 채 죽어 갔다. 약탈과 학살, 강간이 자행되었고, 콘스탄티노폴리스의 주민 40만 명 중 3분의 1이 집을 잃었다. 또 인구가 급속히 줄어들었고, 감소한 인구는 결코 회복되지 못했다. 베네치아는 숨을 거둔 비잔티움 제국의 사체에서 전략적으로 중요한 영토 즉, 바다를 지배하는 데 필요한 섬들과 근거지들을 뜯어냈다.[6]

비록 세계 경제에서 차지하는 비중은 상대적으로 작았지만, 아시아산 사치품은 유럽을 강타했다. 대륙 간의 교역이 재개되자 인구가 적고 개발 수준이 낮은 그 변방에서 오랫동안 잠들어 있던 도시화의 물결이 다시 이탈리아에 밀려왔다. 향신료와 직물 같은 사치품이 수입되지 않았다면 베네치아와 제노바 같은 도시들은 조그만 어촌으로 남았을 것이다. 13세기에 그 도시들은 나름의 위엄을 갖췄다. 제노바의 인구는 6만 명으로 늘어났다. 피렌체의 인구는 13세기 중엽에 3만 명이었지만, 14세기 초엽 들어 12만 명으로 증가했다. 1300년에 이르러, 베네치아의 이용 가능한 모든 땅에 건물이 들어섰고, 작은 섬들 사이에 다리가 놓였다. 14세기에 베네치아의 인구는 10만 명에 도달했다.

산마르코 대성당St Mark's Basilica의 정면 외벽은 콘스탄티노폴리스에서 약탈한 기둥, 주두, 소벽小璧 등으로 장식되었다. 비잔티움 양식의 영향이 베네치아로 파고들었다. 그러나 베네치아의 도시 디자인과 건축은 이슬람 도시들에서 차용한 것이었다. 안뜰, 굽이치는 모양의 계단, 지하 저수조, 마쉬라비야mashrabiyyah 양식의 창문 따위를 갖춘 새로운 대형 관공서 건물이나 저택, 궁전은 레반트 양식의 주택을 모방한 것이었다. 다만 건물의 외관 디자인은 모방하지 않았다. 거리의 폭이 좁은 베네치아의 모습은 이슬람식 시장인 수크와 비슷했다. 1340년에 지은 두칼레 궁전Doge's Palace은 카이로의 이븐 툴룬 모스크Ibn Tulun Mosque로부터 아주 많은 부분을 차용한 건물이었다. 국가 소유의 조선소 겸 무기고인 유명한 베네치아 병기창Venice Arsenal(이탈리아어로는 '아르세날레 디 베네치아Arsenale di Venezia'_옮긴이)은 '작업장'이라는 뜻의 아라비아어 '다르 알 시나dar al-sin'ah'에서 나온 명칭이다. 서유럽인들은 스페인의 안달루시아 지방에서 기독교 전사들이 무슬림들에 맞서 수행한 국토수복운동Reconquista 덕분에 다른 보물도 얻었다. 9세기에 바그다드에서 축적되고 이후 톨레도와 코르도바, 그라나다에서 보존된 귀한 지식이 제지술에 힘입어 유럽 전역으로 퍼져나갔다.

1252년, 제노바와 피렌체의 은행업자들은 금화를 주조하기 시작했다. 그때까지 유럽에서는 5세기 넘게 금화가 발행되지 않았다. 금, 신용 거래, 세계 무역 등은 유럽 경제의 재생과 도시의 부활을 예고하는 신호탄이었다.

뤼벡의 정신을 드러낸 건축물들

영어 단어 'bourgeois(부르주아)'는 '요새'를 의미하는 게르만어 단어 'burg'에서 나왔다. 10세기 잉글랜드의 알프레드 대왕은 바이킹의 습격에 대비해 '부르흐burh'라는 요새화된 정착지를 세웠다. 'burh'는 영국, 오스트레일리아, 미국 등지에서 자치행정구획을 가리키는 용어인 'borough'라는 영어 단어의 어원이다. 영국 제도의 수많은 지명 가운데 '-burgh', '-bury', '-borough', '-borough' 등으로 끝나는 지명들(이를테면 에든버러Edinburgh, 캔터베리Canterbury, 미들즈브러Middlesbrough)이 바로 그 흔적이다. 스트라스부르Strasbourg와 뤽상부르Luxembourg 같은 지명에 담긴 프랑스어 'bourg'를 비롯해 스칸디나비아어 'borg', 이탈리아어 'borgo', 이베리아어 'burgo' 등도 'burh에서 나온 단어들이다. 영어 단어 'ghetto'는 '작은 마을'을 뜻하는 이탈리아어 'borghetto'에서 유래했을 가능성이 있다. 유럽의 여러 지명들과 'bourgeois'라는 단어는 모두 방어 개념으로부터 비롯된 것이며, 방랑 민족들이 간헐적으로 시도한 습격과 정복 활동과 전쟁을 배경으로 유럽에서 시작된 도시화 현상을 상기시키는 흔적이기도 하다.

중세 유럽에서 어떤 사람이 '부르주아bourgeois'였다면 그것은 그 사람이 'borough', 'burgh', 'bourg', 'burg' 등으로 불린 자치 도시에 살고 있다는 의미였다. 그 사람은 도시 거주자로 규정되었다. 즉, 봉건 영주에 예속된 소작농과 반대로, 자치적 공동체의 주민으로 규정되었다. 중세 유럽의 도시와 농촌은 생활방식, 삶의 질, 직업, 기회, 개인적 자유 등의 측면에서 선명하게 구별되었다.

뤼벡은 새로운 형태의 도시화 모범 사례다. 중세 독일에는 '도시의 공기는 자유롭다Stadtluft macht frei'라는 격언이 있었다. 그 격언에는 특별한 법적 의미가 있었으니 도시에서 1년 하고도 1일을 머문 농노는 자동적으로 해방되었던 것이다. 하지만 그 말에는 더 폭넓은 의미가 담겨 있었다. 뤼벡은 자유제국도시Free Imperial City로 탈바꿈한 1226년부터 변경백邊境伯이나 백작, 세습 공작이나 주교 또는 왕의 지배에서 벗어나 번창했다. 이제 뤼벡은 저 먼 곳에 있는 신성로마 제국의 황제에게 명목상으로만 복종하면 되었다. 뤼벡의 헌법에 따르면 권력은 뤼벡의 여러 상인 동업조합에서 각각 임명한 12명의 라트세른Ratshern, 즉 의원들로 구성된 자치의회인 라트Rat가 행사했다. 성직자들과 기사들은 의원으로 활동할 수도, 뤼벡의 토지를 구입할 수도 없도록 법으로 규정되었다. 의회는 최대 4명인 뷔거마이스터Bürgermeister, 즉 시장들에게 행정권을 부여했다. 뤼벡의 시장들은 몇 세기 동안 유럽의 주요 정치인들과 어깨를 나란히 했고, 역사적으로 더 유명한 여러 왕들보다 더 큰 영향력을 행사했다.

도시의 이상은 벽돌로 구현되었다. 새로운 독립적 지위에 오른 뤼벡의 시민들은 시장과 점포 근처에 있는 상인들의 거주 구역 정중앙에 자체적인 교구 성당인 성聖마리엔 성당Marienkirche을 세웠다. 그것은 평범한 교구 성당이 아니었다. 성마리엔 성당은 역사상 최대의 벽돌 성당이었다. 높이 솟은 벽돌고딕Brick Gothic 양식의 걸작인 성마리엔 성당의 기본 디자인은 프랑스와 플랑드르 지역의 건축양식을 바탕으로 발트 해의 건축양식을 가미한 것이었다. 정면 외벽의 쌍둥이 탑은 북유럽의 평지 위로 125미터나 치솟아 있다. 성마리엔 성당은 몇 세기 동안 세계에서 가장 높은 건축물 중 하나로 꼽혔다.

성마리엔 성당 때문에 근처에 자리한 뤼벡 주교좌 성당인 로마네스크 양식의 성당은 초라하고 왜소해 보였다. 성마리엔 성당은 뤼벡 시민들이 고딕 양식의 건물을 통해 주교에게 보내는 승리의 신호였다. 사실, 그들은 주교와 끊임없이 다투고 있었는데, 이제 뤼벡에서 권력의 축은 성마리엔 성당으로 옮겨갔다. 주교좌 성당은 뤼벡의 변두리에 있었고, 시민들이 다닌 성마리엔 성당은 도시 한가운데에 있었다. 성마리엔 성당은 상인 권력의 본산이자 공동체적 시민 생활의 중심지인, 시장의 북쪽 부분에 서 있는 또 하나의 과시적인 벽돌고딕 양식 건축물인 라트하우스Rathaus(공회당)와 연결되었다. 성마리엔 성당은 곡물 보관 같은 세속적·상업적 용도로도 쓰였고, 평일에는 금융 거래소 역할을 맡았다. 하늘을 찌르는 여러 개의 녹색 뾰족탑은, 기독교 세계의 주변부에서 이제 막 출현한 무명의 도시인 뤼벡이 새롭고 대담한 모든 것의 중심이라는 사실을 널리 알리고 있었다.

뤼벡은 유럽의 수많은 도시들처럼, 변경의 요새로 출발했다. 그리고 19세기의 미국 도시들처럼, 부와 명성을 노린 개척자와 이주자들에 의해 건설되었다. 13세기 초반에 뤼벡을 세운 의원들과 상인들은 프랑스, 플랑드르, 이탈리아 등지를 돌아다니며 거래하고 협상했던 사람들이었다. 그들은 도시계획과 도시 건축에 관한 최신의 견해를 뤼벡에 소개했다. 그들이 세운 라트하우스는 다른 지역의 공회당을 토대로 삼은 것이었지만, 그들이 세운 고딕 양식의 성당과 마찬가지로, 다른 곳의 공회당보다 더 크고 아름다웠다.

처음에는 벽돌고딕 양식으로 지어졌고 나중에는 르네상스 양식이 가미된, 둥근 뾰족탑 여러 개가 솟아 있는 으리으리한 건물인 라트하우스는 중세 공회당의 가장 훌륭한 사례 중 하나다. 라트하우스는 전사나 귀족, 왕이 아니라 뤼벡의 고위 인사, 상인, 동업조합을 기리는 건물이었고, 고위 인사들과 상인들의 조각상 그리고 가문의 표지인 가문家紋으로 장식되어 있었다. 옷감을 비롯한 상품들이 라트하우스에서 거래되었다. 법을 만들고 시정을 논하는 의회는 라트하우스의 아치형 회의장에서 열렸다. 법원은 상인과 금세공인 같은 장인들이 거래하는 탁 트인 회랑回廊 위쪽의 회의장 안에 있었다.

가장 눈에 띄는 시설은 옷감 같은 각종 상품을 보관하는 일련의 대규모 아치형 지하실이었다. 그중에서 제일 중요하고 오래된 지하 저장고는 시립 포도주 저장고인 라츠바인켈러Ratsweinkeller였다. 그곳에서는 바인마이스터Weinmeister, 즉 포도주 저장고 관리인으로 일하는 시의회 의원 2명의 감독하에, 뤼벡에서 거래되는 포도주에 대한 시음, 평가, 포상 등의 절차가 진행되었다. 그러나 무엇보다 라츠바인켈러는 공동체 차원의 축하 행사와 연회와 포도주 마시기 축제가 열리는 장소였다. 자기들끼리 혼인 관계를 맺고 친목을 도모하고 함께 사업을 하고 시정을 운영하는, 최상류층의 단체인 동업자협회Zirkelgesellschaft(일명 해외무역상단Brotherhood of Foreign Trade Merchants)가 그랬듯이 동업조합과 시정 기관과 선원협회도 라츠바인켈러에서 모임을 열었다.

1년에 네 번, 뤼벡의 시장이나 고관은 부르슈프라켄Burspraken이라는 의식을 치르기 위해 공회당의 의회 발코니로 걸어 나왔다. 'Burspraken'은 '시민의 발언'이라는 뜻의 라틴어 단어인 'civiloquium'에 해당하는 독일어 단어다. 그러나 'Burspraken'에는 더 깊은 의미가 있다. 중세 저지 독일어Middle Low German와 소작농 사회에서 기원한 이 단어는 가장 낮은 신분의 주민들과 나누는 대화, 그들이 알아들을 수 있는 언어로 이루어지는 대화를 의미한다. 부르슈프라켄 의식에서는 시장에 모여든 사람들을 향해 뤼벡의 성문법이 낭독되고, 최근의 조례, 금지령, 판결, 의회 결의안, 세금, 선적 및 무역에 관한 규제 같은 도시의 일상사에 관한 사안이 열거되었다. 부르슈프라켄은 참여민주주의가 아니었다. 오히려 그것은 도시 공동체인 부르주아를 단단히 결합하는 접착제였고, 해외무역에서 폐기물 처리법에 이르는 온갖 문제에 관한, 지속적으로 갱신되는 규정을 확인하는 기회였다.[7]

그런 결속 절차는 뤼벡 같은 도시들이 빛나는 성과를 올리기 위한 필수 과정이었다. 그 훌륭한 성과의 대표적 사례가 바로 1286년에 문을 열어 훗날 유럽에서 가장 오래되고 가장 의미심장한 복지기관 중 하나로 꼽힌 성령병원Holy Spirit Hospital이다. 성령병원은 뤼벡에서 가장 부유한 상인들이 시민들에게 선사한 선물이었다. 병원 건물 안에는 공동 설립자 중 한 사람인 베르트람 모르네베크Bertram Morneweg의 기념물이 있다. 상인이자 시의원으로 활동한 그는 원래 고아 출신이었다. 그는 뤼벡의 어느 시민에게 입양되었고, 큰 포부를 품은 채 넓은 세상에 뛰어들어 노브고로드Novgorod(러시아의 도시_옮긴이)에서 시작해 리가Riga(라트비아의 도시)를 거쳐 잉글랜드의 킹스린King's Lynn에 이르는 방대한 사업제국을 세웠다. 오랫동안 고향을 떠나 있었지만, 그는 뤼벡 시민으로서의 책무를 다했고, 대부호답게 성령병원을 뤼벡에 남겼다. 그의 아내 게르트루트Gertrud는 뤼벡 시 당국과 주민들에게 6.5퍼센트라는 낮은 이자율로 돈을 빌려줘 재산을 불렸다. 베르트람과 게르트루트의 아들 헤르만Hermann은, 여러 젊은 상인들과 마찬가지로, 해외의 무역 거점에서 활동하며 갖은 고생 끝에 국제무역의 비결을 터득했다. 헤르만은 킹스린에서 사업을 하다가 고국으로 돌아와 시의원으로, 또 시장으로 일했다. 국제사업가 겸 뤼벡의 고위 인사이자 외교관, 후원자로 활동한 모르네베크 가문 사람들은 여러 세대에 걸쳐 뤼벡의 명성을 드높이고 시의원으로 봉사했다.

뤼벡이 세계에서 가장 부유한 도시들 가운데 하나로 발돋움하는 데 공헌한 부와 시민 정신은 지금도 1276년의 대화재 이후 주민들이 만든, 계단식 박공이 달린 A자 모양의 가파른 지붕과 예쁘게 장식된 창문이 돋보이는, 우아한 다층 연립주택에서 확인할 수 있다. 그리고 뤼벡의 위풍당당하고 화려하게 장식된 소금 창고인 잘츠슈파이허

Salzspeicher에서도 확인할 수 있다. 그 건축양식은 아름답다. 하지만 이는 북유럽풍의 아름다움이다. 표면적 수수함은 기저에 깔린 권력과 부를 숨기고 있다. 박공이 예쁜 뤼벡의 주택들은 주거지이자 사무실 그리고 창고였다. 먼 훗날, 여러 측면에서 뤼벡의 후계 도시인 암스테르담은 뤼벡과 거의 동일한 건축양식을 채택했다. 위풍당당한 상업용 연립주택 뒤에는 좁은 통로를 거쳐 접근할 수 있는 안뜰과 골목이 있었고, 거기 서 있는 작은 공동주택에 고용인들이 거주했다.

뤼벡과 흡사한 형태의 게르만계 도시들이 슬라브인의 정착지나 십자군 요새가 있는 지역에 연이어 들어섰고, 그 도시들에 라인란트와 베스트팔렌Westphalia과 작센 출신의 개척자들이 정착했다. 리가(1201년), 로스토크Rostock(1218년), 단치히Danzig(1224년), 비스마르(1229년), 슈트랄준트Stralsund(1234년), 에블링Ebling(1237년), 슈테틴Stettin(1243년), 그라이프스발트Greifswald(1250년), 쾨니히스베르크(1255년) 등을 포함한 100여 개의 도회지와 도시 들이 뤼벡의 법을 채택했고, 모도시인 뤼벡의 독특한 외형이자 뱃사람들이 방향 표지물로 삼은, 하늘 높이 솟은 녹색 뾰족탑과 벽돌고딕 양식의 건물을 모방했다. 모母도시 뤼벡처럼 크게 지어진 도시들은 이전의 그 어떤 도시들보다 크게, 혹은 마천루의 시대가 도래할 때까지 가장 큰 규모로 건설되어 새로운 힘을 과시하며 국제무대에 등장했다. 슈트랄준트에 들어선 성마리엔 성당의 뾰족탑은 높이가 151미터로, 기자Giza의 대大피라미드보다 높았다. 당시 세계에서 가장 높은 인공 구조물이었던 링컨 대성당Lincoln Cathedral보다 몇 미터 낮았을 뿐이다.

한자 동맹과 무역의 발달

풍경이 서로 비슷하고, 우아한 고딕 양식의 건물이 즐비하고, 예쁘게 꾸민 박공과 거대한 뾰족탑이 솟아 있는 이들 도시는 장거리 여행자들에게 용기와 기력을 불어넣었을 것이다. 공통 언어였던 중세 저지 독일어뿐 아니라 같은 법률과 건축물, 상업적 가치관에 기반한 도시 문명이 북쪽의 교역로에서 출현했다.

독일 상인들은 동업조합을 결성했고, 동업조합을 통해 상대적으로 발전이 더디고 위험한 동東발트 해를 개척해 공해상에서의 상호 방어체제를 구축하기 위한 활동에 나섰다. 적대적인 지역에서, 그들은 하나로 뭉쳐 배타적인 게르만계 공동체를 형성했다. 성벽과 무기로 방어하는 그 공동체를 가리키는 독일어 단어는 'Hanse'다. 'Hanse'는 원래 무장 호송대를 뜻하는 용어였다. 그 어떤 국가도 원거리 교역의 안전을 보장해주지 못하는 세계에서 무역과 무력은 동반하기 마련이었다. 한자동맹Hansa의 상인들은 북유럽 전역으로 진출했고, 혈연적 유대를 통해 단합했다. 그리고 위험을 분담하고 보상을 공유함으로써 원거리 교역의 비용을 절감했다.

인도양과 지중해에서는 부피는 작아도 수익성은 무척 높은 사치품인 향신료와 비단이 운반되었다. 뤼벡을 비롯한 무역 도시국가들은 다른 종류의 상품을 물색하고 있었다. 러시아에서는 성당에서 쓰이는 양초를 만드는 데 필요한 엄청난 양의 밀랍과 모피가 생산되었다. 한자동맹 상인들은 '코그cog'로 불린 유럽에서 제일 큰 화물선으로 크고, 싸고, 갑옷식 판붙임으로 만든, 장거리 항해에 적합한 선박을 이용했다. 코그선은 동발트 해산 밀랍, 목재, 송진, 아마포, 밀, 호밀, 그리고 스칸디나비아 반도와 서유럽에서 생산된 양모, 옷감, 포도주, 소금, 버터, 향신료, 구리, 철 같은 화물을 대량으로 운반했다. 그 화물들은 일상생활에 꼭 필요한 제품들이었다. 한자동맹의 화물선들은 십자군과 식민지 개척자들뿐 아니라 그들이 동방에서 싸울 때 필요한 군수물자와 군량도 운반했다.

그렇게 발트 해를 급속도로 장악하고 개척하는 과정에서 뤼벡이 주역으로 떠올랐다. 발트 해 연안에 건설된 그 첫 번째 독일 도시는 내부의 역량과 법적 권리에 힘입어 이후의 신흥 도시들을 상대로 패권을 행사할 수 있었다. 새로운 도시가 뤼벡의 경쟁자로 떠오르면 그 도시는 곧 제압되었다. 실제로 야심만만했던 도시 슈트랄준트는 1249년에 뤼벡의 공격으로 잿더미로 변했다. 한자동맹이라는 체계를 선도적으로 구축한 것은 개별 상인들이었다. 그러자 그들의 고향 도시들이 재빨리 호응했다. 뤼벡은 1241년에 함부르크와 협력관계를 맺었고, 두 도시는 무역과 군사 활동 같은 문제를 서로 조율했다.

뤼벡은 발트 해의 무역을 통제했고, 해외와 독일 내륙 사이에서 상품의 유통을 중개했다. 함부르크는 북해(당시에는 독일해로 불렸다)에 곧장 닿을 수 있었다. 그 두 도시 모두 뤼네부르크의 소금 광산과 가까웠다. 바다와 소금을 활용할 수 있었던 함부르크와 뤼벡은 유럽의 상당수 지역에 도시화의 동력을 제공하면서 대도시로 발전했다.

도시는 1년 내내 먹을 수 있는 음식이 없으면 존속하지 못한다. 변변찮아 보이지만 단백질이 풍부한 생선인 청어를 절여 저장한 음식은 추운 북유럽 중세 도시들의 존속과 성장에 필요한 수단이었다. 뤼네부르크산 소금은 뤼벡으로 운반되었고, 거기서 다시 청어의 산란지인 스웨덴 남부의 스코네로 수출되었다. 1360년, 뤼벡 한 곳에만 청어잡이 배 250척이 그 은빛 별미를 자랑하는 생선을 잔뜩 싣고 들어왔다. 뤼벡에서 청어는 다시 북유럽의 도회지들로, 즉 저장식품에 의존하는 헨트Ghent, 이에페르Ypres, 아라스Arras, 브뤼허Bruges 같은 성장 일로의 직물 생산지들로 수출되었다.

노르웨이, 아이슬란드, 그린란드 등지의 연안 곳곳에서 잡힌 대구도 뤼벡으로 건너왔다. 절여 보관한 대구는 북유럽뿐 아니라 이베리아와 지중해 시장에서도 수요가 있었다. 중세의 뤼벡은 오늘날의 석유 부자인 아라비아의 수장국首長國과 같은 존재였다. 당시의 연료는 생선과 소금이었지만 말이다.

뤼벡 출신 무역업자들은 크고 부피가 큰 화물을 전문적으로 다뤘다. 그들은 도시 주민들을 부양하는 데 긴요한 생필품을 취급했다. 청어도 그중 하나였다. 오늘날까지 북동유럽의 주식으로 통하는 호밀빵은, 그 옛날 동발트 해 주변의 새로운 정복지에서 대량으로 수입된 호밀과 밀을 떠올리게 하는 음식이다. 요긴한 건축 자재인 목재도 그 정복지에서 수입된 것이었다. 북유럽의 별미인 맥주는 독일 선박들을 통해 점점 인구가 늘어나는 도시로 운반되었다. 라인란트산 포도주는 다양한 상품과 교환되었다. 잉글랜드산 양모와 러시아산 모피는 유럽의 여러 도회지와 도시의 주민들에게 따뜻함과 우아함을 선사했다. 이는 곧 생활 수준 향상 신호였다.

(뤼벡 시민들의 주장과 달리) 뤼벡이 꿀과 으깬 아몬드로 만드는 마지팬의 원조 도시가 아니라는 것은 정설에 가깝지만, 뤼벡은 여전히 최고의 평가를 받는 단과자糖菓로 유명한 도시다. 라트하우스 맞은편의 니더레게르 카페에서 마지팬을 오독오독 씹어 먹는 것은 음식을 매개로 하는 일종의 역사 수업이다. 마지팬은 중세 뤼벡이 누린 번영의 흔

적이다. 아몬드는 저 아득한 지중해에서 출발해 브뤼허를 거쳐 뤼벡으로 건너온 배로 운반되었다. 13세기 말엽부터 제노바와 베네치아, 피렌체의 갤리선, 그리고 카탈루냐와 바스크 지방, 포르투갈의 선박들이 후추, 생강, 육두구, 정향, 아몬드 따위를 싣고 브뤼허에 도착했다. 꿀은 핀란드 만에서 사방으로 퍼져나온 무역로를 통해 곳곳으로 운반되었다.

1356년, 독일의 몇몇 도시 대표자들이 뤼벡의 라트하우스에서 만났다. 그 모임은 유럽에서 가장 강력한 정치 세력 가운데 하나인 한자동맹의 출현과 그 동맹의 실질적 중심지인 뤼벡의 전성기를 알리는 사건이었다.

한자동맹의 기원은 1241년에 함부르크와 뤼벡이 맺은 협력관계로 거슬러 올라간다. 두 도시의 협력관계는 서로 뭉친 도시들이 가질 수 있는 힘을 보여줬다. 뤼벡 시의 의원인 헤르만 호이어Hermann Hoyer와 함부르크 시의 공증인은 1252년에 브뤼허에서 상업적 특권을 둘러싼 협상에 나섰다. 1266년, 잉글랜드의 헨리 3세는 자신의 영토 안에서 통행료 없이 교역할 수 있는 특허장을 뤼벡과 함부르크에 하사했다. 그런 특권을 누리는 도시들의 새로운 관계망에 참가하고 싶었던 비스마르, 로스토크, 쾰른, 브레멘, 슈테틴(오늘날의 폴란드 도시인 슈체친Szczecin), 리가, 레발Reval(오늘날의 에스토니아 수도인 탈린Tallinn) 슈트랄준트 같은 도시들은 얼마 지나지 않아 그 협력관계에 가담했다. 이후 한자동맹은 200여 개의 도회지와 도시와 도시국가로 구성된 관계망으로 거듭났다.

도시들의 집단적 힘은 1280년과 1284년에 각각 플랑드르와 노르웨이를 상대로 시도해 결국 무역 특권을 얻어내는 데 기여한 통상금지 조치를 통해 드러났다. 한자동맹 소속 도시들은 주요 경쟁 세력인 프리슬란트인과 플랑드르인, 잉글랜드인 들을 발트 해 밖으로 내몰았다. 한자동맹은 서로 마음이 맞는 도시들의 유연한 연합체였고, 1356년에 뤼벡에서 최초의 한자의회Hansetag가 열리기 전까지는 공식적인 정체성도 없었다.

무역로를 지속적으로 확보하기 위해서는 거의 상시적인 외교와 협상이 필요했다. 그것이 바람직한 방법이었다. 그런데 외교와 협상이 실패로 돌아갈 때는 힘이 필요했다. 20세기 후반기에 몇몇 서양 제국들이 물러나자 홍콩과 싱가포르와 마카오 같은 허약하지만 민첩한 몇몇 도시들은 금융과 화물 선적 부문의 강자로 떠올랐고, 몇십 년 동안 주변 지역의 훨씬 큰 국가들보다 뛰어난 성과를 보여줬다. 한자동맹은 국제무역을 장악한 데 힘입어 북유럽의 가장 부유한 일부 지역에서 시장을 개척하고 중요한 무역 특권을 확보할 수 있었다. 당시의 강력한 왕국들이 조그만 독일 도시들의 연합체에 무릎을 꿇었다.

한자동맹은 1360년대에 덴마크를 상대로 전쟁을 벌이는 동안 쾨벤하운Copenhagen(코펜하겐의 덴마크어식 표기_옮긴이)을 파괴했고, 청어 어획 독점권을 얻어냈다. 한자동맹은 발트 해와 북해와 영국해협 등지에서 활동하는 해적들에 맞서 군사 조직을 파견했고, 15세기에는 잉글랜드 왕국에 맞서 간헐적으로 해전을 벌였다.

1474년, 마침내 한자동맹은 위트레흐트Utrecht에서 잉글랜드를 협상 테이블에 앉히는 데 성공했다. 뤼벡 시장인 힌리히 카스토르프Hinrich Castorp는 뤼벡의 평의원인 요하네스 오스투젠Johannes Osthusen과 함부르크 시장인 힌리히 무르메스터Hinrich Murmester와 함께, 잉글랜드 대표들에게 협상 조건을 통보했다. 잉글랜드인들은 1만 파운드의 배

상금을 내야 했고, 발트 해에서 무역을 할 수 없게 되었으며, 한자동맹 상인들에게 각종 무역 특권과 여러 거점을 내줘야 했다. 한자동맹은 결코 만만한 상대가 아니었다.

이미 약 2세기 동안 경제적으로 한자동맹에 종속되었던 잉글랜드 인들에게 한자동맹은 증오의 대상이었다. 한자동맹의 힘은 15세기 후반기에 더 커지고 있었다. 한자동맹의 막강한 집단적 협상력에 따른 중요한 성과 중 하나는 해외의 도회지와 도시에 '계산대'라는 뜻의 콘토르kontor 즉, 사무실과 교역장을 설치할 수 있는 능력이었다. 얼핏 그리 대단해 보이지 않지만, 실제로 콘토르는 성벽으로 둘러싸인, 도시 안의 자치 도시였다. 콘토르에는 그곳만의 주민들과 성당, 회계 사무소, 화물 계량소와 항만시설과 직물 상가, 동업조합 집회소와 경비원, 포도주 저장실이 따로 있었다. 한자동맹의 콘토르에 거주하는 독일 상인들은 한자동맹이라는 든든한 버팀목 덕분에 신변을 보호받았고, 자유로운 시장 접근권과 유리한 관세, 세율 같은 형태의 특권도 누렸다.

한자동맹과의 전쟁에서 잉글랜드가 항복한 뒤, 런던의 콘토르는 오늘날의 캐넌스트리트 역Cannon Street Station 자리에 다시 들어섰다. 슈탈호프Stalhof, 또는 스틸야드Steelyard라는 이름으로 불린 콘토르는 유럽에서 제일 큰 무역 단지 중 하나였다. 런던의 심장부인 시티오브런던City of London에 자리 잡은, 성벽으로 둘러싸인 그 대규모 자유무역지대에서는 상품을 곧장 독일 선박에 실을 수 있었다. 스틸야드에서 활약한 한자동맹 상인들의 경이로운 부는 그들이 1530년대에 한스 홀바인Hans Holbein이라는 화가에게 의뢰한 일련의 초상화에서 선명하게 드러났다. 그들은 마치 군주처럼 보였다. 화려한 붉은색 공단貢緞으로 만든 옷을 입은 채 청동 시계, 베네치아산 유리 꽃병, 터키산 융단 같은 사치스러운 가공품들에 둘러싸인 근엄하고 위엄 있는 모습이었다.

런던과 북해의 항구들에서 한자동맹은 잉글랜드 국부의 주요 원천인 양모 무역을 통제했다. 뤼벡을 위시한 여러 가맹 도시들의 화물선들은 그 필수적인 상품을 플랑드르의 산업도시들에 수출했고, 그 산업도시들에서 양모는 옷감으로 바뀌었다. 런던교London Bridge 근처의 스틸야드, 그러니까 예술 수집품과 기중기가 있고, 부가 확연히 드러나고, 푸른색 둥근 지붕으로 덮인 높이 솟은 망루가 눈에 띄는 스틸야드는, 스칸디나비아, 프로이센, 러시아 등지와 독자적으로 직접 교역하고 싶은 마음이 간절했을 법한 잉글랜드 상인들에게 날마다 치욕을 선사하는 장소였다.

양모는 유럽에서 제일 귀중한 자원 가운데 하나였다. 노르웨이 해안의 베르겐에 자리 잡은 한자동맹의 콘토르 덕택에 뤼벡은 양모 무역만큼 중요한 대구 무역을 통제할 수 있었다. 한편, 노브고로드에 있는 콘토르는 러시아의 관문, 나아가 실크로드로 이어지는 관문 역할을 맡았다. 브뤼허에 설치된 콘토르는 아마 4대 콘토르 중에서 제일 중요했을 것이다. 브뤼허 덕택에 한자동맹 소속 무역업자들은 북유럽 최대의 도시 지역과 피륙 산업의 중심지에 진출할 수 있었다.

한자동맹은 유럽의 주요 향신료 및 직물 시장이자 지중해와 북유럽을 이어주는 도시인 브뤼허의 콘토르를 철통같이 지켰다. 그런데 브뤼허는 사치품 시장 이상의 가치가 있었다. 그 항구도시는 청어와 맥주, 호밀, 양모를 탐내는 플랑드르 지역의 산업도시들이 형성한 거대한 시장으로 이어지는 통로였다. 브뤼허는 새로운 형태의 무역을 시도할 수 있는 곳이었다. 그 북유럽의 선구적인 자본주의 도시는 알프스 산맥 이북 최초의 주요 금융시장이었다. 브뤼허는 외화 환전과 채무 거래에 대한 새로운 관념의 소유자들인 이탈리아 출신의 은행업자들이 왕성하게 활동하는 곳이었다.

12세기부터 유럽에 휘몰아친 변화는 도시 지역, 특히 정치적 자치를 누리고 무역과 전쟁을 통해 형성된 뤼벡처럼 성벽으로 둘러싸인 작은 도시들에서 시작되었다. 물질적 편의와 시민적 권리의 견지에서, 도시 거주자들은 전체 인구의 90퍼센트 이상을 차지하는 농촌의 소작농들이나 촌락과 읍락의 주민들보다 월등하게 앞서 있었다.

〈죽음의 무도〉에 담긴 뤼벡의 양면성

1942년에 뤼벡의 심장부를 도려낸 폭탄들은 중세 후기의 가장 위대한 예술품 중 하나인 30미터 길이의 그림 〈죽음의 무도The Dance of Death〉도 파괴했다. 베른트 노트케Bernt Notke의 1463년작인 그 벽화에는 뤼벡의 윤곽, 여기저기 솟은 뾰족탑, 박공 구조의 가옥, 뤼벡 주변을 감싼 성벽, 그리고 부의 보증수표인 상선의 모습이 정교하고 세밀하게 묘사되어 있다. 그림 맨 앞에 나오는, 밝게 웃으며 껑충껑충 뛰는 해골이 상징하는 죽음은 흥겹게 춤추는 온갖 사람들 즉, 교황, 황제, 추기경과 주교, 왕, 백작, 시장, 시의원, 고리대금업자, 상인, 의사, 성직자, 점원과 장인, 소작농, 수녀, 처녀, 어린이를 무덤으로 이끈다.

최후의 심판을 받으러 갈 때 그들은 모두 마지막 속죄의 기회를 달라고 간청한다. 뤼벡의 상인은 감언이설을 늘어놓는다. "대비하지 않을 마음은 추호도 없었습니다. 육지와 바다에서 바람과 비와 눈을 맞으며 (물건을 구하려고) 정말 고생 많이 했습니다. 그 먼 길을 편하게 다닌 적이 한 번도 없었습니다. (그러나) 아직 심판을 받을 때가 아닙니다. 스스로 심판하고 나면 기꺼이 따라가겠습니다." 그는 현실의 금전적 계산은 능숙하게 할지 몰라도 자기 영혼의 대변과 차변을 드러내는 데는 비교적 서툴다. 여기에는 아무리 대단하고 부유한 사람도 때가 되면 가장 가난하고 연약한 사람들과 똑같은 운명에 놓일 수밖에 없다는 교훈이 담겨 있다.

중앙아시아에서 발생한 흑사병이 실크로드를 따라 중국과 인도로 퍼졌다가 서쪽으로 방향을 틀었다. 흑사병은 카파Caffa(오늘날의 크림 반도에 위치한 페오도시야Feodosiya)에 상륙했고, 1347년에 카파에서 출발한 제노바인들의 갤리선에 올라탔다. 이후 흑사병의 진로는 유럽의 도시 간 무역망을 따라갔다. 흑사병은 제노바와 베네치아를 거쳐 마르세유에 이르렀고, 거기서 다시 이베리아 반도와 프랑스의 대서양 해안 도시들로, 또 거기서 칼레Calais로, 잉글랜드로 퍼졌다. 그리고 나서 배를 타고 한자동맹의 도시망을 통해 브뤼허와 뤼벡에 이르렀다. 그 다음에는 뤼벡에서 베르겐과 쾨벤하운으로, 또 발트 해를 따라 노브고로드까지 건너갔다. 이후 독일 내륙의 무역로를 따라 쾰른으로, 그리고 유럽 내부 깊숙이 확산됐다.

최악의 피해를 입은 곳은 사람들로 북적이고 한창 번창하고 있던 무역 도시들이었다. 피렌체의 인구는 12만 명에서 5만 명으로 급감했고, 베네치아의 인구는 60퍼센트나 줄었다. 파리의 10만 인구 가운데 절반이 흑사병으로 사망했다. 뤼벡의 인구도 반토막 났다. 유럽에서 총 2,500만 명이, 그러니까 전체 인구의 3분의 1이 사라졌다.

베른트 노트케가 그린 〈죽음의 무도〉에서 죽음은 인간의 어리석음을 비웃고 있다. 뤼벡 시민들은 성마리엔 성당에 전시된 그 그림을 보면서 함께 느끼는 바가 있었다. 소작농들을 학대한 게으른 귀족이나 부패한 시장은 아무리 재산이 많아도 구원을 받지 못할 것 같았다. 당시 사람들은 죽음과 질병, 재산과 함께 지냈다. 〈죽음의 무도〉는 불확실한 시대, 즉 빈발하는 전쟁과 치명적인 전염병의 시대에 필요한 예술이자 상인들을 위한 예술이었다. 삶은 위태로운 것이고, 큰 재산도 먼지처럼 사라질 수 있었다. 역사에 최초로 기록된 〈죽음의 무도〉는 1424년과 1425년 사이에 프랑스 파리에서 완성된 작품이다. 뤼벡이 있는 베른트 노트케의 1463년작은 가장 유명한 〈죽음의 무도〉 중 하나고, 그 외에 학생과 견습생, 날품팔이 장인 같은 등장인물들이 추가되어 수많은 활자본에서 모사되었다.

〈죽음의 무도〉에는 도시 생활의 취약성이 드러나 있다. 1800년까지 유럽의 기대수명은 농촌이 도시에 비해 50퍼센트 더 길었다. 그런데 중국에서는 도시에 거주하는 데 있어 그 같은 대가가 필요하지 않았다. 중국의 경우 오히려 도시 사람들이 농촌 사람들보다 평균적으로 더 오래 살았다. 유럽 도시들은 불결했기 때문에 사망사고 다발지역이었다. 반대로 중국 도시들은 청결함의 상징이었다. 유럽인들은 육류를 좋아했고, 돼지나 닭을 가까운 데서 키우며 살았지만, 아시아인들은 채식 위주로 식사했고, 도시 안에서 가축들을 많이 키우지 않았다. 유럽인들은 늘 전쟁에 시달렸기 때문에 도시는 요새화되었고, 따라서 물리적으로 성장이 억제되고 밀집도가 증가함에 따라 병원균 증식에 유리한 조건이 형성되었다. 전쟁으로 군대가 대륙 곳곳을 누비면서 병원균이 확산했다. 중국에서는 강력한 중앙 권력이 확립되어 분쟁이 줄어들었고, 덕분에 도시가 성벽 밖으로 팽창해 사람들과 시장이 더 넓은 지역으로 퍼져나갔다. 동아시아인들은 개인위생의 기준도 더 높았다. 오물이나 배설물은 근처의 전답에서 거름으로 쓰였다. 유럽의 도시 거주자들은 오물과 함께 살았다.

유럽을 덮친 흑사병은 도시 건설의 측면에서 충격적인 영향을 미쳤다. 도시 인구가 급격히 줄어들고 특히 장인들의 수가 급감하자 농촌의 봉건제로부터 벗어나기를 갈망하는 소작농들이 임금이 높은 직업을 구하고자 도시로 이주하기 시작했다. 인구가 감소했기 때문에 도시의 집세는 내려갔고, 임금은 올랐다. 뤼벡의 경우, 장인 계급의 상층부에 속하는 사람들 이를테면 양조업자, 정육업자, 호박琥珀세공인, 금속세공인, 장갑 제조인, 베 짜는 직공은 상인 중심의 최상류층과 거리가 멀었고, 권력 집단에 속하지 않았다. 그러나 그들은 재산이 많았다. 엘러트 슈탕에Elert Stange라는 무기 제조업자가 있었는데, 그는 장인들도 시의원이 될 수 있도록 일시적으로 허용된 어느 격변기에 시장으로 일한 적이 있었다. 그의 재산목록에는 대저택 1채, 창고 1채, 연립주택 5채, 공동주택 2채 등이 포함되었다. 슈탕에 같은 장인들은 흑사병이 휩쓸고 간 뒤 급증한 교역에 힘입어 재산을 불렸다.[8]

농촌의 인구가 감소하자 도시에는 청어와 대구, 호밀과 밀, 맥주와 포도주 같은 식량이 더 많이 필요해졌다. 15세기에 이르러, 매년 1,000척 이상의 곡물 운반선이 단치히에서 네덜란드의 도시들로 향했다. 흑사병에서 살아남은 도시 사람들과 그 후손들은 흑사병이 돌기 전의 도시 사람들보다 더 좋은 음식을 먹었고, 더 품위 있는 옷을 입었으며 더 튼튼한 집에서 윤택하게 살았다. 이로 인해 호화로운 건물과 사치스러운 예술품에 대한 수요가 높아졌다. 오늘날 우리가 알고 있는 베네치아와 뤼벡의 여러 화려한 건물들은 바로 그 호황기의 결과물이다. 상품을 대량으로 거래하는 주요 도시 중 하나였던 뤼벡은 맥주, 밀랍, 곡물, 청어, 대구, 모피 같은 상품의 높은 인기를 틈타이익을 챙기려고 애썼다.

〈죽음의 무도〉는 엄혹한 현실과 양면성이 담긴 작품이다. 〈죽음의 무도〉는 이렇게 말한다. "부자가 되려면 도시로 오라. 그러나 사람들로 북적이고 비위생적인 도시는 흥겨운 죽음의 장소다. 하지만 실망하지 말라. 춤출 수 있을 때 추라. 죽음이 그대와 함께 춤추고 있기 때문이다." 〈죽음의 무도〉는 유럽에서 비교적 새롭게 출현한 계층, 즉 지식을 갖추고 처세에 능한 관람객들을 위한 예술품이기도 했다. 그 큰 그림에는 도시를 둘러싼 생생한 체험이 반영되어 있었다. 실제로 뤼벡 시민들은 춤을 췄고 뤼벡은 사육제로 유명했다. 사육제가 열릴 때는 부유한 상인 가문의 탐욕을 풍자하는 공연과 성탄절 행사의 기획자들에 의해 사회적 서열이 전복되었다. 사육제는 여기저기서 연극이 상연되고 시가 낭송되는 기회였다. 다양한 취향을 만족시키는 공연이 벌어졌다. 도덕적 풍자든 음담패설이든 취향에 맞게 선택하면 되었다. 사육제는 야간에 진행되는 집단적인 춤과 폭음으로 마무리되었다. 시장과 시의원들은 횃불을 든 채 춤을 추는 시민들을 이끌며 거리를 행진했고, 거리에서는 사람들이 줄지어 서서 요란하게 북을 치고 있었다.

죽음은 언제든 찾아올 수 있다. 인간이 쌓은 모든 부는 덧없는 것이다. 살아 있을 때 춤을 추고 돈을 벌어라. 이 같은 삶의 불확실성이 도시 사람들의 머릿속에 파고들었다. 도시의 취약성은 아마 도시의 가장 강력한 결속력으로 작용했을 것이다. 어쨌거나, 뤼벡은 모험적 사업에 뛰어들었고 효율성 높은 독립체였기 때문에 생존할 수 있었다. 시립 건축물과 부르슈프라켄 의식과 사육제 등을 통해 표현된 시민 정신은 사람들이 공동체적 책무를 단단히 의식하도록 하는 데 기여했다. 뤼벡은 선적인, 구두 수선공, 청어 판매상, 포목상, 원거리 무역상, 제빵업자, 양조업자, 재단사, 금속세공인 같은 주요 숙련직업과 전문직업을 대표하는 동업조합들이 장악한 인구 2만 명의 작은 도시였다. 그곳에는 베르겐, 리가, 노브고로드, 스톡홀름 등지를 왕래하는 상인들의 동업자단체도 있었다. 각각의 집회소를 근거지로 삼은 동업조합과 동업자단체는 뤼벡의 경제적·사회적·정치적 삶을 지배했다.

베른트 노트케의 걸작 〈죽음의 무도〉에서 분명히 표현되었듯이, 권력자와 부자 들도 역병과 전염병을 피하지 못했다. 시의회는 결코 세습적 최상류층의 전유물이 아니었다. 시의회에는 의원들이 새로 유입되었다. 그들 중 상당수가 뤼벡 출신이 아니었다. 문서 기록에 의하면 1360년부터 1408년까지 시의회 구성원들의 대다수가 이전의 시의원들과 혈연관계에 있었던 적은 한 번도 없었다. 그들은 바로 1375년에 뤼벡을 방문한 신성로마 제국의 황제 카를 4세Charles IV가 '실력자'로 일컬은 사람들이었다.[9]

행운은 용감한 자들에게 미소를 지었다. 죽음은 깊숙이 뿌리박은 특권을 날려버렸다. 위험한 원거리 교역으로 부를 쌓은 진취적 상인들은 도시를 운영하고 한자동맹의 진로를 결정할 책임이 있는 시민, 즉 무역과 금융의 '실력자'가 될 수 있었다. 시의원으로 일하면 높은 사회적 지위가 보장되었고, 시의원 중에는 그때까지 뤼벡에서 권력을 잡아본 적 없는 가문 출신이 많았다. 러시아와 동발트 해에서의 위험천만한 무역을 통해 단련된 뤼벡의 많은 상인들은 북유럽의 권력정치판에서 외교관, 사절, 협상가 등으로 일하며 주도적인 활약상을 보였다. 뤼벡의 일부 상인들은 전쟁에서 한자동맹의 함대를 지휘하기도 했다. 언제나 사업이 우선이었다. 한자동맹 상인들은 신과 국가가 아니라 금과 이득을 위해 싸웠다. 한자동맹은 왕과 백작, 기사가 아니라 상인과 시의원, 시장이 이끌었다. 평온하고 수수하게 아름다운 겉모습이 무색하게 뤼벡은 노르웨이에 기근을 초래하고 플랑드르와 잉글랜드를 경제적으로 통제할 수 있었기 때문에 번영을 유지했다. 뤼벡의 장인들은 뤼벡을 비롯한 한자동맹의 가맹 도시들이 경제적 패권과 정치적 완력을, 때로는 무력을 바탕으로 모든 경쟁 세력을 물리치면서 무역을 독점하고 주요 상품시장을 장악할 만큼 강력했기 때문에 부유해질 수 있었다.

유럽의 도시화는 유럽보다 더 선진적인 지역들에서의 도시화와 무척 다른, 독특한 분위기를 풍겼다. 인도양은 몇 세기 동안 광활한 자유무역지대였다. 평화롭지 않은, 오히려 해적들이 창궐하고 막대한 이익을 둘러싼 치열한 경쟁으로 점철된 곳이었지만, 인도양은 아라비아인, 중국인, 무슬림, 불교도, 유대인, 힌두인 등 위험을 무릅쓴 모든 무역업자들에게 열려있는 바다였다. 그 결과, 인도양 주변의 도시들에는 공통적으로 자유와 세계주의의 분위기가 감돌고 있었다. 종교적·민족적·정치적 차이는 돈벌이라는 중요한 일 앞에서는 부차적인 요소일 뿐이었다. 여러 인종이 뒤섞여 사는 동남아시아의 대도시들은 유럽의 도시국가들과 달리 성벽 안에 갇혀있지 않았고, 오히려 외곽으로 호기롭게 뻗어갔다.[10]

이탈리아의 위대한 상인 프란체스코 다티니Francesco Datini가 관리한 수백 개의 계좌원장計座元帳에는 "하느님과 이득의 이름으로"라는 좌우

명이 적혀 있었다. 실제로, 신은 한몫했다. 유럽의 재도시화는 전쟁과, 특히 레반트, 발트 해, 이베리아 반도 등지에서의 종교전쟁과 밀접한 관계가 있었다. 그리고 이득은 수단을 가리지 않고 경쟁자를 제압해 독점을 확보하려는 유럽인들의 성향과 연관되었다. 인도양 도시망의 자유무역 정신은 유럽에서 생소한 것이었다. 베네치아와 제노바는 흑해에서 무역 특권을 확보하기 위해 서로 피비린내 나는 전투를 연거푸 벌였다. 한자동맹이 발트 해를 지배하며 외부의 침입을 허용하지 않았듯이, 베네치아와 제노바는 각각 아드리아 해와 리구리아 해를 둘러싼 절대적 제해권을 갖고 있다고 확신했다. 두 도시 모두 유럽에서 가장 고도화된 군사 조직을 보유하고 있었다.

무역에 생사가 달린 도시들은 타고난 취약성 때문에 무장할 수밖에 없었다. 중세 유럽은 수천 개의 상호적대적인 도시, 도시국가, 자치도시, 공화국, 후작령, 주교 관할구, 자치군, 공작령, 공국, 왕국, 제국 등으로 쪼개지면서 전투에 무척 능숙해졌다. 베네치아와 피렌체와 파리와 밀라노는 인구가 10만 명 이상이라는 점에서 매우 특이한 도시들이었다. 17세기까지 유럽의 다른 도시들은 그 정도 규모의 인구에 도달하지 못했다(한편, 중국과 동남아시아와 중앙아메리카에서는 인구 10만 명 이상의 도시가 유럽만큼 드물지는 않았다).

부도덕하고 인정사정없는 세계에서, 유럽 도시들은 전쟁 기술을 이용하고 완벽히 익혀야 했다. 역사학자이자 정치가인 프란체스코 구이차르디니Francesco Guicciardini는 다음과 같이 썼다. "무엇보다 도시는 스스로를 지킬 수 있고 외세의 침략을 두려워하지 않을 만한 힘을 지녀야 한다. 도시가 외부의 힘에 굴복하는 상태에서는 내부의 질서정연함과 법치가 거의 무용지물일 것이다." 전쟁으로 갈가리 찢어진 유럽에서 시민의 자유와 도시의 부와 군사력은 불가분의 관계에 있었다. 아무리 부유해도, 무력이 약한 도시는 경쟁 도시들의 먹잇감이 될 수밖에 없었다.[11]

구이차르디니의 고향인 피렌체 공화국은 시에나, 루카, 피사, 밀라노 같은 경쟁 도시들 그리고 황제들과 교황들을 상대로 끊임없이 전쟁을 치렀고, 넉넉한 재정을 바탕으로 유럽 최고 수준의 용병, 직업장교, 궁수, 창기병, 석궁 사수, 기병, 보병 등을 고용했다. 피렌체는 경쟁 도시로 성장하기 전에 미리 주변의 여러 도시국가들을 무자비하게 정복해버렸다. 부유한 이탈리아의 도시국가들은 근대적 전술, 군사용 건축술, 공병학, 소형 화기, 대포 등의 발전이라는 측면에서 선두를 달리고 있었다.

그러나 중세 도시들이 탁월했던 분야는 조선술이었다. 선박은 우주선 이전에 인류가 만들어낸, 기술적으로 가장 복잡한 기계였다. 베네치아의 대형 갤리선과 한자동맹의 코그선, 포르투갈의 카라벨선, 캐럭선이 군함과 상선이라는 2가지 용도로 쓰일 수 있도록 발전한 것은, 기본적으로 유럽의 해양 도시들이 치열하게 경쟁하며 빚어낸 결과였다. 지중해의 도시국가들은 최초로 갤리선 함대에 대포를 설치했다. 이는 해전의 판도를 바꿀 혁신적인 발전이었다. 산업혁명이 일어날 때까지, 세계 최대의 군산복합체는 일개 도시인 베네치아에 있었다. 1만 6,000명의 인력이 일한 병기창인 아르세날레 누오보_{Arsenale} Nuovo(1320년 완공)에서는 날마다 배 1척을 건조할 수 있었다. 그것은 잉글랜드 같은 해양왕국들도 상설 해군조선소가 없었던 시절에 이룩한 믿기 힘든 업적이었다. 당시의 해양왕국들에게는 일개 도시국가의 응집력이나 조직력, 재력 같은 요소들이 전혀 없었다. 전쟁 기지라는

중세 도시의 면모를 아르세날레 누오보만큼 명확하게 드러내는 곳은
없다.

유럽의 도시를 선진화한 군사적·상업적 혁명

1410년대에 발생한 모든 범죄 가운데 불과 7퍼센트만이 절도와
관련이 있었다. 전체 범죄의 76퍼센트를 차지하는 가장 만연한 범죄
유형은 시민 간의 자발적·충동적 폭력 행위였다. 중세 런던에서 활동
한 검시관들의 기록에 따르면 공공장소에서, 특히 무장한 젊은이들이
서로 부딪히기 마련인 그 소란한 상업도시의 혼잡한 시장에서는 폭
력 사건이 빈발했다. 윌리엄 로William Roe라는 사람이 포스터레인Foster
Lane의 맨 앞쪽 소변기를 쓰다가 옆에 있던 젊은이의 구두에 오줌을
싸고 말았다. 젊은이가 항의하자 로는 그를 때렸다. 그러자 애션던의
필립Philip of Ashendon이라는 사람이 끼어들어 로를 나무랐다. 로는 도
살용 도끼를 휘둘러 필립의 두개골을 깨뜨려버렸다. 다른 사건을 살
펴보면 월터 르 클럭 드 에델멜턴Walter le Clerk de Edelmeton과 알렉산
더 드 스탠퍼드Alexander de Staunford가 그레이스처치 스트리트Greacechurch
Street에서, 정확히는 피렌체의 바르디Bardi 가문이 운영하는 은행에서
싸움을 벌였다. 월터는 알렉산더가 휘두른 육척봉에 머리를 맞아 사
망했다. 그리고 로버트 펀차드Robert Paunchard는 선술집에서 말다툼을
벌이다 요리사에게 혀를 잘렸다. 말을 타고 위험스럽게 거리를 지나
가며 여자들과 아이들을 위협한 어느 젊은 지주는 조심해달라고 부탁
한 옹기장이를 죽였다. 사과를 훔치다 걸린 어느 신부는 항의하는 정

원사를 칼로 찔렀다. 젊은이들은 여자를 두고, 또는 '명예' 때문에 서로 싸우고 죽였다. 폭력배들은 선술집에서 싸움을 시작해 거리로 나와 싸웠다. 그 밖에도 살인으로 비화된 사소한 다툼에 관한 장황한 기록은 '우발적 살해 목록'을 이룰 정도로 많다.[12]

1320년부터 1340년까지 중세 런던에서 발생한 살인사건 중 56퍼센트가 칼이 사용된 사건이었다. 전체 살인사건의 87퍼센트는 오후 5시에서 오전 2시 사이에 일어났고, 68퍼센트는 야외의 공공장소에서 벌어졌다. 대도시는 성급한 일상적 폭력의 온상이었다. 피렌체의 어느 대장장이는 포르타 디 산 피에로Porta di San Piero에서 노래를 부르며 일하고 있었다. 그런데 갑자기 한 남자가 뛰어 들어와 망치와 저울 같은 연장을 길거리로 던지기 시작했다.

"대체 뭐 하는 짓이오?"라고 대장장이가 외쳤다. "당신 미쳤소?"

그러자 남자가 되물었다. "당신은 뭐 하고 있소?"

대장장이가 대꾸했다. "나는 일을 하려던 참이었는데 당신이 내 연장을 망쳐놓고 밖으로 던져버렸잖소?"

그러자 그 낯선 남자, 즉 단테 알리기에리Dante Alighieri(《신곡》을 쓴 이탈리아의 시인_옮긴이)는 "내가 당신 물건을 망쳐놓는 것이 싫다면 내 것도 망치지 마시오"라고 말했다. 알고 보니 그 운수 나쁜 대장장이는 어떤 구절은 빠트리고 또 어떤 구절은 마음대로 집어넣으면서 단테의 시를 읊고 있었다. 단테가 썼듯이, 그것은 "욕심, 질투, 자존심 같은 치명적인 불꽃이 모든 이의 심장에 불을 지르는" 도시의 거리에서 벌어진 폭력의 또 다른 사례였다.

피렌체 같은 도시에서의 치열한 경쟁은 확실히 사람들의 생명을 단축했지만, 그 뜨거운 경쟁은 창의성을 자극하는 신성한 불꽃이기도 했다. 단테와 보카치오는 극단적인 파벌주의가 팽배한 상황에서 글을 썼다. 논쟁과 정치적 모략, 전쟁의 와중에서 사람들은 인간의 본성과 정치적 동기를 탐구하고 분석할 수밖에 없었다. 각 세력이 서로 죽일 듯이 반목하고, 우두머리들이 지나치게 부유하며 하층민들의 정치의식이 높고, 자유를 중시하는 공화주의적 애착이 남아 있는 피렌체 같은 호랑이를 길들이는 최선의 방법은 무엇이었을까? 피렌체 내부에서 서로 경쟁하는 세력들의 균형을 어떻게 맞춰야 했을까? 기나긴 공화정 전통의 후계자들인 니콜로 마키아벨리 같은 문필가들은, 아리스토텔레스와 리비우스 같은 고대 저술가들의 사상과 피렌체의 쓰라린 최근세사를 바탕으로 근대 서양 정치사상의 토대와 역사 연구의 기반을 닦았다. 이탈리아 도시들 사이의 대립 관계와 도시 내부에서의 경쟁은 예술과 건축 분야의 황금시대를 부르는 불쏘시개였다.

15세기에 전성기를 구가한, 뤼벡처럼 작고 효율적인 도시들(공화제를 택한 도시들이 많았다)은 인력이 풍부한 중앙집권국가들을 상대하기가 점점 버거워졌다. 한때 난공불락이었던 성벽은 이제 최신식 대포의 상대가 되지 않았다. 1515년, 프랑스의 왕 프랑수아 1세가 밀라노를 집어삼켰다. 1525년에는 신성로마 제국 황제 카를 5세가 밀라노를 빼앗았고, 2년 뒤에 로마를 약탈했으며, 1530년에는 피렌체를 포위한 끝에 결국 그 공화국을 파괴하고 말았다. 제노바는 프랑스인들의 수중으로 넘어갔다가, 나중에 스페인 제국의 위성국가로 전락했다. 육지에서는 프랑스 세력과 스페인 세력 사이에서 이러지도 저러지도 못하고 바다에서는 오스만 제국의 위협에 시달린 베네치아는 서서히 몰락하기 시작했다. 16세기에 접어들어 한자동맹 앞에 잉글랜드와 스웨덴과 덴마크처럼 더 강력하고, 더 체계적으로 조직된 왕국들이 출현했다. 내부적 통합이 이뤄진 폴란드와 러시아 같은 국가들에 흡수되는 과정에서 많은 가맹 도시들이 자치권을 잃었다. 한자의회가 마지막으로 열린 1669년 무렵에 한자동맹은 그 의미를 상실했다(마지막 한자의회에 참가한 가맹 도시들은 9개에 불과했다).

하지만 유럽의 도시들은 여전히 전쟁의 최전선에 있었다. 16세기와 17세기에 유럽 대륙에서의 전쟁은 공성 전술과 대항 전술 위주의 전쟁, 즉 포수들과 공병들 중심의 군비 경쟁으로 바뀌었다. 뤼벡 같은 도시들 주변에는 포격에 대비해 지은 커다란 별 모양의 요새, 즉 성형 요새星形要塞가 들어섰다. 전쟁이 지루할 정도로 오랫동안 이어졌기 때문에 유럽의 공병들은 공성 전술의 전문가가 되었다. 소모전이 이어지는 바람에 유럽의 군대는 다른 대륙의 군대보다 훨씬 앞서 나름의 기술체계를 습득하게 되었다. 유럽의 급속한 도시화는 유럽인들의 진취적 기업가 정신에 따른 결과였지만, 그 역동적 변화는 흑사병, 십자군 운동, 고질적인 전쟁, 심각한 도시 내부의 대립 관계 같은 부정적 요인들에서 비롯되기도 했다.

유럽의 신흥 대도시들은 다른 곳의 대도시들과 상당히 달랐다. 물론 그 대도시들은 오늘날의 관점에서 민주적인 곳이라고 할 수 없었다. 하지만 그 대도시들은 왕국들보다, 그리고 관료제에 의해 운영된 중국과 일본의 도시들보다 정치적 참여도와 사회적 유동성이 더 높았다. 글을 읽고 쓸 줄 아는 사람들이 아주 많지는 않았지만, 유럽의 도시들은 다른 대륙의 도시들보다 문맹률이 낮았다. 작고 취약했어도 유럽의 도시들에서는 훗날 전 세계를 휩쓴 군사적·상업적 혁명이 무르익고 있었던 것이다.

베네치아의 경우처럼 뤼벡의 몰락을 초래한 주요 원인은, 15세기 말엽에 일어난 세계 무역 양상의 극적인 변화였다. 아메리카 대륙이 발견되고 곧장 동아시아로 갈 수 있는 항로가 개척됨에 따라 유럽인들에게 방대한 시장이 새로 열렸다. 내부적으로는 암스테르담이라는 신흥 도시의 등장으로 뤼벡의 무역 패권이 무너졌다. 한자동맹은 급속히 쇠퇴했지만 약삭빠른 사업 관행, 무역 독점 같은 한자동맹의 유산은 전 세계로 퍼져나갔다.

상업과 교역의 심장

리스본, 믈라카, 테노치티틀란, 암스테르담

1492~1666년

1494년, "찬란하고 장엄한" 리스본을 방문한 뉘른베르크Nuremberg 출신의 의사 겸 지리학자 히에로니무스 뮌처Hieronyums Münzer는 충격에 휩싸였다. 한적한 시골에서 가장 흥미진진한 도시로 변모한 리스본은 새로운 최전선에 서 있었다.

리스본 항구의 부두에서 뮌처는 엄청난 양의 개암, 호두, 레몬, 아몬드, 무화과, 사과, 설탕뿐 아니라 거의 '무한한 양의' 아프리카산 '품목들' 이를테면 화려하게 채색한 직물, 융단, 구리 가마솥, 소두구小豆蔲, 수많은 후추나무 가지, 상아, 금을 목격했다. 그는 산타 트리니다드 수도원Santa Trinidad의 성가대석 위에 걸려 있는 커다란 악어를 쳐다봤고, 펠리컨의 부리를 보고 화들짝 놀랐고, 상조르즈 성St George's Castle에서 우리에 가둬둔 사자들과 마주쳤다. 기니 만에서 건너온 용혈수龍血樹를 보고 어리둥절해졌다. 용혈수는 리스본 곳곳에서 자라고 있었다. 그는 길쭉한 사탕수수와 아프리카산 무기를, 그리고 큰 물고기의 뼈로 만든 대형 톱을 눈여겨 살펴보았다.

세계 곳곳의 풍물이 전시된 박물관 같았던 15세기 말엽의 리스본은 유럽의 여느 도시들 같지 않은 도시였다. 16세기에 이르러 리스본의 인구 가운데 15퍼센트 정도가 아프리카 출신의 노예들이었다. 리스본에는 상당한 규모의 무슬림 공동체도 있었다. 뮌처는 '엄청나게 부유한' 유대인 상인들이 많은 점에 주목했다. 그 유대인들 중 다수는 1492년에 스페인에서 대거 추방된 뒤 리스본으로 건너왔을 것이다. '독일 건축양식으로 지은' 후아 노바 두스 메르카도르스Rua Nova dos Mercadores에 살고 있는 네덜란드와 독일 출신의 상인들은 유대인 상인들보다 더 부유했다.[1]

리스본은 유럽의 다른 도시들에서는 찾아볼 수 없는 관능성과 이국적 정취를 뿜냈다. 뮌처가 리스본을 방문한 직후에 과감한 건축양식이 유행하며 리스본의 경관이 한층 더 바뀌었다. 오늘날의 벨렝탑Belém Tower과 제로니무스 수도원Jerónimos Monastery에서 엿보이는 화려한 장식 위주의 건축양식인 마누엘 양식Manueline은 세계 도처의 문물을 치우침 없이 차용한 리스본의 절충주의적 태도의 상징이다. 마누엘 양식은 후기 고딕 양식과 무어 양식, 아프리카와 이탈리아와 플랑드르의 도시 디자인, 그리고 항해를 통한 발견과 연관된 주제와 상징물인 혼천의渾天儀, 배배 꼬인 밧줄 무늬, 장식용 매듭, 돛 그리고 코뿔소와 코끼리 같은 이국적 동물 조각상이 등장하는 인도의 신전 장식법이 호기롭게 집대성된 것이었다.

15세기 말엽 리스본에서 눈에 띄는 물건, 사람, 건물 들은 특별해 보였다. 리스본 이외의 유럽 도시들은 아프리카나 아시아와 직접 교역을 하지 않았기 때문이다. 오직 소수의 베네치아인들만 유럽 대륙 밖을 돌아다녔다. 1500년, 세계에서 가장 큰 12개의 대도시들 중 7개,

비자야나가라, 가우다Gauda, 광저우, 베이징, 난징, 항저우, 타브리즈가 아시아에 있었다. 오늘날의 나이지리아 도시인 베닌시티Benin City는 당시 사하라 사막 이남 최대의 도시였고, 테노치티틀란은 중앙아메리카에서 가장 큰 도시였다. 두 도시 모두 파리보다 컸다. 1500년, 파리는 유럽에서 유일하게 세계의 12대 도시에 포함된 인구 18만 5,000명의 기독교 도시였다. 당시 세계의 중심적인 도시 지대는 아시아에 있었다.

당시 유럽이 고립되어 있었다면, 포르투갈은 이미 몇 세기에 걸쳐 드넓은 미지의 대서양에 가로막힌 유럽 대륙의 주변부로 남아 있었다고 볼 수 있을 것이다. 포르투갈의 전사형 귀족들은 북아프리카에서 성전을 펼치는 데 몰두했다. 반면, 리스본은 무척 보수적이고 가난한 나라 안의 도시국가나 다름없었다. 리스본의 상인들은 이슬람권인 북아프리카, 이탈리아, 북유럽 등지와 밀접한 무역 관계를 맺고 있었다. 리스본 상인들 중에는 무슬림의 후손과 유대인이 많았다. 포르투갈의 시골 사람들과 도시 사람들은 서로 적대적이었다. 하지만 얼핏 상반되는 듯한 양쪽의 세계관 즉, 성전을 향한 뜨거운 갈망 대 세속적 부에 대한 욕망은 훗날 서로 뒤섞이게 된다.

1415년, 귀족들은 원하는 바를 얻었다. 모로코에서 십자군 운동을 펼친 끝에 지중해의 아프리카 쪽 해안의 도시 세우타Ceuta를 정복한 것이다. 그렇게 소국 포르투갈이 유럽과 이슬람 세계를 충격에 빠트렸다. 포르투갈의 신성한 전사들은 입이 떡 벌어질 정도로 놀라운 도시와 마주했다. "아프리카의 나머지 모든 도시들의 꽃"인 세우타에 비해 리스본은 초라해 보였다. 세우타의 상인들은 대궐 같은 집에 살았고, 아프리카의 금과 상아, 노예 그리고 아시아산 향신료를 취급했다. 어느 포르투갈 연대기 작가에 따르면 "에티오피아, 알렉산드리아, 시리아, 바르바리Barbary, 아시리아(터키) 등지에서, 그리고 유프라테스 강 건너편의 동방에서, 인도에서, 또 지축 너머와 육안을 벗어난 곳의 다른 여러 땅에서" 상인들이 세우타로 찾아왔다.[2]

세우타는 그동안 유럽과 차단된 미지의 세계나 다름없었다. 주앙 1세João 1의 아들 엔히크 왕자Prince Henry는 세우타에서 전투를 벌였다. 세우타는 부유한 도시였고, 엔히크는 성전을 펼치려는 욕망이 가득했다. 그는 사하라 사막 너머에 있는 것들인 금과 향신료 그리고 잃어버렸다고 전해지는 신비의 기독교 왕국에 이르는 항로를 발견해 이슬람 세력을 무찌르고 포르투갈의 위상을 드높이고 싶었다. 아비시니아의 기독교 왕국을 다스린다는 전설상의 사제왕 요한Prester John은 "지축 너머"에 있었다. 인도양에 산재한 기독교 왕국들도 마찬가지일 듯했다. 그곳으로 가는 길을 찾으면 유럽은 이슬람 세력의 억압에서 벗어날 것이고, 단합한 기독교 세계가 이슬람 세력을 포위할 것 같았다.

엔히크 항해왕자의 후원 아래 포르투갈의 카라벨선들이 대서양의 아프리카 해안을 탐험하려고 리스본을 떠났다. 1470년대에 이르러 리스본 출신의 무역업자와 노예상, 탐험가 들은 기니 만까지 진출했다. 1480년대에는 콩고에 도달했다. 그러고 나서 1487년에 바르톨로메우 디아스Bartolomeu Dias가 이끈 탐험대는 나미비아 해안에서 서쪽으로, 즉 대서양 쪽으로 방향을 꺾었다. 그 과감한 결정이 인도양으로 가는 방법을 둘러싼 수수께끼를 풀었다. 대서양 한가운데서 서풍이 불자 디아스가 타고 있는 조그만 배는 동쪽으로 움직였고, 훗날 '희망봉'으로 불리게 되는 지점을 지나갔다. 디아스는 인도양을 육지에 둘러싸인 바다로 여긴 프톨레마이오스의 이론이 틀렸음을 입증했다. 인도양은 유럽에서 바다를 통해 갈 수 있는 곳, 정확하게는 리스본에서 바다를 통해 갈 수 있는 곳이었다.

리스본은 탐험을 통한 이익을 챙기려는 사람들과 세상의 변화를 이해하려는 사람들에게 성지나 다름없었다. 제노바 출신의 크리스토퍼 콜럼버스Christopher Columbus는 새로운 곳을 발견하려는 열렬한 분위기와 탐험가들을 통해 입수된 모든 정보와 지도를 면밀하게 연구하는 전문가들에게 매료되어 주앙 2세의 조정으로 찾아왔다. 뉘른베르크 출신의 상인이자 지도제작자임과 동시에 천지학자인 마르틴 베하임Martin Behaim도 1480년대에 리스본으로 건너와 천문관측의를 개량하고 항해용 일람표를 연구했다. 1483년에 유대인 과학자 조제 비지뉴José Vizinho는 천문관측의로 기니 만에서 태양의 고도를 측정했다. 그런 탐험 항해 덕분에 그때까지 미지의 세계였던 동대서양의 상세한 지도가 제작될 수 있었다. 1491년과 1493년 사이에 베하임은 에르트아펄Erdapfel('땅 사과', 즉 '감자'라는 뜻)로 불린 지구의를 만들었다. 그가 제작한 지구의는 아메리카 대륙을 발견하기 직전에 서양인들이 지니고 있던 세계관의 축소판이었다.[3]

베하임과 비지뉴 같은 과학자들은 랍비 겸 왕실 천문학자인 아브라앙 자쿠투Abraham Zacuto의 문하생들이었다. 자쿠투는 조국인 스페인에서 유대인들이 추방된 뒤 포르투갈로 망명한 인물이었다. 자쿠투가 작성한 천문표, 즉 천측력Almanach Perpetuum은 뱃사람들이 바다에서 자기 위치를 확인할 수 있도록 함으로써 대양 탐험에 혁명적 변화를 불러일으켰다. 비지뉴와 베하임이 이끈 주앙 2세의 전문가 위원회는 서쪽으로 항해해 대서양을 건너 인도로 닿겠다는 콜럼버스의 제안을 거부했다. 그들은 콜럼버스가 지구의 크기를 심각하게 과소평가한다고 판단했고, 그 판단 자체는 옳았다.

히에로니무스 뮌처는 리스본의 군사적 기반시설에 깜짝 놀랐다. 리스본에는 독일과 플랑드르 출신의 주물공과 포수 들이 주축이 되어 운영하고 각종 신병기를 생산하는 공장이 있었다. 포르투갈 선박들에는 최신식 선상 대포, 카라벨선에서 발사하는 사석포射石砲, 그리고 가볍고 속사가 가능한 후장식 선회포로, 해당 선박의 구명정에 탑재한 대포인 베르수berço가 실려 있었다. 미래를 내다보는 왕을 바라고 수평선 너머의 자원과 물산을 탐내며 종교적 열정에 불타오른 리스본은 별로 유명하지 않은 곳에서 유럽 최고의 대도시로 탈바꿈했다.

주앙 2세가 1495년에 세상을 떠난 뒤 후계자인 마누엘 1세는 선대 왕들의 과업을 변함없이 추진했다. 그가 왕위를 물려받은 지 2년이 채 지나지 않아 리스본의 조선소가 생산할 수 있는 최고 수준의 선박과 무기, 그리고 최신 항해용 설비를 넉넉하게 갖춘 탐험대가 여정을 떠났다. 탐험대장인 바스쿠 다 가마Vasco da Gama는 거대한 향신료 도시인 캘리컷Calicut에 가서 기독교 왕들이 있는지 찾아 그들과 앞으로 향신료를 거래할 수 있는 관계를 맺으라는 지시를 받았다. 〈다른 것들 사이에Inter caetera〉라는 교황 칙서에 따라 유럽 밖의 세계가 대서양의 남쪽과 북쪽을 이은 선으로 양분되었다. 남북선의 서쪽에 있는 땅은 스페인이, 동쪽에 있는 땅은 포르투갈이 차지했다. 그 가상의 선은 훗날 토르데시야스 조약Treaty of Tordesillas을 통해 수정되었다. 이렇듯 포르투갈인들은 교황이 인정한 영토 안으로 항해하고 있었다.

바스쿠 다 가마는 바르톨로메우 디아스의 항로를 따라 아프리카 대륙의 남단에서 동쪽으로 방향을 틀기 위해 서쪽의 대서양으로 향했다. 이후 그는 동아프리카 해안으로 올라갔다. 선단을 이끌고 모잠비크의 어느 항구에 도착한 포르투갈인들은 신세계가 풍기는 첫 번째 향기를 맡았다. 거기에는 세련된 옷차림의 아라비아 상인들과 금, 은, 정향, 후추, 생강, 진주, 루비, 각종 귀금속 등이 가득 실린 상선들이 있었다. 탐험대는 연이어 몸바사와 말린디 같은 항구도시에 이르렀다. 어디서나 도시는 부유하고 무역은 활발했다. 그러나 눈을 씻고 찾아봐도 기독교 도시의 흔적은 없었다.

괴혈병에 시달리며 변변찮은 화물만 싣고 온 유럽 출신의 뱃사람들에게는, 아시아와 아프리카의 자원과 물산이 여러 도시들 사이에서 거래되는, 세련된 다민족적 도시 세계에 건네줄 만한 물건을 많이 갖고 있지 않았다. 오히려 그들은 모로코와 튀니지에서 겪은 고난의 십자군 운동을 통해 생겨난, 이슬람적 요소에 대한 기본적인 공격성과 증오로 가득했다. 그들에게는 세계에서 가장 선진적인 군사기술로 무장한 배가 있었다. 그리고 그들은 인도양에 도착한 순간부터 그 무기를 이용해 원하는 바를 얻어냈다. 큰 도시들과 복잡한 교역망을 갖춘 그 낯선 바다를 의심한 포르투갈인들은 모잠비크의 항구와 인근 촌락들에 대포를 쏘아댔다. 그 침입자들이 드러낸 불신과 호전성은 앞으로 다가올 사태의 신호탄이었다.[4]

피로 얼룩진 믈라카

당대의 손꼽히는 큰 도시이자 향신료 무역의 중심지인 캘리컷은 해변에서 가트 산맥Ghat 기슭의 구릉지대까지 뻗어 있는 도시였다. 야자나무들 너머로는 흰색 도료를 칠한 상인들의 가옥과 귀족들의 목조

저택이 바다 쪽을 향해 서 있는 모습이 보였다. 커다란 힌두교 신전 근처에는 이슬람 사원의 첨탑이 하늘 높이 솟아 있었다. 기진맥진하고 신경이 날카로워진 다 가마의 부하들은 그 넓고 북적이는 도시에 도착했을 때 마치 낯설고 이국적인 미지의 땅에 들어가는, 세상 물정에 어두운 사람들처럼 보였을 것이다. 그때 역사의 아이러니 같은 장면이 펼쳐졌다. 그들이 캘리컷에서 처음으로 마주친 것은 포르투갈에서 비교적 가까운 곳인 튀니지의 상인 2명이었다. 두 사람 중 하나가 지친 포르투갈인들에게 카스티야어로 말을 걸었다. "세상에나! 대체 무슨 일로 여기 왔소?"

대답은 간단했다. 그들은 기독교인들과 향신료를 찾으러 왔다고 말했다. 낯선 땅에서 유럽어로 인사하는 사람을 만났는데도, 침입자들은 세상이 생각보다 더 밀접하게 연결되어 있고 경제적으로 단단히 통합되어 있다는 점을 느끼지 못한 듯했다. 다 가마의 부하들은 희망봉을 거쳐 힘겹게 거기 도착했지만, 튀니지 상인들은 그저 왕래가 잦은 이슬람권의 도로를 통해 고향에서 곧장 캘리컷에 이르렀다.

캘리컷에는 기독교 왕이 없었다. 그리고 향신료를 구하려면 대가를 치러야 했다. 포르투갈인들은 무엇을 내놓아야 했을까? 다 가마는 '바다의 제왕'으로 불린 힌두인 국왕 사무티리Samoothiri의 환심을 살 만한 선물로 줄무늬 옷감 12필, 진홍색 두건 4개, 모자 6개, 산호 세공품 4줄, 대야 6개, 설탕통 1개, 꿀 2통, 기름 1통을 꺼냈다.

그 물건들을 보더니 사무티리의 신하가 웃음을 터트렸다. 메카에서 건너온 몹시 하찮은 상인조차 포르투갈 왕보다 더 좋은 선물을 갖고 왔기 때문이다. 그는 아예 포르투갈인과 사무티리의 만남 자체를 막았다.

캘리컷은 상업도시였고, 그곳의 주권자는 영리에 밝은 왕이었다. 큰 신전과 궁전이 있고, 셀 수 없을 만큼 사람들이 많고, 유대인과 무슬림, 힌두인, 불교도가 뒤섞여 사는 캘리컷에 비해 리스본은 촌스러운 곳처럼 보였다. 과거 1,000여 년 동안 그랬듯이 계절풍 지대 곳곳에서 무역업자들이 캘리컷으로 귀중한 상품을 갖고 왔다. 사무티리는 자유무역으로 이득을 챙겼고, 캘리컷을 인도양의 주요 환적항으로 이용하는 수많은 선박들로부터 관세를 거둬들였다. 그는 사업의 측면에서 전혀 득이 될 것 없는, 저 먼 나라 왕의 대리인을 외교적으로 정중하게 대할 생각이 없었다.

사무티리만 그런 태도를 보이지는 않았다. 캘리컷의 무슬림 상인들은 포르투갈인들의 물건을 보더니 침을 뱉었고, 쯧쯧거리며 혀를 찼다. 중국과 베네치아를 비롯하여 세계 각지에서 건너온 자원과 물산이 캘리컷의 여러 시장에 쌓여 있었기 때문에 아무도 유럽인들이 가져온 물건을 사려고 하지 않았다. 리스본에서 300헤이$_{rei}$에 팔리는 질 좋은 셔츠 한 벌이 캘리컷에서는 30헤이에 팔렸고, 리스본에서 30크루자두$_{cruzado}$를 줘야 살 수 있는 향신료 한 포대는 캘리컷에서 2크루자두만 줘도 살 수 있었다.

이 같은 경제적 현실을 이해하지 못한 다 가마는 의심과 원한에 사로잡힌 채 무슬림 상인들이 음모를 꾸미고 있다고, 그들이 팔찌와 옷감과 셔츠를 팔지 못하도록 막으려 한다고 생각했다. 엎친 데 덮친 격으로, 사무티리는 캘리컷에 찾아온 모든 무역업자들이 내야 하는 관세를 요구했다. 그러나 금화로 관세를 지불할 수는 없었고, 배에 실린 시시한 물건으로도 관세를 감당할 수 없었다. 다 가마는 관세를 내지 않고 떠나기로 마음먹었다. 떠나기 전 그는 신분이 높은 힌두인 무역업자 6명을 납치했다. 포르투갈의 선단이 도망치자 사무티리의 군함들이 벌떼처럼 쫓아왔지만, 포르투갈 선단의 포격에 속수무책으로 당하고 말았다.[5]

다 가마는 소량의 향신료를, 그리고 포르투갈 선박이 아시아 해역에서 가장 막강한 위력을 발휘할 수 있다는 정보를 갖고 돌아왔다. 다 가마의 탐험이 성공했다는 소식이 유럽 전역에 퍼졌을 때, 베네치아와 제노바는 파멸의 길로 들어섰다. '에티오피아와 아라비아, 페르시아와 인도의 정복과 항해와 상업의 제왕'으로 자처한 마누엘 1세는 1500년에 페드루 알바르스 카브랄Pedro Álvares Cabral 휘하의 탐험대를 파견했다.

서풍을 타려고 대서양으로 나간 카브랄은 훗날 브라질로 불린 땅을 발견했다. 이후 인도양 해역에서 그는 무슬림 상선들을 공격하기 시작했다. 새로 등극한 캘리컷의 사무티리와 맺은 관계가 파탄에 이르렀다. 무슬림 군중들이 캘리컷에 마련된 포르투갈인들의 무역 거점을 공격했다. 무슬림들과 싸우는 도중에 포르투갈인들은 "캘리컷 거리에서 석궁으로 엄청난 수의 사람들을 죽였다"라고 주장했다. 카브랄은 그 향신료 도시에 체류하던 아라비아 상인들과 선원들 600명을 학살했다. 그는 그들의 물건을 약탈했고, 배를 불태웠으며 전투용 코끼리 세 마리를 잡아먹었다. 그러고 나서 대포로 캘리컷을 겨냥한 뒤 포격을 가했다. 포르투갈인들은 "헤아릴 수 없을 만큼 많은 사람들을 처치하고 (그 도시를) 파괴했다"라며 통쾌해했다.[6]

이제 리스본에서 인도양으로 배들이 연달아 파견되었다. 바스쿠 다 가마도 인도양으로 돌아왔다. 동아프리카의 주요 무역항인 킬와에서 그는 "마음만 먹으면 단 1시간 만에 그대의 도시를 잿더미로 만들어버릴 것이오"라며 술탄을 겁박했다. 그리고 다른 도시들의 수장들에게도 마누엘 1세가 '바다의 제왕'이며 주변 해안의 주권자라고 통보했다. 그가 계절풍 지대의 신분이 높은 몇몇 사업가들을 포함한 380명의 승객들이 타고 있는 다우선을 약탈하고 부숴버리자 인도양 전체가 충격에 휩싸였다. 아이들 빼고 모두가 학살되었다.[7]

이후 캘리컷을 포위한 채, 그는 사무티리에게 모든 무슬림 상인들을 추방하고 그들과의 무역을 금지하라고 명령했다. 사무티리는 포르투갈인들이 사실상 해적 같다고, 또 "캘리컷의 항구는 예로부터 항상 열려 있었다"라고 반박했다. 그러자 다 가마는 캘리컷을 향해 수많은 쇠 포탄과 돌 포탄을 쉴새 없이 퍼부었다. 그 끔찍한 포격이 벌어지는 동안, 다 가마는 무슬림 상인과 힌두인 어부 들 34명을 돛 위의 활대에 매달아 교수형에 처했다. 이후 몇 년 만에, 세계 유수의 큰 도시 중 하나였던 캘리컷은 폐허로 변했고 사람들은 앞다퉈 그곳을 떠났다.[8]

포악하고 집요한 위협에 직면한, 그리고 변변한 방어 수단이 없는 말라바르 해안의 도시들은 난폭한 침입자들과 합의를 보기 시작했다. 포르투갈인들은 면허장을 사든지 아니면 망하든지 결정하라며 선주들과 상인들을 협박했다. 이렇게 인도양 전역에서 보호비를 뜯을 수 있는 체제를 구축했다. 어느 무슬림 통치자는 겁에 질린 채 말했다. "배를 타고 바다를 돌아다니지 못하도록 한다는 말은 처음 들어본다." 포르투갈인들이 나타나면서 사정이 바뀌었다. 승부가 끝났음을 인정한 무슬림 무역 공동체들이 속속 복귀했다. 스와힐리 해안과 말라바르 해안의 대부분 지역은 이미 포르투갈인들이 장악한 상태였다. 여기저기에 요새가 건설되었고, 현지의 통치자들은 포르투갈인을 제외한 사람들과 교역할 수 없었으며 포르투갈인들이 정해준 가격으로만

교역해야 했다.[9]

몇 세기에 걸쳐 평화롭게 성장했던 인도양의 도시들은 참혹한 파멸을 앞두고 있었다. 포르투갈인들이 쳐들어오자 카이로 맘루크 왕조의 술탄은 (베네치아의 은밀한 도움으로) 침략자들에 맞설 함대를 편성했다. 1505년, 코르도바의 모스크와 견줄 만한 모스크를 거느리던, 작지만 매우 부유했던 도시 킬와가 약탈되었다. 그 직후, 크고 아름다운 무역 도시 몸바사가 약탈을 당하고 잿더미로 바뀌었다. 유명한 해양 도시 오르무즈Ormuz는 포르투갈인들에게 점령되었다. 포르투갈 요새가 설치된 인도의 도시 코친Cochin은 중요한 향신료 항구가 되었다.

코친의 요새를 근거지로 삼은 아폰수 드 알부케르크Afonso de Albuquerque는 1510년에 맹공격을 기획하고 지휘했다. 코친 북쪽의 도시 고아Goa는 철저하게 약탈을 당했고, (알부케르크의 말을 빌리자면) 무슬림들과 이슬람식 건물이 "청소되었다." 이후 그는 가장 위대한 도시국가이자 인도양의 보물이며 태양의 눈Eye of the Sun이라는 별명으로 불린 도시로 눈길을 돌렸다.

포르투갈의 작가 토메 피레스Tomé Pires는 인구 12만 명의 거대한 도시인 믈라카에서 통용되는 언어가 84개라고 추정했다. 한쪽은 밀림에 또 한쪽은 바다에 둘러싸인, 약 16킬로미터의 띠 모양을 이루며 펼쳐진 그 도시로 들어가는 배에서는 저 멀리 야자수 잎으로 지붕 이엉을 이은 수많은 주택과 창고, 신전과 모스크가 보였다. 믈라카의 항구에는 커다란 중국의 정크선에서 노가 달린 조그만 평저선인 삼판선sampan에 이르는 온갖 배들이 2,000척가량 정박할 수 있었다고 한다. 피레스에 따르면 역사가 겨우 100년밖에 안 되지만 "믈라카는 워낙 중요하고 돈벌이가 잘되는 곳이므로 이 세상의 다른 어떤 곳도 여기에 비견할 만한 곳이 없어 보였다."[10]

'태양의 눈'은 잘 어울리는 별명이었다. 이전의 팔렘방과 이후의 싱가포르처럼, 믈라카는 중국과 일본, 향료제도와 자바 섬, 태국과 버마, 인도와 실론 섬, 아프리카와 유럽과 페르시아 만 등지와 연결된 교역망의 방사점放射點이었다. 믈라카는 이쪽 계절풍 지대가 끝나고 저쪽 계절풍 지대가 시작되는 부분에 있었기 때문에 믈라카에서 모든 교역이 집중적으로 이뤄졌다. 아시아와 아프리카의 향신료, 옷감, 칠기, 노예, 약물, 향수, 귀금속, 자기, 상아, 금 따위가 믈라카로 운반되었다. 유럽의 가장 질 좋은 상품들도 베네치아와 카이로를 거쳐 도착했다. 믈라카는 세계의 한가운데에 있었다.

피레스는 외국 상인들의 출신지를 장황하게 열거했다. 카이로, 메카, 오르무즈, 아덴에서, 아비시니아와 킬와에서 상인들이 건너왔고, 튀르크인들과 기독교를 믿는 아르메니아인들이 중국인과 버마인, 일본인, 샴인, 캄보디아인, 구자라트인, 벵골인, 부기인, 말레이인 들과 거래했다. 캘리컷 출신의 힌두인들과 실론 출신의 타밀인들도 있었다. 브루나이, 말루쿠 제도, 티모르, 순다 열도, 페구Pegu, 몰디브 제도 등지에서도 무역업자들이 찾아왔다. 국적과 출신지가 다양한 상인들은 한자동맹의 상인들과 흡사하게 대규모 무역회사와 동업조합을 결성해 위험을 분담하고 가격과 관세를 협상했다.

끝없이 펼쳐진 시장이 모든 거리와 주택을 끌어안고 있는 대도시에서 사람들은 원하는 모든 것을 살 수 있었을 것이고, 지구상에서 가장 선진적인 금융시장에 돈을 투자할 수도 있었을 것이다. 술탄이 통치한 믈라카는 국제무역에 부과되는 관세로 어마어마하게 부유한 도시가 되었다. 믈라카는 포르투갈인들이 파괴하거나 함락시킨 인도의 화려한 도시들보다 더 으리으리한 도시였다. "그 위대함과 이득에 비춰볼 때, 믈라카의 부는 감히 가늠할 수 없다. 믈라카는 세계 물품 거래 자격을 갖춘 도시다." 토메 피레스 같은 포르투갈의 침입자들은 세계의 상호연계성을 이해하기 시작했다. "믈라카를 지배하는 사람은 누구나 베네치아의 목구멍에 손을 댄다."[11]

그러므로 포르투갈 함대가 화물 운반용 정크선 여러 척을 부숴버린 뒤 1511년 7월 1일에 믈라카 앞바다에 나타난 것은 그리 놀랄 일이 아니었다. 3주 동안 알부케르크 휘하의 군함들은 앞바다에 머문 채 술탄에게 가혹한 요구를 하고 압박용으로 포격을 가하며 믈라카를 위협했다. 7월 24일, 알부케르크는 공격에 나섰다. 믈라카의 요충지는 그 거대도시를 가로질러 흐르는 강 위에 놓여 있는 다리였다. 상인들의 거래 장소인 그 다리는 베네치아에 있는 리알토 다리Rialto의 열대지방판이었다. 뙤약볕 아래서 다리를 빼앗으려고 중무장한 포르투갈 군인들에게 포탄과 화살이, 그리고 대롱으로 쏘는 독침이 비 오듯 쏟아졌고, 미친 듯이 날뛰는 전투용 코끼리 20마리가 나타났다. 그들은 잠시 다리를 차지했지만, 열기와 습도를 이기지 못해 철수해야 했다.

시가전은 열대지방판 리알토 다리에서 벌어진 전투보다 더 치열하지는 않았다. 알부케르크 휘하의 지휘관들은 독침과 뙤약볕이 두려운 나머지 전투를 포기하려고 했다. 그러나 알부케르크는 세계에서 가장 부유한 도시를 차지할 수 있다는 희망을 버리지 않았다. 8월 10일, 포르투갈 군인들은 공격을 재개했다. 이번에는 알부케르크가 기강을 확실히 잡고 맹공격을 지휘했기 때문에 지난번처럼 갑자기 퇴각하는 일은 일어나지 않았다. 거리를 쓸어버릴 만한 대포의 엄호를 받으며 포르투갈 창병들은 각 면에 6명씩 배치된 정사각형의 전투대형을 이뤘고, 복잡하게 얽힌 거리와 통로를 거쳐 조금씩 전진했다. 무슬림이라면 모조리 죽였다. 9일 동안, 그 전투대형을 통해 적들을 조직적으로 소탕했다. 그러고 나서 약탈이 허용되었지만, 이번에도 엄격한 기강이 적용되었다. 방화는 금지되었고, 약탈 대상이 아닌 집을 표시하는 깃발이 등장했다. 소규모 무리 단위로 일정한 시간 동안 약탈이 허용되었다. 제일 먼저 약탈에 나선 사람들은 선원들이었다. 나팔 소리가 들리면 다음 사람들이 물건을 쓸어갈 수 있도록 약탈을 중단하고 돌아와야 했다.

포르투갈인들이 약탈을 모두 마쳤을 무렵, 피로 얼룩진 믈라카의 거리는 버려진 물건들로 어지럽혀져 있었다. 더 귀한 물건들이 잔뜩 있었기 때문에 굳이 들고 가지 않은 것들이었다. 버려진 장신구들이 먼지 속에서 반짝였다. 중국산 고급 자기가 깨진 채 나뒹굴었다. 단자緞子와 비단, 호박단琥珀緞이 짓밟혔다. 사향 항아리가 내팽개쳐졌다. 그렇게 버려진 물건들만 팔아도 베네치아에서는 거금을 받을 수 있었을 것이다. 약탈은 끝났고, 다시 각자의 임무로 복귀해야 했다. 여러 명이 말라리아에 걸려 죽었지만, 알부케르크의 부하들은 타는 듯한 열기 속에서도 부서진 모스크의 파편으로 요새를 만들었다. 믈라카는 포르투갈의 차지가 되었다. 약 900명의 유럽인들이 2만 명의 현지 병력을 격파했다. 믈라카는 위치상으로 세계 무역의 버팀목이었을 뿐 아니라 포르투갈이 향료제도와 중국과 일본으로 진출하기 위한 발판 역할을 맡기도 했다.

리스본의 승리가 의미하는 것

"믈라카를 지배하는 사람은 누구나 베네치아의 목구멍에 손을 댄다." 베네치아뿐만 아니었다. 믈라카의 지배자는 카이로와 알렉산드리아, 메카의 목구멍에도 손을 대었다. 포르투갈이 믈라카를 차지한 것은 세계사의 전환점이었다. 믈라카와 고아, 코친과 오르므즈 같은 전략적 항구들을 지배함으로써 포르투갈은 이슬람 세력을 몰아내고 인도양의 무역을 장악할 수 있었다.

브라질과 아프리카와 아시아의 사치품이 세계 무역의 새로운 중심지인 리스본에 쏟아졌다. 신성로마 제국의 황제 카를 5세는 "만약 내가 리스본의 왕이라면 머지않아 온 세상을 지배하게 될 것이다"라고 말했다. 여기서 카를 5세가 '포르투갈'이 아니라 '리스본'이라고 말한 점에 주목하기 바란다.

1498년, 마누엘 1세는 '강변 궁전'이라는 뜻의 거대한 궁전인 파수 다 히베이라Paço da Ribeira를 짓기 위해 타구스 강Tagus의 가장자리 땅을 정리했다. 활기 넘치는 마누엘 양식의 가장 훌륭한 사례인 그 궁전은 이국적이고 혼종적 성격의 건축물이라는 점뿐 아니라 유럽 전역에서 건너온 시인, 극작가, 예술가, 철학자, 지식인, 과학자 들이 만나는 장소라는 점에서도 르네상스 시대의 가장 의미 있는 건물 중 하나였다. 파수 다 히베이라에는 포르투갈의 광범위한 세계 무역 독점권을 관리하는 주요 행정 부서들 즉, 카자 다 인디아Casa da Índia(인도부), 카자 두스 이스크라부스Casa dos Escravos(노예부), 카자 다 플란드르스Casa da Flandres(플랑드르부), 카자 다 기네Casa da Guiné(기니부), 관세부도 입주해 있었다. 궁전은 대규모 병기창, 왕실 조폐국, 아르마젱스 드 인디아

Armazéns de Índia 같은 창고, 조선소 등과 연결되어있었다. 신축 궁전은 왕실의 거처이면서 동시에 상업의 중심지 역할을 맡았기 때문에 마누엘 1세는 바로 눈앞에서 세계 각지의 자원과 물산이 도착하는 모습을 지켜볼 수 있었고, 리스본에 퍼져나가는 향신료 냄새를 아주 가까이에서 맡을 수 있었다. 그의 으리으리한 창고들에는 설탕, 정향, 후추 따위가 저장되었다. 프랑스의 프랑수아 1세는 마누엘 1세에게 비하의 뜻이 담긴 '식료품 파는 왕le roi épicier'이라는 별명을 붙였다.

그러나 그것은 시샘의 발로였다. 1510년 무렵, 식료품 파는 왕 마누엘Dom Manuel the Grocer은 향신료 무역만으로 해마다 무려 1,000만 크루자두를 끌어모으고 있었다. 배를 타고 리스본에 당도한 사람들 눈앞에는 후추 무역으로, 즉 향신료에 부과된 최소한 5퍼센트의 세금으로, 그리고 피렌체의 은행업자 겸 노예상인 바르톨로메오 마르키온니Bartolomeo Marchionni가 내놓은 기증품으로 지었다고 하는, 벨렝탑과 제로니무스 수도원 같은 강변의 호화로운 건물들이 줄지어 서 있었다. 대규모 건물인 왕립제성병원王立諸聖病院, Hospital Real de Todos-os-Santos 은 원래 농지였던 부지에 서 있었다.[12]

신축 궁전 파수 다 히베이라가 들어서자 리스본은 구릉지대에서 물가 쪽으로 조금씩 다가갔고, 마치 새로운 세계로 더 가까이 다가가고 싶다는 듯이 타구스 강의 강물을 빼내어 육지를 차츰 넓혀갔다. 상인들도 물가 쪽에 정착했다. 막대한 부에 걸맞게 리스본의 인구가 증가하자 왕실의 도시기본계획에 따라 교외를 개발하기 위한 새로운 부지가 마련되었다. 오늘날 관광객들이 즐겨 찾는 리스본 밤 문화의 중심지인 바히우 알투Barrio Alto가 대표적인 사례다. 바히우 알투는 점점 숫자가 늘어나는 선박 관련 기술자들인 누출 방지공, 밧줄 제조공, 범포 재봉사, 금속 단조공이 자리 잡도록 기하학적 구조로 조성한 구역이었다. 리스본은 모자이크 모양으로 포장된 도로로 유명한 곳이다. 그런 도로의 역사는 후아 노바 두스 메르카도르스를 위시한 주요 도로들이 오포르투Oporto 지역에서 나는 값비싼 화강암으로 포장되었던 1500년으로 거슬러 올라간다.[13]

후아 노바 구역의 '무수히 많은 상점들'과 회랑은 사람들이 '정어리들'처럼 꽉 들어차 살고 있는 다층 건물 밑에 들어서 있었다. 후아 노바 구역은 리스본의 상업 중심지로 발돋움했다. 그곳에서는 원숭이와 칠면조와 앵무새, 일본산 칠기와 명나라산 자기, 보석과 생강, 서아프리카산 상아와 흑단, 후추와 진주, 페르시아산 융단과 아메리카 대륙산 고추, 아시아산 비단, 플랑드르산 장식용 직물, 이탈리아산 벨벳 같은 갖가지 상품을 구입할 수 있었다. 그곳에는 은행과 환전소도 있었다. 날마다 공증인들은 각자의 노점에서 거래를 기록했다. 유럽 어디에도 리스본의 거리보다 더 이국적이거나 활력이 넘치는 거리는 없었다.[14]

1514년에 리스본을 방문한 플랑드르의 귀족 얀 타쿤Jan Taccoen은 정신없이 돌아가는 리스본의 일상에 눈이 휘둥그레졌다. 그는 "리스본에서는 짐승들과 낯선 사람들을 많이 볼 수 있다"라고 썼다. "날마다 거리에서 코끼리를 봤다. 마누엘 1세는 행진에 자주 참가했다. 마누엘 1세는 코뿔소 한 마리, 금빛 양단을 걸친 코끼리 다섯 마리, 아라비아산 말 한 마리, 재규어 한 마리 등을 앞세운 채 거리를 행진했다." 타쿤이 방문한 해에 마누엘 1세는 교황에게 아누Hanno라는 이름의 흰색 코끼리 한 마리와 앵무새와 표범 몇 마리, 흑표범 한 마리를 선물로 보내면서 부와 권력을 과시했다. 1년 뒤 마누엘 1세는 흰코뿔소 한 마리를 보냈다.

타쿤은 아프리카와 브라질 출신 노예 수천 명을 보고 깜짝 놀랐다. 그는 향신료와 알몸의 포로 300명을 싣고 온 배를 보았으며 보석으로 치장한 인도인들 그리고 외교 업무차 리스본에 도착한 아프리카인들과 마주쳤다. 몇 안 되지만 아주 멀리 떨어진 일본과 중국에서 찾아온 사람들도 있었다. 독일과 플랑드르, 잉글랜드와 프랑스, 이탈리아를 비롯한 여러 곳에서도 유럽 전역을 대상으로 장사를 하려고 사람들이 많이 건너왔다. 타쿤은, 브뤼허에서 맥주 통 만드는 일을 하다가 그만두고 부가 넘치는 리스본으로 건너온 힐러스 더 바케러Gilles de Backere라는 사람과 함께 묵었다. 힐러스는 상인이 되었고, 꿈에 그리던 리스본에서 큰 재산을 모았다. "날마다 그는 은으로 만든 크고 작은 접시와 쟁반, 금으로 만든 잔을 쓴다."

타쿤이 보기에 리스본은 떠들썩하고 격정적이며 급성장하는 도시였다. 그런데 리스본은 성장세에 비해 뒤처진 부분이 많았다. 타쿤이 남긴 기록에 의하면 리스본 사람들은 비좁은 집에서 살았고, 집에 화장실이나 굴뚝이 없는 경우도 많았다. 믿기 힘들 만큼 막대한 부가 빈곤과 더불어 존재했다. 노예들과 이주 노동자들은 청소부, 요리사, 뱃사공, 즉석식품 판매상, 노동자, 구두 수선공, 대장장이 등으로 일했다. 매일 아침, 타구스 강 쪽으로 이어진 길은 요강을 들고 가는 노예들로 가득했다. 그들은 타구스 강 기슭에서 요강을 비워야 했다.[15]

르네상스 시대에 나타난 새로운 현상에 따른 충격과 문화 충돌을 상징하는 도시가 지구상에 하나 있다면 그 도시는 확실히 리스본이었을 것이다. 리스본의 승리는 베네치아의 몰락을 그리고 믈라카를 위시한 아시아 대도시들의 몰락을 의미했다. 리스본은 경쟁 도시들의 혼을 빼놓고 그 시신을 뜯어먹으며 몸집을 불리는 세계적 도시이기도 했다. 다른 세계적 도시들처럼, 리스본은 세계 각지에 산재한 위성 도시들인 안트베르펜, 마카오, 고아, 코친, 믈라카의 관계망을 주도하는 도시가 되었다. 리스본은 새로운 형태를 가진 도시들의 첫 번째 주자였다. 시장을 세계적 차원에서 활용할 수 있는, 제국의 대도시였다. 새로운 형태의 도시들은 뤼벡과 베네치아 같은 도시국가들을 구시대의 유물로 만들어버렸다. 더 중요한 점은, 그 괴물 같은 위력의 도시들이 기나긴 세월 동안 도시 문명을 표방했던 아시아와 아메리카 대륙의 큰 도시들의 자리를 빼앗았다는 사실이다.

유럽형 도시의 탄생 뒤로 사라진 것들

12세기부터 재도시화 과정이 진행되는 동안 유럽의 도시들에서는 자유무역보다 독점을 선호하고, 전쟁 도구를 지속적으로 개량하고, 타인들의 신앙을 관용하지 않는 분위기가 조성되었다. 세계적인 대도시들이 점점 더 서로 닮아가는 오늘날, 다양한 도시들이 존재했던 시절을 돌이켜보는 일은 의미가 있다. 리스본은 유럽인의 관습과 태도를 해외에 전파했고, 그 과정에서 자유무역과 세계주의를 바탕으로 삼고 있는 다른 도시 문명에 치명적 타격을 입혔다. 오늘날의 멕시코 지역에는 메소포타미아나 중국, 아테네나 로마의 영향력과 무관하게 발전한 도시 문명이 자리 잡고 있었고, 마침내 유럽인들은 그 문명과 마주하게 되었다.

스페인의 군인 베르날 디아스 델 카스티요_{Bernal Díaz del Castillo}가

1519년에 처음 본 테노치티틀란은 '마법 같은 광경'이 펼쳐진 곳이었다. 몇 년 뒤 그는 "너무나 황홀한 광경이었기 때문에, 그때까지 듣지도 보지도 꿈꾸지도 못했던 것들을 처음 본 순간을 어떻게 그려야 할지 모르겠다"라고 털어놓았다. 유럽 최대의 도시인 파리에 18만 5,000명이 살고 있던 시절에 20만 명을 거느린 대도시, 상상 속에서나 떠올린 도시가 실제로 있었던 것이다. 스페인 정복자들이 테노치티틀란에 들어오는 모습을 보려고 군중들이 대거 몰려들었다. 기쁨에 취한 스페인 정복자들은 말을 탄 채 둑길을 따라가며 그 도시를 둘러싼 호수 위로 솟아오른 큰 건물과 탑, 신전을 눈에 담으려고 애썼다. 치장용 회반죽을 칠한 뒤 반들반들하게 닦아 은빛이 나는 주택들은 햇빛에 반짝이는 보석처럼 보였다. 테노치티틀란의 아홉 번째 틀라토아니tlatoani이자 아스텍 제국의 통치자인 목테수마 2세Moctezuma II는 둑길 끝에서 에르난 코르테스Hernán Cortés가 이끄는 450명의 스페인 군인들을 맞이했다.[16]

그들은 세계에서 제일 멋진 도시 중 하나에 들어왔다. 그들은 테노치티틀란을 "부자 도시 베네치아"라고 불렀다. 한편 멕시카족은 생전 처음 보는 것들인 말과 갑옷, 화승총과 강철 검, 바퀴와 대포를 구경했다.

그 도시국가는 고원에 자리한 5개의 서로 연결된 호수들 중 하나인 텍스코코 호수Lake Texcoco의 바위가 많은 섬 위에 있었다. 7세기에 물을 빼낸 진흙 바닥은 오늘날의 멕시코시티가 서 있는 토대이기도 하다. 테노치티틀란과 호수 주변의 땅 사이에 긴 다리와 둑길이 있었고, 그 땅 옆을 따라 수경재배장인 치남파chinampa가 조성되어 있었다. 비옥한 치남파에서는 주민들을 먹여 살리는 채소들이 자랐다.

칼풀리_{calpulli}라는 행정구역 20개로 나뉜 대도시에는 곳곳에 운하가 뚫려 있었고, 웅장한 대로를 기준으로 구분되는 거주 구역 여러 개가 있었다. 귀족들의 집은 석재로, 부자들의 집은 어도비 벽돌로 만들어졌다. 평민들은 갈대와 진흙으로 만든 초가집에서 살았다. 그런 주택에는 흰색이나 밝은색 도료를 칠했다. 스페인 정복자들은 꽃이 흩뿌려진 집들 그리고 그 안을 채운 화려한 장식물과 살림살이에 감탄했다. 그런 생활 수준은 어느 곳에서도 누릴 수 없는 것으로 보였다.[17]

테노치티틀란의 중심부에는 성벽으로 둘러싸인 광장인 템플로 마요르_{Templo Mayor}가 버티고 있었고, 그 안에 공공건물, 신전, 법원, 궁전 등이 자리하고 있었다. 그 모든 건물들을 무색하게 만드는 것은 높이 60미터의 대신전_{Great Temple}이었다. 그곳에서는 해마다 수천 명이 인신 공양의 제물로 희생되었다. 테노치티틀란에서 가장 중요한 시장은 스페인의 도시 살라망카_{Salamanca}보다 2배나 크다고들 했다. 베르날 디아스는 그 대형 시장에서 장을 보는 사람들의 숫자와 "상품의 막대한 양뿐 아니라 널리 확립된 질서"에 경악했다. 그라나다에 있는 시장들도 그처럼 다양한 직물을 취급할 수 없었다. 테노치티틀란의 시장들에는 유럽인들이 한 번도 보고 듣지 못한 것들인 고추와 초콜릿, 토마토와 칠면조가 많았다. 테노치티틀란은 리스본과 마찬가지로 제국의 수도였고, 그 도시의 시장들에서는 중앙아메리카 곳곳과 저 멀리 잉카 제국으로부터 건너온 사람과 물건, 음식 들을 구경할 수 있었다.

테노치티틀란의 질서정연한 외관은 칼미밀로카틀_{calmimilocatl}, 즉 도시계획 책임자가 확립한 것이었다. 그 책임자는 건축 기준을 집행했고, 도시는 원래의 바위섬에서 벗어나 주변의 작은 섬들과 간척지로 팽창하는 동안 격자형의 거리를 그대로 유지했다. 칼미밀로카틀

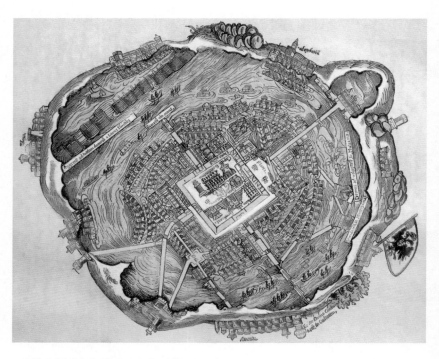

중앙아메리카의 위대한 대도시 테노치티틀란.
테노치티틀란 지도, 에르난 코르테스의 편지, 뉘른베르크, 1524년. (란마스Lanmas / 알라미 스톡 포토)

은 단순한 공무원이 아니라 신성한 직분의 소유자였다. 아스텍 제국의 도시들은 신들이 내린 선물이었다. 테노치티틀란은 '천상의 토대'이자 우주의 중심이었다. 테노치티틀란은 황금 독수리가 선인장에 앉은 채 방울뱀을 잡아먹도록 함으로써 인간들에게 자신의 선택을 암시했다고 하는 우이칠로포츠틀리Huitzilopochtli라는 신이 선택한 곳이었다. 그 전설의 내용은 오늘날 멕시코 국기에 담겨 있다. 테노치티틀란의 직교형 지면 구획과 주요 거리, 건물의 방향은 항성과 행성의 운동이 반영된 우주론적 지도에 따라 결정되었다. 호수 안의 그 섬 도시는 우주의 축소판이었다. "모든 우주적 질서의 근원이자 중심, 핵심이었다." 완벽한 도시로 설계된, 테노치티틀란은 광대한 제국의 영적·정치적 중심지 역할을 맡았다. 권력은 테노치티틀란이라는 중심부에서 주변부로 퍼져나갔다.

도시계획가들은 최소한 테노치티틀란 도심 구역의 거룩한 대칭성을 유지해야 했다. 테노치티틀란은 마치 정교한 농업에 힘입어 식량을 확보하고 기다란 송수로를 통해 산악지대로부터 깨끗한 물이 공급되는 기계와 같았다. 4개의 웅장한 대로는 수많은 일꾼들이 깨끗이 관리했다. 시민들은 정기적으로 분뇨가 처리되는 공중변소를 이용할 수 있었고, 분뇨는 가죽을 무두질할 때 섞는 재료나 수경재배장인 치남파에 뿌리는 거름으로 쓰였다. 악취를 풍기는 유럽의 도시들에 비해 테노치티틀란은 기술체계와 위생이 매우 앞서 있었다.

여기저기 떠돌던 이주자들에 의해 어느 호수의 바위가 많은 섬에 자리 잡은 테노치티틀란은 멕시코 분지Basin of Mexico의 여러 적대적인 도시국가들과 이웃하고 있었기 때문에 초창기에는 생존이 확실히 보장되지 않았다. 15세기에 이르러서야 비로소 일련의 전쟁을 끝낸 테노치티틀란이 봉신국의 지위에서 벗어나 삼각동맹Triple Alliance, 즉 아스텍 제국으로 알려진 도시국가 연맹체의 맹주로 떠올랐다. 코르테스 일행은 테노치티틀란이 제국의 대도시로 군림한 지 그리 오래되지 않았을 때 나타났다. 테노치티틀란은 확실히 앞서가는 도시였지만 유서 깊은 도시 전통을 물려받은 마지막 불꽃이었다.

처음 유럽에 도시들이 생겨나기 오래전, 중앙아메리카에서는 여러 세련된 도시 문명들이 흥망을 겪었다. 올멕족은 기원전 1200년경부터 중앙아메리카 최초로 도시를 건설한 사람들이었다. 메소포타미아의 선구적 도시들에서 그랬듯이, 도시 생활에 따른 복잡성은 정보기술의 발전으로 이어졌고, 정보기술의 발전은 문자의 탄생을 초래했다. 마야인들은 장엄한 의식용 도시를 세웠고, 지금까지 그런 도시들이 230개 발견되었다. 그 가운데 가장 큰 도시인 티칼Tikal은 서기 200년부터 900년까지 전성기를 누렸고, 9만 명의 인구를 자랑했다. 티칼 북쪽의 도시 테오티우아칸Teotihuacan은 서기 450년경에 인구가 15만 내지 20만 명이었다. 테오티우아칸 제국이 멸망한 뒤, 멕시코 중부 지역은 수많은 도시국가들로 나뉘었다. 그러나 테오티우아칸은 중앙아메리카에서 진행된 도시화의 원형으로 남아 있으면서 이후 몇 세기 동안 그 도시국가들에 영향을 미쳤다. 톨렉족Tollecs과 테파넥족Tepanec, 멕시카족은 각각 툴라Tula와 틀라코판Tlacopan, 테노치티틀란을 수도로 삼았다.

중앙아메리카의 세련된 도시 체계는 유럽인들이 나타나면서 치명상을 입었다. 스페인 정복자들이 도착하고 나서 천연두가 퍼지자 테노치티틀란의 인구가 3분의 1이나 줄어들었다. 1521년, 코르테스가 군대와 최신 공성용 무기, 조선공들과 함께 돌아왔다. 테노치티틀란은 75일 동안 버텼다. 10여 년 전의 플라카처럼 테노치티틀란에서도 잔인무도한 시가전이 벌어졌다. 코르테스는 주택과 건물을 하나씩 부수는 방식으로 전진한 끝에 결국 테노치티틀란을 장악했다. 그는 도시계획가인 알론소 가르시아 브라보Alonso Garcia Bravo를 시켜 중앙아메리카 최후의 대도시의 폐허 위에 유럽식 도시를 건설했고, 훗날 그 도시는 멕시코시티가 되었다.

16세기 초반 몇십 년 동안 세계 각지에서 도시 문화가 소멸하거나 붕괴하는 현상이 나타났다. 이렇듯 유럽형 도시는 테노치티틀란, 캘리컷, 몸바사, 믈라카 등의 도시들이 폐허로 변한 뒤 세계적으로 전파되기 시작했다. 이후 몇 세기에 걸쳐 리우데자네이루, 멕시코시티, 케이프타운, 봄베이, 캘커타, 싱가포르, 바타비아(자카르타), 상하이, 홍콩, 멜버른, 뉴욕 같은 도시들은 유럽 제국들의 대도시를 바탕으로 새로운 형태를 갖춘 세계적 도시로 군림했다.

암스테르담을 일으킨 뜨거운 에너지

자유분방해 보이는 리스본의 피상적 세계주의 속에는 매우 암울한 요소가 잠복해 있었다. 그 도시는 1492년에 수천 명의 유대인 난민들을 흔쾌히 받아들였다. 그러나 1497년, 유대인 난민들은 무슬림 공동체와 마찬가지로 리스본을 떠나거나 기독교로 개종해야 했다. 유대인 신민들의 부와 재능, 국제적 인맥을 놓치고 싶지 않았던 마누엘 1세는 그들에게 개종을 강요했다. 포르투갈 경제에 꼭 필요한 존재였지만 이른바 신기독교인들New Christians이었던 그들은 거듭되는 적대 행위에 시달렸다. 1506년 부활절, 끓어오르던 적개심이 리스본 거리에서 폭발했다. 폭도들은 유대인들을 남녀노소 구별 없이 한데 모아 놓고 죽였다. 호시우 광장Rossio Square 안 많은 유대인들이 장작더미에서 불타 죽었다. 30년 뒤인 1536년, 이단심문관들이 리스본에 도착했다. 이후 2년이 지나지 않아, 기독교로 개종한 척하면서 실제로는 유대교를 버리지 않은 것으로 의심되는 자들이 파수 다 히베이라 바깥의 마당에서 화형에 처해졌다.

그래도 리스본은 포르투갈 제국 덕분에 유럽의 주요 항구로 남았다. 하지만 리스본은 세상의 모든 향신료보다 더 귀중한 것을 잃어버렸다. 그것은 바로 인적 자본이었다. 세파르디 유대인의 후손이지만 기독교로 개종한 다수의 신기독교인들, 특히 부유하고 인맥이 좋은 상인들이 함부르크, 베네치아, 이스탄불, 살로니카, 마르세유, 보르도 같은 유럽의 다른 도시들로 이주했다. 그러나 16세기 마지막 몇십 년 동안 포르투갈계 유대인 난민들이 특히 매력을 느낀 도시, 세계적 패권 도시가 하나 있었다. 그 도시는 바로 암스테르담이었다.

1450년 당시 습지대에 위치한 인구 4,000명의 촌락에 불과했던 암스테르담은 15세기 말엽에 세계적인 대도시로 탈바꿈했다. 스페인 제국에 맞선 네덜란드 독립전쟁Dutch Revolt이 벌어지고 있던 1580년대에 유럽의 금융 중심지인 안트베르펜의 부유한 상인과 은행업자 들이 대거 암스테르담으로 피신했다. 그 다음에는 리스본에서 세파르디 유대인들이 도망쳐왔고, 또 유럽 전역에서 박해와 전쟁을 피해 많은 사람들이 건너왔다. 1570년, 암스테르담의 인구는 3만 명이었다. 1620년에는 8만 8,000명으로 증가했고, 20년 뒤인 1640년에는 13만 9,000명에 이르렀다. 인구는 늘어났지만, 도시의 크기는 1450년과 동일했다. 암스테르담에는 인구가 너무 많았다. 성벽 외곽에 금방이라도 무너질 듯한 빈민가, 도시 안의 비싼 집세를 낼 형편이 안 되는, 많은 노동자들의 거주지가 형성되었다. 1616년에 잉글랜드 대사는 "국적과 직업, 종교가 다른 온갖 사람들이 상품을 둘러싼 단 하나의 사업을 위해 모여들었다. 그들의 새로운 도회지는 점점 빠르게 움직인다"라고 언급했다.[18]

장래성이 없어 보였던 습지대의 도회지는 더 번창한 도시 출신의 인적 자본을 유치했기 때문에 부유해질 수 있었다. 어느 외국 외교관은 "암스테르담이 리스본과 안트베르펜에게서 뺏은 전리품 덕분에 번영한다"라고 썼다. 암스테르담의 급성장은 일부분 지정학적 환경의 결과물이었다. 그러나 암스테르담은 북유럽식 도시주의라는 토대, 즉 처음에는 네덜란드의 도시들에 영향을 끼쳤다가 나중에는 네덜란드의 도시들이 나름의 방식대로 발전시킨 한자동맹의 자치적 공화제라는 단단한 토대 위에 서 있었다. 적당한 크기의 도시들이 조밀하게 모여 있는 네덜란드는 유럽에서 가장 도시화된 지역이었다. 16세기 초반에 네덜란드 인구의 3분의 1이 도시에 거주한 반면 다른 유럽 국가들의 경우에는 평균적으로 인구의 9퍼센트만 도시에 살았다. 16세기에 유럽의 다른 나라들에서는 도시 인구의 비율이 거의 늘어나지 않았지만, 네덜란드의 도시 인구는 폭발적으로 늘어났다. 1675년, 네덜란드의 도시 인구 비율은 61퍼센트였다.[19]

스하위트프라트여schuitpraatje는 '너벅선(너비가 넓은 배_옮긴이) 대화'라는 뜻의 네덜란드어다. 네덜란드 도시 곳곳의 운하에는 너벅선이 떠다녔다. 운하용 너벅선은 느릿느릿 움직였고, 다양한 승객들을 태웠기 때문에 정치와 철학, 종교를 주제로 길게 토론하기에 적합한 배였다. 너벅선 대화는 의미심장한 표현이다. 네덜란드인들은 늘 새로운 견해를 두고 토론을 벌였다. 도시 거주자들이 워낙 많았기 때문에 도시풍의 사회가 형성되었고, 네덜란드는 유럽에서 이례적인 나라가 되었다. 다른 나라들에서는 농업을 장악한 지주 귀족들이 정치 권력을 보유했지만 네덜란드 공화국에서는 그렇지 않았다. 한때 식량 생산 부문이 경제적 주역이었지만, 이제는 해운업, 무역, 상업, 공업 같은 도시적 활동에 그 자리를 내주고 말았다. 도회지의 최상류층은 고대 그리스 폴리스의 상속인을 또 한자동맹 소속 자유 도시들의 후계자를 자처했다. 네덜란드 공화국에서 도시와 시민 들, 그리고 상인과 무역업자 들은 상당한 자치권과 정치 권력을 누렸다. 네덜란드의 도시적 사회에서 뚜렷하게 나타난 개인주의와 자유는 단순히 국내 정치의 특수성과 공화주의의 결과물이 아니었다. 다른 나라들과 명백한 대조를 이룬 네덜란드는 각기 다른 신앙을 지닌 사람들이 특정 종교의 지배권을 인정하지 않으며 관용적 태도를 보이는 나라였다. 네덜란드의 도시들은 이주자들에게 개방적이었다. 그 도시들에서는 읽고 쓸 줄 아는 사람들의 비율이 유달리 높았다. 도시 여기저기에 서점이 있었고, 암스테르담은 북유럽 출판계의 중심지로 떠올랐다.

시민권의 자유와 양심의 자유, 상거래의 자유에 힘입어 네덜란드, 그리고 특히 암스테르담은 자유사상가와 반체제인사, 기업가들에게 무척 매력적인 곳이 되었다. 암스테르담은 온갖 급진적 사상의 용광로였다. 암스테르담의 출판업자들은 잉글랜드에서 출판이 금지된 철학자 토머스 홉스의 저서와 갈릴레오, 스피노자, 데카르트 등의 저서 같은 당대 가장 뜨거운 논란을 불러일으킨 책들을 연거푸 내놓았다. 잉글랜드에서 벌어진 정치적 격변을 피해 암스테르담으로 망명한 존 로크가 정치적·종교적 관용, 민간 정부, 경험 철학 등에 관해 피력한 견해는 스피노자와 연관된 신교도 반체제 자유사상가들과 교류하면서 형성된 것이었다. 데카르트는 철학자들에 우호적인 암스테르담의 미덕을 칭찬하는 한편 세계 곳곳의 산물을 가득 싣고 암스테르담에 도착하는 선박들을 바라보는 즐거움을 이렇게 표현했다. "세상 어느 다른 곳에서 갖가지 편리하고 신기한 물건을 이처럼 쉽사리 볼 수 있겠는가? 어느 다른 나라에서 이토록 완벽한 자유를 느낄 수 있고, 걱정을 덜 하며 잠을 잘 수 있겠는가? 언제든 우리를 지켜줄 군대를 과

연 여기 말고 어디서 볼 수 있겠는가? 여기보다 독살이나 배신, 중상모략이 덜 일어나는 곳이 어디 있겠는가?"[20]

혁신적 사고는 그간 크게 주목받지 못했던 네덜란드가 유럽에서, 아마도 세계에서 가장 강력한 국가로 발돋움하게 해주는 동력이 되었다. 전쟁과 박해를 피해 암스테르담으로 건너온 사람들에게는 나름의 빼어난 기능과 국제적 인맥이 있었다. 1595년, 암스테르담 상인들로 구성된 어느 협회(그들 중 다수는 발트 해, 포르투갈, 스페인, 베네치아, 레반트 등지를 상대로 무역에 종사하다가 얼마 전에 암스테르담으로 이주한 사람들이었다)가 인도네시아를 행선지로 삼은 몹시 위험한 항해에 자금을 투자했다. 그들은 포르투갈 무역업자들과 손잡고 중개상으로 일하는 대신 직접 향신료를 비롯한 아시아산 상품을 판매하며 스스로 운명을 개척했다. 모험적 사업이 성공을 거둔 데 힘입어 암스테르담은 세계 무역의 최전선에 서게 되었다. 그로부터 7년 동안 12개의 회사가 새로 설립되었고, 암스테르담과 네덜란드의 다른 항구에서는 각각 선박 50척과 30척이 아시아를 향해 떠났다.

그 회사들은 항해가 끝난 뒤 해산하는 대신 새로운 항해에 이익을 재투자했고, 수익성을 최대화하기 위해 다른 회사와 합병했다. 1602년, 암스테르담에서 대대적인 합병을 통해 세계 최초의 공식 상장회사가 탄생했다. 네덜란드 동인도회사Vereenigde Oostindische Compagnie, VOC의 설립 자금은 네덜란드 공화국의 일반 대중에게 주식을 판매한 대금으로 충당되었다. 그 거대기업의 근거지인 암스테르담에 사는 사람들이 총 자본금의 약 60퍼센트를 부담했다. 네덜란드 동인도회사는 네덜란드 정부로부터 향신료 무역 독점권을 부여받았다. 아울러 군대를 보유하고 요새를 건설하고 외국 세력과 조약을 맺고 전쟁을 벌일 수 있

7장 상업과 교역의 심장 ❖ 리스본, 믈라카, 테노치티틀란, 암스테르담 1492~1666년

는 권리가 있었다. 훗날 네덜란드 동인도회사는 포르투갈 세력을 밀어내고 아시아 무역의 주역으로 부상하게 된다. 실제로 1641년에 네덜란드 동인도회사는 포르투갈 세력이 장악하고 있던 믈라카를 빼앗았다.

암스테르담에 본사를 둔 네덜란드 동인도회사는 정부가 후원하는 막강한 영리법인으로 성장했다. 우선 인도의 코로만델Coromandel 해안과 말라바르 해안, 실론 섬, 벵골 지역, 베트남, 태국, 인도네시아, 말레이시아, 타이완, 일본, 모리셔스, 희망봉 등지에 식민지와 근거지를 확보했다. 그리고 1619년에는 인도네시아 자바 섬에 유럽식 도시인 바타비아를 건설했다. 바타비아는 세계에 이식된 최초의 네덜란드 도시 중 하나였다. 1624년에는 맨해튼 남쪽 끝에 뉴암스테르담이 건설되었다. 1652년에는 케이프타운이 인도로 향하는 항로의 중간 지점을 맡기 시작했다.

그때까지의 인류 역사를 통틀어 볼 때, 도시 건설을 촉진하는 세계 최강의 동력으로 작용한 것은 아시아의 자원과 물산이었다. 그런데 17세기 초반, 암스테르담이 상품의 흐름을 통해 거대한 괴물로 변모했다. 안트베르펜 출신의 망명자들은 많은 양의 자본뿐 아니라 안트베르펜에서 최초로 고안된 정교한 금융기법도 가지고 있었다. 1609년에 설립된 암스테르담 외환은행Amsterdamsche Wisselbank은 오늘날 우리가 당연시하는 수표 체계, 자동이체, 계좌 간 이체 같은 여러 가지 은행업 방식을 고안했다. 암스테르담 시청에 입주해 영업한 암스테르담 외환은행은 공공기관이었고, 암스테르담이라는 도시의 번영과 안정성, 재력 덕분에 신용을 쌓을 수 있었다.

기업과 은행은 현대 경제의 두 기둥이다. 네덜란드의 경우, 세 번째 기둥은 암스테르담 주식 거래소였다. 세계 최초의 주요 공개 회사인 네덜란드 동인도회사의 주식이 발행되자 최초의 증권 시장이 생겼다. 암스테르담 증권 거래소를 통해 증권거래, 선도先渡와 선물先物, 특권부 매매, 위험회피 투자, 주식매수선택권, 공매수, 공매도 같은 금융기법이 급속도로 발달했다. 암스테르담 사람들은 선물거래를 빈드한덜windhandel 즉, 임박한 거래로 불렀다. 선물거래는 청어나 곡물이나 향신료 같은 유형의 물건을 직접 사고파는 것이 아니었다. 당장 자기 수중에 없는 물건도 팔 수 있었다. 심지어 불어오는 바람이나 내가 마신 공기를 팔아도 무방했다. 관련 지식과 경험이 부족한 사람들에게 암스테르담에서 고안된 그 유동적 형태의 자본주의만큼 당황스러운 것도 없었다. 암스테르담에서는 서류상으로 재산을 모으거나 잃었고, 미래를 상상 속에서 사고팔았다. 호세 펜소 데 라 베가José Penso de la Vega는 암스테르담으로 이주한 스페인계 유대인 출신의 상인 겸 증권 중개인이었다. 그는 증권 거래소에서 벌어진 일에 관한 책을 썼는데 그 책의 제목은《극도의 혼란Confusion of Confusions》이었다.

증권 시장의 큰손은 가장 부유한 투기꾼과 금융업자 들을 대리하는 증권 중개인들이었다. 그들은 거들먹거렸고, 옷차림에 신경 썼으며 자신감을 드러냈다. 그들보다 한두 단계 아래에는 암스테르담의 부유한 상인과 무역업자 들을 대신해 증권을 매매하는 중개인들이 있었다. 그 전문직업인들은 고객을 대신해 주식을 사고팔고, 가격을 지켜보면서 다른 중개인의 동태를 살폈다. 또 정보를 먼저 입수하고, 시장의 미세한 움직임을 탐지하면서 신속하게 업무를 처리했다. 구매자가 잡을 수 있도록 판매자가 손을 내밀면 거래가 시작되었다. 제시한 입찰 가격이 수용되면 두 번째 악수를 거쳐 가격이 확정되었다. 그러나 시장이 너무 빨리 움직였기 때문에 오랫동안 악수를 나눌 수 없었다. 그 관례는 몇 초 만에 거래를 맺거나 위험회피용으로 양쪽에 걸거나 가격이 정해질 때 사방팔방으로 손뼉을 치는, 비교적 과격한 행동으로 바뀌었다. 데 라 베가는 "손뼉을 치다가 양손이 새빨개졌다. 악수 다음에는 고함 지르기, 고함 지르기 다음에는 모욕적인 말, 모욕적인 말 다음에는 건방진 행동, 밀치기, 악수가 이어지다가 일이 마무리된다"라고 썼다. 증권 시장은 주저하는 사람이나 수줍어하는 사람 들에게 어울리지 않는 곳이었다.[21]

혼란스러운 증권 거래소의 큰손들 다음으로 실제로는 갖고 있지도 않은 주식으로 시장의 미세한 등락에 열심히 운을 거는 이들도 많이 있었다. 데 라 베가에 따르면 그런 소규모 투기꾼들은 왁자지껄한 증권 거래소에서 "손톱을 물어뜯고, 손가락을 잡아당기고, 눈을 감고, 네 걸음 가다가 네 번 혼잣말하고, 마치 치통이 있는 듯이 손을 뺨에 갖다 대고, 생각에 잠긴 듯한 표정을 짓고, 손가락을 내밀고, 이마를 문지르다가 거친 몸짓을 하면서 사람들 속으로" 돌진하고, "한쪽 손가락으로는 딱딱 소리를 내는 동시에 다른 쪽 손가락으로는 남들을 업신여기는 듯한 표시를 하더니 마치 주식이 과자인 양 거래를 시작"했다.[22]

증권 거래소 밖에서도 남녀노소를 가리지 않고 다들 액면분할 주식 즉, 어린 학생들도 살 수 있을 만큼 아주 작게 쪼갠 주식을 사고파는 데 열중했다. 값싼 선술집이나 커피점이나 길모퉁이에서 액면분할 주식을 사고파는 것은 떠들썩한 증권 거래소에서 그렇게 하는 것만큼 중독성이 있었다. 데 라 베가는 이렇게 썼다. "만약 당신이 누군가와 함께 암스테르담 거리를 누비고 나서 그 사람에게 지금 어디에 있는

지 물으면 '투기꾼들 사이에 있소'라고 말할 것이다." 암스테르담에서는 어디서나 주식 애기가 들렸다.[23]

소유하고 있는 토지와 자물쇠를 채워 간직하고 있는 금, 그 밖의 물리적 상품으로 부가 평가되는 시대에, 암스테르담에서 일어난 혁명은 실로 충격적인 것이었다. 당시 암스테르담을 방문한 사람들은 물에 잠긴 작은 도시가 그처럼 빠른 속도로 부유하고 막강해진 이유를 궁금해했다. 해답은 도시의 기풍에 있었다. 암스테르담 사람들은 돈벌이를 중시했고, 돈벌이에 방해가 되는 장애물을 없애는 데 주력했다. 종교적 박해는 상거래와 사업에 방해가 되었고, 자유로운 토론과 정치적 자유는 도움이 되었다. 근대적 은행업 관행 및 금융기법과 네덜란드 동인도회사, 범세계적 무역체계는 수익에 집중하고 자유로운 사상을 두려워하지 않는 도시 문화의 혁신적이고 비정통적인 산물이었다. 야심을 품은 이주자와 냉혹한 사업가 들로 가득한 그 도시의 기질은 역동적이고 투기적이었다. 암스테르담은 하나의 거대한 사회관계망이었고, 관념과 관행이 가장 효율적인 방식으로 사회관계망 곳곳에 전파되어 변화를 촉발하는 곳이었다.

암스테르담은 복잡한 정보 거래소처럼 작동했다. 증권 거래소의 전문 중개인들에서 단순히 투기에 나선 장인들에 이르는 각계각층의 사람들이 세계적 사건을 둘러싼 정보에 귀를 기울였다. 새로운 소식을 먼저 들으면 증권 거래소에서 한몫 잡을 수도 있었다. 정보는 외교적 경로를 통해, 외국 사업가들을 통해 그리고 세계 각지의 사업장끼리 주고받는 서신을 통해 전달되었다. 1618년, 암스테르담에서는 세계 최초의 근대적 대판大版 신문으로 평가되는 〈쿠란테 아위트 이탈린, 다위츨란트, 엔세Courante uyt Italien, Duytslandt, &c〉가 창간되었다. 그 신문에는 암스테르담에서의 정보 거래를 통해 수집된 정치와 경제 관련 소식이 실렸다.

암스테르담은 건물과 인간의 집합체라기보다는 일종의 순환계였다. 암스테르담에서는 관념과 소식, 선물과 돈 같은 추상적인 대상들이 사회관계망을 통해 유통되었다. 그런데 암스테르담은 물리적인 대상들도 유통되도록 설계된 도시였다. 스하위트프라트여 즉, 너벅선 대화는 무형의 대상과 유형의 대상을, 정보 거래와 물리적 사업을 통합하는 역할을 했다. 1610년, 시 당국은 암스테르담 개조 계획을 세웠다. 암스테르담의 도목수都木手 헨드릭 야콥존 스타츠Hendrick Jacobzoon Staets는 도심에서 사방으로 퍼진 동심원 형태의 운하 지대인 흐라헹오르덜grachengordel 주변에 배치된 기능적인 도시를 설계했다. 팽창하는 도시 곳곳에 자리한 시장과 상점 들은 운하망에 힘입어 항구와 연결되었다. 17세기라는 시대적 상황을 감안할 때 놀랍도록 근대적인 그 부채 모양의 도시에는 암스테르담의 번영을 촉진한 상업적 사고가 반영되어 있었다. 그러나 암스테르담은 효율성뿐 아니라 거주적합성도 고려해 설계되었다.

암스테르담은 아시아와 아프리카와 아메리카 대륙으로부터 흘러들어오는 부를 발판으로 성장한, 제국의 대도시였으나 로마나 리스본과 달리 넓은 광장, 과장된 모양의 조각상, 웅장한 대로, 궁전, 으리으리한 건물 같은 것들이 거의 없었다. 암스테르담 사람들은 살기 좋고 계획적인 도시, 규칙적이고 산뜻한 거리, 우아한 교량, 선진적인 가로등, 편리한 운하 따위를 갖춘 도시를 선호했다. 유럽의 다른 나라들에서는 웅장한 대로와 으리으리한 기념물을 갖춘 도시 즉, 절대군주국의 과장된 몸짓을 드러내는 무대장치가 유행했다. 네덜란드의 공화정

도시에는 사유재산권과 시민들의 욕구를 무시할 만한 힘이 없었다. 테노치티틀란의 경우처럼 암스테르담의 도시 건설 감독관들에게는 신축 건물의 외관이나 주택 앞 계단의 최대 크기 같은 온갖 사항을 법으로 정하는 막강한 권한이 있었다. 집을 새로 지을 때는 정면 외벽이 '도시 건축가의 계획에 부합해야' 했다. 운하 앞의 주택들은 암스테르담의 외관을 유지하는 차원에서 시 당국의 도시계획안을 통한 각별한 규제 대상이 되었다.[24]

거리에 오물과 악취가 가득했던 시절, 어느 잉글랜드인 여행자는 믿기 힘들 만큼 청결한 암스테르담에 대해 다음과 같이 썼다. "거리가 얼마나 아름답고 깨끗하던지 재산이 많고 지위가 높은 사람이건 가난하고 천한 사람이건 간에 다들 망설이지 않고, 심지어 흔쾌히 거리를 다니는 듯싶다." 집주인들은 자기 집 앞 계단뿐 아니라 인도까지 청소했다. 거리에서 침을 뱉는 행위는 금지되었다. 사람들은 자주 씻었다. 운하를 더럽히는 행위는 금기시되었다. 거리와 운하에 줄지어 서 있는 느릅나무와 라임나무는 '보물' 대접을 받았다. 1612년 발표된 법령에 따라 암스테르담의 '향긋한 공기와 미관과 쾌적함'을 유지하는 데 꼭 필요한 그 나무들을 훼손하는 행위가 금지되었다. 암스테르담은 권력을 기념하거나 표현할 목적이 아니라 시민들의 희망 사항을 중심으로 구상된 도시였다. 바로 그 점 때문에 암스테르담은 대도시 발전의 역사에서 그토록 급진적인 도시 즉, 시민의 의지가 반영된 도시로 기록될 수 있었다.[25]

암스테르담의 뜨거운 에너지는, 그곳의 쾌적하고 고요한 분위기와 특유의 건축적 일관성, 시민들의 수수한 옷차림에 가려 있었다. 암스테르담에는 기념물과 대로가 없었지만, 그 도시에서 진정한 영광을

가정집은 지옥 같은 도시에서 질서와 미덕의 보루 역할을 맡았다.
피터르 더 호흐의 캔버스 유화 〈속옷 옷장 옆의 여인들이 있는 실내〉
(1663년)에서 가정집은 출입구 밖으로 보이는 외부세계와 대비되는,
성스러운 공간으로 승격된다.

누리는 곳은 바로 시민들이 사는 집이었다. 1640년에 암스테르담을 방문한 잉글랜드인 여행가 피터 먼디Peter Mundy는 "기쁨과 만족스러움으로 충만한" 평범한 시민들의 "산뜻하고 깨끗한" 거주지에 감동했다. 그들의 거처에는 찬장과 옷장, 그림과 판화, 자기와 "값비싼 고급 새장" 같은 "값비싸고 신기한" 가구와 장식품 들이 있었다. 네덜란드의 일반 가정은 예술품을 열렬히 소비했다. 먼디에 따르면 중산층 가정에 그림이나 조각상이 잔뜩 있었을 뿐 아니라 푸줏간이나 대장간에도 유화가 있었다. 그것은 17세기의 수많은 화가들이 내놓은 수백만 점의 회화 작품들 중 일부분이었다.[26]

그 흘러넘치는 예술적 재능의 물결 속에는 한 도시의 생활상과 그 도시의 거리에서 빚어진 혼란스러움이 담겨 있었다. 선술집의 주정뱅이들은 증권 거래소의 거상들과 한치도 다름없는 주인공이 되었다. 당시의 그림에는 과거의 이상화된 도시 풍경이 아니라, 도시 생활의 신랄한 현실과 화가가 거기서 느낀 인상이 표현되어 있다. 우스꽝스러운 사건이나 수수께끼 같은 일이 일어나고, 그 유형이 대조적이며 활기차고, 에너지가 흘러넘치는 도시 생활이 현대의 예술과 문학, 음악과 영화의 단골 주제다. 도시 생활의 뿌리는 17세기 네덜란드의 풍속화에, 특히 암스테르담의 생기 넘치는 선술집을 둘러싼 묘사에 있다. 사람들은 술을 마시고, 담배를 피우고, 시시덕거리고, 키스를 나누고, 싸우고, 음악을 연주하고, 도박을 즐기고, 걸신들린 듯 먹고, 잠이 들었다. 그 찰나의 혼돈과 혼란, 움직임이 화가에게 포착되었다.

네덜란드 풍속화에서는 새로운 방식의 도시 생활이 찬미된다. 선술집은 해학과 도덕적 교화의 현장일 법하다. 그러나 중산층의 작지만 멋진 집은 맹목적 숭배의 대상이다. 그런 집은 도시적 주거에 매우 근접한 것 같고, 특유의 깔끔함과 화목함이 돋보인다. 주부들과 하녀들은 집을 쓸고 닦는다. 속옷을 개킨다. 단지와 냄비를 문질러 닦는다. 허드렛일을 열심히 해낸다. 아이들은 조용히 논다. 집 안은 먼지 한 톨 없이 깨끗하다. 암스테르담 사람들은 위생과 청결 측면에서 까다롭기로 유명했다. 부유하고 실리를 추구하는 세계적 도시의 썩은 냄새에 대항하기라도 하듯 단정함과 완벽한 가정과 같은 이상적 미덕을 찬미하는 그림들이 많았다. 그 거룩한 가정은 도시의 악덕이라는 해일을 막아내는 제방과도 같았다. 선술집의 썩은 냄새와 자본주의라는 냉혹한 세계에 필요한 해독제 같았다. 또 고상하고 유복한 여자들이 지저분하고 어지럽고 부도덕한 도시 생활에서 떨어져 살아가는 새로운 도시 세계이기도 했다. 위험하고 불결한 거리는 남자들의 세계였다. 다시 말해, 이상적인 가정을 꾸며야 하는 여인들에게 어울리지 않는 세계였다.[27]

네덜란드 풍속화는 도시 중산층을 위한 예술, 즉 갖가지 유혹과 물질적 욕구에 시달리면서도 지켜낸 도시 중산층의 좋은 습관과 검소함, 만족감을 과시하는 예술이다. 도시 중산층은 예술 시장에서 발휘하는 자금력을 통해 예술적 판단의 결정권자가 되었다. 그들의 취향에는 그들이 만들고자 하는 도시의 모습이 반영되어 있었다. 그런 도시의 모습은 미화된 것이었을 수도 있지만, 거기에는 도시 거주자들의 집이 시민적 가치의 토대라는 강력한 메시지가 담겨 있었다. 도시가 탄생한 이래 도시 생활은 공공 생활이었다. 사교와 사업, 상거래는 공동의 환경에서, 아고라에서, 시장과 포럼에서, 원형 극장, 목욕탕, 도시 광장, 신전, 성당 등에서 이뤄졌다. 이제 사생활이 공공 생활의 뒤를 잇기 시작하고 있었다.

암스테르담 사람들의 집을 묘사한 그림에는 가정용품이 등장했다. 터키산 융단, 중국산 자기, 네덜란드의 델프트Delft산 기와, 비버의 털로 만든 캐나다산 모자, 인도산 옥양목, 일본산 칠기, 베네치아산 유리 같은 온갖 물건들이 17세기 중반부터 네덜란드 풍속화에서 주목을 끌었다. 그 사치스럽고 이국적인 물건들이 집 안을 아름답게 꾸몄고, 덕분에 집은 도시 사회에서 중심적인 위치를 차지하게 되었다. 세계 도처에서 건너온 값비싼 물건들에 둘러싸인 부유한 상인들의 저택이든 귀중한 사치품이 거의 없는 장인들과 숙련공들의 허름한 주택이든 간에, 집은 시각예술을 통해 암스테르담의 위대함과 세계적으로 막강한 힘을 나타내는 무대장치로 변신했다. 그런 물질적 재산을 가질 수 있는 능력은 네덜란드의 도시 거주자들이 받은 선물이었고, 그들은 그 선물을 최대한 누렸다.

암스테르담은 새로운 유형의 도시, 금융 자본주의뿐 아니라 소비주의와 개인주의에 근거한 도시를 알리는 신호탄이었다. 인구가 많은 도시들에는 늘 시장이 생겼지만, 암스테르담 같은 도시가 번영할 수 있었던 중요한 원인은 다수의 시민들이 부를 축적하고 유지하며 사치품과 예술품을 소비했다는 점에 있었다. 그 미래의 도시는 대중문화의 요구를 충족시키고 대중문화에 배출구를 제공하는 도시, 사람들을 위로하고 교화하는 도시였다. 그들은 새로운 도시 대중, 즉 세련되고 세상 물정에 밝고 유식하면서 견문이 넓고 여가활동과 참신한 즐거움을 요구하는 사람들이었다. 소비사회가 도래하고 있었고, 암스테르담은 소비사회의 요구에 응한 최초의 도시였다. 훗날 암스테르담의 후계 도시인 런던은 이보다 한 단계 더 높이 올라가게 된다.

8장

카페인 공동체와 사교

런던

1666~1820년

카페인은 현대 도시의 혈관을 타고 흐른다. 그 아편 같은 물질의 영향은 도시 어디에서나 확인할 수 있다. 커피는 도시 생활을 하는 데 있어 특정한 사회적 연금술에 필요한 재료다. 1990년대부터 되살아 나기 시작한 커피점은 도시 생활의 공백, 특히 도심의 빈곤화 현상이 일어난 영국과 미국, 오스트레일리아의 도시들에서 선명하게 드러난 사교성의 공백을 메웠다. 스타벅스는 커피점이 도시에 존재하는 제3의 장소, 즉 가정과 직장을 벗어난 편안하고 화기애애한 모임의 장소이 자 현관의 연장선 같은 장소라고 주장했다.[1]

1999년에 스타벅스가 생길 때까지 한국인들은 자판기에서 값싼 커피를 서둘러 뽑아 마셨다. 이후 스타벅스가 인기를 끌자 도시 카페 맘, 커피홉족, 카페브러리족(카페를 도서관처럼 사용하는 사람들) 같은 새 로운 유형의 도시인 집단이 출현했다. 도시에 공공 공간이 많지 않고 특히 여성들을 위한 공공 공간은 더더욱 부족한 문화 속에서, 스타벅 스는 젊은 여성들이 오래 머물며 가정에서의 성별에 따른 기대와 제약으로부터 벗어나 친목을 도모할 수 있는, 편안하고 근사한 환경을 제공했다. 한국뿐 아니라 모든 나라에서 커피점은 혼자 시간을 보내고 싶을 때 갈 수 있는 곳, 사람 구경을 할 수 있는 곳, 도시 생활의 급류 속으로 뛰어들 수 있는 곳이기도 하다.[2]

카페는 사적임과 동시에 공적인 도시 공간의 가장 명확한 상징이다. 카페는 모든 방문자에게 열려 있는 곳이지만, 나름의 공동체 형성에 일조하는 개인적 성격도 띠고 있는 곳이기도 하다. 여느 도시처럼 테헤란에도 카페가 있다. 카페는 지식인, 독서 애호가, 재즈 팬, 고전음악 애호가, 영화광, 반체제 인사, 학생 등으로 구성된 여러 독특한 도시인 집단들에게 안성맞춤인 장소다. 카페에는 공동체의 분위기와 느낌이 흐른다. 테헤란의 카페들은 밖에서 안이 잘 보이지 않고, 생각이 비슷한 사람들과 함께 안전하게 머물 수 있는 곳인 경우가 많다. 카페 안에는 누군가와 만나서 얘기하고 싶어하는 사람들을 위한 사교 탁자가 따로 마련되어 있다. 테헤란이라는 대도시 청년들의 정체성에서 중추적인 역할을 맡고 있는 카페는 그 도시의 표면적 제약과 제한에서 자유로운 안식처다.[3]

그 대가로 테헤란의 카페는 경찰의 단속에 시달려야 했다. 2012년, 테헤란에서 87개의 커피점이 '이슬람의 가치를 따르지 않는다'라는 이유로 폐쇄되었다. 1년 뒤, 학생과 지식인, 반체제 인사 들이 즐겨 찾던 카페 프라하Café Prague가 '시민 관찰용 감시 카메라'를 설치해야 하는 법을 따르지 않는다는 이유로 문을 닫아야 했다.

현대 도시 문화에서 카페가 차지하는 핵심적인 위치는, 역사와 연애 이야기에 깊이 뿌리박혀 있다. 랠프 월도 에머슨Ralph Waldo Emerson은 "대화와 카페의 도시라는 최고의 장점 덕분에 파리가 19세기의 문화의 중심지가 되었다"고 썼다. 1860년대부터 도심의 카페들이 대로를 점령하기 시작했다. 1869년의 어느 미국인 관광객은 길거리에서 각계각층의 사람들이 '담배를 피우고 음료를 마시고 잡담을 나누고 신문을 읽는 모습'에 놀랐고, '이것이 진정한 민주주의다'라는 결론을 내렸다. 파리는 생동하고 화기애애한 현대 도시였다. 우연한 만남이 이뤄지고, 사람 구경을 할 수 있고, 서로 어울리는 곳, 끊임없이 펼쳐지는 거리의 모습을 지켜볼 수 있는 곳이었다.

1880년대에 이르러, 파리에는 사교의 장소와 대상을 둘러싼 폭넓은 선택지를 제공하는 4,000개의 카페가 있었다. 대로에는 화려하게 장식된 최신 유행의 카페와 노동자들이 즐겨 찾는 허름하고 조잡한 카페 또는 그 중간 형태의 카페가 있었다. 손님들은 목가적인 분위기가 좋아서 카페를 찾기도 했고, 여자를 유혹하려고 카페에 가기도 했다. 가장 중요한 점은 커피와 포도주 냄새가 나고 담배 연기가 자욱하며, 도미노나 주사위 놀이 즐기는 소리, 신문지 접는 소리, 좋은 기분, 경쟁심, 호기심 그리고 복잡하게 얽힌 잡담 때문에 나는 소리가 울려퍼지는 카페가 한 동네의 중심 구실을 했다는 사실이다. 노동계급 사이에서 쓰인 '카페 친구'라는 말은 동네 카페에서만 어울리는 단골손님을 의미했다. 카페를 통해 사람들과 관계망을 형성할 수 있다는 혜택이 없었다면 치열한 도시 생활을 이겨내기 힘들었을 것이다.[4]

에드가 드가Edgar Degas와 제임스 맥닐 휘슬러James McNeill Whistler 같은 화가들은 카페 몰리에르Café Molière에 자주 들렀다. 카페 게르부아Café Gerbois는 클로드 모네Claude Monet, 알프레드 시슬레Alfred Sisley, 카미유 피사로Camille Pissarro, 폴 세잔Paul Cézanne, 피에르오귀스트 로댕Pierre-Auguste Rodin, 에밀 졸라Émile Zola, 루이 에드몽 뒤랑티Louis Edmond

Duranty, 스테판 말라르메Stéphane Mallarmé 같은 화가들과 작가들이 즐겨 찾았다. 인상파는 입체파와 현대주의 문학과 마찬가지로 카페에서 탄생했다. 모네는 카페 게르부아에서 끝없이 이어지며 우리 감각을 날카롭게 다듬어준 견해의 충돌을 소중히 여겼다. 카페 문화는 대화를 유발하는 불꽃이었고, 대화는 예술의 연료였다. 모네는 "그곳에서 우리는 더 강하게 단련되었고, 의지는 더 굳건해졌으며, 생각은 더 명료하고 선명해졌다"라고 썼다.[5]

예술적 탁월성과 자유로운 생활 방식이 연상되는 세련된 분위기를 지닌 커피숍은 현대적인 도시 생활의 핵심적인 배경이다. 오늘날 도심의 최신 커피숍들은 젠트리피케이션과 부동산 가격 상승의 확실한 예고편이다. 부동산 투자의 적기는 특정한 낙후 구역에서 커피점의 숫자가 치킨집의 숫자에 필적할 때다. 2010년대에 할렘 지역에서, 부동산 중개인들은 젠트리피케이션을 인위적으로 조장하고 부동산 붐을 일으키기 위해 몰래 커피숍에 투자했다. 그들이 투자한 커피숍은 젠트리피케이션에 따른 일종의 포템킨 마을Potemkin village(단점을 감추려는 겉치레를 가리키는 표현_옮긴이)이었다.[6]

물론 공장, 철도, 자동차, 전기, 철근 콘크리트 같은 요소들이 도시의 형태를 결정한다. 그런데 커피도 마찬가지다. 커피는 특히 도시의 가장 필수적인 요소 중 하나인 사교성에 중대한 영향을 미친다.

'도시적 예의'의 중심이 된 커피점의 역사

오늘날 어디서나 찾아볼 수 있기까지 커피가 걸어온 길은 에티오피아에서 시작되었다. 에티오피아는 최초로 커피가 재배된 곳이다. 15세기부터 예멘의 무역업자들은 커피를 수피교 수도원에 팔았는데, 그곳에서 커피는 철야기도를 드리는 신자들의 졸음을 쫓는 용도로 쓰였다. 이후 커피는 메카와 메디나로, 또 카이로와 알레포, 다마스쿠스로 전파되었다. 1550년대에 이스탄불에서 생기기 시작한 커피점은 16세기 말엽이 되자 이스탄불 전역으로 확산되었다.

1610년에 이스탄불을 방문한 조지 샌디스George Sandys라는 잉글랜드인은 상인들과 교분을 쌓고 계약을 맺곤 했던 장소인 선술집을 찾을 수 없어 난감했다. 대신에 그는 '코파점Coffa house'이라는 곳을 발견했다. "그들은 거기 앉아 온종일 잡담을 나누고, 작은 도자기 접시 위에 놓인, 검댕처럼 검고 검댕 맛과 별반 다르지 않은, 꽤 뜨거운 코파라는 음료를 마신다."[7]

모스크와 집이라는 전통적 한계에서 벗어나 사람들과 얘기를 나누고 만날 수 있는 새로운 공간인 커피점을 통해 이스탄불의 면모가 크게 바뀌었다. 알레포나 스미르나Smyrna, 이스탄불 같은 도시를 방문한 잉글랜드의 무역업자들은 커피를 마시기 시작했고 이후 수많은 사람들이 그랬듯이 커피에 중독되었다. 1651년에 스미르나에서 돌아온 상인 대니얼 에드워즈는 귀국길에 커피를 만드는 도구와 커피콩을 갖고 왔다. 런던 시내 중심가에 있는 부유한 장인어른의 집에서 그는 동료 상인들에게 커피를 대접했다. 그가 내놓은 커피는 카페인에 매료된 사업가들이 끊임없이 몰려들 정도로 큰 인기를 끌었다. 그래서 에

드워즈는 세인트 미카엘스 앨리St Michael's Alley의 어느 교회 경내에 노점을 열기로 마음먹었고, 그리스 출신 하인인 파스카 로제Pasqua Rosée에게 운영을 맡기기로 했다. 1654년, 로제는 세인트 미카엘스 앨리의 맞은편에 있는 집으로 이사했는데 그곳이 바로 서유럽 최초의 커피점이었다.[8]

그 이국적인 음료는 박식가인 새뮤얼 하트리브Samuel Hartlib 같은 여러 호기심 많은 사람들의 관심을 끌었다. "그것은 물과 어떤 열매, 그러니까 터키산 콩으로 만든 터키의 음료다. 〔…〕 그것은 조금 뜨겁고 씁쓸하지만 뒷맛이 좋고, 마시면 방귀가 많이 나왔다."[9]

커피는 오락거리와 구경거리에 관심이 많은 도시에 등장한 참신한 음료임에 틀림없었다. 그러나 당시 커피가 대성공을 거둘 것이라고 예측한 사람은 드물었다. 그런데 1660년대에 이르러 커피점은 런던의 중심가인 시티오브런던 지역에 80개 넘게 있었고, 웨스트민스터와 코번트 가든 지역에는 그보다 더 많이 있었다. 17세기 말엽에는 커피점 수가 1,000개에 근접했다. 커피점은 잉글랜드와 스코틀랜드, 아일랜드 곳곳의 도회지와 도시뿐 아니라 대서양 건너의 보스턴과 뉴욕, 필라델피아 그리고 영국해협 건너의 파리와 암스테르담, 빈과 베네치아까지 퍼져나갔다. 런던에 전래된 지 불과 몇 년 만에 모든 이웃 사람들이 커피점으로 벌떼처럼 몰려들어 웅성거렸다.[10]

런던의 어느 커피점에 손님이 들어올 때마다 앵무새가 이렇게 외쳤다. "새로운 소식 없어요? 〔…〕 여기 커피 한 잔 줘요." 그것은 커피를 마시러 찾아오는 수많은 손님들이 상투적으로 되풀이하는 말을 흉내 내는 소리였다. "새로운 소식 없어요?"는 단골손님의 첫마디였다. 손님들은 돈 몇 푼으로 신문과 풍자시, 풍자소설과 담뱃대가 어지럽

게 흩어져 있는 큰 탁자에서 커피를 마실 수 있었다.[11]

17세기 말엽의 런던에서 새로운 소식, 즉 뉴스는 귀중한 상품이 되었고, 커피점은 뉴스의 중심지로 변모했다. 왕의 처형으로 이어진 1640년대의 내전에 휩싸였던 잉글랜드와 스코틀랜드는 파스카 로제가 커피점을 열었을 무렵에도 정치적으로 동요하고 있었다. 1659년과 1660년 사이에는 정파 간의 주도권 싸움으로 정국이 다시 위기로 치달았다. 커피점은 그 격동의 시기에 토론을 벌이고 뉴스를 주고받는 장소로 진가를 발휘했다. 뉴스와 세상 이야기를 궁금해하고 힘 있는 자들과의 인맥에 목말랐던 젊은이 새뮤얼 피프스Samuel Pepys는 토론을 구경하려고 커피점을 자주 찾았다. 웨스터민스터에 있는 턱스헤드Turk's Head라는 커피점에서 그는 나라의 미래를 주제로 토론하는 귀족과 정치사상가, 상인, 군인, 학자 들과 교제했다.

피프스처럼 토론을 구경하던 사람들은 커피점에서 벌어진 논의의 깊이와 공손한 토론 방식에 놀랐다. 선술집이나 여인숙에서는 그런 분위기가 조성될 수 없었다. 커피점에서 맛보는 그 뜨겁고 검은 음료에는 침착함과 판단력에 보탬이 되는 모종의 요소가 있었다. 손님들은 대도시 특유의 음료를 마셨고, 대도시 특유의 방식으로 처신했다.

커피점의 단골손님들은 뉴스를 소비했을 뿐 아니라 생산하기도 했다. 언론인들은 시끌벅적한 커피점에서 떠도는 소문을 통해 기삿거리를 확보했다. 정부의 밀정들은 최신 정보를 알아내려고 그런 소문들을 샅샅이 조사했다. 어쨌든 이제 세상사가 커피점이라는 특정 환경에서 공개적으로 논의되었다.

커피점에서는 자리가 나면 앉아야 했다. 옆에 누가 있든 간에 앉아야 했다. 귀족들을 위해 따로 마련된 특별석은 없었다. 새뮤얼 버틀러Samuel Butler에 따르면 "커피점은 온갖 지위와 신분의 사람들이 외국 음료와 뉴스, 맥주와 담배를 즐기며 토론하는 곳"이었다. 커피점 주인은 '사람들에 대한 차별'을 허용하지 않았고, 신사, 직공, 귀족, 건달 등이 서로 어울렸으며 다들 제1원칙을 몸소 실천하는 듯이 서로 조화를 이뤘다.[12]

정부는 그 급진적이고 새로운 공공 공간의 파장을 두려워했고, 커피점이 선동과 공화주의의 온상이라고 생각했다. 새로운 유행으로 떠오른 커피점은 출판물을 통해 연거푸 공격을 받았다. 비판은 종종 허리띠 아래를 겨냥했다. 《커피에 대한 여성들의 호소The Women's Petition Against Coffee》의 저자는 이렇게 썼다. "커피라고 부르는 그 최근에 유행하는 가증스럽고 이교적인 액체 때문에 우리 남편들의 정력이 떨어졌고, 더 상냥한 우리 애인들이 제구실을 못해 노인처럼 시들해졌으며, 그 불행한 열매의 출처라고 하는 사막만큼 무익해졌다."[13]

하지만 그런 주장에도 커피는 끄떡없었다. 커피에는 기력을 떨어 트리는 효과보다 기력을 끌어올리는 효과가 더 많았다. 커피점은 언론업의 발전을 촉진했을 뿐 아니라 의미심장한 경제적 효과도 발휘했다. 증권 중개인들은 런던 왕립거래소Royal Exchang에서 활동하기에는 너무 소란스러운 자들로 여겨졌고, 따라서 런던 최초의 증권 거래소는 그들의 성향과 더 어울리는 장소, 즉 체인지앨리Change Alley에 있는 조너선즈 커피점Jonathan's Coffee-House에서 개장되었다. 런던의 커피점들에서는 갖가지 뉴스를 접할 수 있었다. 특히 조너선즈 커피점에는 상품과 증권, 통화의 최신 가격을 보여주는 목록이 게시되었다. 커피점들이 체인지앨리에 우후죽순처럼 늘어나자 증권 시장의 거래가 진행될 수 있고 각계각층의 사람들이 증권 시장에 접근할 수 있는, 사교적 환경이 조성되었다. 조너선즈 커피점처럼 체인지앨리에 자리한 개러웨이Garraway 커피점에서는 도매상들이 부두에서 금방 가져온 장거리 화물을 처분하는 경매가 열렸다.

18세기 초반, 런던은 암스테르담이 최초로 선보인 발상을 차용해 자본주의를 재편하고 있었다. 잉글랜드 은행The Bank of England은 1694년에 대규모 공채公債를 모집하기 위해 설립된 은행이었다. 공적으로 조달된 국채는 영국이 세계적 초강대국의 반열에 오르는 데 공헌했고, 체인지앨리에 늘어선 커피점들이 정부 및 은행 발행 증권과 대기업 주식을 거래하는 시장으로 변모하는 계기가 되었다. 근대적 금융자본주의가 형성되기 위해서는 대면 거래가 필요했고, 커피점은 대면 거래의 자연스러운 발생지가 되었다. 증권 중개인들과 증권업자들(거래자들)은 뉴스와 풍문, 세상 이야기가 흘러넘치는 체인지앨리의 커피점에서 일했다.

그 투기의 세계 아래에서는 훗날 런던이 거대한 상업도시로 도약하는 데 일조할 새로운 산업이 꿈틀대고 있었다. 에드워드 로이드Edward Lloyd가 운영한 커피점은 가장 믿을 만한 해운업 관련 소식을 가장 먼저 들을 수 있는 곳, 수많은 선원과 선적인, 원거리 무역업자 들이 서로 만나 얘기를 나누고 거래하는 곳으로 유명했다. 그곳 종업원은 연단에 올라 큰 목소리로 해운업 관련 최신 소식을 알려주었다. 종업원이 낭독한 뒤 최신 소식은 핀으로 벽에 붙여둔 문서에 담겨 있다가 런던 곳곳으로 팔려나갔다. 그 분주한 커피점에서 상인들과 선적인들은 세계 무역의 위험을 피하기 위해 손을 잡았다. 로이드의 커피점은 런던을 넘어 세계의 주요 보험 시장으로 탈바꿈했다. 중개인들은 고객에게 가장 유리한 거래를 맺으려고 온종일 보험업자들과 협상했다.

커피점이 야기한 금융 혁명은 제도권 밖에서 일어났다. 그것은 유기적이고, 직접적이며, 사교적 성격을 지닌 혁명이었다. 커피점은 아고라나 포룸이나 시장형 광장, 로마의 목욕탕과도 다른 것이었다. 커피점은 공공 공간과 개인 공간 사이에 있는 것, 즉 모든 이에게 열려 있는 특정인의 집 같은 것이었다. 다양한 거래와 활동이 중점적으로 이뤄지는 커피점에서 사람들은 모여 서로 정보를 나누고 관계망을 형성했다. 증권 시장, 신용 시장, 보험 시장, 주식 시장, 상품 거래소, 도매 시장, 뉴스 공급처 등의 기능을 수행한 커피점은 형성 단계의 자본주의에 필요한 사무실과 회의실 역할도 맡았다. 달리 말해, 런던의 커피점 군단은 그때까지 존재하지 않았던 역동적이고 자유로운, 비공식적인 공공 공간이었다.

17세기 말엽, 런던은 사업의 중심지일 뿐 아니라 과학의 중심지이기도 했다. 왕립학회가 창설되자 과학은 공적 토론의 사안으로 변모했다. 왕립학회의 주역들은 커피점 단골손님들이었다. 로버트 훅Robert Hooke의 일기에 따르면 그는 1672년부터 1680년까지 런던의 커피점 64군데를 다녔고, 적어도 하루에 한 번, 때로는 세 번, 심하면 다섯 번이나 커피점을 찾았다. 당시 과학의 공공적 성격도 커피점에서 구현되었다. 커피점은 위대한 과학의 성과를 보여주는 무대가 되었다. 훅이 그레셤 칼리지Gresham College에서 진행한 정규 강의에는 수강생들이 별로 없었고, 한 명도 없을 때도 있었다. 반면 커피점의 더 편안하고 화기애애한 분위기 속에서 진행된 그의 강의는 열렬한 청중으로 가득했다.[14]

제임스 호지슨James Hodgson은 머린 커피점Marine Coffee-House에서 뉴

턴 학파의 수학과 천문학을 무료로 강의했고, 왕립학회에서만 볼 수 있었던 공기 펌프, 현미경, 망원경, 분광기 같은 각종 기기를 시연했다. 사업가들은 수학과 과학에 관심이 있었다. 수학과 과학이 로이드의 커피점에 모이는 보험업자들만큼이나 무역업자들에게도 중요한 문제였던 항해술의 발전을 이끌어줄 것으로 보였기 때문이다. 커피점 문화는 이론가들이 실용적 지식이 풍부한 선원들과 교류하는 장을 열어줬다. 금융 혁명과 과학 혁명은 한잔의 커피를 통해 마주쳤다.[15]

특정 직업에 종사하는 사람들이 즐겨 모이는 커피점이 따로 있었다. 커피점은 다양한 활동을 펼치는 손님들의 다양한 욕구를 채워주는 곳이었다. 어떤 커피점에서는 펜싱 수업을, 또 다른 커피점에서는 프랑스어 수업을 들을 수 있었다. 코번트 가든에 있는 윌즈 커피점과 버튼즈 커피점에 가면 런던의 저명한 시인들과 저술가들을 만날 수 있었다. 듀크스 커피점에서는 배우들과 극작가들과 어울릴 수 있었다. 올드 슬로터즈Old Slaughter's에서는 예술가들과 마주치곤 했다. 상류층 인사들과 궁정의 아첨꾼들은 세인트제임스 거리의 화이츠 커피점에 모였다. 서적 판매상들과 출판업자들은 세인트폴 대성당 근처의 차일즈 커피점Child's에서 만났다. 왕립학회 회원 존 하우튼John Houghton은 "커피점에서는 모두가 다른 사람들과 친하게 지내고, 유식한 사람들이 그렇듯이 부유한 사람과 가난한 사람 들도 함께 모인다"라고 말했다.[16]

피프스는 커피를 그리 좋아하지 않았다. 당시 커피는 커피콩을 조금 갈아 큰 냄비에 끓여 만들었다. 그렇게 만든 커피는 오늘날 우리가 먹는 커피보다 싱겁고 맛이 없었다. 하지만 사람들이 모여든 커피점의 가장 중요한 인기 비결은 커피가 아니었다. 피프스는 "커피점에서 나누는 다양한 벗들과의 담론을 통해 큰 즐거움을 느낀다"라고 말했다. 커피점은 자발적 만남과 비공식적 관계망 형성에 필요한 장소와 동기를 제공하는 도시의 필수적 공간이었다. 우리는 17세기 말엽의 런던에서 벌어진 금융과 과학, 예술을 둘러싼 지식의 향연을 통해 도시 사람들이 우발적 모임과 우연한 만남 그리고 정보 교환의 기회를 극대화한 방식을 매우 분명하게 확인할 수 있다. 사교와 여가를 위한 장소가 많았기 때문에 도시는 유례없는 역동성을 발휘할 수 있었다. 비공식적 정보 교환과 사교라는 관행을 갖춘 커피점은 새로 형성된 도시적 예의의 구체적 사례였다.

무명도시를 세계적 도시로 이끈 공손함과 예의

오랫동안 별로 중요하지 않은 변두리 도시로 평가되었던 런던은 17세기 말엽에 번영을 구가했고, 18세기에 이르러서는 국제무역의 중심지이자 제국의 대도시라는 위상이 흔들린 암스테르담을 밀어내고 세계를 주도하는 대도시로 부상했다. 런던의 인구는 100년마다 2배로 늘어났다. 17세기 초엽에는 25만 명 이상이었고, 17세기 말엽에 이르러 50만 명이 되었다. 18세기 말엽, 런던은 서기 2세기의 로마 이후 유럽 최초로 인구 100만 명을 돌파한 도시가 되었다.

급증한 것은 인구만이 아니었다. 커피점이 곳곳에서 생겨난 시기인 1650년부터 1700년까지 1인당 소득이 최소한 3분의 1 정도 증가했다. 런던 사람들에게는 쓸 수 있는 돈이 생겼다. 그들은 얼마 전부터 유행하기 시작한 커피점에서 돈을 썼을 뿐 아니라 온갖 종류의 소비재와 문학 작품에도 금전을 지출했다. 가장 중요한 점은, 그들이 여가활동에 많은 돈을 썼다는 사실이다.[17]

부가 급격히 늘어난 동시에 괴로운 근심도 생겨났다. 런던의 급격한 팽창, 새로 부를 축적한 중산계급, 런던의 과시적 소비문화 그리고 런던을 엄습하는 호황과 불황의 주기는 전통적 사회 체제를 위협하는 불길한 요소들이었다. 어떤 사람들이 보기에 커피점은 정중한 담론과 도시풍의 세련된 사교의 보루였을 것이고, 다른 사람들의 관점에서는 근대적 도시가 풍기는 공포감을 대변하는 장소이자 제멋대로 진행되는 대화의 소음으로 가득하고, 각계각층의 사람들이 무분별하게 뒤섞여 어울리는, 교회와 국가의 전통적 권위에 도전하는 영리 위주의 장소였을 것이다.

1666년에 화재로 잿더미가 되었다가 복구된 시티 오브 런던 구역은 역사상 유례없는 도시였다. 인구 밀도가 높고 엄청난 부를 자랑한 시티 오브 런던은 부활한 바빌론, 즉 수많은 사람들과 교통수단이 쉴 새 없이 왕래하는 거대한 괴물 같은 곳이었다. 어느 도덕주의자는 이렇게 경고했다. "런던은 대다수 사람들이 모험을 하며 돌아다니고, 서로를 파멸로 몰아넣는 야만적인 야수들이 사는 큰 숲 같은 곳이다."[18]

'낯선 허둥댐과 무례함', 그리고 '분주한 다툼과 비열한 해코지'는 충분히 나쁜 것이었다. 그보다 훨씬 더 놀라운 것은, 대도시의 익명성을 틈타 사람들이 본인의 진정한 정체성을 감추는 바람에 '극악한 행동과 속임수와 협잡'이 판을 치게 되는 상황이었다.[19]

하지만 반론이 제기되었다. 도시는 도덕을 무너트리는 곳이 아니라 개선을 촉진하는 곳이라는 반론이었다. 1711년, 샤프츠베리 백작 Earl of Shaftesbury은 이렇게 썼다. "도시에서 우리는 서로를 세련되게 다듬어주고, 모서리와 거친 면을 일종의 우호적 충돌로 문질러 닦는다." 18세기의 스코틀랜드 철학자 데이비드 흄은 "도시로 몰려드는 남녀들이 함께 대화를 나누고 서로에게 기쁨과 즐거움을 선사하는 습관을 통해 인간애가 깊어지는 경험을 겪는다"고 주장했다.[20]

대화의 기쁨과 즐거움 같은 여가의 산물은 근대 대도시의 사회를 세련되게 다듬는 데 보탬이 되는 가장 중요한 요소였다. 17세기 말엽부터 영국의 도시 문화는 점점 '공손함'과 '예의'라는 요소가 지배하게 되었다. 공적·사적 공간에서의 처신법에 관한 조언이 담긴 수백 종의 품행 지침서들이 인기리에 판매되었다. 올바른 예절과 정중한 행실에 관한 전통적 관념은 왕실과 귀족의 대저택에서 생긴 것이었다. 그런데 커피점이 유행할 무렵, 예의는 전혀 다른 모종의 요소와 연관되기에 이르렀다. 도시 생활을 통해 생겨난 예절이 케케묵고 융통성 없는, 옛 시절의 궁정 문화를 밀어내고 있었다. 학술적 논의와 정치 토론과 사업이 대학과 의회, 동업조합이라는 폐쇄적 세계에서 벗어나 커피점 같은 열린 무대로 나왔듯이, 문화와 예술 활동도 차츰 상품화 과정을 밟고 공공 영역에 등장하고 있었다.[21]

공손함과 예의는 근대 특유의 도시적인 요소였다. 런던에는 사람들이 세련미를 더 많이 갖출 수 있는 사교의 기회가 수없이 많았다. 도시 생활은 예의를 통해 더 원활해졌다. 예의가 혼잡한 도시 환경에 둘러싸인 낯선 사람들 간의 상호작용을 돕는 윤활유 구실을 했기 때문이다. 《공손한 신사The Polite Gentleman》라는 책의 저자는 "대화를 나누면 사람들을 결속시키는 무난한 유대관계가 형성된다"고 주장했다. 그리고 어느 작가는 예의의 참된 목표가 "교제와 대화를 원활하고 무난하게 하는 것"이라고 선언했다.[22]

도시는 인간 존재의 기적 중 하나다. 인간이 쌓은 개밋둑이 폭력적 상태로 퇴보하지 않도록 막는 것이 예의다. 예의는 사람들 간의 일상적 상호작용을 관리하는 명시적·암묵적 규정이다. 사람들이 상점과 거리, 사무실, 대량 교통체제와 상호작용하는 도시에서는 늘 복잡하고 무질서한 행동들의 무용극이 펼쳐진다.

　　용인 가능한 행실의 기준은 시대에 따라 다르다. 인종과 출신, 민족, 성적 특질과 성별, 정체성이 서로 다른 사람들 간의 바람직한 상호작용 방식은 예나 지금이나 뜨거운 논쟁거리다. (예를 들어) 로스앤젤레스의 술집에서는, 시민으로서 지켜야 할 최소한의 수칙이 모든 손님들에게 적용된다. "이 영업장 안에서 성 차별, 인종 차별, 장애인 차별, 동성애 혐오, 성전환 혐오 그리고 불쾌한 행동은 절대 금지되고, 이 규칙을 따르지 않는 손님은 나가셔야 합니다"라고 되어 있다. 중국 상하이 시 당국은 2010년 세계박람회를 준비하면서 《훌륭한 상하이 시민이 되는 법》이라는 제목의 책자를 펴냈다. 그 책자에는 옷차림부터 식탁 예절에 이르는 온갖 단호한 지침이 수록되어 있었다.

　　1995년, 시 당국은 '교양 기준과 시민의 도덕적 규범'을 제시하는 7가지 금지사항에 해당하는 침 뱉기, 쓰레기 투기, 공공재산 훼손, 초목 훼손, 무단횡단, 공공구역에서의 흡연, 저속한 표현을 적어 도시 곳곳에 게시했다. 당시 상하이는 급속한 변화를 겪고 있었고, 주로 농촌에서 몰려든 수많은 이주자들을 감당해야 했다. 2017년에 상하이 시 당국이 발표한 지침에서 약 20년 동안의 변화상을 찾아볼 수 있다. 침 뱉기와 욕설, 공공기물 오손 행위에 관한 금지조항은 사라졌고(그런 행위들은 충분히 억제될 수 있다고 판단되었다), 부적절한 주차 방식, 부실한 애완견 관리, 새치기, 연설 방해 등에 대한 금지조항이 추가되었다.

호황기의 런던에서 성공을 맛보려고 애썼던 사람들은 지위나 능력 측면에서 자신보다 우월한 사람들의 비위를 맞추는 방법을 찾아야 했다. 공손함은 아찔할 만큼 빠른 런던의 변화 때문에 생긴 근심에 대한 반응으로, 즉 사회적 결속력이 약해지고 있는 자유시장경제와 상업화된 도시를 둘러싼 공포를 달래주는 일종의 처방전으로 볼 수 있었다. 애디슨(17~18세기 영국의 문인 겸 정치가인 조셉 애디슨Joseph Addison_옮긴이)과 스틸(17~18세기 영국의 문인 겸 정치가인 리처드 스틸Richard Steele_옮긴이) 같은 저술가들은 이제 더 이상 올바른 예절의 출처가 궁정이나 교회가 아니라 근대적 상업사회일 것이라고 말했다. 마찬가지로 이제 더는 국왕 치하의 런던은 예술과 문학, 연극과 음악의 중심지가 아니었다. 문화적 생산과 소비의 중심지는 도시 영역으로 넘어갔다. 시장은 취향이 거래되는 장소가 되었다.

그리고 시장은 놀라운 방식으로 대처했다. 시장은 오늘날까지 무척 선명하게 남아 있는 물리적 흔적을 런던에 남겼다. 투기적 건축업자들이 구획한 런던의 웨스트 엔드West End 지역(아름다운 주택들의 테라스와 푸르른 정원 광장에 힘입어 점점 멋스러워지는 곳이었다)에는 공손함이 분명히 드러나 있었다. 주택 건축의 호화로운 장식 기법은 자취를 감췄고, 고전적 세련미가 등장했다. 주류를 이룬 신고전주의적 팔라디오 양식의 통일성과 절제미에는 개인적 공손함의 단순성과 자제심이 묻어 있었다. 당시의 어느 건축가는 조지 왕조 양식의 도회지 계획을 '공손한 세계의 극장', 즉 서로 연결된 광장과 거리, 정원, 공원, 커피점, 강당, 극장, 박물관, 교회와 산책로가 모여 어울림과 뒤섞임을 권장하는 '공손한 공공 영역'으로 불렀다.[23]

그것은 오래된 권위가 아니라 시장력에 의해 좌우되고, 시민들의 여가활동과 유행, 취향을 중심으로 형성된 근대적 도시를 가리켰다. 오늘날에도 금방 알아볼 수 있는 그 새로운 종류의 도시는 식당과 카페, 술집, 박물관, 미술관, 나이트클럽, 극장, 쇼핑몰, 백화점, 경기장 따위를 갖춘, 그리고 사람들에게 즐거움을 선사하고 도시에 존재 이유를 부여하는 각종 오락거리를 갖춘 도시를 말한다. 그러나 시민들의 가처분소득과 취향을 중심으로 설계된 공공 영역을 갖춘 도시는 역사적으로 매우 최근에 출현했다. 그런 도시는 비교적 한적한 무명의 도시였던 런던이 세계적인 대도시로 부상하면서 나타났다.

도시에 등장한 대중오락 열풍

1660년대부터 시작된 급진적인 커피점 문화는 앞서 언급한 변화의 예고편이었다. 그러나 커피점은 예의와 사교성이라는 최신 개념에 호응한 여러 새로운 상업적 시도 중 하나일 뿐이었다. 템스 강 남쪽 기슭에 자리한 복스홀 플레저 가든즈Vauxhall Pleasure Gardens도 1660년대에 문을 열었다. 1729년, 부동산 개발업자 겸 흥행주인 조너선 타이어즈Jonathan Tyers가 복스홀 플레저 가든즈를 경영하게 되었다. 타이어즈는 당대의 취향을 고려해 그 정원을 공손한 생활과 비공식적이면서도 공공연한 상호작용에 알맞은 정교한 무대장치로 개조했다.

타이어즈는 한때 선술집을 에워싼 숲이었던 곳을 18세기식 도시 테마 공원으로 탈바꿈시켰다. 배를 타고 도착한 일반 손님들은 복스홀 플레저 가든즈에 입장한 뒤 나무에 걸린 수백 개의 등잔불이 환하게 비추는 자갈길을 따라 산책을 즐겼다. 격자형의 산책로에서는 우연한 만남이 자주 이뤄졌다. 산책을 즐기는 손님들은 유리 상자 안에 진열된 그림을 구경하며 감탄하고, 숲에 둘러싸인 팔각형의 야외무대에서 관현악단이 연주하는 음악을 감상할 수 있었다. 그들보다 부유한 손님들은 관현악단 옆의 부분 개방식 야외 만찬석이나 산책로를 따라 서 있는 반원형 주랑에 마련된 좌석에 앉곤 했다. 귀족들과 상류층 인사들은 밖으로 드러나 있으면서도 어느 정도 비밀이 보장되는 자리에 앉아 음식을 먹으면서 주변을 구경했고, 반대로 거기 모인 수많은 런던 사람들은 그들이 식사하는 모습을 지켜볼 수 있었다. 여기서 꼭 기억해야 할 점은, 공개된 자리에서의 식사라는 발상이 매우 새롭고 충격적인 것이었다는 사실이다. 음악이 연주되는 상황에서 대화를 나누고 식사를 즐기는 귀족들은, 타이어즈가 기획한 쇼의 일부분이었다. 그 모습은 18세기 런던의 축소판이었다. 즉, 서로 다른 계급에 속한 사람들이 동일한 경험을 하면서도 계급과 신분이라는 보이지 않는 장벽에 의해 분리되어 있었다.

특별 만찬석에 앉을 만한 형편이 안 되는 사람들은 나무 밑에 설치된 소풍용 식탁에서 음식을 먹었다. 날씨가 나쁠 때 관현악단은 전국에서 제일 큰 샹들리에가 환하게 빛나는 원형 음악당 안에서 연주했고, 손님들은 이국적인 터키식 천막에서 식사했다. 복스홀 플레저 가든즈에는 특설 건축물, 조각상, 모조 건축물, 개선문 등도 있었다. 그 테마 공원의 가장자리는 저 아득히 사라지는 아름다운 시골 풍경이 펼쳐진 듯한 착각을 일으키는 입체화법의 그림들로 뒤덮여 있었다. 계절이 바뀔 때마다 타이어즈는 그 마법 같은 정원에 참신하고 이목을 사로잡는 구경거리를 추가해야 했을 것이다. 모차르트는 복스홀 플레저 가든즈를 통해 영국 무대에 첫선을 보였다. 그는 복스홀 플레저 가든즈에서 연주한 유수의 음악가 중 한 명이었다. 복스홀 플레저 가든즈는 근대 미술의 전시장이자 일종의 공중 미술관이었다. 조명, 음악, 그림, 건물, 불꽃놀이, 우아한 조경 그리고 거기 모인 군중은 그야말로 장관을 이뤘다. 헨리 필딩Henry Fielding(18세기 영국의 소설가_옮긴이)은 이렇게 말했다. "솔직히 말하건대 내 영혼 전부가 기쁨으로 녹아내렸다. 〔…〕 담론은 즐거움과 신기함의 광시곡이었다. 〔…〕 그 황홀한 장면이 진짜였다니 정말 믿어지지 않는다."24

복스홀 플레저 가든즈는 근대적 대중오락의 출발점이었다. 어느 독일인 관광객에 따르면 그곳은 '유럽 어디에도 필적할 만한 상대가 없는 오락을 즐길 수 있는 런던의 나이트클럽'이었다. 대개의 경우 하룻밤에 약 2,000명이 복스홀 플레저 가든즈를 찾았고, 많을 때는 7,000명 정도가 방문했다. 1749년에 헨델이 '왕궁의 불꽃놀이 음악 Music for the Royal Fireworks'을 처음 연주한 날 밤에는 1만 2,000명이 몰려들었다. 18세기 말엽, 주말 저녁에는 1만 6,000명이 단돈 1실링의 입장료를 내고 들어왔다.25

복스홀 플레저 가든즈 같은 유원지와 커피점은 사람들을 대도시로 이끄는 신나는 구경거리였다. 토지 재산을 가진 사람들은 수도인 런던에서, 새롭게 떠오르는 소비와 쾌락의 공공장소들에서 돈을 쓰고 싶어 했다. 18세기 초엽, 런던에는 극장이 2개밖에 없었다. 드루리 레인 왕립극장Theatre Royal in Drury Lane과 링컨스 인 극장Lincoln's Inn Theatre은 둘 다 왕실의 특허를 받아 운영되었다. 1720년대부터 대형 극장인 코번트 가든 극장Covent Garden Theatre 같은 극장들이 점점 더 많이 생기기 시작해 사람들의 오락 욕구를 채워주었다. 무대장치는 관객들을 놀라게 할 만큼 월등하게 정교해졌고, 기술적으로 발전했다. 극장들이 오늘날의 방식대로 만들어져 특등석, 관현악단석, 최상층 관람석, 무대를 비추는 스포트라이트와 사이드라이트 따위를 갖추게 되었다.

18세기 말엽, 코번트 가든 극장에는 밤마다 3,000명 이상이 몰려들었다. 당시 런던에 있는 극장들의 총수용 규모는 2만 9,500석이었다. 코번트 가든 극장보다 수용 능력이 살짝 떨어지는 극장들인 새들러즈 웰즈 극장Sadler's Wells, 아델피 극장Adelphi, 타워 햄릿 로열티 극장Royalty in Tower Hamlets에는 하룻밤 평균 1,800명의 손님들이 찾아왔다. 어느 프랑스인 관광객은 상대적으로 신분이 낮은 런던의 선원, 하인, 비천한 상인 그리고 그들의 아내와 애인 들이 코번트 가든 극장의 위층 관람석에서 마음껏 즐기는 모습을 묘사했다. 높은 곳의 싸구려 관람석에 앉은 그들은 아래쪽의 배우들과 관객들에게 사과와 오렌지 껍질을 마구 내던졌다. 객석에 앉은 귀족들, 특히 여인과 고급 매춘부들을 구경하는 것도 하나의 재밋거리로 여겨졌다. 무대 위의 배우들뿐 아니라 지위가 가장 높은 관객들에게도 야유와 상스러운 농담이 쏟아졌다. 극장은 귀족들의 불화와 경멸적 태도, 음모에 관한 연기가 펼쳐지는 곳이었다. 그곳은 세상 이야기의 집하장이었다.[26]

런던 사람들은 극장을 좋아했다. 극장은 하인, 날품팔이 장인, 무역업자, 변호사, 갑부, 귀족 등 각계각층의 사람들이 서로 어울리는 장소였기 때문이다. 중산층에 속한 사람들과 경제적 지위가 불안정한 사람들은 신분이 가장 높은 사람들과 함께 오락을 즐기면서 '자신들의 (사회적) 분리 상태를 잊어버릴 요량'으로 1실링을 내고 극장과 유원지에 들어갔다. 극장은 런던의 수많은 사람들이 한자리에 모인 듯한 기분이 드는 장소였다. 그런 기분 덕분에 극장에는 힘이 생겼다. 극장으로 향하는 길을 가로막는 움직임에는 강력한 저항이 따랐다. 1737년, 드루리 레인 왕립극장의 최상층 관람석에 앉지 못하게 하려는 움직임이 있자 런던의 하인들이 폭동을 일으켰다. 1809년에 코번트 가든 극장이 입장료를 인상하자 67일 연속으로 야간 시위가 열렸다. 아무도 그 도시의 고동치는 심장에서 배제되고 싶은 마음이 없었다.

A. 프림콕A. Primcock이라는 사람이 썼다고들 하는 《시금석The Touchstone》이라는 책에는 '도회지에서 유행하는 오락거리'가 열거되어 있었다. 프림콕은 런던의 새로운 상업적 오락거리로 음악 및 무용 공연장, 극장, 오페라, 강당, 가장무도회 등을 꼽았다. 그러나 고급 문화와 관련해서는 런던 사람들에게 제공되는 여러 가지 다른 오락거리인 꼭두각시놀음, 공중제비 곡예, 줄타기 곡예, 던지기 곡예, 야외 광대극, 순회공연, 맨손 권투 시합, 닭싸움, 곰 놀리기 공연장을 꼽았다. 밀랍 인형관, 기형인 사람이나 동물을 보여주는 쇼, 줄타기 광대, 몸을 자유자재로 굽히는 곡예, 진기한 동물이 등장하는 쇼, 전람회, 신기한 물건이나 동물, 사람이 나오는 공연, 펀치Punch와 그의 아내 주디Judy가 등장하는 전통 인형극, 길거리 가수들의 공연 같은 오락거리도 있었다. 거리는 대중가요를 만들어 팔거나 부르는 사람들 덕분에 생기가 넘쳐흘렀다. 대중가요의 가사는 음담패설인 경우가 많았다. 1730년대부터 크리켓 시합이 열린 아틸러리 그라운드Artillery Ground에 1만 명의 유료 관중이 모이기 시작했다. 이는 상업화된 대중 스포츠 행사의 시작을 알리는 신호탄이었다. 램버스Lambeth에 자리한 애슬리 원형 경기장Astley's Amphitheatre은 승마 기술과 묘기를 전문적으로 보여주며 고수익을 올리는 곡마장이었다. 월간지 《여성 관객The Female Spectator》에 기고한 글에서 일라이자 헤이우드Eliza Haywood는 '최근의 오

락물 상인들', 즉 쾌락을 중심으로 도시를 개조하는 사업가들의 행태를 혹평했다.[27]

공손한 도시 런던의 이면

극장, 곰이나 황소 놀리기 공연장, 닭싸움장 같은 곳에서의 요란한 행동을 생각해보면, 사람들의 생각과 달리 런던은 공손한 도시가 아니었다. 세계 최대의 대도시로 탈바꿈하는 동안 런던에는 수많은 노동자들이 몰려와 멋진 광장을 만들고, 점점 늘어나는 유한계급의 수요를 충족시키면서 부두에서 노동력을 제공하고, 그 영리에 눈먼 괴물을 위해 온갖 힘들고 더러운 일을 처리했다. 세인트 자일스 교회 St Giles-in-the Fields 인근에 어지럽게 모여 있는 낡은 중세 건물들은 마치 떼까마귀의 둥지를 모아놓은 것처럼 보였다. 세인트 자일스 교회의 '떼까마귀 둥지'에는 가난한 아일랜드계 노동자들인 건축업자와 벽돌공, 뱃사공, 1인용 가마꾼, 석탄 운반 인부, 행상인이 살고 있었다.

그 작고 지저분하고 부실하고 심각한 빈민굴은 역사상 최악의 빈민가 중 하나였다. 그곳의 여러 개의 버려진 건물 중에는 '쥐의 성 Rat's Castle'이라는 건물이 있었다. 근처의 벌판은 맨주먹 격투와 개싸움이 벌어지는 장소였다. 오늘날의 뭄바이 같은 도시 빈민가처럼 세인트 자일스 빈민굴도 저렴한 주택보다 인구가 더 빨리 늘어나는 대도시의 특징적인 요소였다. 런던에는 간이 숙박소가 많았고, 간이 숙박소는 일자리를 구할 수 있다는 희망을 품은 단기 투숙객들로 가득했다. 세인트 자일스 빈민굴은 도시 속 폐쇄된 도시 세계, 즉 감히 발 들이기 힘든 장소였다. 하지만 그 빈민굴은 런던에서 가장 새롭고 멋있는 구역 중 하나인 블룸즈버리Bloomsbury에서 엎드리면 코 닿을 만큼 가까이 있었다. 블룸즈버리는 고상한 느낌의 광장과 큰 저택들, 대영박물관(1753년 건립)을 거느린 곳이었다.

1666년의 대화재로 파괴되었던 지역은 벽돌과 돌로 재건되어 멋스러운 주택과 더 넓어진 거리, 세인트 폴 대성당과 크리스토퍼 렌Christopher Wren이 지은 50여 개의 교회, 잉글랜드 은행, 런던 시장 관저Mansion House 같은 웅장한 공공건물을 갖추게 되었다. 그러나 새로 단장된 런던에는 화재의 폐허에서 벗어나 허약한 목조 건물과 좁은 안뜰, 냄새 나는 골목 같은 옛날의 투박한 기억을 떠올리게 해주는 거리와 골목도 있었다. 패링던Farringdon과 클러큰웰Clerkenwell 같은 외곽 지역은 세계에서 가장 부유한 도시의 대표적인 빈민굴이었다. 그 축축한 빈민가에는 갱도 같은 통로가 나 있었고, 주민들은 거친 놀이를 즐겼다. 1750년대까지 클러큰웰의 호클리인더홀Hockely-in-the-Hole 구역은 레슬링 시합, 칼싸움, 맨주먹 격투, 황소 놀리기 공연, 투견 사육 등의 중심지였다.

18세기의 런던은 패싸움, 강도 사건, 각종 경범죄, 동물 학대, 잔학 행위 따위에 시달리는, 떠들썩하고 북적대는 도시였다. 아울러 근면한 도시이기도 했다. 런던을 방문한 사람들이라면 누구나 끝없이 밀려드는 행인들과 혼잡한 교통, 거리의 요란한 소음에 대해 한마디씩 했다. 1인용 가마와 전세 마차, 사륜마차, 노래를 부르며 길거리 음식을 파는 상인들, 대중가요를 만들어 파는 사람들도 귀에 거슬리는 소음에 한몫했다.

1720년대 세인트 제임스 광장St James's Square의 공터에는 주택 23채가 있었고, 그중 20채는 귀족들이 사는 집이었다. 하지만 그 공터는 폐기물, 흙, 재, 썩은 음식물, 개의 사체 따위가 잔뜩 쌓여 있는 쓰레기장처럼 보였다. 런던은 공손함이 물리적·도덕적 더러움과 공존하는 장소였다. 노동계급의 소호 거리가 상류계급의 메이페어Mayfair 지역 바로 옆에 있었다.

'공손한 사람들'은 런던의 지형적 특성 때문에 그 도시의 현실로부터 분리되기가 어려웠다. 당시의 기준으로는 큰 도시였지만, 런던 북쪽 끝에서 남쪽 끝으로 걸어가는 데 1시간밖에 걸리지 않았고, 아마 동쪽 끝에서 서쪽 끝까지 걸어가는 데는 기껏해야 3시간이면 충분했을 것이다. 18세기 내내, 런던의 스트랜드Strand, 플릿 스트리트Fleet Street, 칩사이드Cheapside 같은 거리들이 주요 상점가였다. 따라서 웨스트 엔드에 사는 상류층 주민들이 그 번화한 상점가에서 물건을 구입하려면 어쩔 수 없이 런던의 다양한 풍경을 거쳐 가야 했다. 외국인 방문객들은 왕실 소유의 공원을 누구나 이용할 수 있다는 사실에 충격을 받았다. 런던의 왕실 소유 공원에서는 상류층 사람들이 온갖 신분의 사람들과 뒤섞여 산책을 즐겼다.

외국인들은 공공 부문에서 사회적 차별이 보이지 않는 런던의 상황에 깜짝 놀랐다. 어느 독일인 관광객은 영국의 그 어느 장관이나 귀족도 거리에서 마주치는 미천한 사람들에게 물러나라고 하지 않는 점에 주목했다. "그들은 런던에서 가장 훌륭한 사람들이 살고 있는 붐비는 거리를 날마다 걸어서 지나가며 이리저리 밀리고, 남들의 팔꿈치에 찔리고, 오물이 묻어도 아무런 불평을 하지 않는다."[28]

런던의 귀족 계급과 신사 계급에 속한 사람들은 도시 생활에 대한 평등주의적 기대감을 고려해 고급스러운 장식이 없는 간편한 옷차림으로 거리에 나서기 시작했다. 1780년대의 어느 글에는 이런 내용이 있다. "신사는 옷차림으로 서민들과 쉽게 구분되었다. 그런데 요즘 들어 사람들의 신분을 알 수 있는 외면적 표시가 모조리 사라졌다." 칼 대신 지팡이와 우산이 쓰였다. 18세기 말엽에 이르러 남성들의 복장이 이전보다 차분해졌다. 부자들은 튀지 않는, 이전보다 더 어두운 색의 검소한 옷을 입었다. 그것은 훗날 여러 세기 동안 이어질 도시적 남성 복장, 수수한 정장과 넥타이의 예고편이었다.[29]

런던에서는 가난하고 비참한 형편에 놓인 사람들이 풍족하고 호사스러운 생활을 누리는 사람들과 어울려 지냈다. 다양한 유형의 사람들과 구역들로 이뤄진 복잡한 모자이크 같은 런던은 요란스럽고 뒤죽박죽인 도시였다. 거칠고 약삭빠른 도시에 '공손함'이 넘쳐흐르지는 않았으나 분명히 예의는 런던 곳곳에서 뚜렷하게 나타나는 현상이었다. 18세기는 도시적 사교성의 황금시대였다.

커피는 음주 관행에 전혀 타격을 입히지 않았다. 술은 여전히 런던 사람들이 친목을 다질 때 등장하는 주역이었다. 1737년, 런던에는 커피점이 531개 있었고, 여인숙은 207개, 선술집은 447개, 맥줏집은 5,975개 있었다. 다시 말해 런던의 개인 주택 13.4개당 1개가 주류 판매 면허를 소지한 셈이다. 그리고 1720년대부터 1750년대까지 독한 증류주인 진을 파는 곳이 7,000여 개나 있었다. 커피점과 흡사하게도 술집은 흥겹게 즐기거나 대화를 나누거나 신문을 읽는 장소였다. 아울러 상인과 숙련자, 소매상과 장인, 임금노동자 들을 비롯한 온갖 부류의 런던 사람들에게 직업소개소 같은 역할도 맡았다. 대중 주점의 핵심 기능 중 하나는 손님들이 클럽 활동을 펼칠 수 있는 공간인 쪽방을 제공하는 것이었다.

17세기 초반, 온갖 부류의 사람들이 술집을 찾아 서로 어울리고 술을 마시는 동호회가 크게 늘었다. 방귀 클럽Farting Club, 못난이 클럽 Ugly Club, 단신 클럽Little Club(키가 150센티미터 미만인 사람들의 모임), 장신 클럽Tall Club, 격투 클럽Fighting Club, 뚱보 클럽Fat Men's Club, 애꾸눈 클럽One-eyed Men Club, 그리고 코가 길쭉한 사람들의 클럽이 있었다. 그리고 문학, 과학, 정치, 철학 분야를 다루는 학구적인 클럽도 있었다. 비교적 형편이 어려운 사람들이 과일즙과 설탕, 술 따위를 섞은 음료인 펀치punch를 1실링 내고 먹는 클럽과 노래를 부르는 클럽도 있었다. 견습공들과 젊은 여자들은 수탉과 암탉 클럽Cock and Hen club에서 만나 함께 춤을 추고 짝을 지었다. 어느 유명한 토론 모임은 스트랜드 거리로부터 조금 떨어진 로빈 후드Robin Hood라는 술집에서 열렸다. 거기에는 석공, 목수, 금속세공인 등이 참석했고, 참석자의 발언 시간은 5분이었다. 클럽은 마음이 맞는 사람이나 친구, 이웃이나 동종업계 종사자, 자선사업가 들 혹은 같은 종목의 스포츠를 즐기는 사람들의 단체였다. 이주자들로 가득한 도시에서, 이를테면 스코틀랜드 출신자나 스태퍼드셔Staffordshire 출신자 들이 모인 클럽은 사람들로 북적이는 대도시에서의 외로움을 달래주는 데 안성맞춤인 사교 모임이었다. 아무튼, '교제에 대한 사랑'으로 그 정체성을 규정할 수 있는 도시에는 교제를 위한 각종 모임이 존재했다.

공공연하고 노골적이며 음탕한 남성 위주의 음주 문화에서는 세속적 쾌락을 맛볼 수 있었다. 플릿 스트리트에서 일한 조셉 브라스브리지Joseph Brasbridge라는 은세공인은 젊었을 때 본인의 사업체를 설립하기 위해 이른바 유쾌한 친구 노릇을 하기로 마음먹은 뒤 일행들(외과 의사, 인쇄업자, 의회 기록원, 재무부 사무원, 뉴게이트 감옥Newgate Prison의 간

수)과 함께 글로브Globe라는 선술집의 어느 클럽에서 새벽까지 술을 마셨던 일을 부끄러운 마음으로 회상했다. 그들은 결코 하층민이 아니었다. 일행 중 한 사람은 훗날 런던 시장이 되었다.

브라스브리지는 고상한 쾌락과 저열한 쾌락의 경계가 희미해지는 도시의 모습을 묘사했다. 우아함의 전형인 복스홀 플레저 가든즈를 예로 들어보겠다. 고상함을 추구한 조너선 타이어즈는 산책로를 조명으로 환하게 밝혔다. 하지만 다크 워크Dark Walk라는 산책로는 예외였다. 이른바 '존경할 만한 남자들'이 매춘부와 사랑을 나눈 뒤 바지의 단추를 채우며 컴컴한 곳 밖으로 나오는 모습이 눈에 띄었다. 사업가인 타이어즈는 공손함을 중시하는 분위기에도 불구하고 겉보기에 '공손함'을 챙기는 듯한 장소에서 성매매가 이뤄진다는 사실을 누구보다 잘 알고 있었다. 극장, 가장무도회, 공원 같은 곳들에는 매춘부와 뚜쟁이들이 잔뜩 있었다.

공손한 상류사회의 '우아한 쾌락'을 음미해야 할지, 아니면 거리낌 없는 흥겨움과 '낭만적 모험'이 기다리는 더 거친 세계로 뛰어들어야 할지 갈팡질팡했던 제임스 보스웰 외에도 런던이라는 대도시가 힘겨운 욕망의 줄다리기 장소라고 느끼는 사람들이 있었다. 런던은 쾌락의 온상이었다. 끊임없이 추파를 던지는 매춘부들과 여배우들이 엄청나게 많았다는 점을 고려해 더 정확히 말하자면, 런던은 남성들의 성적 쾌락의 온상이었다. 대도시의 전역에서 뚜렷이 눈에 띈 매춘은 특히 코번트 가든, 스트랜드, 링컨스 인 필즈Lincoln's Inn Fields 등지와 그 주변에서 집중적으로 벌어졌다. 즉석 성행위에 대한 수요는 엄청났고, 그 뜨거운 수요는 충족되었다. 윌리엄 호가스William Hogarth(17~18세기 영국의 화가_옮긴이)의 회화 및 판화 연작인 〈어느 매춘부의 일대기

A Harlot's Progress〉에는 이제 막 마차를 타고 런던에 도착해 재봉사로 취직하려는 몰 해커바웃Moll Hackabout이라는 순진한 소녀가 나온다. 하지만 본인의 희망과 달리 그녀의 출중한 외모는 악명 높은 뚜쟁이 니드햄 아줌마Mother Needham의 관심을 끌게 된다. 니드햄은 고급 매춘부가 되면 쉽게 돈도 벌고 좋은 옷도 입을 수 있다고 몰을 꼬드긴다. 니드햄의 꼬임에 넘어간 몰은 한동안 첩 노릇을 하며 사치스럽게 살다가 일반 매춘부로 전락하고, 결국 23세의 나이로 매독에 걸려 죽게 된다. 대니얼 디포Daniel Defoe(17~18세기 영국의 소설가_옮긴이)의 소설 《몰 플랜더스Moll Flanders》에는 한 여성이 냉혹한 남성적 도시에서 아내로 또 매춘부로 성을 팔며 살아남은 사연이 실려 있다.

런던의 매춘부 숫자는 늘 과장되었다. 18세기 말엽의 추산치인 5만 명에는 성노동자가 아닌 여성들, 즉 남성과 동거하는 수만 명의 미혼 여성들이 포함되어 있었다. 그러나 일단 눈에 띄었기 때문에 매춘은 만연한 문제처럼 보였고, 성을 쉽게 구매할 수 있다는 사실은 남성들이 공공장소에서 취하는 행동에 결정적인 영향을 미쳤다.

18세기의 여러 소설에서 런던은 성적 측면에서 여성들에게 위험한 장소로 묘사된다. 패니 버니Fanny Burney의 소설 《이블리나Evelina》(1778년)에 나오는 비참한 일화에서, 주인공인 이블리나는 복스홀 플레저 가든즈에서 하마터면 술에 취한 한 무리의 남성들에게 겁탈을 당할 뻔했다. 동행인 없이 혼자 거리를 걸어가는 여성들은 남성 포식자들의 손쉬운 사냥감으로 보였다. 그것은 20세기 말엽과 그 이후까지 런던을 포함한 큰 도시들에서 피할 수 없는 현실 중 하나였다. 남성들에게 허용된 사회적 기회는 여성들에게 확대되지 않았다. 상류층과 중산층 여성은 도시의 길거리에 혼자 있는 모습이 목격되는 경우

평판이 나빠졌다. 마차가 주요 교통수단인 도시의 거리는 말의 배설물로 더럽혀져 있었다. 거리는 행인들로 꽉 들어찼고, 악취와 소음이 심했다. 특히 밤에 여성들은 원하지 않는 성적 구애나 그 이상의 봉변을 당할 수 있었다.

그렇다고 여성들이 공공장소를 피한 채 사생활이 보장되는 집에 머물렀다고만 볼 수는 없다. 외국인 관광객들은 런던의 부유한 여성들이 유럽의 다른 도시들의 그런 여자들에 비해 무척 폭넓은 자유를 누리는 점에 주목했다. 18세기의 대도시가 여가를 통해 탈바꿈한 데 힘입어 상류층과 중산층 여성들은 지위나 체면을 잃는 일 없이 사회적 의례에 참여할 수 있게 되었다. 많은 외국인 방문객들이 보기에 런던은 몹시 지저분한 도시였다. 하지만 그들은 런던의 호화로운 상점들을 보고 깜짝 놀랐다. 런던에는 거리마다 포목점, 문방구점, 제과점, 케이크점, 인장 가게, 은세공 가게, 서점, 판화 가게, 양품점, 청과상, 도자기 가게 같은 온갖 상점들이 끝없이 늘어서 있었다. 물건들은 너무나 예쁘게 진열되어 있었다. 콘힐Cornhill, 플릿 스트리트, 스트랜드, 칩사이드 같은 18세기의 주요 상점가들에 뒤이어 19세기 초반에는 코벤트 가든, 리전트 스트리트Regent Street, 옥스퍼드 스트리트Oxford Street 같은 상점가들이 명함을 내밀었다. 대형 판유리 내닫이 창 너머에서는, 상점 주인들이 사치스러운 상품들을 솜씨 좋게 진열했고, 밤에는 조명으로 진열장을 환하게 밝혔다. 그 고급 상점들은 일과처럼 떼지어 쇼핑에 나서는 여자들에게 안전하고 매력적인 사교 장소였다.[30] 앞서 언급한 버니의 소설에서 주인공 이블리나는 쇼핑의 '오락적 양상', 즉 쇼핑과 쇼핑의 사회적 기능에 수반되는 의식 절차에 주목했다. "여성용 모자 가게에서 우리가 만난 여인들은 옷차림이 너무

과했다. 물건을 사러 온 고객이 아니라 남의 집을 방문한 손님이 아닌가 착각할 정도였다." 극장, 유원지, 오페라 극장, 자선 모임, 전시회, 무도회장, 상점 등에 출입하는 상류층 여성들은 대도시의 신흥 소비 영역에 참여하게 되었다.

거리의 행상인에서 대기업 소유주 들에 이르기까지 여성들은 아직 성차별적 경향이 짙은 경제계에서 자력으로 인생을 개척해야 했다. 오늘날 성장 중인 여러 도시들에서 그렇듯이, 당시에도 여성들은 흔히 무역과 금융 분야가 아닌 비공식 경제에서 활동했다. 사업 관련 인맥이 형성되는 커피점, 술집, 클럽 등에서의 사교와 정보 교환 관계망은 남성들이 독차지했다. 여성들은 다른 경제 영역에서 활동해야 했다. 여성들은 그 대도시 사람들에게 음식, 의복의 청결함, 거처와 교육, 오락을 제공하는 사업가들이었다. 노점상들의 대부분이 여성들이었다. 여자들은 커피점과 술집, 여인숙을 운영했고 요리와 청소, 세탁을 맡았다. 런던의 어린이들에게 기초 교육을 제공하는 대다수 학교는 여성들이 설립해 운영했다. 여성복 제조업 분야는 십중팔구 여류 사업가들이 장악했고, 소매업도 마찬가지였다. 많은 여성들이 간이 숙박소를 운영했다. 대중연예 분야가 급속도로 성장하자 여성들이 배우, 가수, 공연가, 흥행주 등으로 활약할 새로운 기회가 생겼다. 테리사 코넬리스Teresa Cornelys는 1720년대에 베네치아에서 런던으로 건너온 소녀였다. 1760년대에 그녀는 오페라 무대에서 경력을 쌓은 뒤 소호 광장Soho Square에서 열리는 호화로운 가장무도회의 기획자로 일하며 막대한 부와 명성을 누렸다.

이렇게 볼 때, 도시 생활의 여러 현장들과 마찬가지로 런던은 18세기 유럽과 미국의 도시들이 겪고 있던 변화 중 가장 두드러지고 중요한 사례였다고 평가할 수 있다. 궁정에서 대도시로 무게추가 이동하는 현상은 17세기 후반기의 커피점을 통해 처음으로 분명하게 드러났다. 커피점은 18세기 도시들의 정체성을 규정하는, 사교적 도시 환경을 조성하는 데 일조했다. 18세기 도시들은 소비자인 시민들이 문화와 유행을 만드는 곳, 여가와 쇼핑이 도시 체험의 핵심을 차지하는 곳이었다. 극장과 오페라 극장, 카페와 식당, 박물관과 미술관 등은 모두 근대적 도시 체험에서 가장 중요한 요소로 자리 잡았다.

상업화된 도시가 잃어버린 것

1935년, 미국의 예술가 재니스 비알라 Janice Biala 는 런던에서 유난히 눈에 띄는 광경을 보고 스케치로 남기고 싶다는 생각이 들어 연인인 포드 매덕스 포드 Ford Madox Ford 에게 "생생한 느낌을 받을 수 있도록 어서 카페에 가요"라고 말했다. 포드가 런던에는 카페가 없다고 대답하자 그녀는 어안이 벙벙해졌다. "카페가 없는데 어떻게 런던에서 예술가들이 작품을 내놓을 수 있죠? 문학 작품은요? 런던에 문명이라는 것, 아니 뭐든 있기는 한가요?"[31]

그 무렵 이탈리아, 독일, 스페인, 프랑스 등지의 귀족들(미국에서는 '고상한 사람들'로 통했다)은 도시의 떠들썩한 노상 카페를 이용했지만, 과거에 커피점이라는 도시적 현상을 서유럽에 소개한 주역이었던 런던에는 이제 그런 카페가 없었다. 대체 무슨 일이 일어났던 것일까?[32]

변화는 오래전부터 시작되었다. 1736년, 화이츠 초콜릿점 White's Chocolate House (앞에서 등장한 화이츠 커피점의 후신으로 추정. 1650년대 이후 런던에서는 커피점이 주류였지만, 18세기 초반부터 초콜릿점도 많이 생겼다_옮긴이)은 특정 손님들만 출입하는 화이츠 클럽White's Club으로 바뀌었다. 조너선즈 커피점에서는 누구나 커피 한 잔 값을 내고 온종일 주식을 거래할 수 있었다. 그러다가 증권 중개인들이 점점 그런 방식에 불만을 갖기 시작했다. 1761년, 증권 중개인들은 조너선즈 커피점의 주인에게 1년치 커피값으로 1,500파운드를 지불하고 매일 3시간씩 그곳의 독점 이용권을 얻었다. 이후 그 문제는 법정으로 옮겨갔고, 결국 고등법원 수석 판사Lord Chief Justice는 커피점이 누구에게나 개방된 자유로운 시장이라며 증권 중개인들에게 패소 판결을 내렸다. 그러자 증권 중개인들은 스위팅즈 앨리Sweetings Alley에 뉴 조너선즈New Jonathan's라는 커피점 겸 증권 거래소를 따로 차렸다. 얼마 지나지 않아 뉴 조너선즈는 런던 증권 거래소London Stock Exchange로 이름이 바뀌었고, 하루에 6펜스를 내야 출입할 수 있었다. 1801년에는 연간 입장료를 납부한 클럽 회원들만 출입할 수 있게 되었다.[33] 한편, 로이즈 커피점Lloyd's Coffee House을 이용하던 보험업자들은 일단 커피점을 따로 차렸다가 1773년에 런던 왕립 거래소의 위층으로 옮겨갔다.

커피점 특유의 비공식적 성격은 엄격한 규제와 통제로 무장한 금융시장에 무릎을 꿇었다. 하지만 커피점의 반향은 오늘날에도 남아 있다. 리처드 로저스Richard Rogers(20~21세기 영국의 건축가_옮긴이)가 만든 강철 고층 건물에 자리 잡은 세계 최대의 보험 시장인 런던 로이즈Lloyd's of London는 옛날의 소란스러운 커피점에서 태동한 대면 거래 방식을 여전히 유지하고 있다. 보험업자들은 요즘도 등받이 없는 걸상에 앉아 있고, 연미복 차림의 직원들은 아직도 '웨이터'로 불린다.

사업과 거래의 무대는, 커피점이라는 열린 세계에서 규제와 통제가 이뤄지는 세계로, 즉 관계자들만 출입 가능한 거래소와 근대적 발명품인 사무실로 이동했다. 그리고 18세기의 사교성은 이후 더 배타적인 형태의 예절에 의해 다양한 방식으로 계승되었다. 헨리 제임스 Henry James(19~20세기의 미국계 영국인 소설가_옮긴이)가 날카롭게 지적했듯이, 1880년대의 런던에 노상 카페가 없었다는 점은 엄격한 계급제도를 지닌 사회의 속사정을 드러내는 징후였다. 신사들은 커피를 마셨다. 그러나 사람들은 각자 자신이 다니는 클럽의 편안하고 격리된 환경에서 커피를 마셨다. 가난한 사람들은 출근길에 손수레나 노점에서 파는 커피를 마셨다.

19세기 말엽, 런던의 인구가 600만 명에 이르면서 정원이 딸린 널찍한 집이 인기를 끌자 중산층 시민들은 점점 도심 밖으로 빠져나갔다. 프랑스의 파리를 비롯한 다른 도시들의 중산층은 도심의 아파트에서 생활한 반면 런던의 중산층은 교외에 살았다. 유럽 대륙의 카페들은 조밀한 도시들에서 이뤄지는 사교생활의 일부분이었다. 19세기에 런던은 근대적 교통수단을 중심으로 재편되었다. 기차, 말이 끄는 합승차, 노면 전차, 지하철 덕택에 사람들은 도심에서 더 멀리 떨어진 곳에 거주할 수 있게 되었다. 런던이 교외로 확장되자 인구가 채 100만 명이 되지 않고 걸어 다닐 만했던 18세기의 매력적이고 흥겨웠던 도시는 사라지고 말았다.

커피점이 내리막길을 걷게 되자 친목적인 분위기가 퇴색하고 사교·문학·과학·사업 분야에서 배타성이 짙어졌다. 공공장소에서 사교가 차지했던 자리에 분할화와 제도화, 교외화가 밀치고 들어왔다. 커피점이 사라졌을 때 런던은 세계 최강의 도시이자 상업 대도시의 반열에 올라 있었다. 헨리 제임스가 19세기 말엽에 썼듯이, 런던은

"강렬한 상업적 성격"을 띠고 있었다. 파리의 카페에서 감도는 경박함과 흥겨움은 영리에 민감하고 계급을 의식하는 제국의 대도시와 어울리지 않았다. 이미 세상이 변해 있었다.

지상에 자리 잡은 지옥

맨체스터와 시카고

1830~1914년

1839년, 찰스 네이피어 장군General Charles Napier은 다음과 같이 썼다. "맨체스터는 세계의 굴뚝이다. 부유한 악당과 가난한 불량배, 술에 취한 부랑자, 매춘부 들이 도덕을 만들고, 비에 젖어 반죽으로 변한 검댕이 지형을 이룬다. 유일한 경치는 높다란 굴뚝이다. 지옥의 문이 열렸다!"[1]

　　1840년대의 맨체스터에는 500개가 넘는 굴뚝이 짙은 석탄 연기를 뿜어내며 새로운 대량생산 기술에 동력을 공급했다. 알렉시 드 토크빌Alexis de Tocqueville은 맨체스터의 '거대한 공장'의 모습 그리고 '용광로와 증기에서 나는 소리'에 화들짝 놀랐다. 그런 도시는 역사상 전례가 없었다. 맨체스터 곳곳에서는 매일 수천 개의 역직기力織機(전동기와 같은 동력을 사용하여 운전하는 직기_옮긴이)가 굉음을 내며 주변 건물을 뒤흔들었다. 스웨덴의 저술가 프레드리카 브레머Fredrika Bremer는 그 프랑켄슈타인 같은 산업도시의 쉼 없는 힘과 감각적 충격을 이렇게 포착했다. "내가 볼 때 맨체스터는 엄청나게 큰 거미 같았다. 주변의 모든 공장과 도회지, 교외와 마을이 이 세상 모든 사람들이 입을 옷을 만들고 있는 것처럼 보였다. 맨체스터, 그러니까 여왕 거미는 두꺼운 비구름 속에 가려져 보이지 않는 거미집처럼 생긴 흉측한 주택과 공장의 덩어리에 에워싸여 있었다. 맨체스터는 어둡고 답답한 인상을 풍기는 곳이었다."[2]

브레머는 시카고도 방문했다. 그녀가 남긴 글에 따르면 "미국의 거인"은 "세상에서 가장 비참하고 보기 흉한 도시 중 하나"였다. 브레머는 시카고가 "호수의 여왕"이라는 칭호에 어울리지 않는다고 혹평했다. "비참하고 어수선한 상태로 호숫가에 있는 이 도시는 여왕이 아닌 떠돌이 장사꾼처럼 보인다."[3]

복잡하게 얽힌 전신선과 사방으로 뻗은 철도, 대형 곡물창고와 목재 하치장, 시끄러운 가축 사육장과 제철소 그리고 공장 굴뚝으로 이뤄진 시카고의 풍경은 맨체스터의 풍경과 마찬가지로 19세기 산업주의의 명백한 증거였다. 방문객들은 '기관차의 깊고 낮게 울리는 소음과 증기선의 높고 날카로운 소음, 도살장에서 죽음을 앞둔 돼지들의 비명과 끊임없이 움직이는 군중들이 떠드는 소리가 뒤섞인 시카고'가 여느 도시들과 다르다고 평가했다. 어떤 방문객들은 '거침없는 폭력이 횡행하는 시카고'를 경험했다. 어느 프랑스인 방문객은 시카고에 도착하자마자 숨을 조이는 듯한 불온한 기운을 느꼈다.[4]

규모와 인구의 증가, 감각적 충격은 이쯤 해두자. 그보다 한층 더 위협적인 점은 맨체스터와 시카고 같은 도시들이 인류에 미친 영향이었다. 일명 '면직공업 도시'이기도 한 맨체스터는 세계 직물업의 중심지이자 전 세계적 산업화의 역사가 시작된 곳이었다. 맨체스터에 즐비한 공장들의 모습은 인류의 미래를 예고했다. 드 토크빌은 "여기서 인류는 가장 완벽한 발전과 가장 미개한 것을 이룬다. 문명은 기적을 일으키고, 문명화된 인간은 야만인으로 되돌아가다시피 한다."[5]

대서양 건너편의 남아메리카 대륙에서는 노예들이 동원되어 면화를 재배하고 수확하고 포장했다. 맨체스터에서는 수십만 명의 산업노동자들이 면화를 직물로 만들어야 했다. 그들은 공장제도에 종속된 임금노동자들이었다. 공장주들은 임금이 더 싸고 더 쉽게 훈련시킬 수 있는 여자들과 아이들을 선호했다. 여섯 살 때부터 공장에서 일한 어느 소녀는 다음과 같이 증언했다.

질문: 하루 몇 시간씩 일했니?

답변: 아침 5시부터 밤 9시까지 일했어요.

질문: 식사 시간은 따로 있었어?

답변: 정오에 40분 동안 밥 먹을 시간이 있었어요.

질문: 아침을 먹거나 음료수를 마실 시간이 따로 있었니?

답변: 아뇨, 각자 알아서 먹거나 마셔야 했어요.

질문: 아침 먹을 틈은 있었어?

답변: 아뇨. 아침을 안 먹고 놔두거나 퇴근할 때 집에 가져가야 했어요. 집에 가져가지 않으면 감독이 거둬가서 돼지 먹이로 줬어요.

질문: 일을 열심히 하지 않거나 지각을 하면 어떻게 됐니?

답변: 채찍으로 맞았어요.

질문: 너는 어떤 일을 맡아 했니?

답변: 소면실梳綿室(면사 방적 공정에서 엉킨 섬유를 분리, 불순물을 제거한 후 굵은 밧줄 모양의 다발로 만드는 작업실_옮긴이)에서 무게를 재는 일이요.

질문: 거기서 하루에 얼마나 일했어?

답변: 아침 5시 반부터 밤 8시까지요.

질문: 소면실은 어땠어?

답변: 먼지투성이였죠. 먼지 때문에 누가 누군지 알아볼 수도 없었어요.

질문: 소면실에서 일하다가 건강이 나빠진 거야?

답변: 네. 먼지가 너무 많았어요. 먼지가 폐에 들어갔고, 일은 너무 힘들었어요. 몸이 너무 나빠진 나머지 바구니를 계속 끌어당기다가 뼈가 비틀어지고 말았어요.

질문: 일을 하다가 뼈가 기형이 되어버렸구나.

답변: 네, 맞아요.

질문: 언제부터 그랬지?

답변: 열세 살 때부터 뼈가 이상해지기 시작했고, 그 뒤로 더 심해졌어요. 어머니가 돌아가시고는 저 혼자 살아야 했어요.

질문: 지금은 어디 사니?

답변: 구빈원에요.

질문: 지금은 공장에서 일을 전혀 할 수 없구나.

답변: 네.

공장 노동자들은 주로 16세에서 24세 사이의 젊은이들이었다. 그들 중 다수는 경제적으로 취약하고 차별을 당하는, 따라서 통제하기 쉬운 아일랜드 출신 노동자들이었다. 직물 공장과 더불어 화학 공장, 토목공사 업체도 늘어났다. 그런데 공장 문밖에서 수많은 임시 노동자들과 계절 노동자들이 일하고 있었다. 어느 조사에 따르면 전체 고용인의 40퍼센트가 '비정규직'이었고, 60퍼센트가 최저임금을 받고 있었다. 맨체스터를 방문한 프랑스의 철학자 이폴리트 텐Hippolyte Taine 은 "이보다 더 치욕적이고, 타고난 인간의 본능에 어긋나는 삶이 있을 수 있을까?"라고 물었다.

시카고의 정육 공장을 구경한 사람들은 도살 직전의 가축들이 내지르는 비명, 피가 잔뜩 고여 있는 웅덩이, 각종 내장과 동물성 기름 따위에 경악했다. 그러나 훨씬 더 소름이 끼치는 사실은 거기서 흘러 내리거나 응고된 피에 흠뻑 젖은 채 반쯤 얼어붙어 일하는 사람들의 노동 조건이었다. 쥐꼬리만한 임금을 받으면서도 노동자들은 매일 아침 하루의 일과에 기대를 걸며 정육 공장의 입구로 몰려들었다. "이곳은 결코 정육 공장이 아니라 임금 노예들로 가득 찬 포장 상자다."[6]

시카고의 어느 독일인은 "모든 미국인들이 나라를 위협하는 이 도시를 두려운 마음으로 바라본다"라고 썼다. 사회복음주의 운동Social Gospel의 창시자인 조시아 스트롱Josiah Strong은 시카고가 "문명에 폭풍을 일으킬 중심지"라고 경고했다. "여기에 사회적 다이너마이트가 수북이 쌓여 있다." 고위 관료 겸 복음주의자인 제임스 스티븐 경Sir James Stephen은 "맨체스터는 깊은 심지어 끔찍한 의미가 있는 이름이다"라고 말했다. 그가 볼 때, 산업적 부와 도시적 퇴화의 장소인 맨체스터는 '우리가 인간사의 큰 위기와 재난에 다가가고 있음'을 알려주는 신호 였다.[7]

지상의 지옥, 빈민가의 등장

19세기 초반, 영국 인구의 3분의 1이 도시에 살았다. 1851년, 인구의 절반 이상이 도회지와 도시에 살았다. 이제 영국은 세계 역사상 최초로 농촌보다 도시에 더 많은 사람들이 거주하는 사회가 되었다. 그로부터 30년 만에 전체 영국인의 3분의 2가 도시에 살게 되었다. 첫 번째 도시 혁명은 메소포타미아에서 시작되었다. 두 번째 도시 혁명은 18세기 말엽에 영국에서 시작되었고, 맹렬한 기세로 영국을 거쳐 전 세계로 확산됐다.

벤저민 디즈레일리Benjamin Disraeli는 "오늘 맨체스터에서 벌어지는 일은 내일 세계의 다른 곳들에서 일어난다"라고 선언했다. 맨체스터의 인구는 1801년부터 1820년대까지 2배가 되었고, 이후 1850년대에 이르러 다시 2배로 늘어나 40만 명이 되었고, 19세기 말엽에는 70만 명에 도달했다. 시카고의 인구는 더더욱 폭발적으로 증가했다. 시카고는 1830년에 인구가 100명이 채 되지 않았지만 1860년의 시카고 인구는 10만 9,000명이었고, 1880년에는 50만 3,000명, 1900년에는 170만 명으로 늘어났다. 세계 역사상 그토록 빨리 인구가 증가한 도시는 없었다.

산업혁명에 힘입어 인류는 급속도의 대량생산에 필요한 식량, 의복, 연장, 도구, 건축자재, 교통망, 동력 따위를 갖추게 되었다. 시카고의 허세와 참신함, 근대성은 여느 도시와는 전혀 다른 요소, 1880년대에 평원 위로 솟구친 마천루들을 통해 생생하게 드러났다. 마천루는 자본주의적 위업과 기술적 승리의 상징이었고 지금도 그렇다. 프런티어 시카고Frontier Chicago(목조 건물 위주였던 초창기의 시카고 도심 지역_

옮긴이)는 1871년 대화재로 잿더미가 되었다. 도심의 상업지구는 신속하게 복구되었고, 이후 세계에서 가장 혁신적인 건축 및 토목공사를 거쳐 재건되어 19세기의 상징적인 세계적 대도시라는 지위에 올랐다. 시카고의 선진적인 철도 산업을 통해 이룩된 철강 분야의 발전에 힘입어 더 얇은 벽체를 지탱할 수 있는 강철 들보가 생산되었다. 콘크리트에 둘러싸인 강철 들보는 화재에 강했다. 전기 관련 기술 덕분에 승강기, 전구, 전신, 전화 그리고 난방 및 환기장치 같은 고층건물 내부에서의 업무가 가능하게 해주는 최신 발명품들이 등장했다. 마천루는 건물인 동시에 기계였고, 19세기 기술의 정점이었다. 모나드노크 Monadnock(1889년 착공, 1892년 완공) 같은 16층짜리 건물의 간결하고 단순한 정면 외벽은 흔히 기계처럼 보인다는 평가를 받았다.[8]

1800년, 세계 인구의 5퍼센트만 도시에 살고 있었다. 1850년부터 1950년까지 세계 인구가 2배 반 증가하는 동안 도시 인구는 20배가 늘어났다. 1950년, 인류의 30퍼센트(7억 5,100만 명)가 도시 거주자들이었다. 오늘날, 세계 곳곳의 도시들에는 총 42억 명이 살고 있다. 맨체스터와 시카고는 19세기의 '충격 도시'였다. 그 두 도시는 산업혁명뿐 아니라 도시 혁명도 예고하는 것처럼 보였다. 따라서 맨체스터와 시카고는 인류의 미래를 예측하기 위한 연구 대상으로 각광을 받았다.

네이피어 장군이 맨체스터를 통렬하게 묘사하고 나서 3년이 흐른 뒤, 22세의 청년 프리드리히 엥겔스가 에르멘 앤드 엥겔스 Ermen & Engels(그의 아버지가 공동으로 소유한 면사 방적 회사)의 사무실에서 일하기 위해 독일에서 맨체스터로 건너왔다. 엥겔스의 아버지는 아들이 공산주의 신념에서 벗어났으면 하는 마음으로 아들을 맨체스터로 보냈다. 그러나 엥겔스는 산업자본주의의 발상지인 그 도시에서 산업자본주의의 결과를 직면하게 되었다.

그는 맨체스터에서 가장 악명 높은 빈민가인 에인절 메도Angel Meadow에 찾아갔다. 그는 다음과 같이 썼다. "어디에나 폐기물과 쓰레기와 오물이 쌓여 있다. 강기슭의 무척 거친 길을 따라 바지랑대와 빨랫줄 사이로 걸어가면 어지럽게 모여 있는 조그마한 1층짜리 단칸 오두막들이 나온다. 오두막 대부분은 바닥이 흙이고, 사람들은 오두막의 단칸방에서 일하고 쉬고 잠을 잔다." 매우 근대적인 그 대도시의 중심부는 "불결하고 폐허로 뒤덮인, 사람이 살 수 없는 장소"였다. 엥겔스가 관찰한 세계를 선도하는 그 산업도시의 소름 끼치는 상태는 1845년에 《잉글랜드 노동계급의 상황Die Lage der arbeitenden Klasse in England》이라는 책으로 출판되었다. 19세기의 가장 영향력 있는 책 중 하나인 《잉글랜드 노동계급의 상황》은 엥겔스가 "자본주의와 산업시대의 섬뜩한 미래"로 일컬은 새로운 생활방식을 일별하는 책이다. 엥겔스가 볼 때 에인절 메도는 그야말로 "지상의 지옥"이었다.[9]

맨체스터에 에인절 메도가 있었다면 시카고에는 시카고 강과 노스브랜치 운하North Branch Canal에 의해 도시 한가운데에 형성된 섬 '리틀헬Little Hell'이 있었다. 커다란 공장과 셀 수 없을 만큼 많은 지저분한 판잣집과 쓰레기로 가득한 거리로 대표되는 그곳의 종말론적 별칭은 하늘에서 비처럼 내리는 검댕과 피플스 가스 전기 코크스 회사People's Gas, Light, Coke Company에서 스모그가 자욱한 하늘을 지옥 같은 붉은 빛으로 환하게 밝히며 끊임없이 뿜어내던 화염 덩어리들 때문에 생긴 것이었다. 리틀헬에서는 우선 아일랜드계 마피아가 생겼고, 나중에는 이탈리아계 마피아가 그 뒤를 이었다. 리틀헬은 저주받은 땅이었다. 1940년대에 미국에서 가장 악명 높은 주택단지인 카브리니

그린Cabrini-Green이 리틀헬의 유독성 토양 위에 조성되었다. 거기 들어선 고층건물들은 리틀헬의 새로운 화신이었다. 쥐와 바퀴벌레가 들끓고, 여기저기 낙서와 꽉 막힌 쓰레기 투하장치가 보이고, 폭력단이 싸움을 벌이며 저격수가 설치는 곳이었다.

맨체스터와 시카고 같은 도시들은 너무 빨리 성장했고, 또 이익에 너무 집착했다. 따라서 맨체스터와 시카고에는 6,000년 전에 메소포타미아에서 최초로 탄생한 이래 도시적 정체성을 이뤘던 공공 편의시설과 위생 설비, 공공 공간과 공동체 차원의 조직 같은 것들이 없었다. 에인절 메도 같은 빈민가에서는 배수로가 없거나 문밖으로 폐기물을 배출할 수단이 없는 거리에 여러 채의 오두막을 한데 다닥다닥 모아놓는 끔찍한 방식으로 주택을 지었다. 그런 곳들에서는 보통 한 집에 여러 명이 살았다(아일랜드계 빈민가의 경우 한집에 평균적으로 8.7명이 살았다). 따라서 여러 명의 뜨내기 막일꾼들이 간이 숙박소의 축축한 지하실에서 지냈고, 한 침대에서 3명이 함께 자는 경우도 종종 있었다. 에인절 메도의 경우 250명당 옥외 화장실이 2개밖에 없었다.[10]

맨체스터의 저지대에 자리 잡은 빈민가 구역인 리틀아일랜드(에인절 메도는 리틀아일랜드 구역의 심장부였다)에는 습기가 많았고, 주변의 강에는 분뇨가 가득했으며, 오염된 강물의 색깔은 시커맸다. 한편, 시카고 길가의 도랑이 인간과 동물의 배설물로 막히는 바람에 '형언할 수 없는 액체가 고여 있는 웅덩이'가 되어버렸다. 도랑의 악취가 얼마나 심했던지 돼지조차 몹시 진저리치며 고개를 돌릴 정도였다. 옥외 변소 때문에 식수원인 우물이 오염되었다. 단단한 점토층 위 평지에 자리한 시카고는 오물더미에서 퍼져 나오는 '죽음의 안개'로 유명한, 습기가 많고 오염된 도시였다. 강에는 오수와 산업폐기물이 그득했다.

세계적인 정육업 중심지인 '돼지고기 도시'로 부상할 무렵, 시카고에서는 매년 도살된 가축 300만 마리의 내장과 피 때문에 위생 상태가 점점 나빠지고 오염이 심해졌다.[11]

악취를 풍기고 기름기 가득한 강물은 호수로 흘러 들어갔고, 거기서 다시 상수도관을 통해 도시로 빨려 들어갔다. 시카고는 독기毒氣와 죽음의 안개를 피워내는 거대한 찌꺼기와 악취 나는 점액 그리고 상상할 수조차 없는 오물로 더러워지고 있었다. 더러운 강의 양쪽 제방을 따라, 떠돌이들과 막 시카고에 도착한 이주자들이 살고 있는 판자촌 '패치patch'가 있었다. 오늘날의 리글리 빌딩Wrigley Building과 트리뷴 타워Tribune Tower가 서 있는 자리에 있었던 콘리즈 패치Conley's Patch는 술고래인 여장부 콘리 아줌마Mother Conley가 장악한 지역으로, 가장 악명 높은 판자촌 중 하나이자 범죄와 매춘과 아일랜드계 폭력단의 온상이었다. 1862년부터 1872년까지 시카고의 웨스트 사이드West Side 지역의 인구는 5만 7,000명에서 21만 4,000명으로 늘었다. 그곳의 대다수 주민들은 아쉬운 대로 나름의 거처인 습지대 위의 임시 판잣집을 마련해야 했다. 공유지 안의 무단 정착촌 중에서 규모가 가장 큰 것은 킬거빈Kilgubbin이었다. 킬거빈은 강과 인접한 늪지대에 자리한, 연령과 습관이 각기 다른 수천 명의 주민들이 수많은 거위와 돼지, 쥐와 함께 사는 아일랜드계 구역이었다.[12]

정육업과 함께 성장한 빈민가인 패킹타운Packingtown은 19세기의 미국에서 가장 열악한 빈민가 중 하나였다. 패킹타운에는 역겨운 정육 공장 말고는 일자리를 구할 데가 없는 비영어권 이주자들이 여러 해에 걸쳐 몰려들었다. 그곳의 끔찍한 상황은 업튼 싱클레어Upton Sinclair 의 1904년 소설 《밀림The Jungle》에서 생생하게 묘사되었다. 패킹타운의 한쪽 경계에는 도살장이, 다른 쪽 경계에는 대형 쓰레기 수거장이, 또 한쪽 경계에는 철도 선로가, 마지막 경계에는 피와 동물의 내장이 썩으며 내뿜는 가스 때문에 거품이 생긴 버블리 크릭Bubbly Creek이라는 이름의 개울이 있었다. 여름이 되면 쓰레기와 대변, 썩은 고기의 참을 수 없는 유혹에 이끌린 모기들이 우글거렸다.

오염된 물과 배설물, 쥐 때문에 장티푸스, 발진티푸스, 이질, 디프테리아, 천연두, 역리疫痢 등이 창궐했다. 영국 농촌 지역의 경우 전체 유아의 32퍼센트가 생후 5년에 이르기 전에 사망했고, 기대수명이 약 40세였다. 한편 맨체스터와 시카고의 경우에는 생후 5년 전의 유아 사망률이 60퍼센트였고, 기대수명이 26세에 불과했다. 런던과 버밍엄Birmingham의 기대수명은 37세였다. 19세기 중반의 산업도시들보다 사망률이 높은 곳은 없었다. 1830년대부터 세계적으로 유행한 아시아 콜레라가 시카고의 빈민가를 덮쳤다. 1854년, 연거푸 6년 동안 그 전염병이 창궐한 끝에 시카고 인구의 6퍼센트가 사망했다.[13]

이런 상황이 산업시대의 시급한 문제로 떠오른 것은 도시의 지형적 특성 때문이었다. 맨체스터의 어느 신문 기사에 나왔듯이, 도시의 상업 중심지가 '모든 교양 있는 주민들을 위협하는, 추잡함과 불결함의 거대한 돌림띠'에 에워싸여 있는 바람에 빈민가에 포위된 작은 섬으로 전락했다. 최하층민들이 유발하는 오염으로 인한 공포 때문에 중산층 가정들은 교외로 이주했다. 노동계급 인구가 폭증하자 빈민가가 교외로 침범했고, 중산층 가정은 또다시 더 멀리 떨어진 시골 비슷한 곳으로 탈출했다. 그때까지의 역사에서 '교외'는 대체로 도시에서 가장 열악한 구역을 연상시키는 단어였었다. 즉, 교외는 폐기물과 쓰레기 그리고 유독성 물질을 모아둔 하치장이었다. 그러나 이제 교외

는 피난처였다.[14]

맨체스터는 1824년과 1830년에 각각 버스와 여객 철도역을 최초로 도입하는 등 도시 역사의 여러 부문에서 1위를 기록했다. 버스와 기차, 그리고 노면 전차는 통근자들이 교외의 주택단지로 이주하는 경향을 촉진했다. 넓게 뚫린 도로는 상점가와 그 뒤쪽에 자리한 빈민가 사이의 차단벽 역할을 맡았다. 1871년의 대화재 이후, 시카고도 맨체스터와 비슷한 방식으로 발전했다. 인구가 격감한 도심의 업무지구 '루프Loop'에는 마천루가 우후죽순 늘어났지만, 시끄러운 공장과 빈민가에 포위되었다. 그 황량한 고리 바깥에는 훨씬 더 많은 주택의 고리들이 있었고, 그 고리들은 루프에서 멀리 떨어질수록 번창했다. 근대 대도시의 교통수단에 힘입어 그 같은 격리 방식이 가능했다. 가난한 사람들은 터벅터벅 걸어 출근했고, 오염된 환경에서 살았다. 반면, 중산층과 부유층은 교외에서, 정말 운이 좋은 사람들은 호수를 굽어보는 노스쇼어North Shore 지역의 그림 같은 마을에서 통근할 수 있었다.[15]

도시 공동체의 파편화 현상과 하나의 도시가 계급 기반의 주거 구역들로 서로 엄격하게 차단되는 현상으로 인해 상황은 한층 더 악화했다. 공장이 멈추고 회계 사무소가 문을 닫자, 사람들은 '도덕적 질서'가 도시를 벗어나 조용한 교외로 떠났다고 느꼈고, 시민적 책임을 외면한 채 도심을 악덕과 범죄의 소굴로 방치하고 말았다.

산업도시의 주민들에게 야간의 도심은 빈민가에서 인간들이 떼를 지어 몰려나와 업무지구를 장악하는 곳이자 좀비들이 설치는 종말론적 세계처럼 보였다. 야간의 도심에서 일어난 일을 상세하게 설명하는 신문 기사와 책이 끝없이 쏟아졌다. 1849년, 앵거스 베튠 리치Angus Bethune Reach는 맨체스터의 밤에 관한 글을 연거푸 발표했다. "지난 일요일 밤, 시찰을 마치고 돌아오는 길에 올덤로드Oldham Road를 지나가다가 술집 창문 밖으로 퍼지는 요란한 음악 소리와 취객들의 목소리를 듣고 약간 놀랐다. 거리에는 술에 취한 채 마구 고함을 지르고 서로를 큰 목소리로 부르며 이리저리 뛰어노는 남녀와 젊은 여공들이 수두룩했다. 술집은 아우성으로 가득했다. 매 순간 술집과 거리에서 입씨름과 싸움과 멱살잡이가 벌어졌다. 거리 곳곳에 고함과 비명과 욕설이 시끄러운 음악 소리와 뒤섞인 채 울려 퍼졌다."[16]

1854년의 어느 일요일 저녁, 금주협회Temperance Society 회원들이 맨체스터에서 350개의 술집을 대상으로 표본조사를 실시한 결과 총 21만 5,000명의 손님들이 있었다. 그 가운데 12만 명은 성인 남자, 7만 2,000명은 성인 여자, 2만 3,000명은 어린이였다. 시카고의 패킹타운에는 16개 구획 안에 500개의 술집이 있었는데 주민 70명당 1개의 술집이 있는 셈이었다. 너무 소란스러운 아일랜드계 위스키 가게와 독일계 노천 맥줏집(특히 안식일에 엄청나게 붐볐다)을 두고 볼 수 없었던 시 당국은 일요일에 술을 팔지 못하도록 조치했고, 연간 주류 판매 허가료를 50달러에서 300달러로 올렸다. 그러자 1855년에 아일랜드계와 독일계 이민자들 중심의 노동자 수천 명이 기존의 생활 방식을 고수하기 위해 거리로 나와 라거 맥주 폭동Lager Beer Riot을 일으키기도 했다.[17]

어느 언론인의 폭로성 기사에 따르면 일요일 밤의 올덤 스트리트Oldham Street는 "맨체스터의 부랑자들이 즐기는 난장판 같은 잔치의 희생양"인 듯했다. 잉글랜드의 다른 도시나 도회지에서 볼 수 없는 광경을 목격할 수 있었다. 일요일 저녁마다 나름대로 한껏 차려입은 성인 남녀 노동자들과 10대 청소년 노동자들, 무늬가 정말 희한하고 재단법이 독특한 기성복 차림의 소년들 그리고 싸구려 장신구와 깃털, 비단을 멋지게 걸친 어린 여공들이 소란을 피웠다. 그들은 앤코츠Ancoats 같은 빈민가에서 쏟아져 나와 올덤 스트리트와 마켓 스트리트를 거쳐 하이드 로드Hyde Road와 스트렛퍼드 로드Stretford Road까지 오가며 화려한 옷차림을 뽐내고, 원숭이 달리기Monkey Run라는 절차를 통해 서로 짝을 지어 놓았다. 시카고와 맨체스터 같은 도시들에는 젊은 사람들이 많았다. 9세기 내내 맨체스터 인구의 40퍼센트가 20세 미만이었다. 젊은이들은 일자리가 있었고, 따라서 술과 유흥과 패션에 쓸 돈이 있었다. 그들은 나름의 고집이 있었고, 성적으로 왕성했다.[18]

음주와 성적 쾌락은 그렇다 쳐도 범죄는 전혀 다른 문제였다. 노동계급 중심의 도시에는 늘 위험이 따랐다. 에인절 메도의 어느 자선사업가는 "그곳에는 거대한 토끼 사육장처럼 좁고 어두운 수많은 통로와 거리가 뚫려 있었다"라고 썼다. "심지어 대낮이라도, 정숙하게 차려입은 사람들이 그곳 거리를 지나가기는 안전하지 않았다." 맨체스터에는 빈민가 출신 10대 폭력배들이 있었다. 칼과 방망이로 무장한 그들은 자기들 구역에서 어슬렁거리는 낯선 청소년들을 공격해 내쫓았고, 다른 빈민가로 쳐들어가 패싸움을 벌였다.[19]

맨체스터에서도 시카고에서도 아일랜드인들은 빈민가의 열악한 현실과 도시 공동체 전체의 도덕적 타락을 유발하는 원흉으로 꼽혔다. 급기야 콜레라에는 '아일랜드 열병'이라는 별칭이 붙었다. 언론에 따르면 아일랜드계 폭력배들은 맨체스터로 건너오기 전 아일랜드의 특정 지역과 관련이 있었고, 동네 거리를 무리 지어 돌아다니며 다른 지역 출신의 아일랜드인들을 내쫓는 짓으로 악명 높았다. 일례로 1851년, 어느 경찰관은 아일랜드계 폭력단인 맥날파McNeills와 캐럴파

Carrolls가 거리에서 잔인하게 싸우는 모습을 목격했다. "동네 사람들 전체가 마치 인간의 탈을 쓴 악마처럼 부지깽이와 막대기, 도끼를 들고 싸우며 난투극에 가담한 듯했다."[20]

시카고의 신문들은 아일랜드계 이주자들을 적대적으로 바라봤고, 그들을 '도시의 질서를 교란하고 폭동과 소동에 대한 몹시 뚜렷한 애착과 열정을 지닌 자들'로 여겼다. 맨체스터의 사례와 마찬가지로, 각자의 영역을 구축한 듀키파Dukies와 실더파Shielders 같은 아일랜드계 폭력단은 서로 싸웠고, 그들의 영역 안이나 근처에 정착한 독일계, 유대계, 폴란드계, 흑인계 이주자들을 위협했다. 이후 20세기 초반에 폴란드계 폭력단들이 시카고의 전 구역을 장악했다고 주장하더니 자기들끼리 싸웠고, 리틀 시칠리아Little Sicily를 근거지로 삼은 이탈리아계 폭력단들과 세력 다툼을 벌였다. 돼지를 도살하고, 운하를 파고, 건물을 짓고, 화물을 나르고, 공장에서 일할 인간의 노동력이 절실히 필요했던 거친 신흥 도시 시카고에는 외국 태생의 이주자들(전체 인구의 59퍼센트)과 유동 인구인 사업차 방문한 사람, 관광객, 농부, 뱃사람, 임시 노동자, 다른 곳으로 이주할 사람들이 머물고 있었다. 그 기적 같은 도시에 이끌려 세계 각지로부터 건너온 온갖 사람들이 빚어낸 용광로에는 협잡꾼과 사기꾼, 노름꾼과 전문 도박꾼, 소매치기와 뚜쟁이가 들끓었다.[21]

악덕은 시카고의 지하경제에서 그리고 업무지구 바로 근처의 해롭지만 매혹적인 쾌락지대가 펼쳐진 각 민족집단의 거주지와 함부로 들어갈 수 없는 판자촌에서 중요한 부분을 차지했다. 불법적인 쾌락을 통해 거둬들이는 수익은 시카고의 정치인과 판사, 경찰관 들과 한통속인 범죄조직의 성장을 부추기는 요인이었다. 예나 지금이나 시카고는 마피아, 부패, 악덕, 불법 마약 따위가 연상되는, 구제 불능 같은 도시다. 1930년대에 실시된 어느 연구에 의하면 그 대도시에서 활동하는 1,313개의 폭력단은 철도와 공장으로 이뤄진 '방대한 노후 지구'를 장악한 채 인근 동네의 분위기를 흐렸고, 도심 업무지구 인근의 이주자 정착촌을 망쳐놓았다. 시카고의 공식 지도가 있었고, 다른 한편에는 '야간 돌격파Night Raiders', '백발백중파Deadshots', '남부파South Siders', '3엑스파XXXs' 같은 폭력단이 지배하는 여러 영역과 구획과 동네가 복잡한 모자이크를 이루는 가상의 지도도 있었다.[22]

1869년, 시카고에서는 10세 미만의 아동 125명과 10세부터 20세까지의 청소년 2,404명이 경범죄로 체포되었다. 10대 청소년 범죄의 증가 현상은 수많은 이주자 가정의 아이들이 부모를 여의거나 부모에게 버림을 받아 집 없이 떠돌거나 싸구려 여인숙과 폭력단의 보호를 받게 되면서 생긴 필연적 결과로 여겨졌다. 부랑아들의 운명은 병든 도시 사회의 단면을 가장 적나라하게 드러내는 증거였다. 산업이 발달한 잉글랜드처럼 시카고 같은 산업 도시도 가부장적 가정의 붕괴 현상에 대한 책임이 있었다. 아이들은 거리를 떠돌았고, 폭력단의 꼬임에 넘어갔으며 성인 범죄자들에게 착취를 당했다. 아이들의 비참한 운명은 당시의 근대적 도시들이 사회의 토대를 허무는 과정을 상징적으로 보여주었다.[23]

에인절 메도를 찾은 어느 방문객은 그곳 주민들에 대해 이렇게 썼다. "그들의 불행과 악덕과 편견은 사회의 구조를 파괴할 만큼 강력한 폭력성이 담긴 화산과 같은 요소들이라는 점이 드러날 것이다." 굳이 프리드리히 엥겔스나 카를 마르크스가 아니어도 비참한 산업노동과 빈민가 생활이 결국 끔찍한 계급 투쟁으로 귀결될 것이라는 사실을 믿게 되었다. 두려움, 즉 산업자본주의와 더불어 심화하는 빈민가 생활의 비참함 때문에 끓어오르는 분노에 대한 두려움이 빅토리아 시대의 영국 사회를 좀먹고 있었다. 맨체스터 같은 도시가 상업 중심지, 컴컴한 빈민가, 중산층이 모여 사는 교외 등으로 나뉘는 공간적 분리 현상은, 무산계급과 유산계급 간의 좁힐 수 없는 심연뿐 아니라 향후 계급 간 폭력 투쟁을 품게 될 도시 풍경에 뚜렷이 새겨진 물리적 증거 였다.[24]

엥겔스가 썼듯이, 시카고와 맨체스터 같은 거대한 검댕투성이에서 발달한 근대적 도시 생활은 "무산계급을 나름의 생활 방식과 생각, 특유의 사회적 전망을 지닌 탄탄한 집단으로 결속시키는 데" 보탬이 되었다.[25]

도시는 곧 자유

지금 1시간마다 85명이 라고스로 그리고 53명이 상하이에 도착하고 있다. 그들은 인류사에서 가장 의미심장한 이주 현상의 일부분이다. 매년 늘어나는 전 세계의 도시 인구를 수용하려면 앞으로 뉴욕 크기의 도시 8개나 라고스 크기의 도시 3개를 새로 지어야 할 것이다. 인도나 나이지리아 같은 개발도상국의 비공식 정착촌에 들어가 보면 엥겔스에게 익숙했을 법한 부실한 주택을 만나게 될 것이다. 그곳은 공중변소를 사용하고 공간은 비좁고 빗물이 그대로 쏟아지고 등유 연기가 자욱하며 쥐 떼가 들끓는 곳이다. 그 협소한 곳의 주민들은 온 가족이 작은 방 하나에서 함께 지내며 요리하고 청소하고 씻고 아이들을 키워야 한다. 그들은 범죄, 폭력단, 질병, 그리고 무엇보다 심각한 경제적 근심과 견디기 힘든 주거 불안정에 시달린다. 혼란스럽고 위험하고 비참해 보이는 비공식 정착촌은 인류가 지금까지 써 내려온 도시적 서사시의 가장 부정적인 부작용이다.

하지만 그곳에서는 희망도 피어난다. 주민들이 처음부터 끝까지 맨손으로 세운 비공식 정착촌은 오물과 오염원 사이에서도 최고의 인간애를 보여주는 복잡하고 자립적인 사회구성체다. '빈민가'는 경멸어로 여겨질 수 있다. 그러나 비공식 정착촌에서 생활하는 사람들 중에는 '빈민가'라는 단어에서 좌절감보다는 자긍심을 느끼게 된 사람들이 많다. 그들이 그렇게 느끼는 데는 타당한 이유가 있다. 그들은 농촌 지역이라는 뿌리를 공유하는 이주자들이나 대가족들로 이뤄진 자급자족적 마을인 공동체의 힘과 응집력을 강조한다. 여러 도시들에서 발생하는 소외 현상이나 익명성과는 대조적으로, 빈민가와 비공식 정착촌의 분위기는 화기애애하다. 물론 빈민가와 비공식 정착촌의 엄혹하고 끔찍한 곳이지만, 행복한 장소일 수도 있다.

뭄바이에서는 높은 부동산 가격과 토지 부족 현상, 국가의 부실한 건설 능력이 맞물려 심각한 주택 위기가 초래되었고, 결국 뭄바이 인구의 55퍼센트가 비공식 정착촌에서 살게 되었다. 뭄바이에 있는 모든 비공식 정착촌의 면적을 합쳐도 뭄바이 전체 면적의 12퍼센트에 불과하다. 뭄바이의 빈민가에는 교양 있는 중산층도 살고 있다. 그들은 뭄바이 시내의 금융 중심지에서 일하지만 다른 곳에 집을 구하지 못해 빈민가에서 생활한다. 그들은 2,000만 명 이상의 인구를 자랑하는 대도시에서 날마다 생존 투쟁을 벌이거나 비천한 일을 하며 하루 1달러를 버는 이웃들과 함께 살고 있다. 기반시설이 부실하고 부족한 빈민가의 주민들은 지구상에서 가장 임시변통에 능하고 억센 사람들이 될 수밖에 없었다. 그 결과 빈민가는 놀라운 에너지와 창업가 정신이 꿈틀대는 장소가 되었다. 아시아 최대의 빈민가 중 하나로 꼽히는 뭄바이의 다라비(2.1제곱킬로미터 넓이의 땅에 무려 100만여 명이 살고 있다)는 내부경제 규모가 연간 10억 달러에 이른다. 다라비에는 옷과 가죽을 만드는 소규모 작업장, 쓰레기 수거업체, 미세물질 재활용업체 같은 1만 5,000개의 단칸방 공장과 5,000개의 소기업이 있다. 다라비에서 활동하는 수많은 기업가들 덕분에 뭄바이는 고형 폐기물의 80퍼센트를 재활용하고 있는 것으로 추산된다. 반면 영국은 고형 폐기물의 45퍼센트만 재활용되고 있다.[26]

브라질의 경우, 도시 지역(5퍼센트)보다 농촌 지역(25퍼센트)에 극빈층이 더 많이 분포해 있다. 1960년대부터 21세기 초반까지 3대를 거치는 동안, 브라질 빈민가 주민들의 문맹률은 대폭 감소했다. 1세대인 농촌 출신 이주자들의 문맹률은 79퍼센트였지만 자녀 세대에는 45퍼센트로 낮아졌고, 손주 세대에는 6퍼센트에 불과했다. 인도의 경우, 농촌 지역은 뭄바이의 빈민가보다 보건과 교육 수준이 훨씬 열악하다. 사하라 사막 이남 지역의 인구 100만 명 이상인 어느 도시의 유아 사망률은 도시 외곽 지역의 유아 사망률보다 3분의 1 정도 낮다. 파키스탄 도시들의 경우 부모의 하루 수입이 평균 1달러 이하인 7세에서 12세 사이의 소녀들의 66퍼센트가 학교에 다니는 반면, 같은 조건의 농촌 지역 소녀들은 전체의 31퍼센트만 학교에 다닌다. 궁핍과 기근에 시달리던 19세기 아일랜드의 소작농들은 콜레라와 장티푸스에 걸릴 위험을 무릅쓴 채 맨체스터와 시카고의 빈민가로 떠났다. 당시의 어느 아일랜드인은 맨체스터에서 살며 일하는 덕분에 하루 두

끼를 먹을 수 있었다고 고백했다. 농촌의 가난은 우리 시대의 결정적인 특징 중 하나이자 오늘날 도시들이 급성장하고 있는 주요 원인 중 하나다. 1991년, 세계 인구의 44퍼센트가 농업에 종사했다. 오늘날, 농촌 인구의 비중은 28퍼센트에 불과하고, 그마저도 급속도로 줄어들고 있다.[27]

도시는 물질적 혜택을 누릴 뿐 아니라 자극과 흥분을 느끼고 개인적 혁신의 기회를 잡을 수 있는 곳이기도 하다. 맨체스터와 시카고의 많은 시민들은 자신이 살고 있는 도시가 일종의 자유를 의미한다고 여겼다. 그것은 도시를 비판했던 빅토리아 시대 사람들이 결코 포착하지 못한 점이었다. 그 당시 비평가들은 어둠과 지저분함에 매몰된 나머지 근대적 산업 대도시에서 공동체가 재구성되는 방식을 미처 알아보지 못했다.

도시 거주자들은 농촌 사람들에 비해 더 다양한 재화와 오락을 누릴 수 있었고, 생활 방식과 숭배의 대상을 둘러싼 선택의 폭도 더 넓었다. 특유의 혐오스러운 분위기에도 불구하고 엥겔스는 도시의 빈민가가 '농촌의 행복한 무기력에서 해방된 공간'을 의미하며 정치적 각성에 필수적인 장소라고 생각했다. 이폴리트 텐은 프랑스 소작농과 맨체스터 빈민가 거주자의 운명을 비교했다. 그의 주장에 따르면 전자는 '가장 자연스럽고 자유로운 존재 형태'로 더 오래 살겠지만, 후자는 더 풍족한 보상을 받았다. "맨체스터의 노동자에게는 더 많은 온갖 관념과 개념이, 사회적·정치적·종교적 사안에 관한 더 많은 지성이 있다. 간단히 말해 그의 지평이 더 넓다." 텐은 맨체스터의 직공이 신문을 더 많이 읽고, 그곳의 세계주의적 분위기 덕택에 세상에 대한 이해의 폭이 더 넓다고 말했다. "큰 조직의 한 단위인 노동자는 본인이 타인들에게 얼마나 크게 의존하고 있는지를 느끼고, 그 결과 동료들과 함께하면서 고립의 삶에서 벗어난다."[28]

산업 도시가 발달한 영국의 경우, 전체 노동계급 가정의 90퍼센트가 여러 세대의 가족이나 세입자가 함께 사는 경우였다. 그 90퍼센트라는 비율은 결혼한 부부와 자녀 중심으로 가정이 형성되던 산업화 이전 시대에 비해 대폭 증가한 수치였다. 시골에서의 생활이 도시의 거리에서 재현되었다. 우정과 결혼, 혈연, 지연 같은 밀접한 유대관계를 바탕으로 상호부조와 사교의 관계망이 형성되었다. 19세기 중산층 가정에서는 사생활이 점점 중시되고 있었지만, 노동계급 거주구역에서는 공간이 부족하고 밀집도가 높았기 때문에 사람들이 서로 어우러져야 했다. 노동계급의 삶은 거리에서, 즉 로버트 로버츠Robert Roberts(20세기 영국의 교사 겸 작가_옮긴이)의 책 《전형적 빈민가The Classic Slum》에 나오는 "그 대단한 오락실"에서 펼쳐지는 경우가 많았다. 사람들은 자기 집 현관 앞에 앉아 있거나 길모퉁이에 모여 있었다. 아이들은 놀이를 즐기거나 축구를 했다. 풍금 연주자가 나타나면 춤판이, 때로는 노래판이 벌어졌다. 맨체스터에서 유년기를 보낸 에드나 볼드Edna Bold라는 어느 영국 여성은 이렇게 회고했다. "'도로'는 모두가 만나고, 물건을 사고팔고, 얘기를 나누고, 걷는 사교장이었다. 푸줏간 주인과 제빵사와 식료품 가게 주인과 여성용 모자를 파는 상인과 포목상과 이발사와 청과물 상인과 전당포 주인과 장의사는 모두 친구이며 믿을 만한 사람, 소식통 들이었다." 시카고에 살았던 프랭크 노리스Frank Norris(19~20세기 미국의 소설가_옮긴이)는 "저녁마다 유쾌했다"라고 썼다. 사람들은 자기 집 현관 앞에 의자와 융단을 갖고 나왔고, 차도 옆의 인도에는 놀이에 흠뻑 빠진 아이들과 멋진 옷차림으로 산책

을 즐기는 청춘남녀들이 가득했다.[29]

영국의 사회개혁가들은 사람들이 심지어 가장 열악한 빈민가에 사는 사람들조차 거리에 대해 깊은 애착을 갖고 있는 것에 놀랐다. 대화재 이후 시카고 시의회는 가연성 목조 건물을 불법화했다. 그러자 이주 노동자들이 시청으로 몰려들었다. 그들은 본인들이 구할 수 있는 유일한 재료인 목재로 집을 다시 짓고 공동체를 복원할 수 있도록 해주지 않으면 피를 보게 될 것이라고 으름장을 놓았다. 그들은 뉴욕 사람들이 사는 고급 공동주택에서 살고 싶지는 않았다. 대신에 독자성과 연대감을 느낄 수 있는 거리 생활로 되돌아가기를 바랐다.[30]

적대적인 산업 도시의 밀림 속에 내던져진 노동자들은 초창기부터 그들의 도시를 만들어 가는 데 일조했다. 윌리엄 앳킨William Aitken은 어릴 적에 맨체스터의 공장에서 일하며 초기 공장제도의 소름 끼치는 잔인함을 목격했다. 그런데 앳킨의 삶에는 단순히 비참함과 피해의식으로 점철된 것과는 무척 다른 이야기가 담겨 있었다. 물론 산업화로 인해 고난이 초래되었지만 동시에 "경탄할 만한 진전"도 있었다. 특히 산업 도시에서 노동자들이 서로 단합하는 과정이 그랬다. 논의와 협동을 통해 노동자들은 운명을 개척할 수 있는 실용적 방법을 찾았다. 그들은 영국에서 하나의 문화적·정치적 세력으로 자리 잡았다. 노동계급은 수동적 희생자들이 아니었다. 앳킨에 의하면 노동자들은 "자유의 아들들"이었고, 그것은 더 많은 기회를 잡을 수 있는 대도시에서 생활한 덕분에 맞이한 결과였다.[31]

노동계급의 시민문화에 힘입어 수백 개의 상호부조단체, 공제조합, 협동조합, 저축은행 등이 생겼다. 그 중에서 가장 유명한 조직인 맨체스터 통합공제조합Manchester Unity Friendly Society Independent Order of

Oddfellows은 1860년에 회원이 무려 30만 명이었고, 모든 회원들은 매주 몇 펜스를 회비로 납부하는 대가로 병가 수당, 실직 급여, 의료 지원, 생명보험, 장례비 같은 혜택을 입었다. 여러 공제조합 지부들은 회원들을 위해 도서관과 야간학교, 독서회를 개설했고, 만찬회와 토론회 그리고 소풍과 열차 여행 같은 여가활동 행사도 개최했다.

노동계급은 각종 여가활동뿐 아니라 음주와 유흥을 통해서도 상호부조를 도모했다. 1844년에 맨체스터를 찾은 어느 프랑스인은 "고대인들의 무대가 광장이었다면 생산자들의 무대는 술집이다"라고 언급했다. "술집은 그들이 서로 만나는 곳, 그들이 관심 있는 주제로 토론하는 곳이다. 상시적이든 일시적이든 간에 그들의 회합과 공제조합, 상호부조단체, 클럽과 비밀결사의 무대는 모두 술집이다."[32]

그런 단체들은 정치적 탄압과 경제적 곤란을 피해 1840년대 말엽부터, 특히 실패로 끝난 1848년 혁명과 아일랜드의 감자 기근 이후부터 유럽에서 미국의 시카고로 건너간 경우가 많았다. 궁핍한 농촌 생활에 익숙하고 혁명운동에 가담한 경험이 있는 독일의 공산주의자들과 아일랜드의 민족주의자들은 시카고에서 토박이들의 공격적·적대적 태도에 직면하게 되었다.[33] 그들은 시카고에서 차별과 물리적 공격을 당했다. 하지만 민족성과 과거의 정치적 경험을 바탕으로 형성된 그들의 유대감은 독자적 목소리를 내기 위해 투쟁하는 과정에서 집단적 자기방어와 자립활동을 통해 돈독해졌다. 1870년, 시카고에는 미국에서 태어난 사람들이 인구 측면에서 최대 규모의 단일 집단을 이루고 있었다. 그러나 미국 태생인 사람들의 비중이 그리 많다고 볼 수는 없었다. 그들은 시카고 전체 인구의 41퍼센트에 불과했다. 나머지 59퍼센트는 독일계(23퍼센트)와 아일랜드계(21퍼센트) 그리고 나머지 민족 출신자들로 구성되었다. 독일계와 아일랜드계는 시카고의 양대 민족 공동체였다.

시카고의 한 지역인 니어 웨스트 사이드Near West Side의 루스벨트로와 웨스턴가가 만나는 지점Roosevelt and Western에 위치한 쉘 주유소Shell 가까이에, 그리고 철조망, 유통센터, 송전선, 자동차 대여소, 드라이브 스루형 즉석식품점, 잡초와 들꽃, 담쟁이와 관목으로 뒤덮인 버려진 공장 등이 빚어낸 탈산업적 도시 풍경의 한가운데에, 마치 길잃은 유럽의 성 같은 낯선 독일식 건물이 홀로 서 있고, 그 안에 커피점이 하나 보인다. 그 작은 탑 모양의 건물은 한때 그곳에 모여 살던 독일계 주민들의 동네에 자리한 외로운 유적이다. 박공에는 '건강Gut Heil' 이라는 독일어 표어가 붙어 있다. 그 건물 안의 커피점은 현재 남아 있는 2개의 투른페라인Turnverein 회관 중 하나다.

'체육협회'라는 뜻의 독일어 '투른페라인'은 나폴레옹 전쟁 기간에 국가 수호와 자주적 결정의 토대인 신체적 건강, 규율, 정치적 각성 등의 원칙을 독일 청년들에게 주입하기 위해 시작된 운동에서 유래한 표현이다. 독일인 이주자들, 특히 1848년 혁명에 참여했다가 시카고로 건너온 사람들은 1852년에 처음으로 시카고에서 투른페라인 회관을 지었다. 투른페라인의 각 지부는 도심의 빈민가에 거주하는 이주자들이 체력을 단련하고 스포츠를 통해 경쟁하고, 볼링을 즐기고, 책을 읽고, 토론하고, 친목을 다지고, 음식, 노래와 연극, 음주를 통해 민족적 뿌리를 되새기기 위한 장소가 되었다. 루스벨트로와 웨스턴가가 만나는 지점에 서 있는 투른페라인 회관의 정면 외벽에는 'Frisch(건강한)', 'Fromm(고결한)', 'Stark(강한)', 'Treu(진실한)'라는 4가지 도시 자립 원칙을 가리키는 'FFST'라는 글자가 서로 뒤얽힌 모양

으로 새겨져 있다.³⁴

시카고는 세계에서 여섯 번째로 독일어 사용자들이 많은 도시였다. 시카고의 독일인 공동체는 소규모의 사회조직이 아니라 강력한 시민 관계망이었다. 독일계 노동자들의 클럽인 아르바이터페라인 Arbeiterverein은 한 번에 2만 명이 참가하는 행진과 무도회, 호숫가 소풍을 기획했다. 당시 미국의 어느 사회학자는 이렇게 말했다. "(시카고의) 노동자 거주 구역의 주요 거리들은 여름 내내 그 단체 지부들의 소풍 행사를 알리는 깃발로 흥청거린다. 외국인들을 위한 큰 잔치가 열리는 날인 일요일에 소풍 행사가 많이 열린다." 맨체스터의 경우처럼, 집단적 자립에는 술이 동반되었다.³⁵

공동체 구성원들을 교육하고 그들이 경제적으로 착취를 당하지 않도록 보호하려는 욕구는 급진적 정치 활동으로부터 생겨났고, 거꾸로 급진적 정치 활동의 자양분이 되기도 했다. 정치와 노동계급 시민사회는 서로 엮여 있었다. 외부적 공격을 당하며 끈끈해진 시카고의 아일랜드인 공동체는 각종 선거와 조직적 노동운동에서, 그리고 민주당과 시 정부와 경찰조직에서 주도적 세력으로 부상했다. 한편, 아르바이터페라인은 소풍뿐 아니라 대규모 파업도 많이 기획했다. 투른페라인의 대형 회관에서는 체육과 더불어 사회주의도 가르쳤다. 투른페라인은 하루 8시간 근무제, 공장 환경 개선, 노동법 개정, 여성의 권리, 공공 소유권 등을 관철하기 위한 투쟁을 전개하는 데 기여했다. 투른페라인 소속 회원들은 급진적인 성향을 띠었을지 모르지만, 애국심 강한 미국인들이기도 했다. 그들 중 다수가 남북전쟁 기간에 북군으로 참전해 전사했다.³⁶

19세기에 맨체스터는 산업화의 충격이 감도는 도시이자 세계적인 직물업의 중심지로 유명세를 탔을 뿐 아니라 자유시장 자본주의라는 이념을 통해서도 명성을 떨쳤다. 제약 없는 자본주의가 이 세상에 평화와 조화를 안겨줄 것이라는 맨체스터학파의 신념은, 최근의 세계사를 움직여온 주요 동력이자 우리의 모든 삶을 좌우해온 이념이다. 그러나 정작 맨체스터 사람들은 대안적 세계관을 적극적으로 모색하고 선전했다. 1842년, 맨체스터는 불경기 속에서 보통선거권을 요구하는 정치 집회와 폭동에 시달렸다. 1868년에 조직된 노동자들과 노동조합, 파업으로 유명한 도시 맨체스터에서 제1회 노동조합총회Trades Union Congress가 열렸고, 맨체스터에서의 급진적 정치 활동은 19세기 말엽에 노동당이 창당되는 데 일조했다. 남북전쟁이 벌어지는 동안, 노예들이 생산한 면화의 수출이 금지되는 바람에 맨체스터에 실업과 궁핍이 엄습했다. 가장 심각한 고통에 시달리던 그들은 링컨 대통령과 노예제 폐지를 열렬히 지지했다.

맨체스터의 노동계급은 자기주장이 강했고, 중산층은 자유주의적 성향을 지니고 있었다. 그런 정치적 지형은 맨체스터가 새로운 관념과 운동의 발상지로 떠오르는 데 보탬이 되었다. 1819년, 맨체스터 여성개혁협회Manchester Female Reform Society의 회장 메리 필데스Mary Fildes(1789~1875년)가 세인트 피터스 필즈St Peter's Fields에 모여 정치 개혁을 요구하는 대규모 군중을 상대로 연설을 하려고 단상에 오른 직후 기병대가 난입해 이른바 피털루 학살Peterloo Massacre을 자행했다. 레베카 무어Rebecca Moore는 맨체스터노예제반대여성협회Manchester Ladies Anti-Slavery Society에서 활동하다가 맨체스터여성참정권협회Manchester Society for Women's Suffrage의 집행위원이 되었다. 맨체스터여성참정권협회는 원래 엘리자베스 울스텐홀름Elizabeth Wolstenholme(1833~1918년)이

주도했고, 나중에는 불굴의 운동가 겸 저술가이자 맨체스터를 중심으로 발행된 잡지 〈여성참정권회보Women's Suffrage Journal〉의 창간자인 리디아 베커Lydia Becker(1827~1890년)가 회장을 맡아 이끌었다. 이후 등장한 세대의 여성운동은 맨체스터 태생의 에멀린 팽크허스트Emmeline Pankhurst와 그녀의 딸들인 크리스타벨Christabel과 실비아Sylvia가 이끌었다. 피털루 학살 현장에 있었던 친할아버지의 사연을 듣고 느낀 바 있었던 팽크허스트는 19세기 말엽의 맨체스터를 감싼 사회주의적 분위기와 리디아 베커가 주도한 여성운동을 겪으며 정치적 각성에 이르렀다. 팽크허스트가 1903년에 맨체스터에서 결성한 여성사회정치연맹 Women's Social and Political Union은 과격한 여성참정권 쟁취 투쟁을 통해 여성의 권리를 강력하게 촉구했다.

맨체스터에 있는 작업장과 공장의 노동 조건, 주택·위생·교육 부문의 상태를 직접 체험한 노동계급 출신의 여성들은 여성참정권 운동에 투신하게 되었다. 맨체스터는 노동계급이 오래전부터 저항과 파업, 대규모 시위와 집단행동에 몰두한 긴 역사를 자랑하는 도시였다. 귀족적 특권 체제를 공격하는 진보적 자유무역론자들의 급진주의든 자신이 처한 조건에 반대하는 노동자들의 급진주의든 간에, 맨체스터는 급진주의의 도시였다. 에스더 로퍼Esther Roper(19~20세기 영국의 운동가_옮긴이)의 아버지는 11남매 중 하나였는데, 11살 때부터 공장에서 일하기 시작했고, 결국 맨체스터의 빈민가에서 벗어나 선교사와 목사가 되었다. 로퍼의 어머니는 아일랜드계 이민자 부부의 딸이었다. 로퍼는 맨체스터 여성참정권협회Manchester National Society for Women's Suffrage의 간사가 되었고, 일하는 여성들을 직접 겨냥한 첫 번째 정치개혁운동을 기획했다. 그녀는 애니 히튼Annie Heaton과 셀리나 쿠퍼Selina Cooper

같은 자원봉사자들을 모집해 소책자를 배포하고 공장과 작업장 밖에서 연설을 하도록 했다(히튼과 쿠퍼는 둘 다 아주 어려서부터 작업장에서 일했다).

참정권 운동을 주도한 중산층 여성들과 달리, 히튼과 쿠퍼 같은 사람들은 북부 노동계급 여성들의 말투를 썼다. 그들은 도시의 노동자들이 결성한 단체와 협회, 협동조합을 통해 정치적 각성에 이르렀다. 쿠퍼는 자신이 속한 노동조합의 위원으로 활동했고, 독립노동당 Independent Labour Party 당원이었다. 투표가 더 많은 임금과 더 좋은 노동조건과 거처를 보장해주는 최선의 방법이라고 노동자들을 설득하는 것은 도시의 여성들을 투표 참여 운동에 동원하는 데 반드시 필요한 일이었다.[37]

역사상 최초로, 여성들이 그들 중심으로 도시를 형성하는 과정에서 선거를 통해 뽑힌 공적인 역할을 맡게 되었다. 리디아 로퍼Lydia Roper는 1870년에 맨체스터 최초의 학무위원회School Board 위원으로 뽑혔고, 그 지위를 바탕으로 자유 입학, 급식, 학교 건물 개량, 그리고 남녀 교과과정상의 평등을 요구했다.

집안 살림을 맡고 아이들을 키웠기 때문에 여자들은 도시 복지의 수호자들인 셈이었다. 시카고의 복지시설인 헐 하우스Hull House의 공동창립자 제인 애덤스Jane Addams는 그렇게 주장했다. 여자들에게는 투표권이 부여되어야 했다. 아울러 여자들은 시 정부에서 공적 역할을 맡아 인간적·산업적·정치적·도덕적 혼란 상태를 수습해야 했다. 헐 하우스는 원래 여러 민족 출신의 주민들이 모여 사는 어느 가난한 동네에 방치된 낡아빠진 저택이었다. 거기서 여성 자원봉사자들은 동네의 환자들을 치료하고 산모들의 출산을 도왔을 뿐 아니라 야간학교,

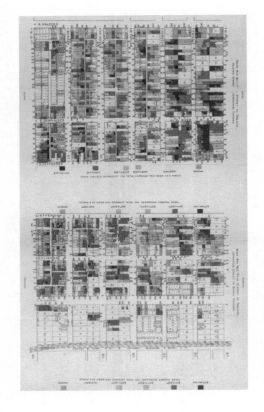

도시의 비밀이 드러나다. 1895년에 헐 하우스가 제작한 시카고 몇몇 지역의 빈곤 지도. 1889년에 제인 애덤스와 엘런 게이츠 스타 Ellen Gates Starr가 공동으로 설립한 교육 및 사회개혁 기관인 헐 하우스는 거대한 산업도시 시카고의 혼란을 정리하는 데 앞장섰다.

새뮤얼 S. 그릴리, 헐 하우스(일리노이 주 시카고), 그릴리 카슨 컴퍼니와 토머스 Y. 크로웰 컴퍼니, 〈임금 지도 1번 – 폴크 스트리트에서 12번가까지, 할스테드 스트리트에서 제퍼슨 스트리트까지, 시카고〉, 지도, 1895년. (노먼 B. 레벤설 지도 및 교육센터)

체육관, 목욕탕 등의 시설을 제공하고 미술 강좌 같은 필수적인 사회 봉사활동도 펼쳤다. 그들은 통계학적 매핑mapping과 사회학적 조사 같은 최신의 방법론을 활용해 그 지역의 주거 상태, 과밀화, 유아 사망률, 노동 착취 공장, 질병, 마약 사용, 아동 노동, 매춘, 그리고 도시의 여러 가지 사회악을 둘러싼 실태를 상세히 조사했다. 플로렌스 켈리 Florence Kelley(미국의 사회 정치 개혁가_옮긴이)는 의류산업 분야에서 노동을 착취하는 공장들의 실태에 관한 보고서를 내놓았다. 그 보고서의 결론이 통렬했던 덕분에 일리노이 주 공장법이 제정되었고, 켈리는 공장법을 집행하는 11명의 부하 직원을 거느린 일리노이 주 공장 감독관에 임명되었다. 당시 세계에서 그 어떤 여성도 한 도시에서 켈리만큼의 영향력을 발휘하지 못했다. 한편, 제인 애덤스는 시카고의 제19지구의 위생 감독관이 되었다. 이후 그녀는 시카고의 쓰레기 문제를 해결하기 위한 전쟁에 나섰다.

애덤스와 켈리를 비롯한 여러 여성들은 정확성과 통계적 엄밀성을 바탕으로 빈민가 생활과 노동의 엄혹함을 폭로했다. 애덤스는 다양성이 풍부한 도시에서 근본적 변화를 초래할 만큼 강력한 공동체 의식을 불러일으킬 수 있는 것이 바로 계급과 출신 민족이 서로 다른 사람들의 상호작용과 공동의 노력이라고 믿었다. 그런 목표를 달성하기 위한 지름길은 어린이들의 정신을 함양하는 것이었다. 애덤스가 《아이들의 정신과 도시의 압박The Spirit of Youth and the City Stress》(1909년)에서 주장했듯이, 도시에 사는 아이들은 생기를 잃어갔다. 도시가 아이들을 올바르게 대우하기 위해서는 뛰어놀고 운동할 수 있는 적절한 장소를 아이들에게 제공할 수 있어야 했다. 애덤스가 보기에 불행히도 '사람들을 떼어놓는 장치들이 가득한 근대적 도시 공동체 속 모든 계급의 사람들을 (하나로) 묶는 공공 오락의 힘'은 뛰어 놀고 스포츠를 즐기는 아이들에게서 찾을 수 있었다.

야외 공간을 확대하고 오락 프로그램을 활성화하려는 운동은 일반 대중, 그러니까 학교 체육, 스포츠, 야외 소풍 등을 삶의 중요한 요소로 여기는 2세대 도시 노동계급 민족 공동체들(독일인들의 투른페라인, 체코인들의 체조연맹Sokol Union, 폴란드인들의 공제조합Falcons, 게일인들의 체육클럽Athletic Club)을 통해 발전되었다. 1884년, 시카고 보건국Chicago Board of Health 청사 맞은편의 투른페라인 회관에서 체육 시연회가 열

1900년경 뉴캐슬의 빈민가, 공장, 거리, 그리고 아이들.
뉴캐슬의 거리 풍경, 환등 슬라이드, 1900년경. (저자 소장품)

렸고, 시연회 참가자 중 한 사람이 시카고 공립학교의 체육 교육 프
로그램을 짜는 직책에 임명되었다. 투른페라인은 시카고의 여러 공
원에 수영장, 체육관, 구기장, 운동장 같은 오락 시설을 마련하기 위
한 운동을 펼쳤다. 투른페라인 관계자들이 보기에 공원은 그저 일요
일에 조용하게 산책하는 곳이 아니라 스포츠를 즐길 수 있는 곳이어
야 했다.[38]

산업도시의 혼란이 심은 변화의 씨앗

　외부인들에게 괴물 같은 산업도시들은 지옥처럼 보였다. 에인절 메도나 패킹타운 같은 빈민가의 주민들에게는 확실히 지옥이었다. 그러나 새로운 유형의 대도시들에서 생기는 가능성을 엿본 사람들도 많았다. 그들이 볼 때, 빈민가는 사람들이 빈곤하고 고립된 농촌 생활에서 벗어나 색다른 형태의 사회적 생활과 행동을 경험할 수 있도록 하는 관문 역할을 맡았다. 노동자들과 여성들과 이주자들은 가혹한 격변의 시대를 보내면서도 새로운 공공 제도와 시민적 태도를 확립했다. 대개의 경우 그들은 누구의 도움 없이 자신의 힘으로 그렇게 했다.

　노동계급은 도시의 물리적 상태도 바꿔놓았다. 19세기 중반부터 실질임금이 오르고 교대근무 시간이 짧아지기 시작한 덕분에 공장 직원들과 노동자들이 여가에 쓸 수 있는 돈이 더 많아졌다. 성장하는 시장의 수요를 충족시키기 위해 사업체들이 도심으로 들어왔다. 1850년의 성령 강림절 주간에 맨체스터에서는 약 20만 명이 시외 열차 여행에 나섰다. 반면 1850년대 말엽에는 같은 기간에 9만 5,000명이 벨뷰Belle Vue 유원지를 찾았다. 술집은 여전히 사람들의 삶에 있어서 중요한 장소였다. 맨체스터는 영국에서 술집이 가장 집중적으로 몰려 있는 곳이었다. 1852년, 맨체스터에서는 매주 2만 5,000명(주로 젊은 노동자들)이 3대 술집(카시노Casino, 빅토리아 설룬Victoria Saloon, 폴리테크닉 홀Polytechnic Hall)을 찾은 것으로 추정되었다. 1860년대에 이르러 그 술집들은 수천 명의 손님들이 대중가요, 도발적 희극, 여장 남자나 남장 여자 연기, 서커스, 신기한 묘기 등이 뒤섞인 공연을 마음껏 즐기는 공연장으로 바뀌었다. 1890년대에는 그 난잡하고 소란스러운 연예장들이 한층 더 가족 친화적인 장소로 탈바꿈했다. 1891년, 노동계급뿐 아니라 중산층 가정도 겨냥한 맨체스터 버라이어티쇼 궁정극장_{Manchester} Palace Theatre of Varieties이 화려하게 문을 열었다.³⁹

근대적 대중오락과 화려한 행사는 그 연예장들에서 시작되었다. 맨체스터는 빅토리아 시대의 연예장에서 1980년대와 1990년대에 성행한 나이트클럽에 이르는 대중문화의 선두 주자였다. 오늘날 맨체스터는 2개의 명문 프리미어리그 축구단을 거느린 도시로 명성이 자자하다. 맨체스터 유나이티드의 출발점은 1878년에 창단된 랭커셔 요크셔 철도회사Lancashire and Yorkshire Railway Company의 객화차客貨車 담당 부서의 축구팀인 뉴턴 히스Newton Heath였다. 맨체스터 유나이티드의 호적수인 맨체스터 시티는 2년 뒤인 1880년에 웨스트 고튼West Gorton의 세인트 마크스 교회St Mark's Church 관계자들이 지역 청소년들과 폭력단의 관계를 끊어 버리려는 방편으로 창단한 팀으로, 원래의 명칭은 세인트 마크스 웨스트 고튼이었다. 축구는 원래 명문 초·중·고등학교와 대학교의 스포츠 정신을 바탕으로 시작된 종목이었다. 그런데 길거리나 공터에서 노동자들이 즐기기 시작하면서 반사회적인 종목으로 여겨지게 되었다. 하지만 나름의 짜임새를 갖춘 축구팀은 도시에서 공동체를 형성하는 매개체가 되었다. 축구팀은 교회와 노동조합, 동네와 공장에서 결성되었다.

철도와 전신은 축구 발전에 공헌했다. 증기기관차는 선수들과 응원단을 태우고 다른 도시로 달려갔고, 경기 결과는 전신을 통해 재빠르게 전달되어 신문에 실렸다. 잉글랜드 축구협회는 1885년에 프로축구를 공인했다. 3년 뒤, 맨체스터에서 잉글랜드 축구 리그가 창설되었다. 기존의 신사적인 아마추어팀은 최고 수준의 선수들에게 급료를 지불하는 인구 집중 도시들의 축구팀을 상대할 수 없었다. 거의 비슷한 시기에 미국에서도 동일한 과정이 벌어졌다. 상류층의 스포츠로 시작된 야구가 남북전쟁 기간에 크리켓보다 더 인기를 끌게 되었다. 남북전쟁이 끝난 뒤 미국에서 프로야구는 각 도시의 이주자 공동체들에서 큰 인기를 누리는 노동계급의 스포츠로 떠올랐다. 초창기의 유명 야구선수들 중에는 가난에서 벗어날 길을 모색한 아일랜드계와 독일계가 많았다. 그 야구계 거물들은 수많은 팬들을 도시의 야구장으로 끌어모으는 데 일조했다. 만원을 이룬 관람석과 스포츠를 통한 이익 창출 간 연관성이 확립되었다. 주간 수입이 많고 재정이 튼튼한 팀들이 최고 수준의 선수들을 보유할 수 있었다.

팬들은 여가를 즐길 수 있는 권리를 쟁취하기 위해 투쟁해야 했다. 그들이 유일한 휴무일인 일요일에 야구 경기를 구경하고 관람석에서 술을 마시기까지는 험난한 장벽을 뛰어넘어야 했다. 마침내 미국야구협회American Association의 야구 리그는 경쟁 리그인 내셔널 리그보다 더 저렴한 가격의 입장료를 받았을 뿐 아니라 일요일에도 경기를 열고 관중들의 음주도 허용했기 때문에 맥주와 위스키 리그, 또는 하층민 리그로 불렸다. 이후 20세기 말엽에 이르러 시장력의 작용에 힘입어 야구는 열광적이고 소란스러운 관중들과 함께하는 노동계급의 일요일 경기가 되었다.

미국에서 일요일에 대규모 스포츠 행사가 등장한 현상은 일요일을 음주와 휴식, 기분전환의 날로 여기는 청교도적인 영국계 미국인의 문화가 이주자 출신 하층민들의 구매력을 통해 새로운 모습을 갖추는 과정의 핵심적인 부분으로 평가되었다. 1890년대에 시카고 화이트스타킹스의 홈구장인 웨스트 사이드 파크(나중에는 시카고 컵스가

9장 지상에 자리 잡은 지옥 ◦ 맨체스터와 시카고 1830~1914년

홈구장으로 사용했다)에 일요일마다 1만 2,500명 이상의 관중이 찾았다. 1909년에 옛 쓰레기장 부지 위에 건설된 시카고 화이트삭스의 홈구장인 코미스키 파크Comiskey Park는 무려 3만 2,000명을 수용할 수 있었던 덕분에 '세계적 야구 궁전'으로 불렸다. 전국적으로 유명한 팀들이 그 거대한 경기장에서 벌인 게임들은 노동자들과 소수민족 집단에게 시민적 자긍심과 소속감을 심어주었다. 사실 공장과 거리 그리고 술집과 클럽을 중심으로 펼쳐진 산업혁명기의 파편화된 문화에서는 시민으로서의 자긍심과 소속감이 확실히 부족했다. 중산층 아마추어들의 금욕적 스포츠 정신은 유럽과 미국의 여러 도시들에서 노동계급이 흥겹게 즐기며 동질감을 느끼는 스포츠에 무릎을 꿇었다.

잉글랜드의 도시들에서는 기본적 수준의 목조 관람석을 갖춘 축구장의 수용 능력에 비해 축구 경기를 구경하려는 사람들이 너무 많았다. 1893년에 에버튼과 울브스가 맞붙은 축구협회컵 결승전이 열린 맨체스터의 팔로필드 체육 경기장Fallowfield은 무려 4만 5,000명을 수용할 수 있었지만, 6만 명의 관중이 몰려들었다. 그 경기가 상업적으로 성공을 거두자 대형 경기장이 속속 등장했다. 웨스트 고튼은 일찍이 프로 무대에 뛰어들었다. 1895년에 맨체스터 시티로 구단명을 바꾼 웨스트 고튼은 2~3만 명의 관중이 지켜보는 가운데 경기를 펼쳤다. 한편, 뉴턴 히스는 간신히 파산을 모면했고, 1902년에 맨체스터 유나이티드로 이름을 바꿨다. 1910년, 연이은 승리에 한껏 고무된 맨체스터 유나이티드는 8만 석을 자랑하는 올드 트래퍼드Old Trafford로 홈구장을 옮겼다. 올드 트래퍼드는 최초로 기본 계획에 따라 건설한 축구장이라는 점에서 '타의 추종을 불허하는 세계적인 경기장'이었다.

오늘날, 올드 트래퍼드는 꿈의 구장으로 불린다. 대형 경기장들은 세계 각국 도시의 상징적인 풍경으로 자리 잡았다. 축구, 미식축구, 야구, 농구, 럭비, 크리켓, 하키 같은 여러 스포츠 종목의 팀을 응원하는 것은 도시적 공동체 의식의 중요한 특징이다. 구호를 외치고 노래를 부르고 소음을 내는 습관이 있는 수만 명의 관중들은 소중한 전통이 새겨져 있고 정서가 녹아 있으며 외부와 차단된 둥근 경기장에서 서로 친밀감을 다진다. 경기가 끝나면 팬들은 경기장 밖의 술집과 카페와 클럽과 광장과 거리로 몰려가 경기에 관해 얘기를 나누고 전술을 분석하며 노래를 부른다. 역사와 민간전승에서 기원한 스포츠는 현대의 대도시 사람들을 가장 강력하게 결속시키는 힘 가운데 하나로, 수많은 사람들, 특히 노동계급 남성들이 20세기 내내 도시에서 맞이한 핵심적인 도시 체험이었다.

팬들은 축구와 야구 같은 스포츠를 노동계급의 색채가 짙은 종목으로, 다시 말해 위에서 강요한 것이 아니라 노동계급의 생활방식, 노동생활, 공동체, 급료 봉투 따위에서 비롯된 종목으로 여긴다. 경기장은 여러 측면에서 현대 도시를 상징하는 곳이다. 현대 도시의 급성장으로 인해 공해와 질병이 발생하고 빈민가가 형성되면서 중산층이 수목이 우거진 교외로 떠나는 바람에 도심은 여러 민족 집단이 모여 사는 노동계급 위주의 장소로 전락하고 말았다. 1929년, 도시사회학자 하비 워렌 조보 Harvey Warren Zorbaugh 는 다음과 같이 썼다. "모든 대도시가 그렇듯이 시카고에서도 마천루의 어렴풋한 그림자 속에서 불안정성과 변화의 지대, 즉 도시 생활의 간석지가 드러난다." 노동계급의 상점, 시장, 식당, 당구장, 소기업, 작업장, 나이트클럽, 술집, 마권 판매소, 무도장, 즉석식품점 등과 더불어 스포츠 경기장이 대도시의 도심을 지배하게 되었다. 20세기 말엽까지 대도시는 노동계급과 이민자의 도시이자 교외, 최고급 주택지대, 업무지구 등에서의 생활방식과 뚜렷이 다른 도시적 생활방식을 지닌 장소였다. 대중적 어법에서 '도시적'이라는 표현은 도시의 지리적 중심 근처에 있지만 권력과 부에서 멀리 떨어진, 척박한 생활방식의 일부분을 의미했다.⁴⁰

이후 시간이 흐르면서 그 도심의 '간석지'는 지속적인 변화를 겪었다. 노동자들도 교외로 떠나버렸고, 고유의 취향과 식문화와 생활방식을 지닌 새로운 이민자 공동체가 그 빈자리를 채웠다. 19세기에 맨체스터로 이주한 농촌 사람들과 시카고로 건너간 아일랜드계와 독일계 이민자들처럼, 그 도심의 새로운 주민들도 독자적인 도시 공동체를 구축함으로써 도시의 충격과 소외와 적대감을 이겨냈다. 사랑을 받지 못하고 지저분한 도심은, 이주자들이 공동의 정체성을 형성하고 개인적 발전을 모색하는 회복의 장소였다. 도심은 다양한 민족 집단이 밀려 들어와 이곳저곳 이사를 하며 점점 더 좋은 집을 마련하는, 간석지 같은 곳이었다. 그 도시의 황무지에서 살아남으려고 사람들이 발휘한 창의적 재능과 소질은 급진적 정치 활동과 여성주의부터 야구와 축구, 힙합에 이르기까지 대중문화에 결정적인 영향을 미쳤다.

하지만 간석지의 공동체들은 역사의 썰물과 밀물에 가장 취약했고, 따라서 경제적 불황, 빈민가 철거 정책, 공영주택 시범사업, 도로 건설 공사, 탈산업화 그리고 젠트리피케이션의 희생양이 되었다. 맨체스터와 시카고 같은 도시들에서 드러난 산업도시에 대한 공포는 강렬하고 적나라한 반응으로 이어졌다. 지옥 같은 산업도시는 부활한 바빌론, 즉 영혼을 파괴하는 죄악과 착취의 장소였다. 프리츠 랑_{Fritz Lang}이 1927년에 만든 영화 〈메트로폴리스_{Metropolis}〉를 보면, 미래 도

1968년, 텔레비전 연속극 《코로네이션 스트리트Coronation Street》에서 에나 샤플스Ena Sharples로 연기한 여배우 바이올렛 카슨이 신축 고층건물의 발코니에서 맨체스터의 산업시설을 내려다보고 있다. 그녀는 이렇게 회상했다. "어린 소녀였을 때 내가 아는 세상은 길거리 여섯 군데와 쓰레기장 한 군데였고, 나머지는 말로만 들은 곳들이었다."
바이올렛 카슨, 맨체스터, 사진, 1966년 (ITV / 셔터스톡)

시에서 제멋대로인 최상류층은 햇빛이 잘 드는 마천루에서 사는 반면 엄청나게 많은 수의 노동계급은 고도로 발전된 대도시를 움직이는 기계를 작동시키기 위해 지하의 어둠 속에서 쉼 없이 일하는 것으로 그려진다. 그 영화에는 도시의 기계가 자식을 잡아먹는 가나안 지역의 신 몰록Moloch으로 변신하는 환각이 등장한다. 영화 〈메트로폴리스〉에서 노동자들은 기계에 잡아먹힌다. 즉, 현대적 도시화로 인한 제어할 수 없는 혼돈 상태에 의해 희생되고 만다.

영화 역사상 가장 유명한 작품 중 하나인 〈메트로폴리스〉는 성경 속 신화와 역사적으로 자주 소환된 바빌론의 이미지를 많이 이용한다. 그 영화에는 도시 생활에 환멸을 느낀 당대의 분위기가 반영되어 있었다. 도시는 실패했다. 프리츠 랑이 그려낸 지독한 황량함은 새로운 것이 아니었다. 수많은 문학과 예술 작품에서 현대적 도시 생활의 비참함이 묘사되었고, 방점은 지저분함과 암울함, 비정상, 타락, 범죄 따위에 찍혀 있었다.

작가, 시인, 예술가 들이 도시를 조명하며 던지는 실마리는 오늘날 우리가 살고 있는 종류의 도시가 만들어지는 데 보탬이 되었다. 특히 지난 300년 동안 영국 문화와 미국 문화에서 크게 드러난 도시 생활을 둘러싼 뿌리 깊은 적대감은, 열광적인 도시화 시기에 탄생한 도시들이 잘못 계획되고 미숙하게 운영된 경우가 너무 많았다는 반증이다. 언제나 어둠이 빛을 이겼다. 예나 지금이나 빈민가는 자립과 자기조직화, 공동체와 혁신의 장소가 아니라 악몽과 사회적 붕괴의 장소다. 이 책에서 소개해온 사회관계망과 정치 활동, 즐거움에 관한 이야기는 항상 불행의 찌꺼기 더미 아래 묻혀 있는 것이다.

물론 도시 빈민들은 경제적 충격에 취약하다고 볼 수 있는 동시에 타인들의 비현실적 몽상에도 취약하다고 볼 수 있다. 그들은 나름의 독창성을 발휘해 도시에서 살아남은 사람들이지만, 흔히 자력으로는 어떻게 해볼 수 없는 사람들로 여겨지기도 한다. 도시와 도시 거주자들은 믿기 힘들 만큼 끈질기고 강인하지만, 몰락 직전에 있는 것으로 여겨질 때도 많다. 우리는 외부의 도움 없이도 공동체를 능숙하게 건설할 수 있다. 하지만 그런 경우는 드물다. 산업화 이후 산업화에 반발해 일어난 도시화의 물결인 도시미화운동City Beautiful Movement, 전원

도시운동Garden City movement, 도시현대화운동은 날림으로 지은 19세기 도시에 질서와 청결함을 부여하려는 시도였다. 머지 않아 합리적 질서가 바빌론의 혼란을, 하향식 계획이 일반 대중의 자기조직화를 대체할 것처럼 보였다. 새로운 예루살렘을 만들고자 하는 그 욕구에는 반反도시적 색채가 짙게 묻어났다. 그런 욕구는 잡다한 활동, 급조한 주택, 거리의 행상인, 일시적으로 열리는 시장 같은 요소들이 뒤범벅된 전통적 도시를 거부하는 것, 그리고 인간이 쌓은 볼품없는 개밋둑 같은 자리에 '공원 속 고층건물'과 대규모 주거단지를 건설하기 원하거나 교외를 선호한다는 것을 의미했다. 즉, 전통적 대도시를 제거하고자 한다는 것을 의미했다.

산업화로 초래된 혼란에 대한 정서적 반응은 20세기와 그 이후까지 새로운 생활방식에 관한 이상향적 계획 그리고 도시 환경을 정화하려는 욕구를 통해 우리의 도시관을 지배하게 된다. 농촌과 비슷한 평온함을 선호하고 기존의 도시를 거부하는 경향이 확고히 뿌리를 내렸다. 그러나 유서 깊은 도시적 이상은 사라지지 않았다. 2개의 주요 대도시가 세계적 차원의 교외화에 맞서 지연 작전에 나섰고, 현대 도시를 둘러싼 대안적 관점을 제시했다. 맨체스터와 시카고 같은 충격 도시들에 대한 해결책은 19세기와 20세기 초반에 두각을 나타낸 도시인 파리와 뉴욕에서 그 물리적 형태를 갖추게 되었다.

10장

파리 증후군

파리

1830~1914년

2006년, 영국 방송사 BBC가 정체를 알 수 없는 현대 질병에 관한 기사를 보도했다. 해마다 10여 명의 일본인 관광객들이 그 질병 때문에 파리에서 본국으로 후송된다는 내용이었다. 그들은 거의 평생 파리의 낭만적이고 이상화된 도시 풍경을 동경했지만, 냉담한 현지인들과 인파로 붐비는 대로, 불결한 지하철역과 무례한 웨이터들 때문에 크나큰 충격을 받은 나머지 '정신적 붕괴'를 겪는다는 것이다. 급기야 일본 대사관은 이러한 파리 증후군 환자들을 위한 24시간 응급전화를 개설하기에 이르렀다.[1]

애초에 나는 파리 증후군을 단순한 도시 괴담으로 치부했지만, 지그문트 프로이트가 겪은, 이와 비슷한 정신적 위기에 관한 글을 읽고 난 뒤 생각이 바뀌었다. 1885년에 그는 다음과 같이 썼다. "파리는 여러 해 동안 내가 동경한 곳이었다. 파리의 인도에 첫발을 디디며 얼마나 행복하던지, 이제 다른 소망도 분명히 이뤄질 것만 같았다." 하지만 프로이트의 행복감은 곧 자취를 감췄다. 파리에 도착한 첫날, 그가

할 수 있는 일이라고는 거리에서 울음을 그치는 것밖에 없었다. 너무나 실망스럽고 외로웠던 것이다. 거리의 인파는 위협적이었으며 파리 사람들은 다가가기 힘들었고, 오만했다. 프로이트는 편집증적 망상에 사로잡힌 채 비소를 찾으려고 호텔 침대 주변의 커튼을 뒤졌다.[2]

오늘날 파리에는 매년 1,800만 명의 외국 여행객들이 찾아온다. 그들 덕분에 파리 경제는 170억 달러의 수입을 올리고, 파리 인구의 18퍼센트가 이와 연관된 일자리를 유지하고 있다. 파리보다 외국 여행객들이 많이 방문하는 도시는 세계에서 방콕(2,100만 명)과 런던(2,000만 명)밖에 없다. 어느 한순간에 파리의 여러 대로에는 5만 명의 외국인 관광객들이 있을 수도 있다. 그들은 역사 속에 깊이 자리 잡은, 일종의 성지순례 같은 여행을 즐기는 사람들이다. 일상적 관광의 시대가 열린 1860년대 이전에도 파리는 매년 10만 명의 해외 방문객들이 찾아오는 도시였다. 오펜바흐Offenbach(19세기의 독일계 프랑스 작곡가_옮긴이)의 오페라 〈파리지엔의 삶La Vie Parisienne〉에서는 관광객들이 합창곡을 부른다. 그들은 "쳐들어 갈테야. 그 독립 도시에, 그 즐거운 휴식처에"라고 노래한다.

1830년 11월의 어느 날 밤에 에마 윌러드Emma Willard(19세기 미국의 여성 권익 운동가_옮긴이)는 사륜마차를 타고 파리로 가고 있었다. 그녀는 마음이 너무 설렌 나머지 잠을 이룰 수 없었다. 파리에 도착했다는 소리가 들렸다. "그때까지 상상했던 으리으리한 것들이 있는지 찾아봤지만 헛수고였다." 그녀가 파리에서 처음 겪은 일은 세관 직원들이 짐을 검사하는 동안 기다리는 것이었다. "주변이 온통 지저분하고 뒤죽박죽이었다. 앉아 있을 자리조차 없었다. 피곤했다. 낯선 눈들이 우리를 노려보는 듯싶었다." 칙칙한 거리는 결코 내가 상상했던 우아한

파리의 모습 같아 보이지 않았다.[3]

파리 증후군의 치료제, 플라느리

19세기, 노트르담 대성당이 자리한 비좁은 시테 섬Île de la Cité에는 빼곡히 늘어선, 지저분하고 오래된 주택을 거처로 삼은 약 1만 5,000명의 가난한 노동자들이 살고 있었다. 그 대도시의 거의 모든 지역에서, 가용 공간이 차츰 줄어드는 와중에도 사람들은 점점 더 늘어났다. 파리의 어둡고 축축한 거리와 골목은 '벌레가 과일 속에 파고들어 만들어낸 구불구불한 길' 같아 보였다. 사람들이 북적대고 위생 상태가 불량했던 그 도시는 콜레라로 큰 피해를 입었다. 1832년, 파리의 인구 86만 1,000명 중 2만 명이 콜레라로 숨졌다. 19세기 초반, 파리는 '독특한 불결함을 지닌 원초적 도시였으며 고통에 몸부림치는 중세시대'를 대변했다.[4]

히볼리 거리Rue de Rivoli, 튀일리 정원Tuileries, 이탈리아 대로Boulveard des Italiens, 혁명광장Place de la Révolution 등에 가봐야 비로소 관광객들은 흉측하고 혼잡하고 당장이라도 허물어질 듯한 그 중세 도시 깊숙이 자리 잡은 도시 생활, 지구상의 그 어느 곳에서도 누릴 수 없는 극도로 문명화된 신세계적 도시 생활을 목격하게 되었다. 물론 루브르 박물관에서는 세계 최대 규모의 예술품들이 일반인에게 공개되었고, 뤽상부르 궁전Luxembourg Palace과 베르사유 궁전Versailles과 생클루 궁전Saint-Cloud의 미술관에도 수많은 예술품이 있었다. 파리는 패션과 쇼핑과 식도락의 측면에서 타의 추종을 불허하는 도시였다. 발자크

Balzac(19세기 프랑스의 소설가_옮긴이)는 "마들렌 성당Église de la Madeleine에서 생 드니 문Porte Saint-Denis까지 위대한 진열의 시가 화려한 색채를 읊는다"라고 썼다.

파리의 진정한 자랑거리는 물리적 외형이 아니라 파리 사람들이 그곳을 이용하는 방식이었다. 마치 극장 같은 거리의 연극적 요소(온전한 삶으로 이뤄진 풍경)에 힘입어 파리는 세계에서 가장 매혹적인 도시이자 관광객들에게 성배와 같은 곳이 되었다. 파리에 사는 어느 익명의 영국인은 거리를 걸을 때 기분이 들뜬다고 썼다. "움직임과 삶의 반사광이 우리를 에워싸고 있다. 삶의 전반적 강도라는 측면에서 파리에 견줄 만한 곳은 없다."5

파리 증후군의 치료제는 파리에서 펼쳐지는 공연에 몰두하고 그 도시적 드라마를 품평하는 것이었다. 파리를 방문한 어느 미국인 성직자가 이렇게 말했다. "확실히 세상에서 즐기기에 가장 좋은 곳이다. 모자를 쓰고 거리로 나가 오락거리를 찾기만 하면 된다." 파리에서는 모든 측면에서 전대미문인 잔치가 열렸다. 발자크의 증언에 따르면, 파리는 "즐거움을 만들어내는 대도시의 거대한 작업장"이었다. 그는 "파리는 결코 쉬지 않고, 끝없이 행진한다"라고 썼다. 파리는 무시무시한 기적이자, 움직임과 기계와 관념의 놀라운 집합이면서 수많은 연애 사건으로 가득한 곳, 멈추지 않는 도시들의 여왕이었다.6

파리 사람들은 카페, 정원, 공원, 극장, 상점, 야외 공연장 같은 공공장소에서, 그리고 다른 사람들과 함께 추는 춤이나 야외 연주회를 통해 즐거움을 누렸다. 도로교통상의 위험 때문에 파리에는 약 300곳의 아케이드형 상가가 생겼다. 발자크가 본인의 소설을 통해 무척 날카롭게 포착했듯이, 파리는 격정적인 움직임이 끊임없이 일어나는 도시였다. 19세기 초반, 파리의 풍경과 소음, 그리고 눈에 띄는 뚜렷한 차이점과 다양성을 찾아내는 도시 탐험가들이 많은 문학 작품을 내놓았다. 그 작품들은 관광객들이 아니라 현지의 주민들을 위해 파리의 비밀을 드러내는 일종의 안내서였고, 파리 사람들은 숨겨진 도시의 비밀을 이해하거나 염려하게 되었다. 파리라는 도시 자체가 문학 작품에 나오는 등장인물을 분석하고 설명해야 하는, 복잡하고 살아 움직이는 유기체가 되었다.

파리에서는 도시 생활을 구경하는 사람을 가리키는 바도badaud라는 단어가 쓰였다. 바도는 인파로 붐비는 거리를 거닐며 일상생활에서 펼쳐지는 연극을 즐기는 '구경꾼'이었다. 극작가 드 주이de Jouy는 다음과 같이 썼다. "파리에서는 강물에 떠내려가는 목조 열차, 서로 부딪히는 사륜마차들, 갑옷을 두른 전차, 개싸움 등 모든 것이 사건이 된다. 어떤 것이 두 사람의 눈에 띄면 곧 1,000명이 모여들 것이고, 또 다른 상황이 벌어져 시선을 빼앗을 때까지는 구경꾼들이 계속 늘어날 것이다."《파리의 즐거움Les Plaisirs de Paris》에서 알프레드 델보Alfred Delvau(19세기 프랑스의 작가 겸 언론인_옮긴이)는 파리 사람이 집에서 지내고, 집에서 생각하고, 집에서 먹거나 마시고, 집에서 병을 앓고, 집에서 죽는다는 것은 상상하기 힘들 만큼 따분한 것이라고 썼다. "우리에게는 공공연함과 햇빛, 거리, 카바레, 카페, 식당이 필요하다."[7]

1830년대에 파리를 방문한 미국인 관광객인 애너 제임슨Anna Jameson에 따르면 런던 사람들은 '심각하고 냉정한 태도로' 거리를 활보하는 반면 파리 사람들은 '마치 주위를 둘러보는 것이 삶의 유일한 목적인 양' 어슬렁거리며 이곳저곳을 쳐다봤다. '바도'라는 단어에는 파리 사람들이 거리에 대해 취하는 태도가 집약되어 있었다. 그런데 근대적 도시인의 정체성을 규정하는 용어, 플라뇌르flâneur('한가로이 거니는 사람'이라는 뜻_옮긴이)도 이곳에서 생겨난 단어이다.[8]

1842년, 오귀스트 들라크루아Auguste de Lacroix(19세기 프랑스의 화가_옮긴이)는 "플라뇌르가 미식가라면 바도는 대식가일 것이다"라고 썼다. 플라뇌르를 영어로 정확하게 번역할 수는 없다. 바도는 도시를 게걸스럽게 먹어 치우는 사람인 반면 플라뇌르는 예리한 품평가, 즉 도시의 인파 속에 섞여 있으면서도 사람들과 동떨어진 채 도시를 탐색하는 은밀하고 초연한 관찰자였다. 발자크는 플라느리flânerie(한가로이 거닐기)를 '시각적 미식주의'로 묘사했다. 샤를 보들레르Charles Baudelaire는 이렇게 썼다. "완벽한 플라뇌르, 열정적 구경꾼은 인파의 한가운데에, 움직임의 썰물과 밀물 속에, 일시적인 것과 무한한 것에 둘러싸인 곳에 머물며 엄청난 희열을 느낀다."[9]

파리에서 활동하는 플라뇌르는 19세기 초반에 언론인과 작가 들이 만들어낸 명칭이었다. 그전까지 플라뇌르는 할 일 없이 빈둥거리며 주변을 둘러보는 사람을 의미하는 단어였다. 1820년대와 1830년대에 이르러, 중산층 플라뇌르는 진지한 의도를 지닌 사람을 의미하게 되었다. 중산층 플라뇌르는 거리의 주인인 중산층 계급의 승리를 상징하는 인물이었다. 보들레르는 "산책하고 구경하는 요령을 알았을 때 그대 앞에 나타나는 기이한 것들"이라는 표현을 썼다. 발자크는 다음과 같은 말로 플라느리에 대한 파리 사람들의 애착을 표현했다. "어슬렁거리며 돌아다니는 것은 학문의 한 분야다."[10]

일상생활과 일상생활의 특이한 리듬에 대한 파리 사람들의 감수성은 파리라는 도시의 고유한 특징이었다. 파리를 방문한 영국인과 미국인 들은 파리의 리듬에 적응하는 법을 배웠다. 그들은 평소보다 더 천천히 걷고 더 적극적인 태도를 보였으며, 거리와 카페, 아케이드형 상가에서 다른 사람들을 똑바로 쳐다보기 시작했다. 그것은 오늘날 우리가 다른 언어를 쓰는 낯선 도시에서 하는 행동과 같다. 초연한 관찰자로 변신함으로써 도시 생활의 불협화음 속으로 뛰어들고자 하는 행동인 것이다. 플라뇌르를 영어로 설명한 어느 글에서 그 도시 방랑자를 바로 얼마 전에 발명된 사진술에 비유한 표현을 보았다. "도시 방랑자의 마음은 느낄 수 있는 모든 인상을 맞이할 준비를 갖춘, 텅 빈 감광판 같다." 사진기나 전화기 뒤로 숨는 현대인의 습관은, 있으면서도 없는 사람, 마치 관광객처럼 인상을 기억하고 장면을 포착하는 익명의 방관자, 즉 초연한 플라뇌르의 습관인 셈이다. 수전 손택Susan Sontag(20~21세기 미국의 소설가_옮긴이)은 이렇게 썼다. "사진사는 도시의 지옥을 고독하게 걸어 다니고, 살피고, 찾아다니고, 돌아다니는 사람의 확장판, 즉 도시의 극심한 육감적 풍경을 찾아내는 관음적 방랑자다."11

현대의 예술과 문학과 사진술, 그리고 영화는 모두 플라뇌르에 영향을 받았다. 한가로이 거닐기는 우리가 도시 생활의 심리학을 한층 더 깊이 파고들고 도시 생활에 관한 질문에 답하는 데 도움이 되었다. 이 점이 더 중요하다. 하지만 우리가 그 단계에 이르기 전에 플라뇌르의 세계는 거센 공격에 시달렸다.

관광 명소로 되살아난 파리

다른 여러 도시들의 경우와 달리, 파리의 전경을 감상하려고 굳이 마천루에 올라갈 필요는 없다. 파리는 넓고 평탄한 분지에 자리 잡고 있으므로 거리를 어슬렁거리다 보면 역사적 건물들을 품은 채 가로로 넓게 뻗은 도시의 스카이라인이 눈에 들어온다. 몽마르트르 언덕, 벨빌Belleville 언덕, 에펠탑 같은 높은 곳에 올라가면 기하학적 형태로 구획되고 초목으로 장식된 멋진 거리를 볼 수 있다.

이런 식으로 우리의 상상력을 사로잡는 파리는 1850년대의 산물이자 근대의 가장 위대한 도시계획가인 조르주외젠 오스만Georges-Eugène Haussmann의 작품이다. 그 무렵 파리의 순환계는 꽉 막혀 있었다. 어두컴컴한 곳으로 빛과 공기가 스며들고 시민들이 더 자유롭게 돌아다닐 수 있도록 순환계를 뚫어야 했다. 유럽은 질병과 혁명, 사회 붕괴로 점철된 도시 대참사를 맞이하고 있었다. 맨체스터 같은 도시들에서 명백히 드러났듯이, 도시 대참사는 파리에서 절정에 이르렀다.

오스만은 모든 면에서 꼼꼼하고 까다로운 성격의 소유자였다. 그는 중세적 분위기의 도시인 파리에 대한 애정이 전혀 없었다. 그가 볼 때 파리는 더러움이 연상되는 곳이었다. 그는 자기 삶의 모든 방면에서 질서와 청결함이 혼돈과 불결함을 억누르기를 바랐다. 그는 키가 크고 강인하여 원기 왕성하고, 정력적이면서도 영리하고 교활한 인물이자 노련한 행정가로 평가되었고, 44세 되던 해인 1853년, 센 강 감독관 후보로 나폴레옹 3세에게 천거되었다.[12]

1851년 12월, 나폴레옹 3세는 대통령 임기 만료 시점을 앞두고 쿠데타를 일으켜 권력을 유지했다. 몇 달 뒤 그는 연설에서 다음과 같이 선언했다. "파리는 프랑스의 심장이오. 이 위대한 도시를 아름답게 꾸미도록 노력합시다. 새로운 거리를 만들고, 공기와 빛이 부족한 노동계급의 주거지를 더 건강한 곳으로 만들고, 이로운 햇빛이 우리 성벽 안의 모든 곳에 닿도록 합시다."[13]

하지만 그의 사업 계획은 진척되지 않았다. 1852년 12월, 그는 황제 자리에 올랐다. 절대 권력을 움켜잡은 덕분에 아무런 정치적 제약 없이 자신의 구상을 추진할 수 있게 되었다. 오스만이 신임 감독관에 임명되고 나서 며칠 만에 나폴레옹 3세는 그에게 파리 지도를 보여주었다. 지도에는 중세의 시가도市街圖 위에 쇠퇴하는 파리에 생명을 불어넣을 넓고 곧은 도로들이 표시되어 있었다. 나폴레옹 3세는 아름답고 위생적이고 교통이 편리한 근대적 도시, 황제에게 어울리는 도시를 원했다. 그런 도시를 하루빨리 보고 싶어했다.

그런 과정을 거쳐 새롭게 탄생한 파리는 나폴레옹 3세의 제왕적 권력과 오스만의 치밀한 두뇌의 산물이었다. 새로운 파리에는 근대에 이르러 절실해진 기동성을 둘러싼 수요와 사업의 총 책임자인 오스만이 가졌던 질서와 통일성에 대한 뿌리 깊은 욕구가 반영되었다. 파리 개조사업은 히볼리 거리와 생앙투안 거리Rue Saint-Antoine를 따라 동서로, 스트라스부르 거리Strasbourg와 세바스토폴 거리Sébastopol를 따라 남북으로 교통이 수월해지도록 설계된 교차로 그랑드 크루아제 드 파리 grande croisée de Paris를 필두로 시작되었다. 파리의 오래된 요람인 시테 섬에서는 노트르담 대성당 주변에 모여 있던 오래된 건물들이 철거되었고, 주민들 대부분이 다른 곳으로 떠났다. 그 빈자리를 파리의 권력 기관과 행정 기관 건물들이 차지했다. 오스만은 "그것은 옛 파리의 알맹이를 뽑아내는 작업이었다"라고 썼다.[14]

개선문Arc de Triomphe을 중심으로 여러 개의 대로가 뻗어 있었다. 샤토 도 광장Place du Château-d'Eau(오늘날의 공화국 광장Place de la République)을 기점으로 3개의 대로가 뻗어 있었다. 새로 조성된 거리들은 파리의 철도역과 연결되었다. 비집고 들어갈 수 없을 정도로 협소한 골목길은 말끔히 정리되었다. 수많은 역사적 건물들이 잡다한 주택들과 함께 철거되었다. 유구한 역사를 자랑하는 건물도 예외가 될 수 없었다. 오늘날, 마헤Marais 구역의 생쟈크 드 라 부슈리 성당Saint-Jacuqes de la Boucherie과 생 제르베 성당Saint-Gervais의 계단을 올라가는 사람들은 아마 그 두 성당이 파리에 마지막까지 남아 있는 2개의 작은 언덕 위에 서 있다는 사실을 모를 것이다. 몽소monceau로 불린 그 언덕들에는 한때 메로베우스 왕조Merovingian 시대의 정착촌이 있었다. 그 2개의 몽소를 제외한 나머지 모든 몽소는 파리의 여러 선사시대와 역사시대 지형과 더불어 오스만이 추진한 도시 평탄화 작업의 제물이 되어버렸다. 당시 파리에 머물고 있던 어느 영국인은 "일주일이나 이주일이 지나면, 파리라는 역사책에서 또 하나의 낱장이 찢어질 것이다"라며 슬퍼했다. 건물과 양식과 시대가 병치된 어수선함(도시의 중요한 특징이다)은 오스만이 좋아한 기하학적 거리, 그러니까 파리 고유의 황색 석회석으로 장식된 건물들이 획일적으로 늘어서 있는 거리에서 밀려나고 말았다.[15]

집과 거리, 동네와 중요한 건물, 그리고 파리의 역사가 파괴되자 많은 파리 사람들이 충격을 받았지만 오스만은 기술형 관료로서 냉정함을 잃지 않았다. 그는 과감한 수술에 돌입하는 데 따른 인적 손실을 거의 염려하지 않았다. "비생산적이고 접근할 수 없으며 거주할 수 없는 도시의 팔다리에 드넓은 공간을 만들기 위해서는 우선 중심가를 쭉 찢어 도시의 이쪽에서 저쪽까지 길을 내야 한다." 오스만이 즐겨 쓴 표현, 알맹이 도려내기, 길 내기, 중심가 찢기는 무자비한 창조적 파괴의 언어였다.[16]

폐에 문제가 있는 병약한 아이였던 오스만은 해로운 악취와 먼지에 노출된 채 미로처럼 뒤엉킨 좁은 거리와 골목을 거쳐 학교까지 걸어가야 했다. 그러므로 악몽 같았던 어린 시절을 기억하는 그가 위생적이고 합리적인 도시를 갈망한 것은 당연한 일이었다.[17]

오스만은 파리라는 도시를 동맥과 정맥, 기관과 폐로 구성된 인체로 여겼다. 그가 볼 때 파리에는 장기도 있었다. 오스만의 진정한 역작은 거리 밑의 지하에, 즉 하수도 설비에 있었다. 악취를 풍기는 강과 20만 개의 오수 구덩이가 260여 만 명의 배설물로 가득 차 있었던 런던에서는 1858년부터 토목 기사 조셉 바잘제트Joseph Bazalgette가 차집관거遮集管渠(오수를 하수 처리장으로 수송하기 위해 설치한 관이나 통로_옮긴이), 양수장, 배수 설비 등을 완비한 총연장 132킬로미터 이상의 지하 하수도망과 총연장 1,600킬로미터 이상의 길거리 하수도망을 구축했다. 우리가 잘 알고 있듯이, 바잘제트는 하수도를 무척 넓게 만들었기 때문에 오늘날까지 유용하게 쓰이고 있다. 한편, 시카고에서는 하수도관을 지하에 묻을 수 없었기 때문에 도시 자체를 위로 들어 올려 하수도관을 깔아야 했다. 1858년부터 벽돌 건물 전체를 수압식 잭과 나사식 잭으로 1.8미터 정도 들어 올리기 시작했다. 1860년에 이르러, 600명의 노동자들이 6,000개의 잭을 쓰는 한 번의 작업을 통해 한 구획의 절반을 들어 올렸다. 그들이 상점과 사무실, 영업장과 호텔이 서 있는 총중량 약 3만 5,000톤, 총면적 약 4,000제곱미터의 상가 전체를 들어 올리는 동안에도 거리 생활은 아무 일도 없다는 듯 평소

처럼 이루어졌다. 거리가 허공에 떠 있는 동안, 하수도관을 갖춘 새로운 토대가 만들어지고 있었다.[18]

시카고와 런던은 1850년대와 1860년대에 '지하 근대화'라는 기적을 이룩했다. 오스만은 위생과 기술 체계의 승리도 뛰어넘었다. 그의 하수도망은 그가 구상한 직선형 시가도의 복제품이었고, 지상의 대로들만큼 합리적이고 웅장하고 휘황했다. 하수도관과 지하 갱도는 걸어다니거나 배를 띄울 수 있을 정도로 컸고, 지하 통로는 청결하게 관리되었다. 하수도에는 도시를 여러 세대에 걸친 다층적이고 인간적인 구조물이 아니라 기계로 바라보는 오스만의 시각이 배어 있었다. 달리 말해 그는 인체의 여러 부위를 서로 이어주는 결합조직보다는 동맥과 기관에 더 관심이 많았다.[19]

도시의 폐는 소화기관만큼 중요했다. 오스만의 비망록에 의하면 나폴레옹 3세는 그에게 다음과 같이 지시했다. "런던에서 그렇게 했듯이, 모든 가정과 아이들, 부자와 빈자 들이 휴식과 오락을 즐길 수 있는 장소를 파리 사람들에게 제공할 수 있도록 파리의 모든 행정구에 최대한 광장을 많이 지을 기회를 놓치지 마시오." 오스만은 60만 그루의 나무를 심고 18제곱킬로미터 넓이의 공터를 마련해 4개의 크고 멋진 공원을 조성했고, 24개의 광장을 새로 만들기로 했다. 이제 파리 사람들은 집에서 5분만 걸어가도 공터와 마주치게 되었다.[20]

도시가 쇠퇴하고 사람들이 비좁고 불결한 도심을 떠나던 시절, 파리는 근대성과 진보의 횃불로, 산업시대에 되살아난 대도시로 우뚝 섰다. 빛이 잘 들고, 공기가 잘 통하며, 질서정연하고 우아하게 치장된, 괄목상대할 만큼 깨끗해진 파리에는 전례 없이 많은 관광객들이 찾아왔다. 1855년, 만국박람회에 맞춰 그랑 오텔 뒤 루브르Grand Hôtel du Louvre가 문을 열었다. 프랑스 최초의 고급 호텔이자 유럽 최대의 규모를 자랑한 그랑 오텔 뒤 루브르는 1,250명의 직원과 700개의 호화 침실, 2개의 증기 동력 승강기를 거느린, 최고급 관광 명소였다. 그리고 1862년에 파리 오페라 극장Opéra 근처에 문을 연 그랑 오텔Grand Hôtel은 황후인 외제니Eugénie가 "정말 집에 있는 느낌이에요. 마치 콩피에뉴Compiègne나 퐁텐블로Fontainebleau에 있는 기분이 드네요."라고 말할 정도로 화려하고 호화로웠다. 세모꼴의 한 구획 전체를 차지한 그랑 오텔에는 800개의 호화 침실, 65개의 대형 객실, 수압식 승강기, 터키식 목욕탕, 전신 시설, 극장 매표소, 그리고 100만 병의 포도주를 보관하는 저장실이 있었다.[21]

파리에는 고급 호텔과 더불어 엄청난 규모의 고급 백화점도 새로 생겼다. 1867년에서 1876년 사이에 귀스타브 에펠Gustave Eiffel에게 공학적 도움을 받으며 지어진 백화점 르봉 마르셰Le Bon Marché는 대규모의 실내공간(5만 제곱미터)이 빛으로 가득하도록 설계된, 획기적인 철골 구조의 고층 백화점이었다. 전후좌우의 모든 면을 뒤덮은 거대한 판유리 창문은 소비주의로 물든 화사한 무대장치를 훔쳐보기에 적합했다. 그 백화점에서는 매일 3,500명의 종업원들이 1만 6,000명의 고객들을 맞이했다. 고급 호텔과 백화점 들은 단지 이전보다 규모만 커진 것이 아니었다. 그 새로운 호텔과 백화점 들은 막대한 비용을 써서 공공건물이나 공공기념물과 비슷하게 보이도록, 즉 독자적인 관광명소 역할을 하도록 설계되었다.[22]

파리가 재건됨에 따라 카페 세바스토폴 거리의 엘 도라도El Dorado 와 그랑 오텔 1층의 카페 드 라 페Café de la Paix 같은 더 크고, 더 호화로운 대로변 카페들이 들어설 자리도 생겼다. 어느 여행 안내서에는 다음과 같은 내용이 실려 있었다. "밤에 조명을 밝힐 때의 효과는 그 야말로 눈부시다. 실외에 배치된 의자와 작은 탁자에서 남녀가 저녁 의 시원한 날씨를 즐기고 주변의 생동감 넘치는 광경을 구경할 수 있 다. 화려함에 눈이 부시고, 그 임시무대에서 과시되는 사치스러움과 기품 덕분에 효과가 고조된다."[23]

마르크스는 오스만이 관광객을 위한 장소를 만들려고 역사적인 도시를 밀어버렸다고 신랄하게 논평했다. 신고전주의 양식의 철도역, 고급 호텔, 고급 백화점, 대로, 고급 카페, 극장, 오페라 극장, 박물관, 미술관, 고딕 양식의 대성당, 공원, 산책로 같은 파리의 관광코스는 외국인 방문객과 관광객, 주말 여행자, 쇼핑객 들이 도시의 쾌락지대 를 누비면서 한때 귀족과 갑부 들만 누린 도시풍의 세련된 생활 방식 을 즐길 수 있는 기회를 제공하려는 목적으로 조성된 것이었다.

철도의 출현으로 관광업이 급성장함에 따라 파리로 찾아오는 외 국인들의 숫자도 크게 늘어났다. 1840년, 영국해협을 건너 파리에 도 착한 사람들은 8만 7,000명이었다. 1869년과 1899년에는 그 숫자가 각각 34만 4,719명과 95만 1,078명으로 늘어났다. 관광업자 토머스 쿡Thomas Cook은 파리 만국박람회가 열린 1867년에 영국인들에게 1인 당 36실링이라는 저렴한 가격으로 4일간의 파리 패키지여행 상품을 팔 았다. 1867년 파리 만국박람회에는 프랑스 국내외에서 900~1,100만 명이 몰려들었다. 1876년 파리 만국박람회에는 1,300만 명이, 그리고 에펠탑이 전 세계에 공개된 1889년 파리 만국박람회에는 3,000만 명 넘게 찾아왔다.[24]

일상적 관광의 시대가 화려하게 열린 뒤부터 지금까지 그 혁명적 인 소용돌이에 휩싸인 도시들은 대대적인 변화를 겪었다. 2000년부터 2015년 사이에 세계의 연간 관광객 수는 2배로 늘어나 13억 명에 이르렀다. 2030년이면 해마다 20억 명이 관광에 나설 것으로 전망된다. 중심부가 주거 구역이나 업무지구라기보다 관광용 테마 공원처럼 보이는 도시들이 많다. 뉴올리언스나 방콕에 대규모 관광객들이 없다고 상상해보기 바란다. 런던, 뉴욕, 파리, 상하이 같은 금융 중심지들에서조차 중심부의 상당 부분이 관광객들을 배려한 술집과 식당, 즉석식품점과 오락시설, 호텔과 호스텔과 에어비앤비airbnb 아파트를 갖춘 곳으로 바뀌었다. 현지 주민들이 차츰 뒷전으로 밀리고 있다. 수백만 명의 관광객들은 확실히 현대 대도시들의 모습을 바꾸고 있는 중요한 힘 중 하나다.

그것은 대도시를 일시적으로 찾은 사람들이 현지 주민들보다 더 많을 때 흔히 일어나는 현상이다. 2014년, 약 1,000만 명이 거주하는 런던에는 2억 7,400만 명의 자국인 당일치기 여행자들과 1,140만 명의 자국인 1박 방문객들, 1,740만 명의 외국인 방문객들이 찾아왔다. 같은 해에 상하이에는 3억 명이 방문해 350억 달러를 썼다. 방문객 대다수가 중국인들이었다.[25]

지난 150여 년 동안, 파리는 쇼핑과 여가의 장소로 탈바꿈하면서 대도시 도심의 위생 처리 현상을 예견해왔다. 1867년, 프랑스어 일간지 〈르 탱Le Temps〉은 오스만이 개조한 파리의 지리적 중심지가 대성당이나 공공건물이나 의회가 아니라 경박한 장소인 파리 오페라 극장이라며 개탄했다. "이제 파리는 우아함과 쾌락의 수도에 불과하다는 말인가?"[26]

새로운 파리와 도시 생활의 쓸쓸함

시인 샤를 발레트Charles Valette는 오스만을 '잔인한 파괴자'로 불렀다. "내 지난날에 무슨 짓을 했는가? 파리를 헛되이 찾아 헤맨다. 나를 찾아나선다." 오스만이 파리를 서둘러 개조하는 동안 35만 명의 파리 사람들이 원래 살던 곳에서 쫓겨났다. 역사적으로 평상시에 그토록 재빨리 변신한 도시는 없었다. 옛 파리는 패배했고, 많은 사람들이 파리의 새로운 화신에게 정신적 상처를 입었다. 빅토르 위고는 "인파로 붐비고 자유롭게 뻗은 고풍스러운 거리는 이제 없다. 뜻밖의 변덕스러움은 이제 없다. 굽이치는 교차로는 이제 없다"라고 한탄했다.[27]

파리에 활기를 불어넣고 파리를 '플라뇌르와 바도와 도락자道樂者 (취미에 열중하는 사람_옮긴이)'의 도시로 만든 구불구불한 거리가 냉혹한 기하학적 배치와 대로에 밀려나 아득히 먼 곳으로 사라지고 말았다. 달리 말해, 엄격하게 관리되는 대로의 풍경은 플라뇌르가 호기심 어린 눈으로 바라보면서 시선을 고정하는 대상이었다. 파리의 시가도를 전제적 통제의 징후로, 대중을 길들이기 위해 설계된 거대한 도시형 막사로 바라보는 사람들이 많았다.[28]

도심에는 산업시설과 빈민가가 있고 교외에는 시골풍의 피난처가 자리한 맨체스터와 시카고가 새로운 모습으로 탈바꿈하려는 경향을 내포한 도시들이라면, 개조된 파리는 그와 정반대였다. 파리의 경우, 도심은 빈민가 대신에 고급주택이 즐비한, 말끔히 정화된 곳이었고, 변두리는 노동계급 거주지와 산업시설이 들어선 곳이었다. 루이 라자르Louis Lazare(도시 행정가이자 언론인. 오스만 이전 파리의 도로와 건물 등에 대한 사전을 집필했다)는 이렇게 썼다. "장인들과 일꾼들은 구불구불한 비포장길들이 서로 만나며 빛, 상점, 상수도가 없는, 모든 것이 부족한 진짜 유배지에 갇혀 있다. 우리는 누더기를 꿰맨 여왕의 자주색 예복을 만들었다. 우리는 파리 안에 전혀 다르고 적대적인 2개의 도시를 세웠다. 사치의 도시와 그것을 에워싸고 둘러싼 불행의 도시 말이다."[29]

새롭게 변신한 파리의 풍경을 담은 유명한 그림 〈파리의 거리, 비 오는 날Paris Street, A Rainy Day〉(1877년)에서 구스타브 카유보트Gustave Caillebotte는 오스만이 선보인 가장 혁신적인 결과물 중 하나인 거리들이 여러 방향으로 뻗어 있는 방사형 교차로를 묘사했다. 모서리가 세모꼴인 공동주택 건물은 가여운 구멍정을 향해 달려가는 외항선의 뱃머리만큼 압도적이고 비정해 보인다. 저 멀리에 비계가 보인다. 1877년 당시 오스만은 권력을 휘두를 처지가 아니었지만, 아직 파리는 도시 계획 측면에서 보면 오스만의 영향력 아래에 있었다. 우산이 펼쳐지고, 비를 맞은 포장도로가 반짝이고, 사람들이 거리를 걷고 있다. 그러나 그 탁 트이고 넓은 공간에서 행인들은 서로 분리되어 있다. 아무도 대화를 나누지 않는다. 짝을 이뤄 함께 걷는 남녀도 마찬가지다. 그림 속의 주요 인물들은 값비싼 공동주택에 사는 멋진 차림의 유산계급이고, 따로따로 떨어져 있는 노동자들은 거리 생활의 적극적 참여자가 아닌 대도시 최상류층의 하인일 뿐이다.

파리의 거리를 산책하는 사람들 간의 공간적 분리는 사생활의 물리적 원을 만들어내는 수단인 우산을 통해 완화된다. 우아한 복장의 남녀는 맞은편에서 다가오는 덩치 큰 남자(몸의 절반만 보인다)에게서 시선을 거둔다. 그러나 곧 일어날 우산끼리의 충돌은 급회전을 통한 회피의 춤동작이나 서로 밀치는 공간 다툼으로 이어질 것이다.

구스타브 카유보트의 파리의 거리, 비 오는 날〉(1877년).
위생처리된 19세기 대도시의 풍경뿐 아니라 근대 대도시
에서 촉발된 사회적 소외 현상이 포착되어있다.

구스타브 카유보트, 〈파리의 거리, 비 오는 날〉,
캔버스 유화, 1877년. (찰스 H. 앤 메리 F. S. 우스터
컬렉션/ 브릿지만 이미지)

반 고흐가 1887년에 파리와 주변의 농촌이 만나는 장소를 묘사한
연작 중 하나인 〈파리의 변두리들On the Outskirts of Paris〉에서는 다른 배
경, 파리의 가장자리 땅인 '빌어먹을 시골'이 펼쳐져 있다. 그 대도시
의 중심으로부터 쫓겨나 변두리에서 일하는 사람들은 잿빛 얼룩으로
표현된다. 카유보트의 그림과 마찬가지로 〈파리의 변두리들〉에도 정
중앙에 가로등이 있다. 그러나 〈파리의 변두리들〉에서 보이는 가로등
은 으스스한 벌판에 잘못 놓인 도시적 가공품이다. 사람들이 각기 다

빈센트 반 고흐의 〈파리의 변두리들〉(1887년). 파리라는
대도시의 가장자리 땅인 '빌어먹을 시골'로 쫓겨난 빈민
들의 모습이 묘사되어 있다.

른 방향의 진흙 길을 걸어가는 모습에서 개인 간, 그리고 파리로부터의 소외가 드러난다. 카유보트의 〈파리의 거리, 비오는 날〉과 반 고흐의 〈파리의 변두리들〉에는 근대 도시의 쓸쓸함이 극명하게 표현되어 있다.

산업시설과 빈민가라는 2가지 특징을 동시에 지닌 맨체스터와 시카고는 19세기의 충격 도시들이었다. 파리도 그에 못지않았다. 친숙한 옛 도시를 말끔히 지워버린 오스만의 급격한 대도시 개조 작업에서 도시 생활의 소외 효과가 극적으로 드러났다. 도시의 쓸쓸함을 묘사한 카유보트의 작품들은 파리의 실상을 표현한 것이라기보다 근대적 도시 생활의 심리학을 여실히 나타낸 것이다. 대부분의 문헌과 인상파 회화에서 새로운 파리는 쾌락과 소음, 아우성과 군중, 격렬한 에너지가 소용돌이치는 곳으로 묘사된다.

어느 미국인 관광객은 파리 사람들을 집에서는 잠만 자고 아침부터 밤늦게까지 카페와 식당, 공원, 극장과 무도회장 그리고 온갖 오락의 장소를 쉴 새 없이 오가는 '유랑적 세계주의자들'로 묘사했다. 오스만이 설치한 가스 가로등 덕분에 거리 문화는 밤에도 이어질 수 있었다. 파리에 있는 극장, 오페라 극장, 발레 공연장, 연예장 등에는 매일 밤 최대 5만 4,000명의 손님이 들어갈 수 있었다. 게다가 카페에서도 연주회가 열렸고, 환한 가스등 불빛 아래서 춤을 즐길 수 있는 정원도 있었다. 알프레드 델보Alfred Delvau(19세기 프랑스의 저술가_옮긴이)에 의하면 파리 사람들은 티를 내고, 구경거리가 되고, 이목을 끌고, 구경꾼과 목격자 거느리기를 좋아했다.[30]

인상파 화가들의 붓놀림은 연달아 쏟아지는 감각 자료의 공격에 시달리는 도시 사람의 급속한 안구 운동이다. 오스만이 개조한 파리

의 화가들, 마네, 드가, 르누아르, 카유보트, 모네는 그 근대 도시의
신경계와 전기적으로 직접 연결된다. 보들레르의 절친한 친구인 에두
아르 마네Édouard Manet는 플라뇌르의 감수성을 근대 예술에 적용했다.
마네는 일시적이고 사소해 보이는 것에 신경을 곤두세운 채 도시 생
활을 재빨리 스케치하며 걷고 또 걸었다. 플라뇌르처럼 인파 속에 섞
여 있으면서도 사람들과 동떨어진 채, 초연한 관찰자로서 그림을 그
렸다.[31]

〈카페 콩세르의 구석Corner of a Café-Concert〉(1878~1879년)에서 마네
는 푸른색 작업복을 입고 파이프 담배를 뻐끔뻐끔 피우는 노동자를
전경에 배치한다. 그 사내 앞에는 포도주잔이 놓여 있고, 그는 무대
위의 무용수를 바라본다. 바로 옆에는 회색 중산모中山帽를 쓴 중산층
남자의 등이 보이고, 그 옆에는 우아한 옷차림의 여자가 있다. 모두
가 무대를 쳐다보고 있다. 그 3명의 관객들은 가만히 있고, 일행이 없
다. 그들 주변에는 움직임이 활발하다. 무용수는 공연에, 악사들은 연
주에 몰두하고 있다. 여종업원은 무대의 무용수처럼 순간적으로 거
의 발레 같은 동작을 취한다. 왼손으로 맥주 두 잔을 들고 있는 상태
에서 오른손으로 맥주 한 잔을 내려놓으려고 몸을 슬쩍 기울인다. 한
손님의 주문을 처리하고 곧 다른 손님들의 주문을 처리할 참이면서도
그녀는 술을 주문하거나 계산을 요청하는 손님들이 있는지, 치워야
할 탁자가 있는지 살핀다. 금세 또 다른 곳으로 움직일 것이다. 그녀
의 시선은 무대를 외면한 채 우리가 정확히 알 수 없어도 생생하게 상
상할 수 있는 대화와 잡담으로 가득하고 손님들로 북적이는 카페 안
을 향하고 있다. 그녀는 맥주잔을 놓으려고 푸른색 작업복 차림의 노
동자 쪽으로 몸을 가까이 밀착한다. 그러나 두 사람은 서로 다른 쪽을

쳐다보고, 서로를 전혀 의식하지 않는다. 그림에 등장하는 4명의 인물들은 좁은 공간 안에 함께 있지만, 각자 단절된 개인적 세계에 머물고 있다.[32]

마네의 〈폴리 베르제르의 술집 A Bar at the Folies-Bergère〉(1882년)은 근대적 도시 생활을 가장 예술적으로 표현한 그림 중 하나다. 대리석 판매대 위에 매력적으로 놓여 있는 샴페인 병과 꽃, 과일은 우리와 여종업원 사이를 갈라놓는다. 그녀 뒤쪽에는 파리에서 가장 유명한 나이트클럽 겸 연예장인 폴리 베르제르에 모인 손님들과 대형 샹들리에의 모습이 비치는 큰 거울이 보인다. 폴리 베르제르 같은 장소들에서 남녀 손님들은 식탁이나 특별석에 앉을 수 있었다. 그들은 서로 어울리고 이리저리 돌아다닐 수 있었다. 그런 장면이 거울 속에 담겨 있다. 마네는 그림 좌측 상단에 보이는 공중그네 곡예사의 조그만 두 다리 속에 서커스 공연 모습을 담아낸다. 다른 손님들과 마찬가지로 그에게도 진정한 오락거리는 거기 모인 군중이었다. 마네의 붓놀림을 통해 군중은 여러 개의 중산모와 형체가 불분명한 사람들로 이뤄진 혼란스러운 얼룩으로 표현된다. 그러나 우리는 군중이 빚어내는 불협화음과 생동감을 느낄 수 있다.

여종업원과 우리의 관계는 한층 더 분명하다. 거울 속에서 그녀는 실크해트(남성 정장용 모자_옮긴이)를 쓴 남자 손님을 맞이하고 있다. 그는 술을 주문하고 있을까? 아니면 수작을 걸고 있을까? 여종업원들과 여급들은 매춘부나 성적으로 헤픈 여자로 치부되었다. 그러나 그림 속의 여종업원은 당당하게 몸을 앞으로 숙이고 있다. 눈은 슬퍼 보이지만 입술은 비웃음 같은 것을 머금고 있다. 플라뇌즈 flâneuse('한가로이 거니는 여자'라는 뜻_옮긴이)의 시선은 관음적인 플라뇌르를 외면한다.

에두아르 마네의 〈폴리 베르제르의 술집〉(1881~2년)은 근대
도시생활에 대한 가장 위대한 예술적 논평 중 하나다. 그가
바라본 도시는 인간관계가 흐릿해지고 불분명해진 구경
거리와 움직임의 공간이다. 여종업원의 도전적인 표정은 공격
성을 드러낼지 모르는 낯선 사람들과 끊임없이 상호작용
해야 하는 근대의 모든 도시 거주자들이 짓는 표정이다.

에두아르 마네, 〈폴리 베르제르의 술집〉,
캔버스 유화, 1881~2년. (브릿지먼 이미지)

이것은 곤혹스러운 장면이다. 마네는 근대 도시를 둘러싼 염려를
드러냈다. 〈카페 콩세르의 구석〉에서 손님들은 한곳에 있지만 서로
동떨어져 있다. 〈폴리 베르제르의 술집〉에서 우리는 불분명한 인간관
계를 판독하기 힘든 도시 세계로 들어간다. 마네가 볼 때, 근대 도시
는 그의 붓놀림처럼 모든 확실성을 흐려놓는 곳이었다.

　　독일의 사회학자 게오르크 짐멜Georg Simmel은 〈대도시와 정신생활

The Metropolis and Mental Life〉(1903년)이라는 논문에서 "무감각한 태도만큼 절대적으로 도시에 국한된 정신 현상은 없을 것이다"라고 썼다. 지멜은 근대의 도시적 인성이 부분적으로 '내외적 자극의 신속하고 지속적인 변화'에 의해 형성된다고 여겼다. 쏟아지는 모든 정보를 다뤄야 한다면 "우리는 내면적으로 완전히 원자화될 것이고 상상할 수 없는 정신상태에 놓일 것이다."

대도시의 전반적인 정신적 특성을 만들어내는 또 하나의 힘은 사람들 간의 관계에서 인간적 요소를 없애버리는, 화폐경제와 고도의 분업이었다. 화폐경제와 고도의 분업은 사회를 결속시키는 전통적 유대관계를 훼손하기도 했다. 엥겔스는 1840년대에 산업도시 맨체스터를 탐색하는 과정에서 동일한 심리적 위기를 일견했다. 거리의 소란이야말로 인간 본성에 거슬리는 것이었다. "작은 공간에 사람들을 많이 집어넣을수록 야만적 무관심은 더 냉담해지고 더 역겨워지며 사람들은 각자의 개인적 문제에만 집중하게 된다." 그 큰 도시에서 자본주의의 격리 효과는 극단으로 치달았다. "인류가 각자 개별적 원칙을 지니는 단자로 분해되어 원자의 세계를 이루는 현상은 여기서 극단에 이른다."

결과적으로 도시 거주자는 '대도시의 지배적 위치에 맞서 내면의 삶을 지킬 보호막'을 구축할 수 있는 방법을 찾아야 했다. 그런 처지는 무감각한 태도와 회의적이고 냉담한 행실을 통해 드러났다. 1908년에 발표한 논문 〈이방인The Stranger〉에서 짐멜은 냉담함이라는 개념을 더 상세히 설명했다. 그에 따르면 냉담함은 도시 생활의 본질을 이루는, 동시적 근접성과 원격성에서 비롯되었다. '근접성'은 도시 생활의 밀실공포증 때문에, '원격성'은 익명의 이방인들 때문에 생겼다.

카유보트가 화폭에 담은 파리는, 원자화된 개인들의 비인간적 영역이 오래된 거리의 흥겨움을 대체하고 역사적 기억을 제거한 초근대적인 직선형 대로들을 통해 더욱더 선명해진 모습이다. 드가와 르누아르와 마네는 근대 도시에서 일어난 "자극의 신속하고 지속적인 변화"뿐 아니라 새롭게 변신한 파리에서 엿보이는 상업화된 여가의 '근접성'과 '원격성'도 포착했다. 마네의 그림에 등장하는 인물들은 서로 가까이 있지만, 그들은 별개의 세계다. 본인들 주변에서 펼쳐지는 광경을 지켜보는 관객이자 소비자다. 그들은 사람들로 붐비는 파리의 한가운데에 서 있지만, 주변의 풍경에는 외로움이 짙게 배어 있다. 그들은 우리가 읽어낼 수 없는 사람들이다. 그들이 살고 있는 도시도 마찬가지다. 도시의, 그리고 도시 주민들의 가독성은, 근대성이라는 강력한 힘에 의해 인상파 화가들의 작품에 등장한 얼룩 속으로 스며들고 말았다.[33]

〈폴리 베르제르의 술집〉에 나오는 여종업원의 표정과 자세에는 도시 생활의 근접성과 원격성 간의 긴장 관계, 그리고 도시 사람들의 무감각하고 냉담한 태도가 그야말로 적나라하게 드러나 있다. 그녀가 짓는 '어쩌라고?' 하는 식의 표정은 알 수도 믿을 수도 없는 익명의 이방인들과 끊임없이 상호작용할 수밖에 없는 도시 거주자의 외부적 방어기제다.

그녀는 도시 여성들의 지위를 둘러싼 심각한 불안감을 표현하는 인물이기도 하다. 그녀는 마치 유산계급의 부인 같은 최신 유행의 옷차림을 하고 있다. 그러나 술집에서 일하므로 유산계급 여성일 리가 없다. 그녀는 일종의 플라뇌즈다. 정체를 숨긴 채 군중과 거리를 두면서 도시 생활의 풍경을 응시한다. 그 점은 거울에 비친 장면의 시각적 왜곡을 통해 강조된다. 그녀와 얘기를 나누려는 플라뇌르는 옆으로 밀려나 있다. 그 남자에게는 주도권이 없다.[34]

19세기의 파리에는 곳곳에 남성 플라뇌르가 있었다. 그렇다면 여성 플라뇌르, 즉 플라뇌즈는 어디에 있었을까? 남자들은 군중과 쉽게 뒤섞이고 자유롭게 도시를 돌아다닐 수 있었다. 반면 여자들은 공공장소에 있거나 특히 카페와 술집, 거리에 혼자 있을 경우 여지없이 성적으로 헤플 것이라는 의심을 받았다. 마네의 그림 〈자두 브랜디 The Plum〉(1878년)에서, 노동계급의 처녀가 카페에 혼자 앉아 있다. 앞에 자두 브랜디 한 잔이 놓여 있지만, 그녀는 불을 붙이지 않은 담배를 손가락 사이에 낀 채 따분한 표정으로 홀로 있다. 그녀에게는 음식을 떠먹을 숟가락과 담뱃불을 붙일 성냥도 없다. 공공장소를 어색하게 여기는 점이 보인다. 〈카페 콩세르〉(1878~1879년)(〈카페 콩세르의 구석〉과는 다른 작품으로 추정_옮긴이)에 나오는 처녀는 손가락 사이에 불붙은 담배를 낀 채 수심에 잠겨 있다. 그녀 앞에는 맥주가 놓여 있고, 옆자리에는 말쑥하게 차려입은 사내가 있다. 그곳이 정확히 어딘지는 모르지만, 그녀에게는 자신감과 침착함이 엿보인다. 〈자두 브랜디〉와 〈카페 콩세르〉에 등장한 두 여인 모두 외롭고 불안해 보인다. 두 그림에서 담배는 사회적 제약으로부터의 해방을 나타낸다. 마네는 두 여인이 몸을 팔려고 거기 있는지의 여부에 관한 실마리를 전혀 주지 않는다. 여기서 요점은 파리가 선사하는 쾌락을 공공장소에서 즐기는 여자들에게는 매춘부일 것이라는 억측이 늘 뒤따른다는 사실이다. 그 때문에 두 여인은 그 자리가 거북하고 불편하다. 만약 '근접성'과 '원격성' 사이에서 우물쭈물하며 소외감을 느낄 만한 사람들이 있다면 그들은 바로 도시에서 본인들에게 어울리는 장소를 요구하는 그 2명

에두아르 마네의 〈자두 브랜디〉(1877년경). 자유를 추구하는 여성이
남성 지배적인 도시의 공공 공간에서 겪는 불편함이 포착되어 있다.

에두아르 마네, 〈자두 브랜디〉, 캔버스 유화, 1877년경. (브릿지먼 이미지)

의 여인일 것이다. 남자들에게는 그 같은 사회적 불안감이 없었다.[35]

마네가 〈폴리 베르제르의 술집〉에서 묘사한 여종업원이 몸을 팔려고 하는 여자인지는 알 수 없다. 본인의 태도와 판매대를 방패 삼아 폴리 베르제르에서 일하기 때문에 그녀는 공공 생활의 측면에서 유리한 고지를 차지한다. 1883년에 출판되었으나 1860년대를 배경으로 삼은 사실주의 소설인 에밀 졸라의 《여인들의 행복한 시간Au bonheur des dames》에서 드니즈 보두Denise Baudu라는 처녀는 파리의 어느 백화점에서 점원으로 일한다. 보두도 술집 여종업원처럼 판매대 뒤에서 파리 사람들의 생활을 관찰한다. 술집 여종업원이나 백화점 여자 점원은 여가가 상업화된 그 유쾌한 신세계의 일원이다. 물론 노동계급에 속한 처녀들과 여인들은 남자들의 지속적인 관심에 노출되는 상황에서도 항상 도시 생활에 참여할 수 있었다. 특히 소매업과 연예업 분야에서 그랬다. 하지만 이제 여가가 상업화됨에 따라 '고상한 여인들', 즉 유산계급 여성들이 독자적 방식으로 도시 생활에 다시 참여하기 시작했다.[36]

조르주 상드George Sand(19세기 프랑스의 소설가_옮긴이)는 오랫동안 주머니에 손을 넣은 채 길을 잃지 않고, 방향을 물어볼 필요도 없이 걸을 수 있기 때문에 즐거운 마음으로 대로를 지나다녔다고 말했다. "넓은 인도를 따라 걷는 것은 축복이다." 폴리 베르제르에 들른 어느 남자 손님은 깜짝 놀라 다음과 같이 말했다. "흡연이 허용된 카페에 여자 손님들이 있는 모습을 생전 처음 봤다. 우리 주변에는 온통 여자들, 아니 숙녀들로 가득했다. 그녀들은 전혀 주눅이 들어 보이지 않았다." 1882년, 폴리 베르제르의 경영진은 여성주의 성향의 신문인 〈라 가제트 데 팜므La Gazette des Femmes〉에 광고를 실으며 여자 손님들을 끌

어들였다.[37]

　　대형 소매점은 당일치기 여행의 목적지로, 즉 이상화된 도시의 축소판으로 자리 잡았다. 대형 소매점은 점심과 케이크, 차와 커피, 독서실과 화장실(도시 여자들의 숫자에 비해 부족한 시설이었다)을 제공함으로써 공개적 회합과 쇼핑 같은 사회 활동의 장소가 되었다. 런던에서는 여자들이 보호자를 동반하지 않은 채 식당 체인 업체인 라이온스 코너 하우스Lyons' Corner Houses의 가맹점이나 찻집 체인 업체인 에어레이티드 브레드 컴퍼니Aerated Bread Company의 가맹점에 모일 수 있었다. 1909년, 라이온스 코너 하우스의 가맹점들에는 하루 평균 총 30만 명의 손님들이 찾았다. 손님들 중 다수가 쇼핑객들이었고, 전체 고객 중에서 사무직 여성들이 차지하는 비중이 점점 늘고 있었다. 백화점이 그랬듯이 라이온스 코너 하우스도 도시 여성들의 이동성을 제고하기 위한 대안으로 수세식 화장실을 내놓았다.[38]

　　역사를 통틀어 쇼핑은 사람들이 도시의 역동적 상호작용 과정에 참여하는 계기가 되었다. 쇼핑은, 비록 그 형태가 바뀌기 마련이지만, 우루크라는 도시가 있었을 때부터 지금까지 도시 생활의 핵심을 차지하고 있다. 중동과 유럽, 아시아의 일부 지역과 마찬가지로 20세기 말엽 미국의 쇼핑몰은 10대 청소년들이 19세기의 중산층 여성들처럼 범죄, 부실한 도시계획, 교통 문제, 열악한 도심 접근성 같은 불리한 요인을 극복하고, 주변의 사람을 구경하며 서로 어울리는 장소가 되었다. 비록 그 무대는 근본적으로 다르지만, 플라느리의 의미와 목적은 오늘날 우리가 도시 체험을 바라보는 관점에 깊이 배어 있다. 1980년대의 쇼핑몰을 재평가해달라는 주문을 받은 존 저디Jon Jerde(20~21세기의 미국 건축가_옮긴이)는 이렇게 말했다. "유럽인들과 달리 도심과 교외의 미국인들은 아무 목적 없이 인파로 붐비는 거리를 돌아다니지 않는다. 우리에게는 행선지가 필요하다. 일정한 장소에 도착한다는 느낌이 필요하다. 호튼 플라자Horton Plaza(샌디에이고)와 웨스트사이드 파빌리온Westside Pavilion(로스앤젤레스) 같은 곳을 개발할 때의 내 목적은 산책로나 공공시설이기도 한 행선지를 제공하는 것이다." 쇼핑몰은 상점, 진열장, 분수, 벤치, 광장, 초목, 카페, 식당, 영화관, 인파 등에 힘입어 미국 도심의 공백을 메웠으며 플라느리가 사실상의 범죄 행위로 간주되는, 자동차 기반의 드넓은 교외에서 생활하는 사람들에게 주목받는 곳이 되었다.[39]

게오르크 짐멜과 발터 벤야민Walter Benjamin(19~20세기 독일의 철학자_옮긴이) 같은 저술가들이 볼 때, 백화점은(그리고 훗날의 쇼핑몰은) 도시 생활을 둘러싼 조악하고 부실한 참여 형태를 드러내는 곳이었다. 그들이 볼 때, 도시 생활은 19세기 중반에 자본주의의 비인간적 힘에 의해 근본적인 변화를 겪었다(오스만이 개조한 파리가 대표적 사례다). 과거 쇼핑객들은 특정 상품을 전문적으로 취급하는 상점을 찾아다니며 도심 곳곳을 돌아다녀야 했다. 상점 주인(상품의 생산자인 경우가 많았다)과 대화를 나누고 흥정을 해야 하는 쇼핑 과정은 무척 매력적인 사회 활동이었다. 백화점을 비판적으로 바라보는 사람들은, 소비자들이 기존의 전문 상점 대신에 온갖 상품을 취급하는 백화점을 이용함에 따라 생산 과정과 멀어지게 되었다고 여겼다. 즉, 소비자는 판매대 너머의 판매자와 흥정 없이 정찰가로 거래하게 되었다. 아울러 여가가 상업화되자 이제 사람들은 근접성과 원격성 사이에서 우물쭈물하며, 초연하고 수동적인 자세로 '구경거리의 도시'를 관찰하게 되었다.

그 과정에서 나타난 소외와 고독과 불안은 초근대성의 증거인 인상파 미술에 절묘하게 포착되어 있다. 이제 세상은 강박적 소비와 정서적 피폐로 가득하다. 도시 위기의 시대가 도래했다. 하지만 과연 이같은 관점이 옳을까?

자유롭게 도시를 걷는다는 것

인상파 화가들은 도시 생활의 병폐를 찾아냈을 뿐 아니라 그 처방전도 제시했다. 도시에 흠뻑 스며들 때 우리는 플라뇌르나 바도가 된다. 도시를 판독하는 사람, 도시 생활의 연극을 지켜보는 사람이 된다. 도시 사람이 선택할 수 있는 최고의 심리적 자기방어수단은 '냉담함'이나 '무감각함'이 아니라 자기 주변에서 도시가 펼쳐질 때의 광경과 소음, 정서와 느낌에 몰두하는 것이다.

우리는 날카로운 플라뇌르나 호기심 많은 바도, 목적 없는 거리를 배회하는 건달이나 소극적인 구경꾼, 적극적인 참여자일 수 있다. 우리는 미식가일 수도, 대식가일 수도 있다. 우리는 선명한 형체가 없는 익명의 군중 속에 녹아들며 '원격성'을 즐길 수 있을 뿐 아니라 대도시에서 쉽게 눈에 띄는 모임과 하위문화(이웃, 클럽, 술집, 카페, 팀, 교회 등)를 선택함으로써 '근접성'을 만끽할 수도 있다. 도시에서 소외와 사교는 동전의 양면처럼 공존한다. 우리는 마네의 그림에 나오는, 인파 속에서 홀로 술을 마시는 사람이나 카유보트가 화폭에 담은, 도시적 소외의 비밀을 즐기며 (잠시) 홀로 산책하는 사람일 수 있다. 하지만 바로 다음 순간에는 스스로 선택한 공동체에 흠뻑 젖어 들 수도 있다. 버지니아 울프Virginia Woolf에 따르면, 거리에 홀로 뛰어들 때 우리는

"지인들이 우리를 식별하는 수단인 우리의 자아를 벗어던지고, 익명의 도보 여행자들로 이뤄진 대규모 공화국군의 일원으로 변모한다."

엘리자베스 개스켈Elizabeth Gaskell(19세기 영국의 소설가_옮긴이)의 소설《존 바튼John Barton》에서, 인파로 북적대는 맨체스터 거리를 돌아다니며 이리저리 치이는 주인공은 휙휙 지나가는 행인들을 위한 이야기를 만들어낸다. "그러나 당신은 거리에서 날마다 당신을 스쳐 지나가는 사람들의 운명을 읽을 수 없다. 그들의 삶에 담긴 격정적 사랑을, 그들이 지금까지 시달리고, 거부하고, 또 빠져 있는 유혹을, 그리고 시련을 어떻게 알 수 있는가? 자비를 베풀지 죄악을 저지를지, 당신이 날마다 마주치는 그 많은 사람들이 어디로 향하는지 생각해보기나 했는가?"

보들레르는 플라뇌르를 주변에서 펼쳐지는 삶의 모든 움직임과 요소에 반응하는, '의식을 타고난 만화경 같은 것'에 비유했다. 그 단편적 움직임과 요소를 파악하고 스스로에게 이야기를 들려주는 것이 도시 생활의 본질이다. 찰리 채플린은 도시 거주자를 사소한 사건의 수집가로 여겼다. "이것은 내 유년기의 런던, 내 기분과 내 인식 속의 런던이다. 봄철 램버스 지구Lambeth에 관한 기억, 사소한 사건과 일에 관한 기억, 어머니와 함께 말이 끄는 합승차를 타고 가다가 라일락 나무를 만져보려고 했던 기억, 노면 전차와 버스 정류장 근처 인도에 흩뿌려진 오렌지색, 파란색, 분홍색, 녹색 같은 여러 색깔의 버스 승차권에 관한 기억, 울적한 일요일에 관한 그리고 웨스트민스터 다리 위에서 풍선과 장난감 풍차를 따라다니는 아이들과 안색이 창백한 부모들에 관한 기억, 굴뚝을 낮추며 그 다리 밑을 미끄러지듯 지나가는 어머니 같은 느낌의 요금 1페니짜리 증기선에 관한 기억이다. 내 영혼이 그런 사소한 것들에서 비롯되었다고 생각한다."

도시는 실재하는 물리적 존재일 뿐 아니라 우리 상상력과 경험의 산물이기도 하다. 버스나 기차, 지하철을 타고 가거나, 직접 자동차를 몰고 가거나 걸어가면서 우리는 도시에 대한 나름의 정신적 지도를 만든다. 대중교통을 이용하는 사람의 머릿속에는 지리적으로 멀리 떨어진 여러 장소를 포함하는 몇 개의 덩어리로 구성된 개인적 도시가 있을 것이다. 자동차를 몰고 이동하는 사람의 머릿속에는 도로 체계에 따른 선형의 도시가 펼쳐질 것이다. 걸어 다니는 사람은 도시를 더 친밀하게 받아들인다. 정해진 경로에서 벗어나 도시의 결합조직, 이질적인 여러 구역들을 이어주지만 대부분의 주민들에게 알려지지 않은 부분을 발견하기 때문이다.

적응력이 뛰어난 인간의 마음은 거대하고 신비로운 건축환경을 통제하고 싶어 한다. 인간의 마음은 혼돈 상태에 질서를 부여하고, 판독되지 않는 것을 읽어내고 싶어 한다. 도시를 걸어 다니고 도시를 글로 표현하는 것은 그런 욕구를 충족시키는 방법이다. 도시의 주관적 지형을 구축하는 행위의 역사는 오래되었다. 16세기 이전에는 도시에 대한 예술적 표현이 틀에 박혀 있었고, 성경적 이미지를 근거로 삼는 경우가 흔했다. 그러나 16세기부터 도시에 대한 건물들과 사람들을 위에서 내려다보는 듯한 조감적 관점이 나타나기 시작했다. 조감적 관점은 지상에서는 연출할 수 없는 일관성을 느끼는 것 같은 착각을 불러일으켰다. 소설은 모든 부분을 한눈에 담으려는 그 총괄적 야심을 물려받았지만, 시선을 바꾼다. 혼란스럽고 비밀스러운 정체성, 우연한 만남, 서로 밀접하게 연관된 삶, 임의적 마주침 따위를 소재로 삼는 그 새로운 문학 형식은 도시의 복잡성이 낳은 산물이다. 소설은

18세기에 출현했고, 도시의 헝클어진 지형은 소설 줄거리의 복잡한 경로에 반영되었다.

디킨스는 비범한 방식으로 산책을 즐긴 덕분에 도시 생활의 가장 위대한 해석자 중 한 사람이 되었다. 물리적·인간적 도시 풍경과의 본능적 만남은 그의 모든 작품을 관통하고 있다. 도시 문학은 걸어다니기와 밀접한 관련이 있다. 존 게이John Gay(17~18세기 영국의 시인_옮긴이)가 1716년에 쓴 시 〈잡학, 런던 거리를 걷는 기술Trivia: or, the Art of Walking the Streets of London〉에서 읊었듯이, 걷다 보면 익숙한 곳에서 벗어나 처음 밟는 길고 복잡한 골목길에 이르게 되기 때문이다. 〈잡학, 런던 거리를 걷는 기술〉은 거리 유람에 관한 시라기보다 더럽고 위험하며 혼잡한 도시 곳곳을 걸어 다니는 기술에 대한 안내서(런던을 구경하는 방법을 알려줄 뿐 아니라 신발에 관한 실용적 조언도 담겨 있다)인 셈이다. 약 200년 뒤에 아서 매컨Arthur Machen(19~20세기 웨일스의 작가_옮긴이)은 《런던 모험기, 방랑의 기술The London Adventure: or the art of wandering》(1924년)에서 다들 알고 있는 그 역사적 중심지를 모르는 사람에게는 안내서가 보탬이 될 것이라고 썼다. 도시의 실생활과 도시의 진정한 놀라움은 삶의 절묘한 양상이 우연히 눈에 띄는, 별로 알려지지 않은 곳에서 찾아볼 수 있다. 그곳은 우리가 도시의 진정한 작동방식, 도시가 하나로 뭉치는 방식, 사람들이 생활하고 생존하며 건조환경에 대응하는 방식을 목격하는 장소다.

활동 시기는 다르지만, 게이와 매컨은 둘 다 별로 알려지지 않은 곳에서, 우리 삶을 지배하는 정해진 경로와 샛길로부터 벗어난 곳에서 실생활이 펼쳐진다는 점을 강조한다. 18세기와 그 이후에 런던과 파리에서 활동한 작가들은 급변하고 격동하는 대도시를 이해하면서 그런 대도시의 정신적 지도를 만들고 싶어하는 독자들에게 도시의 비밀스러운 급소를 드러내려는 목적의 걸어 다니기 안내서와 산책 이야기와 밀정 소설을 엄청나게 많이 내놓았다.

런던과 파리에서는 도심 걸어 다니기에 관한 문학 작품이 대거 발표되었다. 런던과 파리는 서로 대화를 나누기도 했다. 화자가 런던에서 인파를 헤치며 어느 낯선 사람을 따라가는 내용을 담은 에드가 앨런 포Edgar Allan Poe(19세기 미국의 작가_옮긴이)의 단편소설 《군중 속의 남자The Man in the Crowd》(1840년)는 플라느리의 수호자인 보들레르에게 영향을 미쳤다. 플라느리를 이론화한 인물이자 도시 생활을 가장 날카롭게 관찰한 사람 중 한 명으로 남아 있는 발터 벤야민은 거리 탐색과 관련된 오랜 역사와 연극적 요소를 갖춘 파리에서 '방랑의 기술'을 배웠다고 썼다. 20세기에 이르러 초현실주의자들과 상황주의자들이 플라느리의 지휘봉을 잡았다. 루이 아라공Louis Aragon(19~20세기 프랑스의 문_옮긴이)의 소설 《파리의 농부Le Paysan de Paris》(1926년)는 철거 예정인 아케이드형 상점가인 파사주 드 로페라Passage de l'Opéra와 공원인 파크 데 뷔트 쇼몽Parc des Buttes-Chaumont의 모든 세부 사항에 현미경을 들이대는, 일종의 법의학적 조사다. 초현실주의자인 앙드레 브르통André Breton은 루이 아라공과 함께 걸은 경험을 이렇게 설명했다. "우리가 지나친 장소들은 비록 특색이 정말 없는 곳들이어도, 결코 꺾이지 않는, 다른 거리로 가거나 진열창이 보이기만 하면 신선한 감정을 분출시킬 수 있는 매혹적이고 낭만적인 독창성에 의해 명백한 변화를 겪었다. 그 누구도 우리만큼 도시의 비밀스러운 삶에 관한 그토록 설레는 환상에 휩싸이지는 못했을 것이다."[40]

파리와 런던이 도시 문학 분야에서 그처럼 빛나는 성과를 이룩한 데는, 사람들이 근대의 산업적 도시화의 충격을 흡수하고 있을 무렵에 그 두 도시가 세계를 선도하는 문화적 대도시의 반열에 올랐다는 점이 일부분 작용했다. 당시 쏟아져 나온 문학 작품들은 엄청나게 거대한 도시를 이해해야 하는 욕구를 해소하는 데 보탬이 되었다.

하비 W. 조보Harvey W. Zorbaugh(19~20세기 미국의 사회학자_옮긴이)는 시카고에 대한 사회학적 연구서인 《골드 코스트와 빈민가The Gold Coast and the Slum》(1929년)에서 "도시의 거리도 바위에 남은 지질학적 기록처럼 판독할 수 있는 대상이다"라고 썼다. 도시 중심가에서 출발해 빈민가까지 걸어가다 보면 건물을 판독할 수 있다. 아울러 경제적 역사의 썰물과 밀물이 남긴 물리적 흔적뿐 아니라 이주자 공동체가 도착해 영역을 주장하다가 다른 곳으로 떠나고 새로운 이주자 공동체가 형성되는 과정에 따라 생기는 소유권과 용도의 변화상도 찾아낼 수 있다. 각 집단은 도시 풍경에 훗날의 도시 발굴자들이 판독할 나름의 흔적을 남겼다. 도시들은 끊임없는 변화의 과정을 통해 흔히 그 역사를 묻거나 없애버린다. 그러나 역사와 망각된 습속은 그대로 남았다가 다시 발견되기 마련이다. 하비 W. 조보는 도시를 과학적으로 연구할 수 있는 복잡한 생태계로 바라보는 도시사회학자들로 구성된 시카고학파의 일원이었다.

조보가 말하는 걸어 다니기의 범위는 길이 2.5킬로미터, 폭 1.5킬로미터 정도에 불과했다. 그러나 그 공간 안에는 세계 각국 출신자들로 이뤄진 수십 개의 소규모 공동체뿐 아니라 극단적 부와 빈곤의 현장도 있다. 거기에는 관찰을 통해 발견될 총체적 생태계가, 무척 새로우면서도 이미 역사 속에 스며든 지대가 있다. 그곳은 우리의 지리적 감각을 재고해야 할 만큼 과도한 복잡성의 세계다.

드레이크 호텔Drake Hotel과 레이크 쇼어 드라이브Lake Shore Drive에서 오크 스트리트Oak Street를 따라 서쪽으로 걸어가다가 여인숙의 세계를 거쳐 이탈리안 콜로니Italian Colony의 빈민가로 들어가면 거리감이 느껴진다. 지리적 성격뿐 아니라 사회적 성격도 띠는 거리감 말이다. 거기에는 언어와 관습의 차이가 있다. 부가 대변하는 차이가 있다. 지평의 차이가 있다. 골드 코스트는 승승장구하고 있지만, 리틀헬은 이제 겨우 시칠리아 마을에서 서서히 벗어나고 있다. 저택과 클럽과 자동차, 혜택과 모임으로 대변되는 레이크 쇼어 드라이브를 중심으로 돌아가는 세계가 있다. 딜 피클 클럽Dill Pickle Club이나 워싱턴 스퀘어 공원Washington Square의 가두연설대나 로마노 이발소Romano the Barber를 중심으로 돌아가는 세계가 또 있다. 그리고 그 2개의 작은 세계들은 각자의 문제에 몰두한다.

우리가 겹겹이 쌓인 지층을 벗겨내고 역사와 신화, 민속과 기억, 지형의 풍부한 지층을 드러낼 때, 모든 건축환경에서는(심지어 비교적 역사가 짧은 건축환경에서도) 이야기가 생겨난다. 1870년대에 세계 역사상 가장 거대하고 강력한 도시로 꼽힌 런던으로 건너온 헨리 제임스에게 런던은 '유쾌하지 않은 곳'이었다. 런던은 너무 컸고, 일정한 형태가 없어 보였기 때문에 그는 마치 '크고 넓게 퍼진 암흑 속의 비인간적인 검은 구멍'으로 전락한 느낌이 들었다. 그러나 다행히 해결책이 있었다. "비를 맞으며 산책을 오래 즐기곤 했다. 그렇게 런던을 차지했다."[41]

제임스의 사례에서 알 수 있듯이, 도시 여기저기를 자유롭고 즐겁게 걸어 다니면 도시와 친숙해진다. 그런데 오늘날 걸어 다니기에는 너무 위험하고 부적절한 도시들이 있다. 라고스나 카라카스, 로스 앤젤레스 같은 도시에서 이곳저곳을 산책하는 사람들은 드물다. 그리고 산책을 마음껏 즐기지 못하는 집단이 있다. 그동안 도시를 상상 속에서 빚어낸 사람들, 소설, 그림, 사진, 산문 등을 통해 도시의 거리를 둘러싼 체험을 전달한 사람들은 주로 남성들, 특히 중산층이나 상류층 남성들이었다. 보들레르는 대도시의 거리를 걸어 다니는 것이 밀림이나 평원을 탐험하는 것만큼 위험하다고 썼다. 도시의 사회적 지층과 다채로운 지형을 누비며 도시를 차지하는 것은 남성적 행위였다. 20세기까지, 서양에서 도시 여기저기를 돌아다니는 여자들은 남자를 유혹하려는 여자로, 혹은 남자들의 성적 구애에 넘어갈 공산이 큰 여자로 치부되었다. 거리를 걸어 다니는 여자들은 그야말로 거리의 여자들이었고, 관음적 성향의 플라뇌르의 시선을 사로잡았다. 20세기 초반에 사회현상을 조사하려고 무일푼의 여자로 변장해 거리를 누볐던 메리 힉스Mary Higgs는 "가난한 여자를 바라보는 남자의 과감하고 자유로운 시선은 직접 느껴봐야 실감이 날 것이다"라고 썼다. 그런 문제는 지금도 남아 있다. 오늘날의 도시들은 아직 여자들이 종종 위험이나 남자들의 불쾌한 시선을 느껴야 하는 곳이다.[42]

1880년대에 활동한 예술가 마리 바시키르체프Marie Bashkirtseff(19세기의 러시아계 프랑스인 화가_옮긴이)는 다음과 같이 처량하게 한탄했다. "내가 바라는 것은 혼자 돌아다니고 혼자 오가고, 혼자 튀일리 정원의 좌석에 앉고… 혼자 잠시 멈춰 운치가 있는 상점을 바라보고, 혼자 교회와 박물관에 들어가고, 혼자 밤거리를 돌아다닐 수 있는 자유다. 그것이 내가 바라는 바다." 1831년에 조르주 상드는 남자로 변장한 채 파리 거리를 걸어 다녔다. 그녀의 행동은 단순한 반항 행위가 아니었다. 당시 그것은 불법 행위였다. 여자들은 바지 착용이 금지되었다. 상드는 남자들의 특권인 쳐다보는 사람들이 없는 상태에서 거리를 구경할 수 있다는 데서 희열을 느꼈다. "파리의 이쪽 끝에서 저쪽 끝까지 날아갔다. 아무도 나를 몰랐다. 아무도 나를 쳐다보지 않았다. 아무도 내게 트집을 잡지 않았다. 나는 거대한 인파 속에 섞여 있는 원자였다."[43]

릴리 게이 윌킨슨Lily Gair Wilkinson은 1913년에 잇달아 발표한 글에서 근대적 도시 생활의 실상을 이해하는 유일한 방법이 플라뇌르처럼 도시 곳곳을 걸어 다니는 것이라고 주장했다. 무정부주의적 여성주의자인 윌킨슨은 독자를 도보 여행의 세계로 이끌며 도시의 비밀을 드러내고자 했다. 그녀가 활동한 시절은 여자들이 사무노동자나 쇼핑객, 산책을 즐기는 사람으로서 도시에 발을 다시 들여놓기 시작한 때였다. 즉, 보호자 없이 홀로 걸어가는 여자들에게 따라붙는 오명의 위력이 차츰 시들해지기 시작한 때였다. 하지만 그녀는 여성 독자들에게 이렇게 말한다. "그대가 이런 사회적 분위기에서 자유를 누리겠다고, 자유로운 여자로서 세상으로 뛰어들겠다고 결심한 여자라면 앞으로 어떻게 될까? 한동안 그대는 자유롭다는 느낌에 들뜬 채 마음껏 돌아다니겠지만, 곧 고급스러운 곳에 장시간 머물 수는 없다는 사실을 깨달을 것이다." 황량한 잿빛 건물과 끝없는 불편함을 피할 수 있는 유일한 장소는 칙칙한 찻집이다. "불편한 구석 자리에 앉은 채 메스꺼운 차를 마시고, 빵을 맛보며, 과연 자유로워지겠다고 마음먹은 것이 옳은 선택인지 곰곰이 생각한다." 윌킨슨은 자유로이 도시를 누빌 수 있고, 특히 시간감각을 잃을 정도로 부지런히 도시 곳곳을 돌아다니기도 하는 중산층 남자들과 달리 여자들은 플라뇌르일 수 없다고 결론을 내린다. 쓸쓸히 차를 마시는데 시계가 째깍거리는 소리가 들린다. "한 시간 반 뒤, 사무실에 있어야 해. 자신 있으면 온종일 자유를 즐기세요!" 비우호적인 도시 풍경에 가로막히고 시간에 얽매이는 직장 여성이 자유로운 여자로서, 도시를 누비는 익명의 탐험가로서 세상에 뛰어들기란 불가능했다.[44]

확실히 윌킨슨은 걸어 다니기를 비관적 시선으로 바라본다. 하지만 그녀는 헨리 제임스가 제안하는 방식대로 도시를 차지하고 거기서 똑같은 즐거움을 느끼고자 하는 갈망을 드러낸다. 도시를 걸어 다니는 것은 권리다. 도시에 접근하는 것은 정치적 성격을 띤다. 도시 걸어 다니기에 관한 가장 훌륭한 글 중 하나는 버지니아 울프가 어느 겨울 초저녁에 연필을 사러 런던 거리를 걸어갔던 경험을 소재로 쓴 산문집 《런던 거리 헤매기Street Haunting》다. "저녁 시간에는 어둠과 등불이 선사하는 무책임함을 누릴 수 있다. 이제 우리는 더 이상 우리 자신이 아니다." 1930년에 발표된 《런던 거리 헤매기》는, 버지니아 울프가 속한 계급의 여성들이 그런 자유를 누리는 것이 비교적 낯선 경험으로 여겨졌던 시절에 플라느리를 소재로 쓴 걸작이다.

아녜스 바르다Agnès Varda(20~21세기 프랑스의 영화감독_옮긴이)의 영화 〈5시부터 7시까지의 클레오Cléo de 5 à 7〉(1962년)에서, 주인공 어느 미모의 가수는 파리를 새롭게 바라보는 방법을 배운다. 그리고 나서 생체검사 결과를 불안한 마음으로 기다리는 동안 파리라는 도시를 통해 변화를 겪는다. 바르다가 화면에 담은 파리의 카페와 거리는, 마네의 그림에서 느낄 수 있는 훔쳐보기를, 영화적 생명력을 얻은 플라뇌르와 플라뇌즈의 단편적 시점을 연상시킨다. 영화 도입부에서 클레오는 자기도취적이고 허영심 강한 여자로 나온다. 그녀는 자기가 살고 있는 도시의 구조에 흠뻑 젖어 들고, 군중 속에 녹아드는 과정을 통해 탈바꿈한다. 하지만 그 단계에 이르기 전에 익명성을 확보해야 한다. 가수이자 남성적 욕구의 대상인 그녀는 응시의 주체보다 응시의 객체가 더 어울리는 사람이다. 가발을 벗고, 멋진 옷 대신에 소박한 검은색 드레스를 입고 색안경을 끼자 어느 정도 익명성을 띨 수 있었다. 그렇듯 아직 여자들이 도시를 활보하려면 변장을 해야 한다. 오늘날과 마찬가지로 1962년에도 남자들의 불쾌한 관심은 여자들을 위협하는 무기다. 마네의 그림 〈폴리 베르제르의 술집〉에 나오는 여종업원처럼 클레오에게도 방어막이 필요하다.[45]

울프의 산문과 바르다의 영화에서는 도시 여기저기를 걸어 다니는 데 따른 강렬한 즐거움뿐 아니라 걸어 다니기를 통해 단단해지는 우리와 건축환경의 관계도 엿볼 수 있다. 헨리 제임스처럼 우리는 우리가 살고 있는 도시의 정신적 지도를 그리는 방법을 발견할 때 그 도시를 차지한다. 영역을 따지고 일정한 양식을 만들어내는 피조물인 우리 인간은 환경에 고유의 질서를 부여하는 데 소질이 있다. 우리는 상상 속에서 드넓은 도시 풍경에 인간미를 불어넣어 도시를 사람이 살 만한 곳으로 만든다. 조르주 상드, 릴리 윌킨슨, 버지니아 울프, 아녜스 바르다 등의 체험을 통해 우리는 인간의 그런 열망이 얼마나 강력한지, 또 그 열망을 실현하는 데 얼마나 많은 장벽과 위험이 도사리고 있는지 알 수 있다. 플라뇌즈는 자동차가 널리 보급되고 도로 체계가 확대됨에 따라 도시가 이전보다 보행자에게 더 사나운 곳으로 바뀐 시점에 출현했다.

수많은 저술가, 사회학자 들과 더불어 게오르크 짐멜도 근대 도시를 영혼을 파괴하는 바빌론 같은 곳으로 여겼을지 모른다. 하지만 그런 시각은 바빌론의 실상을 파악해 살 만한 곳으로 바꿀 수 있는 인간의 능력을 무시한 것이었다.

파리 증후군을 앓는 사람들이 느끼는 심각한 소외감 즉 감정의 급락과 외로움이 뒤섞인 상태는 우리 모두가 도시에서 느낄 법한 기분의 극단적 형태다. 아울러 그것은 우리 모두가 정도에 차이는 있지만 특정 장소를 각색하고 거기에 의미를 부여하는 방식의 극단적 징후이기도 하다. 만약 우리가 현대 대도시의 아우성과 무상함 속에서 번성한다는 사실을 고려한다면 대응 전략을 찾을 수 있다.

지그문트 프로이트는 파리에서 정신적 위기를 겪었다. 그러나 그는 파리에 흠뻑 젖어 들면서 파리를 받아들이게 되었다. 실제로 그는 약혼녀에게 보내는 편지를 통해 파리를 상세히 묘사하고 파리의 지형을 자세히 설명했다. 몇 달 뒤, 그는 파리를 사랑하게 되었다. 파리라는 도시와 친숙해지자 일어난 결과였다. 심리지리학으로 부르든 심층지형학으로 부르든 간에 플라느리를 둘러싼 역사와 문학을 통해 우리는 도시 생활과 도시 관광을 즐기는 방법에 관한 풍부한 지식을 얻을 수 있다. 훌륭한 건물과 기념물은 마치 도시가 정지해 있고 시간을 초월한 것 같은 착각을 불러일으킨다. 그러나 도시의 진면목은 움직일 때 드러난다. 사람들의 일상생활 속에서, 그 유기체를 지탱하는 힘줄과 결합조직에서 드러난다. 걸어 다니기는 도시를 살 만한 곳으로, 무엇보다 즐거운 곳으로 만드는 비결이다. '걸어 다니기'는 현지인이나 방문객이 도시에서 살아남는 방법이다.

마천루가 드리운 그림자

뉴욕

1899~1939년

클라리넷 소리가 울리기 시작하고, 맨해튼의 험상궂은 스카이라인이 보인다. 이어서 흑백이 선명한 대조를 이루는 일련의 상징적인 이미지들, 낮에는 예사롭지 않은 아상블라주assemblage를, 밤에는 수많은 전구들이 연출하는 환상의 세계를 선보이는 퀸스버러 브리지 Queensboro Bridge, 브로드웨이, 깜빡이는 네온사인, 식사하는 손님들, 화재 대피용 사다리, 행인들 그리고 스카이라인을 지배하는 마천루들이 나온다. 화자의 목소리가 들린다. "1장. 그는 뉴욕을 흠모했다. 그는 뉴욕을 지나치게 우상화했다. 아니, 그… 그는… 뉴욕을 지나치게 낭만적으로 묘사했다고 해야겠군. 그의 관점에서 뉴욕은 시기와 무관하게 여전히 흑백으로 존재하는, 또 조지 거슈윈George Gershwin(19~20세기 미국의 작곡가_옮긴이)의 위대한 선율에 맞춰 맥동하는 도회지였다."

우디 앨런Woody Allen의 영화 〈맨해튼〉(1979년)은 이렇게 시작한다. 감독인 그가 직접 연기한 주인공인 아이크Ike가 뉴욕을 소재로 삼은 소설의 도입부를 이런저런 형태로 쓴 다음 소리 내어 읽을 때 〈랩소

디 인 블루 Rhapsody in Blue〉(조지 거슈윈의 생애와 음악을 다룬 1945년작 영화_옮긴이)의 흥겨운 삽입곡이 들리고, 네온 등이 빛나는 밤에 뉴욕이 기세등등한 모습을 드러낸다. 맨해튼의 콘크리트 노출부는 매혹적인 만큼 단단하고 험악하다. 그것은 공격해야 할 요새다. 아이크는 첫 문장이 너무 진부하다고 생각한다. 뉴욕이 충분히 낭만적으로 묘사될 수 있을까? 뉴욕은 천상의 도시, 꿈의 도시일까? 아니면 쓰레기와 폭력단의 도시일까? 고급문화의 도시일까? '사물의 모든 면을 알고 있는 것처럼 보이는, 세상 물정에 밝은 사내들과 아름다운 여자들'의 도시일까? 마침내, 아이크는 소설 속의 주인공이 흠모하는 도시이자 그를 만들어낸 도시인 뉴욕을 닮아 억세고 낭만적인 사람이라는 생각에 이른다.

도시의 상징, 마천루가 등장하다

〈맨해튼〉의 시작 장면은 곧바로 관객들을 영화의 초창기로 안내한다. 초창기부터 영화의 시선은 20세기의 고층건물에 쏠렸다. 영화의 초근대성은 고층건물의 초근대성에 사로잡혀 있었다. 초창기 할리우드 영화계에서 도시란 곧 뉴욕이었고, 뉴욕은 도시의 대명사, 즉 도시적이고 미래적인 것의 상징이었다.

맨해튼의 새로운 수직 건물들은 영화의 완벽한 소재였다. 그 고층건물들은 화면을 가득 채웠다. 수직축에 대한 애정은 1902년 10월 8일에 개봉한 어느 단편영화에서 아름답게 표현되었다. 그 영화는 5번가의 장면으로 시작한다. 중산모와 실크해트를 쓰고 콧수염을 기른 남자들과 긴 치마를 입은 여자들이 보인다. 사륜마차, 노면 전차, 자동차 등이 평범한 사무용 건물들 앞을 지나다닌다. 그때 카메라가 위로⋯ 위로⋯ 또 위로 올라가면서 19세기를 아득히 내버려둔 채, 구름 위로 치솟을 듯한 20세기의 마천루이자 이제 막 완공된 풀러 빌딩 Fuller Building을 한 층씩 보여준다. 그 영화에서 충격적으로 등장한 풀러 빌딩(훗날 플랫아이언 빌딩Faltiron으로 이름이 바뀌었다)은 시대를 훌쩍 앞서 있고, 저 아래쪽의 전통적 거리와 전혀 어울리지 않는 건물이자 새로운 세기의 수직 도시의 출현을 알리는 전령이었다.

1902년의 관객들, 특히 뉴욕 시민이 아닌 사람들에게 틀림없이 그것은 아슬아슬하고 가슴이 두근거리는 장면이었을 것이다. 과연 카메라는 어느 시점에 그 높은 건물의 꼭대기까지 올라갈 것인가? 오늘날의 시각에서 볼 때, 가장 흥미로운 점은 행인들의 행동인 듯하다. 행인들은 카메라를 응시한다. 아마 그들은 카메라를 처음 봤을 것이다. 2가지 놀라운 신기술인 영화 카메라와 마천루는 1분 분량의 영화를 통해 영원히 기억될 만남을 이루게 되었다.

몇 달 뒤 토머스 A. 에디슨사Thomas A. Edison Inc가 제작한 단편기록영화인 〈허드슨 강에서 바라본 뉴욕의 마천루들, 1903년 5월 10일 Skyscrapers of New York, from the North River, May 10 1903〉에서는 카메라 렌즈에 포착된 수직축과 수평축의 조합이라는 다른 이유가 펼쳐진다. 움직이는 배에서 촬영한 맨해튼의 멋진 윤곽이 서서히 드러나며 거대한 건물이 하나씩 등장한다. 그것은 지구상의 다른 어느 곳에서도 찾아볼 수 없는 도시 풍경이다. 몇 년 전만 해도 뉴욕에서 가장 높은 건물이었던 트리니티 교회Trinity Church의 뾰족탑이 빌딩 숲 사이에서 가까스로 보인다. 위풍당당한 마천루들이 화면을 가득 채운다. 그 장면이 촬영될 당시, 150만 명의 뉴욕 사람들이 날마다 로어 맨해튼Lower Manhattan으로 통근해 사무용 건물들에서 일하고 있었다. 가장 높은 건물인 391미터짜리 파크로 빌딩Park Row Building에서는 중간 크기 읍의 인구와 맞먹는, 무려 4,000명이 일하고 있었다.

초창기의 극영화 중 하나인 〈뉴욕의 마천루들The Skyscrapers of New York〉(1906년)에는 고층건물의 꼭대기만 배경으로 나온다. 2개의 내부 장면을 제외하고, 그 영화는 브로드웨이와 12번가에 서 있는, 아찔한 높이의 마천루의 강철 대들보 위에서만 촬영되었다. 벽돌공들은 좁은 비계를 능숙하게 오간다. 그러다가 어느 시점에 여러 명의 벽돌공들이 기중기에 걸린 쇠사슬에 매달린 채 밑으로 서서히 사라진다. 감독관과 인부 사이에 말다툼이 일어나자 영화는 절정으로, 그러니까 '뉴욕 역사상 가장 높은 건물 중 하나에서 벌어지는, 긴장감 넘치는 육박전'으로 치닫는다.

맨해튼에 우후죽순처럼 들어선 사무용 건물들은 뉴욕에 꼭 들어맞는 상징이었다. 20세기로 넘어올 무렵에 하늘 위로 솟구치려는 열망은 뉴욕의 문제를 고스란히 드러냈다. 즉, 뉴욕 사람들은 공간을 두고 서로 경쟁을 벌이고 있었다. 섬이라는 지리적 한계와 지나치게 빠른 성장 속도, 그리고 도시계획을 둘러싼 시 당국의 자유방임적 태도 때문에 맨해튼은 인구과밀에 시달리게 되었다. 맨해튼의 부두는 해안가 쪽 땅이 부족할 지경이었다. 용수 공급 사정도 나빴다. 1920년, 맨해튼에는 200만 명이 살고 있었다. 그런데 평일에는 외부에서 또 200만 명이 뉴욕의 부실한 대중교통수단을 이용해 기업 본사, 은행, 법률 사무소, 공장, 노동 착취 작업장, 최신식 백화점, 허름한 공동주택 등이 다닥다닥 붙어 있는 맨해튼으로 몰려들었다. 로어 이스트 사이드의 일부 구역에서는 인구밀도가 약 4,000제곱미터당 1,000명으로 21세기 뭄바이의 다라비 지역에 견줄 만한 수준이었다. 그 같은 압력에 짓눌린 뉴욕은 하늘 위로 부풀어 오르는 방식으로 대처했다.[1]

마천루를 비판적으로 바라본 사람들은, 마천루의 갑작스러운 출현을 공공 공간에 대한 자본주의의 달갑지 않은 승리로 여겼다. 그 가운데 한 사람인 몽고메리 셔일러Montgomery Schuyler(19~20세기 미국의 저술가_옮긴이)는 "뉴욕에는 스카이라인이 아예 없다. 온통 높이와 모양과 크기가 제각각인 장애물만 보인다. 서로 아무 관계가 없고 그 아래에 있는 것과도 무관한, 여기저기 흩어져 있거나 한데 모인 고층건물 말이다"라고 불평했다. 16층짜리 마천루들이 하늘 위로 쭉쭉 뻗어 올라가자 사람들은 뉴욕의 거리가 '깎아지른 절벽의 기슭 사이에 반쯤 갇힌 흐릿한 오솔길'과 다름없어지지 않을까 우려하게 되었다.[2]

투기 금융이 장악한 뉴욕은 짙은 휘발성을 풍기게 되었다. 1880년대와 1890년대에 지어진 마천루들은 1900년대와 1910년에 이르러 더 크고 더 좋고 더 수익성 높은 고층건물을 짓기 위해 철거되고 있었다. 시장과 토지 가격, 유행에 좌우되는 마천루는 일회용 상품이나 다름없었다. 새롭게 단장한 그 수직 도시는 마치 경제 상황을 반영하는 듯이 불안정하고 일시적이면서 변화무쌍했다.[3]

배타적 분위기의 고층건물에서는 어떤 일이 벌어졌을까? 오 헨리O. Henry는 1905년에 발표한 단편소설《영혼과 마천루Psyche and the Pskyscraper》에서 마천루에 사는 남자의 신발이 되어본다. 위로 올라가면 "당신은 90미터 밑에 있는 사람들을 내려다볼 수 있고, 그들을 벌레로 여길 수 있다. 그 '불가능한 시선'에서 바라보면, 뉴욕은 뒤틀린 건물들의 난해한 덩어리로 전락한다." 부와 사치 속에 안주하는 뉴욕은 하찮음 속으로 빠져든다. 뉴욕 사람들도 마찬가지다. "하찮은 도시 주변 그리고 그 위에 존재하는 우주의 평온하고 무시무시한 광대함을 비교할 때, 저 밑에서 초조해하는 검은 벌레들의 야심과 업적 그리고 시시한 승리와 사랑은 대체 무엇인가?"

마천루는 거기 사는 금융계 거물들과 뉴욕을 그리고 뉴욕 사람들을 멀리 떼어놓는 것처럼 보였다. 과연 그 운 좋은 거주자들은 저 밑의 도시에 무슨 걱정을 했을까?

반대 목소리에도 불구하고, 뉴욕에는 고층건물이 꾸준히 생겼다. 재봉틀 회사의 사옥으로 1908년에 완공된 싱어 타워Singer Tower는 높이 187미터로 세계에서 가장 높은 건물이 되었다. 그러나 불과 몇 달 뒤, 이탈리아 르네상스 양식의 종탑을 본떠 지은 213미터 높이의 50층짜리 건물인 메트로폴리탄 생명보험 회사Metropolitan Life Insurance Company의 사옥인 메트로폴리탄 라이프 빌딩에 1위 자리를 내줬다. 1913년, 높이가 241미터인 고딕 양식의 대리석 건물인 울워스 빌딩 Woolworth Building이 1위 자리에 올랐다. 여러 일류 기업들이 입주해 있었고, 고급스러운 정문 홀, 식당, 상점, 수영장, 세계에서 가장 빠른 승강기 등을 갖추고 있으며 밤에 탐조등 불빛으로 환하게 빛난 울워스 빌딩은 도시의 매력이 집약된 건물이었다.

싱어 타워와 메트로폴리탄 라이프 빌딩과 울워스 빌딩에서는, 수직 도시를 움직이는 과대망상적인 힘을 엿볼 수 있다. 그 건물들은 각각의 건물을 소유한 회사의 금융자산이었고, 엄청난 광고 효과를 자랑했다. 그리고 전 세계에 배포된 신문과 잡지, 사진과 영화에서 대대적으로 다뤄졌을 뿐 아니라, 시리얼 상자, 커피 포장지, 엽서 따위에도 등장했다.[4]

1914년, 뉴욕 시장 존 퓨로이John Purroy는 마천루의 종말을 선언했다. 이퀴터블 빌딩Equitable Building 정초식에서 존 퓨로이 시장은 그 건물이 뉴욕에 들어서는 마지막 마천루일지도 모른다고 말했다. 당시 지구상에서 가장 큰 사무용 건물로 꼽힌 이퀴터블 빌딩은 부지 면적이 4,000제곱미터 정도였지만, 건평은 11만 1,500제곱미터였다. 그 36층짜리 건물 안에서 무려 1만 5,000명이 근무했다. 뉴욕에서 가장 높은 건물은 아니었지만, 이퀴터블 빌딩은 하나의 구획 전체를 차지했고, 그림자의 면적은 3만 350제곱미터였다. 결과적으로 21층 미만의 주변 건물들은 내내 그늘에 갇혀있어야 했다. 1915년에 이퀴터블 빌딩이 개장할 무렵 경기는 하향세였고, 공실률은 높았다. 그런 시장 상황에서 임차인들은 가장 높고 환한 최신식 사무실을 선택했다. 이퀴터블 빌딩은 주변 건물들뿐 아니라 주변 건물의 입주자들에게서 햇빛과 공기를 빼앗아버리는 악질 건물로 여겨졌다. 마천루 투기는 무자비한 사업이었다.[5]

그것은 자본주의의 혼돈 속에서 자유시장이 도시를 망가트리는 과정이 적나라하게 드러난 사례였다. 그러나 당시로서는 고층건물의 확산을 막을 법적·행정적 수단이 별로 없었다. 이퀴터블 빌딩 같은 마천루들이 잇달아 들어설 예정이었고, 투기꾼들이 하늘 저 위의 빛과 공간을 두고 서로 치열하게 다퉜기 때문에 앞으로 맨해튼의 거리는 어둡고 좁은 협곡으로 변할 듯싶었다. 선구자적인 단편영화 〈맨해타Manhatta〉(1921년)에서 카메라는 뉴욕을 탐욕스럽게 훑어내린다. 카메라는 높은 곳에 자리한 새 둥지나 저격수의 은신처 같은 고층건물의 꼭대기에서 낮은 곳의 아주 조그만 사람들을 위협적인 시선으로 내려다본다. 뉴욕은 엄격한 기하학적 선과 유령 같은 고층건물, 새장 모양의 강철 대들보로 구성된 대도시다. 거대한 건물에서 그리고 엔진과 선박에서 증기가 뿜어져 나온다. 엇비슷해 보이는 사람들과 장난감 같은 차량들이 개미처럼 일정하게 움직인다. 뉴욕은 대도시라기보다 기계처럼 보인다. 또 빛과 어둠이 대조를 이루고 극적인 수직선으로 이뤄진, 입체파 예술가들의 낙원이다.

뉴욕이 만약 미래의 대도시라면 그것은 암담한 전망이었다. 수직 도시에 대한 환멸을 느끼는 사람들이 많아졌다. 뉴욕은 통제할 수 없는 도시, 시민들을 콘크리트와 강철 속에 묻어버리는 도시처럼 보였다. 그 같은 사태의 원흉으로 이퀴터블 빌딩이 지목되었고, 그동안 자유방임적 태도와 무계획으로 일관하던 시 당국도 1916년에 건물의 높이와 크기와 위치를 규제하는 용도지역제도Zoning Law를 통과시켰다. 그 법에 따라 이제 상가 구역과 주거 구역에는 공장과 기업이 들어오지 못하게 되었고, 뉴욕의 대부분 지역에서 지나치게 큰 건물을 짓는 행위가 금지되었다. 고층건물 공사가 허용된 지역인 로어맨해튼에 즐비한 마천루들은 새로운 규정을 따라야 했다. 즉, 햇빛이 잘 들고 통풍이 될 수 있도록, 어떤 건물 앞에 있는 거리 폭의 2.5배가 되는 높이에 있는 지점부터 그 건물의 어느 한 부분을 거리와 점점 멀어지게 만들어야 했다. 이제 햇빛을 앗아가는 단조로운 수직형의 마천루들은 설 자리가 없어지게 되었다.

그러나 뜻밖에도 용도지역제도는 수직 도시를 둘러싼 실험을 중단시키기는커녕 마천루의 황금시대를 활짝 열었고, 뉴욕은 영화 제작자들에게 꾸준한 인기를 끄는 도시가 되었다.

'미래의 건축물' 마천루가 선보인 도시의 질서

1927년에 앨런 드완Allan Dwan 감독이 만든 무성영화의 걸작 〈이스트 사이드, 웨스트 사이드East Side, West Side〉는 '환희와 무아경의 도시, 무시무시하고, 매혹적이며 매력 있는 뉴욕'이라는 자막으로 시작한다. 첫 번째 자막에 이어 나오는 첫 장면, 동틀녘 브루클린 다리 뒤에 보이는 고층건물들과 거대한 마천루들이 더 나오고 나서 자막이 뜬다. "영원히 건설하는 도시. 강철과 암석, 콘크리트와 벽돌, 인간의 육체와 영혼을 탐욕스럽게 원하는 도시. 내일의 꿈을 하늘에 새기려고 어제의 마천루를 허무는 도시." 해안가의 땅이 보인다. 잘생긴 근육질의 청년 존 브린John Breen이 강 건너편의 감탄스러운 장면을 골똘히 살펴보고 있다.

잘게 이는 물결 때문에 마천루 도시가 살아 움직이는 것처럼 보인다. 놀라운 환각이다. 존은 맨해튼 섬의 건축공사 현장으로 벽돌을 나르는 오래된 너벅선에서 자랐다. 그는 손을 뻗어 벽돌 하나를 움켜쥔다. 이때 거대한 마천루가 화면을 가득 채운다. 마천루 꼭대기의 탑이 그 벽돌과 딱 들어맞는다. 그 한 개의 벽돌이 존이 뉴욕을 위해 만들려고 하는 건물로 바뀌었다. 그 환상적인 장면이 서서히 사라진다. 존은 가만히 서서 당당히 도시를 바라본다. 휘몰아치는 바람에 그의 너덜너덜한 옷이 펄럭인다. 그는 부두를 따라 힘차게 뛰어간다. 저 멀리 맨해튼의 멋진 스카이라인이 보인다.

〈이스트사이드, 웨스트사이드〉는 인상적인 촬영법으로 유명한 작품이다. 사고로 부모를 잃은 뒤 존은 강 너머의 맨해튼으로 건너가고, 거기서 로어 이스트 사이드의 소용돌이에 휩싸인다. 그는 권투선수 겸 건설노동자로 일한다. 지하 깊숙한 곳에서 신축 마천루의 기초를 다진다. 일련의 모험 끝에 결국 그는 평소 꿈꿨던 직업인 건축가, 즉 자신이 숭배하는 도시를 만드는 사람이 된다. 마천루의 꼭대기에서 촬영한 마지막 장면에서 존의 연인 베카Becka는 "짓고 짓고 또 짓고 허물고 짓고. 언제쯤 끝날까?"라고 묻는다. 그러자 존은 "완벽한 도시를 지었을 때, 우리가 꿈꾼 도시를 지었을 때!"라고 대답한다.

　"뉴욕의 개조작업이 최고조에 이르다"라고 보도한 〈뉴욕타임스〉의 1925년 11월 1일자 기사에는 당시의 고담 시Gotham City(배트맨 시리즈에 나오는 가상의 도시이자 뉴욕의 별칭_옮긴이)의 허황된 자신감과 들뜬 분위기가 담겨있다. "곳곳에서 동력 망치 소리가 공기를 가른다. 소형 엔진이 굉음을 낸다. 여러 개의 강철 들보가 아찔하게 높은 곳으로 올라간다. 인부가 기중기의 도르래 밧줄에 손을 올린 채 들보 한가운데에 서 있는 상태로 올라갈 때도 종종 있다. 새로운 마천루가 허름한 구조물의 자리를 빼앗을 때까지 매일 위로 운반되는 강철과 석재와 벽돌의 엄청난 양을 계속 헤아릴 수 있는 사람은 없을 것이다." 건설 붐이 일어난 덕분에 영화는 새로운 가능성을 맞이했다. 공사 중인 바클레이베시 빌딩Barclay-Vesey Building의 강철 대들보 위에서 휴대용 카메라로 찍은 〈더 쇼크 펀치The Shock Punch〉(1925년) 같은 영화들은 수십·수백 미터 높이에서 중심을 잡으며 점심을 먹고 골프를 치는 인부들의 모습을 담은 유명한 여러 장의 사진에 필적하는 작품들이다.

　〈더 쇼크 펀치〉의 주인공은 고층건물 공사장에서 리벳공으로 일하며 남자다움을 입증하려는 아이비리그 대학 졸업자다. 어느 언론인은 다음과 같이 썼다. "공사 중인 마천루는 현대 도시에서 가장 두근거리는 광경 중 하나다. 아마 당신은 노출된 강철 주변에서 일하는 사람들의 모습을 봤을 것이다. 그들은 줄타기 곡예사의 균형감과 던지기 곡예사의 솜씨, 대장장이의 강인함, 구기 선수의 협동심을 지닌 사람들이다." 마천루 건설 붐 속에서, 새로운 대도시를 건설하기 위해 목숨을 걸고 일하는 사람들은 초인으로 추앙되었다.⁶

세계의 무게 중심은 미국으로 이동하고 있었다. 뉴욕은 런던을 제치고 세계 최대의 도시이자 금융과 상업, 문화의 수도로 우뚝 섰다. 21세기 초반에 상하이 도처에 들어선 마천루들이 중국의 급속한 도시화(수억 명이 가난한 농촌을 떠나 도시로 몰려들었다)의 대미를 장식했듯이, 고담 시에 즐비한 고층건물들은 미국이 도시 사회로 전환했다는 사실을 알렸다. 1920년에 이르러 역사상 최초로 미국의 도시 인구가 전체 인구의 50퍼센트를 넘어섰다. 1920년대 말엽, 뉴욕에는 2,479개의 고층건물이 있었고, 수직성 측면에서 뉴욕에 가장 근접한 도시인 시카고에는 479개밖에 없었다.

고담 시의 발전 과정은 1916년의 용도지역제도에 따른 제약과 깊은 관계가 있었다. 마천루 건축가들은 용도지역제도에 저촉되지 않기 위해 거리에 햇빛이 잘 들고 통풍이 잘 되도록 할 수 있는 창의적인 방법을 고안했다. 어느 마천루 건축가가 말했듯이 용도지역제도 덕택에 고층건물 건축 설계 분야는 역사상 가장 강력한 추진력을 얻었고, 뉴욕에는 새롭고 아름다운 피라미드형 스카이라인이 생겼다. 1920년대의 마천루들, 즉 〈이스트사이드, 웨스트사이드〉에서 존 브린이 꿈꿨던 마천루들은, 마치 산맥처럼 혹은 거벽鋸壁을 갖춘 성이나 메소포타미아의 지구라트처럼 계단과 단벽段壁을 통해 길거리와의 간격을 점점 벌렸다(예를 들어 엠파이어 스테이트 빌딩의 경우, 5층까지는 기단부基壇部를 이루고, 6층부터 위로 올라갈수록 건물의 폭이 단계별로 점점 줄어든다). 미국적 성취의 시대인 1920년대와 어울리는 그 급진적인 건축 양식은 미국 고유의 것으로 칭송되었다. 그것은 그리스적이지 않았고 로마적이거나 고전적이지도 르네상스적이지도 않은, 완전히 새로운 오늘날의 정신에서 비롯된 양식이었다. 혹자들은 그 새로운 마천루를 '신新아메리카형neo-American'으로 부르며 중앙아메리카의 피라미드와 연관시켰고, 기존의 구세계에 대한 굴종적 태도에서 벗어나려고 했다.[7]

영화 속 카메라는 뉴욕을 미래 지향적 도시, 즉 낭만과 욕망의 장소로 포장했고, 미래의 대도시 모습을 전 세계에 선보였다. 1920년대 말엽에 장폴 사르트르Jean-Paul Sartre는 이렇게 회상했다. "스무 살일 때 마천루에 대해 들었다. 영화에 나오는 마천루는 정말 놀라웠다. 카메라가 미래의 예술이었듯이 마천루는 미래의 건축물이었다." 맨해튼의 고층건물들은 그저 건물만이 아니었다. 1922년, 마천루 건축설계자 겸 기획자인 휴 페리스Hugh Ferriss는 "우리는 도시의 새로운 건축이 아니라 문명의 새로운 건축을 숙고하고 있다"라고 썼다.[8]

마천루라는 새로운 물결이 인기를 끌자 모든 도시적 요소에 대한 낙관주의적 분위기가 형성되었다. 페리스가 쓴 책《내일의 대도시The Metropolis of Tomorrow》(1929년)에는 일정한 간격을 둔 채 서 있는 뉴욕형 지구라트들이 지배하는 미래 도시들의 모습을 묘사한 삽화가 있었다. 1916년 이전의 마천루들은 혼란을 조장할 우려가 있었지만 1920년대의 마천루들은 질서와 아름다움을 약속했다. 1920년대의 마천루들은 혼잡한 20세기에 적합한 새로운 대도시의 기본 요소이자 인류의 문제를 처리할 해결책이었다.

낮은 지상의 거리와 아찔할 만큼 높은 곳 사이에 형성된 우호적 관계는 1920년대 뉴욕의 마천루들을 통해 인간이 이룩한 최고의 업적이었다. 마천루는 인간과의 접촉을 끊지 않았다. 21세기의 홍콩과 도쿄는 마천루와 고동치는 거리 생활을 조합하는 데 성공한 사례다. 마천루에 의해 주변이 위생 처리된 여느 도시들과 달리 지상에서 상점과 인간 활동이 뒤섞인 채 조화를 이루는 도시들이다.

거리의 인간과 신축 고층건물 간의 심리적 관계의 중요성은 1920년 대에 활동한 많은 건축가들의 머릿속 깊숙이 자리 잡고 있었다. 1920년 대에 뉴욕에서 가장 놀라운 몇 개의 마천루를 선보인 건축가 랠프 워커Ralph Walker는 현대 도시의 대형 건축물이 도시 풍경과 조화를 이룰 뿐 아니라 사람들에게 심리적 편안함과 정신적 행복감을 선보이는 예술품이어야 한다고 확언했다. 그는 자신이 세운 마천루가 소유주들과 입주자들뿐 아니라 그것을 매일 바라보며 감상하는 수많은 사람들에게도 만족감을 줘야 한다고 주장했다. 그는 "미래의 건축가는 반드시 심리학자여야 할 것"이라고 말했다.[9]

페리스의 책에 나오는 삽화에 자극을 느낀 워커가 처음으로 내놓은 주요 작품은 바클레이베시 빌딩이었다. 워커는 자칫 험악한 건물 덩어리가 될 뻔한 그 작품을 코끼리 머리와 덩굴과 덩굴손, 그리고 해마와 새, 다람쥐 모양의 여러 가지 돋을새김으로 부드럽게 매만졌다. 이후 워커가 19가지 색깔의 벽돌을 써서 만든 웨스턴 유니온 빌딩 Western Union Building은 위로 올라갈수록 건물의 색깔이 차츰 밝아졌다. 그가 월스트리트에 세운 어빙 신탁회사Irving Trust Company 사옥의 석재 장막벽은 진짜 커튼 모양으로 조각되었다. 단벽으로 생긴 테라스는 온실과 정원을 만들 장소로 제격이었다. 대형 건물은 인간미를 갖춘 외부 장식 덕분에 도시 전체의 스카이라인에 녹아들었고, 거리의 일원이 되어 사람들과 어울릴 수 있다.[10]

워커는 마천루의 실내도 인간미를 띠고 정서적으로 풍요로운 장소가 되도록 노력했다. 워커가 진행한 여러 건의 마천루 실내 공사에 참여한 예술가인 힐드레스 메이어Hildreth Meière는 "효율적이면서도 아름다운 것에 대한 우리의 요구에 응답할 책임은 우리의 건물을 설계하는 건축가들에게 있다"라고 썼다. 어빙 신탁회사의 사옥인 어빙 트러스트 빌딩Irving Trust Building의 공사가 완료되었을 때 랠프 워커는 다음과 같이 언급했다. "우리 모두 물리적 현대성을 위한 현대성이 아니라 영적·정신적 차원에서의 현대성을 갖춘 무언가를 창조했다는 느낌이 든다. 마천루는 기계의 시대에서 유일한 생활수단이며 시대의 표현이자 반영이다."[11]

1924년에 뉴욕에 도착한 독일의 영화 제작자 프리츠 랑Fritz Lang은 이민국 직원들의 지시에 따라 하룻밤 동안 배에 머물러야 했다. 그는 넋을 잃은 채 뉴욕을 응시했다. "건물들은 번쩍번쩍 빛나고 매우 가벼운, 곧게 선 휘장처럼 보였다. 눈부시고, 정신을 빼앗고, 최면을 걸려고 깜깜한 하늘에 떠 있는, 화려한 배경막처럼 보였다. 그런 뉴욕의 광경을 보는 것만으로도 이 아름다운 등불을 영화의 주제로 삼기에 충분할 것이다."[12]

랑은 뉴욕의 스카이라인에 대한 기억을 품고 베를린으로 돌아와 팀원들과 함께 축소 모형 도시를 만들었다. 랑이 제작한 영화 〈메트로폴리스Metropolis〉(1927년)에 등장한 도시는 충격적이었다. 획기적인 특수효과가 쓰인 그 영화에는 미래 도시, 정확히는 2026년의 도시가 나온다. 랑이 묘사한 수직 도시의 절묘한 아름다움은 맹렬한 에너지에 힘입어 더욱 빛나고, 장엄한 마천루 아래 존재하는 단조로운 지하 도시에서 노예처럼 일하는 무산계급에 의해 지탱된다.

〈메트로폴리스〉에 담긴 도덕적 교훈은 도시 세계에 대한 유서 깊은 비판과 도시 세계를 둘러싼 역사에 그 뿌리를 두고 있다. 〈메트로폴리스〉는 20세기에 다시 들려주는, 바벨탑과 바벨(바빌론)에 관한 이야기다. 하지만 1927년의 관객들이 주로 흥미를 느낀 부분은, 고도의 특수 효과와 공상과학 소설에 나올 법한 뉴욕의 미래 지향적 모습이었다. 영화 속의 뉴욕은 내일의 도시다. 그것은 1920년대의 뉴욕과 크게 다르지 않다. 랑은 느릿느릿하게 펼쳐지는 애니메이션 화면을 통해 마천루, 항공기, 다차선 도로 위의 자동차, 구름다리, 고층건물 사이의 공중 고가교를 오가는 기차 따위를 보여준다.

할리우드의 호화 뮤지컬인 〈저스트 이매진Just Imagine〉(1930년)에는 1980년대의 뉴욕이 나온다. 휴 페리스와 하비 윌리 코벳Harvey Wiley Corbett(19~20세기 미국의 건축가_옮긴이)의 이상향적 전망에 영감을 얻은 205명의 디자이너들과 기술자들로 구성된 팀이 16만 8,000달러라는 거액을 들여 거대한 모형 도시를 만들었다. 〈메트로폴리스〉는 도시의 악몽을 보여줬지만, 〈저스트 이매진〉은 도로와 통로로 연결된 아르데코 양식의 고층건물이 즐비하고 사람들이 개인 비행기로 건물 사이를 날아다니는 뉴욕의 풍경을 묘사한다. 〈저스트 이매진〉은 페리스를 비롯한 몇몇 인물들의 도시 이론을 3차원으로 형상화함으로써 관객들이 미래의 모습을 살짝 살펴볼 수 있는 기회를 마련했다. 페리스는 "도시의 진화가 완료될 미래에, 뉴욕 사람들은 정말로 하늘에서 생활할 것이다"라고 썼다.[13] 우리의 미래가 〈저스트 이매진〉에 나오는 대도시일지, 아니면 〈블레이드 러너Blade Runner〉에서 묘사된 대도시일지는 몰라도 우리의 미래관은 도시를 둘러싼 희망 혹은 공포와도 밀접한 관계가 있다.

아시아의 마천루는 달랐다

오늘날 상하이의 부둣가 거리에는 매일 밤 수천 명이 온갖 색깔의 조명으로 빛나는 강 건너편 푸동의 루자쭈이Lujiazui 금융지구를 뒤덮은 감동적이고, 미래 지향적이며 그 어느 곳에서도 감상할 수 없는 멋진 장관을 연출하는 마천루 숲을 보려고 모여든다. 100여 년 전의 선배들이 맨해튼에 끌렸듯이, 21세기의 영화 제작자들은 상하이에 매력을 느끼고 있다. 상하이의 초현대적 마천루들은 영화 〈미션 임파서블 5Mission: Impossible V〉(2006년)과 〈007 스카이폴Skyfall〉(2012년)에 등장했다. 그리고 영화 〈그녀Her〉(2013년)에 나오는 미래 도시 로스앤젤레스는 상하이의 초현대적 건물들을 찍은 장면을 활용해 만든 것이다.

20세기가 저물어 갈 무렵, 상하이는 현지에서도 '제3세계의 변방'으로 불렸다. 공해로 뒤덮이고 무관심 속에서 흉물로 전락한 상하이에도 전성기는 있었다. 그 옛날, 공산화되기 전의 상하이는 '동양의 파리'로 불렸다. 1990년대 초반, 상하이에는 현대적인 고층건물이나 쇼핑센터, 고가 교차로, 지하철이 없었다. 당시 상하이에서 제일 웅장한 건물들은 1920년대 재즈 시대jazz age에 지어진 아르데코 양식의 낡은 대리석 건물들이었고, 건물 안의 전등 스위치조차 제2차 세계대전 이전의 것들이었다. 1983년까지 상하이에서 최고 높은 건물은 남경서로南京西路, Nanjing West Road에 위치한 파크 호텔Park Hotel이었다. 1934년에 지어진 파크 호텔은 높이가 84미터였다.[14]

그러다가 1991년에 장쩌민이 "상하이가 중국 현대화를 이끄는 용의 머리이자 세계와의 교류 거점이 될 것"이라고 선언했다. 눈 깜짝할 사이에, 그 촌스럽고 낡아빠진 도시는 전 세계가 보유한 기중기의 20퍼

있는 그대로의 힘을 표현하는 수단으로서의 마천루. 상하이 특유의 스카이라인.
상하이 야경. (시유안Siyuan / 언스플래시)

센트와 100만 명의 건설노동자들이 총 2만 3,000군데의 건설 현장에서 밤낮없이 일하는 신흥 도시로 탈바꿈했다. 습기가 많은 길쭉한 모양의 농지였던 푸동은 지구상에서 가장 환상적인 도시 풍경, 즉 위로 휘어져 올라가며 점점 가늘어지는 모양의 상하이 타워와 21세기의 가장 상징적인 건물 몇 개를 품은, 강철과 유리의 밀림을 연출하는 곳 중 하나로 변모했다. 2016년에 개장한 632미터 높이의 상하이 타워는 세계에서 두 번째로 높은 건물이다. 20층 이상의 건물이 2만 5,000개 넘게 있는 상하이는 지구상에서 고층건물을 가장 많이 보유한 도시다. 상하이에 가장 근접한 경쟁 도시인 서울에는 20층 이상의 건물이 1만 7,000개 있다. 상하이에는 100미터 넘는 건물이 약 1,000개 있고,

150미터 이상인 건물이 157개 있다.

도쿄, 홍콩, 싱가포르, 방콕, 두바이 같은 도시들이 그랬듯이 상하이도 경제적 우위를 강조하기 위해, 그리고 세계적 차원의 성공을 거두는 데 필요한 환경을 조성하기 위해 스카이라인의 위력을 이용해왔다. 1980년대부터 상하이와 중국의 여러 도시들에서는 마천루와 고층건물 열풍이 불었다. 도시화는 무서운 속도로 진행되었다. 실제로 2011년과 2013년 사이에 중국에서는 20세기에 미국에서 소비된 것보다 더 많은 양의 콘크리트가 소비되었다.[15]

아시아 도시들 특유의 마천루가 빚어내는 모습을 보면 무엇보다 세계 경제의 균형추가 아시아 쪽으로 기울고 있다는 사실을 확연히 알 수 있다. 세계 곳곳에서 도시들끼리 값비싼 건축의 총력전을 벌였다. 그 치열한 도시 간 경쟁은 21세기 도시 시대의 중요한 특징이 되었다. 도시는 세계 자본주의가 공연을 펼치는 변화무쌍한 무대장치가 된 것이다. 20세기 초반 뉴욕의 사례에서 알 수 있듯이, 자본주의의 역사는 건축가가 조각한 도시의 윤곽을 통해 읽어낼 수 있다. 우리 눈에 보이는 것은 사무용 건물이라기보다 경쟁 도시를 겨냥한 초고가의 미사일 발사대다.

한때 아시아의 도시들은 도시 건설에 관한 서양의 관념을 차용했지만, 이제는 서양 도시들이 점점 더 아시아적 색채를 띠고 있다. 아마 이 같은 추세가 가장 뚜렷하게 드러나는 도시는 런던일 것이다. 런던은 수십 년 동안 마천루의 도시 잠식 과정에 꾸준히 저항했던 곳이다. 21세기 초엽에 도시계획 규제가 완화되면서 큰 건물을 짓고, 드넓게 펼쳐진 스카이라인으로 도시의 이미지를 바꾸려는 움직임이 런던 중심부를 장악했다. 상하이 못지않은 속도로 마천루와 고가의 주거용 고층건물이 속속 들어섰다. 2001년부터 2018년까지, 전 세계의 초고층 마천루는 약 600개에서 3,251개로 늘어났다. 현대 대도시는 빠르게 위로 올라가고 있다. 열망과 재력은 마천루와 전망 좋은 사무실이나 고급 아파트, 그리고 사진이나 영화 촬영에 적합한 도시의 특성과 단단히 연결된다.[16]

황푸 강Huangpu river 건너편에서 바라보는 푸동의 모습은 세계에서 가장 감동적인 광경 중 하나이자 도시적 야심과 재개발의 빛나는 위업이다. 그러나 그곳의 고층건물들 사이에 서 있다 보면 마치 삭막하고 적막한 도회지 변두리의 사무지구에 와 있는 느낌이 든다. 가까이 가서 보면 쫙 펼쳐진 고층건물들은 멀리서 볼 때보다 더 띄엄띄엄 간격을 둔 채 서 있고, 덜 웅장해 보인다. 하지만 안으로 들어가 승강기를 타고 전망대에 올라가 보면 도시 전체의 풍경이다. 푸동은 수백 개에 이르는 전 세계의 여느 마천루 지구들과 큰 차이가 없다. 마천루 지구는 마천루에서 멀리 떨어진 곳이나 혹은 마천루의 안에서만 즐길 수 있는 쇼의 일부분이다. 마천루가 지상의 거리에 미치는 효과는 미미하다. 오늘날의 마천루는 흔히 텅 빈 광장에 들어선 것 같은 느낌을 준다. 마천루의 반사 유리는 구경꾼을 차단하는 방어막이다. 최근 여러 해 년 동안, 전 세계의 대도시들에서 급속도로 진행된 '상하이화Shanghai-ification 현상'은 우리가 도시에서 생활하고 일하는 방식, 그리고 도시가 풍기는 이미지와 느낌에 영향을 끼쳤다.

현대적이고 세계적인 수직 도시라는 미래상을 만들어낸 도시인 뉴욕은 전혀 다르다. 뉴욕의 스카이라인은 여전히 세계에서 가장 큰 사랑을 받고 있다. 그러나 맨해튼 도심의 거리는 푸동이나 싱가포르만큼 위생 처리된 상태는 아니다. 그 이유는 맨해튼 도심의 마천루들이 1920년대의 호황기에 지어졌다는 사실과 깊은 관련이 있다. 맨해튼에서는 물건과 사람, 활동이 21세기의 위생 처리된 마천루 대도시와는 전혀 다른 방식으로 층층이 쌓여 있다. 스카이라인은 조지 거슈윈의 음악만큼 요란스럽다. 질서정연하기는커녕 격동적이다. 무계획적이고 임의적이며 실험적이다.

마천루 도시의 웅장한 윤곽은 가슴 설레는 장면이다. 하지만 멋진 광경 때문에 도시는 외부인들이 다가가지 못하는 특권의 보루처럼 보일 수도 있다. 알프레드 카진Alfred Kazin(20세기 미국의 작가_옮긴이)은 1920년대에 브루클린 동쪽의 러시아계 유대인 거주 구역인 브라운스빌Brownsville에서 가난에 시달리며 유년기를 보냈다. "우리는 도시에 속해 있었지만 웬일인지 몰라도 도시에 포함되지 않았다. 내가 좋아하는 산책로를 따라 걷다가 언덕 위에 올라가면 낡은 창고가 하나 있었고, 거기서 맨해튼의 마천루들을 구경할 수 있었다. 거기서 바라보는 건너편의 뉴욕은 외국 도시 같았다. 브라운스빌에서 우리 삶이 이어졌듯이, 휘황찬란하고 환상적인 그 도시에도 나름의 삶이 있었다."[17]

고층건물과 공동주택, 도시의 품위

세계에서 가장 높은 건물이 새로 등장하는 현상을 경기 침체의 징후로 볼 수 있다는 경제 이론이 있다. 싱어 타워와 메트로폴리탄 라이프 빌딩은 1907년의 경제 공황기에 등장했다. 울워스 빌딩은 1913년의 불황기, 세계무역센터와 시어스 타워Sears Tower는 1973년의 석유 파동기와 1973~1974년의 주식 폭락기에 개장했다. 쿠알라룸푸르의 페트로나스 트윈 타워는 1997년의 아시아 금융 위기 직전에 세계에서 제일 높은 건물이 되었다. 2009년 10월에 문을 연 부르즈 할리파Burj Khalifa는 서브프라임 모기지 사태의 기념물인 셈이다. 상하이 타워가 완공된 날에 중국의 주가지수는 30분 만에 7퍼센트나 하락했다.

1920년대의 마천루 급증 현상은 1929년의 주가 폭락과 이후의 대공황에 의해 중단되었다. 그 현상의 기념물들로는 1930년에 울워스 빌딩을 밀어내고 세계에서 가장 높은 건물의 자리에 오른 맨해튼 신탁은행 빌딩Bank of Manhattan Trust Building, 몇 달 뒤에 맨해튼 신탁은행 빌딩을 제치고 세계 1위를 차지한 크라이슬러 빌딩, 그리고 크라이슬러 빌딩을 따돌리고 챔피언 벨트를 움켜쥔 엠파이어 스테이트 빌딩을 꼽을 수 있다. 어느 언론인은 1920년대의 마천루들을, 특히 마지막 3개에 해당하는 맨해튼 신탁은행 빌딩과 크라이슬러 빌딩과 엠파이어 스테이트 빌딩을 '강세시장(강한 상승세를 보이는 주식 시장_옮긴이) 말기의 물질적 화신'으로 일컬었다. 그 고층건물들은 주가 그래프처럼 하늘 위로 치솟았지만, 1930년에 이르러 "무너진 희망의 역설적 목격자"로 전락했다.[18]

건축 분야의 투자금은 1925년에 40억 달러였지만, 1930년에는 15억 달러로, 1933년에는 4억 달러로 급감했다. 엠파이어 스테이트 빌딩이 완공되자 하룻밤 사이에 3,500명의 인력이 일자리를 잃었다. 대공황 기간에는 건축업 종사자의 80퍼센트가 실직 상태였고, 미국 전체 실업자의 30퍼센트가 건축업계 출신이었다. 당시 세계에서 제일 높은 건물이었던 엠파이어 스테이트 빌딩은 입주자들이 부족했기 때문에 '엠프티 스테이트 빌딩Empty State Building'이라는 별명이 붙었다. 고층건물의 파죽지세가 갑자기 꺾이자 뉴욕이 완전한 수직 도시가 될 것이라는 믿음은 단번에 사라졌다. 증권 시장에서 얻는 명목상 이득과 마찬가지로, 고층건물도 과감하고 새로운 도시적 이상의 표현이 아니라 무분별한 투기의 산물이었다는 사실이 드러났다.

영화도 이 같은 변화된 분위기를 담아냈다.[19] 〈밤에 들리는 비명 Shriek in the Night〉(1933년)은 밤하늘 위로 솟구쳐 있는 음울한 마천루의 모습으로 시작한다. 끔찍한 비명 소리가 들리고 뒤이어 어느 백만장자가 투신자살한다. 그것은 보복의 결과다. 마천루를 한 층씩 지을 때마다 노동자 한 사람이 추락해 죽는다는 속담이 있었다. 건설노동자들은 나라를 망치는 권력을 향한 기업의 탐욕과 욕심 때문에 떨어져 죽을 운명이었던 것처럼 보인다.

그런 분위기는 페이스 볼드윈Faith Baldwin의 원작 소설을 바탕으로 에드가 셀윈Edgar Selwyn이 연출한 영화 〈마천루 영혼Skyscraper Souls〉(1932년)에서 짙은 어둠을 통해 표현된다. 그 영화는 엠파이어 스테이트 빌딩보다 더 높은 가상의 마천루를 무대로 삼고 노동자들과 주민들의 뒤얽힌 삶을 따라간다. 그 마천루의 소유주인 데이비드 드와이트David Dwight는 1920년대의 분위기가 함축된 인물이다. 그는 본인 소유의 마천루를 '공학의 불가사의, 강철과 석재에 맺혀 있는 시대 정신'으로 일컫는다. 그 건물 자체가 하나의 도시다. 사람들은 건물 속의 공공장소에서 어울리고 만난다. 상점, 약국, 카페, 식당, 소기업, 체육관, 수영장, 사우나, 아파트 등도 많이 있다. 직장 여성들은 군침을 흘리는 남자들의 접근을 막는 한편 아파트에서 독립적으로 생활하며 성공하려고 애쓴다.

그 건물의 주인은 과대망상증에 빠져 있는 드와이트이다. 그는 지위를 이용해 온갖 권력을 누리고 성적 만족을 얻는다. 드와이트의 보

1920년대의 가슴 벅찬 성공의 표현으로 칭송되었던 마천루는 주가 대폭락과 대공황 이후 한층 더 위협적인 양상을 띠었다. 영화 〈마천루 영혼〉(1932년)에서 마천루는 권력과 성을 향한 남성의 악랄한 갈망을 상징하는 기념물이 되었다.

〈마천루 영혼〉, 영화 포스터, 1932년. (워너 브라더스)

좌역이자 동업자인 사라 데니스Sarah Dennis는 그의 연인이기도 하다. 그는 사라의 순진한 비서인 린 하딩Lynn Harding을 유혹한다. 그런데 유일한 문제는 사실 드와이트가 '자아의 위대한 기념물'인 드와이트 빌딩의 주인이 아니라는 점이다. 알고 보니 그는 주요 은행의 사장이라는 지위를 이용해 고객들의 예금으로 그 건물에 투자했던 것이다. 3,000만 달러에 이르는 부채의 만기가 돌아왔지만, 드와이트는 건물을 팔려고 하지 않는다. 건물을 팔면 차익이 생기고, 은행과 소액 투자자들을 구할 수 있는데도 말이다. 마천루에 대한 집착에 사로잡힌 드와이트는 주가를 조작하고 주가 폭락을 획책해 주변의 모든 사람들 다시 말해 그의 동업자들, 그가 유혹한 여자들, 그가 경영하는 은행의 직원들, 너무 고평가된 그의 주식을 사려고 돈을 빌린 소액 투자자들(상당수가 드와이트 빌딩의 입주민들이다)을 파산의 늪으로 몰아넣는다.

그들은 모두 알거지로 전락하고, 삶이 망가진다. 덕분에 드와이트는 마천루를 손에 넣는다. 이어지는 암담한 상황에서 그들은 아부를 떨고 흥정에 나서며 몸을 판다.

그러나 성공을 움켜쥔 드와이트는 광기에 빠지고 만다. 드와이트는 자기가 100층짜리 건물을 세우고 싶다고 말했을 때 그들이 비웃었다고 말한다. "그러나 내게는 용기와 통찰력이 있었지. 100층짜리 건물은 내 것이고, 내가 주인이야! 지옥에 절반쯤 다가가고 천국에 바짝 다가가지. 아름다운 건물이야." 그는 자신의 불멸성을 뽐낸다. 그런 다음 이렇게 열변을 토한다. "100만 명이 땀 흘려 일해 만들었어. 광산에서, 채석장에서, 공장에서, 숲에서! 얼마나 많은 사람들이 위로 올라가다가 대들보에서 떨어졌는지 말해주기 싫어. 하지만 그것은 가치 있는 일이었어! 아픔과 괴로움 없이는 그 무엇도 생기지 않아. 아이도 대의명분도 건물도 아픔과 괴로움을 겪지 않고는 얻을 수 없어!"

드와이트는 자기가 초래한 혼란 상태와 단절된 건물 꼭대기의 펜트하우스에서 안심한다. 그는 스스로를 무적이라고 여긴다. 하지만 드와이트는 그가 버렸던 보좌역 겸 애인인 사라가 쏜 총에 맞아 최후를 맞이한다. 사라는 드와이트가 집착했던 육욕과 권력에 대한 욕망의 숨통을 끊어버린다. 그녀는 비통함을 감추지 못한 채 비틀거리며 발코니로 걸어간다. 거기서 다시 맨해튼의 경이로운 스카이라인이 펼쳐진다. 그때까지는 영화에서 맨해튼의 스카이라인이 그토록 아름답게 보인 적 없다. 비로소 차가운 바람이 그 외로운 발코니의 난간에 휘몰아치는 소리가 들린다. 사라는 수백 개의 마천루들보다 훨씬 높은 곳에 서 있다. 그리고 난간 너머로 사라진다. 까마득한 높이에서 떨어지는 그녀의 몸은 점이 되어 사라지고 휘몰아치는 바람 소리가 행인들의 비명으로 바뀐다.

대공황이 할퀴고 간 1932년의 미국을 배경으로 삼은 〈마천루 영혼〉은 뉴욕을 뒤덮은 사악한 열정을 드러낸다. 숭고한 아름다움은 무분별한 탐욕, 착취와 대면한다. 마천루는 먹잇감인 인간을 잘게 썰어 야만의 상태로 몰아넣는 기계다. 〈이스트사이드, 웨스트사이드〉 같은 1920년대의 영화에서는, 마천루 꼭대기에 올라가는 것이 세속적인 꿈을 이루는 것을 상징했다. 5년 뒤에 개봉한 〈마천루 영혼〉에서, 마천루 꼭대기는 야심과 오만이 마주치는 곳이다. 고층건물의 주인은 본인을 위해 만든 올림포스 산 같은 천국에서 권력욕과 성욕에 사로잡혀 있다. 뉴욕의 꼭대기에 올라선, 강인하고 결단력 있는 사라 데니스는 인습에 맞선 대가로 벌을 받아 추락한다.[20]

사라 데니스의 추락은 1년 뒤에 개봉한 영화에 나오는, 한층 더 유명한 추락 장면의 예고편이나 다름없었다. 블록버스터 영화 〈킹콩〉(1933년)에서 맨해튼 섬은 킹콩의 고향인 해골섬Skull Island과 흡사한 일종의 산악지대로 변신한다. 해골섬에서 생포되어 뉴욕으로 끌려온 킹콩은 난동을 부리다가 앤 대로Ann Darrow를 움켜쥐고 엠파이어 스테이트 빌딩을 기어 올라간다. 킹콩이 보기에 엠파이어 스테이트 빌딩은 해골섬 산꼭대기의 보금자리를 빼닮은 곳이다. 킹콩은 사슬을 끊고, 뉴욕 거리의 촘촘하고 시끄러운 협곡으로 나와 6번가의 고가철도를 부순다. 〈킹콩〉의 감독 메리언 C. 쿠퍼Merian C. Cooper는 어릴 적에 그 고가철도를 지나다니는 열차 때문에 잠을 이룰 수 없었다고 한다. "그 빌어먹을 것을 부숴버리고 싶다고 생각하곤 했다."[21]

〈킹콩〉은 그런 환상을 채워준다. 킹콩은 도시를 자유로이 누비는 자연적인 생명력이다. 복수가 필요한 킹콩의 원시적 힘은 대공황의 진원지인 세계적 금융 중심지를 위기로 몰아넣는다. 킹콩이 엠파이어 스테이트 빌딩을 위시한 뉴욕의 여러 건물에 올라가는 장면은 지금도 손에 땀을 쥐게 한다. 기차를 때려 부수고, 인간들이 세운 가장 높은 고층건물을 기어 올라가는 모습을 통해 킹콩은 비인간적 창조물들을 압도하고, 인공적 환경에서 마구 날뛰는 모습을 보이며 산꼭대기에 올라가고 싶은 인간의 욕망을 채워준다. 그러나 〈마천루 영혼〉의 경우처럼, 〈킹콩〉에서도 제일 높은 곳에 올라가려는 욕망의 대가는 죽음이다. 도시의 주인이 되고자 하는 다른 존재들과 마찬가지로, 꼭대기에 올라가려고 한 킹콩의 위험한 도전은 비참한 추락으로 귀결된다.

킹콩과 뉴욕의 아찔한 만남은, 1930년대의 마천루 스카이라인이 점점 위기로 치닫고 있다는 점을 선명하게 보여주는 증거였다. 1930년대 할리우드 영화가 표현한 뉴욕의 광경, 특히 불과 10년 만에 속속 들어선 인상적인 고층건물들에는 여러 층위의 의미가 담겨 있었다. 1933년은 뉴욕이 영화를 통해 풍성한 결실을 거둔 해였다. 〈킹콩〉은 대성공을 거뒀다. 〈42번가42nd Street〉도 크게 흥행했다. 모두가 대공황 때문에 가난하지만, '장난스럽고 속되며 선정적인 42번가'에는 에너지가 흘러넘친다. 줄리안 마쉬Julian Marsh가 합창단원인 페기 소여Peggy Sawyer에게 건네는 말에서 행운을 잡을 만큼 열심히 노력하면 외지인도 성공할 수 있다는 뉴욕의 기본적인 신화를 엿볼 수 있기도 하다. "지금은 풋내기지만 스타가 돼서 돌아와야 해!"

선정적인 분위기의 마지막 곡목에서 여자 합창단원들은 마천루로 변신해 맨해튼의 스카이라인을 만들어낸다. 하나의 거대한 고층건물이 보이고, 그 꼭대기에 페기와 남자 주인공이 의기양양하게 서 있다. 그곳은 야심의 장소, 탐욕과 잔인함의 장소, 환상의 장소, 무분별한 자본주의와 사회적 유동성이 구현된 장소다. 맨해튼의 그 콘크리트 절벽은 기진맥진한 1930년대에 할리우드식 환상을 투영하기에 완벽한 배경이 되었다. 어쩔 수 없이 다시 마천루의 유혹에 넘어간 뉴욕은 한 번 더 매력과 꿈의 장소, 미국의 부흥을 상징하는 곳이 되었다. 1933년 3월 2일, 〈킹콩〉이 뉴욕에서 개봉했다. 이틀 뒤, 프랭클린 루스벨트가 미국의 32대 대통령에 취임했다. 3월 11일, 〈42번가〉가 개봉했다.

할리우드 영화계가 묘사하기 좋아하는 또 하나의 뉴욕이 있었다. 입주자들로 가득한 공동주택, 만연한 범죄와 불결한 거리를 배경으로 다양한 민족 출신의 말솜씨가 좋은 도시 사람들과 세상 물정에 밝은 아이들이 등장하는 뉴욕이다. 공동주택이 늘어선 거리는 〈42번가〉의 휘황찬란한 마천루의 검은 그림자가 되었다. 그리고 마천루와 마찬가지로 공동주택도 영화의 이상적 무대였다. 마천루와 공동주택은 둘 다 뉴욕의 상징이고, 즉각적으로 인식할 수 있는 대상이다. 뉴욕의 공동주택이 할리우드 영화의 주요 소재로 자리 잡는 데 가장 큰 영향을 끼친 영화 중 하나는, 뉴욕 시내의 한 구획에서 24시간 동안 일어나는 일을 담아낸 킹 비더King Vidor 감독의 〈도시 풍경Street Scene〉(1931년)이었다. 여러 다른 영화에서 그렇듯이, 〈도시 풍경〉에서도 카메라는 인근의 크라이슬러 빌딩과 엠파이어 스테이트 빌딩을 훑어 내리고, 무려 40만 명이 살고 있는 로어 이스트 사이드에 촘촘하게 늘어선 공동주택들의 지붕 위를 지나 무더운 여름 저녁에 거리에서 놀고 있는 아이들에 초점을 맞춘다. 거리는 삶으로 가득한 무대다. 놀이와 잡담, 가벼운 다툼, 부정한 연애의 야외무대로 볼 수 있다.[22]

여기서 관객들은 다시 미국이 직면한 문제의 근원을 목격한다.

월스트리트는 비난의 화살을 맞아야 했고, 공동주택 거리도 마찬가지였다. 1931년 한 해에만 50편 이상의 갱 영화가 개봉되었다. 그 영화들은 미국에서 만연한 범죄의 뿌리가 건축환경에 있는 것이 아니라면 대체 어디냐고 묻는 것처럼 보인다.[23]

〈막다른 골목Dead End〉(1937년)의 부제는 록펠러 센터 근처의 황량한 공동주택 거리인 이스트 53번가East 53rd Street를 지칭하는 '범죄의 요람'이다. 그 빈민가에는 놀 만한 장소가 마땅찮았기 때문에 아이들은 거리에서 서로 다투고, 싸우고, 더 약한 아이를 괴롭혔으며 입버릇이 고약한 깡패가 되었다. 그들은 미래의 조직폭력배이자 대공황의 희생자였다. '동안童顏' 휴 마틴Hugh 'Baby Face' Martin은 고향으로 돌아온 그날부터 아이들에게 칼 쓰는 요령을 가르쳐주며 범죄자의 길로 들어서도록 부추긴다. '뒷골목'의 10대 청소년들은 자기들보다 더 어린 동네 아이들에게 나쁜 짓을 가르친다. 비행 청소년들과 범죄자들, 매춘부들, 주정꾼들, 빈털터리들이 모여 있는 도시의 거리는 위험하고 희망이 없는 장소다. 휴 마틴은 무자비한 악당이 되어 그곳을 떠난다. 그의 어릴 적 친구인 데이브Dave는 건축가가 되려고 몇 년 동안 공부하지만 그곳을 벗어나지 못한다. 드리나Drina는 성을 통해, 즉 백만장자와 결혼해 빈민가를 탈출하는 것을 상상할 뿐이다. 그 동네는 지상의 지옥이다. 그러나 어느 경찰관이 말하듯이, 그곳은 할렘보다는 낫다. 그렇다. 이 빈민가는 수없이 많은 절망의 거리 중 하나일 뿐이다.

한 장면에서, 드리나는 예비 건축가인 데이브에게 남동생을 잘 키우려고 애썼지만 결국 녀석이 거리의 늪에 빠져버렸다고 말한다. "녀석은 나쁜 애가 아니야."

그러자 데이브는 공동주택 거리를 쭉 둘러보며 쓰라림과 분노에

11장 마천루가 드리운 그림자 ○ 뉴욕 1899~1939년

영화 〈막다른 골목〉(1937년)의 이 스틸사진에서 낡은 공동주택 거리는 범죄와 악행의 온상으로 묘사된다. 사회개혁가들과 마찬가지로, 할리우드 영화감독들도 고밀도의 도시 빈민가를 철거하고 그 빈자리를 초목에 둘러싸인 다층 공영주택 단지로 채우고 싶어 했다. 기존의 도시는 실패작처럼 여겨졌다. 20세기의 새로운 대도시가 등장할 때가 이제 다가온 것이다.

〈막다른 골목〉, 영화 스틸사진, 1937. (월드 히스토리 아카이브World History Archive / 앤 로넌 컬렉션Ann Ronan Collection / 에이지 포토 스톡)

잠긴 목소리로 대답한다. "대체 이곳 아이들에게 무슨 희망이 있을까? 녀석들은 놀 만한 장소를 차지하려고 싸워야 했어. 싸움에 익숙해지지. 평생 나는 이곳을 허물어버리고 싶다는 꿈을 꾸고 살았지."

드리나가 중얼거린다. "그래, 너는 늘 그 얘기를 했지. 여기를, 또 여기와 비슷한 모든 곳을 모조리 없애버리겠다고. 그 빈자리에 품위를 갖춘 사람들이 품위 있게 사는, 품위 있는 세계를 만들겠노라고 말이야."

〈막다른 골목〉의 초연 행사에는 뉴욕 주 상원의원인 로버트 F. 와 그녀 시니어Robert F. Wagner Sr가 주빈으로 참석했다. 그가 제안한 빈민가 철거 및 공영주택 공급과 관련한 주택법은 〈막다른 골목〉이 개봉된 지 5일 만에 통과되었다. 할리우드 영화가 대중들이 혁신적인 주택 공급 정책의 필요성에 공감하는 데 중요한 역할을 맡은 것이다. 주택법이 시행되고 있을 때, 영화관에서는 수많은 관객들이 빈민가 철거를 꿈꾸는 데이브의 목소리에 귀 기울이고 있었다. 도심의 거리를 비판적으로 묘사한 또 하나의 영화인 〈나라의 3분의 1One-Third of a Nation〉(1939년)에서 관객들은 다시 실비아 시드니의 목소리를 듣는다. 실비아는 불구자인 동생에게 시 당국이 공동주택을 부숴버리고 '품위 있는 새 주택'을 지을 것이라고 약속한다. "이제 거리에서 놀지 않아도 돼. 그네와 핸드볼장이 딸린 놀이터, 그리고 잔디밭과 숲이 생길 거야."24

무궁무진한 이야기가 펼쳐지는 공동주택은 시나리오 작가들의 단골 배경이었다. 물론 할리우드 영화계는 공동주택, 특히 갱 영화의 소재로 쓸 수 있는 사연을 간직한 공동주택을 선호했다. 〈도시 풍경〉, 〈막다른 골목〉, 〈나라의 3분의 1〉 같은 적나라한 영화들에는, 노동계급에 속한 사람들이 사는 동네에서 '교류와 친목의 장소'라는 관념을 볼 수 없다. 그런 동네는 악몽 같은 구역이다. 뉴욕에서 가장 가난한 그 동네는 거칠고 불쾌한 곳이었지만 실제로는 복원력과 진취적 기상을, 때로는 즐거움까지 느낄 수 있는, 짜임새가 탄탄한 다민족적 공간이었다.

하지만 할리우드 영화에서는 그런 실상이 보이지 않는다. 할리우드 영화는 개혁가들과 보조를 맞추고 있다. 〈막다른 골목〉의 데이브처럼 개혁가들은 빈민가를 철거하고 새로운 주택단지를 만들고자 했다. 〈나라의 3분의 1〉은 공동주택이 철거되고 주택단지가 새로 들어서는 장면으로 끝을 맺는다. 숲으로 둘러싸인 고층 아파트 건물이 오아시스처럼 띄엄띄엄 서 있다. 바빌론이 무너지고 새로운 예루살렘이 건설되는 것과 같다.[25]

〈나라의 3분의 1〉이 미국 전역에서 흥행할 무렵 혁신은 이미 시작되었다. 1937년에 할렘 리버 하우스Harlem River Houses가 완공되었고, 1년 뒤에는 윌리엄스버그 하우스Williamsburg Houses와 레드 훅 하우스Red Hook Houses가 브루클린에 들어섰으며, 1939년에는 오늘날까지 미국 최대의 공영주택군으로 꼽히는 퀸스브리지 하우스Queensbridge Houses(3,149채의 아파트와 1만 명의 입주민을 자랑하는 6개의 대구획으로 구성되었다)의 공사가 마무리되었다.

영화계는 사회개혁가들이나 현대주의자들만큼이나 현대 도시의 소란스러운 거리와 건축환경, 여러 민족이 난잡하게 뒤섞인 상태, 만연하는 범죄와 매춘, 비행 청소년 문제와 풍기문란을 모질게 비판했다. 누아르 영화의 침울하고 위협적인 분위기는 기존의 도시에 관한 비관적 태도를 반영하는 것이었다.

뉴욕은 수십 년에 걸쳐 미래상을 그리고 있었다. 대공황 때문에 뉴욕의 환상적인 풍경은 잠시 매력을 잃었다. 주택단지의 현대주의적인 고층건물들은 20세기 도시적 이상향의 상징을 두고 도심의 마천루들과 경쟁했다. 뉴욕 만국박람회가 열린 1939년에 〈나라의 3분의 1〉이 개봉했고, 퀸스브리지 하우스가 개장했다. 뉴욕 만국박람회에서는 영화촬영용 세트 디자이너 겸 산업디자이너인 노먼 벨 게디스Norman Bel Geddes가 〈퓨처라마Futurama〉라는 전시회를 위해 기획한 시연회인 〈1960년의 대도시the Metropolis City of 1960〉에 4,500만 명의 관람객들이 몰려들었다. 뉴욕 만국박람회 기간에 매일 3,000명이 리프트를 타고

부자들의 고층건물과 빈자들의 고층건물. 맨해튼의 마천루들이 1939년 개장 당시 미국 최대의 공영 주택단지로 꼽힌 퀸스브리지 주택단지의 고층건물들을 내려다보고 있다.

퀸스버러 다리 인근의 퀸스브리지 주택단지. 사진, 1939년. (《뉴욕 데일리 뉴스》 아카이브 / 게티 이미지)

50만 개의 건물, 100만 그루의 나무, 14차선의 간선도로, 공항, 그리고 무엇보다, 5만 대의 움직이는 모형 자동차가 있는 도시, 게디스가 진짜처럼 만든 대형 모형 도시를 둘러봤다.

〈퓨처라마〉에 나오는 천연색 영화 〈새 지평선으로To New Horizons〉에서는, 이동을 통해 우리가 누리는 자유가 인류의 문화적 진화를 좌우해왔다는 사실을 알 수 있다. 〈새 지평선으로〉의 화자는 자동차가 발명되고 대중화되면서 문화적 진보가 가속화·민주화되었다고 선언한다. 게디스는 미국의 각 주를 잇는 간선도로를 통해 미국 전역의 도시들이 서로 연결되고 새롭게 변신하는 모습을 상상했다. 아울러 거

1939년 뉴욕 만국박람회의 〈퓨처라마〉 전시회를 찾은 관람객들은 노먼 벨 게디스의 도시 미래상에 감탄하지 않을 수 없었다.

제너럴 모터스 〈퓨처라마〉 전시회를 찾은 관람객들, 사진, 1939년. (게티 이미지 / 베트만Bettmann)

대한 간선도로가 주거 구역과 업무지구, 공업용지도를 연결하며 도시를 가로지르는 모습도 떠올렸다. 〈새 지평선으로〉의 화자는 다음과 같이 호들갑을 떤다. "편리한 휴식 및 오락 시설을 완비한 400미터 높이의 마천루와 여러 건물 위에는 헬리콥터와 자이로콥터의 착륙장이 있다. 1960년의 도시에는 햇빛이 가득하다. 신선한 공기, 공원 도로, 휴양시설, 시민회관, 현대적이고 효율적인 도시계획, 가슴 벅찬 건축술, 도시의 각 구획이 그 자체로 하나의 단위를 이룬다." 행인들은 자동차가 쌩쌩 달리는 도로 위의 고가 통로로 다닌다. 카메라는 푸른 녹지에 자리 잡은 고층건물과 쇼핑몰 그리고 분주한 도로 위의 모습을 보여준다.

그것은 자동차의 시대에 어울리는 도시적 이상향이자 르 코르뷔지에가 예견하고 권장한 도시다. 그는 "속도를 위해 만들어진 도시는 성공을 위해 만들어진 도시다"라고 썼다. 그가 볼 때, 전통적인 도시의 거리는 '비기능적이고, 진부하고, 역겨운 유물'이었다. 현대적 생활은 속도에 그리고 질서와 일관성을 갖춘 도시의 기하학적 요소에 좌우되었다. 르 코르뷔지에는 마천루를 사랑했다. 하지만 그는 업무와 거주가 모두 가능하며, 일정한 형태를 갖고 있고, 고가 간선도로로 이어지는, 공원 같은 환경 속에 띄엄띄엄 서 있는 거대한 고층건물을 원했다.

1930년대에 개장한 할렘 리버, 윌리엄스버그, 레드 훅, 퀸스브리지 같은 주택단지의 건물들은 거리에서 멀리 떨어진 공원에 조성된 소형 고층건물들이었다. 그 주택단지 조성사업에 참여한 여러 건축가들은 유럽 현대주의의 신봉자들이거나 유럽 현대주의에 크게 영향을 받은 사람들이었다. 뉴욕의 '종합계획 입안자'이자 르 코르뷔지에를 숭배한 비선출직 공무원인 로버트 모시스Robert Moses는 "도시는 교통에 의해, 교통을 위해 만들어진다"라고 확언했다. 그의 관점에서 교통은 도시를 우회하는 것이 아니라 관통하는 것이어야 했다. 〈뉴욕 타임스〉의 기사에 따르면 간선도로와 고층건물을 중시하는 그의 도시관은 전국의 여러 도시계획에 영향을 미쳤고, 그의 도시관에 힘입어 뉴욕은 자동차 시대의 첫 번째 도시가 되었다.[26]

미래에는 미국인 대다수가 자동차를 갖게 될 것으로 전망되었다. 기존의 도시와 거리와 동네는 자동자 소유주들에게 어울리지 않는다고 여겨졌다. 모시스는 총연장 670킬로미터의 공원 도로와 13개의 도시 고속도로, 13개의 교량을 건설하는 공사를 감독했다. 수천 명의 주민들이 강제퇴거를 당했고, 그들이 살던 동네가 대규모 신설 도로에 의해 여러 부분으로 분할되어 고립되었다. 그는 빈민가를 철거하고, 2만 명의 뉴욕 사람들을 고층 공영주택으로 이주시켰다. 그들 중 대다수는 태어나 살던 동네에서 멀리 떨어진 공영주택으로 이사해야 했다. 그는 도시를 현대에 걸맞게 재설계하려면 "고기 자르는 식칼로 난도질해야 한다"라고 말했다.

붉은 벽돌로 만든 110개의 고층건물과 1만 1,250채의 아파트로 이뤄진 스타이브센트 타운피터 쿠퍼 빌리지Stuyvesant Town-Peter Cooper Village 덕분에 뉴욕 사람들은 뉴욕의 심장부에 자리한 시골풍의 주택단지인 공원에서 살게 되었다. 그 주택단지는 미래의 도시 생활을 보여주는 곳이었다. 노동계급에 속한 1만 1,000명의 주민들이 짐을 꾸려 다른 곳으로 떠나야 했다. 〈뉴욕 타임스〉의 표현을 빌리자면 그것은 '뉴욕 역사상 가장 규모가 크고 의미심장한 가족 집단 이동'이었다. 도심에 자리한 그 고층 전원주택단지는 일정 수준의 재산이 있는 가정이 공원 같은 공동체에서 건강하고 편안하고 품격 있게 살 수 있도록 조성한 곳이었다. 그리고 '일정 수준의 재산이 있는 가정'이란 백인 중산층 가정을 의미했다.[27] 노동계급에 속한 사람들은 공원 속의 고층건물에 입주할 날을 좀 더 기다려야 할 것으로 보였다. 그들이 바라던 공원 속의 고층건물은 변두리에 들어섰고, 공사비도 스타이브센트 타운피터 쿠퍼 빌리지를 짓는 데 들어간 5,000만 달러에 훨씬 못 미쳤다. 퀸스브리지 하우스 같은 콘크리트 주택단지들은 고층 콘크리트 공영주택이 펼치는 드라마의 시작에 불과했다.

자동차 기반의 수직 도시는 각양각색의 방식으로 그 형태를 갖추고 있었다. 전 세계의 도시계획가들은 자동차와 고층건물을 결합한다는 발상에 매력을 느꼈다. 특히 그들은 자동차와 고층건물이 결합된 형태의 도시가 영화라는 매체에 등장할 때 큰 관심을 쏟았다. 뉴욕은 대도시의 진보를 알리는 등불이었다.

도시 거주자들을 짓누르는 힘과 맞서는 영웅

대형 건물, 교통체증, 범죄, 사회적 붕괴, 경제적 동요 같은 그늘에 가려 소외와 고독, 아노미 상태에 시달리는 상황에서도, 인간적 척도를 넘어선 20세기 중반의 대도시를 압도할 수 있는 영웅들이 있다는 것은 다행스러운 일이었다. 그런 영웅들은 마천루를 불길한 기념물이 아니라 단순한 장난감으로 여겼다. 그들은 대도시의 주민들이 지닌 이중적 정체성 뒤에 숨어 있었지만, 콘크리트 숲과 엄청난 인파에 위축되지 않았다.

1939년 3월과 4월에 각각 첫선을 보인 브루스 웨인Bruce Wayne과 클라크 켄트Clark Kent는 가상의 고향 도시인 고담 시와 메트로폴리스에서 악당을 물리치는 데 열중한, 고독한 남자들이다. 그들의 분신인 배트맨과 슈퍼맨은 현실 도피와 소망 실현의 상징이다. 두 영웅은 도시 생활의 악귀들인 대기업, 조직범죄, 부정직한 정치인, 부패한 경찰, 강도와 맞서 싸웠다.

슈퍼맨이 단번에 뛰어오르고 배트맨이 손쉽게 기어오르는 장면에서 마천루는 일상적 크기로 줄어든다. 슈퍼맨과 배트맨은 둘 다 군중 속에 녹아들어 익명성을 유지한다. 슈퍼맨은 겸손하고 온순한 성격을 가진, 안경을 낀 전문직 종사자 클라크 켄트가 되어 도시를 몰래 돌아다닌다. 클라크 켄트라는 등장인물이 마천루에서 위험천만한 연기를 펼친, 평범해 보이는 외모의 무성영화 배우인 해럴드 로이드Harold Lloyd(19~20세기 미국의 배우이자 영화감독 겸 스턴트맨_옮긴이)를 모티브로 삼은 것은 우연이 아니다. 슈퍼맨은 유력한 용의자들을 상대하는 영웅일 뿐 아니라 도시의 전사이기도 하다. 사물을 꿰뚫어 보는 그의 투시안은 도시의 비밀을 밝혀낸다. 초창기의 어느 연재만화에서 슈퍼맨은 저임금 노동자들에게 더 좋은 주택을 공급하도록 정부에 촉구하려고 빈민가를 모조리 부숴버리는 만능 도시계획가처럼 묘사된다.

배트맨과 슈퍼맨은 적절한 시점에 나타났다. 뉴욕은 물리적 규모와 인구 면에서 개인들을 압도하고 있었다. 두 영웅은 20세기의 도시 거주자들을 짓누르는 힘과 맞서 싸운다. 앞으로 고층건물은 일터이자 가정의 보금자리가 될 것으로 전망되었다. 배트맨과 슈퍼맨이 그토록 빨리 선풍적인 인기를 누린 것은 우연이 아니다. 배트맨과 슈퍼맨은 대공황과 조직범죄, 미래의 고층건물 때문에 생겨난 우려의 산물이었다. 아울러 그들은 1939년에 뉴욕을 엄습한 더 큰 위협으로부터의 도피를 상징하기도 했다.

12장

섬멸

바르샤바

1939~1945년

상하이, 그곳은 제2차 세계대전이 시작된 도시였다. 1938년 5월, 상하이를 방문한 W. H. 오든W. H. Auden(20세기 영국의 시인_옮긴이)과 크리스토퍼 이셔우드Christopher Isherwood(20세기 영국의 소설가_옮긴이)는 네온등이 빛나고, 외설스럽고, 요란하고, 유명한 국제조계를 찾아갔다. 얼마 전까지 중국 최대의 도시였던 상하이는 "척박하고 군데군데 구멍이 난 달의 표면"으로 전락했고, 국제조계는 그 한가운데에 고립되어 있었다. 전격전, 공중폭격, 장기간의 포위전, 저격수, 호별戶別 전투 등을 둘러싼 심각한 공포가 중국의 거대도시를 뒤덮었고, 그로부터 한참 뒤에 유럽의 도시들도 똑같은 악몽을 겪었다. 상하이 전투가 벌어지기 몇 달 전에, 독일의 폭격기들은 스페인의 프랑코 장군을 지원하기 위해 바스크 지방의 소도시인 게르니카Guernica를 완전히 파괴해버렸다. 게르니카와 상하이에서 참사가 벌어진 뒤, 세계인들은 현대식 공중전이 도시 전체를 없애버릴 수 있다는 사실을 깨달았다.[1]

피비린내 나는 상하이 전투는 몇 년 전부터 무르익고 있던 중일전

H. S. 웡이 촬영한 사진, 〈피의 토요일〉. 1937년 8월 28일에 일본군 비행기들의 폭격으로 파괴된 상하이 남 역Shanghai South Railway Station의 폐허에서 울부짖는 중국인 아기의 모습이 담겨 있다. 세계적으로 널리 알려진 이 사진은 향후 세계 각국의 도시들이 맛보게 될 폭력에 대한 섬뜩한 전조였다.

사진, 1937년. (미국 국립문서기록관리청)

쟁의 서막이었다. 3개월 동안의 폭격과 치열한 시가전 끝에 중국군이 패배했다. 파테Pathé(프랑스의 영화제작사_옮긴이)가 만든 뉴스 영화에는, 일본군 병력이 적들의 기관총 공격을 무릅쓰고 처참하게 훼손된 상하이 거리의 모든 집을 일일이 수색하며 진격하는 모습이 보인다. 기와지붕 위로 연기가 피어오르고, 전차들이 뒤틀린 철근과 벽돌을 뚫고 지나간다. 그 뉴스 영화에 나오는 화자의 섬뜩한 목소리에 따르면 "폭탄이 4월의 소나기 빗방울처럼 하늘에서 떨어졌다." 1930년대의 가장 충격적인 사진인 〈피의 토요일Bloody Saturday〉에는, 16대의 일본군 비행기들이 도시를 탈출하려는 피난민들에게 폭격을 가한 뒤 폐허로 변한 상하이 남역上海南站에서 울고 있는 아기의 모습이 보인다. 〈피의 토요일〉을 찍은 사진작가 H. S. 웡H. S. Wong은 그 무자비한 학살 장면을 사진으로 남기는 동안 신발이 피로 물들었고, 승강장과 선로에는 잘려 나간 팔다리가 흩어져 있었다고 썼다. 그것은 당시 세계에서 다섯 번째로 큰 대도시와 거기 살고 있던 350만 명의 사람들에게 가한 고문이었다.[2]

오든과 이셔우드는 1938년 5월에 이렇게 적었다. "국제조계와 프랑스 조계는 섬을 이루고 있다. 한때 중국의 도시였던, 을씨년스럽고 소름끼치는 황야 한가운데에 있는 오아시스처럼 말이다. 정복되었지만 아직 점령되지는 않은 이 도시에서 원래의 삶의 기제가 여전히 작동하고 있지만, 사막에 떨어트린 시계처럼 곧 멈출 운명인 듯싶다."[3]

1937년에 상하이에서 벌어진 일은 제1차 세계대전이 끝난 뒤부터 쌓이고 있던 공포가 실현된 것이었다. 소설과 영화와 국방 보고서, 군사 전략과 학술 논문과 도시계획은, 임박한 전쟁을 통해 도시들이 맞이할 운명을 둘러싼 집착으로 가득했다. 그런 사고방식의 핵심에는 현대적이고 기술적인 대도시들이 본질적으로는 취약하다는 관념이 자리 잡고 있었다. 도시의 소중하고 복잡미묘한 생명유지장치인 동력, 식량, 용수, 교통, 행정을 훼손하면 도시는 금세 원시적 혼돈 상태에 빠질 것으로 보였기 때문이다. 수백만 명이 물과 식량, 의료 혜택과 거처 없이 살아야 하는 생지옥을 떠올리는 데는 특별히 많은 상상력이 필요하지 않았다. 정치가들은 무슨 수를 써서라도 전쟁을 피하려고 했다.[4]

인간이 시도한 도시 말살 계획의 역사만큼 도시의 작동 방식에 대해 많은 사실을 알려주는 것도 드물다. 한계에 이르기까지 검증을 받으면서 도시는 그 정체를 드러낸다. 인류 최후의 전쟁이 벌어져도, 어쨌든 시계는 도시의 황무지에서 째깍째깍 돌아간다.

도시를 말살하는 방법 1: 점령

폴란드 침공에 나서기 훨씬 전부터 독일은 바르샤바를 13만 명의 아리안계 독일인들이 거주하는, 나치 식의 시범 도시로 만들려는 계획을 세워두고 있었다. 그 시범 도시에는 넓은 녹지와 중세풍의 목조주택, 좁은 거리가 들어설 예정이었다. 비스와 강Vistula 동쪽 기슭의 교외에는 주인인 독일인들을 섬겨야 하는 8만 명의 폴란드인 노예들이 살 곳이었다.[5]

전쟁 전에 독일의 장군들은 그냥 폴란드군을 무찌르고 들어가면 되므로 굳이 바르샤바를 공격할 필요가 없다고 말했다. 그러자 히틀러가 "안 돼!"라고 외쳤다. "반드시 바르샤바를 공격해야 해." 그는 폴란드의 수도에 대해 특별한 혐오감을 품고 있었다. 어느 목격자에 의하면 히틀러는 "어떻게 하늘이 어둠에 잠길지, 어떻게 수백만 톤의 폭탄이 바르샤바에 떨어질지, 어떻게 사람들이 피바다에 빠져 죽을지" 상세히 말했다. 그러고 나서 그는 "하마터면 눈알이 튀어나올 뻔하더니 다른 사람으로 바뀌었다. 갑자기 피에 대한 갈망에 사로잡혔다."[6]

도시 하나를 깡그리 부숴버리는 데는 무엇이 필요할까? 지금까지 인간은 수많은 수단을 고안해왔다. 1939년부터 1945년까지, 폴란드의 수도를 파괴하기 위한 온갖 전술이 쓰였다.

바르샤바는 제2차 세계대전이 발발한 날인 1939년 9월 1일에 공습의 공포를 겪었다. 이후 몇 주에 걸쳐, 폴란드군이 독일군에게 밀려나고 피난민들이 몰려드는 동안 바르샤바는 지속적인 공습에 시달렸다. 독일군이 바르샤바에 점점 다가오면서 공습은 더 맹렬해졌다. 무제한적인 공중폭격과 더불어 지상 포격도 시작되었다. 그해 9월 28일자 〈바르샤바 신문Warsaw Courier〉에는 다음과 같은 기사가 실렸다. "바르샤바의 피해가 막대하다. 전기와 전화가 끊겼고, 배관설비와 여과장치가 고장이 났다. 모든 병원이 폭격을 당했다. 거의 모든 역사적인 건물과 기념물이 완파되거나 심각한 손상을 입었다. 거리 전체가 사라지고 없다." 9월 28일은 폴란드군이 나치에게 항복한 날이었다. 지하실에서 밖으로 나와 연기가 자욱한 폐허를 바라보던 사람들은 폴란드군이 항복했다는 사실에 당황했다. 폴란드군이 항복하지 않았다면 아마 바르샤바 주민들은 계속 싸웠을 것이다. 10월 1일, 독일군이 바르샤바를 점령했다. 10월 15일, 바르샤바는 하인리히 힘러Heinrich Himmler를 수반으로 하는 나치 행정부의 통치를 받게 되었다.[7]

나치는 바르샤바의 문화적·정치적·경제적 의미를 박탈하고, 공포통치를 무기로 일반 시민들을 억압하면서 바르샤바의 심장을 도려냈다. 대학교와 초·중·고등학교는 폐쇄되었다. 교과서, 역사책, 외국어 문헌이 압수되었다. 오페라와 연극이 금지되었다. 서점이 문을 닫았다. 인쇄기가 멈췄다. 폴란드인들이 가장 좋아하는 작곡가인 쇼팽Chopin이 만든 음악을 연주하는 행위가 금지되었다. 와지엔키 공원Lazienki Park에 있던 그의 동상은 폭파되어 대좌臺座에서 떨어져 나갔고, 흩어진 청동 조각들은 히틀러에게 선물로 바쳐졌다. 코페르니쿠스의 동상도 제거되었는데, 사실 그는 나치가 독일인이라고 선전한 인물이

었다.[8]

그렇게 바르샤바의 문화와 역사는 조금씩 지워졌다. 독일인들은 폴란드 국립박물관과 국립미술관Zacheta Fine Arts Gallery도 파괴했고, 남은 시설물과 소장품을 압수했다. 요리, 식품 보존, 채소 재배, 가축 사육 등에 관한 책들만 출판이 허용되었다. 노예는 주인의 언어를 이해하지 못해야 한다는 이유로, 폴란드인들의 독일어 학습이 금지되었다.[9]

독일은 폴란드를 차지하자마자 바르샤바의 지식인들을 대상으로 숙청 작전을 개시했다. 히틀러는 폴란드 총독부의 수장인 한스 프랑크Hans Frank에게 점령지를 "폴란드인의 지정 거류지, 폴란드인의 대규모 강제노동 수용소"로 삼으라고 말했다. 강제노동 수용소에는 지식인이나 예술가가 필요 없었다. 바르샤바 주재 미국 부영사인 타데우스 차일린스키Thaddeus Chylinski는 다음과 같은 글을 남겼다. "덮개가 달린 게슈타포 트럭은 바르샤바를 고통으로 몰아넣었다. 게슈타포 트럭이 거리에 나타나면 사람들은 벌벌 떤다. 밤이 되면 상황이 더 나빠진다. 모두가 트럭이 자기 집 앞에 서지 않게 해달라고 기도한다. 트럭의 브레이크 소음은 그 소리가 들리는 범위 안에 있는 사람들에게 비극의 전주곡인 셈이다." 1944년까지 바르샤바의 지식인 1만 명이 살해되었다.[10]

집단 검거와 대학살을 모면한 중산층 전문직업인들은 막일꾼이나 거지 신세로 전락했다. 그들의 일자리는 독일인 이주자들이 빼앗아버렸다. 바르샤바 최고의 알짜배기 구역은 독일인 이주자들과 관료들과 군인들이 차지했다. 전쟁 전에는 대부분 미천한 신분이었던 바르샤바의 새로운 주인들은 고급 아파트와 예술품과 보석과 양탄자와 가구를 차지하는 행운을 누렸다. 노면 전차, 공원, 운동장, 식당 등에 독일인 전용Nur für Deutsche과 폴란드인 출입 금지Kein Zutritt für Polen 같은 표지 판이 붙었다.[11]

전쟁 초기 몇 주 동안 대부분의 유리창이 깨졌기 때문에 마분지로 창문을 막아야 했다. 바르샤바 사람들과 피난민들은 교외로 추방되어 하나의 집에 여러 가정이 함께 살아야 했다. 1941년, 바르샤바 전체 인구 중에 방 3개 이상이 딸린 거처에서 생활하는 사람들의 비율은 15퍼센트에 불과했다. 독일군에 점령된 첫해의 겨울은 최저 기온이 영하 20도 밑으로 곤두박질칠 때도 있을 정도로 유독 추웠지만, 난방에 필요한 석탄이 거의 없었다.[12]

바르샤바 사람들은 극소량의 배급 음식으로 허기를 채웠다. 한 달에 한 사람에게 배급되는 식량은 빵 4.3킬로그램, 밀가루 400그램, 고기 400그램, 커피 75그램, 달걀 1개였다. 맥주, 포도주, 버터, 치즈, 담배 등은 아예 배급 목록에 없었고, 설탕은 공급이 부족했다. 굶어 죽기 일보 직전의 바르샤바 사람들은 암시장과 식량 밀수업자, 보드카 판매상에게 의지했지만, 게슈타포의 삼엄한 감시망을 피하기 어려웠다. 그들은 "20년 동안 배불리 먹다가 이제 빵과 물만 먹고 살아야 하네."라며 한탄하곤 했다. 독일군에 점령된 바르샤바에서 유년기를 보낸 어느 폴란드인은 인근 병원의 주방에서 버린 감자 껍질을 구해 먹었다고 회고했다. "한번은. 곰팡이가 핀 빵을 구한 적 있었다. 이미 쥐가 파먹은 빵이었지만 무척 맛있었다."[13]

바르샤바 사람들은 도시 자체를 파괴해버리는 작업의 준비과정에서 의도적으로 노예화되었다. 그들은 독일군을 위한 군수품을 제조하는 공장이나 비행장, 요새, 철도 따위를 만드는 공사장에서 일했다. 거리 생활은 점점 섬뜩한 기운에 휩싸이게 되었다. 거리에는 행인들의 나막신 소리가 울려 퍼졌다. 더는 가죽신을 신을 수 없었기 때문이다. 바르샤바 사람들은 초라한 옷차림으로 다녔다. 아무도 남들의 시선을 끌고 싶은 마음이 없었다. 그들은 도로변에서 가재도구를 팔았다. 자동차나 택시, 마차도 없었기 때문에 직장을 잃은 사무직 노동자들이 인력거꾼으로 일하는 경우가 많았다.

밤에는 통행금지로 거리가 텅 비었다. 낮에는 확성기에서 독일 군악이 울려 퍼지고 폴란드어로 작성된 선전문이 낭독되었다. 게슈타포는 거리를 순찰했고, 이따금 성인 남자들과 소년들을 무작위로 검거해 강제노동 수용소로 데려가는 방식으로 공포를 조장했다. 성인 여자와 소녀 들은 납치되어 강간을 당했다. 게슈타포는 새벽에 아파트를 급습해 저항 용의자들을 체포했다.[14]

16세의 어느 여학생은 독일군 포스터를 찢었다는 혐의로 고발되어 이튿날에 처형되었고, 그녀의 학교 친구들도 체포된 뒤 끝내 돌아오지 못했다. 15세의 어느 보이 스카우트 단원은 게슈타포를 비난했다는 이유로 현장에서 사살되었다. 어느 노파는 한 청년이 도망갈 수 있도록 신호를 해줬다는 이유로 게슈타포 장교가 발사한 직격탄을 맞고 사망했다. 이 3가지 사건은 일상적 공포의 3가지 사례일 뿐이다. 바르샤바 사람들은 굴종과 무관심의 가면을 썼다. 그렇게 해야 했다.[15]

조피아 나우코프스카 Zofia Nałkowska (19~20세기 폴란드의 문인_옮긴이)는 "침묵 속에서 삶이 펼쳐진다"라고 썼다. 신문, 클럽, 노동조합, 대학교, 책 같은 도시 사회의 접착제가 대부분 녹아버린 상태에서 바르샤바 사람들은 침묵 속으로 빠져들었다. 많은 사람들이 술에 기댔다. 사람들은 그저 살아남고, 따뜻한 곳을 찾아내고, 충분한 음식을 구하고 싶은 욕구에 사로잡혔다. 작가인 안제이 트셰빈스키 Andrzej Trzebiński

는 "개떡 같은 삶에 잡아먹히고 있는 내 신세"라며 분통을 터트렸다.[16]

1943년 9월부터 프랑크 총독은 매일 바르샤바 거리에서 한꺼번에 30~40명씩 처형하도록 명령했다. 1941년부터 1944년 8월까지 폴란드인 혈통의 바르샤바 사람 4만 명이 사살되었고, 16만 명이 강제노동 수용소로 추방되었다. 바르샤바는 아사 직전의 노예들이 두려움에 떨며 갇혀 있는 감옥 도시가 되었다. 그러나 그 도시 감옥 안에는 훨씬 더 열악한 감옥이 하나 더 있었다. 바르샤바를 점령한 뒤 몇 달 동안, 독일 당국은 폭격 피해를 입은 시설을 복구하기 위해 40만 명의 유대인들에게 강제노동을 시켰다. 유대인들의 예금은 몰수되었고, 유대교 공동예배는 금지되었다. 1940년 4월 1일에 3.4제곱킬로미터 넓이의 도심 북쪽 구역 주변에 장벽을 쌓는 공사가 시작되었다. 그것은 외부와 단절된 유대인 거주 구역을 만들기 위한 준비 작업이었다. 1940년 8월, 유대교를 믿지 않는 폴란드인들을 제외한 유대교도 폴란드인들에게 그곳으로 들어가라는 명령이 떨어졌다. 두 집단은 명령에 따라 움직이기 시작했고, 바르샤바는 혼돈에 휩싸였다. 버나드 골드스타인Bernard Goldstein(19~20세기 폴란드의 사회주의자_옮긴이)은 "곳곳에서 광란의 공황 상태가, 염치없는 발작적 공포 분위기가 팽배했다. 수많은 사람들이 거리를 메웠고, 국민 전체가 행진에 나선 것 같았다."[17]

11월 15일, 유대인 거주 구역인 게토의 문이 닫혔다. 바르샤바 인구의 30퍼센트가 바르샤바 면적의 2.4퍼센트에 해당하는 구역 안에 갇히고 말았다. 그들은 3미터 높이의 벽돌담과 철조망으로 둘러싸인 채 외부 세계와 완전히 단절되었다. 거기 갇힌 유대인들은 독일 사업가들에게 노다지 같은 존재였다. 1941년 5월부터 그 도시 안의 도시에는 독일군을 위해 매트리스와 옷을 만들고 장비를 수리하는 소규모 공장과 작업장, 창고가 잔뜩 생기기 시작했다.

유대인들에게 공급된 식량의 양은 기아에 허덕일 수준이었다. 유대인들에게는 하루에 1인당 184칼로리의 식량이 공급된 반면, 유대교를 믿지 않는 폴란드인들에게는 매일 699칼로리의 식량이 제공되었다(일반적으로 육체노동을 열심히 하는 사람은 하루에 약 3,000칼로리를 소비한다). 유대인 아이들은 식량을 구하려고 게토를 능숙하게 빠져나갔다. 유대인 사업가들과 유대교를 믿지 않는 폴란드인 사업가들은 식량을 몰래 거래하며 이익을 챙겼다. 1941년, 게토는 180만 즐로티zloty(폴란드의 화폐 단위_옮긴이) 분량의 식량을 합법적으로 수입했지만, 밀수를 통해서는 무려 8,000만 달러 분량의 식량을 외부에서 들여왔다. 가게나 직업이 있거나 저축한 돈 혹은, 내다 팔 물건이 있는 사람들은 영양가가 더 높은 음식을 구할 수 있었다. 빈민과 실업자 들, 고아와 난민과 노인 들은 묽은 수프로 만족해야 했다.[18]

1940년부터 1942년까지, 어린이 1만 명을 포함한 8만 명 이상이 질병과 학대로 사망했다. 버나드 골드스타인은 다음과 같이 썼다. "상처에는 고름이 흐르고, 피부는 양피지 같고, 눈은 자꾸 감기고, 숨을 헐떡거리는, 병든 아이들이 거의 발가벗은 채 사경을 헤매며 누워 있었다. 안색이 누렇고 살이 빠져 수척해진 아이들은 흐느껴 울며 '빵 한 조각… 빵 한 조각…'이라고 말했다."[19]

도시를 말살하는 방법 2: 폭격

함락 직후, 히틀러는 바르샤바를 방문했다. 그는 외국 특파원들과 함께 폭격으로 파괴된 폐허를 둘러봤다. 그는 이렇게 말했다. "여러분은 이 도시를 지키려고 애쓴 것이 얼마나 터무니없는 짓이었는지 직접 목격했습니다. 유럽 전체를 제2의 바르샤바로 만들고 싶어 하는 것처럼 보이는 몇몇 다른 나라 정치가들에게도 여러분처럼 전쟁의 진정한 의미를 확인할 기회가 있으면 좋겠습니다."[20]

서유럽은 1940년부터 지옥 같은 도시를 경험하기 시작했다. 그해 5월 14일, 로테르담의 중심부가 초토화되었다. 독일이 위트레흐트도 폭격하겠다고 위협하자 네덜란드는 항복했다. 이튿날, 영국 폭격기들이 라인란트 지방의 군사적 목표물을 공격했고, 이어서 함부르크와 브레멘, 에센을 포함한 독일 북부 도시들도 폭격했다.

사실 바르샤바가 지상 포격 때문에 입은 피해는 공중폭격으로 인한 피해에 못지않았다. 독일의 산업시설과 군사시설에 대한 영국의 폭격 작전은 한심할 정도로 부적절한 것이었다. 독일 공군의 임무는 도시 파괴가 아니라 지상 작전 지원이었다. 영국 공군은 방어에 주안점을 두고 있었다. 비록 계획성이 부족한 조치였지만, 1940년에 영국 공군이 독일의 도시들에 공습을 가하자 수백만 명이 혼비백산하며 지하로 숨어들었다. 8월 25일 밤, 95대의 영국 항공기들이 베를린을 폭격했다. 히틀러는 격분했다. "저들이 우리 도시를 대대적으로 공격할 것이라고 선언하면 우리는 저들의 도시를 박멸할 것이다. 둘 중 하나가 파멸을 맞을 시간이 다가올 것이고, 나치 독일은 그 하나가 아닐 것이다."[21]

영국 본토에 대한 독일 공군의 공격은 상륙 작전의 예비 단계 차원에서 시작되었다. 이후 지상 작전의 가능성이 희박해지자 영국 도시들에 대한 공중폭격은, 산업시설을 파괴하고 영국인들의 사기를 꺾고 영국이 협상에 나서도록 유도하기 위한 전략적인 군사행동으로 변모했다. 런던이 첫 번째 제물이었다. 1940년 9월과 10월에 1만 3,685톤의 고폭탄과 1만 3,000개의 소이탄이 영국의 수도에 비처럼 쏟아졌다. 그 뒤 미들랜즈와 머지사이드Merseyside 지방의 도시들이 폭격을 당했다. 코번트리 공습 작전·월광 소나타 작전Operation Moonlight Sonata에서는 1톤짜리 공중어뢰 139개와 503톤의 폭탄이 투하되었다. 표적은 항공기 엔진과 부품을 제작하는 산업용지였다. 구름과 연기가 자욱해 표적 구역이 잘 보이지 않았기 때문에 폭탄과 소이탄이 주거 구역과 도심, 대성당에 떨어졌다. 그 공습으로 코번트리의 전체 건물 가운데 3분의 2와 주택 4,300채가 파괴되었고, 568명이 사망했다.

영국의 반격은 훨씬 더 잔인했다. 영국 공군 중장 아서 해리스 경Sir Arthur Harris은 폭격의 목적을 솔직하게 밝혔다. "독일 도시들을 파괴하고, 독일 노동자들을 죽이고, 독일에서 문명 생활을 완전히 붕괴시키는 것(으로) […] 분명하게 표현해야 한다." 폭격은 도시의 생명유지장치인 공공시설과 주택에 집중되어야 했다. 수백만 명을 집 잃은 난민으로 전락시키고, 독일 국민들의 사기를 확실히 꺾어놓아야 했다. 독일의 도시들은 완전히 초토화될 것 같았고, 따라서 해리스를 비롯한 전략가들은 독일이 몇 달 안에 백기를 들 것이라고 확신했다.[22]

하지만 그들의 예상과 달리 1942년에 접어들어서도 독일 도시들에 대한 폭격 작전은 아직 결정타를 날리지 못한 상태였다. 그래도 많은 사람들은 여전히 문제의 원인이 폭격 작전 자체가 아니라 폭격 작전의 효과에 있다고 생각했다. 공습이 기대한 성과를 내지 못하는 상황에서도 도시를 둘러싼 전쟁의 강도는 점점 고조되었다. 공장을 폭격하는 것만으로는 부족했다. 영국은 인적 자원을 감소시키고 독일 국민의 사기를 저하시키기 위해 독일 도시들을 평평하게 밀어버리는 쪽으로 방향을 바꿨다. 전시의 전형적인 완곡어법으로 표현된 그 새로운 방침은 '탈脫주택 작전'으로 불렸다.[23]

한자동맹의 중심지인 뤼벡을 제물 삼아 시험용 융단폭격이 이뤄졌다. 그러나 뤼벡보다 큰 대도시에 대해서도 동일한 성과를 올리기는 힘들었다. 1942년 5월에 영국 폭격기 1,000대가 쾰른을 공습했지만, 쾰른의 모든 건물 중에서 5.2퍼센트만 파괴되었다. 이후 동일한 규모로 에센과 브레멘을 폭격했지만, 에센에서는 건물 11개만, 브레멘에서는 572개만 파괴되었다. 그러나 1943년 3월부터 영국은 중폭격기와 더 큰 폭탄을 충분히 보유하게 되었고, 독일 도시들에 대한 융단폭격과 고강도의 공습을 개시하기 위해 적군의 레이더 조작자들을 교란하는 방법과 항법 기술을 개선했다.

영국은 미국 육군 항공대USAAF의 도움도 받았다. 소이탄 투하 모의실험을 실시하고 화염 폭풍의 최적 조건을 도출할 목적으로 영국 윌트셔 주Wiltshire의 포튼 다운Porton Down과 미국 유타 주의 더그웨이 무기 시험장Dugway Proving Ground에 독일 도시의 거리를 본뜬 구조물이 설치되었다. 치밀한 조사와 기술적 개선과 통계학적 고찰을 통해 도시 말살 기계의 성능을 제고할 수 있는 모든 수단이 검토되었다. 그보다 더 중요한 점은, 민간인들을 무차별적으로 살육하고 그들의 도시를 완전히 파괴해버리는 행위를 둘러싼 도덕적 가책을 찾아볼 수 없게 되었다는 사실이다. 1943년 5월과 6월, 대규모 폭격기 편대들이 바르멘Barmen의 도심 구역 80퍼센트와 부퍼탈Wuppertal의 도심 구역 94 퍼센트를 지도상에서 지워버렸고, 쾰른을 또다시 잿더미로 만들어버렸다.

하지만 폭격의 위력이 최대한으로 드러난 것은 독일 제2의 도시인 함부르크를 겨냥한 1943년 7월의 고모라 작전이었다. 고모라 작전이라는 암호명은 구약성경에서 나온 것이었다. "여호와께서 하늘 곧 여호와께로부터 유황과 불을 소돔과 고모라에 비같이 내리사 그 성들과 온 들과 성에 거주하는 모든 백성과 땅에 난 것을 다 엎어 멸하셨더라."

여름의 높은 기온과 낮은 습도는 폭격기에 이상적인 조건이었다. 소이탄은 엄청난 화염을 만들어냈고, 화염이 서로 뒤엉키며 뜨거운 공기 덩어리가 하늘로 치솟았다. 그렇게 생긴 열기는 태풍급의 속도로 주변 지역의 공기를 빨아들여 기온을 최고 800도까지 끌어올렸다. 그 뜨거운 죽음의 바람은 건물을 무너트리고, 사람들로 가득한 방공호 속의 산소를 빨아들이고, 나무를 쓰러트리고, 사람들을 지옥으로 몰아넣을 정도로 강력했다. 8일 동안의 함부르크 공습으로 3만 7,000명이 사망했고, 90만 명이 피난을 떠났고, 함부르크의 전체 건물 중 61퍼센트가 파괴되었다.

성공적인 공습 작전과 향상된 폭격기술에 고무된 해리스 같은 장교들은 공습의 강도와 빈도를 높이면 독일군이 "반드시" 항복할 것이라고 주장했다. 1945년, 이제 대규모 항공함대들은 도시를 달의 표면처럼 만들어버릴 수 있게 되었다. 1945년 2월 13일 밤과 14일 새벽 사이에 드레스덴에서는 약 2만 5,000명이 불에 타 죽었고, 39제곱킬로미터 넓이의 땅이 불바다로 변했다. 2월 15일에 드레스덴은 또다시 무차별폭격을 당했다. 며칠 뒤, 포르츠하임Pforzheim에서는 전체 면적의 83퍼센트가 불길에 휩싸였고, 1만 7,600명이 숨졌다. 뷔르츠부르크Würzburg는 전체 면적의 89퍼센트가 불탔다. 전쟁이 막바지로 치닫고 있던 그해 4월에는 포츠담이 폭격으로 파괴되었다.

전쟁이 끝날 무렵, 독일 도시 158개가 심각한 폭격 피해를 입었다. 쾰른이나 뮌헨, 베를린 같은 일부 도시들은 여러 차례 폭격을 당했다. 도시들의 중요한 역사적 장소들이 심하게 훼손되었고, 수백만 명이 집을 잃었다. 35만 명의 독일인들이 죽었고, 독일 도시의 50~60퍼센트가 쑥대밭이 되었다.

도시는 살아 있는 유기체와 같다. 파괴의 상처가 아무리 넓고 깊어도 삶의 흔적이 남아 있는 도시는 생존할 수 있다. 도시를 말살하는 모든 방법 중에서 공중폭격은 가장 비효과적인 것이었다. 물론 폭격으로 수많은 건물이 부서진 유럽 도시들의 모습은 끔찍했다. 그러나 도시의 물리적인 부분은 가장 쉽게 복구할 수 있는 부분이다. 유럽의 대도시들은 폭격으로 인한 상처를, 전쟁 전에는 상상할 수 없었던 방식으로 치료하는 능력을 보여줬다. 코번트리가 초토화된 지 2일 뒤, 다시 전기가 들어왔다. 일주일 뒤에는 상수도가 복구되었고, 전화를 쓸 수 있게 되었다. 그리고 6주 만에 2만 2,000채의 주택이 살기에 적합한 수준으로 복구되었다. 1941년 3월, 독일군의 대공습이 계속되는 와중에도 영국에서는 5만 5,990채의 파손 가옥이 수리되고 있었고, 약 100만 채는 이미 거주할 만한 수준으로 수리되었다.

독일의 경우도 마찬가지였다. 독일에서는 32만 4,000채의 주택이 파괴되거나 파손되었지만, 1943년 말까지 320만 명이 다시 보금자리를 마련했다. 폭격으로 전체 면적의 61퍼센트가 불탄 직후 함부르크에서는 유조선을 개조해 용수를 공급했다. 폭격을 당한 날부터 각종 공공 서비스가 복구되었고, 목숨 빼고 모든 것을 잃어버린 30만 가구 중 90퍼센트에게 임시주택이 제공되었다. 5킬로톤의 핵폭탄 1개와 맞먹는 파괴력을 경험한 지 불과 4개월 뒤에 함부르크의 산업시설은 이전의 80퍼센트 수준을 회복했다. 하늘 위의 정찰기에서 내려다보면 함부르크는 마치 종말을 맞은 듯한 모습이었다. 그러나 지상의 함부르크는 생명력으로 충만했다.[24]

괴링은 "파괴된 도시들은 비워버리면 되지만, 파괴된 산업은 대체하기 힘들다"라고 말했다. 융단폭격을 당한 도시들에서 산업생산량이 현저하게 감소했다는 확실한 증거는 없었다. 물론 적군의 폭격 때문에 국외 전선에서 절실히 필요한 방공 자원과 항공기를 독일 국내로 이동시켜야 했다. 그러나 영국의 탈주택 작전은 독일인들의 사기 저하를 유발하지도, 공장에서 일하는 인적 자원을 크게 감소시키지도 못했다.[25]

엄청나게 많은 사망자와 끔찍한 궁핍 상태를 초래할 수는 있었어도, 도시를 말살하는 데는 오랜 시간과 많은 노력이 필요했다. 시 당국이 공공 서비스를 제공하고 식량을 공급하는 한 도시 생활은 계속되었다. 전쟁의 막바지까지 독일은 폭격에 시달렸지만, 수많은 민간인들은 기본적인 생활을 유지했다. 영국과 독일은 방공호를 구축하고 공습 직후와 이후의 일정 기간에 필수적인 공공 서비스를 제공할 수 있는 능력을 키우는 등 융단폭격의 피해를 완화하기 위한 대책을 마련했다. 두 나라 모두에서, 도시의 생활방식을 유지할 목적으로 민간인 방위군이 소집되었다. 자원자들은 공습 감시원, 소방관, 간호사, 구급대원, 전령, 화재 감시원 등으로 일했다. 도시 사람들은 공습 대비, 응급 구조, 폭탄 처리, 소이탄 끄기 같은 훈련을 받았다.

전시에 모두가 힘을 모으고 각자의 역할을 수행한다는 의식은 사기를 높이는 효과가 있었다. 전쟁 초기의 공황 상태는 폭격의 충격이 차츰 잦아들자 일종의 체념 상태로 바뀌었다. 1941년 3월에 실시한 어느 여론조사에 따르면 전체 영국인의 8퍼센트만 공습을 전쟁으로 야기된 여러 문제 중에서 최악의 문제로 여겼다. 그리고 전체 독일인의 15퍼센트만 전쟁에서 패배한 원인으로 적군의 공습을 꼽았다. 손상된 건물들의 처참한 모습이 손상된 사회적 결속력을 의미하지는 않았다. 수많은 도시들은 그곳 주민들에 힘입어 생기를 유지하고 있었다.[26]

사람들은 자기가 사는 도시에 깊은 애착을 느꼈다. 그들에게 도시란 편안하고 친근한 집 같은 곳이었다. 폭격이 끝난 뒤 사람들은 되도록 빨리 원래 살던 동네로 돌아가고 싶어 했다. 1945년, 포로수용소에서 지내던 어느 독일군 장교는 다음과 같이 부하들에게 말했다. "쾰른에는 여러 번 분산명령이 내려졌지만, 여전히 주민들은 한때 '집'이었다는 이유만으로 그 잡석 무더기로 되돌아간다." 위험이 사라지기 훨씬 전부터 피난민들이 고향인 도시로 다시 돌아올 만큼, 과거의 친숙함은 전쟁으로 인한 불가피성보다 월등하게 강력했다.[27]

사람들이 도시를 기억하고 소중히 여기는 한, 도시는 살아남고 다시 성장한다. 이와 관련한 가장 최고의 사례는 일본의 도시들이다. 일본 도시들은 전쟁 중에 가장 광범위한 공습 피해를 입었다. 그 도시들에 떨어진 가장 파괴적인 무기 중 하나는 개당 무게가 2.7킬로그램인 M69 소이탄이었다. B29 슈퍼 포트리스 폭격기에서 다발 형태로 40개씩 투하된 소이탄이 만들어낸 화염은 일본의 목조 주택 지붕을 단번에 집어삼켰다. 미국의 어느 조종사는 1945년 3월 9일 밤에 일어난 일을 이렇게 회상했다. "갑자기 지평선에서 새빨간 불빛이 태양처럼 떠올랐다. 저 밑에 보이는 도쿄 시가지 전체가 하나의 거대한 불길에 휩싸였고, B29 폭격기들에서는 폭탄을 계속 쏟아붓고 있었다. 검은 연기가 몇 킬로미터 높이까지 솟구쳐 뜨거운 기류가 생겼고, 그 강력한 기류 때문에 우리 비행기가 심하게 흔들렸다. 인간의 살점이 타며 풍기는 지독한 악취도 맡을 수 있었다."[28]

1945년 3월 9일 밤의 그 역사상 가장 파괴적인 공습으로 도쿄에서 약 10만 명이 사망했고, 사망자 중 다수가 불에 타죽었다. 26만 7,171채의 건물이 부서졌고, 41.4제곱킬로미터 넓이의 구역이 지도상에서 사라졌고, 100만 명이 집을 잃었다. 그날부터 1945년 6월까지 일본의 거의 모든 도시가 소이탄 공격에 시달렸다.

도쿄는 역사적으로 가장 복원력이 강한 도시 문화 중 하나를 갖고 있었다. 도쿄에서는 재난의 위기와 함께 살아가는 것이 하나의 생활 방식이었다. 1945년 이전에도 도쿄는 화재와 홍수, 태풍과 지진으로 인한 파괴와 복구가 되풀이되는 삶을 경험했고, 복구 대비태세와 복구 능력을 갖추고 있었다. 도쿄는 도시계획의 전통이 강하지 않은 도시이기도 하다. 19세기에 도쿄를 집어삼킨 몇 차례의 화재 이후, 사람들은 원래의 주거 구역을 재건했다. 1923년 9월 1일에 발생해 14만 3,000명의 목숨을 빼앗고 도시 대부분의 지역을 아비규환으로 몰아넣은 규모 7.9의 관동대지진 이후도 마찬가지였다. 관동대지진이 일어났을 때, 도쿄 전체의 절반에 해당하는 지역에는 조나이카이町內会(재난 복구 목적의 주민자치회)가 452개 있었다. 관동대지진 이후, 도쿄의 모든 지역에서 조나이카이가 결성되기에 이르렀다.[29]

재난 이후 전통적인 목조 건축물은 놀라운 속도로 재건되었다. 1945년 3월에 무시무시한 소이탄 공격을 당한 뒤에도 생존자들은 도쿄의 간헐적인 대화재를 겪은 조상들처럼 폐허로 변한 도시에 계속 거주하며 수만 개의 연약한 목조 건축물을 지었다. 1945년 3월의 대공습 직후, 많은 사람들이 지하철이나 터널이나 동굴에서 살았다. 그들은 부서진 노면 전차와 버스를 집으로 개조했다. 그들은 도시를 떠나지 않았다. 잿더미 속에서도 재건에 나섰다.

1945년 8월 6일 오전 8시 15분, 히로시마 상공에서 64킬로그램의 우라늄이 종말을 예고하는 듯한 섬광과 함께 폭발하면서 TNT 16킬로톤에 해당하는 에너지를 뿜어냈다. 폭발로 인한 4,000도의 열기 때문에 폭심지의 건물들은 자연스럽게 연소되었고, 수천 채의 건물이 불에 타버렸다.

초당 3.2킬로미터의 속도로 퍼져나간 충격파 때문에 주변 건물들이 모조리 무너졌다. 감마선과 '검은 비'가 방사능을 더 확산시켰다. 폭발과 충격파로 반경 2킬로미터 내의 모든 것이 사라졌고, 히로시마 인구 42만 중 8만 명이 죽었다. 그리고 1945년 말까지 부상과 방사능 중독으로 6만 명이 추가로 사망했고, 수많은 사람들이 육체적 고통과 심리적 충격에 시달리며 여생을 보내야 했다. 폭심지 주변 지역은 불에 탄 황무지, 즉 '원자 사막'으로 전락했다.

전체 건물의 70퍼센트가 파괴되었지만, 히로시마는 죽지 않았다. 끔찍한 공포가 엄습한 지 불과 몇 시간 만에 학교와 창고에 임시 병원이 설치되었고, 긴급 식량공급 체제가 구축되었다. 불길이 거세게 타오르는 와중에도 어느 여고생들은 건물을 부숴 방화선防火線을 만드는 작업을 도왔다. 원자폭탄이 터진 날, 테츠로 무카이Tetsuro Mukai는 폭심지로부터 700미터 정도 떨어진 전력회사 본사에서 근무를 하고 있었다. 다행히 그는 살아남았고, 온종일 발전소에서 불과 사투를 벌였다. "지금(2005년) 돌이켜보면 모른 척하고 피할 수도 있었다. 그러나 전기를 다시 공급해야 한다는 사명감 때문에 피하지 않았다." 이튿날, 히로시마의 일부 지역에 전기가 다시 들어왔다. 방사능에 피폭되었지만, 무카이는 전신주를 다시 세우는 작업도 도왔다. 1주일 반 만에 히로시마 전체 가구의 30퍼센트가 전기를 다시 쓸 수 있게 되었고, 석 달 뒤인 11월에는 히로시마 전체에 전기가 다시 공급되었다. 히로시마 시 상수도부 소속 기술자로 일했던 당시 나이 41세의 쿠로 호리노 Kuro Horino는 원자폭탄이 터진 당일 오후에 심각한 화상을 입은 상태에서도 상수도 펌프를 수리하는 데 성공했다.[30]

히로시마 시민들의 엄청난 노력에 힘입어, 정상적인 수준에 버금가는 생활상이 기본적인 공공 서비스와 더불어 나타나기 시작했다. 라디오 방송국은 핵폭발이 일어난 다음 날에 방송을 재개했다. 이틀 뒤에는 일본 은행 히로시마 지점이 다시 문을 열었다. 히로시마 역의 남쪽 구역에 임시 시장이 열리기 시작했다. 창고나 거리에서 교사들은 방사능 피폭으로 머리카락이 빠진 아이들을 다시 가르치기 시작했다. 도시 밖의 친척들과 다시 연락이 닿도록 하는 일도 중요했다. 핵폭발이 일어난 지 5일 뒤, 임시 우체국이 설치되었다. 집배원들은 잔해를 헤치고 기억을 되짚으며 부서진 집의 위치를 찾아냈다. 사람들은 폭심지 주변에 서둘러 판잣집을 짓기 시작했다. 집배원들은 서신 왕래의 중요성을 잘 알고 있었기 때문에 주소가 없는 임시주택에도 편지를 전달하려고 애썼다. 우체통이 다시 보이기 시작했다. 몇십 년 뒤, 어느 우체부는 "폐허 속에 서 있는 빨간 우체통은 평화로운 시절의 상징 같았다"라고 회고했다.[31]

셰익스피어의 연극 〈코리올레이너스Coriolanus〉에서 호민관 시키니우스Sicinius가 남긴 말 "사람들이 없는 도시가 무슨 소용인가?"를 인용하는 것은 도시에 관한 상투적 표현이다. 이 말의 진정한 의미는 제2차 세계대전의 역사를 통해서만 분명해진다. 히로시마에서 드러난 도시의 복원력은 대규모의 인간 정착지에 존재하지만 흔히 무시되거나 과소평가되는, 마법과도 같은 힘을 엿볼 수 있는 현상이자 세계적 현상의 일부분이었다.

도시를 말살하는 방법 3: 총력전

히틀러는 공중폭격의 한계를 깨달았다. 그러나 히틀러에게는 더 끔찍한 도시 말살 수단이 있었다. 대도시를 점령하는 것은 흔히 전쟁에서의 승리를 의미한다. 점령 이후에 무엇을 하는가는 또 다른 문제다. 파리나 브뤼셀이나 런던 같은 도시들에 대해 히틀러는 완전한 파괴를 원하지 않았다. "결국 승자든 패자든 간에 우리는 모두 같은 폐허에 묻힐 것이다." 그러나 총력전과 섬멸전은 다르다.[32]

바빌론의 왕 나보폴라사르Nabopolassar는 기원전 612년에 니네베를 완전히 파괴해버리도록 명령하며 다음과 같은 섬뜩한 말을 남겼다. "사르곤의 아들, 노예의 자손, 바빌론을 정복한 자, 바빌론 제국을 약탈한 자인 센나케립Sennacherib의 도시. 그 도시의 뿌리를 뽑아버리고, 그 땅의 토대를 지워버릴 것이다." 델렌다 에스트 카르타고Delenda est Carthago(로마의 정치가인 대大카토가 남긴 말_옮긴이)는 '카르타고는 멸망시켜야 한다'라는 뜻이다. 지중해를 장악하기 위한 정복 전쟁에 나선 로마는 숙적인 카르타고를 완전히 멸망시켜야 한다는 점을 알고 있었다. 3년간의 포위전이 마무리된 기원전 146년, 로마의 장군 스키피오 아프리카누스는 고대 세계의 그 위대한 대도시를 체계적으로 파괴했다. 17일 동안 불길이 타올랐고, 재가 1미터 높이로 쌓였다. 카르타고는 텅 비었다. 14만 명의 여자들과 아이들이 다른 곳으로 떠났다. 포위전이 벌어지는 동안 15만 명이 죽었고, 5만 5,000명의 생존자는 노예로 팔려나갔다. 로마인들은 폐허로 변한 카르타고 곳곳에 소금을 뿌렸고, 상징적 의미로 맨땅에 쟁기질을 했다. 도시적인 요소는 모조리 자취를 감췄다. 카르타고라는 도시의 존재에 관한 기록이 낱낱이 지워졌다.

도시는 복원력이 워낙 뛰어나기 때문에 정복자는 도시를 지탱하는 생명유지장치의 모든 부분을 제거해야 한다. 그 무엇도 남아서는 안 된다. 특히 도시에 대한 기억은 남겨두지 말아야 한다. 당대 세계 제2의 도시였던 인도 남부의 비자야나가라Vijayanagara는 1565년에 적들의 공격으로 잿더미가 되었다. 태국의 대도시 프라 나콘 시 아유타야Phra Nakhon Si Ayutthaya는 17세기에 번창하기 시작해 인구 100만 명을 거느린 세계 최대의 도시 중 하나로 성장했지만, 결국 1767년에 버마인들에게 완전히 파괴되어 역사에서 사라지고 말았다.

1941년 6월, 히틀러는 역사상 최대의 군사작전인 바르바로사 작전Operation Barbarossa을 펼쳤다. 독일은 바르바로사 작전을 통해 소련의 농업자원을 탈취함으로써 자국민에게 식량을 공급할 속셈이었다. 독일은 그 작전으로 식량 공급을 차단하면 소련에서 약 3,000만 명이 사망할 것이라고 추산했다. 제1차 세계대전부터 1939년까지 소련의 도시 인구는 3,000만 명 증가했다. 독일은 땅을 빼앗아 식량과 연료 공급원으로 활용하고 '잉여' 인구를 모조리 없애버리면 소련을 과거로 회귀시킬 수 있을 것이라고 생각했다. 폐허로 전락한 소련의 대도시들이 있었던 자리를 비옥한 농토에 둘러싸인 독일의 식민 도시들, 아리아인들의 '에덴동산'으로 만들 수 있으리라 여겼다.

독일군은 3개의 공격 대상인 레닌그라드, 모스크바, 우크라이나를 염두에 두고 있었다. 1941년 6월, 북부 집단군이 레닌그라드를 포위하고 남부 집단군이 우크라이나를 공격하면서 침공이 시작되었다. 북쪽과 남쪽 전선의 전황이 안정되자 190만 명의 병력과 1,000대의 전차, 1,390대의 항공기로 구성된 중부 집단군은 모스크바에 결정타를 날리기 위해 동쪽으로 진격했다. 약 70~80만 명의 하르키우Kharkov 시민들이 굶어 죽었다. 그것은 훗날 독일이 새로운 제국의 여러 도시들에서 빚어낸 결과의 냉혹한 예고편이었다. 하르키우와 그 밖의 여러 도회지와 도시에서, 유대인들이 대거 검거되어 총살되거나 가스 트럭에 끌려 들어가 죽었다. 소련인들은 가스 트럭을 '영혼의 파괴자'로 불렀다. 민스크가 독일군의 손에 넘어간 뒤, 유대인 2만 명이 살해되었고, 새로 만들어진 게토에 유대인 10만 명이 수용되었다. 히틀러는 벨라루스의 수도인 민스크를 바르샤바처럼 완전히 파괴한 다음에 독일인 최상류층이 거주할 새로운 도시 '아스가르드Asgard'를 건설하려고 했다. 북유럽 신화에서 아스가르드는 신들이 머무는 천상의 도시였다.

독일군의 직접 공격을 예상한 레닌그라드 시민들은 도시 주변에 대규모 방어 진지를 구축했다. 그러나 독일군에게는 다른 계획이 있었다. 독일군은 레닌그라드를 포위하면 굶주림에 지친 적들이 항복할 것이라고 생각했다. 히틀러는 "그 거대한 시가지의 지속적 존속에는 관심이 있을 수 없다"라고 말했다. 한 사람도 살려두지 말고, 항복도

받지 말아야 했다. 나치 독일이 굳이 집 잃은 자들을 이주시키거나 그들에게 음식을 제공하는 일을 처리할 필요가 없기 때문이었다. "이 대규모 도시 인구의 일부분을 남겨두는 것에는 관심이 없다." 히틀러는 그 대도시와 주민들이 "지구상에서 사라져야 한다"라고 말했다. 독일은 신속한 승리를 기대했다. 목표는 "모스크바와 레닌그라드를 완전히 파괴해 사람이 살 수 없는 곳으로 만들어버리는 것"이었다.[33]

히틀러의 명령은 독일군이 무의미한 시가전을 펼치며 레닌그라드를 공격하다가 죽는 일이 없도록 하라는 것이었다. 보아뱀처럼 상대의 숨통을 조이면 승리가 다가올 듯싶었다. 외부에서 레닌그라드로 식량을 조금이라도 공급하려면 낙하산을 이용하거나 라도가 호수Lake Ladoga 건너편에서 배를 띄우는 방법밖에 없었다. 레닌그라드의 식량창고와 발전소, 상수도 시설은 모두 파괴되었다. 겨울이 점점 다가오는 동안 300만 명이 레닌그라드에 갇힌 채 죽음을 기다리고 있었다. 레닌그라드 공방전에서 살아남은 엘레나 스크리아비나Elena Skryabina는 "우리는 선사시대로 돌아갔다. 삶은 하나의 목표, 식량 구하기로 축소되었다"라고 썼다.[34]

레닌그라드 사람들은 끊임없는 포격과 폭격으로 신경쇠약에 걸릴 지경이었다. 그들은 고양이와 비둘기와 까마귀와 갈매기를, 급기야 애완동물과 동물원의 동물도 잡아먹었다. 밀가루 반죽을 뽑아내려고 벽지를 물에 삶았고, 신발 가죽과 바셀린도 먹었다. 풀로 만든 수프와 빵이 팔렸다. 스크리아비나는 일기장에 다음과 같이 썼다. "아침에 집에서 걸어 나오면 시체들과 마주친다. 여기저기 시체가 널려 있다. 거리에도, 마당에도 시체가 있다. 시체들은 오랫동안 그대로 있다. 치울 사람이 없다." 괴혈병이 돌았다. 사람들은 식량을 구하는 데 혈안

이 되었다. 방앗간의 마룻바닥과 벽을 긁어 밀가루를 모았다. 평소에는 선박의 보일러 화로용 땔감으로 쓰인 면실 깻묵이 빵의 재료가 되었다. 양의 내장과 송아지 가죽은 끓여서 '고기 젤리'를 만드는 데 쓰였다. 1941년 10월, 빵 배급량이 줄었다. 일을 하는 사람들에게는 하루에 250그램, 나머지 사람들에게는 125그램이 공급되었다.[35]

전기가 차단되고 식량과 연료가 바닥나자 몇 주 만에 레닌그라드는 정상적인 도시에서 죽음의 늪으로 바뀌었다. 레닌그라드 사람들은 스스로를 굶주린 늑대, 주변에서 벌어지는 일에 무관심하고 오직 살아남아야겠다는 생각밖에 없는 늑대에 비유했다. 그들은 가정생활과 성관계에 흥미를 잃었고, 심지어 날마다 쏟아지는 폭탄에도 무관심했다. 그리고 남들을 의심하게 되었다. 학교는 폐쇄되고, 일자리도 거의 사라졌으며, 오락도 자취를 감췄다. 사람들은 그저 빵과 물을 얻으려고 줄을 서고, 식량을 구하기 위해 쓰레기 더미를 뒤지는 단조로운 삶을 이어갔다. 1941년 12월, 식인 행위가 최초로 보고되었다. 살점이 마구 잘린 시체들이 발견되었다. 경찰 당국이 표현한 바에 따르면 이후 1년 만에 2,015명이 '인육을 식량으로 사용'한 혐의로 체포되었다.[36]

1941년 가을과 초겨울에 레닌그라드 사람들이 굶주리고 있을 때 독일의 중부 집단군은 소련의 수도를 총공격하는 태풍 작전Operation Typhoon에 돌입했다. 모스크바는 공황 상태에 빠졌다. 머지않아 모스크바에서 피비린내 나는 전투가 펼쳐지거나, 스탈린이 모스크바를 아예 포기할 것 같았다. 공습이 개시되고 독일군 기갑사단이 진격해오자 모스크바의 공무원들은 문서를 불태웠고, 피난민들은 기차역으로 몰려들었으며, 거리에서 법과 질서가 무너지기 시작했다. 스탈린은 공산당과 정부의 거점을 쿠이비셰프Kuibyshev로 옮기라고 명령했고, 자신도 곧 쿠이비셰프로 향할 예정이었다. 부하들은 그의 짐을 꾸렸고, 기차와 항공기가 준비되었다. 텅 빈 크렘린 궁은 스산한 분위기가 감돌았다.

그런데 10월 19일에 스탈린은 전쟁사를 통틀어 가장 중대한 결정 중 하나를 내렸다. 그가 모스크바에 남겠노라고 선언한 것이다. 무슨 수를 써서라도 모스크바를 사수해야 했다. 소련군의 뛰어난 병참술에 힘입어 40만 명의 신규 병력과 1,500대의 항공기, 1,700대의 전차가 6,400킬로미터나 떨어진 극동 지역에서 모스크바로 급파되었다. 독일군이 모스크바로 점점 다가오고 공습으로 광범위한 피해를 입은 상황에서도, 11월 7일에 붉은 광장에서 연례 열병식 행사가 개최되었다. 그 무모한 허장성세의 쇼는 카메라로 촬영되어 소련 전역에 상영되었다.

1941년과 1942년 사이의 겨울 추위가 맹위를 떨치는 바람에 히틀러의 전쟁 기계가 모스크바 외곽에서 작동을 멈추고 말았다. 12월 5일, 소련군이 반격에 나섰다. 그로부터 한 달 만에 히틀러 휘하의 막강한 독일 국방군은 모스크바에서 240킬로미터 밖으로 후퇴했다. 아직 모스크바는 위험한 상태였지만, 어쨌든 바르바로사 작전은 막을 내렸다. 한 도시를 둘러싸고 6개월 동안 벌어진 그 치열한 투쟁에는 양쪽을 합쳐 약 700만 명의 병력이 동원되었다. 러시아 황제 알렉산드르 1세가 도시의 골격을 제물로 바쳐 모스크바를 나폴레옹에게 빼앗기지 않았다고 본다면 스탈린은 92만 6,000명을 희생시켜 모스크바를 지켰다고 볼 수 있다. 역사에 숱하게 등장한 다른 정복자들처럼 히틀러도 도시 하나 때문에 진퇴양난에 빠지게 되었다.

한편 20세기 최악의 겨울을 맞이한 레닌그라드에서는 기온이 영하 30도까지 떨어졌다. 영양실조와 극심한 추위, 산더미처럼 쌓여가는 인간의 배설물 때문에 건강이 나빠진 사람들은 이질에 시달렸다. 또 어떤 사람들은 굶주림에 지쳐 죽고 말았다. 레닌그라드 포위전이 극단으로 치달은 1942년 2월에는 매일 2만 명이 사망했다. 부모를 잃은 아이들은 폭격으로 부서진 건물에서 힘겹게 목숨을 붙들고 있었다. 그러나 겨울은 유리한 점도 있었다. 1942년 1월에 라도가 호수가 꽁꽁 얼어붙자 독일군의 봉쇄선을 뚫은 6차선 얼음 간선도로인 '생명의 길'이 열렸다. 대형 화물차들이 식량을 운반했고, 4월이 되기 전까지 50만 명(주로 아이, 여자, 노인)을 외부로 피난시켰다.

심각한 포격 및 폭격 피해와 식량 부족 사태를 초래한 레닌그라드 포위전은 1944년 1월까지 이어졌지만, 최악의 상황은 끝났다. 1942년 말, 레닌그라드의 인구는 300만 명에서 63만 7,000명으로 줄었다. 폐허로 변한 레닌그라드는 유령 도시 같았다. 당시 레닌그라드 인구의 4분의 3 이상이 여자였고, 그들은 주로 군수공장과 조선소에서 일했다. 포격 및 폭격, 질병, 굶주림 등으로 인한 사망자 수는 최소 100만 명이었다. 그리고 140만 명이 피난했다. 그 대도시를 둘러싼 종말론적 투쟁에서 숨진, 추축국(제2차 세계대전 당시 일본·독일·이탈리아를 중심으로 한 삼국동맹 편에 섰던 나라_옮긴이) 군인과 소련 군인, 레닌그라드 민간인 들의 숫자가 당시 전 세계에서 공습으로 사망한 사람들의 숫자보다 훨씬 더 많았다.

군대의 관점에서 보면, 최후의 1인까지 필사적으로 저항하는 도시는 가장 넘기 힘든 장애물일 것이다. 도시는 군대를 통째로 집어삼킬 수 있다. 도시는 군사적 야심이 묻히는 묘지다. 나폴레옹은 1812년에는 모스크바에서, 1813년에는 라이프치히에서 실패를 맛봤다. 히틀러는 레닌그라드와 모스크바에서 난관에 부딪혔고, 스탈린그라드에서 가장 심각한 걸림돌을 만났다.

1942년, 독일군은 연료가 절실하게 필요한 상태였다. 독일이 전쟁에서 이기기 위해서는 카프카스 지방의 유전 지대를 차지해야 했다. 그렇게 청색 작전Operation Case Blue이 시작되었다. 남쪽의 매력 없는 산업도시인 스탈린그라드를 뺏는 것은 1차 목표가 아니었다. 그러나 이번에도 히틀러는 상징적으로 중요한 도시를 없애버리는 데 집착한 나머지 연료와 항공기를 카프카스 전선에서 스탈린그라드 전선으로 이동시켰다. 독일군은 전격전을 통해 소련의 여러 도시들과 도회지들을 빼앗았다. 그러나 스탈린은 자신의 이름을 본뜬 도시를 털끝만큼도 양보할 생각이 없었다.

1942년 8월 말에 프리드리히 파울루스Friedrich Paulus 휘하의 독일 제6군이 스탈린그라드에 도착했다. 8월 23일에, 그리고 다시 5일 동안, 독일의 제4항공함대는 막강한 화력으로 인구 40만 명의 산업도시 스탈린그라드를 불모지로 만들어버렸다.

잔해와 파편이 가득 쌓인 그 폐허는 역사상 가장 중요한 전쟁터 중 하나가 되었다. 시가전에서는 독일군 특유의 장점인 압도적으로 신속한 공격과 기동성이 발휘될 수 없었다. 전격전은 이른바 라텐크리그Rattenkrieg, 즉 '쥐 싸움'으로 변질되었다. 거리 한 뼘과 파편 한 무더기, 건물 하나와 방 하나를 두고 근접전을 펼쳐야 했다. 하수구에서도 전투가 벌어졌다. 독일군과 붉은 군대는 여기저기 부서지고 지붕이 날아간 건물에서 한 층씩 올라가며 치열하게 싸웠다. 어떤 건물에서는 방 사이의 복도를 마주보며 전투를 벌이기도 했다. 부서진 트랙터 공장과 곡물창고는 큰 전쟁터 속의 작은 전쟁터가 되었다. 스탈린의 227호 명령에 의하면 스탈린그라드 방위군과 민간인들은 '한 발짝도' 물러나지 말아야 했다. 야코프 파블로프Yakov Pavlov 중사가 이끈 소련군 소대는 폭격으로 부서진 4층짜리 아파트 건물을 강력한 요새로 변모시켰고, 60일 동안이나 독일군의 공격을 막아냈다. 스탈린그라드 방위군 사령관인 바실리 추이코프Vasily Chuikov는 독일군이 파리를 함락시키려고 했을 때보다 "파블로프의 집"을 뺏으려고 하다가 더 많은 병력을 잃었다고 농담조로 말했다.

"이곳에 접근하면서 병사들은 '지옥으로 들어간다'고 말하곤 했다. 여기서 하루나 이틀을 보낸 뒤에는 이렇게 말했다. '아니군. 이곳은 지옥이 아니라 지옥보다 10배나 더 심한 곳이야.'" 인공 협곡과 동굴을 누비며 스탈린그라드를 지킨 저격수와 전차 조종수, 군인과 민간인 중에는 여자도 많았다. 그들은 역사상 가장 끔찍한 전투 중 하나를 겪었다. 비밀경찰인 내무인민위원회 소속 분견대는 스탈린그라드 외곽을 봉쇄한 채 지옥 같은 전쟁터에서 탈출하는 사람들을 사살했다. 독일군은 집을 하나씩 부수며 차근차근 전진했고, 11월 중순에 스탈린그라드의 대부분 지역을 차지했다. 소련군은 막다른 골목에 몰렸다. 바로 그때, 즉 독일군이 스탈린그라드를 완전히 점령하기 직전에, 소련군은 스탈린그라드를 에워싸는 대규모 반격 작전인 천왕성 작전 Operation Uranus에 돌입했다.[37]

병력 27만 명의 독일 제6군이 도시 안에 갇혀버렸다. 두 달 전인 9월에 히틀러는 스탈린그라드에서 절대로 철수하지 않겠다고 천명했다. 따라서 파울루스 장군은 포위망을 돌파하려고 시도할 수도, 항복을 할 수도 없었다. 한동안 도시 안의 독일군에게 식량이 공수되었다. 그러나 12월 말에 독일군이 카프카스 지방과 소련에서 총퇴각하는 바람에 제6군만 남게 되었다. 식량과 군수품이 점점 줄어드는 상황에서 독일군은 새로운 형태의 시가전을 맞이했다. 즉, 그들은 레닌그라드 시민들과 바르샤바의 게토에 수용된 유대인들이 독일군 때문에 겪은 굶주림과 질병을 경험하게 되었다. 1943년 1월, 제6군은 항복했다.

자칭 도시의 파괴자였던 히틀러는 도시 때문에 파멸을 맞았다. 제2차 세계대전 기간에 소련에서는 1,710개의 도회지 및 도시와 7만 개의 마을이 철저히 파괴되었다. 1943년과 1944년에 붉은 군대가 독일군을 서쪽으로 밀어내는 동안 도시와 민간인들은 더 가혹한 폭력에 시달렸다. 1944년, 소련군은 바그라티온 작전Operation Bagration을 통해 대공세를 펼쳤고, 벨라루스에 주둔하고 있던 독일의 중부 집단군을 불시에 기습했다. 붉은 군대는 우선 비쳅스크Vitebsk를 공격하고 포위했다. 그 도시에 주둔한 독일군은 후퇴를 원했다. 그러자 히틀러는 격노했다. 비쳅스크는 소련군의 공세를 늦추기 위해 최후의 1인까지 무슨 수를 써서라도 지켜야 할 페스터 플라츠Fester Platz, 즉 요새 도시였다. 그러나 요새 도시들은 적군의 공격을 저지하기는커녕 죽음의 늪으로 전락했다. 독일군은 소련군에게 수적으로 압도된 채 포위되어 꼼짝달싹하지 못했다. 소련군의 전차와 보병들에게 에워싸이고 폭격에 시달리는 독일군에게는 승산이 없었다. 독일의 제3기갑군은 비쳅스크에서 괴멸되었다. 요새 도시인 오르샤Orsha와 모길료프Mogilev에서는 독일군 수천 명이 사로잡히거나 전사했다. 공습과 단시간의 쓸데없는 시가전이 벌어진 뒤, 바브뤼스크Babruysk와 민스크 즉 바로 얼마 전에 나치가 미래의 "신들의 도시"로 명명한 바로 그곳에서 각각 독일군 7만 명과 10만 명이 포로가 되었다.[38]

요새 도시에서 끝까지 항전하도록 하겠다는 히틀러의 망상은 단

2주 만에 장군 12명을 포함한 15만 명의 포로와 50만 명의 사상자라는 비참한 결과로 이어졌다. 전쟁이 끝날 무렵, 벨라루스에서는 총 270개의 도회지와 도시 중에서 209개가 완전히, 혹은 부분적으로 파괴되었다. 히틀러가 "요새"로 일컬은 빌니우스Vilnius, 비알리스토크Bialystok, 루블린Lublin, 쾨니히스베르크Königsberg 같은 도시들도 소련군이 리투아니아와 폴란드로 진격했을 때 똑같은 운명을 맞이했다. 서서히 붕괴하는 전선을 지키고 있던 수비대와 민간인들 앞에는 살육과 투옥, 노숙과 궁핍, 강간이 기다리고 있었다.

붉은 군대가 베를린으로 진격해오자 패배를 직감한 히틀러는 대참사를 일으킬 준비를 하고 있었다. 그는 유럽 전역의 도시를 전쟁터로 만들어버리려고 했다. 1944년 12월 24일, 붉은 군대에 포위된 부다페스트도 히틀러가 "요새 도시"로 명명하는 바람에 처참하게 희생되었다. 스탈린그라드와 베를린 사이의 수많은 도회지와 도시 들에 연기가 피어올랐다.

도시를 말살하는 방법 4: 학살, 추방, 약탈, 해체

원자폭탄이 할퀴고 간 히로시마의 토양은 향후 75년 동안 식물이 자랄 수 없을 것으로 예상되었다. 살아남은 녹나무와 꽃이 핀 협죽도夾竹桃는 끈질긴 생명력을 상징하는 본보기였다. 인간의 삶은 대참사의 와중에도 언제나 존재감을 드러냈다. 스탈린그라드에서는 독일군이 항복하자마자 주민들이 돌아와 돌 부스러기 밑의 지하실에서 살기 시작했다.

전쟁이 벌어지는 동안, 바르샤바 시민들은 주로 폭탄보다는 시민 의식과 연대감을 뒤흔드는 공포 장치에 더 시달렸다. 나치는 바르샤바를 파괴할 생각이었다. 하지만 그것은 동부전선에 필요한 군수품과 물자를 생산하는 바르샤바 사람들에게서 마지막 땀 한 방울까지 뽑아낸 뒤에야 이룰 수 있는 목표였다.

그런 상황에서도 비밀스러운 바르샤바가 나치 치하의 바르샤바와 공존하고 있었다. 나치는 대학교 운영을 금지했지만, 서부대학교 University of Western Lands가 비밀리에 설립되어 250명의 교사들이 목숨을 걸고 학생들을 가르치며 2,000개의 학위를 수여했다. 교사들은 수천 명의 중·고등학교 학생들도 몰래 가르쳤고, 나치에 발각되어 체포된 어른들은 아우슈비츠 수용소로, 아이들은 독일의 공장으로 끌려갔다. 바르샤바에서는 신문도 몰래 발행되었다. 비밀 지하실에 마련된 라디오 방송국도 있었다. 비밀리에 운영되는 극장, 시 낭독회, 정치 토론회, 문학 모임 등에 힘입어 폴란드의 문화와 바르샤바의 영혼이 살아 숨쉴 수 있었다. 사람들은 노면 전차를 타고 돌아다니기를 좋아했다. 노면 전차는 승객들이 귓속말로 농담과 풍문을 주고받는 장소였기 때문이다. 나치 치하를 겪은 어느 바르샤바 사람은 이렇게 회고했다. "노면 전차는 우리의 마음에 공감했고, 우리와 함께 증오하고 경멸했다." 몇몇 용감한 사람들은 무력저항을 계획하며 위안을 얻기도 했다.[39]

비참하고 지저분한 바르샤바 게토에서도 도시 생활은 나름의 악덕과 미덕을 통해 존재감을 드러냈다. 어쨌든 게토는 40만 명이 거주하는 하나의 도시였다. 거기 감금된 사람들은 추악함과 모욕감과 두려움 때문에 오히려 목적과 품격을 갖춘 삶을 더 지향하게 되었다. 그들은 평의회를 결성했고, 평의회는 폐기물 처리, 공공시설 관리, 우편 업무, 보건, 노동, 상거래, 치안, 과세 등의 분야를 체계화했다. 다수의 자선단체들이 가난한 사람들에게 식량과 복지혜택을 제공했다. 2,000개에 달하는 공동주택 위원회와 주택 위원회는 보육을 체계화하고 위생을 감독했다. 불법 학교뿐 아니라 진료소, 고아원, 도서관, 급식소, 탁아소, 직업훈련계획, 체육관 따위도 있었다. 바르샤바 게토에는 한때 47종의 지하 신문이 발행된 적도 있었다. 정치 활동도 펼쳐졌다. 좌파 시온주의 성향의 청년 단체들과 노동조합들이 비밀리에 움직이고 있었고, 훗날 그 조직들은 무력저항 운동 세력으로 발전하게 되었다.[40]

기업가들은 게토 거주자들의 수요를 충족시키는 사업을 시작했다. 수영복 차림으로 일광욕을 즐길 수 있도록 특별히 조성된 모래 '해변'의 입장료는 2즐로티였다. 부자들은 카페와 식당에서 배불리 먹었고, 재단사와 양재사가 만든 화려한 옷을 입었다. 게토 안에는 멜로디 하우스Melody House에서 연주하는 관현악단이 있었고, 300명의 직업 배우, 음악가, 가수 들이 공연을 펼치는 극장도 몇 개 있었다. 바르샤바 게토에서 살고 있던 어느 유대인은 "모든 춤은 압제자들에 대한 항의다"라고 말했다.[41]

게토를 짓누르는 극심한 압력 때문에 도시 생활의 양극단은 그 격차가 더 선명해졌다. 어느 생존자는 다음과 같이 회상했다. "단기간 존재했던 그 게토의 카페 데 자르Cafés des Arts, 스플랑디드Splendide, 네그레스코Negresco 같은 카페에서는 그 어느 도시의 카페들보다 아름답고 우아한 여종업원들이 많이 있었다. 그러나 그 진열창 바로 앞에는 불쌍한 거지들이 떼지어 지나다녔고, 거지들은 종종 영양실조로 쓰러지기도 했다." 범죄와 매춘이 급증했다. 불평등과 부당 이득과 착취도 만연했다. 게토 내부의 평의회와 자치 경찰은 나치와 거래해야 했고, 결과적으로 여러 유대인 공동체 간의 관계가 경색되었다. 많은 사람들이 도시 생활을 유지하려고 애쓰는 와중에 유럽 도처에서 추방된 유대인들이 바르샤바 게토로 꾸준히 유입되었고, 따라서 식량 문제와 더불어 안 그래도 열악한 주거 문제가 한층 더 심각해졌다.[42]

1941년 12월 7일부터 18일까지 열린 회의에서 히틀러는 유대인들에게 전쟁 책임을 돌렸고, 곧 유대인들이 처벌을 받게 될 것이라는 점을 분명히 했다. 머지않아 집단 학살Final Solution의 그림자가 유럽 전역의 유대인 사회를 뒤덮게 되었다. 1942년 초, 바르샤바 게토의 상황은 빠르게 악화하고 있었고, 1942년 1월부터 6월까지 3만 9,719명이 굶주림과 질병으로 죽었다. 그해 7월 21일, 독일인에게 고용되었거나 일을 할 수 있을 만큼 건강한 사람을 제외한 모든 유대인을 이송하라는 명령이 떨어졌다. 성전파괴일Tisha B'Av인 이튿날에 유대인 7,200명이 움슐라그플라츠Umschlagplatz로 불린 집결지 겸 기차역으로 끌려갔다. 이후 8주 동안, 날마다 독일군은 게토의 특정 구역을 봉쇄한 뒤 5,000명 내지 1만 명의 유대인을 잡아들였다.

1942년 여름에 그 방대한 감옥 도시가 체계적으로 폐쇄되고 있을 때 카임 카플란Chaim Kaplan은 일기장에 "게토는 지옥으로 변했다. 사람들은 짐승이 되었다"라고 썼다. 게토 내부의 치안을 담당한 유대인 경찰들은 독일군이 할당한 철수 인원수를 채워야 했기 때문에 숨어 있는 동포들을 색출해 움슐라그플라츠로 보냈다. 사람들은 도망을 치려고 지붕과 담장을 기어 올라갔다. 모른 척해달라며 빌었고, 뇌물을 내밀었고, 흥정을 시도했다. 여자들은 유대인 경찰들에게 몸을 팔기도 했다. 게토에 남은 자들은 약탈에 나섰다. 생존 의지는 개인적 싸움으로 변질되었고, 그 과정에서 공동체와 믿음과 우정과 가정의 유대관계가 끊어지고 말았다. 양심의 가책을 느낀 일부 경찰들은 게 토를 이탈하거나 스스로 목숨을 끊었다. 1942년 9월 중순까지 25만 4,000명의 유대인들이 움슐라그플라츠로 이송되었고, 거기서 다시 트레블링카Treblinka의 집단처형장으로 끌려가 도살되었다.[43]

바르샤바 게토에 남은 유대인들은 유령 도시에서 살게 되었다. 아내나 자식, 가족, 친구가 트레블링카 집단처형장으로 끌려간 사람들이 많았다. 그들은 죄책감과 수치심에 사로잡혔다. 소수의 독일인들과 그들을 도운 유대인 경찰들에 의해 몇 주 만에 한 도시의 인구가 전멸하다시피 했다. 이제 할 수 있는 유일한 일은 저항이었다. 생존자들은 식량을 비축하기 시작했다. 유대인 항쟁단Zydowska Organizacja Bojowa과 유대인 군사동맹Zydowski Zwiazek Wojskow은 휘발유와 전기 시설과 화장실을 갖춘 전투 소초와 벙커를 만들었다. 그 단체들은 무기를 몰래 들여오고 화염병을 만들었다. 1943년 1월, 마지막 유대인 추방 작전이 시작되었을 때 나치 친위대는 뜻밖의 유격전을 치러야 했고, 일단 퇴각할 수밖에 없었다.[44]

저항에 나선 유대인들은 죽음을 각오했다. 그들은 죽음의 방식을 스스로 선택하고 유대 민족의 명예를 회복하고자 했다. 일부 유대인들은 게토 밖으로 몰래 빠져나가 용케 은신처를 구했다. 4월 19일, 전차, 장갑차, 경량 대포 등으로 전력을 강화한 나치 친위대가 다시 게토로 진입했다. 독일군은 화염방사기로 게토의 구획을 하나씩 불태우고, 지하실과 하수구를 폭파하고, 벙커마다 연막탄을 던져넣은 끝에 일단 봉기를 진압했다. 하지만 그 뒤로도 "벙커 전쟁"으로 불린 치열한 유격전이 한 달 동안 이어졌다.

결국, 독일군은 유대인 5만 3,667명을 게토에서 몰아냈고, 게토에서 쫓겨난 유대인들 대다수가 트레블링카와 마이다네크Majdanek의 집단처형장으로 이송되었다. 게토는 파편으로 뒤덮인 폐허가 되었다. 그 폐허 위에 강제수용소가 건설되었고, 유럽 곳곳에서 그곳으로 끌려온 유대인들은 그 도시 안에 도시의 흔적이 없어질 때까지 수천만 개의 벽돌을 치워야 했다.

그로부터 1년 뒤에, 게토 밖에서 봉기가 일어났다. 봉기 직전의 정세는 1년 전과 전혀 딴판이었다. 바그라티온 작전이 대성공을 거둔 뒤 붉은 군대가 바르샤바로 다가오는 상황에서 폴란드인 지도부는 소련이 바르샤바를 점령하기 전에 행동에 나서 조국의 미래에 대한 발언권을 확보해야 한다고 판단했다.

1944년 8월 1일 오후 5시, 가벼운 무장을 갖춘 폴란드 저항군이 화염병을 던지며 봉기를 일으켰다. 폴란드 국내국 사령관 타데우시 보르 코모로프스키Tadeusz Bór-Komorowski는 "15분 만에 우리 도시, 총 100만 명이 투쟁에 가담했다"라고 썼다. 거의 5년 만에 처음으로 바르샤바의 대부분 지역이 폴란드인들에게 장악되었다. 그동안 선전과 위협, 명령으로 바르샤바인들을 지겹도록 괴롭혔던 확성기에서 1939년 이후 들을 수 없었던 폴란드 국가가 흘러나왔다. 당시 유럽에서 세 번째로 높은 건물이었던 프루덴셜 빌딩Prudential Building에 폴란드 국기가 높이 게양되었다. 사람들은 행복감에 취했다. 남녀노소를 가리지 않고 장애물을 세우고, 화염병을 만들고, 건물 사이에 굴을 팠다.[45]

봉기 소식을 듣고 격노한 히틀러는 주먹을 들며 온몸을 부르르 떨었다. "눈알이 튀어나올 듯싶었고, 관자놀이의 혈관이 두드러져 보였다." 그러나 힘러는 히틀러를 진정시켰다. 그는 봉기를 '전화위복'으로 여겼다. "5, 6주 뒤에 우리는 떠날 것입니다. 그러나 그때쯤이면 바르샤바는 사라지고 없을 것입니다." 애초 히틀러는 독일군 병력을 일단 철수시켜 바르샤바를 포위한 다음 폭격을 가해 잿더미로 만들어버리려고 했다. 하지만 그것은 군사적으로 실현 가능성이 없는 방법이었다. 대신에 히틀러와 힘러는 8월 1일에 바르샤바 지령Order for Warsaw 을 내렸다. "바르샤바의 모든 민간인은 살해되어야 한다. 전 유럽에 소름 끼치는 본보기를 보여주기 위해 바르샤바는 철저히 지워져야 할 것이다."[46] 이제 바르샤바라는 도시 전체가 체계적으로 파괴되는 일만 남게 되었다.

바르샤바를 탈환해 파괴하는 임무는 바르바로사 작전과 반反나치 유격대 토벌 작전 기간에 유대인 집단학살 작업을 감독한 인물인 나치 친위대 대장 에리히 폰 뎀 바흐첼레프스키Erich von dem Bach-Zelewski 가 맡았다. 힘러는 그에게 가장 무섭고 잔인한 친위대 소속 부대들을 보내줬다. 거기에는 오스카어 디를레방거Oscar Dirlewanger가 이끄는 부대도 있었는데 그 부대는 독일의 감옥에서 석방된 위험천만한 죄수, 정규군으로 복무하기에 부적합한 정신이상자에 버금가는 군인, 붉은 군대에서 도망친 탈영병, 카프카스 지방 출신의 무슬림 전사, 아제르바이잔인 들로 구성되어 있었다. 디를레방거 여단Dirlewanger Brigade은 약탈과 강간, 고문과 살육을 일삼으며 동유럽 전역을 누볐고, 유대인들과 유격대 활동 용의자들, 무고한 여자들과 아이들을 마구잡이로 학살했다.[47]

8월 1일, 그 강간범과 대량 학살범 들이 눈앞에 보이는 모든 사람과 모든 것을 죽이고 없애라는 명령에 따라 바르샤바의 볼라Wola 구역에 나타났다. 그들은 아파트 건물을 포위한 뒤 수류탄을 던져 불을 냈다. 불타는 건물에서 밖으로 빠져나온 어른들과 아이들은 기관총을 맞고 쓰러졌다. 건물 하나마다 그런 과정이 반복되었다. 하지만 시간이 너무 오래 걸렸다. 디를레방거 여단은 전술을 바꿨다. 이제 민간인들은 공장과 노면 전차 차고와 고가철도에 마련된 처형장으로 끌려가 한꺼번에 총살을 당했다.

디를레방거 여단 소속 군인들은 여자들을 죽이기 전에 겁탈했다. 그들은 아이들을 죽이는 일을 아무렇지 않게 여겼다. 볼라 구역을 장악할 때까지 나치 친위대는 총 4만 명의 폴란드인들을 죽였다. 한편, 나치 친위대 못지않게 대학살을 저지른 러시아 인민해방군Russian People's Liberation Army, RONA(독일군에 배속된 반反볼셰비키 성향의 러시아인들로 구성된 오합지졸의 부대)도 바르샤바의 오호타Ochota 구역에서 끔찍한 장면을 연출하고 있었다. 술에 취한 러시아 인민해방군 깡패들은 마리 퀴리의 라듐 연구소Radium Institute에 쳐들어가 직원들과 환자들을 강간하고 휘발유를 뿌려 불태워 죽인 뒤 다른 병원으로 향했다. 그들에게 겁탈당한 여자들 중에는 말기 암환자들도 있었다. 히틀러와 힘러의 명령은 이행되고 있었다. 바르샤바 시민들은 살해되었고, 건물은 파괴되었다. 하지만 무차별적 살육은 결국 막을 내렸다. 나치 수뇌부는 바르샤바 사람들 모두를 강제노동자로 삼기로 결정했다. 투항하거나 체포된 바르샤바 시민들은 줄줄이 강제수용소로 끌려갔다.[48]

디를레방거 여단과 러시아 인민해방군은 철수했다. 대신에 치명적인 군사 장비가 거리에 배치되었다. 바르샤바 구도심의 좁은 거리는 일반 전차가 통과하기 힘들었다. 수많은 폴란드인들은 난공불락 같아 보이는 그 비좁은 거리 곳곳의 건물과 골목에 숨어 있었다. 히틀러의 명령에 따라 막강한 파괴력을 자랑하는 무기들이 바르샤바 소멸 작업을 지원하기 위해 각지에서 급파되었다. 바르샤바 봉기를 진압하는 것 자체의 군사적 가치는 미미했다. 그러나 히틀러는 그 대도시를 무슨 수를 써서라도 철저히 없애버리기 위한 성전에 임하고 있었다. 최전선에서 쓰이던 최고의 군사 장비가 대학살의 현장으로 운반되었다.

　그 무기들은 스탈린그라드 전투 이후 시가전용으로 특별히 고안된 것이었다. 초대형 카를 자주박격포Karl-Gerät 4대가 도착했다. 역사상 가장 큰 포위공격용 무기 중 하나인 카를 자주박격포는 건물 전체를 파괴할 수 있는 무게 1,577킬로그램의 포탄을 발사했다. 거대한 장갑 열차가 바르샤바 구도심을 포격하기 위해 도착했다. 뒤이어 고정 로켓 발사기와 중량 곡사포가 모습을 드러냈다. 단거리 곡사포로 무장한 4호 돌격전차Sturmpanzer IV 10대와 로켓 발사기를 갖춘 6호 돌격전차Sturmtiger 2대 그리고 벽이나 담을 무너트릴 수 있는 원격 조종형 골리앗 전차 90대와 같은 최신의 이동식 공격용 무기들도 도착했다. 하지만 가장 위협적인 무기는 다량의 소이탄을 신속하게 연사할 수 있고, 6개의 포신이 달린 네벨베르퍼Nebelwerfer 로켓 발사기였다. 폴란드인들은 그 무기를 크로비krowy, 즉 소떼라고 불렀다. 소이탄을 발사할 때 소가 고통스럽게 울부짖는 듯한 소리를 냈기 때문이다. 그 같은 나치의 포위 공격 기술은 바르샤바의 건물을 낱낱이 파괴하는 데 쓰였다. 포병대와 슈투카Stuka 급강하 폭격기들은 구도심을 가루로 만들어버렸다. 그런 다음 골리앗 전차가 출동해 장애물을 제거하고 담과 벽을 허물었다. 뒤이어 6호 돌격전차가 진격했고, 보병들과 화염방사기가 차례로 등장했다. 마지막은 디를레방거 여단과 나머지 친위대 부대들이 장식했다.

나치에 의해 체계적으로 파괴된 바르샤바. 1939년에서 1944년 사이의
바르샤바는 유례를 찾기 힘들 정도로 철저히 파괴되었다.

헨리 N. 콥Henry N. Cobb,
〈바르샤바, 1947년 8월〉,
사진, 1947년. (헨리 N. 콥)

　폴란드인들은 바르샤바를 제2의 스탈린그라드로 만들겠다는 각오
로 용감하게 싸웠다. 그러나 독일군 초대형 대포의 공격에는 버티지
못했다. 구도심 전체가 독일군에게 유린되었고, 3만 명이 수백만 개
의 벽돌 밑에 묻혔다. 살아남은 수천 명은 디를레방거 여단의 강간범
들에게 학살되었다.

　이후 슈투카 급강하 폭격기와 초대형 대포는 25만 명의 폴란드인
들이 지하에 몸을 숨기고 있는 바르샤바 시내를 겨냥했다. 건물들은
"직격탄을 맞고 허물어지거나, 여러 토막으로 동강나거나, 산산조각
이 나서" 부서졌다. 그래도 폴란드인들은 격렬한 전투를 치르며 저항
을 이어갔다. 63일 동안 독일군은 바르샤바를 탈환하기 위해 몸부림
쳤다. 폴란드인들은 기다렸던 붉은 군대가 오고 있지 않다는 사실이

확실해진 10월 2일에 백기를 들었다. 벙커 밖으로 나온 바르샤바 사람들은 마지막으로 그 도시를 바라봤다. "끔찍한 광경이었다. 구획 전체가 불에 타버렸다. 눈앞에 믿을 수 없는 광경이 펼쳐져 있었다. 자전거와 유모차 같은 야릇한 물건이나 짐을 들고 있는 사람들이 끝없이 줄지어 있었다."[49]

봉기가 시작되었을 때, 바르샤바에는 70만 명 넘게 있었다. 봉기로 인한 민간인 사망자 수는 15만 명이었다. 생존자들 중에서 5만 5,000명은 아우슈비츠를 비롯한 여러 강제수용소로 끌려갔고, 15만 명은 강제노동자로 전락했고, 1만 7,000명은 전쟁포로가 되었고, 35만 명은 폴란드 각지로 급히 이송되었다. 소설가 조피아 나우코프스카Zofia Natkowska에 따르면 바르샤바는 "역사에 기록된 여러 죽음의 도시들 중 하나"가 되었고, 바르샤바 사람들은 "재기 불능의 상태"에 빠졌다.[50]

힘러는 "그 도시는 지표면에서 완전히 사라져야 한다. 석재 하나도 남겨둘 수 없다. 모든 건물을 깔끔하게 밀어버려야 한다"라고 명령했다. 바르샤바에서 탈취한 모든 물건은 4만 개의 객차에 실려 독일로 옮겨졌다. 보물과 예술품에서 밧줄과 종이와 양초와 금속 조각에 이르는 모든 물건이 운반되었다. 그 다음에 베르브레눙스코만도Verbrennungskommando라고 불리는 해체 전문 요원들이 투입되었다. 바르샤바에 남아 있는 모든 것이 조직적으로 파괴되었다. 공병들은 화염방사기와 다이너마이트로 건물에 불을 붙였고, 전차는 텅 빈 구조물에 포격을 가했다. 크라신스키 궁전Krasiński Palace과 바르샤바 왕궁Royal Castle을 비롯한 여러 궁전, 자우스키 도서관Zaluski Library, 국립문서보관소, 국립박물관, 바르샤바 대학교, 성당, 기념물, 병원, 아파트, 학교 등 모든 건물이 자취를 감췄다. 1945년 1월까지 바르샤바의 건물 중

93퍼센트가 파괴되었다.[51]

집단학살과 대량 추방, 완전한 해체라는 수단을 통해서만 도시 전체를 파괴할 수 있었다. 하지만 그렇게 부서진 바르샤바는 정말 숨을 거뒀을까?

그럼에도 불구하고 되살아나는 도시

1945년 1월 17일에 소련군을 맞이한 바르샤바는 '유령 도시'였다. 아이젠하워 장군은 이렇게 말했다. "나는 파괴된 도시를 숱하게 봤지만, 어느 곳에서도 그처럼 잔악하게 파괴된 광경은 보지 못했다."[52]

나치 독일에 대한 전쟁은, 1945년 4월에 붉은 군대가 이미 지속적인 연합군의 공습과 소련군의 포격으로 부서진 베를린의 건물을 하나씩 약탈하고 부녀자들을 강간하고 치열한 시가전을 벌이면서 절정에 이르렀다. 4월 30일, 소련군이 독일 국회의사당을 장악했다. 그날 밤 히틀러는 벙커에서 자살했다. 5월 2일 밤과 3일 새벽 사이에 독일군이 항복했다. 어느 적십자 대표는 다음과 같은 글을 남겼다. "구름 없는 하늘에서 보름달이 비쳤기 때문에 참담한 피해 상황을 눈으로 확인할 수 있었다. 이 세계적 대도시에 남아 있는 것은 혈거인들의 유령 도시뿐이다."

제2차 세계대전이 발발하기 전, 도시는 현대 무기의 공격에 취약한 곳으로 평가됐다. 1945년 5월에 유럽 곳곳의 도시들에서 새카맣게 불탄 건물과 돌무더기를 자세히 살펴본 사람이라면 당연히 그 끔찍한 피해를 복구할 수 있을지 궁금했을 것이다. 베를린과 함부르크는 각각 부피 5,500만 제곱미터와 3,500만 제곱미터의 돌 부스러기 밑에 깔려 있었다. 그러나 2차 세계대전은 가장 극단적인 상황에서도 믿기 힘든 복원력을 보여준 도시들이 써 내려간 이야기이기도 하다.

바르샤바가 맞이한 운명은 다른 도시들이 현대전에서 겪은 모든 경험을 뛰어넘는 것이었다. 베를린이 종말 이후의 도시처럼 보였다고 한다면 폴란드의 수도는 차원이 다른 피해를 입었다고 볼 수 있다. 바르샤바는 부피 7억 세제곱미터의 돌부스러기 밑에 파묻혔다. 베를린은 모든 건물의 81퍼센트가 파괴되었다. 그러나 그 81퍼센트 중에서 11퍼센트만 완전히 부서졌고, 70퍼센트는 부분적 손상을 입었을 뿐이다. 반면 바르샤바에서는 전체 건물의 80퍼센트가 흔적도 없이 사라졌다.[53]

하지만 총체적 파괴의 현장에서도 삶의 자취는 남아 있었다. 해체 전문 요원들이 바르샤바의 건물을 부수는 동안, 유대인들과 폴란드인들은 소규모 집단별로 벙커와 하수구 깊숙이 몸을 숨겼다. 그들은 '로빈슨 크루소'나 '혈거인'으로 불렸다(소탕에 나선 독일군은 그들을 '쥐'라고 불렀다). 그들은 다음과 같은 조롱성 광고를 실은 잡지를 만들기도 했다. "피라미드를 보려고 이집트까지 갈 필요 있나요? 여기 바르샤바에 유적이 잔뜩 있습니다."[54] 그 '로빈슨 크루소'들은 생존자인 헬레나 미틀레르Helena Midler가 "영원한 밤의 도시"로 일컬은 곳에 살았다. 도시의 황무지 밑에 숨겨진 그 은신처에서는 목숨을 걸고 음식이나 물을 구해야 했다. 많은 사람들이 굶주림과 추위를 이기지 못해 죽거나 독일군에게 발각되어 총살되었다. 바르샤바가 해방되었을 때, 살아남은 소수의 사람들은 햇빛을 보게 되었다.

피아노 연주자인 브와디스와프 슈필만Władysław Szpilman은 한때 사람들과 차량과 마차로 북적였던 거리로 다시 걸어갔다. 거리는 부서진 벽돌로 가득했다. 그는 산더미처럼 쌓인 벽돌 위로 올라가야 했다. "마치 무너져내린 바위 부스러기 같았다. 끊어진 전화선과 노면 전차 궤도, 그리고 한때 아파트를 장식하는 데 쓰였거나 이미 죽은 지 오래된 시체를 뒤덮고 있는 천 조각에 자꾸 발이 걸렸다."[55]

1월 17일에 바르샤바에 도착한 소련의 종군 기자 바실리 그로스만 Vasily Grossman은 임시 통로로 기어 올라가야 했다. "생전 처음으로 소방용 사다리를 이용해 도시로 들어갔다. 구겨진 모자나 베레모를 쓰거나, 가을 외투나 비옷을 입은 노인들과 젊은이들이 보따리와 자루와 여행 가방 따위가 실려 있고, 바퀴가 굵은, 조그만 손수레를 밀며 줄지어 걸어가고 있었다. 소녀들과 젊은 여자들은 얼어붙은 손가락에 입김을 불어 넣고 슬픔으로 가득한 눈으로 폐허를 쳐다보며 걸어가고 있었다. 이미 수많은 사람들이 거리에 나와 있었다."[56]

나치가 물러가자마자 사람들이 도시로 되돌아왔다. 사람들은 일단 황무지 같은 곳에 거처를 마련했다. 하지만 그들이 돌아온 데서 알 수 있듯이, 현대의 가장 극단적인 도시 말살 작전은 실패로 돌아갔다.

사람들이 돌아오자 바르샤바에는 조금씩 생기가 돌았다. 사람들은 중심가에 집을 다시 지으며 자력으로 도시를 재건하기 시작했다. 그 무렵 폐허의 처리 방법을 둘러싼 논쟁이 벌어지고 있었다. 정부의 의견은 갈렸다. 어떤 사람들은 바르샤바를 포기하고, 수도를 크라쿠프나 우치Łódź로 옮기기를 바랐다. 그들은 바르샤바의 비참한 잔해와 나치 독일이 폴란드를 상대로 저지른 범죄를 영원히 기억하는 기념물로 남겨두고자 했다. 다른 사람들은 바르샤바를 1939년 9월 이전의 모습으로 재건해야 한다고 생각했다. 그것은 나치에 대한 저항 행위이자 정신적 상처를 입은 생존자들에게 원래의 소중하고 친숙한 바르샤바의 모습을 되돌려주는 방법이기도 했다. 얀 흐미엘레프스키_{Jan} Chmielewski 같은 몇몇 도시계획가들과 건축가들에게 파괴된 바르샤바의 모습은 지독한 충격이 아니라 전화위복의 계기로 다가왔다. 오래된 대도시의 비합리적 혼돈 상태가 사라졌기 때문에 이제 급진적이고 새로운 도시를 건설할 황금 같은 기회가 찾아온 것이었다.[57]

바르샤바가 직면한 딜레마는, 크게 파괴되었거나 일부분만 파괴된 런던, 도쿄, 민스크, 함부르크, 키예프, 코번트리와 같은 다른 도시들이 맞이한 딜레마와 크게 다르지 않았다. 바르샤바가 해방된 지 며칠 만에, 수도재건국Biuro Odbudowy Stolicy이 설립되었다. 바르샤바가 현대전에서 전례를 찾아볼 수 없을 만큼 심하게 파괴되었다고 본다면 바르샤바의 역사적 기념물들도 유례가 없을 만큼 빠른 규모와 속도로 재건되었다고 평가할 수 있다. 광범위한 지역이 파괴되었고, 전쟁으로 인구의 60퍼센트가 사망했고, 국가 재정이 쪼들렸지만, 바르샤바 사람들은 강인한 의지력을 발휘했다. 기금이 조성되었고, 폴란드 도처에서 기부금이 쏟아졌다. 노동자들은 자발적으로 노동력을 제공했다. 1952년까지 바르샤바의 구도심 대부분이 복원되었다.

세밀한 부분까지 원래대로 복원하기 위해 온갖 노력을 다했다. 전 세계에 흩어져 있는 문서, 엽서, 사진, 도면, 18세기의 그림 같은 바르샤바의 흔적이 담긴 갖가지 자료들이 수집되었다. 깜짝 놀랄 만한 방식으로 바르샤바의 모습을 기억해둔 사람들이 있었다. 독일군에 점령되었을 때, 바르샤바가 파괴될 것으로 예측한 여러 건축가들은 몰래 문서를 대조하고 역사적 건물들을 도면으로 남겨뒀다. 그들은 목숨을 걸고 바르샤바에 대한 기억을 암호화했고, 그 도시에 관한 단편적 기록과 미

래상을 몰래 외부로 반출하여 수도원과 포로수용소에 은닉했다.[58]

바르샤바의 구도심은 우리가 건축환경에 대해 느끼는 경외감과 도시의 복원력을 기리는 세계 최고의 기념물 중 하나다. 밀반입한 도면 조각과 인간의 기억 속에 존재하는 한, 도시는 결코 파괴될 수 없는 법이다. 유럽 전역에서 비슷한 일이 벌어졌다. 재건된 여러 도시들의 중심가는 야만 행위와 대학살 이전의 시절을 기리는 기념물로 자리 잡았다. 오래된 것, 친숙하고 역사적인 것에 대한 사람들의 애착은 수많은 도시들에서 분명히 확인된다. 한자동맹 시절 뤼벡의 영광스러운 모습은 그 도시의 중심지에서 서서히, 그리고 공들여 복원되었다. 프랑크푸르트에서는 폭격으로 부서진 집을 헐어내고 심벽목구조心壁木構造 주택을 지었다.

바르샤바 개조작업의 표어는 '온 국민이 수도를 짓는다'였다. 바르샤바만큼 광범위한 재건 사업이 진행된 곳은 없었다. 그러나 기념 대상으로 선정된 그 도시의 역사적 구역이 17세기와 18세기의 바로크 양식의 구도심이었다는 사실은 무척 의미심장했다. 구도심 이외의 구역에서는, 자기 집을 다시 짓고 도심지를 종횡으로 가로지르는 예쁜 골목들에 생기를 불어넣기 시작한 사람들에게 다시 파괴의 그림자가 엄습하고 있었다. 그들의 집이 있던 자리에는 경외심을 느끼게 할 목적으로 만들어진 위풍당당한 신축 구조물들이 들어섰다. 그 가운데 제일 유명한 건축물은 소련이 폴란드에 증여한 마천루인 이오시프 스탈린 문화과학궁전Joseph Stalin Palace of Culture and Science이다. 모스크바의 '7자매' 마천루를 본보기로 삼아 폴란드식 디자인의 특성을 가미한 그 건물은 공산당 권력의 시각적 표현으로서 바르샤바의 폐허 위로 우뚝 솟아 있었다. 그 기괴한 건축물들을 건설하는 동안 평범한 바르샤바 사람들은 오두막, 부서진 건물, 판잣집 따위에서 살았다.

중심가에 느닷없이 들어선 공산당 권력의 거대한 상징물 탓에 바르샤바는 수십 개에 이르는 스탈린주의 도시들과 비슷해 보였다. 그러나 바르샤바는 색다른 모습을 보여주고자 했다. 수도재건국의 여러 지도급 인사들은, 제1차 세계대전과 제2차 세계대전 사이의 기간에 바르샤바를 건축적 급진주의의 선봉으로 이끌었던 좌파 성향의 현대주의자들이었다. 암울한 나치 점령기에 그들은 지하로 숨어들어 제자들에게 학사 학위와 박사 학위를 수여했고, 독일군이 쫓겨난 뒤 출현할 새로운 현대적 대도시를 몰래 계획하고 있었다. 1945년 이후, 그들은 바르샤바가 세계주의적이고 진보적인 대도시로서 다시 유럽의 중심에 자리 잡기를 바랐다.

유럽의 다른 도시들에서 활동한 급진적 건축가들과 마찬가지로 그들에게는 상당한 권력이 있었다. 그들은 19세기 도시를 공동주택과 골목, 대로 같은 잡다한 요소들이 뒤죽박죽된 곳으로 여겼다. 그들의 급진적 도시주의는 전례를 찾아볼 수 없을 만큼 평등주의적이고 집단적인, 새로운 사회적 세계의 산파 역할을 맡을 것으로 기대되었다. 그들은 촌스러운 공동주택과 거리를 없애고 선구적인 대규모 주택단지를 조성하고자 했다.

수도재건국의 책임자는 건축을 통해 '새로운 공존 형태' 즉 집단주의적 원칙에 근거한 더 민주적이고 평등한 사회가 도래할 것이라고 확신했다. 녹지, 학교, 진료소, 상점, 사교 수단 따위를 갖춘 대규모 주택단지에서는 노동계급의 자급자족적 도시 공동체가 형성될 것으로 보였다. 폴란드 건축가들은 "오늘날, 삶과 일, (그리고) 오락은, 요람에서 무덤까지, 건축물 안에서 진화한다"라고 주장했다. "훌륭한 건축물을 통해 우리는 질서정연함과 논리적이고 일관적인 사고를 꾸준히 배우고, 상상력을 키울 수 있다. 상상력 없이는 그 어떤 성취도 불가능하다." 현대 도시는 공원, 사무용 건물, 주차장, 고층 콘크리트 주택 따위로 이뤄진 도시, 고속도로가 종횡으로 뚫려 있고 외곽 순환 도로에 에워싸인 도시일 것으로 전망되었다. 전후 초기 바르샤바의 여러 주택단지를 설계한 시몬 시르쿠스Szymon Syrkus와 헬레나 시르쿠스Helena Syrkus 같은 현대주의 건축가들에 의하면, 새로운 형태의 대규모 주택 공급 정책에 힘입어 도시의 노동자들이 '햇빛, 초목, 공기' 같은 삶의 기본적인 즐거움을 누릴 수 있었다.[59]

불과 몇 년 만에 유럽 도시들의 모습은 전쟁과 전후의 이상주의 물결에 의해 전혀 딴판으로 바뀌었다. 바르샤바에서 그랬듯이, 전쟁을 겪으면서도 용케 파괴되지 않았던 여러 도시들의 많은 건물들이 불도저에 밀려 사라졌다. '빈민가'나 '망가진 곳'이라는 낙인이 찍힌 구역은 철거되었고, 주민들은 초현대적 주택으로 이주했다. 프랑스의 도시 외곽에는 '그랑 앙상블grand ensemble(선先타설 강화 콘크리트로 지은 대형 아파트 건물)'이 들어섰다. 영국의 도시들에서는, 노동계급이 거주하는 도심지에서 뚜렷하게 보이는 '추악하고 왜곡된 인간상'과 '19세기와 20세기의 난잡함과 조잡함'에 맞선 전쟁이 벌어졌다. 그 도시들은 질서와 효율성을, 그리고 널찍함과 자급자족형 도시 공동체를 추구했으며 이는 새로운 다층 콘크리트 건물과 대규모 주택단지 그리고 '신도시'를 통해 구현되었다. 그 같은 움직임은 설렘 그리고 가능성과 낙관론으로 충만한 혁명 같은 느낌이 들었다. 1940년대 후반과 1950년대의 도시들은 급진적인 재창조 과정을 겪고 있었고, 바르샤바의 사례에서 알 수 있듯이, 그 과정에서 어떤 구역은 유산으로 보존된 반면 주민들에게 익숙한 동네와 역사적 거리 같은 구역은 진보라는 이름으로 철거되었다. 사회주의 성향의 벨기에 건축가 레나트 브라엠_{Renaat} _{Braem}은 "이것은 도시주의가 해방 지향적 생활의 틀을 실현하기 위한 무기로 쓰이는 총력전일 것이다"라고 말했다. 브라엠 같은 도시계획가들은, 1939년부터 1945년까지 벌어진 총력전이 이제 합리적이고 과학적인 노선에 따라 사회를 재조직하는 수단으로서의 '총체적 건축'에 백기를 들 것으로 여겼다.[60]

바르샤바는 파괴의 잿더미에서 솟아오르는 불사조 같은 도시다. 물론 바르샤바에는 커다란 문화적 공백이 생겼다. 한때 바르샤바 인구의 3분의 1일을 차지했던 유대인들이 대부분 사라지고 말았다. 약 40만 명의 유대인 중에서 불과 5,000명만 전쟁이 끝난 뒤 바르샤바로 돌아왔다. 그것은 돌이킬 수 없을 만큼 심각한 피해였다.

바르샤바의 역사에서도 무언가 다른 요소가 엿보인다. 바르샤바가 살아남은 비결이 있었다면 그것은 끈질기게 저항한 사람들, 바르샤바를 재건하기 위해 돌아온 시민들의 정신이었을 것이다. 세계 곳곳의 도시 거주자들은 각기 다른 상황에서 그런 결단력을 보여주었다. 하지만 폴란드인들은 나치 독일의 폭정으로부터 벗어나자마자 또 다른 폭정에 시달리게 되었다. 그 새로운 현실은 바르샤바의 풍경에서 분명히 드러났다. 바르샤바 사람들은 유서 깊고 친숙한 거리와 골목과 공동주택으로 이뤄진 도시를 선호했지만, 바르샤바에는 스탈린주의적 기념물과 단조로운 회색 콘크리트 주택단지가 들어섰다.

복원된 바로크 양식 구도심의 친밀한 거리와 엄숙한 분위기의 신축 주택단지가 빚어내는 선명한 대비를 통해, 유럽과 소련 사이에 끼여 이러지도 저러지도 못하는 폴란드의 곤란한 처지가 드러났다. 그것은 당시 전 세계에서 진행되고 있는 상황의 대표적인 사례이기도 했다. 독일과 영국을 비롯한 여러 나라에서, 친근한 도시 풍경으로 회귀하려는 시민들의 욕구와 새로운 전후 세계에 걸맞은 현대 도시를 원하는 당국의 시각이 팽팽히 맞서고 있었다. 냉정한 시선으로 역사를 바라볼 때, 현대주의 건축의 통일성과 보편성은, 그리고 도시의 모습을 근본적으로 바꾸려는 현대주의 건축의 열망은, 도시라는 개념과 도시성에 대한 공격이었다. 질서를 향한 갈망이 도시 생활의 본질적 속성인 혼란, 혼돈, 개별성과 싸우고 있었다.

반면, 자립과 주민 조직화의 전통이 강한 도쿄에서는 재건 사업의 상당 부분이 개인들의 손에 맡겨졌다. 주거 구역의 대다수 재건 사업은, 전통적인 공사 기법과 고유의 건축술을 활용하고 현지 건축업자들을 동원한 가옥 소유주들이 진행했다. 무계획적이고 점진적인 재개발 과정은 도쿄가 폐허에서 벗어나 20세기 후반기의 세계적 대도시로 발돋움할 수 있는 토대가 되었다. 판자촌과 무허가 정착촌은 도시 성장의 발판이 되었고, 따라서 도쿄는 몹시 촘촘하고 차별화된 도시 구조를 지니게 되었다. 도쿄는 다른 도시들과 뚜렷하게 대비된다. 특히 바르샤바에서는 권위주의와 온정주의 때문에 개인들과 도시의 소규모 공동체들이 도시의 미래를 결정하는 과정에 참여하지 못했다.[61]

교외로 범람하는 욕망

로스앤젤레스

1945~1999년

여기저기 깨진 유리

다들 계단에 오줌을 싸, 어차피 신경 안 써

냄새를 못 참겠어, 소음을 못 참겠어

이사할 돈이 없으니, 어쩔 수가 없지

거실에는 쥐, 뒤쪽에는 바퀴벌레

통로에는 야구 방망이 든 약쟁이

그랜드마스터 플래시 앤 더 퓨리어스 파이브Grandmaster Flash & the Furious Five가 1982년에 발표한 일렉트로 랩 싱글곡인 '더 메시지The Message'는 도심 생활의 중압감에 대한 유죄 선고이자, 뉴욕의 마을 축제에서 태동해 세계적 주류 음악으로 성장한 힙합의 운명을 바꿔놓은 노래이다.

힙합은 일반적으로 1973년 8월 11일에 뉴욕 브롱크스Bronx 자치구의 세즈윅 애비뉴Sedgwick Avenue 1520번지에 서 있는 어느 건물의 오락실에서 탄생한 것으로 본다. 그날 거기서 열린 파티의 사회자가 힙합의 창시자인 디제이 쿨 허크DJ Kool Herc였다. 1967년에 지어진 평범한 그 고층건물은 소음이 심한 주간고속도로 제81호선Interstate 81과 크로스 브롱크스 고속도로Cross Bronx Expressway 사이에 끼어 있는 여러 고층 건물들 속에 자리 잡고 있다. "지하철에서 내려 올라오면 형편없는 광경이 보였다. 붉은 벽돌로 지은 고급 아파트 건물들이 거대한 폐허로 전락해 있었다. 정면 외벽은 새카맣게 타버렸고, 위쪽 벽은 일부가 무너져 내렸다. 창문은 깨졌고 인도에는 파편이 흩어져 있었다. 800미터 정도 동쪽으로 내려가니 최근에 생긴 폐허의 모습이 한눈에 보였다." 그 황량한 도시 풍경은 30만 명의 주민들에게 버림을 받았다.[1]

이것은 1980년에 고향인 브롱크스를 방문한 마셜 버만Marshall Berman(20~21세기 미국의 철학자_옮긴이)이 남긴 말이다. 알다시피 브롱크스는 1945년에 폭격을 당한 도시가 아니다. 브롱크스는 "도시에 일어날 법한 모든 재난의 상징"이 되어버렸다. 크로스 브롱크스 고속도로 때문에 동네가 쪼개졌고, 유서 깊은 공동체가 갈라졌고, 곳곳에 차량으로 가득한 아스팔트 장애물이 생겼다. 1960년대와 1970년대 세계 각국의 여러 도시들에서 그랬듯이, 가장 가난한 주민들은 고층 콘크리트 주택단지로 이주했다. 전쟁의 상처를 입지는 않았지만, 미국의 도시들도 외국의 여느 도시들 못지않게 전후의 재건 분위기에 휩쓸렸다. 1950년부터 1970년까지, 미국에서는 약 600만 채의 주택이 철거되었다. 그 가운데 절반은 도심에 있던 주택들이었고, 그 과정에서 특히 세입자와 유색인종 주민 들이 큰 영향을 받았다. 버만은 브롱크스의 주민들에 대한 글을 남겼지만, 그것은 파리와 글래스고, 런던의 이스트 엔드와 바르샤바 같은 세계 각국의 도시들에 사는 노동계급 주민들에 관한 보고서일 수도 있었다. "그들은 가혹한 가난에 대비하고 있었지만, 그 험악한 세계의 파열과 붕괴를 각오하지는 않았다."²

고층주택과 다차선 도로 때문에 빈곤한 도심을 에워싼 최고의 방어선이자 거리를 중심으로 형성된 공동체가 무너졌다. 여느 도심 구역과 마찬가지로 브롱크스의 콘크리트 슬래브 건물들은 조직폭력과 마약 거래의 온상이 되고 말았다. 이미 공영주택 사업과 빈곤과 실업으로 상처를 입은 브롱크스는 1970년대에 지주들이 보험금을 타내려고 저렴한 가격의 공동주택에 잇달아 불을 지르는 바람에 다시금 타격을 입었다. 버만은 여전히 동네를 사랑하는 고향 사람들의 심정에 공감했다. "이 괴로워하는 사람들은 세계에서 가장 큰 그림자 공동체 중 하나에 속해 있다. 아직 명칭이 정해지지 않은 큰 범죄의 희생자들이다. 이제 그 범죄에 이름을 붙이자. 도시살해urbicide 어떤가?"

미군 정보기관 대령 출신의 어느 퇴역군인은 1968년에 쓴 글에서 미국 도심의 흑인 빈민가의 "시멘트 벽돌로 만든 고층건물 숲"을 베트남의 밀림에 비유하며 미군 병사들이 열대지방의 밀림에서 작전을 펼칠 때보다 도시의 고층건물 숲에 있을 때가 과연 더 나을지 자문했다. 그는 아니라고 대답했다. 도심의 상처가 곪아 터지면서 도시 폭동진압 전술은 군 당국의 시급한 사안으로 떠올랐다. 1964년부터 1968년까지, 미국의 257개 도시에서 소요 사태가 일어나 5만 2,629명이 체포되었다. 1968년 5월, 마틴 루터 킹이 암살되었을 때 연방수사국은 미국이 "몇 달 뒤 일어날 도시 지역에서의 실질적 반란에 대처할 태세를 갖춰야 한다"고 비밀리에 경고했다.³

오늘날 세계를 지배하는 문화 형태 가운데 하나인 힙합은 1970년대에 브롱크스의 악몽 같은 상황을 배경으로 탄생했다. 분노에 찬 '더

메시지'의 스타카토 랩을 잠시 들어보자. "밀지마 / 나는 벼랑에 다가가고 있어 / 정신을 잃지 않으려고 / 애쓰고 있어 / 때로는 밀림 같아, 궁금해 / 어떻게 내가 버티고 있는지."

힙합은 후기산업사회의 도심에 갇힌 채 소외감을 느끼는 흑인 청년들의 목소리로 출발했다. 적극적인 목소리를 창의적인 가사로 풀어낸 힙합은 도시 환경의 냉혹함에 대한 격렬한 반응일 뿐 아니라 범죄자와 마약중독자로 청춘을 보내버린 사람들에 대한 뼈아픈 반론이기도 했다. 힙합은 그런 사람들이 조직폭력배 생활을 청산하고 창의성을 마음껏 발휘하도록 이끄는 매개체였다.

마을 축제와 나이트클럽에서 잠시 선보인 힙합 음악은 1979년부터 상업화되었고, 이후 수십 년 동안 문화적 주류의 일부분으로 군림하며 대중음악에 변화를 불러일으키고 패션과 디자인과 예술 분야에 족적을 남겼다. '더 메시지'는 힙합 역사에서 의미심장한 곡이다. 이 노래에는 항의와 사회적 비평을 지향하는 힙합의 정체성이 깃들어 있다. 힙합이 전 세계에서 선풍적인 인기를 끌자 흑인 빈민가는 나름의 존엄성을 되찾았지만, 함부로 출입할 수 없는 구역이라는 이미지가 대중들의 인식 속에 각인되기도 했다.

11장에서 살펴본 혁신적인 콘크리트 주택단지인 퀸스브리지 하우스는 1980년대에 이르러 빈곤과 퇴폐의 소굴로 전락했다. 그곳은 흡연용 코카인 거래의 온상이자 걸핏하면 조직폭력배들끼리 싸움을 벌이는 장소였다. 뉴욕에서 살인 사건이 제일 많이 일어나는 주택단지이기도 했다. 그러나 퀸스브리지 하우스는 말리 말Marley Marl의 활약에 힘입어 힙합 혁신의 중심지 중 하나가 되었다. 라디오 디제이였던 말리 말은 힙합의 음향을 혁신적으로 발전시켰고, 1983년에는 록산느 샨테Roxanne Shanté, 비즈 마키Biz Markie, 빅 대디 케인Big Daddy Kane 같은 1980년대의 몇몇 신인들로 구성된 예술가 공동체인 주스 크루Juice Crew가 결성되는 데 기여했다. 어수선한 주택단지의 창의적 에너지는 10대에 학교를 중퇴한 나스Nas에게 자극제가 되었다. 그는 1990년대의 가장 성공한 랩 가수들 중 하나가 되었다. 1998년, 나스는 다음과 같이 회고했다. "말리 말과 주스 크루는 퀸스브리지에서 성장한 나 같은 흑인들에게 우리 동네 밖에 또 다른 삶이 있다는 희망을 심어주었다. 그는 비록 우리가 이 험악한 거리 출신이지만 아직 삶을 바꿀 기회가 있다는 믿음을 심어주었다."⁴

거리의 소음과 느낌에 뿌리를 둔 힙합에는 장소의 특이성이 깃들어 있다. 힙합에는 다양하고 포괄적인 재담과 비속어, 터무니없는 자랑, 상상의 비약, 사회적 행동주의, 항의 등도 담겨 있다. 다양한 형식과 결합된 특정 지역이나 장소와의 긴밀한 연관성은 힙합이 보편적이고 세계적인 문화 운동의 반열에 오르는 데 보탬이 되었다. 힙합은 황폐화된 세계 곳곳의 도심에서 느낄 수 있는 좌절감에 대한 명확한 표현이 되었다. 나스가 스무 살 때 발표한 데뷔 앨범 〈일매틱Illmatic〉(1994년)은 미국에서 가장 악명 높은 주택단지 중 하나에서 자란 10대 청소년의 경험을 상세히 읊는 1인칭 시점의 이야기다. 몇 년 뒤 그는 이렇게 기억을 더듬었다. "〈일매틱〉을 만들었을 때 나는 퀸스브리지 빈민가에 갇혀 있는 조무래기였다. 내 영혼은 퀸스브리지 주택단지에 갇혀 있었다."⁵

그는 의식을 흐름을 통해 특정 장소를 시적으로 기록하는 사람이 되었다. 그의 가사는 경험담과 퀸스브리지의 물리성 속에 얽혀있다. 그의 가사에는 거리 이름과 거기서 활동한 조직폭력배들과 친구들이 등장한다. 그가 가사에 담은 비속어는 뉴욕의 그 작은 동네에서만 쓰인 것이다. 나스는 다음과 같이 말했다. "내가 어떤 사람인지 알려주고 싶다. 거리의 맛과 느낌과 냄새가 어떤지. 경찰이 뭐라고 하는지, 어떻게 걷는지, 어떻게 생각하는지. 코카인 중독자가 무슨 짓을 하는지. 나는 사람들이 그것의 냄새를 맡고 그것을 느껴보기를 바랐다. 그런 식으로 이야기를 들려주는 것이 중요했다. 왜냐면 내가 들려주지 않으면 묻혀버릴 이야기일 것이었기 때문이다."[6]

〈일매틱〉은 세계 곳곳에서 피해를 초래한 몽상적인 현대주의 주택 실험에 대한 통렬한 비판이다. 다른 힙합 음반들처럼 〈일매틱〉도 20세기 후반의 도시의 몰락뿐 아니라 도시적 이상의 붕괴도 증언하고 있다. 10대 청소년인 나스는 탈출을 꿈꾸지만 그렇게 할 수 없다.

20세기 최고의 대도시인 뉴욕은 쇠퇴하고 있었다. "커지는 우주 속의 작아지는 지구에서 인간이 이룩한 업적"이라는 무의미한 표어를 걸고 1964년에 열린 뉴욕 만국박람회는 난감하고 값비싼 대가를 치른 실패였다. 1970년대에 뉴욕은 파산 직전으로 내몰렸다. 뉴욕의 도시 조직은 허물어지고 있었고, 거리에는 강도들과 마약상들과 노숙자들이 들끓었다. 1990년대에 뉴욕 사람들을 대상으로 실시된 어느 여론조사에 의하면 뉴욕 시민 중 60퍼센트가 다른 곳에서 살고 싶다고 응답했다.

제2차 세계대전 이후 여러 해에 걸쳐 썰물이 급속도로 빠져나가는 바람에 수백만 명이 난파선 속에 갇힌 채 오지도 가지도 못하게 되었다. 도시 생활을 떠받쳤던 산업체들은 다른 곳으로 떠나고 없었다. 수백만 명의 주민들도 마찬가지였다. 그들은 다른 곳으로 이주해 옛 이웃들의 고혈을 짜내며 살았다.

그들은 뉴욕을 떠나 새로운 종류의 대도시로 향했다.

교외의 이상향으로 떠오른 레이크우드

1950년에 로스앤젤레스 카운티 남쪽 지역에 있는 면적 14제곱킬로미터의 광활한 리마콩 경작지에서 레이크우드 시City of Lakewood가 모습을 드러냈을 때, 사람들은 그곳을 '현재의 미래 도시'라 불렀다. 거대한 야외 조립라인에서 매일 4,000명의 작업자들이 최소 50채의 주택을 완성했다. 대략 10분마다 1채가 완성되는 셈이었다. 작업자들은 30개의 조로 나뉘었고, 조별로 지정된 공정을 책임지고 수행했다. 어떤 구역에서는 콘크리트를 타설했고, 다른 구역에서는 목수들이 조립식 벽과 들보를 설치했다. 어떤 작업자들이 지붕에 널을 못으로 박아 넣는 동안 다른 작업자들은 실내에 페인트를 칠했다.[7]

1953년까지 치장용 벽토를 바른 수수한 목장식 방갈로 주택 1만 7,500채와 도로 225킬로미터가 건설되었고, 대다수가 젊은 부부들로 구성된 총 7만여 명의 레이크우드 주민들이 거처를 갖게 되었다. 레이크우드의 중심부에는 자동차 1만 대의 주차가 가능한 공간으로 둘러싸인 대형 쇼핑몰 레이크우드 센터가 있었다.

레이크우드는 그야말로 미래 도시였다. 젊은 부부들은 정원이 딸린 단독주택과 오락과 소비지상주의를 중심으로 펼쳐지는 현대적 생활방식에 젖어 들고 있었다. 화창한 날씨, 느긋한 분위기, 쉽게 갈 수 있는 해변과 농촌과 산, 좋은 학교, 맛있는 음식, 고임금 일자리 같은 훌륭한 조건을 갖춘 레이크우드는 에덴동산과도 같았고, 그들은 간절한 마음으로 에덴동산을 껴안았다.

미국 전역에서 그리고 상대적으로 수는 적지만 캐나다와 독일과 영국 같은 나라들에서도 캘리포니아의 매력에 이끌린 사람들이 레이크우드로 건너왔다. 당시의 어느 기록영화에 의하면 "그들은 넓은 무료 주차장을 갖춘 초현대적 쇼핑센터 주변에 주택과 거리가 무척 산뜻하게 배치된 점을 좋아했다. 그들이 생활하고 일하고 쇼핑을 즐기는 방식은 현대적인 교외의 방식이 되었다. 레이크우드를 낙원으로 여기는 사람들이 많다."

대량생산된 주택들이 대형 쇼핑몰과 결부되는 형태는 로스앤젤레스 카운티와 미국 각지 그리고 세계 곳곳에서 모방되었다. 1950년에 레이크우드가 첫선을 보이고 나서 20년 동안 미국 주요 도시들에는 1,000만 명의 주민이 새로 유입되는 데 그쳤지만, 교외 지역으로는 무려 8,500만 명이 이주했다. 도시를 탈출하는 주민들의 행렬은 계속 이어졌다. 제2차 세계대전 당시 전체 미국인의 13퍼센트만 교외에 거주했지만, 1990년대에는 미국인의 절반이 교외에서 살고 있었다. 미국의 도시와 교외에 거주하는 인구는 75퍼센트 증가한 반면, 도시와 교외에 조성된 건축환경의 면적은 300퍼센트나 늘어났다. 자동차 기반의 도시화에 따라 새로운 종류의 도시가 탄생했고, 그 과정에서 생활방식이 혁신적으로 바뀌었다. 당시 미국 문명은 도시의 공공 생활이 아니라 개별 가정의 사적 영역을 중심으로 형성되고 있었다.[8]

그러나 레이크우드가 물리적 지면 구획과 생활방식, 사회적 야심의 측면에서만 선구적인 것은 아니었다. 1953년, 인근 도시인 롱 비치Long Beach시 당국이 레이크우드를 편입하기로 결정했다. 그러자 롱 비치 시 당국이 산업체를 유치하고 주택단지를 새로 조성할 경우 본인들의 이상향이 망가질 것으로 염려한 주민들은 레이크우드를 자치체로 선언했다.

레이크우드는 협정에 따라 도로 정비, 교육, 보건, 치안 같은 공공서비스 권한을 로스앤젤레스 카운티에 넘기는 대신 쇼핑센터로부터 일정 몫의 판매세를 거둬들였고, 건축 규제권을 계속 보유했다. 즉, 레이크우드는 부담스러운 요소인 산업체와 저렴한 주택단지 그리고 은연중에 부담스러운 유입 인구를 막을 수 있는 자치 도시가 되었다. 향후의 주택단지에 대한 관리권을 보유함으로써 레이크우드는 복지에 의존할 가능성이 높은 세입자들을 배제할 수 있었고, 신규 주택의 부지 규모와 설계를 법령으로 정함으로써 간접적으로 주택 가격을 높게 유지할 수 있었다.

물리적 환경에 대한 권한은, 바람직한 생활방식을 누릴 수 있는 기회와 더불어, 레이크우드의 주요 매력 중 하나로 떠올랐다. 도시 안의 도시인 레이크우드는 생각이 비슷한 사람들 즉 중하층 및 고임금 육체 노동자층에 속한 백인 자택 소유자들로 가득한 독자적 세계였다. 전국적으로 주목을 받은 레이크우드 플랜Lakewood Plan은 면밀한 조사 끝에 다른 지역의 여러 공동체들에게 모범답안으로 제시되었다. 로스앤젤레스 분지Los Angeles Basin에서는 경계선을 결사적으로 사수하려는 수십 개의 자치체가 등장해 수백 제곱킬로미터의 드넓은 농촌 지역을 공영주택과 쇼핑센터로 채웠다.⁹

레이크우드와 레이크우드를 본보기 삼아 만들어진 도시들은 현상 유지를 갈망했다. 개간되지 않은 그 땅에 정착한 개척자들은 새로운 출발과 바람직한 생활방식의 세계로 탈출하는 사람들이었다. 그러나 그들은 다른 세계 즉 산업시설로 인한 오염, 검댕과 먼지, 범죄, 부도덕성, 인구과밀, 다문화적 혼란 등의 문제를 지닌, 진부하고 오래된 도시에서 이탈하는 사람들이기도 했다. 뉴욕, 시카고, 휴스턴, 세인트 루이스 등지의 인구 밀집 구역에서 살다가 햇빛이 쨍쨍하고, 야자수가 늘어서 있는 캘리포니아에서 목가적 생활방식을 누리려고 한 유럽 출신 이민자들의 자손들인 노동자층과 중산층은 새로운 샹그릴라_Shangri-La(쿤룬 산맥에 있다고 하는 낙원_옮긴이)에서만큼은 악덕이 만연한 도심을 보고 싶지 않았다. 그들은 빗장을 걸었고, 3중 잠금장치를 설치했다.

탄생한 지 70년이 흐른 지금, 레이크우드에서는 1950년대의 미래 지향적 표어 대신 새로운 표어가 보인다. 8월의 어느 날 아침 나는 자동차를 몰고 델아모 대로_Del Amo Boulevard를 따라 레이크우드 시내로 들어가며 육교에 다음과 같은 내용의 표지판이 보였다. "레이크우드. 시대는 바뀐다. 가치는 바뀌지 않는다." 레이크우드의 주택가를 지나가면서 그 표어가 실감이 났다. 레이크우드는 아름다운 도시다. 가로수로 그늘진 조용한 대로에는 산뜻한 방갈로 주택이 줄지어 있었다. 대다수의 방갈로 주택은 말뚝 울타리와 깨끗한 잔디밭과 정성껏 가꾼 초목을 갖추고 있었다. 성조기를 걸어둔 집도 많았다. SUV 차량과 대형 용달차가 여기저기 눈에 띄었다. 이상향을 꿈꾼 지 수십 년이 흐른 지금, 레이크우드는 육체노동자층 및 중산층 미국인들이 거주하는 가장 전형적인 교외이자 건설 이념에 충실한 도시의 모습을 갖고 있었다.

13장 교외로 범람하는 욕망 -◦- 로스앤젤레스 1945~1999년

탈중심적 도시로 새롭게 개발된 로스앤젤레스

오늘날, 우리는 도시 세계에서의 생활에 대해 얘기한다. 그러나 실제로 대부분의 사람들에게 도시 세계란 도시 팽창 현상의 결과물인 교외 세계를 의미한다.

제2차 세계대전의 막바지부터 도시는 수천 년의 역사를 뒤로한 채 급격하고 근본적인 변화를 겪었다. 20세기 말엽, 전통적인 도시들이 끝없이 팽창하는 초거대도시에 흡수될 것으로 예측되었다. 8만 7,940제곱킬로미터의 면적을 자랑하는 로스앤젤레스 대도시권Greater Los Angeles이라는 거대한 도시집단은 여러 측면에서 과열 성장하는 대도시, 즉 어머니 도시mother city(그리스어로 'metro'는 '어머니', 'polis'는 '도시'를 뜻한다. 따라서 'metropolis메트로폴리스'는 '어머니 도시'라는 뜻이다_옮긴이)로 볼 수 있다.

로스앤젤레스 분지를 하늘에서 내려다본 모습은 사람들 그리고 활동과 에너지가 집중적으로 모여 있는 거대한 덩어리와도 같으며 이는 지구에서 가장 인상적인 광경 중 하나다. 아일랜드 공화국보다 더 넓고 1,900만 명이나 모여 사는, 로스앤젤레스 대도시권은 하나의 도시가 아니다. 그것은 끝이나 한계가 없어 보이는 듯한 고속도로로 연결된, 도시와 대규모 주거 구역과 산업지대와 쇼핑몰과 사무단지와 유통센터로 구성된 하나의 집합체다. 제2차 세계대전 이후 몇십 년 동안 많은 방문객들에게 이 거대도시권역은 기괴하고 혐오스러운 곳, 즉 일정한 중심부를 지닌 기존의 촘촘한 도시에 익숙한 사람들이 이해할 수 없는 곳으로 보였다.

그러나 오늘날, 인간이 거주하는 모든 대륙에서는 이 같은 유형의 도시들과 이 정도 규모의 도시권들을 흔히 찾아볼 수 있다. 세계 경제의 원동력은 이제 더 이상 도시들이 아니라 수많은 대도시 지역이 결합한 29개의 거대도시권역들이다. 이 광역도시권들은 전 세계 부의 절반 이상을 창출한다. 보스턴·뉴욕·워싱턴 회랑 보스워시BosWash는 4,760만 명의 인구와 3.6조 달러의 생산액을 자랑한다. 도쿄 대도시권Greater Tokyo의 인구는 4,000만 명이고, 생산액은 1조 8,000만 달러다. 홍·선Hong-Shen(홍콩과 선전深圳, Shenzhen)은 인구가 1,950만 명이고, 생산액은 1조 달러다. 홍·선은 1억 명 이상이 거주하는 도시망인 주강 삼각주Pearl River Delta의 일부분이다. 중국은 더 많은 도시군을 한데 묶어 방대한 초超도시권을 형성할 수 있는 고속철도망을 건설할 예정이다. 2014년, 중국 정부는 베이징과 허베이와 톈진Tianjin을 아우르는 면적 34만 1,900제곱킬로미터, 인구 1억 1,200만 명의 거대도시권역인 징진지 수도권Jing-Jin-Ji 계획을 발표했다.

남부 캘리포니아는 대도시 탈중심화 현상을 가장 먼저 겪은 지역이다. 만약 그 역사적 혁명의 정신적 근거지가 로스앤젤레스의 거친 주택단지의 바다에 있다고 한다면, 그곳은 바로 로스앤젤레스 도심에서 남쪽으로 32킬로미터쯤 떨어진 레이크우드일 것이다.

도로시 파커Dorothy Parker(19~20세기 미국의 시인_옮긴이)는 "도시를 찾아 나서는 72개의 교외들"이라는 표현을 통해 로스앤젤레스를 조롱한 것으로 추정된다. 거기에는 다수의 반대론자들이 다양한 형태로 누차 드러낸 로스앤젤레스에 대한 인식이 담겨 있다. 하지만 그것은 로스앤젤레스가 전통적인 도시일 경우에만 올바른 지적이었을 것이다. 전통적인 도시는 사방으로 퍼져나가는 주거 구역인 교외가 상업과 산업의 중심지인 도심을 에워싼 형태를 띤다. 레이크우드가 건설되기 오래전에, 로스앤젤레스는 20세기에 어울리는 새로운 종류의 도시이자 탈중심적 도시로 개발되었다.

1870년대에는 인구가 1만 명에 미치지 못했던 로스앤젤레스는 기술, 특히 이동 수단과 관련한 기술에 힘입어 도시 세계의 모습이 새롭게 바뀌고 있을 때 주요 대도시로 급성장했다. 1920년대에 이르러, 로스앤젤레스 대도시권은 세계에서 가장 선진적인 도시 내부 철도망, 수백 개의 도시와 도회지와 마을을 한데 묶어 광역도시망을 형성하는 총연장 1,760킬로미터의 철도망을 갖추게 되었다. 로스앤젤레스 대도시권은 미개발 지역까지 손을 뻗었고, 로스앤젤레스 대도시권의 거대한 거미줄은 앞으로 살이 붙을 미래 도시의 뼈대를 이뤘다. 그 무렵, 로스앤젤레스 사람들은 다른 지역의 미국인들보다 자동차를 소유하고 있을 가능성이 4배 높았다. 로스앤젤레스는 집중화 위주의 전통적인 도시와 달리 이동성을 기반으로 삼고 있었다. 그리고 그 대도시를 지탱하는 산업인 석유, 고무, 자동차 제조, 연예, 항공기 제작에는 상당한 넓이의 공간이 필요했다.

아주 넓은 공간이 필요한 대규모 공장들은 그 특성상 여기저기 흩어져 있을 수밖에 없었다. 로스앤젤레스 대도시권에 속한 많은 도시들은 확실히 교외 같아 보였고, 교외처럼 느껴졌다. 그러나 그 도시들은 중심 도시를 찾아 나서지 않았다. 일자리는 한 지역에 모여있는 것이 아니라 넓게 흩어져 있었다. 로스앤젤레스 대도시권은 중심을 먹여 살리는 교외들의 집합이 아니라 하나로 뭉치기 시작하는, 서로 연관된 도시들의 모자이크였다. 로스앤젤레스 도심에서 남쪽으로 11킬로미터 떨어진 곳에 있는 도시인 사우스 게이트South Gate는 원래 육체 노동자 가정이 주로 거주하는 교외로 개발되었다. 그 도시에는 제너럴 모터스 자동차 공장과 공영주택단지가 있었지만, 닭 우리와 채소밭이 딸린 정원 그리고 엉성하게 지은 농장들 때문에 시골 같은 분위기를 풍기기도 했다. 노동자층 주민들은 사방으로 뻗은 교통수단 노선과 광역 도로망을 활용해 로스앤젤레스 대도시권 여기저기의 공장으로 출퇴근할 수 있었다.[10]

로스앤젤레스는 무분별한 팽창 현상이나 좀비 같은 교외 증식 현상의 결과로 폭발하지는 않았다. 로스앤젤레스가 폭발로 치달은 과정에는 그 대도시가 뒷받침한 산업이 그리고 현대 도시에 대한 이상향적 개념이 지대한 영향을 미쳤다.

1896년에 로스앤젤레스로 건너온 조합 교회주의 성직자 다나 바틀렛Dana Bartlett에 따르면 "기후는 현금 가치가 있었다." 부유한 관광객들이 기후에 이끌려 '국립 유원지'로 몰려왔기 때문이다. 바틀렛은 《더 좋은 도시The Better City》에서 "그러나 기후는 임금노동자에게 가장 큰 현금 가치가 있다"라고 썼다. 남부 캘리포니아의 기후는 거기 사는 노동계급에게 혜택을 줄 것으로 보였다. 남부 캘리포니아에서 생활하는 노동자들은 기후 덕택에 건강을 유지하고, 과도한 겨울 연료비를 아끼고, 적은 비용으로 집을 짓고, 채소와 꽃과 닭을 키울 수 있을 것 같았다. "여기서는 거지도 왕처럼 살 수 있다."

로스앤젤레스가 아직 작은 규모일 때인 1907년에 쓴 글에서, 바틀렛은 노동계급 가정들이 산이나 해변에서 여가를 보내는 미래를 상상했다. 앞으로는 노동계급에 속한 사람들이 정원이 딸린 집을 소유하고, 여기저기 흩어진 공장에서 일할 것으로 전망되었다. 바틀렛은 그것을 인구과밀에 시달리지 않는 도시에서 아름다움과 건강이 공존하는 "더 고귀한 삶"으로 일컬었다. 바틀렛은 로스앤젤레스의 바람직한 발전 방향에 관한 견해를 상세히 피력했고, 그의 의견은 폭넓은 공감을 얻었다. 그는 영국의 에버니저 하워드 경이 꿈꾼 도시의 미래를 참고했다. 에버니저 하워드 경이 1902년에 출간한 책《내일의 전원도시 Garden Cities of Tomorrow》는 도시계획에 관한 가장 영향력 있는 연구 결과 중 하나다. 이 책은 들판과 숲에 둘러싸인 적당한 규모의 전원도시가 산업도시의 해악에 대한 처방전으로서 농촌에 건설될 것으로 예상했다. 20세기에 걸맞은, 사방으로 흩어진 농촌 분위기의 대도시는 19세기의 혐오스럽고 치명적인 바빌론 즉 시카고, 맨체스터, 뉴욕 같은 여러 도시들에 대한 직접적인 반응이기도 했다.

책임 토목기사인 윌리엄 멀홀랜드William Mulholland의 지휘에 따라, 로스앤젤레스는 375킬로미터나 떨어진 오웬스 계곡Owens Valley의 물을 끌어오기 위한 세계 최장의 송수로를 건설했다. 물이 풍부해지자 광활한 농지의 생산력이 높아졌다. 전기도 생산할 수 있게 되었다. 그리고 가장 중요한 점은 도시에 필요한 용수를 공급할 수 있다는 사실이었다. 값싼 용수가 공급된 덕분에 로스앤젤레스는 주변 지역사회를 병합하며 팽창할 수 있었다. 1909년, 로스앤젤레스는 윌밍턴Wilmington과 샌피드로San Pedro를 병합하고 도시에서 바다까지 이어지는 회랑지대를 형성함으로써 항구를 얻게 되었다. 1910년에는 할리우드, 1915년에는 샌퍼넌도 밸리를, 1920년대와 1930년대에는 소텔Sawtelle, 하이드 파크Hyde Park, 이글 락Eagle Rock, 베니스Venice, 와츠Watts, 투중가Tujunga 등을 병합했다. 1890년대에 로스앤젤레스 시의 면적은 76제곱킬로미터였고, 인구는 10만 명 미만이었다. 그런데 1932년에는 면적이 1,215제곱킬로미터(1890년대에 비해 1,575퍼센트 증가한 수치로 뉴욕의 면적과 비슷했다), 인구가 130만 명이었다(당시 뉴욕에는 무려 700만 명이 살고 있었다). 로스앤젤레스의 낮은 인구밀도는 로스앤젤레스 인구의 3분의 2가 단독주택에 살고 있었다는 사실로 설명할 수 있다. 반면 뉴욕 인구와 필라델피아 인구 중에서 단독주택에 거주하는 사람들의 비율은 각각 20퍼센트와 15퍼센트였다. 한편, 교외의 방갈로 주택의 잔디밭으로 뒤덮인 로스앤젤레스 카운티의 면적은 246제곱킬로미터로 증가해 맨해튼 면적의 4배가 되었다. 하지만 그 수치에는 컨트리클럽, 골프장, 주차장 같은 넓은 공간의 면적이 포함되지 않았다. 이상적인 생활방식을 누리는 데는 엄청나게 넓은 공간이 필요하다. 교외화는 도시 팽창 현상의 원인이었다. 사람들이 변두리의 농촌으로 점점 더 가까이 다가가면서 도시가 팽창했고, 그로 인해 교외화가 초래되었다.[11]

20세기 초반, 로스앤젤레스는 자연과 인간 활동이 공존하는 곳, 사람들로 북적이는 산업도시의 고질적인 문제가 해결된 곳, 즉 미래 도시라는 이미지가 있었다. 대중교통, 자동차, 간선도로, 분산된 산업시설, 단독주택 따위를 갖춘 로스앤젤레스 대도시권은 모든 대도시들의 미래를 예견하는 듯했다. 하지만 그것은 당대의 미래 지향적 도시주의와 상반된 것이었다. 내일의 도시는 당연히 휘황찬란한 마천루들로 이뤄진 수직 도시가 아닌가? 그렇지 않은 것 같았다. 미래 도시는 수직이 아니라 수평을 지향하는 듯싶었다.

레이먼드 챈들러Raymond Chandler(19~20세기 미국의 소설가_옮긴이)는 "종이컵의 온갖 특성을 지닌 도시"라며 로스앤젤레스를 조롱했다. 사람들이 더 넓은 지역에 있는 주거와 직장을 물색함에 따라 로스앤젤레스의 도심과 중심부는 점점 쇠퇴했다. 그것을 개성 없고 끝을 모르는 도시 팽창 현상으로 바라보는 사람들도 많았지만, 쇠퇴하는 도시의 경계선에서 벗어나는 바람직한 현상으로 여기는 사람들도 있었다.

한창 성장하는 도중에도 로스앤젤레스 카운티의 대부분 지역은 목가적 도시관에 충실한 것처럼 보였다. 제2차 세계대전이 발발하기 전까지 로스앤젤레스 카운티에는 200만 명 이상의 사람들이 쾌적한 환경에 둘러싸인 단독주택에 이끌려 몰려들었고, 당시 호황을 누리고 있던 항공기, 고무, 자동차, 석유 같은 여러 산업 분야에서 일하게 되었다.

1915년에 합병된 샌퍼넌도 밸리는 대규모 송수로, 크고 작은 교외 도시들, 관개시설을 갖춘 농지, 목장, 과일나무 밭, 과수원, 골프장 등에 힘입어 메마른 땅에서 푸르른 낙원으로 변모했다. 샌퍼넌도 밸리 특유의 멋진 농촌 풍경과 절벽과 암반층은 서부영화 1920년대와 1930년대의 여러 서부영화의 배경이 되었다. 할리우드 유명 배우들은 그곳의 목장들을 덥석 사들였다. 역사학자 캐서린 멀흘랜드Catherine Mulholland는 샌퍼넌도 밸리에서 보낸 유년기를 다음과 같이 회상했다. "1930년대에 샌퍼넌도 밸리에서 보낸 시절을 돌이켜보면 외로움이 떠오른다. 농촌의 정적을 깨트리는 기차의 쓸쓸한 기적 소리, 코요테의 울부짖음, 자전거를 타고 흙길을 따라 등교하는 내 앞을 가로질러 깡충깡충 달려가는 외로운 산토끼가 생각난다."[12]

정부가 만들어낸 '이상적' 교외의 모습

농촌의 멋진 풍경은 오래 지속되지 못했다. 1940년대부터 교외의 주택단지가 샌퍼넌도 밸리를 집어삼켰다. 수만 개의 목장식 주택들이 우후죽순으로 들어서자 진짜 목장과 흙길과 산토끼가 사라졌다. 그렇게 수영장, 감귤 나무, 소규모 쇼핑몰, 자동차 극장 따위로 이뤄진 환상적인 세계인 '미국식 교외'가 탄생했고, 미국식 교외는 캘리포니아에서 누릴 수 있는 꿈같은 생활의 궁극적 표현이자 자동차 기반 청년 문화 중심지로서 세계적 명성을 얻었다. 거대교외권의 출현을 계기로 문장의 끝부분을 올리는 억양을 널리 유행시킨 물질주의적 성향의, 머리가 텅 빈 '밸리 걸Valley Girl'이라는 고정관념이 생겼다.

샌퍼넌도 밸리는 미국에서 가장 빨리 성장했다. 1940년대에 인구가 2배 증가했고, 1950년대에 또 2배 늘어났고, 1960년대에는 단조로운 공영주택단지가 곳곳에 조성됨에 따라 100만 명을 돌파했다.

영국인과 미국인 들이 도시와 맺은 관계는 아시아인들이나 유럽 대륙 사람들이 도시와 맺는 관계와 결코 같지 않았다. 영국인과 미국인 들은 되도록 빨리 도시에서 벗어나 변두리의 농촌으로 떠나려는 경향이 있었다. 그러려면 경제적 능력이 뒷받침되어야 했다. 교외에서 통근할 여유가 있는 사람들만 도시의 인구과밀과 질병, 공해와 범죄에서 벗어날 수 있었다. 기차와 노면 전차의 활약에 힘입어 부자들을 위한 그림같이 아름답고 고급스러운 교외가 도시 변두리에 조성되었다.

영국에서 탄생한 교외는 19세기와 20세기를 거치며 점점 성장했고, 그 과정에서 도시의 성격을 바꿔놓았다. 제1차 세계대전 이후 영국에서는 '참전용사 주택Homes for Heroes'과 빈민가 철거 열풍이 불면서 큰 도시들 가장자리에 대규모 공영주택 부지가 조성되었다. 맨체스터는 2만 5,000채의 주택에 10만 명이 거주할 예정인 위성 '전원도시' 윈센쇼Wythenshawe를 건설했다. 런던 카운티 의회London County Council는 1920년대에 도심 '빈민가' 주민들을 대거 이주시킬 수 있는 여덟 곳의 '소주택 부지'를 개발했다. 대거넘Dagenham의 베콘트리 이스테이트

Becontree Estate는 세계 최대의 주택단지가 되었다. 1939년, 그곳에는 주로 2가구 연립주택인 2만 5,769채의 주택에 총 11만 6,000명이 살고 있었다. 메트로폴리탄 철도회사Metropolitan Railway Company는 런던 서쪽 지역의 철도 선로를 따라 목가적인 분위기의 중산층 통근자용 주택단지를 조성했다. 튜더 복고 양식의 2가구 연립주택을 특징으로 삼은 그 넓은 교외 지역은 '메트로랜드Metroland'로 불리게 되었다. 메트로랜드는 도시가 목가적인 꿈을 좇아 점점 더 퍼져나가며 들판과 마을을 마구 집어삼키는 현상의 가장 두드러진 사례였다. 1921년과 1931년 사이에 런던은 인구가 10퍼센트 증가했지만, 면적은 200퍼센트 늘어났다. 로스앤젤레스의 샌퍼넌도 밸리도 동일한 과정을 겪었다. 그 괴물 같은 교외는 스테로이드라도 복용한 듯이 가장 좋아하는 것들을 탐욕스럽게 잡아먹었다.

영국 사회와 미국 사회에서는 교외 생활과 시골풍 환경 속의 단독주택에 대한 동경이 있었다. 거대해진 괴수 같은 현대 대도시를 탈출하려는, 뿌리 깊은 욕구는 산업 세계 곳곳에 존재했다. 그러나 제2차 세계대전 이후의 교외는 강력한 힘, 그리고 종종 눈에 띄지 않는 힘에 의해 그 형태가 결정되었다.

남부 캘리포니아는 나름의 신화를 만들며 꿈을 키우고 있는 곳이다. 그곳은 한가함과 대안적 생활방식과 낙천적인 해변 문화의 세계적 중심지다. 그러나 오늘날의 로스앤젤레스는 전쟁의 결과물이다. 레이크우드 주민의 상당수는 롱 비치와 그 주변에 산재한 더글러스 항공기 제작사Douglas Aircraft Company의 생산시설에서 일했다. 그들은 스카이나이트Skyknight 같은 군용 제트기를 조립했다. 당시 제작된 스카이나이트 전투기 중 하나가 어느 공원의 뾰족한 콘크리트 받침대 위에 전시되어 있다. 샌퍼넌도 밸리에도 방위산업체들이 몰려 있었다. 록히드 항공기 제작사Lockheed Aircraft Company는 제2차 세계대전이 벌어지는 동안 수천 대의 전투기와 플라잉 포트리스Flying Fortress 폭격기를 생산하며 샌퍼넌도 밸리 최대의 회사로 성장했고, 종전 후에는 U2 정찰기 같은 고등 제트기를 생산했다.

레이크우드에서 정체를 드러낸 교외적 이상향은 겉보기와 달리 냉전의 산물이었다. 그곳은 현대의 군사적 충돌에 필요한 가공품을 조립하는 수많은 사람들의 기숙사인 셈이었다. 교외의 선구자들인 레이크우드 사람들은 살기 좋은 집이 있었을 뿐 아니라 월급도 두둑이 받았다. 그들의 월급 액수는 전국 평균치를 훨씬 상회했다.[13]

그들은 냉전의 수혜자였을 뿐 아니라 냉전의 최전선에 서 있기도 했다. 첨단 군수품 제조 및 연구의 중심지인 로스앤젤레스는 소련 핵 미사일의 주요 표적이었다. 샌퍼넌도 밸리의 교외 도시들은 1950년대의 열망과 사회적 변화를 대표했을지 모르지만, 아이들이 자전거를 타고 교외를 돌아다니고 10대 청소년들이 자동차 극장에서 영화를 볼 때조차 록히드 항공기 제작사가 초고등 항공기의 시험비행을 실시하는 바람에 걸핏하면 제트기의 음속 폭음이 정적을 깨뜨렸다. 그 1950년대의 푸른 에덴동산은 핵탄두를 장착한 나이키 지대공 미사일 포대가 지켰다. 나이키 미사일 포대는 로스앤젤레스 대도시권 주변의 여러 미사일 기지 중 하나였다. "초음속 강철 반지Ring of Supersonic Steel"로 불린 미사일 기지들 덕분에 로스앤젤레스는 세계에서 가장 견고한 방어 수단을 갖춘 도시 중 하나가 되었다.[14]

교외의 팽창 현상과 원자력 시대는 밀접한 연관이 있다. 1950년대의 종말론적 문학과 영화 때문에 사람들은 도시 생활을 무척 두려워

했고, 주요 도시의 예비 폭심지로부터 멀리 떨어진 듯싶은 교외와 준
準교외exurb(교외보다 더 멀리 떨어진 주택지_옮긴이)와 통근자 거주 도시는
심리적 안정감을 띠게 되었다. 그러나 그 도시 탈출 현상은 연방정부
에 힘입어 추진력을 얻었다. 당시 군사전략가와 도시계획가 들은 사
람들과 산업시설을 취약하고 조밀한 도시 밖으로 분산시키려는 정책
이 핵 공격에 대한 선제적 방어 형태라고 확신했다. 그런데 민주국가
에서 강제로 그렇게 할 수는 없었다. 다만 간접적인 방식으로는 가능
했다. 세제 혜택이 산업시설의 위치를 좌우하게 되었다. 1950년대의
대규모 도로건설계획에 따라 그전까지 너무 외딴곳으로 평가된 지역
에 이주지들이 속속 조성되었다. 그리고 주택시장에 대한 연방정부의
입김도 작용했다.[15]

집을 장만하려는 부부들은 스스로 자유로운 선택을 한다고 믿었
을지 모르지만, 그들을 교외로 안내한 길은 연방정부의 고위층이 미
리 닦아놓은 것이었다. 독특한 외양과 느낌을 지닌 미국식 교외는 국
민적 취향이나 개인적 선택의 결과가 아니라 대체로 국가가 만들어낸
작품이었다. 대공황 이후 설립된 연방주택청Federal Housing Authority은
주택담보대출 시장의 안정성을 보장하는 데 수십억 달러를 지출했다.
1930년대 이전에는 대출을 받으려면 부동산 가치의 50퍼센트에 달하
는 보증금을 내야 했고 10년 안에 대출금을 상환해야 했지만, 연방주
택청이 투자자들을 위해 만든 엄청나게 튼튼한 안전망 때문에 상황이
완전히 바뀌었다. 이제 보증금을 아주 조금 내거나 아예 내지 않아도
되었고, 이자율이 낮아졌고, 대출금 상환 기간은 30년까지 연장할 수
있었다. 그 결과 주택담보대출 시장이 폭발적으로 성장했고, 1950년
의 미국 가구 중위소득(4,000 달러)에 해당하는 모든 사람들이 주택을

소유할 수 있는 길이 활짝 열렸다.[16]

그러나 연방주택청은 오래된 주택에 대해서는 안전망을 제공하지 않았다. 연방주택청은 넓은 거리와 막힌 길의 신축 단독주택에 우선권을 부여했다. 연방주택청의 규정에 의하면 주택은 도로에서 최소한 3.5미터 떨어진 위치에 있어야 했고, 정원으로 완전히 둘러싸여 있어야 했다. 연방주택청은 동질적인 주택단지에 우호적이었고, 상점 중심의 복합용도 지구를 못마땅하게 여겼다. 밀집보다 팽창을 선호했고, 임대주택이나 오래된 재고 주택을 부정적으로 여겼다. 그리고 대중교통 노선 근처보다 간선도로 인근의 입지를 선호했다. 결국 그 모든 것은 전국 규모의 시장에서 거래되는 규격화된 그리고 대체 가능한 주택융자상품의 조건이었다. 실제로, 규격화되고 대체할 수 있는 주택에 대한 수요가 있었다.[17]

교외의 신축 방갈로 주택은 내 집을 장만하려는 사람들에게 좋은 기회가 될 수 있었다. 도심에서 집을 구하려는 사람들은 좀처럼 주택담보대출을 받기 어려운 상황이었다. 구매자들은 이런 전후 사정을 명확히 파악하지 못했다. 부동산업자들과 주택담보대출 중개인들은 구매자들에게 시외의 신규 주택단지를 권했다. 1950년대에 교외가 폭발적으로 성장한 현상은 정부가 원했기 때문에 그리고 정부가 수십억 달러의 자금을 투입했기 때문에 일어난 일이었다. 레이크우드를 건설한 회사는 중위소득에 해당하는 사람들이 구입할 수 있는 주택을 제공해야 한다는 점을 알고 있었고, 실제로 그렇게 했다. 그 회사가 지은 침실 3개짜리 목장식 방갈로 주택은 1채당 8,255달러에 팔렸다. 그 주택들은 선납금 없이 매월 50달러씩 30년 동안 상환하는 조건으로 주택담보대출을 받은 사람들이 구입할 수 있었다. 그런 제약 속에서 건설업에 종사하고 수익성 높은 주택담보대출 시장에서 살아남으려면 조립식 주택을 신속하게 대량생산해야 했다. 모양과 마무리 칠이 똑같은 한 단지 내의 주택들에는 동일한 설비와 재료와 기기가 쓰였다. 그러므로 건설업체들은 규모의 경제를 활용할 수 있었다. 일례로, 레이크우드의 주택들에는 동일한 규격과 색상의 실내용 문 20만 개가 쓰였다. 자동차를 타고 레이크우드나 샌퍼넌도 밸리를 둘러보면 주택단지의 획일성이 뚜렷하게 느껴진다. 그것은 주민들이 원했기 때문에 일어난 일이 아니라 연방정부의 지원을 받으며 생긴 결과다.

수많은 텔레비전 프로그램과 영화에서 건전한 교외 생활이 찬미되었고, 심지어 이상화되었다. 그러나 교외의 진정한 미학을 좌우한 것은 연방주택청의 투자 정책 그리고 '방어적 분산'이라는 국가안보 차원의 고려사항이었다. 1954년에 제정된 주택법에 따르면 연방주택청을 위시한 연방기관들은 적의 공격에 대한 도시의 취약성을 완화하는 데 동참해야 했다. 그것은 교외화를 통한 분산을 의미했다. 1954년 주택법에는 "도시방어 기준을 따라야 하는" 주택에 대출을 해줘야 한다는 규정도 포함되어 있었다. 네바다 주의 사막에서 실시된 핵실험인 큐 작전Operation Cue을 통해 다양한 형태의 주택을 검증해본 결과 방갈로 주택이 핵실험에 가장 강한 것으로 드러났다. 그리고 베네치아식 블라인드를 갖춘 방갈로 주택의 실내가 가장 적은 피해를 입었다. 1950년대 남부 캘리포니아의 신축 주택 10개 중 9개가 목장식 방갈로 주택이었던 것은 결코 우연이 아니다.[18]

주로 육체노동자 가정이 거주하는 교외 도시인 사우스 게이트의 무질서한 모습은 연방주택청의 지원을 받는 레이크우드의 깔끔한 잔디밭에 무릎을 꿇었다. 교외는 순응성을 의미하는 곳이 되었다. 하지만 그것은 주택시장과 정치적 우선사항에 의해 강제된 순응성이었다. 반드시 개인적 선택의 결과로 나타난 순응성이라고 볼 수는 없었다. 그리고 그것은 반박할 수 없는 순응성이었다. 교외의 침실 3개짜리 목장식 방갈로 주택에 대해 매달 납부하는 50달러의 주택담보대출 상환금은 도심의 낡아빠진 아파트 월세보다 쌌다. 집을 소유하게 되면 재정적 안정성의 길로 나아갈 수 있었다.

정부 정책의 의도는 분명히 사람들을 도심으로부터 교외로 이동시키려는 것이었다. 제2차 세계대전의 결과로 미국이 누린 막대한 부는 자동차형 교외automobile suburb(자동차가 주요 교통수단으로 사용되는 점이 그 발전 과정에 큰 영향을 미치는 주거 공동체_옮긴이)의 성장을 통해 사람들의 삶을 바꾸는 데 투자되었다. 1950년대는 흔히 '백인'들이 혼잡하고 여러 인종이 뒤섞여 사는 도심에서 인종이 분리된, 중산층 중심의 교외로 '이주'한 시기로 표현된다. 그것은 말처럼 간단한 문제가 아니다. 사람들을 도시에서 교외로 의도적으로 분산시키려는 연방정부의 정책이 있었다. 그 정책은 핵전쟁의 그늘과 만연한 '황폐화'의 위협에 시달리는 도시로부터 벗어나 자기 집에서 가족을 부양하려는 사람들의 욕구와 맞아떨어졌다.

연방정부의 주택정책으로 도시의 급속한 팽창 현상이 가속화되었고, 도심의 인구가 교외로 이동했다. 1950년대의 미국이 누린 풍요로운 삶을 떠올려보면 초목이 우거진 교외의 거리와 건전한 교외의 가족관家族觀이 자동적으로 생각날 것이다. 그리고 그 이미지는 백인 중산층의 색채를 짙게 띠고 있다. 그 고정관념은 현실과 부합한다. 수평적으로 팽창하는 미국의 다른 도시들처럼 로스앤젤레스에서도 곳곳에 인종 분리의 장벽이 있었다. 1948년까지 신규 교외 지역의 집주인들은 흑인 가정에 집을 판매하지 않을 권리가 있었다. 그런데 셸리 대 크레이머 사건Shelley v. Kraemer에 대한 1948년 판결을 통해 연방대법원은 집주인이 소수민족에 속하는 사람에게 부동산을 판매하거나 임대하지 못하도록 하는 부작위 약관을 불법으로 규정했다. 그러나 백색 교외를 유지하는 또 다른 방법이 있었다. 부동산업자들은 소수민족에 속하는 예비 구매자들을 교외의 주택단지로 안내하지 않았다. 연방주택청은 인종적·사회적 동질성을 갖춘 주택단지에 혜택을 베풀 수 있는 권한을 이용함으로써 소득 수준과 인종적 구성이 매우 비슷한 교외를 만들어냈다. 교외의 한 구역에 유럽 혈통이 아닌 몇몇 가정이 살고 있기만 해도 집값이 하락했다. 연방주택청이 여러 인종이 뒤섞여 사는 동네에 대해서는 주택담보대출의 안정성을 보장하지 않았기 때문이다. 그 노골적인 경제적 현실과 고질적인 인종차별주의를 감안하면, 로스앤젤레스의 여러 교외 지역에서 집을 구하던 흑인이나 라틴계 사람들이 집주인들로 구성된 무장 자경단에게 위협을 당한 것은 그리 놀라운 일이 아니다.

목가적 분위기의 교외는 흑인과 특정 계층을 배척하는 곳이었다. 집의 모양이 일률적인 만큼 그곳의 인종적·사회적 구성은 단조로웠다. 1960년, 레이크우드에는 총 7만 명의 주민 중 아프리카계 미국인이 단 7명이었다. 그리고 1950년대에 샌퍼넌도 밸리의 인구가 30만 명에서 70만 명으로 급증하는 동안 그곳의 아프리카계 미국인은 1,100명에서 900명으로 감소했다. 그것은 별로 놀랄 일이 아니다. 연방정부가 1960년까지 신규 주택에 대한 총 1,200억 달러 규모의 융자를 허가했으나 유색 인종에게 지급된 융자금이 24억 달러에 불과한 점을 고려하면 말이다. 법원은 인종 분리를 불법으로 규정했겠지만, 주택시장

에서의 인종 분리는 여전히 심했다.[19]

유럽 혈통의 중산층과 하류층 가정이 도시를 떠나고 생긴 빈자리는 새로운 이주자들이 차지했다. 2차 대이주Second Great Migration 기간에 500만 명 이상의 아프리카계 미국인들이 남부의 농촌을 떠나 동북부, 중서부, 서부 등지의 도시로 향했다. 미국의 백인들은 완전히 교외 사람들이 되었고, 미국의 흑인들은 80퍼센트가 도시에 살게 되었다. 흑인들이 이주할 무렵 도시는 위기로 치닫고 있었다. 오래된 재고 주택의 상당수는 고층건물과 고속도로 건설사업을 추진하려고 철거될 예정이었다. 이전의 비좁은 빈민가에는 공영주택이 들어서고 있었다. 그런 곳에서는 주택담보대출과 보험의 혜택을 입기 힘들었다. 산업시설이 사람들과 함께 도시를 떠나버렸기 때문에 일자리도 부족했다. 영국과 프랑스와 네덜란드를 비롯한 여러 다른 나라의 사정도 비슷했다. 기존의 중산층과 노동자층 공동체가 건강에 더 좋은 교외와 위성도시, 신규 계획도시로 집단 이주함에 따라 쇠락해진 도심은 이주자 공동체의 본거지가 되었다.

미국의 다른 도시들처럼 로스앤젤레스에서도 교외에 주택단지들이 우후죽순처럼 들어서고 있는 동안 아프리카계 미국인 이주자들은 노후 건물들과 기준 미달의 대규모 주택단지에 둘러싸인 비좁은 도심 지역인 사우스 센트럴South Central, 사우스 사이드South Side, 와츠에 갇혀 있었다. 부실한 주거, 실업, 폭력, 범죄 따위가 연상되는 도심의 쇠퇴 현상은 걷잡을 수 없는 듯한 교외화의 물결이 그 한 가지 원인이었고, 반대로 도심의 쇠퇴 현상은 도시의 덫에서 탈출하려는 사람들이 점점 늘어나며 교외의 무한한 성장을 촉진하는 역할을 했다. 그 같은 도시의 악몽 때문에 레이크우드 같은 공동체의 주민들은 본인들이 만든 낙원을 지키려는 의지 그리고 바람직하지 않은 요소를 막기 위한 가상의 장벽과 진짜 장벽을 세워 도심의 불결한 영향을 차단하고자 하는 의지가 그 어느 때보다 확고했다.

조작된 환상을 주입하다

교외라는 단어는 여러 가지 의미를 품고 있다. 문학과 음악과 영화에서 교외는 반反도시적 공간이다. 교외의 극단적 지루함, 무기력한 순응성, 공허한 소외감, 강박적 소비주의, 백인 중산층 위주의 단조로움은 도시의 긴장감, 자유, 복잡성과 대척점을 이룬다. 교외의 따분함과 동일성은 교외의 결정적인 매력 중 하나다. 교외는 무질서한 도시의 소란에서 벗어난 안전지대다. 위험한 핵무기의 세계를 둘러싼 역사가 사라진 곳, 어디에나 있는 듯한 곳이다. 조지 오웰의 소설《숨 쉬러 나가다Coming Up for Air》(1939년)에서 주인공은 이렇게 묻는다. "내가 살고 있는 웨스트 블레츨리West Bletchley의 엘즈미어 로드Ellesmere Road를 아십니까? 설령 모르셔도 엘즈미어 로드와 똑같은 거리를 50개 알고 계실 겁니다. 알다시피 그 거리들 때문에 여기서 가깝거나 먼 온갖 교외들이 곪아가고 있습니다. 항상 똑같죠. 조그만 2가구 연립주택들이 아주 기다랗게 줄지어 있습니다. 치장용 회반죽을 바른 정면, 보존 방부제를 칠한 입구, 쥐똥나무 울타리, 녹색 현관문. 로럴스Laurels, 머틀스Myrtles, 호손스Hawthorns, 몬 아브리Mon Abri, 몬 레포스Mon Repos, 벨 뷔Belle Vue."

무기력한 느낌의 환경, 중간 정도의 교양을 쌓은 사람의 지적 포부, 교외의 따분한 가치관 등은 예전부터 오랫동안 여러 문학 작품 이를테면 조지 그로스미스George Grossmith와 위돈 그로스미스Weedon Grossmith의 소설《어느 평범한 사람의 일기Diary of a Nobody》(1892년), 리처드 예이츠Richard Yates의 소설《혁명의 도로Revolutionary Road》(1961년), 존 업다이크John Updike의 소설《커플스Couples》(1968년), 하니프 쿠레이시Hanif Kureishi의 소설《교외의 부처The Buddha of Suburbia》(1990년), 조너선 프랜즌Jonathan Franzen의 소설《인생 수정The Corrections》(2001년)에서 묘사되었다. 교외는 피상적 동일성과 무균성 이면에 숨어 있는 듯한 어둠에 이끌린 영화제작자들에게 영감을 주기도 했다. 데이비드 린치David Lynch의 〈블루 벨벳Blue Velvet〉(1986년), 샘 멘데스Sam Mendes의 〈아메리칸 뷰티American Beauty〉(1999년), 브라이언 포브스Bryan Forbes의 〈스텝포드 와이브스The Stepford Wives〉(1975년)는 그런 유형의 고전적인 영화들로 우리 머릿속에 금방 떠오른다. 〈나이트메어A Nightmare on Elm Street〉(1984년)와 〈시체들의 새벽Dawn of the Dead〉(1978년) 같은 공포영화들은 보기 흉한 좀비가 연상되는 분위기로 교외를 물들인다. 〈위기의 주부들Desperate Housewives〉과 〈소프라노스The Sopranos〉 같은 드라마에서 알 수 있듯이 교외는 가정에서 일어나는 분쟁과 수수께끼 같은 사건과 범죄를 감추는 곳이다. 도시 생활과 달리 교외 생활은 닫힌 문 뒤에서 일어난다. 교외 생활에서는 수많은 이야기가 펼쳐질 기회가 생기는 동시에 그 숱한 이야기의 내막을 도저히 알 수 없기도 하다. 깔끔하게 손질된 잔디밭 너머에서는 정확히 무슨 일이 벌어지고 있을까?

교외는 흔히 지옥으로 변하는 천국으로 표현된다. 교외는 비난을 받는다. 특히 주부들이 고된 집안일을 처리해야 하는 상황으로 몰아넣는 곳으로 욕을 먹는다. 예술가들에게 교외는 탐나는 소재다. 혹시 특유의 산뜻함과 엄격한 가족 위계질서와 통일성은 폭음과 상습적 약물 복용, 문란한 성관계를 숨기는 위장막이지는 않을까?

교외에 대한 가장 한결같고 분명한 비난을 쏟아내는 분야는 대중음악이다. 말비나 레이놀즈Malvina Reynolds가 1962년에 발표한 노래에서 교외는 "겉만 번지르르한 싸구려 건축 자재로 만들어진 조그만 상자들"로 이뤄져 있다. 그리고, 비슷한 상자 "속에 들어가 있는" 사람들도 출신배경과 교육 수준, 직업과 취미가 서로 비슷하다.

교외의 따분함과 자기만족, 동질성과 위선은 대중음악의 표적이 될 수밖에 없다. 어쨌든 10대 청소년들에게 팔리는 대중음악은 확실히 정화되고 안전한 아동 친화적 환경에서의 지루했던 일상적 경험에 호소하고, 그들에게 해방감을 선사했다. 그린 데이Green Day의 명곡 '지저스 오브 서버비아Jesus of Suburbia'(2005년)에서 교외는 지구 종말이 연상되는, 공허한 인공 구조물로 묘사된다. 교외는 황량한 고속도로의 끝에 있는 특색 없는 곳이다. 교외는 위선과 요법과 항우울제의 장소다. 교외라는 세계의 중심은 세븐일레븐7-Eleven이다.

펫 숍 보이스PetShop Boys의 '서버비아Suburbia'(1986년)는 교외 생활의 권태감에 관한 노래다. 당신이 할 수 있는 것이라고는 해방감을 느끼려고 무의미한 낙서에 빠지는 것뿐이다. 그 노래의 뮤직비디오에는 로스앤젤레스의 단조로운 목장식 단층주택들이 런던의 튜더 복고양식의 2가구 연립주택들과 함께 나온다. 세계 도처의 교외에서 겪는 경험은 호환성이 있다. '서버반 드림스Suburban Dreams'(1980년)에서, 마사 앤 더 머핀스Martha and the Muffins는 현대 생활의 보편적 경험, 이를테면 합성 밀크셰이크를 마시고 남자 고등학생들의 어설픈 구애를 피하며 형광등이 켜진 쇼핑센터를 목적 없이 쏘다니는 일 따위를 포착한다. 교외의 어른들은 날씨가 어떻다느니, 누가 수영장이나 최신식 자동차를 장만했느니 하는 따분한 대화를 나누고, 10대 청소년들은 헤비메탈 음악을 듣고 쇼핑센터를 돌아다닌다.

10대 청소년들은 어른들과 달리 집을 떠나 세상에 뛰어들고 싶어 한다. 교외는 10대 청소년들과 부모들 간에 벌어지는 충돌의 최전선 이다. 유일한 선택은 탈출이다. 그런데 어디로 가야 할까? 아케이드 파이어Arcade Fire의 2010년 앨범 〈더 서버브스The Suburbs〉에 수록된 중 독성 있는 노래 '스프롤 2Sprawl II'에서, 교외는 마치 세계를 정복한 것 처럼 사방팔방으로 넓게 퍼졌다. 떠나고 싶지만, 어디나 형편은 같다. 순응성과 소비주의에 대한 분노의 울부짖음 없는 록 음악과 펑크 음 악은 대체 무엇이란 말인가? 중산층의 가치를 뒤흔드는 것은 10대 청 소년들의 임무고, 전통적 생활방식의 화신인 교외에 발길질을 하는 것은 대중음악의 반복적인 주제다.

교외에 대한 대중적 인식은 뿌리 깊은 것이지만, 교외는 지난 70 년 동안 역동적 변화의 현장이었다. 도심은 안정적인 곳으로 남았지 만, 교외는 급격하고 의미심장한 진화를 경험했다. 교외는 제2차 세 계대전 이후의 역사가 담긴 곳이다. 자동차를 타고 레이크우드를 지 나가보면 마치 1950년대로 되돌아가는 것 같은 느낌이 들겠지만, 그 것은 세심하게 조작된 환상이다. 역사의 밀물과 썰물이 레이크우드 같은 곳들을 지나가면서 모든 것이 바뀌었다. 현대의 도시주의를 이 해하고 오늘날 대도시가 발전하는 방식을 파악하려면 도심의 박물관 이나 관광명소를 벗어나 신비에 둘러싸인 변두리로 과감히 뛰어들어 야 한다.

도시의 문제를 고스란히 답습하다

레이크우드에서 자동차로 10분 거리에 있지만, 컴튼Compton은 또 다른 세계다. 주거지의 모습(컴튼에는 레이크우드보다 목장식 방갈로 주택이 더 많다)은 비슷하지만, 컴튼은 세계에서 가장 악명 높은 곳 중 하나다. 컴튼의 세계적 악명은 로스앤젤레스의 힙합 그룹 N.W.A.(행동하는 흑인들Niggaz Wit Attitudes)의 데뷔 앨범인 〈스트레이트 아우터 컴튼Straight Outta Compton〉(로스앤젤레스에서 가장 폭력적인 동네들의 험악한 분위기를 담아낸 획기적인 갱스터랩 앨범)에서 비롯되었다. 라디오나 MTV를 통해 전파를 타지 않았는데도 그 앨범은 순식간에 100만 장 넘게 팔렸다.

〈스트레이트 아우터 컴튼〉의 놀라운 상업적 성공에는, N.W.A.가 로스앤젤레스 조직폭력단 간의 잔인한 전쟁을 그저 목격한 것이 아니라 직접 가담했다고 주장한 점이 일부분 작용했다. 백인 중산층 중심의 교외에 거주하는 10대 청소년들(음반사에 의하면 전체 팬들의 80퍼센트를 차지한다)에게 엄청난 인기를 끈 그 앨범에는 총소리와 사이렌 울리는 소리, 솔직한 가사와 경찰에 대한 격렬한 분노가 담겨 있으며, 이는 미국을 충격으로 몰아넣었다. N.W.A.는 AK-47 소총뿐 아니라 고급 자동차도 자랑했다. 아이스 큐브Ice Cube는 수록곡인 '퍽 더 폴리스Fuck Tha Police'에서 로스앤젤레스 경찰의 만행과 인종차별 행위를 공격한다. 아이스 큐브는 비싼 장신구와 무선 호출기를 갖고 있다는 이유만으로 마약 거래 혐의를 씌워 자신을 체포하는 경찰관들에게 분노를 표출한다. 후렴구에서는 그 노래의 제목이 반복된다.

〈스트레이트 아우터 컴튼〉의 막강한 파급력은 그 앨범이 교외의 10대 청소년들에게 흑인 빈민가를 엿볼 수 있는 기회를 제공한 점 그리고 1980년대에 로스앤젤레스의 일부 지역이 처한 상황에 대한 분노를 표현한 점에 기인했다. 〈스트레이트 아우터 컴튼〉의 폭발적인 인기 때문에 컴튼은 도심의 붕괴와 허무주의를 상징하는 곳으로 국제적 유명세를 탔다. 대중매체는 컴튼을 "빈민가"로 일컬었다. 〈스트레이트 아우터 컴튼〉이 발매된 뒤 악명을 떨친 컴튼은 금지 구역이 되었다.

N.W.A.가 언급한 조직폭력단 간의 전쟁은 현대주의적인 퀸스브리지 하우스 같은 고층건물 단지가 아니라 교외에서 벌어지고 있었다. 제2차 세계대전 기간과 그 직후에 수많은 아프리카계 미국인 가정이 남부 캘리포니아로 이주했다. 사우스 센트럴과 와츠의 부실한 주택에서 살고 있던 그들은 다른 사람들처럼 교외의 쾌적한 집에서 살고 싶어했다.

그 꿈을 가로막는 사회적 장벽이 워낙 높은 데다 사우스 센트럴에서의 삶이 너무 불편했기 때문에 아프리카계 미국인들은 컴튼과 크렌쇼Crenshaw 같은 곳들에 집을 마련하기 위해 백인 노동자들보다 더 많은 돈을 기꺼이 지불할 각오가 되어 있었다. 1940년대와 1950년대의 컴튼은 대다수의 교외들과 마찬가지로 백인이 압도적으로 많이 살고 있었다. (컴튼은 1949년에 조지 H. W. 부시가 드레서 인더스트리Dresser Industries 소속의 석유 시추기 드릴촉 판매 사원으로 일하며 가족과 함께 잠시 살았던 곳이기도 하다.) 일부 백인 집주인들은 부동산 중개인을 통해 흑인 구매자들에게 부동산을 처분했다는 이유로 얻어맞기도 했다. 1953년 5월, 컴튼에 도착한 알프레드 잭슨Alfred Jackson과 러쿠엘라 잭슨Luquella Jackson 부부는 트럭에 실린 이삿짐을 내리다가 백인들에게 습격을 당했다. 두 사람은 콜트 45구경 권총과 12게이지 산탄총으로 맞섰다. 다른 지역에서도 백인 자경단은 잔디밭에 십자가를 세워놓고 불태우며 집을 때

려 부쉈고 집을 사려는 아프리카계 미국인들을 습격했다.[20]

아프리카계 미국인들이 로스앤젤레스의 여러 동네로 이사를 오기 시작하자 특별한 역학관계가 작동했다. 아프리카계 미국인 구매자들이 부동산 가격을 낮춘다는 관념이 백인 주민들이 서둘러 집을 팔기 시작하는 바람에 자기실현적 예언이 되고 만 것이다. 그 결과, 도심에서 벗어나고 싶은 마음이 간절한 흑인 가정에게는 집을 살 수 있는 기회가 활짝 열렸다. 1960년에 이르러, 컴튼의 전체 인구 중 아프리카계 미국인들의 비중은 40퍼센트에 이르렀다. 충격을 느낀 관찰자들은 도심이 백인 전용 구역으로 스며드는 바람에 컴튼 같은 교외가 "빈민가 팽창 현상"을 겪는다고 여겼지만, 실상은 정반대였다. 아프리카계 미국인 가정들도 예전의 백인 노동자층 가정들과 마찬가지로 도심에서 탈출했을 뿐이고, 컴튼은 그 탈출 과정의 결과가 반영된 대표적인 사례였다. 컴튼으로 이주한 아프리카계 미국인들의 직업은 전문직 종사자, 사무노동자, 숙련공, 간호사, 직공 등이었다. 그들의 자녀는 인종차별이 없는 고등학교와 UCLA와 버클리 같은 대학교에 진학했다. 그들은 잘 가꾼 정원이 딸린 넓은 주택에 살았다. 그들이나 이웃의 백인들이나 모터보트와 캠핑카를 갖고 있는 비율은 비슷했다. 백인 주민들과 방문객들이 정말 놀란 점은, 교외에 거주하는 흑인들이 여느 교외 사람들처럼 행동하고 처신한다는 사실이었다. 1960년대에는 미국의 교외 지역에 거주하는 사람들의 95퍼센트가 유럽인의 후손들이었다. 그런 상황에서 컴튼은 서로 다른 인종이 뒤섞여 사는 교외의 모습을 보여주는 희귀한 사례였다. 당시 컴튼에 거주한 어느 아프리카계 미국인은 이렇게 말했다. "처음으로 흑인이 빈민가로 이사하지 않았다. 처음으로 흑인이 좋은 집을 마련했다."[21]

N.W.A.를 결성한 인물들의 배경은 인상적이었다. 아라비안 프린스Arabian Prince의 아버지는 작가였고 어머니는 피아노 선생님이었다. 이지 이Eazy-E의 어머니는 초등학교 이사였고, 아버지는 우체국 직원이었다. MC 렌MC Ren의 아버지는 이발소 주인이었다. 아이스 큐브의 어머니는 병원 사무원이었고, 래퍼가 되기 전 그는 건축학을 공부했다. N.W.A.의 멤버들은 아프리카계 미국인들이 정착한 교외의 산물이었다. 하지만 컴튼이 '흑인 지대의 베벌리힐스'로 불린 지 30년도 흐르기 전에, 그들은 조직폭력단 간의 전쟁과 사회적 붕괴 현상을 노래로 남기게 되었다. 대체 무엇이 잘못되었을까?[22]

컴튼의 다인종적 성격은 1965년에 돌연 종착점을 맞이했다. 인근의 와츠에서는 아프리카계 미국인을 학대하는 경찰의 고압적 태도와 빈민가의 열악한 상태에 대한 불만이 들끓고 있었다. 결국 폭동이 일어났고, 35명이 사망했다. 4,000만 달러의 물적 손실이 발생했고, 977채의 건물이 불타거나 부서졌다. 폭력 사태가 발생하자 백인 주민들과 부유한 아프리카계 미국인들은 와츠를 떠났다. 그들이 운영하던 사업체도 사라졌고, 컴튼의 상업지구는 유령 도시로 변했다. 와츠 폭동은 산업시설이 도시에서 더 멀리 떨어진 곳으로 이전하고 있을 때 발생했다. 결국 1980년대에 이르러 와츠에서는 대형 제조회사들 대다수가 떠나는 바람에 대량 실업 사태가 벌어지고 조세 기반이 잠식되었다.[23]

이지 이, 아이스 큐브, MC 렌, 그리고 아라비안 프린스는 1960년대의 산물이다. 그들이 태어났을 때 컴튼의 인구 절반 이상이 18세 미만이었다. 그들은 컴튼과 컴튼의 학교가 황폐해지고 부모들이 해고되어 복지제도에 의존하는 모습을 지켜봤다. 대중교통이 마비되는 바람에 사람들은 일자리를 구하러 다니지도 못했다. 이상향적 교외는 순식간에 사라졌고, 좋은 일자리를 구할 수 있다는 희망이 없는 재난지대가 그 빈자리를 채웠다. 상점은 문을 닫았고, 공공 서비스의 질은 급전직하했다. 미래를 빼앗긴 아프리카계 미국인 청년들은 거리의 조직폭력단에 가입했다. 1969년, 사우스 센트럴의 프리몬트 고등학교 Freemont High School에서 크립스Crips라는 조직폭력단이 결성되었다. 크립스의 숙적인 블러즈Bloods는 컴튼에서 결성되었고, 붉은색을 상징색으로 채택했다. 크립스와 블러즈에 통합된 조직폭력단들의 숫자가 급속도로 늘어났고, 거기 가입해 각종 범죄를 저지르거나 마약을 거래하는 폭력배들의 숫자는 총 7~9만 명에 달했다.

1960년대에는 검은 베벌리힐스였던 컴튼이 1980년대에 이르러 로스앤젤레스 카운티에서 벌어진 조직폭력단 간의 사악한 전쟁의 중심지로 전락했다. 총격전과 주행 중인 차에서의 총쏘기는 너무나 흔한 광경이 되어 버렸다. 래퍼 아이스 티Ice-T가 밝힌 바에 의하면, 1980년대의 로스앤젤레스에서는 흡연용 코카인과 돈 때문에 삶이 무의미해졌다고 한다. 힙합은 조직폭력단과의 밀접한 관계, 거리 생활의 매력, 로스앤젤레스 경찰과의 충돌 따위에 편승했지만, 삶의 위험과 쓸쓸함을 대변하기도 했다. 웨스트 코스트 힙합의 위협적인 박자와 신랄하고 적대적인 가사에는 컴튼에서의 엄혹한 삶의 실상이 반영되어 있었다. 웨스트 코스트 힙합은 1960년대와 그 뒤에 일상적 폭력으로 점철된 환경에서 성장한 세대의 마음을 움직였다. '컬러스Colors'(1988년)는 로스앤젤레스 거리의 호전적 흉악성과 대다수 미국인들이 이해하기 힘든 정도의 생존 투쟁을 신랄하게 질타하는 노래다. 마약과 폭력의 영향은 끔찍하다. 허무주의적인 폭력 충동만 남을 뿐이다.

'퍽 더 폴리스' 같은 수록곡들은 불안과 고통의 울부짖음이었고, 교외가 도시의 흑인 빈민가로 변하며 일어난 일에 대한 경고였다. 그 노래들은 로스앤젤레스 경찰의 고압적 태도와 군사작전을 방불케하는 조직폭력단 소탕 조치에 대한 공격이었다. 4년 뒤인 1992년, 샌 퍼넌도 밸리의 교외에서 로드니 킹을 집단 구타한 혐의를 받은 로스앤젤레스 경찰들이 무죄로 방면된 뒤 또다시 폭동이 일어났다.

컴튼에 드리운 그 검은 불빛은 1980년대에 거의 논의되지 않았던 쟁점이 부각되는 계기가 되었다. 1980년, 미국의 모든 교외 거주자들의 8.2퍼센트(740만 명)가 빈곤선 밑에서 생활하고 있었다. 그로부터 20년 뒤, 그 수치는 2배로 늘어났다. 교외 빈민들의 숫자가 도심 빈민들보다 많았다. 미국의 도시들에서는 살인 사건이 16.7퍼센트 감소했지만, 교외에서는 16.9퍼센트 증가했다. 컴튼 같은 미국의 여러 교외 지역들은 도시에서 흔히 나타나는 문제에 시달리고 있었다. 교외는 도시의 대척점이 아니었다. 이제 교외는 팽창하는 대도시의 구조에 엮여 있었다. 그 점은 범죄와 마약과 실업이 만연한 교외의 상황을 통해 분명히 확인할 수 있었다. 교외는 점차 민족적 구성이 다양해졌고, 전통적인 도시들의 궤도를 답습했다. 도시와 교외 간의 차이가 사라지기 시작했다. 그렇게 새로운 종류의 대도시가 탄생하고 있었다.[24]

도시와 교외가 진정 반영하고 있는 것

드라마 〈소프라노스〉의 도입부 장면에서 토니 소프라노Tony Soprano 는 자동차를 몰고 링컨 터널Lincoln Tunnel을 빠져나온다. 백미러에 맨해튼의 스카이라인이 보인다. 토니의 자동차가 저지 턴파이크Jersey Turnpike를 따라 달리는 동안 도시는 저 멀리 사라진다. 그 오래된 도로를 매일 오가는 여느 통근자처럼 그도 통행료 징수소에서 시무룩한 기분으로 통행권을 움켜쥔다. 그리고 여느 통근자처럼 아마 그도 지금쯤 시외의 사무지구, 쇠퇴하는 산업시설, 순환간선도로, 공항, 교외 도시의 상점가, 1950년대 교외의 허름한 주택 등과 같은 주변 풍경을 분명히 인식하고 있을 것이다. 오래된 건물들은 줄줄이 늘어선, 더 현대적인 교외의 주택들에 밀려나 있다. 드디어 그는 방금 시골에 쿵 하고 떨어진 듯한 1990년대의 널찍한 맥맨션McMansion(획일적인 모양의 대형 주택_옮긴이) 앞에 차를 세운다.

〈소프라노스〉의 도입부 장면은 도시지리학자들이 대상표본지帶狀標本地(다양한 사회적·물리적 거주 환경을 드러내는, 도심에서 주변부까지의 절단면)로 부르는 것이다. 토니가 자동차를 타고 지나온 길에는 여러 층의 역사가 쌓여 있다. 모든 도시는 이런 식으로 판독할 수 있다. 도시는 최근 역사의 추이와 지속적이고 격렬하게 변화하는 과정을 드러내는 풍경이다.

레이크우드와 컴튼을 방문한 8월의 어느 날, 나는 격동의 20세기 말엽에 숱한 변화를 겪은 도시 풍경을 자동차로 관통했다. 한때 전형적인 육체노동자층 중심의 동네였던 레이크우드는 이제 미국에서 인종적 구성이 가장 균형적인 교외 중 하나로 꼽힌다(비非히스패닉계 백인 : 41퍼센트, 아프리카계 미국인 : 8.7퍼센트, 아시아계 : 16퍼센트, 라틴계 : 30퍼센트).

레이크우드의 역사는 20세기 후반기의 지정학에 지대한 영향을 받았다. 1950년대의 경제 호황에 힘입어 활기를 띠었고 냉전 시대에 연방정부가 국방비 지출을 늘린 덕을 톡톡히 봤지만, 베를린 장벽이 무너지자 방위산업체의 좋은 일자리들이 사라지고 말았다. 소련이 붕괴하자 실업의 망령이 로스앤젤레스 대도시권 전역을 뒤덮었다. 레이크우드에서는 그 여파를 절실히 느낄 수 있었다. 레이크우드는 1950년대에 교외적 이상향으로 떠오른 곳이었다. 그러나 1993년에는 조직폭력단 스퍼 파시Spur Posse 소속 고등학교 남학생들이 성범죄와 강간 혐의로 체포되면서 교외적 반反이상향의 상징으로 유명세를 탔다. 그 남학생들이 선정적인 텔레비전 대담 프로그램에 자주 출연함에 따라 레이크우드는 사회적 붕괴, 가정 해체, 10대 청소년들의 잔인성, 성적 방탕 같은 문제의 상징이 되어버렸다.[25]

레이크우드는 제2차 세계대전 이후 미국이 겪은 극심한 부침 현상 즉 호황, 불황, 탈산업화, 다변화, 흐릿해지는 교외적 이상주의를 반영하는 곳이다. 로스앤젤레스의 도시적 지형은 지정학과 세계화 같은 외부 자극에 스스로 적응하며 진화하는 유기체 같다. 또는 밀물과 썰물로 해안선의 모양이 끊임없이 바뀌는 거대한 해변 같기도 하다. 밀물과 썰물의 강력한 위력은 교외의 풍경에서 명확하게 드러난다. 서구세계의 탈산업화, 소련의 해체, 아시아의 성장 같은 현상의 결과를 교외를 달리는 자동차 안에서도 확인할 수 있다.

컴튼은 아프리카계 미국인들이 모여 사는 빈민가라는 고정관념에 갇혀 있었지만, 1980년대에 라틴계 인구가 급증했다. 그리고 1990년 대 후반에는 라틴계 주민들이 컴튼 인구의 대다수를 차지하게 되었다. 자동차를 타고 컴튼 북쪽에 있는 헌팅턴 파크Huntington Park로 가면 스페인어 표지판이 보일 것이다. 그것은 1975년에서 1985년 사이에 백인 노동자층이 독점적으로 장악했던 곳이 이제는 전체 주민의 97퍼센트가 라틴계인 곳으로 바뀐 결과였다. 헌팅턴 파크로 이사한 사람들 중에는 교외에 자택을 장만해 더 나은 삶을 누리려고 동부 로스앤젤레스의 라틴계 거주 구역이나 도심의 공영주택단지에서 건너온 사람들이 많았다. 헌팅턴 파크의 라틴계 공동체에 거주하는 소비자들의 욕구를 충족시키는 다양한 사업체들은 기업가 정신의 모범사례다.

오늘날 미국에서는 사회경제적 지위를 높이고 더 나은 생활 수준을 누리기 위해 사람들이 쇠락하는 교외에서 새로운 교외로 이동하는 지속적인 흐름이 나타나고 있다. 아프리카계 미국인들은 컴튼 같은 곳을 떠나 민족적 구성이 다양하고, 더 좋은 기회를 잡을 수 있는, 샌퍼년도 밸리나 샌버너디노San Bernardino나 리버사이드Riverside 같은 교외로 향했다. 그들의 빈자리는 1960년대 이후 로스앤젤레스에 매력을 느낀 멕시코와 중앙아메리카와 남아메리카 출신의 이주자들이 채웠다.

그 모든 결과는 세계 경제에 영향을 미친 몇 가지 변화를 통해 이뤄진 것이었다. 로스앤젤레스는 아시아 태평양 경제의 중심이자 세계적인 금융기업들의 주요 활동무대가 되었다. 제조업은 쇠퇴했지만, 서비스업과 첨단 산업이 활력을 얻었고, 로스앤젤레스와 롱 비치의 항구들은 중국, 홍콩, 일본, 베트남, 한국, 타이완 등지에서 생산된 자동차와 전자부품과 플라스틱 제품을 수입하는 관문으로 자리 잡았다. 후기산업경제에서 로스앤젤레스의 사회적 구조는 모래시계 모양을 띠었다. 사회의 상층부에는 많은 부자들이 있고, 중층부에는 사람들이 별로 없고, 하층부에는 엄청나게 많은 저임금 이민자들이 있었다. 후기산업경제에는 정원사, 운전기사, 유모, 의류공장 노동자 같은 저임금, 저숙련, 탈노조형 노동력이 필요했다. 2010년 인구조사에 의하면 로스앤젤레스 카운티 인구의 47.7퍼센트가 히스패닉계였고, 비非히스패닉계 백인은 전체 인구의 27.8퍼센트에 불과했다.[26]

로스앤젤레스 인구 구성을 바꿔놓은 변화는 로스앤젤레스에 국한된 현상이 아니었다. 미국 전역의 교외들이 점점 더 다양성을 띠고 있었다. 20세기 말엽, 미국의 교외에서는 아프리카계 미국인과 라틴계, 아시아계 인구가 크게 늘었다. 게다가 이민자들의 50퍼센트가 교외에 정착했다. 즉, 교외는 이전보다 더 도시적 성격을 강하게 띠게 되었고, 그것은 세계화된 대도시 로스앤젤레스의 다양성이 반영된 현상이었다.

대도시의 풍경은 그곳에 자리 잡고, 거기서 생활하고, 더 좋은 거주지로 이동하는 다양한 사람들이 빚어내는 것이다. 20세기 후반, 그 점진적 과정이 열광적인 분위기를 띠게 되었다. 헌팅턴 파크에서 자동차를 타고 잠시 가다 보면 샌게이브리얼 밸리San Gabriel Valley의 몬트레이 파크Monterey Park가 나온다. 조용하고 인구밀도가 낮은 몬트레이 파크는 미국의 여러 교외들처럼 소도시적 매력을 지니고 있지만, 그 익숙한 외관 이면에는 우리가 도시들의 급속한 변화 과정을 이해하는 데 필수적인 중요한 요소가 숨어 있다. 몬트레이 파크를 비롯한 샌게이브리얼 밸리의 대다수 지역들은 오늘날 벌어지고 있는 도시 혁명의 축소판일 뿐 아니라 세계화의 축소판이기도 하다.

수많은 교외들과 마찬가지로 몬트레이 파크도 제2차 세계대전 직후에는 백인들이 압도적으로 많이 살고 있었다. 그러나 1960년대에 백인의 비중이 85퍼센트에서 50퍼센트로 감소했고, 라틴계와 아시아계의 비중이 각각 34퍼센트와 15퍼센트로 증가했다. 그 무렵, 아시아혈통의 신규 거주자들 중 다수는 교외에서의 더 나은 삶을 누리기 위해 로스앤젤레스 도심의 소수민족 거주 구역인 리틀 도쿄와 차이나타운을 벗어난 상향 이동형 가정의 구성원들이었다. 이후 20년이 흐른 뒤, 프레데릭 시에Frederic Hsieh라는 젊은 부동산 투자자는 미국으로 이민할 예정인 아시아인들에게 몬트레이 파크를 "중국의 베벌리힐스"로 소개했다.[27]

그는 몬트레이 파크의 잠재력을 간파했다. 몬트레이 파크는 도심과 가까웠기 때문에 아시아 태평양 경제에 주목하는 로스앤젤레스의 금융 중심지에 쉽게 접근할 수 있는 위치에 있었다. 그는 샌게이브리얼 밸리의 구불구불한 언덕들을 타이베이에 비유했다. 그는 아시아의 여러 신문 광고면을 통해 몬트레이 파크를 선전했고, 미국에서 거둘 수 있는 성공을 의미하는 몬트레이 파크에서 연설을 하기도 했다. 몬트레이 파크의 전화 지역 번호(818)조차 보탬이 되었다. 중국에서는 8이라는 숫자가 '돈을 번다'라는 의미로 통했기 때문이다. 그의 노력은 열매를 맺었다. 1970년대와 1980년대에 홍콩과 타이완, 베트남과 중국 출신의 부유하고 교육 수준이 높은 이민자 수만 명이 몬트레이 파크의 부동산을 구매하기 시작했다. 1990년, 몬트레이 파크는 미국에서 아시아계 인구가 대다수를 차지하는 유일한 도시가 되었다. 어떤 사람들은 몬트레이 파크를 "교외 최초의 차이나타운"으로 불렀다.[28]

그러나 그 별명은 오해의 소지가 있었다. 몬트레이 파크는 세계 각국의 도시에 조성된 여느 차이나타운과 달랐다. 몬트레이 파크의 아시아계 인구 가운데 중국 혈통의 주민들이 차지하는 비중은 63퍼센트였지만 그들의 출신지는 중국 본토, 홍콩, 타이완 등으로 다양했다. 게다가 그들은 일본, 베트남, 한국, 필리핀 그리고 동남아시아 각국 출신의 이웃들과 함께 살고 있었다. 몬트레이 파크에는 라틴계 주민들(인구의 30퍼센트)과 백인 주민들(인구의 12퍼센트)도 살고 있었다. 몬트레이 파크만큼 빠르고 뚜렷하게 변한 교외는 없었다. 몬트레이 파크에 정착한 중국인들 중 다수는 교육 수준이 높은 기술자, 컴퓨터 프로그래머, 법률가, 그리고 그곳의 부동산을 현금으로 구매할 능력이 있는 전문직 종사자였다.[29]

그들도 앞 세대의 백인 전문직 종사자들처럼 몬트레이 파크에 흥미를 느꼈다. 그들은 매력적인 생활방식, 적절한 가격의 주택 그리고 남부 캘리포니아의 모든 주요 간선도로와 잘 연결된 교외에서 누릴 수 있는 풍부한 사업 기회에 이끌렸다. 여기서 중요한 점은 그들이 도심을 우회해 교외로 곧장 향했다는 사실이다. 그들은 이민자 공동체가 외국의 항구나 주요 도시에 발판을 마련하는, 익숙한 역사적 단계를 밟지 않았다.

1970년대와 1980년대의 미국에서 교외는 사업과 부동산 투자를 시작할 최적의 장소였다. 사람뿐 아니라 현금도 유입됨에 따라 몬트레이 파크는 다수의 기존 거주자들이 염려할 정도로 급변했다. 도넛 가게와 타이어 가게가 있던 자리에 중국인이 운영하는 은행이 들어섰다. 친숙한 체인점과 상점이 사라지고 아시아인이 운영하는 상점과 슈퍼마켓이 나타났다. 예스러운 미국식 식당들은 주인이 바뀐 뒤 광둥, 쓰촨, 산시, 상하이, 타이완 등지의 음식을 팔기 시작했다. 1990년대 초반, 면적이 20제곱킬로미터 정도인 몬트레이 파크에 60개 이상의 중국 식당이 있었다. 교외의 쇼핑몰들은 미식가들의 천국이 되었

다. 몬트레이 파크 중심부의 상점가인 가비 애비뉴Garvey Avenue에는 중
국어 간판이 걸린 회계 사무소, 변호사 사무실, 부동산 중개업소, 미
용실, 병원, 슈퍼마켓, 여행사, 식당 등이 많이 있었다. 그런 영업장들
은 탈산업시대를 맞이한 지역사회에 공헌했고, 몬트레이 파크에 활력
을 불어넣었다. 아울러 자금력을 갖춘 사람들이 홍콩과 타이완과 중
국 본토에서의 정치적 불확실성을 피해 미국으로 건너오도록 하는 유
인책이 되기도 했다. 하지만 그 같은 현실에는 훨씬 더 중요한 의미가
내포되어 있었다.

정보기술에 의해 개인생활과 업무생활이 혁명적 변화를 겪고 있
는 동안, 미국으로 수입되는 개인용 컴퓨터 제품의 약 65퍼센트가 로
스앤젤레스를 거쳐갔다. 컴퓨터를 조립해 유통시키는 중국 기업들 대
다수는 샌게이브리얼 밸리에 거점을 마련해두고 있었다. 20세기 말엽
에 사람과 자본과 제품의 국제적 흐름이 확대되자, 샌게이브리얼 밸
리의 교외 도시들은 흥분으로 들끓었다. 겉으로는 수수한 분위기의
고전적인 교외 지역으로 보였지만, 사실 첨단 산업체들뿐 아니라 아
시아와 미국을 오가는 자본과 소비재의 흐름을 관리하는 금융, 법률,
보험 관련 기업들을 거느린 샌게이브리얼 밸리는 세계화의 중심에 서
있었다. 급성장하는 환태평양 경제의 초점은 수많은 목조 방갈로 주
택들에 둘러싸여 있었다. 우리는 세계적 도시에 대해 알고 있다. 그런
데 세계적 교외에 대해서는 아는 바가 별로 없다.[30]

1980년대와 1990년대에 샌게이브리얼 밸리가 컴퓨터 기술의 중
심지로 탈바꿈하며 누린 경제적 활력은 그 무렵의 대도시권 곳곳에서
나타나고 있던 현상의 축소판이었다. 20세기의 마지막 25년까지 대
부분의 도시들은 거대한 소용돌이처럼 날마다 통근자들과 돈과 사업

과 쇼핑객들을 빨아들였다. 그러나 도시들이 로스앤젤레스의 원심성遠心性을 모방하자 상황이 갑자기 뒤바뀌었다.

1980년대까지 미국 기업들의 50퍼센트가 도시의 변두리로 이전했다. 이제 도심의 업무지구에는 전체 일자리의 20퍼센트만 남아 있었다. 제2차 세계대전 이후 수십 년이 흐른 뒤, 도시들의 모습은 완전히 뒤바뀌었다. 컴퓨터 산업이 발달한 샌게이브리얼 밸리 같은 교외들은 기숙사 같은 곳에서 활발한 사업 현장으로 바뀌었다. 이제 교외와 도시 간의 단순한 차이가 잠식되고 있었다. 일부 교외들은 이른바 '기술형 교외technoburb'로 변신했다. 기술형 교외란 자동차, 전화기, 컴퓨터 같은 현대 기술에 힘입어 위성인 교외가 행성인 도시에 대한 의존상태로부터 벗어난 데서 비롯된 명칭이다. 기술형 교외는 도시와 더 비슷해졌다. 그런데 기술형 교외에서는 역사적으로 인구밀도가 높은 도심이 필수불가결한 공간으로 군림한 비결, 즉 대면접촉이 이뤄지는 점, 독자적이고 특별한 기능들을 제공할 수 있는 점, 그 기능들이 근거리 안에 집중화되어 있는 점들의 유용성이 사라지고 있었다. 조지아 주의 애틀랜타를 예로 들어보자. 1960년, 애틀랜타의 전체 사무 공간 중 90퍼센트가 도심에 몰려 있었다. 그런데 애틀랜타 변두리에 약 100개의 산업단지가 조성됨에 따라 1980년에는 도심에 위치한 사무 공간의 비중이 전체의 42퍼센트로 곤두박질쳤다. 오늘날 애틀랜타는 2.6제곱킬로미터당 630명으로 세계에서 인구밀도가 가장 낮은 주요 도시다(세계에서 인구밀도가 가장 높은 도시인 방글라데시의 수도 다카에는 2.6제곱킬로미터당 11만 5,000명이 살고 있다). 지금까지 세계 각국의 여러 도시들이 로스앤젤레스와 더 비슷해졌다. 하나가 아니라 여러 개의 중심이 있는 그 도시들은 사업체들과 도시의 각종 기능이 폭넓게 분산되어 있는 무정형의 장소들로 변모했다. 후기산업시대의 세계화된 경제를 이끄는 첨단 산업과 각종 연구 활동과 서비스업은 그 속성상 도심보다 교외의 사무지구가 유리했다.

물론 가장 유명한 사례는 북부 캘리포니아의 산호세와 샌프란시스코 사이에서 스탠퍼드대학교를 중심으로 모여 있는 소도시들이다. 지난 몇십 년 동안 그 도시들이 모여 있는 지역만큼 우리 삶에 큰 영향을 미친 곳은 없다. 교외와 연구 단지와 사무지구가 즐비한 그 지역은, 구글, 애플, 트위터, 페이스북, 넷플릭스, 야후, 우버, 에어비앤비, 오라클, 이베이, 링크드인 같은 기업들의 본거지다. 실리콘 밸리는 도시가 아니다. 교외도 아니다. 세계적으로 유례를 찾을 수 없을 만큼 막강한 힘을 지닌 실리콘 밸리는 일정한 형태가 없고 분권화된 도시의 전형이다.

샌퍼넌도 밸리를 둘러싼 이야기는 환태평양 무역의 중요한 고리를 이루는, 타이완과 중국의 성공한 국제사업가들만의 이야기가 아니다. 몬트레이 파크로 건너온 이민자들 중에는 부유한 사람들과 숙련 인력뿐 아니라 가난한 사람들과 비숙련 인력도 있었다. 샌퍼넌도 밸리의 이야기는 교외의 침입자들에 대한 백인들의 저항이라는 익숙한 이야기이기도 하다. 중국어 간판이나 표지판을 금지하고 영어를 공용어로 지정하기 위한 백인 주민 단체들의 시도가 있었다. 그러나 그 싸움의 최전선에는 소박한 캘리포니아식 방갈로 주택이 있었다. 부유한 아시아 출신의 주택 구매자들은 오래된 핵가족용 목조 방갈로 주택을 그들의 부와 지위와 가족 규모를 반영하는, 더 크고 멋진 집으로 바꾸고 싶어 했다. 부동산업자들은 독신이거나 소득이 적은 이민자들을 겨냥한 아파트를 교외에 짓기도 했지만, 그 과정에서 아시아인들의 '대저택화'와 도시화에 맞서 이른바 교외의 유산을 지키고 원래의 모습을 보존하려는 백인 주민들의 필사적인 저항에 부딪혔다.[31]

자동차를 타고 서쪽에서 동쪽으로 샌퍼넌도 밸리를 가로질러 가다 보면 제2차 세계대전 이전의 교외, 각종 재료를 취사선택해 만든, 수수한 방갈로 주택 중심의 교외, 제2차 세계대전 이후의 더 일률적인 교외의 모습을 차례로 만날 수 있다. 20세기가 진행되는 동안 로스앤젤레스는 미국 도시 중 가장 인구밀도가 높은 지역이 되었다(2.6제곱킬로미터당 6,000명인 로스앤젤레스의 인구밀도는 다른 나라의 도시들에 비해 그리 높지 않은 수준이다. 상하이와 런던 대도시권의 인구밀도는 둘 다 2.6제곱킬로미터당 1만 4,500명이고, 파리 도심의 인구밀도는 2.6제곱킬로미터당 5만 2,000명이다). 미국 동부 지역에 자리한 교외의 특징으로는 넓은 공터를 꼽을 수 있지만, 로스앤젤레스에서는 대부분의 땅에 건물이 들어서 있기 때문에 상대적으로 넓은 공터를 찾아보기 힘들다. 오래된 교외가 사람들로 더 북적대고, 더 황량해지고, 신규 주택단지에 에워싸여 교외 특유의 장점을 점점 잃어버리게 되자 백인들과 아프리카계 미국인들이 이 교외에서 저 교외로 옮겨 다녔듯이, 아시아계 주민들도 차츰 경제적으로 부유해짐에 따라 서쪽에서 동쪽으로 샌퍼넌도 밸리를 가로지르며 이동했다.

더 풍요로운 교외를 향해 동쪽으로 이동하는 현상은 세계 경제의 균형추가 아시아 쪽으로 기울고 있는 상황을 반영하는 것이다. 중국인 주택 구매자들은 로스앤젤레스의 모든 교외들 가운데 제일 부유하고 배타적인 곳으로 꼽히는 샌마리노San Marino와 아케이디아Arcadia로 이주하기 시작했다. 이전에는 백인 최고경영자들과 임원들에게 사랑받았던, 샌게이브리얼 산맥 아래쪽 아름다운 참나무 그늘에 자리 잡은 소도시들에서는 21세기 초반부터 아시아계가 인구의 대다수를 차지하게 되었다. 그 아시아계 주민들은 로스앤젤레스에서 재산을 모은 뒤 소득이 늘어나면 교외로 이사하는, 전형적인 상향 이동형 사업가들이 아니었다. 그들은 상하이와 베이징에서 곧장 샌마리노와 아케이디아로 건너온, 중국의 신흥 억만장자 겸 최고경영자 그리고 정부 관료들이었다.

그들은 이전의 미국인 교외 거주자들과 똑같은 꿈 즉, 좋은 학교들이 많고, 쇼핑몰에는 사치품이 가득하고, 현금을 현지의 자산으로 안전하게 묶어둘 수 있는, 쾌적한 환경에 둘러싸인 크고 고급스러운 주택과 같은 꿈을 품고 있었다. 전형적인 미국의 중상층 소도시인 아케이디아는 이제 더는 로스앤젤레스나 패서디나Pasadena 같은 도시만의 교외가 아닌 세계화 시대의 교외이기도 하다. 넓은 정원이 딸린 1940년대의 오래된 목장식 복층 주택 여러 채가 팔린 뒤 철거되었고, 그 빈자리에 크리스털 샹들리에, 대리석으로 마감한 실내 공간, 대형 포도주 저장실, 중국 요리 도구인 웍wok이 설치된 주방, 원형 진입로 같은 재미 중국인 갑부들이 원할 만한 모든 요소를 갖춘, 아주 크고 사치스러운 저택이 들어섰다.[32]

2010년대에는 매년 면적 186제곱미터의 1940년대식 주택 150채 내지 250채가 면적 1,115제곱미터의 21세기식 대저택으로 바뀌었다. 주변의 전통적인 주택들을 압도할 정도로 몸집이 크고 거들먹거리는 그 괴물들은 오늘날의 세계에서 중국인들의 취향과 재력이 지닌 힘을 상징한다. 그 저택들은 미국 교외가 지닌 힘을 보여주기도 한다. 여러 세대에 걸쳐 출신배경과 경제적 수준이 서로 다른 수많은 사람들이 캘리포니아의 교외적 생활방식에 매료되어 남부 캘리포니아로 이주해왔기 때문이다.

아케이디아의 대저택들은 세계화를 둘러싼 한 가지 이야기를 들려주고 있다. 나는 또 다른 이야기를 찾기 위해 더 동쪽으로 자동차를 몰았다. 쭉 이어진 교외를 따라 40분 동안 달리다 보면 주루파 밸리 Jurupa Valley에 위치한 신도시인 이스트베일Eastvale의 활기 없는 맥맨션 단지가 나온다. 몇 년 전만 해도 그 평탄하고, 먼지가 자욱하고, 사막 같은 분위기를 풍겼던 곳에는 온통 축산장과 포도밭뿐이었지만, 지금 이스트베일은 드넓은 계획 교외 도시다. 과거와 달리 이스트베일은 서쪽으로 74킬로미터 떨어진 로스앤젤레스의 일부가 아니라 인랜드 엠파이어Inland Empire로 불리는 곳이다. 하지만 이스트베일은 끝없이 펼쳐진 로스앤젤레스 대도시권과 남부 캘리포니아 거대도시권역의 일부다.

최근 몇 년 동안 상자 모양의 쇼핑몰을 중심으로 수천 채의 조립식 교외 주택이 건설된 그 활기 없는 초대형 교외는 21세기판 레이크우드다. 1950년대에 레이크우드가 그랬듯이, 이스트베일은 21세기로 넘어오는 시기에 미국을 포함한 세계 각국에서 과도하게 진행된 초超교외화를 상징하는 곳이다. 주택들은 점점 더 커졌고, 농촌 지역 쪽으로 점점 더 파고들었다. 택지의 구획들이 간선도로를 따라 그리고 교차로 주변 쪽으로 점점 더 확대되었다. 100퍼센트 주택담보대출 덕분에 이전보다 훨씬 더 많은 사람들이 집을 장만할 수 있게 되었다. 다른 수많은 교외들처럼 이스트베일도 규모는 거의 도시급이지만 상점과 카페와 식당이 있는 도심, 산책할 만하고 생동감 넘치는 거리, 다채로운 건축물, 밤 문화 등 풍요로운 도시 생활에 필요한 여러 가지 요소들을 갖추지 못한 곳이다.

도시화와 교외화의 전통적인 개념이 무너졌다. 주택과 일자리는 있으나 도시적 분위기를 띠지 않는 거주지를 가리키는 '가장자리 도시$_{edge\ city}$'나 '스텔스 도시$_{stealth\ city}$' 같은 용어가 있다. 20세기 말엽, 미국에서는 장기간 두 자릿수의 인구증가율을 기록한 인구 10만 명이상의 교외를 가리키는 '붐버브$_{boomburb}$'라는 신조어가 탄생했다. 붐버브 지역은 인구증가율과 경제적 활력의 측면에서 도시를 능가했다. 일례로 애리조나 주 피닉스의 교외인 메사$_{Mesa}$는 인구가 50만 명이 넘는다. 다시 말해 마이애미와 세인트루이스와 미니애폴리스 같은 도시들보다 인구가 많다. 메사에는 기업들과 산업시설이 있지만, 명확한 중심지가 없다. 이스트베일도 중심지가 없기는 마찬가지다. 이스트베일은 도시이기를 원하지 않는 도시다.[33]

21세기의 첫 10년 동안 이스트베일의 인구는 6,000명에서 5만 3,668명으로 폭증했다. 당시 이스트베일에는 공공분양주택이 대거 건설되었다. 하지만 그 평범한 교외에는 역사가 흥건히 스며들어 있다. 이스트베일은 미국 주택시장에 광풍이 불어닥친 기간에 탄생했다. 2003년에서 2006년 사이에만 미국 전역에서 무려 630만 채(로스앤젤레스 대도시권의 전체 주택 수와 비슷한 규모)의 저밀도 주택들이 건설되었다. 주택 수가 그처럼 폭발적으로 증가한 현상은, 미국 주택시장에 흘러들어와 주택담보대출증권 구입에 쓰이는 투자금, 즉 주로 중국에서 유입된 투자금 때문에 가능한 일이었다. 그 느슨한 신용대출의 시기에는 이전보다 훨씬 많은 사람들이 교외의 호화로운 대저택들을 구입할 수 있게 되었다(아케이디아의 대저택 단지와 이스트베일의 맥맨션 단지 사이에는 몇 개의 도로가 있다). 2008년에 미국 주택시장의 거품이 꺼지자 그동안 가격이 너무 높게 매겨진 부동산의 가치가 폭락했고, 비우량 주택담보대출에 의해 건설된 신도시인 이스트베일의 주민들이 특히 심각한 피해를 입었다. 불과 몇 년 만에, 이스트베일은 멋진 교외의 신도시라는 지위에서 압류된 주택들로 가득한 유령 도시의 지위로 전락했다. 금융위기 이후 여러 해를 거치는 동안 이스트베일에 조직폭력단들이 나타나기 시작했고, 맥맨션은 메탐페타민 결정(필로폰_옮긴이)을 만들고 마리화나를 키우는 곳으로 바뀌었다.

1950년대에 사람들은 정치적 동기에 의해 발전한 최신 산업 분야인 항공기 및 미사일 제조업에서 일하려고 레이크우드로 갔다. 이스트베일 주민들도 최첨단 직업에 종사한다. 그들은 세계에서 가장 놀라운 몇몇 건물들 근처에서 살고 있다.

그 특징 없는 상자처럼 생긴 초대형 건물들은 몇 킬로미터에 이르는 광활한 부지 위에 서 있다. 그 건물들에서는 세계적으로 유명한 유피에스UPS, 페덱스FedEx, 코스트코Costco, 월마트Walmart, 아마존Amazon 같은 기업들의 이름이 눈에 띈다. 9만 3,000제곱미터 넓이의 그 초대형 주문 센터들은 간선도로와 공항과 철도와 교외가 복잡하게 얽혀 있는 지역 한가운데의 축산장과 낙농장, 포도밭 사이에 서 있다. 2010년대에 이스트베일에서는 해마다 1.86제곱킬로미터 넓이의 상품 보관 공간이 추가로 임대되었다. 이스트베일은 수백만 톤의 저렴한 아시아산 수입품들이 보관되었다가 익일 배송이라는 중요한 약속을 이행하기 위해 미국 전역으로 배달되는, 거대한 현대식 내륙 항구다. 수많은 사람들이 컴퓨터 마우스를 클릭하거나 스마트폰 화면을 누르는 데 힘입어 이스트베일은 늘 분주히 움직인다. 그 내륙 항구의 중요성은 이스트베일 곳곳에 퍼진 소박한 교외 같은 느낌에 가려져 있다.[34]

이스트베일은 세계시장과 밀접한 관련이 있기 때문에 존재하는 교외다. 수백만 명의 멕시코인들과 중남미계 미국인들을 로스앤젤레스로, 수천 명의 타이완인 사업가들을 샌게이브리얼 밸리로, 수백 명의 중국인 백만장자들과 억만장자들을 아케이디아로 이끌었던 바로 그 힘이, 새로운 교외의 꿈을 이루자며 또 다른 사람들을 이스트베일로 끌어들였다. 레이크우드의 주민들이 냉전의 폭심지에서 살았듯이 이스트베일 주민들은 21세기 경제의 교차로에 살고 있다. 레이크우드와 컴튼에 살았던 사람들처럼 이스트베일 주민들도 지정학과 세계 경제와 기술의 변화에 취약하다. 만일 그 내륙 항구에 도달하는 화물의 급류가 말라버리거나 완전한 자동화가 이뤄지면 일자리는 사라질 것이다.[35]

간선도로를 따라 그 거대한 물류창고 단지로 향하는 트럭들에는 1만 9,300킬로미터 떨어진 곳에서 만들어진 각종 도구 및 기기, 스마트폰, 플라스틱 장난감, 속옷, 자동차 부품, 프라이팬 따위가 실려 있었다. 나는 그 트럭들이 출발한 곳을 향해, 즉 반대 방향인 남서쪽으로 100킬로미터를 달렸다. 정신이 몽롱해질 만큼 똑같은 모양의 주택들이 즐비한 여러 정착지들과 레이크우드와 컴튼을 거쳐 롱 비치 항에 도착했다. 롱 비치 항은 아시아산 제품이 미국 시장으로 들어오는 최고의 관문 중 하나다. 나는 자동차로 약 260킬로미터를 일주하며 풍부한 역사와 의미가 담긴 풍경을 목격했고, 1950년대의 원자력 시대에 시작해 21세기 세계화의 중심지에서 막을 내린 자동차 여행기를 써내려갔다. 단조롭고, 역사가 삭제된 동일성 때문에 교외에 담긴 이야기의 중요성이 감춰졌지만, 오히려 그 동일성에 힘입어 이야기의 극적 효과가 두드러졌다. 때때로 역사는 지루한 장소에서 이루어진다. 사실, 지루한 장소는 생각보다 지루하지 않은 곳으로 드러나는 경우가 종종 있다.

롱 비치에서는 대형 컨테이너선들이 짐을 내리고 있었다. 그 선박들은 로스앤젤레스와 남부 캘리포니아와 거대도시권역을 세계 경제의 주요 거점들인 인구 5,500만 명의 광둥·홍콩·마카오 그레이터 베이 지역Guangdong-Hong Kong-Macau Greater Bay Area, 인구 8,800만 명의 장강삼각주 도시군Yangtze River Delta Megalopolis(상하이, 난징, 항저우, 쑤저우, 진장, 우시), 인구 1,200만 명의 서울 수도권, 인구 4,100만 명의 메가 마닐라Mega Manila 같은 1970년대부터 급성장한 초거대 무역 도시들과 연결하는 역할을 맡고 있다. 상품과 자본이 끊임없이 이동하는 롱비치 해안의 가장자리는, 세계 곳곳의 무수히 많은 지역을 도시와 교외로 바꿔놓은 힘에 대해 잠시 생각해보기에 적당한 곳이다.

팽창하는 대도시들

오늘날은 마치 괴물처럼 몸집을 키우는 대규모 도시들에 의해 규정되는 시대다. 13장에는 로스앤젤레스와 인근 도시권에 초점을 맞추는 동시에 다중심적인 초거대도시로 변화한 세계 곳곳의 여러 도시들에도 적용되는 이야기가 담겨 있다. 로스앤젤레스의 역사는 교외화의 역사가 아니라 교외와 도시 간의 선명한 차이가 희미해지는 과정의 역사다. 로스앤젤레스의 역사는 그동안 도시가 어떻게 새로운 형태를 갖추게 되었는지, 그리고 현재 어떤 식으로 지속적인 변형의 단계를 밟고 있는지를 둘러싼 역사다.

교외는 점점 복잡해지고 경제적으로 활기를 띠게 되면서 훨씬 더 폭넓게 그리고 빠르게 확장되었다. 1982년부터 2012년까지, 미국에서는 워싱턴 주의 면적에 버금가는 무려 17만 4,000제곱킬로미터에 이르는 농촌 지역의 땅이 교외로 바뀌었다. 부동산 시장이 한창 호황을 누리던 때인 2002년에 미국에서는 교외가 1분마다 8,000제곱미터 넓이의 농장과 숲과 공터를 집어삼키고 있었다.[36]

로스앤젤레스, 애틀랜타, 피닉스, 캔자스시티 같은 도시들이 20세기 말엽에 겪은 경험에서 알 수 있듯이, 미국은 자동차에 의존하고 인구밀도가 낮은 교외가 팽창하는 현상의 주요 사례국이었다. 자동차가 널리 쓰이고, 순환간선도로가 많이 생기고, 저금리 자금을 쉽게 이용할 수 있고, 화석연료와 토지가 풍부하고, 도심이 쇠퇴하고, 기업들이 여러 곳으로 분산되고, 인구가 증가하는 상황에서는, 인구밀도가 낮은 시외의 주택을 향한 사람들의 갈망을 충족시킬 수 있었다. 아마 그보다 한층 더 의미심장한 요소는, 중앙정부가 세제 혜택, 주택담보대출, 10만 9,500킬로미터에 이르는 고속도로를 통해 교외 팽창 현상을 부추기며 쓴 막대한 자금이었을 것이다. 20세기 미국 도시주의의 결정적인 특징인 팽창하는 자동차 기반의 교외는 급속한 도시화를 겪고 있는 여러 나라들의 청사진이 되었다. 1980년대에 방콕, 자카르타, 마닐라, 쿠알라룸프르 같은 아시아 도시들의 신흥 중산층 사이에서는 로스앤젤레스식의 교외 주택단지에 대한 확고한 갈망이 엿보였다. 1975년부터 1995년까지 도쿄에서는 집값 상승으로 인해 1,000만 명이 대도시권의 중심 도시에서 외부 교외outer suburb로 이주해야 했다.

하지만 1980년대 중국에는 자동차를 소유한 가정이 드물었다. 걷기와 자전거와 버스가 주요 교통수단이었고 도시들은 조밀했다. 흔히들 중국의 급속한 도시화를 높이 솟은 마천루들과 결부시킨다. 그러나 중국의 도시들은 농촌 지역으로 파고들었으며, 중국의 도시화는 수직적이 아니라 수평적인 성격을 띠고 있다. 중국의 교외화는 1990년대에 자동차를 소유한 사람들이 늘어나며 본격적으로 시작되었다. 1978년부터 지금까지 대규모 도심지들의 면적이 평균 450제곱킬로미터 정도 늘었다. 신규 중산층 주택의 약 60퍼센트가 외부 교외에 건설되었고, 저렴한 주택의 70퍼센트가 내부 교외inner suburb에 건설되었다. 중국은 미국의 경로를 따라가는 것처럼 보이며, 그 답습 과정에는 미국의 사례에서 등장한 여러 가지 힘들이 작용했다.

대규모 교외화는 2개의 전선에서 진행되었다. 상하이와 베이징의 복잡한 골목과 통로를 중심으로 형성된 인구밀도가 극도로 높은 동네를 가리키는 용어인 리룽里弄, lilong과 후퉁胡同, hutong의 주민들은 단조로운 교외의 대구획 주택단지로 강제이주를 당했다. 중국 경제가 수출시장으로 방향을 설정함에 따라 로스앤젤레스를 비롯한 세계 각국의 도시들의 모습을 완전히 뒤바꿔놓은 것과 동일한 종류의 재구성 작업이 필요했다. 첨단 사무지구와 수출 지향적 제조업 단지가 교외의 개발촉진구역으로 이전되었고, 쇼핑몰과 쇼핑센터가 교외 여기저기에 들어섰다. 세계화와 교외화 사이의 상관관계는 명백하다. 또 하나의 전선에서는, 중국의 신흥 중산층이 고급스럽고 인구밀도가 낮은 교외의 공동체로 이주했다. 남부 캘리포니아의 교외 주택단지를 본뜬 오렌지 카운티Orange County, 파크 스프링스Park Springs, 롱비치Longbeach(베이징 외곽 소재), 랜초 산타페Rancho Santa Fe(상하이 소재) 같은 몇몇 공동체들의 이름에는 신흥 중산층의 마음을 흔들어놓은 환상이 묻어나 있다. 신흥 중산층이 선망하는 미국 교외의 꿈 같은 생활방식은 로스앤젤레스의 최대 산업 중 하나인 영화 및 텔레비전 산업을 통

해 세계적으로 널리 알려지면서 큰 영향력을 행사했다.[37]

넓은 토지와 공간을 지향하는 교외 생활에 대한 욕구는 전 세계에서 뚜렷이 나타났다. 20세기의 마지막 20년 동안 영국에서 인구는 미미하게 증가한 반면 건축환경은 2배로 늘어났다. 그 20년은 온갖 종류의 도시 팽창 현상이 일어난 시기였다. 1980년부터 1990년까지, 개발도상국들의 도시 인구는 9억 7,200만 명에서 13억 8,500만 명으로 증가했다. 1950년에는 런던과 뉴욕만 각각 800만 명의 인구를 보유한 거대도시였고, 전 세계에서 인구가 100만 명 이상인 도시는 83개밖에 없었다. 그런데 1990년에는 전 세계에 거대도시가 20개 있었고, 100만 명 넘게 거주하는 도시가 198개나 있었다. 아시아와 아프리카와 남아메리카의 여러 도시들이 급성장하는 동안 가난한 농촌 주민 수백만 명이 교외의 판자촌으로 이주했다. 더 부유한 선진국 도시들의 경우처럼 그 도시들도 수직이 아니라 수평 방향으로 팽창했다. 가장 급속도로 성장하는 도시 중 하나인 라고스는 1960년에 인구가 76만 2,418명이었는데 20세기 말엽에는 1,300만 명을 넘어섰고, 그러는 동안 면적은 321제곱킬로미터에서 1,834제곱킬로미터로 늘어났다.

지금까지 인류사에서 도시와 도시 생활이 그처럼 중대한 변화를 겪은 기간은 없었다. 1950년대에 로스앤젤레스에서 명확히 형성된, 다중심적이고 급격히 팽창하는 세계적 거대도시권역이 마침내 세계를 정복했다. 제2차 세계대전 이후의 자본주의에 의해 탄생한 교외 대도시suburban metropolis 때문에 도시의 개념이 그리고 인간과 자연계의 관계가 한계에 부딪히게 되었다.

교외는 자본주의와 세계화의 승리를 축하하기에 적합한 기념물이다. 교외의 거침없는 팽창성에는 우리의 모든 욕망을 충족시키고 무한한 성장의 원리에 따라 움직이는 맹렬한 소비문화가 반영되어 있다. 교외의 그 같은 팽창성 때문에 자연환경은 통제 가능한 인공적 환경으로 변모한다. 제2차 세계대전 이후 찾아온 교외의 황금기는 로스앤젤레스가 주도했다. 당시 로스앤젤레스에서는 특히 원예 산업이 급성장했다. 무척 예쁜 꽃이 피는 아마존산 자카란다 나무가 레이크우드에서 인기를 끌었다. 레이크우드 주민들은 잔디 대신에 손이 덜 가는 아욱메풀을 정원에 심기도 했다. 로스앤젤레스에서는 자카란다 나무와 아욱메풀 외에도 세계 도처에서 수입된 각종 나무와 꽃과 관목, 풀과 과일이 자라고 있었고 그렇게 교외는 수많은 살수기와 살충제를 써서 관리되는, 완전히 인공적인 풍경으로 탈바꿈했다.[38]

제3천년기의 여명을 맞이한 지금, 과연 이 세상을 교외의 정원보다 더 적절히 표현할 수 있는 것이 있을까? 교외의 정원은 우리가 지구를 지배하는 방식을 집약적으로 보여준다. 그러나 도시 팽창 현상의 진정한 위험은 우리와 직접적인 관계를 맺고 있는 환경이 재구성되는 현상이 아니다. 인간이 조밀한 도시를 거부하고 넉넉한 생활공간을 선택하는 바람에 전력과 가스와 석유 그리고 물과 콘크리트와 도로망을 끝없이 원하는 대도시가 생겨났다. 물론 도시 팽창 현상으로 농촌 지역이 도시에 흡수되기도 한다. 하지만 팽창한 도시는 어마어마한 규모의 자원을 낭비한다. 자동차 기반의 현대 도시주의는 시가지의 활력을 빼앗았고, 자연을 집어삼키는 저밀도형 도시 팽창 현상을 부추겼다. 자동차는 도시의 강력한 적으로 부상했다. 자동차는 다른 어느 것보다 더 많은 공간이 필요하다. 대부분의 도시들에서 자동차는 전체 토지이용량의 50퍼센트 이상을 차지하고, 로스앤젤레스에서는 그 비중이 더 높다. 우리는 자동차의 필요성을 중심으로 도시의 형태를 새롭게 바꿨다.

사방으로 넓게 퍼진 대도시에서는 자동차를 자주 이용할 수밖에 없다. 따라서 교통체증과 오염 문제가 점점 더 심각해진다. 대도시 지역들이 잘 익은 카망베르 치즈처럼 부풀어가는 동안, 1960년대에서 20세기 말엽 사이에 미국인들의 연간 운전 거리는 평균 1만 9,300킬로미터에 이르렀고, 통근 시간은 3배 증가했다. 같은 기간에, 미국의 가구소득 중에서 자동차에 지출되는 금액의 비중은 2배로 늘어나 20퍼센트에 이르렀다. 교외화와 도시 팽창 현상이 급속도로 진행되는 동안, 특히 1990년에서 1995년 사이에, 어린 자녀를 둔 어머니들의 운전 시간이 11퍼센트 증가했다. 그들이 운전대 앞에서 보낸 시간은 아이들에게 옷을 입히고 아이들을 씻기고 먹이는 데 할애된 시간보다 더 많았다. 오늘날 미국에서 이용되는 전체 여행 수단의 87퍼센트가 자동차다. 자동차가 왕으로 군림하고 자동차가 도시를 지배하는 나라가 미국이라는 점을 고려하면 그리 놀라운 통계 수치는 아니다. 그런데 미국에서는 매년 교통사고로 4만 명이 사망한다. 게다가 미국인들의 몸집도 점점 뚱뚱해지고 있다. 1970년대에는 미국인 10명당 1명이 비만이었는데 지금은 3명당 1명이 비만이다. 천식으로 인한 사망자 수는 1990년대에 비해 3배로 늘었다. 미국 밖으로 눈을 돌려보면, 나이지리아의 라고스는 일상적 교통정체의 현장이다. 라고스의 통근자들은 정체가 심한 도로에서 매주 평균 30시간을 보낸다. 멕시코시티의 경우 매년 20만 대의 자동차들이 새로 거리에 쏟아져 나온다. 라고스와 멕시코시티 모두 환경 붕괴의 위협에 시달리고 있다. 그리고 중국도 도시 팽창 현상과 교외화와 자가용의 나라가 되었다. 이제 이

미래 도시의 현재. 20세기 중반에 로스앤젤레스는 자동차 위주의
교외화와 도시 팽창 현상을 주도했다.

저지 해리 프레거슨 인터체인지,
로스앤젤레스, 사진, 2018년.
(언스플래시)

문제는 세계적 성격을 띠게 되었다.

저밀도형 도시 팽창 현상과 자동차 중심의 도시들과 그에 따른 일상적 생활방식은 저렴한 유가의 산물이자 저렴한 유가에 철저히 의존하고 있다. 따라서 무한히 지속되는 결과는 아니다. 그러나 현대 도시는 자동차 의존성 때문에 유독성 스모그와 환경 붕괴, 기후변화를 일으키는 주범으로 전락했다.

14장

역동성으로 꿈틀대는 미래 도시

라고스

1999~2020년

도시는 포식자들로 가득하다. 도시는 적응하고 번창할 준비가 된 거친 자들에 적합한 환경이다. 그들은 시골보다 도시에서 훨씬 더 번성한다. 그러나 도시 생활을 통해 강자들은 길들여지고, 약자들은 피난처를 구해 살아남기도 한다.

이는 우선 인간에게 해당하는 사실이겠지만, 도시 생태계 전반에 적용되는 사실이기도 하다. 특히 코요테, 여우, 라쿤, 까치, 참매 같은 동물들은 자연 서식지보다 더 조밀하고 인구가 많은 도시로 진출할 수 있다. 도시는 그런 동물들이 살기 좋은 곳인지도 모른다. 불과 25년 전에 다시 영국에서 서식하기 시작한 붉은 솔개는 지금 남동부 잉글랜드의 도시들에서 흔히 볼 수 있다. 콘크리트 건물이 즐비한 뉴욕의 도시 풍경은 절벽에 둥지를 틀고 급강하해 먹이를 낚아채는 데 익숙한 송골매들에게 이상적인 환경이다. 1983년에 송골매 한 쌍이 뉴욕으로 날아왔고, 현재 뉴욕은 송골매의 서식 밀도가 가장 높은 도시가 되었다. 오늘날 세계 각국 도시들에서 발견되는 송골매는 어엿한 도시

조류로 탈바꿈했다.

도시에서는 다른 동물을 사냥하는 포유류와 맹금류의 숫자가 늘고 있지만, 그런 포식자들의 먹잇감인 작은 동물들과 새들의 숫자도 증가하고 있다. 도시에서 일어나는 '포식의 역설'이다. 인간이 남기거나 버린 엄청나게 많은 음식에 맛을 들인 포식자들은 작은 포유류와 조류 대신 소풍 장소나 쓰레기통, 자동차에 치여 죽은 동물에 관심을 쏟기 시작했다.

포식자들의 먹잇감들, 예를 들면 명금류鳴禽類는 도시의 인공적인 환경에서 형성된 식량 공급원의 덕을 볼 뿐 아니라 포식자들의 습격으로부터 비교적 자유롭기도 하다. 도시에 사는 고양이는 야생 고양이보다 사냥 빈도가 낮다. 도시의 열섬효과와 포식의 역설은 따뜻하고 안전한 곳을 찾는 제비와 찌르레기 같은 새들을 끌어당기는 자석처럼 작용한다. 1980년대부터 도시와 교외에 거주하는 사람들이 새 먹이에 지출한 엄청난 돈(영국은 매년 평균 2억 파운드, 미국은 매년 평균 40억 달러)에 힘입어 조류의 개체수가 증가했고, 기존에 보이지 않았던 새로운 종류의 새들이 나타나기 시작했다. 검은머리명금은 영국 교외의 정원들에 차려진 진수성찬을 즐기기 위해 중앙유럽에서 스페인과 북아프리카로 이어지는 기존의 이동 경로를 서쪽으로 변경했다. 오늘날 도시에 사는 조류는 개체수가 증가했고, 그 종류도 다양해졌다. 마천루 절벽에서 콘크리트 협곡을 노려보는 송골매가 그 새로운 환경을 좋아하는 것은 당연하다.[1]

도시에서 사는 동물들은 도시 밖의 동물들과 무척 다르게 행동한다. 전혀 다른 환경에 적응할 수 있는 동물들은 번성한다. 그런 동물들은 인간과의 공생이 가능한 동물들, 즉 인간과 맺은 관계를 통해 혜택을 입는 동물들이다. 시카고에서 쓰레기통을 식량 공급원으로 삼으며 사는 도시 라쿤들은 먹이를 찾아 돌아다니는 범위가 비교적 좁고, 새끼를 더 많이 낳는다. 로스앤젤레스에 서식하는 퓨마들의 행동 범위는 65제곱킬로미터인 반면 도시 밖의 야생에서 서식하는 퓨마들의 행동 범위는 960제곱킬로미터이다. 시카고의 코요테들은 도로를 안전하게 건너는 요령을 터득했다. 송골매와 마찬가지로 코요테도 도시에서는 인간에게 사냥을 당하거나 덫에 걸릴 확률이 낮다. 미국의 농촌 지역에서 서식하는 코요테의 평균 수명은 2.5년인 반면, 도시 지역에서 사는 코요테는 평균 수명이 12~13년이고, 새끼도 더 많이 낳는다. 남아프리카공화국의 케이프타운에 사는 차크마개코원숭이, 인도의 도시 조드푸르Jodhpur에 사는 남부평원회색랑구르 원숭이, 콜롬비아의 도시 메데인Medellín에 사는 흰발타마린 원숭이 그리고 쿠알라룸푸르에 사는 마카크 원숭이는 '옥상이 많고, 낭비가 심한 인간들이 있으며 포식자가 없는 도시'의 생활방식을 수용한 대표적인 유인원들이다. 1980년대에 홍학은 하수 때문에 생긴 풍부한 남조류藍藻類에 이끌려 뭄바이로 이동하기 시작했다. 2019년, 뭄바이의 홍학 개체수는 12만 마리에 이르렀다. 뭄바이 변두리의 비공식 정착촌들에서는 표범들이 조밀한 도시의 밀림에서 어두운 밤을 틈타 야생개들을 사냥한다.[2]

인공적인 환경에서 동물들은 새로운 문제해결법을 배워야 한다. 그러고 나면 도시의 사정에 밝아지게 된다. 1980년대의 어느 시점에, 일본의 도시 센다이의 한 까마귀는 천천히 지나가는 자동차의 바퀴가 호두를 깨트리기에 가장 좋은 방법이라는 사실을 알아냈다. 이후 센다이에 사는 수많은 까마귀들이 그 방법을 터득했다. 오스트리아의 빈에서는 어둠을 좋아하는 성향을 극복하고 형광판 조명이 환하게 비치는 교량의 여러 구조물에 집을 짓는 거미들이 다른 거미들에 비해 4배나 많은 먹이를 잡았다. 북아메리카의 도시 라쿤들은 농촌 지역의 라쿤들보다 더 빨리 문제를 해결한다(예를 들어 문이나 창문을 더 빨리 연다). 어느 실험에 따르면 도시에서 잡힌 되새류는 시골에 서식하는 되새류보다 더 능숙하게 뚜껑을 열거나 서랍을 잡아당겨 먹이를 구하는 것으로 드러났다. 도시에서 자란 동물들은 비교적 과감하고 호기심이 많다. 그중에서 어떤 동물들은 상대적으로 공격성이 낮다. 그것은 밀집도가 더 높은 환경에서 서식하는 데 따른 결과로 해석할 수 있다. 시끄럽고 역동적인 장소에서 서식하는 동물들, 이를테면 지하철 노선 근처의 쥐는 스스로 스트레스 반응을 누그러트린다. 연구에 의하면 뒤쥐, 들쥐, 박쥐, 다람쥐 같은 도시의 소형 포유류들은 런던의 미로 같은 거리를 여러 해 동안 돌아다닌 데 따른 결과로 일반인에 비해 후부 해마의 회백질이 더 큰 택시 운전사들처럼 상대적으로 뇌가 크다.[3]

도시는 도시에 서식하는 동물들의 진화 과정을 놀랍고도 발 빠른 방식으로 통제해왔다. 유명한 사례를 하나 들자면, 얼룩나방의 색깔은 산업혁명으로 환경이 오염되면서 검게 바뀌었다. 런던 지하철 모기는 최근에 인간의 혈액으로 가득한 지하 구역에서 진화한, 완전히 새로운 종류의 모기다. 그리고 피카딜리 노선의 모기들은 베이컬루노선Bakerloo의 모기들과 유전학적으로 다르다. 도시의 열섬효과 덕분에 찌르레기들이 겨울에도 다른 곳으로 이동하지 않고 도시에 계속 머무르고 있다. 도시의 찌르레기들은 시골의 숲에 사는 찌르레기들과 별개인 종으로 바뀌고 있다. 도시의 찌르레기들은 시골의 찌르레기들보다 부리가 더 짧고(도시에서는 먹이를 더 쉽게 구할 수 있기 때문이다), 더 일찍 짝짓기를 시도한다. 또 더 높은 소리로 지저귄다(도시는 시골보다 소음이 심하기 때문이다). 자연선택 원리에 따르면 오늘날의 도시는 날개가 더 짧은 새들, 크기가 더 작은 포유류들, 살집이 더 많은 물고기들, 몸집이 더 큰 벌레들에게 유리한 곳이다. 애리조나 주의 도시 투손Tucson에 서식하는 되새류는 정원에 설치된 새 먹이통을 주요 식량 공급원으로 삼고 있기 때문에 부리가 점점 더 길고 두툼해지고 있다. 푸에르토리코의 도시들에서는 도마뱀들의 발가락이 벽돌과 콘크리트를 움켜쥐기 쉬운 쪽으로 진화해왔다.[4]

자연 생태계의 일부가 된 도시

모름지기 진화는 수백만 년에 걸쳐 더디게 진행된다. 그런데 동물들이 급격히 바뀌는 환경에 적응한 이 놀라운 이야기는, 지난 몇십 년 동안 이뤄진 급속도의 교외화를 경험한 우리 앞에 닥친 여러 결과 중 하나다. 세계의 도시 인구는 1960년에 10억 명이었다가 2020년에 40억 명을 넘어섰다. 저밀도형 도시 팽창 현상이 만연한 시기에는 도시 면적의 증가 속도가 도시 인구의 증가 속도보다 더 빨랐다. 1970년부터 2000년까지 세계 각국에서 5만 8,000제곱킬로미터의 땅이 도시에 흡수되었다. 도시들은 2030년까지 또 120만 제곱킬로미터의 땅을 집어삼킬 것이고, 그 결과 도시의 인구가 2배로 늘어나는 동안 도시의 면적은 3배 증가할 것이다. 다시 말해, 맨해튼보다 넓은 땅이 매일 도시에 흡수될 것이다. 그리고 전 세계의 건축환경 중 65퍼센트가 2000년에서 2030년 사이에 조성될 것으로 보인다. 그 30년 동안 건설될 도시 지역들의 면적을 모두 합치면 남아프리카 공화국의 면적과 비슷할 것이다. 지금 우리는 지구적 격변기를 겪고 있다.[5] 도시가 야생 서식지와 미답의 생태계를 침범함에 따라 감염병이 동물에서 인간으로 전염될 가능성이 높아졌다. 실제로, 팽창하는 도시의 가장자리로부터 신종 인수공통질병이 인구밀도가 높은 대도시들에 유입되고, 세계적 관계망을 거쳐 다른 도시들로 퍼져 막대한 피해를 입히고 있다.

지구의 육지에서 도시가 차지하는 면적의 비중은 앞으로도 낮은 수준인 약 3퍼센트를 유지하겠지만, 문제는 오늘날 도시화가 진행되고 있는 현장이다. 우리는 동물과 식물이 선호하는 장소인 해안이나 삼각주, 강이나 초지나 삼림 근처에 있는 초목이 무성하고 물을 쉽게 이용할 수 있는 곳에 도시를 건설하는 경향이 있다. 현재 일어나고 있거나 앞으로 일어날 도시 성장 과정의 주요 무대는 36개의 생물다양성 고밀도지역들, 즉 서아프리카 기니의 삼림지대, 아프리카 동부 산악지역, 인도의 서고츠 산맥, 중국의 해안 지역, 수마트라 섬, 남아메리카의 대서양 삼림지대 등과 같이 풍부한 생태계를 갖춘 지역들이다. 급성장하고 있는 약 423개의 도시들이 이 생물다양성 고밀도지역들에 마수를 뻗치고 있고, 그 결과 3,000종 넘는 멸종위기 동식물들의 서식지가 심각한 위기에 놓여 있다.[6]

거대도시와 거대도시권역은 세계에서 가장 비옥한 경작지들을 대규모로 잠식하고 있기도 하다. 도시화가 진행되면 삼림 벌채와 생물자원 손실을 통해 방대한 양의 탄소가 배출되기 마련이다. 특히 생물다양성 고밀도지역과 비옥한 농경지대에서 도시화가 이루어지면 어마어마한 양의 탄소가 배출될 수밖에 없다. 도시는 주변 지역의 기상

패턴과 기후를 바꿔버린다. 사방으로 뻗은 도로망은 토착 생물종과 지형에 막대한 피해를 입힌다. 게다가 도시의 생태학적 범위는 전기와 식량, 물과 연료가 절실한 도시 자체의 면적보다 훨씬 넓다. 런던이라는 대도시를 지탱하는 데 필요한 토지의 양, 즉 런던의 생태학적 범위는 런던 면적의 125배나 된다.[7]

도시를 잘 이용하는 라쿤과 송골매 그리고 정원 조류garden birds(먹이와 보금자리를 구하기 위해 정기적으로 정원에 찾아오는, 온갖 종류의 새를 가리키는 용어_옮긴이) 같은 동물들의 성공 사례는 희귀한 축에 속한다. 미국의 도시들에서는 매년 1억 마리 내지 6억 마리의 철새들이 마천루에 부딪혀 죽는다. 그 새들의 안타까운 운명은 도시가 초래한 생태계 훼손 현상의 요약본이다. 무분별한 도시 성장은 기후변화, 동식물의 멸종, 생물다양성 훼손 같은 결과를 유발해왔다. 전 세계의 도시에는 인류의 50퍼센트가 살고 있지만, 도시의 탄소 배출량은 지구 전체의 탄소 배출량 중 75퍼센트를 차지한다. 로스앤젤레스의 거대한 간선도로 때문에 살쾡이들과 퓨마들의 유전자 이동이 가로막혀 있다. 오늘날, 벤투라 고속도로Ventura Freeway 인근에 서식하는 살쾡이들은 도로 건너편의 살쾡이들과 유전학적 차이가 있다. 넓게 팽창한 도시 안에 갇혀버린 살쾡이 무리 내부의 근친교배가 흔해졌기 때문이다. 지구의 보물인 생물다양성 고밀도지역들로 도시가 침투하고 있기 때문에 앞으로 멸종위기 동물들은 로스앤젤레스 살쾡이들과 똑같은 운명을 맞이할 것이고, 그 동물들의 활동 범위와 유전자 공급원은 지구에서 가장 위험한 침입종인 호모 우르바누스Homo urbanus(도시 인류_옮긴이)에 의해 축소될 것이다.[8]

맹렬한 속도로 진행되는 도시화의 충격은 새로운 환경에 적응하려고 서로 경쟁하는 과정에서 또는 서식지가 파괴되어 유전자 구성이 바뀌는 바람에 체형이 달라진 일부 동물들을 통해 가장 적나라하게 확인할 수 있다.

도시로 찾아온 송골매와 표범 들, 홍학 무리와 각종 새와 오소리 들은 모두 우리의 반가운 이웃이다. 그 동물들은 불리한 조건을 이겨 내고 인공적인 도시를 공유하는 자연이자, 광활한 콘크리트 공간 속의 생명이다. 진화하는 찌르레기들과 꾀 많은 코요테들과 영리한 여우들에 관한 뉴스는 도시가 생태계와 분리된 곳이 아니라 생태계의 일부분이라는 사실을 웅변하고 있다. 여기서 가장 중요한 점은 우리가 앞으로 건축환경을 개선함으로써 그동안 우리에게 상처를 입은 자연과 함께 도시를 공유할 수 있다는 사실이다.

아주 최근까지 우리는 도시와 농촌을 서로 명확히 구분되고 공존할 수 없는 대상으로 바라봤다. 어쨌든 농촌은 많았고, 도시는 많지 않았다. 역사적으로 도시적 요소는 흔히 자연적 요소의 적으로, 농촌을 모조리 집어삼키는 파괴적 힘으로 치부되었다. 대규모 도시화와 그에 따른 기후변화의 충격은 우리의 심리적 지각을 바꿔놓았다. 알고 보니 도시가 자연 위에 군림하고 있었던 것이다. 따라서 우리가 대도시를 바라보는 시각도 바뀌었다. 놀랍게도 지금 런던 면적의 47퍼센트가 녹지 공간이고 런던에는 세계 최대의 도시 숲이 조성되어 있다. 런던에는 사람들(800만 명 이상)만큼 많은 나무들이 있고, 런던 면적의 21퍼센트에 나무들이 서 있다. 아울러 런던에는 최소 1만 4,000종의 동식물과 균류가 있고, 생태학적으로 중요한 1,500개의 장소가 있고, 런던 대도시권 면적의 10퍼센트가 자연보호구로 지정되어 있다. 브뤼셀에는 벨기에에서 찾아볼 수 있는 꽃 종류의 50퍼센트가 있고, 케이프타운에서는 멸종위기에 처한 남아프리카 공화국 전체의 식생형植生型 중 50퍼센트가 보호되고 있다. 고도로 도시화된 도시국가이자 세계에서 가장 다양한 생물종을 보유한 곳 중 하나인 싱가포르는 총면적 716제곱킬로미터의 절반이 각종 동식물의 서식지를 연결하는 녹지와 숲과 자연보호구로 이뤄져 있고, 식물로 뒤덮인 녹화 지붕과 마천루의 벽면을 녹색으로 수놓은 수직 정원까지 갖추고 있다.[9]

우리는 도시들이 풍부한 생물다양성을 지탱한다는 사실과 그런 생태 환경이 인간의 생존에 필수적인 요소라는 사실에 이제 막 눈을 뜨고 있을 뿐이다. 싱가포르의 사례에서 알 수 있듯이 열대지방의 생물다양성 고밀도지역들에 위치한 신흥 도시들은 적절한 계획을 수립해 실천하면 현지의 동식물을 잘 보존할 수 있을 것이다. 사실, 최근 도시에서 일어난 동식물 진화의 역사를 통해서는 지구 생물다양성의 미래뿐 아니라 도시 자체의 미래도 엿볼 수 있다.

세계 최대의 대도시 중 하나인 대한민국의 서울에서는 매일 6만 명이 초목으로 둘러싸인 도심 하천을 따라 산책을 즐긴다. 21세기 초, 그 하천 위에는 서울을 관통하는 흉물스러운 고가도로가 있었다. 자동차들이 오가는 고가도로 아래는 쓰레기를 버리거나 범죄자들이 어울리는 장소로 전락했다. 2002년에서 2005년 사이에 청계고가도로가 철거되었고, 오랫동안 콘크리트 구조물로 뒤덮여 있었던 하천이 복원되었다. 고가도로가 없어졌기 때문에 자동차를 타고 도심으로 진입하기가 더 어려워졌다. 그러나 이후 대중교통 이용과 대중교통에 대한 투자가 촉진되었기 때문에 고가도로 철거가 꼭 부정적인 결과만 초래한 것은 아니었다. 오늘날 청계천은 초목과 물이 있는, 서울 한가운데 존재하는 오아시스 같은 곳이다. 청계천은 공기오염도를 낮추고, 서

2002년에서 2005년 사이에 청계고가도로가 철거되었고, 오랫동안 잠들어 있던
하천이 복원되었다. 서울 심장부에 위치한 이 녹색 오아시스는 도심의 자동차 운행을
억제할 때 일어날 수 있는 결과의 현장이다.

청계천, 서울, 사진, 2008년. (미하일 소트니코프Michael Sotnikov / 언스플래시)

울의 다른 지역들보다 기온이 5.9도 낮아 열섬효과를 완화한다. 그보
다 더 중요한 점은 청계천에 조성된 녹지가 생물다양성을 향상시키고
서울 시민들의 삶의 질을 높인다는 사실이다.[10]

　청계천 사업에는 수억 달러의 비용이 지출되었다. 실제로 청계천
사업은 치열한 논쟁에 휘말리기도 했다. 하지만 청계천 사업은 녹색
도시 재생의 국제적 상징으로 평가되고 있다. 현대 도시주의의 중요
한 측면 중 하나는 완전히 새로운 방식으로 도시와 자연 간의 균형을
맞추려는 시도다. 여기에는 야생 동식물들이 인간의 육체적 건강과
정신적 복리에 유익하다는 점이 일부분 원인으로 작용한다. 물론 몇
세기 전부터 도시들에는 공원과 나무와 공터가 있었다. 그러나 오늘

날 여러 도시들은 자연적 요소를 특정 구역 안에 따로 조성할 필요가 없다는 점을 깨닫기 시작했다. 자연적 요소는 도시의 모든 부분과 엮일 수 있다. 굳이 청계천 사업 같은 대규모 사업만 고집할 필요는 없다. 생물다양성의 측면에서는 미시적 수준이 훨씬 더 중요하다. 철도의 측선, 도로변, 소규모 공원, 빈 공간, 개인 정원, 공터 따위를 연결하는 녹색 회랑지대를 조성하는 사업은 세계 각국에서 추진하는 도시계획의 일부분으로 자리 잡았다. 도시 생태계에 대한 사람들의 인식 수준이 높아짐에 따라 꽃가루 매개체들과 벌들에게 유리한 환경을 조성하는 작업이 많은 도시들의 우선 과제가 되었다.

송골매들에게 그렇듯이, 벌들에게도 21세기의 대도시는 우호적인 환경이다. 단일 작물을 집약적으로 재배하는 농지들에 비해 대도시에는 다양한 식물이 자라고 있기 때문이다. 벌들에게 대도시는 먹이 천국인 셈이다. 꿀을 분석한 결과, 매사추세츠 주 보스턴에 서식하는 도시 벌은 411종의 식물에서 꽃가루를 모으는 데 반해 보스턴 인근에 서식하는 시골 벌은 불과 82종의 식물에서 꽃가루를 채집한다는 사실이 드러났다. 변화하는 도시 환경에서 앞으로 또 어떤 생물종들이 번창할 수 있을까? 또 그 생물종들은 어떤 식으로 진화할까? 대도시 곳곳에는 우리가 거의 감지할 수 없는 미소微小 서식지들이 생길 수 있고, 그 작은 서식지들은 이주자들에게 손짓하는 대규모 공원들과 어깨를 나란히 할 것이다.[11]

멕시코시티는 2008년부터 총면적 2만 1,000제곱미터 이상의 옥상 정원을 설치해왔다. 유럽에서 인구밀도가 가장 높은 도시 중 하나인 바르셀로나는 공원, 정원, 옥상 정원, 나무, 녹화 벽면, 덩굴 식물 등을 연결하는 녹색 회랑지대 즉 총면적 1.62제곱킬로미터의 녹지 공간을 구축하고 있다. 작고 조밀한 도시인 싱가포르는 하늘과 옥상에 그리고 벽면과 발코니에 런던의 리젠트 파크Regent's Park의 면적인 1.62제곱킬로미터와 맞먹는 넓이의 녹지 공간을 조성했다. 멕시코시티와 바르셀로나, 싱가포르의 사례에서 알 수 있듯이 도시 조직에서 군이 특정 구역을 따로 떼어내지 않아도 녹지를 조성할 수 있다. 도시 녹화의 가장 인상적인 결과는 아마 브라질의 도시 포르투 알레그리Porto Alegre의 후아 곤살루 지 카르발류Rua Gonçalo de Carvalho 거리일 것이다. 가지와 잎이 무성하고 키가 큰 자단나무들이 주변을 온통 녹색으로 물들이고 있는 그 거리는 포르투 알레그리를 관통하는 70개의 녹색 터널 중 하나다.[12]

후이 곤살루 지 카르발류 거리의 풍경은 대도시의 미래상이 될 만한 자격이 있다. 모쪼록 그렇게 되었으면 한다. 지금 세계 각국의 도시들에서 수백만 그루의 나무들을 심고 있는 이유는, 단지 사람들의 눈을 즐겁게 하기 위해서나 벌들과 나비들에게 혜택을 주기 위해서가 아니다. 우리 인간은 가격표가 붙은 대상을 소중히 여기는 경향이 있다. 여기서 가격표는 이른바 '수목경제학樹木經濟學, treeconomics'이다. 나무가 있는 부동산은 그렇지 않은 부동산에 비해 가격이 20퍼센트 높아질 수 있다. 케이프타운의 생태 환경은 51억 3,000만 달러 내지 97억 8,000만 달러의 가치가 있는 것으로 추산되었다. 중국 란저우에 조성된 27.89제곱킬로미터 넓이의 도시 숲이 해마다 제공하는 경제적 가치는 1,400만 달러로 추산된다. 뉴욕의 나무들은 매년 1억 2,000만 달러의 경제적 이익을 제공한다. 한때 장식물로 치부되었던 도시의 나무들이 이제 필수적인 존재로 인식되고 있다. 큰 나무 한 그루는 150킬로그램의 탄소를 흡수할 수 있다. 또한 대기오염원을 걸러

내고(미세먼지 농도를 20퍼센트에서 50퍼센트까지 줄인다), 과열된 도시의 기온을 2도에서 8도까지 낮추기도 한다(냉방장치 사용률을 30퍼센트 줄이는 효과를 낸다). 나무는 기후변화를 멈추지는 못하지만, 인간이 기후변화의 영향을 극복하도록 돕는 역할은 맡을 수 있을 것이다. 2000년부터 지금까지 도시의 기온이 급상승함에 따라 냉방장치 사용률이 2배 증가했고, 지금부터 2050년까지 또 3배 증가할 것으로 전망된다. 전 세계적으로 냉방에 필요한 전력량은, 미국의 전력 수요량과 독일의 전력 수요량을 합친 것이자 전 세계 전력 소비량의 10퍼센트와 동일할 것이다. 실제로 건물 안의 기온을 낮출 수 있다면, 멕시코시티의 옥상 정원과 카이로의 녹화 벽면은 냉방에 의존하는 이 자멸적 현실을 타개하는 대안이 될 수 있을 것이다.[13]

우리는 자연을 돈으로 환산해야 그 가치를 깨닫기 시작한다. 그런 과정을 겪지 않으면 도시가 도시의 생태 환경에 의존하고 있다는 사실을 쉽게 알 수 없다. 뉴올리언스는 비극적인 홍수에 휩쓸린 2005년에 습지대가 사라진 대가를 톡톡히 치렀다. 같은 해에 홍수를 겪은 뭄바이는 홍수가 닥치기 전에 육지와 바다 사이의 장벽 역할을 맡았던 40제곱킬로미터의 맹그로브 숲이 사라진 점을 아쉬워했다. 급격한 도시화를 겪는 동안 방갈로르의 기온은 2.5도 상승했다. 현재 방갈로르는 잦은 홍수에 시달린다. 이는 식생의 88퍼센트와 습지대의 79퍼센트가 파괴된 데 따른 결과다. 켄터키 주의 루이빌Louisville은 미국에서 열기에 의한 압박이 가장 심한 도시 중 하나다. 루이빌 도심의 기온은 교외보다 10도나 높을 때도 있다. 여기에는 루이빌 도심의 식생피복률이 약 8퍼센트에 불과하기 때문인 점이 일부분 작용한다. 치솟는 기온을 제어하기 위해서는 루이빌에 매년 수십만 그루의 나무를 심을 필요가 있다. 그러나 지금까지 루이빌의 민간 부문은 이에 대해 미온적인 반응을 보이고 있다.

앞으로 초강력 폭풍에 시달릴지 모르는 현대 도시들과 교외들은 방대한 불침투성 콘크리트 층 탓에 물을 제대로 흡수할 수 없게 되었다. 시카고와 베를린과 상하이는 긴급 홍수예방 대책으로서의 자연적 수문학水文學을 흉내내는 요령을 배우거나 다시 배우고 있다. 나무는 다량의 물을 흡수할 수 있기 때문에 꼭 필요하다. 상하이의 링강 지구처럼 여러 도시들은 옥상 정원, 도시 습지, 빗물 정원, 투수성 포장도로, 생태 수로 같은 시설들을 빗물을 빨아들여 서서히 내보내는 거대한 스펀지로 활용하고 있다. 그런 시설들에 흡수된 물은 여과되어 대수층帶水層과 하천으로 흘러가거나 결국 대기 중으로 증발되고, 그 과정에서 도시의 기온을 낮춘다.

홍수로 물이 흘러넘치는 사태를 예방하는 데 필요한 나무와 꽃밭, 수로와 도시 습지는 인간의 복리와 생물다양성에도 이롭다. 여러 개발도상국들에서 생물다양성은 도시가 성장하는 만큼 확대된 도시 농업에 의해 어느 정도 유지되어왔다. 특히 농촌의 식량 생산량이 도시의 성장 추이를 따라가지 못하는 경우에는 도시 농업의 비중이 더 두드러졌다. 쿠바의 수도 아바나에서 생산되는 과일과 채소의 90퍼센트는 200개의 오르가노포니코organopónico에서 재배되는 것이다. 오르가노포니코는 1991년에 소련 세력권이 붕괴한 뒤 쿠바가 식량과 비료를 수입하는 데 어려움을 겪자 아바나 곳곳에 조성한 도시 유기농법 농장이다. 아바나 면적의 12퍼센트를 차지하는 오르가노포니코는 인구밀도가 높은 구역의 흉측한 고층건물들 사이에 자리하고 있는 경우가 많다.[14]

전 세계적으로 1,000만 명 내지 2억 명의 도시 농부들이 있고, 그 가운데 65퍼센트가 여성들이다. 도시 농부들은 뒤뜰, 버려진 땅, 옥상, 상설 도시 농장 같은 다양한 장소를 활용한다. 국제연합의 추산에 의하면 대도시 지역들이 세계 식량 생산량의 15퍼센트 내지 20퍼센트를 담당하고 있다. 케냐의 도시들에서는 전체 가정의 29퍼센트가 농업에 종사한다. 베트남과 니카라과의 도시들에서는 전체 가정의 70퍼센트가 식량 생산을 통해 많든 적든 간에 돈을 번다.[15]

제3천년기에 접어든 이래, 도시 농업은 아프리카와 라틴아메리카, 아시아의 급성장하는 거대도시들에 거주하는 사람들의 생존전략의 일환이 되었다. 수백만 명의 도시 사람들이 단지 살아남는 데 필요한 돈을 벌기 위해 과일과 채소를 재배한다. 도시 농부들은 결코 도시의 수요를 감당할 수 없을 것이다. 그러나 그들은 지역 경제에 중요한 존재들이고, 도시 환경과 도시의 생물다양성 증진과 각종 절지동물, 미생물, 조류, 소형 포유류의 서식지 제공이라는 측면에서 한층 더 중요한 존재들이다.

녹색 도시는 비현실적인 느낌을 풍긴다. 그러나 지금 세계 도처에서 다양한 방식으로 녹색 도시가 모습을 갖춰가고 있고, 우리는 그런 움직임을 눈치채지 못할 때가 있다. 시애틀에서는 빗물을 더 많이 흡수하는 토종 상록수들이 침입종 상록수들의 자리를 빼앗고 있다. 2007년에서 2015년 사이에, 뉴욕에서는 100만 그루의 나무를 심었다. 상하이의 수목피복률은 1990년의 3퍼센트에서 2009년의 13퍼센트, 2020년의 23퍼센트로 증가했다. 최근의 도시계획에 의하면 상하이의 수목피복률은 21세기 중반까지 50퍼센트로 늘어날 것으로 보인다. 브라질의 도시 사우바도르에서는 하수시설에 쌓인 침전물을 비료로 만드는 방식을 통해 쓰레기장을 대규모 도시 숲으로 바꾸고 있다. 초목을 찾아보기 힘들고 자동차로 가득했던 암스테르담의 거리들은, 매년 1,500곳의 주차 공간이 철거되고 그 빈자리를 나무와 정원, 장미 덤불과 퇴비함, 놀이 기구가 차지하며 새롭게 변신하고 있다. 공원이 부족한 도시인 로스앤젤레스는 2011년부터 버려진 땅과 압류된 건축 부지를 소규모 공원으로 바꾸는 사업을 진행해왔다. 로스앤젤레스에는 인도와 도로 사이의 주차 공간을 보행자들을 위한 소규모 녹지로 꾸민 '파크렛parklet'도 있다.

로스앤젤레스의 파크렛은, 자동차를 중심으로 건설된 대도시, 한때 '자동차 천국'으로 불렸던 도시의 작지만 상징적인 성공 사례다. 자동차는 도시의 영원한 특징이 아닐 것이다. 역사적으로 볼 때 하나의 기술은 늘 다른 기술로 대체되기 마련이다. 이미 도시들은 자동차의 접근권을 제한하고 거기에 세금을 매기며 자동차와 싸움을 벌이고 있다. 암스테르담의 사례에서 알 수 있듯이 나무와 식물이 자동차의 자리를 빼앗을지도 모른다. 인도의 도시 첸나이Chennai는 무려 교통 예산의 60퍼센트를 보행과 자전거 부문에 할당했다. 미국에서는 1960년대에 도시의 여러 동네를 고립시켜 몰락시킨 괴물과도 같은 몇 개의 다차선 간선도로를 가운데에 공원이 있는 넓은 대로로 바꾸려는 사업이 계획되고 있다. 자동차에서 식생으로 전환하는 데 성공한 가장 인상적인 사례는 '서울로 7017'이다. 한때 자동차로 붐볐던 그 도시의 고가도로는 2015년 자동차 통행을 중단하고 이후 공사를 거쳐 2만 4,000그루의 식물과 나무를 갖춘 1킬로미터의 보행자 전용 하늘 정원으로 탈바꿈했다.

기후 변화와의 생존을 건 싸움

도시는 복잡하고 적응력 있는 체계다. 역사에서 드러났듯이, 도시는 스스로의 생존을 보장하는 데 무척 능숙하다. 과거의 성벽과 망루, 요새와 방공호만큼 분명하게 방어적이고 선제적인 성격을 띠는 21세기 도시의 녹화 작업은 이 유서 깊은 자기보존 본능의 한 측면이다. 도시는 기후변화에 맞선 싸움을 이끌어가는 주역으로서 국민국가보다 더 중요한 역할을 한다. 상하이, 오사카, 라고스, 호치민시티, 다카, 마이애미 등은 해수면이 1.5미터 상승할 경우 물에 잠길 대표적인 도시들이다. 오늘날 인구 100만 명 이상인 대도시들의 3분의 2가 해수면보다 겨우 10미터 높은 지역에 자리 잡고 있다. 도시들이 기후변화를 둘러싼 싸움을 이끌고 있다고 본다면 그 이유는 도시들이 최전선에 있기 때문일 것이다.

2017년, 전 세계적으로 3,940억 달러가 녹색 기술 분야에, 약 2조 달러가 재생 에너지 분야에 투자되었다. 샌프란시스코, 프랑크푸르트, 밴쿠버, 그리고 샌디에이고는 전력의 100퍼센트를 재생 에너지를 통해 확보하는 도시로 탈바꿈하려고 애쓰는 중이다. 뉴어크Newark(미국 동북부의 도시_옮긴이)와 싱가포르 같은 도시들에서는 기업들이 컴퓨터로 제어하는 수경 농업을 실험하고 있다. 기업들이 설치한 고층 수경 농장에서는 전통 농법에 필요한 용수량의 10퍼센트만 쓰이고, 질산 비료와 농약을 쓸 필요가 거의 없다.

21세기형 도시를 건설하는 주역들인 구글, 시스코, 애플, 마이크로소프트, 파나소닉, 아이비엠, 지멘스, 화웨이 등은 우리에게 익숙한 이름들이다. 그 기업들은 21세기형 대도시를 '빅데이터와 인공지능을 이용해 더 효율적이고 더 지속 가능하도록 만들 수 있는 체계'로 바라본다. 과거에 산업혁명과 내연 기관 같은 기술적 변화에 적응했듯이 앞으로 도시들은 컴퓨터를 중심으로 재탄생하게 될 것이다.

그런 미래 도시에서는 모든 곳에 센서가 장착되고, 스마트폰이 중앙 컴퓨터로 다량의 데이터를 전송한다. 미래 도시는 중앙 컴퓨터를 통해 교통 상황, 에너지 사용량, 오염도 따위를 실시간으로 관찰해 반응하고 범죄와 사고를 탐지할 수 있다. 실제로 리우데자네이루에서는 미국의 항공우주국 같은 통제센터에 배치된 400명의 인력이 교통체증 수준과 오염도를 측정하고, 폐쇄회로 TV 화면을 지속적으로 응시하고, 현지의 소셜미디어에서 쓰이는 핵심어에 촉각을 곤두세운다.

유럽 최고의 스마트 도시인 산탄데르Santander(스페인 북부의 항구 도시_옮긴이)에는 이미 수많은 사람들의 활동을 24시간 감지하는 2만 개의 센서가 설치되어 있다. 쓰레기통에 내장된 센서는 쓰레기통을 비워야 할 때가 되면 쓰레기 수거차에 신호를 보낸다. 공원에 설치된 센서는 토양의 습도를 관찰하고 필요할 경우 살수기를 작동시킨다. 가로등은 보행자 수와 교통량에 따라 밝기를 조절한다. 이 같은 방식에 활용되는 인공지능은 에너지와 용수 사용량을 50퍼센트 줄일 수 있다. 인공지능은 다른 방식으로도 산탄데르의 도시 효율성을 높일 수 있다. 음향 센서는 구급차의 사이렌 소리를 감지한 뒤, 주변의 신호등들을 연동시켜 구급차에 길을 열어준다. 추산에 따르면 운전 시간의 30퍼센트가 주차 장소를 찾는 데 쓰인다고 한다. 무선 센서는 주차된 차량이 없는 장소를 찾아내 운전자에게 알려줄 수 있다.

이처럼 데이터에 의해 작동하는 모델은 '사물인터넷 도시', '유비쿼터스 도시', '지각 도시', '스마트 도시' 등으로 알려져 있으며 이중

'스마트 도시'가 가장 흔한 표현이다. 스마트 도시에서는 인공지능이 예측 모델링과 실시간 대응을 위해 다량의 정보를 끊임없이 흡수한다. 일례로 스마트폰 이용에 관한 메타분석은 사람들의 이동 시간과 방식을 파악해 버스 노선을 변경하는 데 활용될 수 있다. 그리고 모든 시민들에 대한 디지털 방식의 강제적 감시를 통해 전염병의 확산 상황을 추적하는 데 쓰일 수도 있다. 효율성과 위기관리라는 이름으로 이뤄지는, 대도시 내부의 인간 활동에 대한 감시는 확실히 21세기 도시 생활의 두드러진 특징 가운데 하나로 자리 잡을 것이다.

스마트 도시 속에 도사리고 있는, 치명적인 유행병에 대한 공포가 주입하는 권위주의의 폐해는 심각하다. 그러나 디지털 기술이 도시의 기반시설 속으로 녹아드는 상황에서 현대 도시주의의 가장 눈에 띄고 의미심장한 양상 중 하나는 우리가 도시를 자연계와 동떨어진 곳이 아니라 자체의 생태계와 밀접하게 연결된 곳으로 바라보게 된 과정이다. 우리는 나무와 공터, 맹그로브 숲과 습지, 벌들과 새들이 도시 환경과 상호작용하고 도시 환경을 더 건강하고 튼튼하게 만드는 방식의 진가를 이해할 수 있다. 우리는 차츰 도시를 인공적일 뿐 아니라 자연적이기도 한 환경으로 바라보고 있는 중이다. 도시에서는 교통, 폐기물 관리, 주택 공급, 용수, 식량, 생물다양성, 동물 서식지, 곤충, 습지, 연료 수요 같은 온갖 요소들이 복잡하고 상호의존적인 생태계의 일부분을 이루고 있다.

불안정한 오늘날의 세계에서, 비교적 오래된 도시들이 도시화를 거치며 저지른 실수를 답습하지 않는 것이 다른 도시들, 특히 생물다양성 고밀도지역에 속한 도시들의 시급한 과제로 자리 잡고 있다. 쿠리치바Curitiba(브라질 남부의 도시_옮긴이)가 모범사례다. 이 가난하고,

도시 녹화 사업의 가장 주목할 만한 성과 중 하나. 브라질의
도시 포르투 알레그리의 후아 곤살루 지 카르발류 거리.

사진, 2012년. (아다우베르투 카바우칸치
아드레아니Adalberto Cavalcanti Adreani / 플
리커 www.flickr.com/photos/ adalberto_
ca/8248042595/)

급성장하고, 홍수에 취약한 브라질 도시는 생물다양성 고밀도지역에
속해 있다. 1970년대부터 쿠리치바는 150만 그루의 나무를 심었고,
공원 면적을 399제곱킬로미터나 늘렸으며, 몇 개의 인공 호수를 팠
고, 바리기강Barigui을 따라 환경 친화적 회랑지대를 조성했다. 쿠리치
바의 인구가 3배 증가하는 동안 1인당 녹지 공간의 면적은 0.5제곱미
터에서 50제곱미터로 엄청나게 늘어났다. 쿠리치바 사람들이 그저 나
무만 심은 것은 아니다. 쿠리치바 시 당국은 지속가능성 정책과 도시
계획의 거의 모든 측면이 통합된 방안을 마련했다.

　　1960년대와 1970년대의 도시들이 도심을 가로지르는 도로를 건
설하는 동안 쿠리치바는 도심의 역사적 유적지를 보존하고 보행자 전
용 거리를 만들었다. 쿠리치바는 브라질의 도시 중에서 1인당 자동차

보유량이 가장 많은 도시였음에도 불구하고, 시민의 70퍼센트가 이용하는 광범위하고 혁신적인 간선 급행버스 체계BRT, bus rapid transit를 구축했다. 전 세계의 150개 도시가 모방한 간선 급행버스 체계에 힘입어 쿠리치바는 교통량이 30퍼센트 감소했고, 대기 오염도가 눈에 띄게 줄어들었다. 쿠리치바는 재활용 쓰레기를 버스 승차권이나 음식과 교환하는 제도인 '환경상품 거래green exchange'를 선도하기도 했다. 오늘날 쿠리치바에서는 쓰레기의 70퍼센트가 재활용된다. 서로 밀접하게 연계된 도시계획과 환경보호주의는 경제적 효과를 냈다. 지난 30년간 기록한 쿠리치바의 연평균 경제성장률은 7.1퍼센트인데 반해 브라질의 연평균 경제성장률은 4.2퍼센트다. 그리고 쿠리치바의 1인당 소득은 브라질의 1인당 소득보다 66퍼센트 더 높다. 물론 쿠리치바의 많은 주민들이 빈민가에 살고 있고, 빈민가 거주 주민의 비중도 점점 늘고 있다. 그러나 적어도 쿠리치바의 성공 사례는 인공 생태계와 자연 생태계를 연결하는 창의적인 저예산 정책이 도시를 어떻게 탈바꿈시킬 수 있는지를 보여준다.

'스마트 도시'는 단순히 수많은 센서와 디지털 기반시설을 갖춘 도시가 아니다. 스마트 도시는 복원력 있는 인간의 거주지와 자연 서식지를 제공하도록 설계된 도시다. 도시의 생물다양성을 높이려는 노력의 기본적인 목표는 야생 동식물을 아끼고 돌보는 일이 아니다. 생물다양성 증진은 생존전략이다. 미래 도시를 상상하는 것은 부질없는 일이다. 그러나 현재의 추세를 근거로 판단할 때, 미래 도시는 아마 〈블레이드 러너〉에서 묘사된 로스앤젤레스보다 고층건물의 벽면을 장식한 정원, 도시 숲, 하늘 정원, 농장, 녹색 거리, 생물다양성 회랑지대, 도심의 자연보호구, 각종 동물, 무성한 수목 등을 갖춘 오늘날의 싱가포르에 더 가까울 것이다. 그 멋져 보이는 미래 도시의 모습은 우리가 자초한 기후변화에 적응하기 위해 벌이는 싸움의 직접적인 결과다.

현재의 위기를 해결하려면 다시 도시로 자연을 불러들여야 한다. 그리고 역설적으로 들릴지 모르지만, 이 세계를 더 도시적인 곳으로 만드는 작업도 필수적이다.

도시 혁명의 조건 : 독창성, 역동성, 자발성

혼잡한 대규모 비공식 정착지들이 산재한 라고스, 뭄바이, 마닐라, 멕시코시티, 상파울루, 다카 같은 거대도시들보다 더 도시적인 곳은 없다. 그 거대도시들은 확실히 복잡한 인간 생태계다. 아마 인간이 만들어낸 역사상 가장 복잡한 사회들에 속할 것이다. 물론 많은 사람들은 그 거대도시들을 현대 세계의 끔찍한 재난의 현장으로, 심각한 문제가 있는 곳으로 바라본다. 반면, 얼핏 불리하고 위협적으로 보이는 도시 환경에 적응하고 도시 환경을 보금자리로 삼을 수 있는 인간의 놀라운 능력을 입증하는 곳으로 여기는 사람들도 많다. 그 거대도시들은 극단적 혼란의 와중에도 자기조직화를 이루고, 자립하고, 생존할 수 있는 인간의 역량을 보여주는 증거인 셈이다.

라고스의 인구는 런던의 약 3배이지만, 라고스의 면적은 런던의 3분의 2에 불과하다. 라고스는 21세기 중반쯤에 세계 최대의 도시가 될 것으로 전망된다. 2040년에 이르러 인구는 2배 늘어 4,000만 명을 넘길 것이고, 계속 놀라운 속도로 증가할 것으로 보인다. 2018년, 나이지리아의 도시 인구는 농촌 인구를 넘어섰다. 2030년, 아프리카는 도시 인구가 농촌 인구를 넘어서는 마지막 대륙이 될 것이고, 우리는 인류사의 중대하고 결정적인 순간을 맞이할 것이다.

무척 크고, 가늠하기 힘들고, 시끄럽고, 더럽고, 혼란스럽고, 사람들로 북적대고, 활발히 움직이고, 위험한 라고스는 현대 도시화의 가장 부정적인 특색들을 대변하는 곳이다. 아울러 가장 긍정적인 특색 몇 가지를 분명히 드러내는 곳이기도 하다. 어쨌든, 라고스와 개발도상국의 다른 거대도시들에서 벌어지는 일은 중요하다. 그 도시들이 전례 없는 규모의 인구 집중 지역들이기 때문이다. 그 도시들은 모든 것을 한계로 밀어붙인다. 예를 들면 기후 불안정성의 시대를 보내는 인간의 지속가능성과 인내심도 그 도시들에서는 한계에 이를 수밖에 없다.

아프리카의 거대도시 라고스는 빈민가, 부패, 범죄, 부실한 기반시설, 세계 최악의 교통체증 따위로 악명 높다. 군데군데 구멍이 파인 도로에서는 수많은 화물차들이 항구로 가서 컨테이너를 운반하기 위해 몇 주 동안 줄지어 서 있는 장관이 연출된다. 그보다 훨씬 더 인상적인 장면은 아파파 항Apapa Port의 정박용 수로에 들어가려고 줄줄이 떠 있는 유조선들과 컨테이너선들이다. 끝내 정박에 성공하지 못한 선박들도 많다. 해안선 곳곳에서 난파선과 버려진 화물선이 보인다. 한편, 육지에서는 밤마다 디젤 발전기가 돌아가는 라고스 특유의 소음이 끊임없이 들린다. 도시가 습지대와 맹그로브 숲과 범람원으로 침투하는 바람에 물의 자연적 순환 체계가 무너졌고, 도시 빈민들은 점점 심각해지는 비와 폭풍 해일에 더 취약해졌다. 라고스는 주민들에게 전기를 지속적으로 공급하지도, 충분한 용수를 제공하지도, 매일 배출되는 1만 톤의 쓰레기를 제대로 처리하지도 못하는 도시다.

펑장히 조밀한 도시 영역에서는 긁히거나 파인 자국이 없는 자동차가 드물다. 뉴욕의 도로 1킬로미터에 있는 자동차가 1대라면 라고스의 도로에는 10대가 있다. 무질서한 도로에서 공간을 두고 치열하게 싸우는 라고스 사람들의 자동차들은 거대도시 생활을 둘러싼 스트레스의 상징이자 라고스에서의 일상적 경험에 녹아든 적자생존이라는 사악한 원리의 상징이다. 언젠가 나는 라고스 현지의 친구와 함께 자동차로 그 난폭한 도로를 뚫고 지나가려고 애쓴 적이 있다. 교통체증에 짜증이 난 친구는 내게 미안하다고 했다. 그는 만약 라고스의 도로에서 요란하게 다투는 운전자들을 영국의 도시에 옮겨놓을 수 있다면 모든 분노가 사라질 것이고 그들도 교양을 갖추게 될 것이라고 말했다. 그가 씁쓸함과 절망감이 담긴 목소리로 토로한 바에 의하면 운전자들이 그토록 성을 내고 공격적인 태도를 보이는 것은 라고스라는 도시 때문이었다.

그의 말은 일리가 있었다. 라고스는 세계에서 두 번째로 살기 나쁜 도시로 뽑힌 적이 있다(가장 살기 나쁜 도시는 전쟁으로 파괴된 시리아의 수도 다마스쿠스였다). 나는 친구와 함께 자동차에 타고 있던 라고스 사람들에게 왜 라고스에서 살고 있고, 왜 라고스를 사랑하는지 물어봤다. 미국과 유럽 등지에서 오랫동안 머물며 일한 경험이 있었던 그들은 한결같이 분명하고 신속하게 대답했다. "이곳이 세계에서 가장 재미있는 도시이니까요!"

그때는 토요일 저녁이었고, 나는 그들의 대답에 토를 달기 어려웠다. 땅거미가 지자 교통체증이 더 심해졌고, 음악 소리가 요란하게 울려 퍼지기 시작했다. 모든 거리에서 음식이 지글거리는 소리가 들렸고, 수많은 사람들이 쏟아져 나오기 시작했으며 마침내 라고스는 세계에서 가장 큰 파티 도시로 변신하기 시작했다.

라고스 거리에서 느껴지는 삶에 대한 뜨거운 욕망은 도시의 냉혹함과 도시의 병적인 에너지의 압력에 대한 반응이자 그 냉혹함과 병적인 에너지의 압력으로부터 벗어나려는 몸짓임에 틀림없다. 라고스 인구의 3분의 2가 200개의 비공식 정착지에서 살고 있다. 라고스를 찾은 모든 방문객들의 시선을 가장 확실히 사로잡는 것은 마코코Makoko다. 마코코는 악취가 심한 석호에 설치된 각주脚柱 위에 들어선 목조 판잣집들로 이뤄져 있고, 10만 명 내지 30만 명이 거주하는 대규모 '수상' 빈민가다. '라고스 시장'으로 자처한 토니 칸Toni Kan은 소설 《육식 도시The Carnivorous City》에서 다음과 같이 썼다. "라고스는 송곳니가 드러나 있고 인육에 군침을 흘리는 야수다. 이코이Ikoyi와 빅토리아 섬Victoria Island에서 레키Lekki까지 그리고 건너편의 시끌벅적한 거리와 골목으로 걸어가 보면 라고스가 육식 도시라고 말할 수 있을 것이다. 삶은 잔인할 뿐 아니라 짧기도 하다. 하지만 불꽃의 분노를 멸시하는 정신 나간 나방들처럼 우리는 이성과 의지력을 무시하는 원심력을 이기지 못한 채 계속 라고스로 끌려 들어간다."[16]

지명만 바꾸면 이 대목은 기원전 제3천년기의 우루크나, 서기 10세기의 바그다드, 비교적 최근의 맨체스터와 시카고, 그간의 역사를 장식한 수많은 도시들에 대해 쓴 것이라고 해도 무방하겠다. 도시들은 크고 거칠고 위험하지만, 언제나 인간을 끌어당기는 자석 같았다. 나이지리아인들이 라고스에서 살고 싶어 하는 데는 설득력 강한 이유가 있다. 라고스는 석유가 풍부한 도시다. 은행업과 금융업, 상업, 제조업의 중심지다. 항구 3개와 아프리카의 주요 국제공항 중 하나가 있고, 나이지리아 해외 무역량의 70퍼센트 이상을 담당하는 교통 요충지다. 만약 도시가 아니라 국가라면 라고스는 아프리카 제5위의 부국일 것이다.

라고스는 나이지리아 국내총생산의 3분의 1을 차지한다. 라고스의 1인당 소득은 나이지리아의 1인당 소득보다 2배 높다. 날마다 라고스로 수천 명이 유입되고 있다. 2020년의 라고스는 2000년의 라고스와 무척 다르다. 2000년, 라고스는 재난을 향해 치닫고 있는 것처럼 보였다. 그러나 오늘날 라고스의 경제는 호황을 누리고 있다. 음악과 패션과 영화제작과 문학과 예술 분야도 마찬가지다. 라고스를 거점으로 삼은 놀리우드Nollywood(나이지리아의 영화산업을 가리키는 용어_옮긴이)는 산출량을 기준으로 세계에서 두 번째로 규모가 크다(세계 최대 규모의 영화산업은 인도의 볼리우드Bollywood다). 2010년대에는 라고스에서는 고도의 혁신성으로 무장한 기술 창업 분야가 교두보를 확보했다. 외국인들의 투자금이 '야바콘 밸리Yabacon Valley(라고스의 야바 지구에 구축된 창업 중심지)'로 쏟아져 들어왔다. 구글과 페이스북 같은 세계적 대기업들이 라고스를 이른바 '차세대 10억 명'이라 부르며 아직 모바일 인터넷 서비스를 이용하지 않은 빈곤국들의 젊은이들에게 다가가는 관문으로 여기고 있기 때문이다. 젊은이들과 청년 문화와 기업가 정신이 지배하는 그 도시(라고스 인구의 60퍼센트가 30세 미만이다)에는 음악과 오락과 패션, 기술 분야의 대규모 시장이 형성되어 있다. 모든 측면에서 거대한 라고스는 격렬한 에너지로 요동치고 있다. 라고스의 역동성은 매혹적이다. 나이지리아의 어느 언론인이 말했듯이, 라고스의 주요 교통수단인 낡아빠진 노란색 소형버스 단포danfo를 타고 즐기는 기이하고 재미있으며 아슬아슬하고 흥미진진한, 위험하고 자칫 목

숨이 위태로울 수도 있는 여행은 라고스라는 도시의 축소판이라고 할 수 있다.[17]

빅토리아 섬의 남쪽 끝자락에 자리한 아흐마두 벨로 웨이Ahmadu Bello Way에서 철조망 건너편의 드넓은 모래밭과 자갈밭을 바라보면 2,500만 명의 사람들이 짓누르는 무게와 그들이 발산하는 에너지를 느낄 수 있다. 그곳은 최근에 조성된 대서양 연안의 간척지다. 그 간척지 앞에는 5톤짜리 콘크리트 블록 10만 개로 만든 '라고스 만리장성Great Wall of Lagos'이라는 방조제가 펼쳐져 있다. 이미 그 간척지에 건설된 미래 지향적이고 지속 가능한 스마트 도시 에코 애틀랜틱Eko Atalantic에는 마천루 몇 개가 솟아 있다. 에코 애틀랜틱은 라고스판 두바이나 상하이의 푸둥으로 선전되고, 나이지리아의 거대도시인 라고스를 아프리카와 세계의 주요 금융 중심지로 도약시킬 아프리카판 맨해튼으로 홍보되고 있다.

세계에서 가장 크고 가난하며 부실한 도시 중 하나이자 대부분의 주민들이 비공식 경제를 통해 하루 1달러의 수입으로 연명하는 도시의 변두리 지역에서 호화 요트로 가득한 항구와 번쩍거리는 마천루와 고급스러운 휴양지를 떠올리다 보면 무언가 초현실적인 느낌이 든다. 에코 애틀랜틱은, 지난 몇 년 동안 세계 대도시들의 모습을 바꿔놓은 힘에 대해 숙고하기에 가장 적합한 장소이자 오늘날 세계 도처에서 일어나는 현상이 야단스럽게 드러나는 장소다.

20세기의 막바지에는 기존의 도시 형태가 소멸하거나 쇠퇴할 것으로 전망되었다. 사실, 교외화로 인해 도시의 모습이 완전히 뒤바뀌었다. 앞으로 인터넷에 의해 그 과정이 완료될 것이고, 물리적 근접성의 필요성이 약화할 것으로 예상되었다. 그러나 결과는 정반대였다.

라고스의 두 도시 이야기 : 어느 서퍼가 휘황찬란한 마천루, 고급 호텔, 호화 요트 등으로 가득한 아프리카 판 두바이, 에코 애틀랜틱이 들어설 맞은편의 건축 부지를 바라보고 있다.

라고스, 사진, 2018년. 앨런 반 가이센Alan van Gysen.

세계적 차원의 금융과 지식경제 분야에서 일어난 병렬 혁명의 여파로 돈과 자산, 발상, 재능, 권력이 분산되기는커녕 오히려 몇몇 세계적 대도시들에 집중되었다.[18]

물론 그 모든 과정은 지금까지 도시들이 늘 겪은 현상의 강도를 높이게 되었다. 우루크는 순식간에 인류 최초의 도시로 발전했다. 그 비결은 바로 각자의 집에서 일하는 장인들이 한 동네에 모여 있으면서 지식과 전문 기술과 수단을 공유했기 때문이다. 집단을 이룬 장인들은 규모의 경제를 달성하고 전례 없는 정보망을 구축할 수 있었다. 도시 생활의 극심한 복잡성으로 인해 지식은 문자로 암호화되었다. 18세기의 런던에서는 훗날 유연한 교제를 통해 최초의 자본주의 경제를 형성하는 데 기여할 상인, 장인, 과학자, 탐험가, 은행업자, 투자자, 저술가 등이 만나는 비공식적인 회합 장소와 지식 거래소가 커피점 문화에 힘입어 마련되었다. 20세기의 뉴욕에서는 대형 은행, 소규모 투자회사 그리고 법률가, 보험업자, 광고업자 등이 가까운 거리 안에 모여 있었기 때문에 시장 내부의 경쟁이 치열했고, 신속한 혁신이 이뤄졌다. 앞서 언급한 우루크와 런던과 뉴욕을 비롯한 동서고금의 여러 도시들의 사례에서 알 수 있듯이, 역동성과 복잡하고 촘촘한 관계망을 갖춘 도시는 마치 대기업이나 대학교의 조직 기능 같은 역할을 수행하면서 노동, 지식 공유, 관계망 형성, 규모의 경제 같은 비공식 분과와 하위 분과의 틀을 마련했다.

21세기 지식경제도 도시적 성격을 띤다. 현대 세계를 움직이는 동력인 회사들과 산업들 이를테면 신생 기업, 기술 기업, 연구개발, 대중매체, 패션, 핀테크fin-tech(금융finance과 기술technology을 접목한 효율적 금융서비스를 가리키는 용어_옮긴이), 광고 등은 훨씬 더 강력한 집중화와 집단화를 추구하고, 이 초고속 디지털 연결성의 시대에도 물리적 근접성을 도시에서만 누릴 수 있는 장점으로 마음껏 즐긴다. 창의성은 대체로 자발성과 우연한 만남을 통해 생긴다. 창의성은 일과 사교 간의 상호작용과 밀접하게 연결되어 있다.

도시화를 촉진한 힘이 20세기에는 쇳가루를 흩어버리는 원심성을 띠고 있었다면 21세기에 쇳가루를 끌어당기는 강력한 구심성을 띠고 있다고 볼 수 있다. 오늘날 세계 인구의 20퍼센트 미만을 차지하는 몇

몇 도시권들이 세계 경제 산출량의 75퍼센트를 담당한다. 또한 그 도시들은 기술과 디지털과 제약 분야의 신규 특허, 소프트웨어 혁신, 오락, 금융, 보험, 연구 같은 부문을 독점하고 있다. 세계의 부가 소수의 도시 지역에 그토록 집중적으로 모여 있는 덕택에, 도시들은 다시 한번 세계의 번영을 이끄는 엔진이 되었다.

과거에 리스본, 뤼벡, 바그다드, 암스테르담 같은 도시들은 교역로를 장악한 데 힘입어 번영을 구가했다. 오늘날, 도시들은 무형 자산인 인재, 기술 창업, 금융 서비스, 데이터 흐름, 부동산 투자자를 지속적으로 끌어들일 수 있을 때 눈부신 성공을 맛볼 것이다. 21세기 경제를 추동하는 에너지는 접속성(신속한 인터넷 내려받기 속도와 공항 수용량)에서 비롯된다. 내려받기 속도와 공항 수용량은 지식과 사람, 자본, 데이터의 수익성 높고 변덕스러운 세계적 흐름에 대한 특정 도시의 접근성을 좌우하는 요인이다. 지금 세계에서 가장 막강한 힘을 가진 곳 중 하나는 실리콘 밸리다. 실리콘 밸리는 사물이 아니라 인간의 생각 덕분에 번영하는 곳이다. 그리고 실리콘 밸리의 성공 비결 중 하나는 대면접촉과 인맥을 통해 생기는 기업가 정신이다. 현재 실리콘 밸리는 원거리 가상 소통 기술을 상품화하는 데 주력하고 있지만, 아직 가상공간은 도시공간을 대체하지 못했다.

치열한 인재 쟁탈전 때문에 도시들은 지식경제에 특별히 적응한 도시 생태계를 만들어내야 했다. 도시들은 초고속 광섬유와 효율적인 공항뿐 아니라 커피점과 세계 수준의 식당도 갖출 수 있어야 한다. 도시들에는 명품점, 길거리 음식, 문화적 역동성, 농산물 직판장, 인기 스포츠 행사, 오락, 밤 문화 따위가 필요하다. 최신 유행에 맞는 동네와 아름다운 도시 경관, 좋은 학교와 효율적인 교통, 깨끗한 공기와 활기 넘치는 대학교도 있어야 한다. 도시들은 번쩍거리는 사진과 영상 및 영화에 고유의 자산을 담아 살기 좋고 일하기에 알맞은 곳으로 적극 홍보함으로써 가장 중요한 상품인 인적 자본을 유치해야 한다.

오늘날의 극적인 도시 부흥 현상은 스카이라인을 통해서도 확인할 수 있다. 중국의 도시 주도형 성장이 얼마나 놀라운 속도로 이루어지고 있는지는 중국 도시들의 성공담을 시각적으로 표현하려고 잇달아 건설한 마천루 도시들을 통해 전 세계에 알려졌다. 번쩍거리는 고층건물들은 중국의 마천루 도시들이 세계 최고의 도시들과 어깨를 나란히 한다는 점을 웅변하며 서 있다. 마천루들은 자본과 투자, 인적 자원을 끌어들이는 자석의 역할을 맡고 있다. 이는 중국 도시들이 도쿄, 쿠알라룸프르, 홍콩, 두바이 같은 도시들에게서 차용한 그리고 런던과 라고스에 전수한 브랜드 전략이다.

라고스의 에코 애틀랜틱은 한때 라고스에서 가장 인기 있었던 해변 위에 건설되고 있다. 공공부지는 25만 명이 거주하는 도시 안의 도시를 만들기 위해 조성된 것이다. 에코 애틀랜틱은 여러 은행과 금융회사, 법률회사와 다국적 기업의 사옥, 갑부들이 거주하는 고층 아파트 단지 그리고 최상류층 관광객들을 위한 고급 호텔이 즐비한 비밀스러운 도시가 될 것이다. 즉, 아프리카의 거대도시 라고스 내부에 위치한 소형 두바이가 될 것이다.

에코 애틀랜틱은 해수면이 상승하는 상황을 무릅쓴 채 바다를 간척하면서까지, 뒤죽박죽이고 혼란스러운 도시를 탈출해 방어막을 잘 갖춘 비밀스러운 요새에 머물고자 하는 욕망을 적나라하게 대변하는 곳이다. 나이지리아의 부유층과 중산층은 라고스를 하루라도 빨리 '아프리카의 모범 거대도시이자 세계적인 경제와 금융의 중심지'로 바꾸고 싶어한다. 나이지리아 정부가 환경과 안전 문제를 이유로 석호 안의 몇몇 비공식 수상 정착지들을 2017년까지 철거할 것이라는 얘기가 나돌았다. 그 오래된 마을들이 있던 자리에 고급스러운 수변 아파트 단지가 조성되면서 진짜 이유가 명백히 드러났다. 그리고 유명한 오쇼디Oshodi 시장이 철거된 뒤 다차선 간선도로와 교통 터미널이 건설되었다. 공항 근처에 있어 방문객들의 눈에 잘 띄는 그 시장은 질서정연함을 바라는 당국의 기대와 상반되는 도시의 자발적 혼돈 상태를 대변하듯이 사방으로 퍼져나갔고, 가난한 사람들은 라고스의 새로운 이미지를 모욕하는 존재로 치부되어온 것이다.

지금 나는 에코 애틀랜틱이나 라고스를 비판하려는 것이 아니라 최근에 라고스에서 벌어지고 있는 일이 21세기 초반의 도시들이 겪고 있는 변화의 일부분이라고 주장하려는 것이다. 중국과 아시아 전역뿐 아니라 아프리카에서도 도시화는 중산층의 급성장 현상으로 이어졌다. 그런데 도시 부흥의 열매는 소득의 측면에서도 지리적 요소의 측면에서도 균등하게 공유되지 않고 있다. 도시들의 스카이라인에는 오늘날의 대도시들을 관통하는 분열 상태가 반영되어 있다. 경제적 여유가 있는 사람들은 전용 거주 구역을 차지하거나 하늘 위의 섬에 은거한다.

라고스는 현대 도시주의의 또 다른 특징이기도 한 거대도시들의 어마어마한 성공의 면모를 갖고 있기도 하다. 인구가 1950년의 28만 8,000명에서 2020년의 2,000만 명 이상으로 늘어난 점은 그 어떤 기준을 적용해도 이례적인 결과다. 라고스는 세계를 집어삼킨 도시 혁명에 의해 형성된 대도시다. 라고스는 개인적·국가적 운명이 대대적인 도시화 현상과 긴밀히 연관되어 있다는 점을 보여주는 도시다. 라고스의 성공은 나이지리아라는 국가에 그리고 가난한 농촌을 떠나 라고스로 몰려든 수많은 개인들에게 변화의 바람을 불어넣었다. 그러나 다른 여러 도시들처럼 라고스도 필수 기반시설을 조성하거나 신규 유입자들에게 주택을 공급할 수 있는 역량에 비해 너무 빨리 성장했다. 라고스는 영국의 식민통치에서 해방된 직후 민중 봉기, 군사 독재, 부패, 정국 불안 등에 시달렸다. 오늘날 라고스에서 나타나는 계층 분할 현상은 대체로 식민통치기에 자행된 인종차별 현상의 유산이다.

계층 분할 현상은 확실히 개발도상 지역의 거대도시들을 괴롭히는 골칫거리다. 계층 분할 현상은 대도시의 생명력을 갉아 먹으며 모든 종류의 유동성을 저해한다. 라고스는 통근이 길기로 악명 높다. 라고스 사람들은 새벽 4시에 집에서 출발해 무려 3시간 동안 교통체증에 시달린 끝에 사무실에 도착한다. 2010년의 추정치에 의하면 라고스에서는 교통체증 때문에 매년 평균 30억 시간이 낭비되었고, 향후 10년 동안 훨씬 더 많은 시간이 낭비될 것으로 예상했다. 라고스를 경전철과 버스를 이용한 급행체계로 연결하고자 했던 시도는 좌초되었다. 교통체증은 라고스의 숨통을 조이는 더 폭넓은 문제의 가장 두드러진 징후다. 기반시설과 학교 교육, 보건 제도와 치안이 부실하고 기본적인 공공 서비스와 사회보장수단을 제공하지 못하기 때문에 발전이 지체되고 있다. 도시 순환계의 이 현실적이고 은유적인 정체 현상 때문에 그 거대도시의 가장 큰 장점 중 하나인 규모와 밀집도가 희석된다.[19]

라고스는 수백만 명의 기업가들이 활동하고 수천 개의 활발한 미시경제가 형성된 도시다. 라고스 곳곳에서, 사람들은 끊임없이 사업에 종사하고, 문제를 극복하고, 생계를 해결하고 있다. 그들은 공식 경제의 통제와 감시 범위를 벗어난 복잡한 관계망을 형성한다. 라고스 인구의 50퍼센트 내지 70퍼센트가 세계에서 가장 빨리 성장하는 대도시의 다채로운 수요를 충족시키는 비공식 부문을 통해 생계를 유지한다. 라고스에는 '미소사업체micro-enterprise' 1,100만 개가 있는 것으로 추산된다. 가장 눈에 띄는 사례는 행상인들이다. 교통 흐름이 느려질 때면 어디선가 행상인들이 나타나 차가운 음료수, 땅콩, 얌, 아게게 빵, 구운 옥수수, 전화카드, 충전기, 모자걸이, 공기팽창식 완구, 에어매트, 다리미판, 빗자루, 보드게임 세트 같은 온갖 물건을 판다. 라고스의 교통체증은 많은 사람들에게 악몽 같지만, 라고스에서 새출발하는 데 필요한 돈을 모으려는 최근의 이주자들에게는 특히 귀중한 사업 기회이기도 하다. 라고스 거리는 어디서나 눈에 띄는 행상인들과 끝없이 늘어선 도로변의 시장과 판잣집과 노점과 간이판매대와 바비큐 판매점으로 이뤄진 드라이브 스루형 쇼핑몰 같다.

그동안 전 세계의 도시들은 수십억 명의 신규 주민들을 흡수했고, 현재 세계 노동인구의 61퍼센트인 20억 명이 소기업에서 일하거나 자영업에 종사하고 있다. A. T. 커니A. T. Kearney(미국의 경영컨설팅 회사_옮긴이)는 세계 전체의 비공식 경제 규모를 1년에 10조 7,000억 달러(세계 전체 국내총생산의 23퍼센트)로 추산한다. 신규 유입자들이 소득을 올릴 수 있는 기회를 제공하는 그림자경제는 도시 세계의 필수적 요소다. 가난한 농촌에서 생활하는 사람들이 도시로 이주하면 아마 최하층에 속하겠지만, 그들에게는 도시가 기회의 땅이다. 현재 자작형 경제 부문이 아프리카 도시들의 수요의 75퍼센트를 담당하고 있다. 자작형 경제는 라고스 사람들에게 음식과 이동 수단을 제공한다. 낡고 위험한 노란색 소형버스인 단포 수천 대가 공식 버스 노선망이 흉내 낼 수 없는 복잡한 방식으로 라고스 전역을 누비고 있다. 한 운전사는 나이지리아의 어느 신문과의 인터뷰에서, "단포가 라고스 시내 깊숙이 들어가 사람들을 태우고 나서 그들이 가야 할 곳으로 향한다"고 말했다.[20]

예나 지금이나 사람들은 라고스로 몰려들어 비공식적인 '회색지대'를 통해 생계를 꾸리고 있다. 차이점은 라고스의 규모와 밀집도다. 라고스, 뭄바이, 마닐라, 다카, 리우 같은 도시들의 빈민가는 세계에서 가장 혁신적이고 창의적인 인간 생태계로 꼽힌다. 생존은 인간 생태계에 달려 있다. 다른 무엇도 도움이 되지 않을 것이다.

라고스의 상징적인 빈민가이자 오염된 석호 위에 지어진 수상 판자촌 마코코의 충격적인 모습은 도시적 디스토피아에 관한 수많은 기사들의 예시로 쓰인다. 그러나 마코코에 수익성 높은 목재 환적 시장과 여러 제재소들이 있다는 사실을 아는 사람은 그리 많지 않다. 마코코가 물 위에 자리하고 있는 데는 이유가 있다. 사업 기회를 활용하기 위해서다. 어느 제재업자는 나이지리아의 신문 〈가디언Guardian〉과의 인터뷰에서 "이곳의 많은 사람들이 집을 지었고, 아이들을 대학교에 보냈고, 지프차를 샀습니다"라고 말했다. 물론 더 많은 사람들이 믿기 힘들 만큼 가난하고, 아주 최근에 도시로 이주한 사람들이다. 그러나 마코코의 제재소들은 최소한 그 사람들이 도시로 이주해 먹고살게 해주는 근거지 역할을 맡고 있다.[21]

비공식 부문의 생명력을 보여주는 가장 적절한 사례 중 하나는 라고스 이케자Ikeja 지구의 비좁고 혼잡한 거리들을 중심으로 형성된 오티그바 컴퓨터 마을이다. 무르탈라 무하메드 공항Murtala Muhammed Airport 인근에 있는 오티그바 컴퓨터 마을은 면적이 1제곱킬로미터에 불과하지만, 수많은 호객꾼, 장사꾼, 사기꾼, 기술자, 소프트웨어 엔지니어, 정보기술 전문가, 자동차, 단포, 식품 판매상, 행상인, 키보드, 케이블, 컴퓨터 모니터로 가득하다. 그곳은 얼핏 아프리카의 여느 비공식 상품시장처럼 보인다. 하지만 오티그바 컴퓨터 마을에는 특별한 무언가가 있다.

떠들썩하고 자유로운 기술 단지 겸 서아프리카 최대의 기기 시장에서는 8,000개 이상의 소기업과 개인사업자 들 그리고 2만 4,000명의 상인과 컴퓨터광 들이 최신형 스마트폰과 휴대용 컴퓨터와 부속품을, 그리고 수리되었거나 용도가 바뀐 각종 기기를 판매한다. 그들은 모니터를 수리하고 소프트웨어의 성능을 높일 뿐 아니라 데이터를 복구하고, 본체 기판을 수리한다. 아울러 서로 치열하게 경쟁한다. 대형 기술 회사들이 최적의 가격을 제시하기 위해, 그리고 총 20억 달러에 이르는 엄청난 연간 매상고의 일부분을 차지하기 위해 개인사업자들이나 기술자들과 경쟁한다. 사무실과 판잣집 밖의 거리에서도 기발한 언변으로 손님들의 관심을 끌려는 호객 행위가 벌어진다. 손님이 수리를 의뢰한 기기를 자동차 보닛 위에서 고쳐주는 기술자들이 보이고, 세련된 최첨단 진열실이 주변의 노점이나 작은 상점과 어깨를 나란히 하고 있다. 라고스와 나이지리아 각지에서 그리고 아프리카 전역에서 손님들은 찾아온다. 최신형 아이폰이나 오래된 마우스를 두고 치열한 흥정이 벌어진다.[22]

아무도 오티그바 컴퓨터 마을을 설계하지 않았다. 아무도 오티그바 컴퓨터 마을이 하루 500만 달러 넘는 매출 규모를 자랑할 것으로 예상하지 못했다. 원래 주거 구역이었던 그 마을에는 1990년대부터 타자기 수리업자들이 모여들기 시작했다. 1990년대 후반에 그들은 정보기술 분야로 뛰어들었다. 21세기로 접어들 무렵, 사람들이 기기와 소프트웨어를 교환하고 의견을 나누기 위해 몰려들면서 집적효과가 급속도로 나타나기 시작했다. 개인용 컴퓨터 분야가 성장하고 이동통신 글로벌 시스템Global System for Mobile, GSM이 2001년에 나이지리아에 도입되자 시장이 폭발적으로 확대되었다.

이동통신 글로벌 시스템 기반의 다국적 기업들은 이케자 지구의 수완가들에게 경쟁상대가 되지 못했다. 이들은 이동통신 분야의 호황으로 사업 기회를 포착한 젊은 기업가들이 활동하는 이케자 지구 고유의 수리 및 성능향상 산업계와 경쟁하는 데에서도 백기를 들었다. 오티그바 컴퓨터 마을은 재료를 기존의 기술 산업계보다 훨씬 더 저렴하게 공급했고, 덕분에 대기업이 아니라 거리와 시장이 첨단 기술의 진원지 역할을 맡게 되었다. 오티그바에 주입된 또 다른 로켓 연료는 선진국들이 배출하는 엄청난 양의 전자폐기물이었다. 선진국 국민들이 쓰다 버린 휴대용 컴퓨터나 전화기는 라고스의 오티그바 컴퓨터 마을로 흘러 들어갈 공산이 크다. 서양의 과소비와 일회용 문화 때문에 라고스에서는 폐전자기기를 수입하는 전자폐기물 중개인들이 호황을 누리고 있다. 우리는 이 문제를 많이 거론하지 않지만, 우리가 쓰다 버린 매끈하고 반짝거리는 전자기기들은 얼핏 해롭지 않고 아주 깨끗해 보인다. 그러나 전자폐기물은 지금 세계에서 가장 빨리 확산되고 있는, 가장 치명적인 오염을 일으키는 폐기물 형태 중 하나이다.

매달 50만 개의 중고 전자기기와 부품이 미국, 유럽, 아시아 등지에서 나이지리아로 들어오고 있다. 독학으로 기술을 익힌 현지의 수리업자들이 그 중고품들을 고쳐 시장에 내놓는다. 하지만 대부분은 상품화되지 못한다. 나이지리아에서 다시 버려진 중고 전자기기와 부품은 또 다른 사업 기회로 이어진다. 폐기물 처리업자들은 중고 전자 기기를 대량으로 구매한 뒤 분해해 쓸 만한 부품과 재료를 추려 제조 업자들에게 팔아넘긴다. 선택받지 못한 부품과 재료는 세계 최대의 매립지 중 하나로 꼽히는 올루소순Olususun 매립지 같은 곳에 버려진 다. 올루소순 매립지에서는 훨씬 더 많은 폐기물 처리업자들이 산더 미처럼 쌓인 쓰레기를 뒤지며 케이블을 태워 구리선을 뽑아내고 귀한 컴퓨터 부품을 찾아낸다. 그 과정에서 대량의 납과 수은이 토양과 상 수도로 흘러 들어간다.[23]

오티그바 컴퓨터 마을은 당국의 규제 범위 밖에 있지만 동업조합, 자치 집행부, 사법 체계 등을 갖추고 있다. 오티그바 컴퓨터 마을의 작동원리는 '협력'이다. 비교적 경험이 많은 상인과 기술자 들은 견습 생들을 거느린다. 이들 상인과 기술자 중 상당수는 이동통신 기술 시 대가 시작되었을 때 거리에서 사업을 시작했다가 나중에 정식 상점과 진열실을 구입한 사람들이다. 견습 기간을 마친 젊은 남녀들은 오티 그바나 나이지리아의 다른 도회지와 도시에서 자기 사업을 시작하고, 옛 스승들처럼 견습생들을 거느린다. 알라바 국제시장Alaba International Market에서도 비슷한 이야기가 펼쳐진다. 알라바 국제시장은 수많은 사업가들이 세계 각지에서 수입된 상품을 매일 나이지리아, 가나, 베 냉, 토고 등지의 고객들에게 판매하고 유통시키는 통로다. 연간 매출 이 40억 달러에 이르는 혼잡한 비공식 시장은 흔히 나이지리아 최대 의 고용 사업체로, 또 아프리카 최대의 상업중심지 중 하나로 평가된 다. 알라바 국제시장은 독자적 집행부, 평의회, 위생 감독관, 경비원, 교통관리 체계, 불만처리반, 법원, 홍보 부서, 견습 제도 등을 두고 있 다. 알라바 국제시장 주변에서는 은행 및 보험 서비스, 미소금융회사,

회계사, 장인, 기술자 등으로 구성된 생태계가 형성되어 점점 성장해 왔다. 올로소순 매립지에서 활동하는 폐기물 처리업자들과 매매업자들 사이에서도 동일한 원리가 적용된다. 4,000명의 자영업자들은 영화관과 이발소, 음식점을 갖춘 공동체를 설립했고, 선출직 의장이 공동체의 규범과 상호 신뢰 관계를 감독했다.[24]

라고스를 움직이는 동력인 자작형 도시주의는 인간이 도시를 얼마나 잘 만들어내는지를 보여주는 요소다. 언뜻 혼돈 상태로 보이는 것도 복잡하고 비가시적인 방식으로 자기조직화되어 있는 경우가 많다. 비공식 부문은 국가가 방치한 틈을 파고든다. 일요일마다 라고스는 세계에서 가장 잘 차려입은 사람들로 붐비는 도시로 변모한다. 사람들은 군데군데 구멍이 파인 거리에서 물웅덩이를 피하며 한꺼번에 수만 명의 신자들을 수용할 수 있는 대형 교회와 모스크로 향한다. 여러 오순절주의 교회들은 거액을 긁어모으고 인기 목사들을 백만장자로 키워주는 일종의 기업이다. 누군가 이판사판의 위기에 몰리면 그 빈틈을 노리는 자들이 있기 마련이다. 목사들은 국가의 부재를 통해 이익을 챙긴다. 그러나 동시에 교회들은 시민적 결속력이 부족한 도시에 공동체를 형성하는 역할도 맡는다. 신앙과 자유시장의 피조물인 교회들은 종교의식의 장소일 뿐 아니라 연대감을 느끼고, 정치 논평이나 사업 관련 조언을 듣고, 통솔력 훈련을 받고, 사회관계망을 형성하는 장소이기도 하다.

한자리에 모일 때 인간은 기능적인 사회를 이런저런 방식으로 조직할 수 있다. 그러나 라고스처럼 야심만만한 도시들에서 비공식 정착지들과 비공식 경제는 흔히 수치스러운 곳, 후진성의 증거, 없애버려야 할 대상 따위로 치부된다. 라고스라는 공식 도시는 어둠 속의 비공식 도시를 상대로 끝없는 싸움을 벌이고 있다. 어느 신문은 라고스를 괴롭히는 '뻔뻔한 무정부상태'를 비난했다. 라고스 거리의 수많은 행상인들은 불법 상행위 때문에 몇 달씩 감옥신세를 진다. 즉석 시장과 기술자, 장인 들이 모여 있는 비공식 '정비 마을'은 철거된다. 재활용 재료를 찾아내려고 쓰레기장을 뒤지며 생계를 이어가던 수만 명의 라고스 주민들은 폐기물 재활용 기업들과의 경쟁에서 밀려나 밥줄이 끊겼다. 라고스의 비공식적 상징인 악취가 심한 소형버스 단포는 이른바 '세계 수준의 대중교통체계'에 자리를 내주고 있다. 라고스 주지사 아킨운미 암보데Akinwunmi Ambode의 관점에서 볼 때, 단포는 그가 그 무질서한 도시에 대해 느끼는 모든 문제점을 그리고 라고스의 대외적 이미지를 상징하는 것이다. "라고스가 진정한 거대도시로 탈바꿈하도록 하겠다는 내 꿈은 그 노란색 버스가 라고스의 도로에 있는 한 실현되지 않을 것입니다."[25]

고도의 혁신성을 자랑하는 오티그바 컴퓨터 마을조차 철거 위기에 놓여 있다. 주 정부는 세계적 도시에 걸맞도록 오티그바 컴퓨터 마을을 시외의 고속도로 근처에 조성된 단조로운 분위기의 사무지구로 이전하는 방안을 고려하고 있다. 아프로비트Afrobeat 음악의 창시자이자 라고스의 영웅인 펠라 쿠티Fela Kuti는 나이지리아의 최상류층에 대한 깊은 불신을 노래했다. "그들은 부수지, 그래. 그들은 훔치지, 그래. 그들은 빼앗지, 그래." 특히 라고스에 거주하는 일반인들의 기업가 정신에 대한 정부의 태도를 고려하면 펠라 쿠티의 지적은 현재도 타당해 보인다. 정부가 전기나 용수를 효과적으로 공급하지 못하면서 어떻게 버스를 제대로 운영하겠는가? 어느 단포 운전사는 "나는 혼자 힘으로 10년 동안 일한 최고경영자입니다. 누구 밑에서, 특히 정부 밑에서 일하라는 말은 듣기 싫습니다"라고 털어놓았다. 오티그바 컴퓨터 마을에서 전화기 장식품을 판매하는 어느 상인은 이렇게 불평했다. "무슨 말을 듣고 싶습니까? 정부 관리들은 우리가 원하는 것을 좀처럼 주지 않고, 오히려 자기들의 의지와 이익만 관철시킵니다."[26]

역사를 통틀어, 위로부터의 질서를 강제하고 싶어하는 사람들은 밑바닥에서부터 도시를 만들어내는 사람들에 대한 깊은 불신을 품어왔다. 그들이 보기에 엄격히 통제되지 않는 도시는 붕괴할 우려가 있었다. 하지만 라고스의 활발한 비공식 경제는 그들의 염려를 불식시키는 사례다. 비공식 경제의 역동성은 대규모 도시화의 시대에 세계 곳곳의 거대도시들이 발전할 수 있는 비결을 보여주기도 한다. 거대도시들의 발전은 비공식 정착지들과 비공식 부문을 사회 문제적 차원이 아닌, 재능과 독창성의 보고로 바라볼 때 가능하다.

라고스의 에너지와 창의성은 대체로 라고스의 피상적 혼돈 상태에서, 그리고 혁신을 통해 문제를 극복하는 라고스 사람들의 독창성에서 비롯된다. "다리 개수를 세려고 라고스에 오지는 않았다!"라는 말이 있다. 이것은 방금 버스에서 내린 시골뜨기가 엄청나게 많은 라고스의 교량 개수에 놀라며 내뱉는 말인데, 사실은 "시간을 낭비하려고 라고스에 온 것이 아니라 돈을 벌려고 왔다"라는 뜻이다. 사회의 각계각층이 치열하게 부를 추구하는 과정은 혁신을 촉진하는 도시 생태계가 탄생하는 데 보탬이 된다. 나이지리아의 기술 혁명을 촉발한 것은 국가나 모험 자본이 아니라 오티그바 컴퓨터 마을의 거리나 노점의 경쟁적 환경이었다. 라고스의 활발한 창업 문화는 대체로 제3천년기가 시작될 무렵 출시된 소프트웨어와 기술을 재빨리 수용한 사람들에 힘입어 형성되었다. 놀리우드 같은 상업적 성공 사례도 라고스의 수루레레Surulere 지역의 거리에서 빛나는 독창성과 기초적인 기술을 활용한 덕분에 가능한 일이었다. 라고스의 여러 시장과 가내 여성 재봉사들은 세계적으로 성공한 라고스 패션 사업의 원동력이다. 라고스의 거리 문화로부터 라고스 사람들 고유의 어법과 쾌활한 에너지를 이끌어내는 힙합과 춤은 미국을 포함한 세계 도처에서 랩의 형태와 스타일에 영향을 미치며 그 위력을 과시하고 있다.

이 같은 창의성의 비결은 비공식 경제와 공식 경제 간의 상호작용 그리고 라고스 곳곳에서 이뤄지는 다양한 활동 간의 상호작용에 있다. 그런데 중요한 문제 중 하나는 상호작용을 통해 창의성이 생기는 과정을 가로막는 걸림돌이 있다는 사실이다. 교통을 방해하는 뚜렷한 장애물도 있지만, 도시 내부의 이동성과 연결성을 저해하는 부패와 서비스의 결여 같은 우리 눈에 잘 띄지 않는 장애물도 있다. 모든 장애물 중에서 가장 뛰어넘기 힘든 장애물은 불안정성과 소유권 부재다. 거리의 자원을 활용하기 위해서는 단순히 가장 좋은 자원을 낚아채고 나머지 자원을 저버리는 것이 능사가 아니다. 양방향성을 띠는 과정이 필요하다.

중국, 인도네시아, 인도, 남아메리카 등을 포함한 세계 곳곳에서 거대도시들과 대도시들은 초고속 대규모 도시화로 인한 문제들과 씨름해왔다. 개발도상국의 거대도시들은 지난 30년 동안 연평균 9.5퍼센트의 경제성장률을 주도한 중국 도시들의 기적을 부러운 시선으로 바라본다. 지금까지 중국에서 약 10억 명이 빈곤 상태에서 벗어났다. 아프리카의 여러 기반시설 사업에 중국의 자금이 쏟아지고 있다. 인류사를 통틀어 가장 빠르게 도시화가 진행되고 있는 대륙인 아프리카에서는 중국의 청사진이 최고의 모범답안으로 자리 잡았다. 아프리카의 통치자들은 자국의 난잡한 거대도시들을 아프리카판 상하이로 탈바꿈시키려는 꿈을 품고 있다. 아프리카 대륙 곳곳에는 마치 중국 도시의 교외에서 그대로 옮겨놓은 것 같은 주택단지들이 있다. 그리고 중국 자금을 바탕으로 중국 건축가들이 건설한 경제특구_{Special Economic Zones}, 즉 라고스의 레키와 에코 애틀랜틱 같은 도시 안의 첨단 기술 도시도 있다.

영감을 얻기 위해 신흥 초강대국인 중국으로 시선을 돌리는 데는 타당한 이유가 있다. 대규모 기반시설 사업을 진행하고 강력한 중앙집권적 관료제를 갖춘 중국 도시들은 고속 성장의 여러 가지 함정을 피해왔다. 중국 도시들에는 주민들의 거주지를 엄격히 규제하는 후커우_{戶口, hukou} 제도가 있다. 규정에 의하면 상하이의 인구 상한선은 2,500만 명이고, 베이징은 2,300만 명이다. 규정의 취지는 도시 성장 현상의 결과를 도시군과 거대도시권역으로 분산하려는 것이다. 강력한 중앙 권력에 힘입어 산뜻한 외관의 도시들이 생겨났고, 그런 도시들에서는 일정한 형태의 주택단지들로 에워싸인 업무지구가 인상적인 스카이라인을 뽐내고 있다.

중국의 급작스러운 경제적 전환과 도시화는 그 방대한 규모뿐 아니라 연출의 측면에서도 세계사의 유일무이한 현상이다. 그러나 민주적 정치제도, 사유재산권, 법치 등에 따라 운영되는 나라들이 중국과 동일한 방식의 대규모 도시화를 무대에 올릴 수는 없다. 중앙 권력이 약하고 부패가 만연한 나라들은 도시화를 체계적으로 시도하는 데 어려움을 겪기 마련이다.

20세기의 후반기에 이뤄진 라틴아메리카의 극적인 도시화는 아프리카인들에게 또 다른 모범답안이 될 수 있지만, 주의해야 할 문제

점도 많이 드러내고 있다. 콜롬비아 제2의 대도시인 메데인은 1980
년대에 세계에서 가장 폭력적인 도시였고, 코카인 거래의 세계적 중
심지였다. 마약왕 파블로 에스코바르Pablo Escobar는 메데인의 코무나
comuna(가파른 언덕의 비탈에 자리 잡은 빈민가)를 기반으로 세력을 확장했
다. 에스코바르는 사회적 배척과 멸시를 당하는 사람들에게 '쓰레기
지옥'에서 구해주겠노라며 '빈민가 없는 메데인'을 약속했다. 메데인
의 악몽은 도시의 사회적 구조가 해체될 때 발생하는 결과의 가장 악
명 높은 사례였다. 많은 빈민들에게, 도시의 대부분 지역을 지배하는
마약 카르텔은 일자리를 제공하고 안전을 지켜주고 희망을 품게 해주
는 유일한 존재였다. 에스코바르는 악질적인 도시 내전을 통해 비공
식 도시와 공식 도시 간 싸움을 붙였고, 그 싸움은 1993년에 그가 메
데인의 어느 옥상에서 사망한 뒤에도 오랫동안 이어졌다.

콜롬비아 정부가 군사작전을 통해 마약 카르텔의 철권통치를 종
식하고 나서 여러 해가 지난 오늘날, 메데인은 도시 복원의 본보기가
되었다. 2004년에 세르히오 파하르도Sergio Fajardo가 시장으로 선출되
면서 메데인은 공식 도시와 비공식 도시 사이의 선명한 구분선을 끊
기 시작했다. 시민들은 가난한 이웃들을 도시의 동등한 구성원으로
바라봐야 했고, 당국은 소외된 사람들로부터 신뢰를 얻어야 했다. 코
무나의 주민들에게는 동네의 도시계획을 둘러싼 일정한 권한이 부여
되었다. 메데인 시민들이 공공 공간을 기존과 전혀 다른 시각으로 바
라보게 되자 마음속의 장벽들과 물리적 장벽들이 허물어졌다. 도서관
과 문화회관처럼 건축적 관점에서 중요한 공공건물들이 코무나에 들
어섰다. 그것은 코무나가 메데인이라는 도시의 동등한 일원이라는 강
력한 선언이었다. 그 변두리의 정착촌들은 버스 노선망과 케이블카에

한때 세계에서 살인 사건이 가장 빈번한 곳으로 악명을 떨친 콜롬비아의 도시 메데인의 제13 코무나는 선견지명이 빛난 일련의 개혁 조치에 힘입어 미개한 빈민가에서 벗어났다.

제13 코무나, 메데인, 사진, 2011년.
(이미지브로커imageBROKER, 알라미 스톡 포토)

의해 도시에 편입되었다. 한때 세계에서 가장 위험한 도시의 가장 위험한 구역이었던 제13 코무나는 에스컬레이터로 그 도시의 나머지 지역들과 연결되었다. 시 당국은 제13 코무나의 청소년들에게는 페인트를 지급했고, 동네를 벽면 낙서와 거리 예술로 장식하도록 권장했다. 물론 메데인은 모든 문제를 해결하지는 못했다. 그러나 급진적인 '사회적 도시주의'가 생태적 도시주의와 결합된 데 힘입어 메데인은 이전보다 더 번영하고 평화로운, 세계적으로 더 유명한 도시가 되었다.

메데인의 성공 비결은 도시 빈민들을 향한 태도의 변화, 그리고 신축 기반시설의 비용을 부담하는 문제에 대한 태도의 변화였다. 본인의 삶과 본인이 속한 동네에 대한 주인의식을 심어준 점도 성공 비결이었다. 메데인의 성공담은 향후 30년간 과열 성장 문제로 씨름할 아프리카의 도시들이 반드시 배워야 할 교훈이다. 아프리카는 앞으로 몇 년 뒤 도시 인구가 농촌 인구를 넘어서는 마지막 대륙이 될 것이고, 아프리카의 거대도시들은 중국이 물 쓰듯 투입한 자원의 일부분만으로 많은 일을 처리해야 할 것이다. 아프리카의 도시들은 투자 자본과 기반시설이 부족하지만, 인구가 걷잡을 수 없을 만큼 증가하고 있는 현재 상황에서는 엄청난 인적 에너지와 독창성이 가장 귀중한 자산일 것이다.

중국의 하향식 도시화 사례는 정책입안자들의 시선을 사로잡는다. 하지만 그간의 경험에 비춰볼 때, 단순히 비공식 정착지를 철거하고 주민들을 대구획으로 이주시키는 것은 도시 생태계 고유의 역동성과 소중한 사회적 자본을 없애버리는 가장 확실한 방법이다. 거대도시들이 성장할 수 있고 복원력을 유지할 수 있는 방법에 관한 대안적 모델이 있다. 불과 몇 세대 전에 도쿄는 폭격으로 부서진 건물의 잔해로 가득한 곳이었다. 오늘날 도쿄는 역사상 가장 큰 규모의 대도시 지역으로, 약 4,000만 명이 거주하는 가장 빛나는 성공을 거둔 거대도시다. 제2차 세계대전으로 파괴되었던 도쿄는 시민들이 유럽과 미국에서 그리고 나중에는 중국에서 유행한 하향식 도시계획이 아니라 자기조직화를 통해 재건되었기 때문에 번영을 누렸다고 볼 수 있다.

제2차 세계대전 직후의 도쿄는 공공 서비스가 부족하고 급조된 주택으로 가득한 대규모 판자촌처럼 보였다. 오늘날 저층 건물이 촘촘하게 서 있고 사업체들과 주택들이 비좁고 미로 같은 거리에서 서로

도쿄의 초현대성과 거리 생활.

도쿄, 사진, 2017년. (에릭 이스트먼Erik Eastman / 언스플래시)

공간을 다투고 있는 도쿄 도심의 여러 구역은 언뜻 뭄바이의 빈민가와 비슷해 보인다. 하지만 그곳 주민들은 뭄바이 사람들보다 몇 배 더 부유하다. 오늘날 서구 국가와 중국 같은 나라의 대다수 사람들이 체험하는 도시는 도시계획가들이 산업, 소매업, 사업, 여가, 주택 같은 여러 분야와 요소를 서로 분리해 별개의 구역 안에 배치해둔, 매우 질서정연하고 정화된 곳이다. 어떤 의미에서는 야생적인 도시 생태계가 무질서 덕분에 갖춘 역동성을 빼앗긴 동물원으로 바뀐다고 볼 수 있다. (라고스나 뭄바이처럼) 도쿄는 서양인들에게 무질서하고 난잡스러운 곳으로 보인다. 하지만 도쿄는 '비공식적' 혹은 유기적 도시화가 가장 성공적이고 활발하게 이뤄지는 현장이었다.[27]

도쿄에서는 거리에 생동감과 진화의 느낌을 불어넣는 주거 공간, 업무 공간, 상업 공간, 산업 공간, 소매 공간, 외식 공간 등의 경계가 희미해졌다. 도쿄의 비공식적이고 비계획적인 여러 동네들은, 권위 있는 기본계획 입안자들이 아니라 현지 주민들이 관리하는 곳으로 남아 있었다. 도쿄는 경제적, 사회적, 주거적 기능이 뒤섞여 있고, 서로 연결된 자급자족형 마을들이 한데 모인 도시 같다. 소기업, 가족이 경영하는 식당, 세탁소, 조그만 이자카야 술집, 장인들의 작업장, 자동차 정비소, 길거리 시장 옆에 은행이나 사무실이 보이고, 날림으로 지은 주택 근처에 마천루가 서 있다. 도쿄에서는 도시 개발, 즉 전쟁 피해를 입은 판자촌 도시가 초현대적 거대도시로 탈바꿈한 과정이 점진적으로 진행되었다. 건물들은 서서히 개축되고, 새로운 기능을 갖추고, 용도가 바뀌었다. 독자적이고 자치적인 동네들은 거리 활동의 다양성과 고유의 성격을 간직한 채 점진적으로 도시에 합병되었다.[28]

물론 도쿄가 무질서하고, 완전히 비계획적인 도시는 아니지만 싱가포르나 상하이가 활용한 기본계획에 따라 성장한 도시도 아니다. 도시를 중심으로 세계에서 가장 광범위하고 집약적인 시내 교통체계와 그 밖의 필수적인 기반시설이 갖춰진 것이지, 교통체계와 기반시설을 중심으로 도시가 성장한 것이 아니다. 노동자층의 거주 구역도 다른 구역과 마찬가지로 세계 수준의 도시 공공 서비스와 편의시설을 누렸다. 바꿔 말해, 도쿄 시 당국은 결합조직이 독자적으로 성장할 수 있도록 하면서 대도시의 동맥과 정맥, 신경과 같은 순환계를 구축하고 유지했다.

도시를 영구불변의 장소로 여기는 서양의 관점과 대조적으로, 일본에서는 건물의 수명이 짧다. 그 결과 일본의 도시들은 신진대사로 비유할 수 있는 근본적이고 지속적인 변화 과정이 활발히 이뤄진다. 따라서 대도시는 잠정적인 장소로, 이를테면 먼저 쓴 내용을 지우고 그 위에 다른 내용을 써넣기를 반복해도 원래의 내용을 판독할 수 있는 양피지 같은 장소로 재정의할 수 있다. 또는 최종 형태에는 이르지 못해도 외부의 환경적 자극에 대응해 모양과 외형을 바꾸고, 축소되고, 성장하며 늘 진화하는 유기체로 바라볼 수도 있겠다.

은유는 우리가 도시를 바라보는 방식뿐 아니라 우리가 도시를 계획하고 관리하고, 도시에서 생활하는 방식의 측면에서도 중요하다. 도시를 끊임없이 변하는 상태에 놓여있는 것으로 바라보는 시각이 중요하다. 역사상 가장 역동적인 도시들은 제2차 세계대전 이후 수십 년간 쉼 없는 변화의 상태에 놓여 있었던 도쿄와 같았다. 그 같은 선천적 유연성과 적응성에 힘입어 도시들은 시시각각 바뀌는 경제적 조건과 외부 충격에 대응할 수 있다. 폭발적인 성장세를 구가하던 시절의 우루크에서는 오래된 건축물의 잔해 위에 더 크고 좋은 건축물이 끊임없이 들어서는 파괴와 재건의 과정이 되풀이되었다. 로마와 런던 같은 도시들도 생동감과 흥미진진함을 풍기는 역사적 기억을 켜켜이 쌓아가며 끊임없이 성장해왔다. 아시아의 다른 도시들처럼 도쿄도 급속도로 전개된 역사적 과정을 겪었다는 점에서 무척 중요하다. 1945년, 인구가 349만 명이었던 도쿄는 전쟁의 상흔과 지독한 가난을 이겨내고 오늘날 미래 지향적인 거대도시권역이자 경제적 중심지로 성장했다. 도쿄는 빠른 신진대사 속도 덕분에 근본적인 요소들을 간직하는 동시에 모든 변화를 흡수할 수 있었다. 건축가 구로카와 기

20세기의 가장 성공적인 거대도시 중 하나인 도쿄는 제2차 세계대전의 잔해 속에서
건설되었다. 즐비한 마천루들과 인근 동네의 거리 생활이 공존한다.

신주쿠, 도쿄, 사진, 2018년. (밴터스냅스Bantersnaps / 언스플래시)

쇼는 다음과 같이 말한다.

(도쿄는) 300개의 도시들이 한 덩어리를 이룬 응집체다. [⋯] 처음
에는 질서가 없어 보이지만, 부분들에서 비롯된 에너지와 자유와 다중
성이 있다. 그 새로운 위계질서를 만들어내는 것은, 자연스럽게 생기
는 힘들을 이용하는 과정이다. 이 때문에, 아마 오늘날 도쿄가 진정한
혼돈 상태와 새로운 잠재적 질서 사이의 어느 지점에 서 있다고 말하
는 편이 가장 정확할 것이다.[29]

도시계획의 중요성이 유례없이 강조되고 있는 오늘날의 시대적
상황을 고려할 때, 제2차 세계대전 이후 50년간 도쿄가 경험한 발전
과정은, 지난 7천 년간 진행된 더 폭넓은 도시화의 역사가 그대로 반
복된 현상일 뿐 아니라 세계 각국의 거대도시들이 배워야 할 교훈이
기도 하다. 17세기의 암스테르담이건 18세기의 런던이건 20세기의
뉴욕이건 간에 도시들은 비계획적이고 비공식적인 도시와 계획적이
고 공식적인 도시 간의 역동적인 상호작용이 일어날 때, 자발성과 실
험의 여지가 있을 때 번창했다. 도시를 신진대사 체계나 진화하는 유
기체에 빗대는 은유는, 생생한 묘사 이상의 효과가 있다. 그 은유는
경제가 호황과 불황을 되풀이하고, 새로운 기술이 도입되고, 전쟁이
일어나고, 기후가 바뀔 때 도시들도 급격히 변화한다는 점을 일깨워
주기도 한다. 현지에서 이뤄지는 자기조직화는 도시가 격렬한 변화에
대응할 수 있는 기회가 된다. 이는 엄밀한 도시계획과는 다른 방식이
다. 도쿄의 여러 비공식 장소들에서 감도는 생명력은 경제적 도약의
필수조건으로 작용했다.[30]

라고스에서 비공식 도시의 난잡함은 종종 빈곤과 치욕의 징후로 치부된다. 그러나 난잡함은 특히 고속성장하는 도시가 포용해야 할 요소다. 난잡함은 발전하는 도시의 역동적 특성이다. 난잡함을 규제하고 공식화의 틀 안에 가두려는 시도는 창의성의 숨통을 조일 우려가 있다. 메데인과 도쿄는 빈민들이 공동체를 형성하는 데 필요한 조건과 기반시설을 마련함으로써, 그리고 비공식 정착지를 도시에 편입하고 그곳의 사회적 자본에 투자함으로써, 성공을 거둘 수 있었다. 다시 말해 두 도시는 비공식 경제와 정착지를 문제의 일부분으로 여기는 대신 초﹏도시화를 관리하는 해법의 필수요소로 바라봤다. 주거 안정성과 더불어 기본적인 공공 서비스를 제공하는 작업은, 제 기능을 발휘하지 못하는 주변부의 장소들을 기능적인 자산으로 탈바꿈시키는 과정에서 가장 핵심적인 부분이다.[31]

도쿄는 세계에서 가장 위험한 장소 가운데 하나로 자리해 있다. 역사를 통틀어 도쿄는 화재와 폭격뿐 아니라 격렬한 지진 활동에 의해서도 숱하게 파괴되었다. 자립과 자기조직화는 오래전부터 도쿄의 DNA 속에 단단히 자리 잡고 있었다. 도시를 하향식이 아니라 상향식으로 건설한 덕분에 막대한 혜택을 입을 수 있었다. 도쿄 시민들은 모든 재난을 흡수하고 극복하는 능력을 보여주었다. 오늘날 남반구의 여러 신흥 거대도시들도 도쿄와 비슷한 참사를 겪을 가능성이 있다. 도시의 동네 단위에서 발휘되는 복원력은 재난에 대비한 가장 확실한 방어 수단 중 하나다.

우리는 도시 종족이다

우리 인간은 초토화나 인구과밀화 같은 극단적 상황에서도 도시에서 살아가는 데 무척 능숙하다. 이와 관련한 역사적 사례가 많다. 아주 단순하게 말해, 가까이서 서로 교류할 수 있도록 사람들을 한데 모아놓는 것은 참신한 발상과 예술 활동 및 사회적 변화를 촉발하는 최선의 방법이다. 고도로 복잡한 정착지를 만들어낼 수 있는 비범한 능력에서 알 수 있듯이, 우리는 완전한 도시 종족으로 탈바꿈하는 중이다.

이 책에서 우리는 도시의 관능성(도시에 생기를 불어넣고 집단적 힘을 부여하는 사교성과 친밀성에 따른 쾌락)을 논의하며 출발했다. 도시 생활의 즐거움은 성관계, 음식, 물건 사기, 둘러보기, 냄새 맡기, 목욕, 산책, 축제 따위에 있었다. 도시 생활의 일과는 아고라, 시장, 상점가, 길모퉁이, 광장, 목욕탕, 카페, 술집, 공원, 경기장 등을 배경으로 진행되었다. 도시의 관능성을 살펴본 뒤 우리는 비교적 작은 도시들이 주변 세계를 근본적으로 바꿔놓은 비결인 권력 집중화 문제를 다뤘다. 18세기 도시들의 역사에는, 인간이 도시 생활의 압박감을 감수하는 방법을 터득하는 과정이 드러나 있다.

우루크 시절부터 지금까지 도시 생태계는 지속적인 진화 상태에 놓여있었다. 인간은 필요에 맞게 환경을 구축하지만, 환경은 인간과 건물과 역사적 지층 간의 오랜 상호작용 과정을 통해 인간을 빚어내기 시작한다. 우루크는 특히 훌륭한 본보기다. 최초의 도시이자 가장 오랫동안 존재한 도시 중 하나인 우루크는, 그리고 우루크의 형태와 우루크 사람들의 생활상은 수천 년 동안 일어난 기후변화의 결과물이었다. 습지대가 점점 사라지고, 강우 양상이 바뀌고, 기온이 상승하면서 하천 본류나 지류의 양태를 예측하기 힘들어지는 동안 우루크는 환경에 적응했다. 우루크의 내구성과 적응력 그리고 우루크가 만들어 낸 도시 문화의 내구성과 적응력은 대단했다.

제3천년기에 접어든 지금, 점점 상승하는 기온과 예측을 불허하는 폭풍으로 인해 도시들은 이미 변화를 겪고 있다. 도시들은 눈에 띄게 푸르러지고 있고, 생물다양성의 측면에서 점점 발전하고 있다. 지난 몇십 년 동안 신도시운동New Urban movement 진영은 자동차 의존적인 도시 팽창 현상에 맞서기 위해서 도시와 교외를 더 조밀하고, 보행자와 자전거에 친화적인 경제적 다양성을 갖춘 곳으로 만들어야 한다고 주장해왔다. 최근, 녹색 운동 진영은 도시를 적이 아닌 기후변화에 맞서 싸우는 데 필요한 수단으로 바라보게 되었다. 자동차 대신에 거리 생활을 중심으로 형성되고, 대중교통체계가 발달한 도시들에서는 자동차의 교통량이 줄어들기 마련이다. 인구밀도가 낮은 교외에 거주하는 가정은 인구밀도가 높은 도심의 가정에 비해 이산화탄소 배출량이 2배 내지 4배 많다. 도시화의 세례를 입은 동네에서 생활하는 사람들, 특히 도보로 이동하거나 대중교통을 이용하는 반면 사치스러운 주택에서 살지 않는 사람들은 탄소와 쓰레기를 덜 배출하고, 물과 연료 같은 자원을 덜 소비하며 에너지를 더 효율적으로 사용한다. 세계 인구가 곧 100억 명을 바라보고 있는 상황을 감안하면 사람들이 되도록 한데 모여 생활함으로써 자연계의 부담을 덜어주는 편이 더 이치에 맞다.

자동차가 아니라 사람들을 중심으로 형성된 더 작고 조밀한 도시들이 환경뿐 아니라 인간에게도 더 좋은 곳이라는 점이 드러났다. 도심과 더 가까운 곳에서 사는 사람일수록 비만일 가능성이 낮다. 그리고 더 즐겁게 생활할 가능성이 높다. 과학적 연구에 의하면 촘촘하게 배치된 연립주택과 테라스식 주택, 아파트에서 생활하며 산책과 사교를 즐기는 사람들은 가장 부유한 교외에서 사는 사람들보다도 육체적·정신적 건강 수준이 더 높다. 산업화와 산업공동화로 인해 도시 세계가 한계점으로 치달을 때 우리는 자동차 덕택에 도시를 탈출할 수 있었다. 그러나 지금은 자동차 때문에, 또 자동차를 둘러싼 개인적·사회적·환경적 비용 때문에 교외에 거주하는 사람들의 삶의 질이 낮아지고 있다. 이 현상은 신도시주의New Urbanism라기보다는 무척이나 오래된 도시주의다. 5,000년 전, 우리가 도시로 떠난 데는 도시에서 누릴 수 있는 근접성, 기회, 사교성, 관능적 쾌락과 같은 타당한 이유가 있었으며, 이후 수천 년 동안 우리는 꾸준히 도시로 이동해왔다.[32]

앞으로 도시는 변화할 것이다. 그러나 도시의 변화는 이상론이 아니라 필요의 산물일 것이다. 도시는 복원력이 있다. 적응력을 갖춘 체계이기도 하다. 우리가 에너지 가격 상승을 유발하는 자원 위기나 생태적 재난에 직면할 때, 도시들은 지금까지 그래왔듯이 변화할 것이다. 승용차와 승합차와 화물차가 줄어들면 도시 지역은 더 조밀해지고 도시 지역의 거리는 더 분주해질 것이다. 즉, 도시 지역은 지금까지의 역사에서 대체로 지니고 있던 모습으로 되돌아갈 것이다.

우리가 갑자기 다시 도시로 몰려가거나 공간절약형 고층건물에 보금자리를 마련할 것이라는 말이 아니다. 서둘러 도시를 새로 건설할 것이라는 말도 아니다. 다만, 교외에 산책과 사교와 쇼핑을 즐길 장소와 업무 공간을 마련함으로써 교외를 더 도시화할 것이라는 말이다. 지금 나는 '좋은 동네'라는 이상향적 꿈을 말하는 것이 아니라 사람과 장소 들이 주변 조건의 변화에 대응하는 방식을 설명하고 있다. 자동차를 타고 도시나 쇼핑몰이나 여가 시설에 갈 수 없다면 도시나 쇼핑몰이나 여가 시설을 우리 집 현관 앞으로 갖고 와야 할 것이다. 이미 미국에는 이른바 '도시형 교외urbanburb(걸어서 닿을 수 있는 범위 안의 생활, 카페, 식당, 주점, 공원, 학교 등을 바탕으로 밀레니얼 세대에게 더 대도시적인 생활방식을 선사하는 교외의 조밀한 구역_옮긴이)'를 향한 움직임이 있다. 우리는 도시 종족이다. 공동체를 형성해 생활하려는 우리의 욕구는 변함없이 진화할 것이고, 새로운 형태를 띠게 될 것이다.[33]

미래의 대도시에는 도심이 그저 몇 개가 아니라 여러 개 있을 것이고, 각 도심은 자족적인 여러 개의 마을로 이뤄질 것이다. 공교롭게도 이와 관련한 가장 적절한 사례 중 하나는 로스앤젤레스다. 로스앤젤레스는 전형적인 20세기 대도시로 발전했다. 로스앤젤레스는 밀집도가 낮았고 자동차 중심적이었으며, 이동성을 촉진하는 방향으로 설계되었다. 로스앤젤레스의 복잡성도 나름의 체계를 갖춘 것이었다. 로스앤젤레스는 산업혁명 시대의 무질서하고 난잡한 대도시의 대안으로 구상된 도시, 즉 주거, 산업, 상업, 소매업, 여가 등의 각 분야가 별개의 획일적인 소구역으로 나뉜 도시였다. 그 대도시는 간선도로와 개인 주택을 중심으로 형성되었다. 비평가들의 눈에 포착된 몰개성은 다름 아니라 뒤범벅 상태를 제거해 도시를 위생처리하려는 경향의 산물이었으며 이는 비단 로스앤젤레스에 국한된 현상은 아니었다.

그러나 20세기 도시화의 기수였던 로스앤젤레스는 지금 흥미롭게도 21세기 도시에 불어닥친 변화의 주창자로 변신하고 있다. 그동안 로스앤젤레스의 여러 교외는 꾸준히 더 조밀해지고 도시화되었다. 이는 강제력 있는 특정 계획에 따라 이뤄진 것이 아니라 거리와 동네 차원에서 일어난 비공식 활동의 결과였다.

2010년대에 이르러 로스앤젤레스는 라틴계가 인구의 과반수를 차

지하게 되었다. 수백만 명의 라틴계 주민들이 로스앤젤레스에 유입되
자 도시에서의 생활방식을 둘러싼 전혀 다른 개념이 도입되었다. 라
틴아메리카계 이주자들과 그 후손들은 로스앤젤레스의 나머지 주민
들에 비해 자동차 소유율이 현저히 낮다. 아울러 그들은 나머지 주민
들보다 사교와 거리에서의 공공 생활을 훨씬 더 중요시한다. 그들은
로스앤젤레스라는 도시에 적응했지만, 살고 있는 동네를 자신들에게
적응시키기도 했다. 이른바 라티노식 공간활용Latino Urbanism은 로스
앤젤레스의 일부 지역들을 사람들이 거닐고 얘기하고 모이는 야외의
대면 지향적 공공 공간 같은 분위기를 풍기는 곳으로 바뀌놓았다. 라
티노식 공간활용은 앞마당에서 드러난다. 라티노식 공간활용에 입각
한 앞마당은 내향적인 캘리포니아식 방갈로 주택을 외향적인 라틴계
식 주택인 공적·사적 상호작용의 장소로 바꿔놓는 과정을 통해 거리
에서 일어나는 사교생활의 일부분으로 자리 잡는다. 라티노식 공간활
용은 거리에 늘어선 다채로운 할인점, 벽면 낙서 예술, 타코 판매대,
론체로(음식 판매용으로 개조한 트럭의 일종_옮긴이), 공원에서의 파티 등
에서 나타난다. 로스앤젤레스에는 5만 명의 비공식 노점상들이 있다.
그들은 거리와 공원을 서둘러 지나가기보다 느긋하게 거닐고 싶은 즉
석 공설시장과 사실상의 광장으로 변모시킨다.[34]

　　라티노식 공간활용은 로스앤젤레스의 바람직한 모습에 관한 기존
의 관념을 뛰어넘는 개념이고, 그동안 난잡하다는 이유로 심한 반대
에 부딪혀왔다. 그러나 라티노식 공간활용이 불러일으킨 엄청난 에너
지는 시 당국이 보행자 전용화와 비공식 소매 분야를 더 강조하면서
도시계획을 재검토하는 계기가 되었다. 라티노식 공간활용의 영향으
로 사람들은 거리가 단순히 이동과 관련한 장소가 아니라는 점을 깨

달았다. 사실, 거리는 통과하는 장소일 뿐 아니라 거주와 유희의 장소이기도 하다. 거리는 도시의 영혼이다. 우리 눈에 거의 띄지 않았지만, 신도시주의의 이론적 원칙(촘촘한 도시, 밀도가 높은 동네, 다용도성, 활발한 거리 생활)은 나름의 방식으로 도시 생활에 대응하며 종종 당국의 반대에 저항한 라틴계 주민들에 의해 로스앤젤레스를 비롯한 미국 여러 도시들의 거리에서 잇달아 실천되고 있었다. 지금까지 라티노식 공간활용은 대대적인 반향을 일으키며 풍성한 열매를 맺었다. 하지만 라틴계 도시주의의 세례를 입은 동네들의 도시적인 그리고 도시풍의 세련된 특성에 매료된 부자들이 일부 동네를 고급주택지로 바꿔버리는 부작용도 벌어지고 있다.

라티노식 공간활용은 '난잡한 도시주의'로 부를 만한 개념의 한 가지 사례다. 또한 라티노식 공간활용은 우리에게 옛 도시들의 모습을 일깨워줄 뿐 아니라 남반구에 속한 거대도시들이 세계를 향해 비공식적 성격을 뽐내는 방식도 보여준다. 도시와 교외 내부의 소규모 공동체를 재구축하는 작업은 다가올 세기에 도시들이 복원력과 지속가능성을 더 갖출 수 있도록 하는 가장 중요한 방법 중 하나다. 전 세계적 봉쇄조치가 이어지고 있는 2020년 현재, 자기 집이나 주변의 가까운 범위 안에 틀어박혀 있으며 음식과 의약품과 생필품을 안전하게 확보할 수 있는 상태가 정말 중요해졌다. 오락을 즐기거나 신선한 공기를 마실 수 있는 장소도 마찬가지다. 우리가 사는 동네와 이웃들의 건강이 새삼 중요한 의미를 띠게 되었다. 세계 곳곳의 도시들에서는 사람들이 사회적 거리두기라는 엄중한 상황에서조차 인간관계, 이웃과의 사교가 지닌 가치가 재확인되면서 상호부조적 성격의 단체가 자발적으로 생겨났다.

불과 몇천 명의 선구자들이 거주한 우루크에서부터 무려 2,000만 명 이상이 거주하는 라고스에 이르기까지 도시 생활의 기본원칙들은 그다지 많이 바뀌지 않았다. 우루크 시절부터 지금까지 사람들은 도시적 이상향을 꿈꿨다. 완벽한 도시라는 미래상은 흔히 비극적 실험으로 이어졌고, 그 과정에서 공동체가 파괴되기도 했다. 그러나 오티그바 컴퓨터 마을의 기업가들이나 로스앤젤레스의 라틴계 주민들이 보여주듯이, 인간은 독자적 공동체를 형성하고 즉흥적으로 질서를 확립하는 데 무척 능숙하다. 난잡한 도시에서 잘 살아가는 사람들과 그런 도시에 인위적 일관성을 부여하고자 하는 사람들 간의 지속적인 긴장 관계는 역사적으로 입증된 사실이다.

인류라는 생물종의 생존 여부는 우리의 기나긴 도시 방랑기의 다음 장에 달려 있다. 이야기는 번쩍거리는 세계적 도시들에서 펼쳐지지는 않을 것이다. 우리가 겪는 문제에 대한 디지털식 해답을 모색하는 기술형 관료들이나 고고한 위치에서 도시를 개조하는 기본계획 입안자들에 의해 결정되지도 않을 것이다. 이야기는 개발도상국들의 거대도시들과 급성장 중인 대도시들에 거주하는 수십억 명의 직접 체험을 통해 쓰일 것이다. 지난 5,000년에 걸쳐 수많은 도시 사람들이 그랬듯이, 앞으로 인류의 대부분은 비공식 정착지에서 생활하고 자작형 경제 부문에서 일할 것이다. 인류는 도시를 건설해 유지하고, 독창성과 임기응변의 재능을 발휘해 살아남고, 환경 변화에 대처하는 사람들이다. 에너지가 고갈되고 기온이 더 올라가면서 도시의 환경이 더 혹독해질 때, 인류는 즉석에서 해결책을 찾아낼 것이다.

만약 역사가 일종의 안내자라면 역사는 그들이 성공을 거두리라고 말할 것이다.

머리말 대도시의 세기

1 UN Habitat, *State of the World's Cities 2008/9: harmonious cities* (London, 2008), p. 11; UN Habitat, *State of the World's Cities 2012/2013: prosperity of cities* (NY, 2013), p. 29 • 2 Jaison R. Abel, Ishita Dey and Todd M. Gabe, 'Productivity and the Density of Human Capital', Federal Reserve Bank of New York Staff Reports, 440 (March 2010); OECD, *The Metropolitan Century: understanding urbanisation and its consequences* (Paris, 2015), pp. 35ff; Maria P. Roche, 'Taking Innovation to the Streets: microgeography, physical structure and innovation', *Review of Economics and Statistics*, 21/8/2019, https://www.mitpressjournals.org/doi/abs/10.1162/rest_a_00866 • 3 Jonathan Auerbach and Phyllis Wan, 'Forecasting the Urban Skyline with Extreme Value Theory', 29/10/2018, https://arxiv.org/abs/1808.01514 • 4 A. T. Kearney, *Digital Payments and the Global Informal Economy* (2018), pp. 6, 7 • 5 Janice E. Perlman, 'The Metamorphosis of Marginality: four generations in the *favelas* of Rio de Janeiro', *Annals of the American Academy of Political and Social Science*, 606 (July 2006), 167; Sanni Yaya et al., 'Decomposing the Rural–Urban Gap in the Factors of Under-Five Mortality Rate in Sub-Saharan Africa? Evidence from 35 countries', *BMC Public Health*, 19 (May 2019); Abhijit V. Banerjee and Esther Duflo, 'The Economic Lives of the Poor', *Journal of Economic Perspectives*, 21:1 (Winter 2007), table 9; Maigeng Zhou et al., 'Cause-Specific Mortality for 240 Causes in China during 1990–2013: a systematic subnational analysis for the Global Burden of Disease Study 2013', *Lancet*, 387 (January 2016), 251–72 • 6 Karen C. Seto, Burak Güneralp and Lucy R. Hutyra, 'Global Forecasts of Urban Expansion to 2030 and Direct Impacts on Biodiversity and Carbon Pools', *PNAS*, 109:40 (October 2012) • 7 Edward Glaeser, *The Triumph of the City: how urban space makes us human* (London, 2012), p. 15.

1장 도시의 여명

1 Andrew George (ed. and trans.), *The Epic of Gilgamesh* (London, 2013), I:101ff • 2 Paul Kriwaczek, *Babylon: Mesopotamia and the birth of civilisation*, p. 80; Mary Shepperson, 'Planning for the Sun: urban forms as a Mesopotamian response to the sun', *World Archaeology*, 41:3 (September 2009), 363–78 • 3 Jeremy A. Black et al., *The Literature of Ancient Sumer* (Oxford, 2006), pp. 118ff • 4 P. Sanlaville, 'Considerations sur l'évolution de la basse Mésoptamie au cours des derniers millénaires', *Paléorient*, 15:5 (1989), 5–27; N. Petit-Maire, P. Sanlaville and Z. W. Yan, 'Oscillations de la limite nord du domaine des moussons africaine, indienne, et asiatique, au cours du dernier cycle climatique', *Bulletin de la Societé Géologique de France*, 166 (1995), 213–20; Harriet Crawford, *Ur: the city of the Moon God* (London, 2015), pp. 4ff; Guillermo Algaze, *Ancient Mesopotamia at the Dawn of Civilization: the evolution of the urban landscape* (Chicago, 2008), pp. 41ff; Hans J. Nissen,

The Early History of the Ancient Near East, 9000–2000 BC (Chicago, 1988) • 5 Gwendolyn Leick, *Mesootamia: the invention of the city* (London, 2001), pp. 2–3, 8–9, 19ff • 6 Ibid., pp. 35ff, 50, 54 • 7 Thomas W. Killion, 'Nonagricultural Cultivation and Social Complexity: the Olmec, their ancestors, and Mexico's Southern Gulf Coast lowlands', *Current Anthropology*, 54:5 (October 2013), 569–606; Andrew Lawler, 'Beyond the Family Feud', *Archaeology*, 60:2 (March/April 2007), 20–5; Charles Higham, 'East Asian Agriculture and Its Impact', in Christopher Scarre (ed.), *The Human Past: world prehistory and the development of human societies* (London, 2005), pp. 234–63; Roderick J. McIntosh, 'Urban Clusters in China and Africa: the arbitration of social ambiguity', *Journal of Field Archaeology*, 18:2 (Summer 1991), 199–212 • 8 Jennifer Pournelle and Guillermo Algaze, 'Travels in Edin: deltaic resilience and early urbanism in Greater Mesopotamia', in H. Crawford (ed.), *Preludes to Urbanism: studies in the late Chalcolithic of Mesopotamia in honour of Joan Oates* (Oxford, 2010), pp. 7–34 • 9 H. Weiss, 'The Origins of Tell Leilan and the Conquest of Space in Third Millennium North Mesopotamia', in H. Weiss (ed.), *The Origins of Cities in Dry-Farming Syria and Mesopotamia in the Third Millennium BC* (Guilford, CT, 1986) • 10 Guillermo Algaze, 'The Uruk Expansion: cross-cultural exchange in early Mesopotamian civilisation', *Current Anthropology*, 30:5 (December 1989), 581 • 11 William Blake Tyrrell, 'A Note on Enkidu's Enchanted Gate', *Classical Outlook*, 54:8 (April 1977), 88 • 12 Guillermo Algaze, 'Entropic Cities: the paradox of urbanism in ancient Mesopotamia', *Current Anthropology*, 59:1 (February 2018), 23–54; Florian Lederbogen et al., 'City-Living and Urban Upbringing Affect Neural Social Stress Processing in Humans', *Nature*, 474 (2011), 498–501; Leila Haddad et al., 'Brain Structure Correlates of Urban Upbringing, an Environmental Risk Factor for Schizophrenia', *Schizophrenia Bulletin*, 41:1 (January 2015), 115–22 • 13 George, XI:323–6 • 14 Leick, pp.1ff, 29 • 15 Geoff Emberling and Leah Minc, 'Ceramics and Long-Distance Trade in Early Mesopotamian States', *Journal of Archaeological Science*, Reports: 7 (March 2016); Giacomo Benati, 'The Construction of Large-Scale Networks in Late Chalcolithic Mesopotamia: emergent political institutions and their strategies', in Davide Domenici and Nicolò Marchetti, *Urbanized Landscapes in Early Syro-Mesopotamia and Prehispanic Mesoamerica* (Wiesbaden, 2018) • 16 Hans J. Nissen, Peter Damerow and Robert K. Englund, *Archaic Bookkeeping: early writing and techniques of economic administration in the ancient Near East* (Chicago, 1993), p. 36 • 17 Leick, pp. 89ff • 18 Ibid., p. 106 • 19 Kriwaczek, p. 162 • 20 Ibid., pp. 161–2 • 21 Leick, pp. 139, 146, 268

2장 에덴동산과 죄악의 도시

1 Jean-Jacques Rousseau, *Politics and the Arts: letter to M. d'Alembert on the theatre*, trans. A. Bloom (Ithaca, 1968), pp. 58–9 • 2 Victoria E. Thompson, 'Telling "Spatial Stories": urban space and bourgeois identity in nineteenth-century Paris', *Journal of Modern History*, 75:3 (September 2003), 542 • 3 Jon Adams and Edmund Ramsden, 'Rat Cities and Beehive Worlds: density and design in the modern city', *Comparative Studies in Society and History*, 53:4 (October 2011), 722–756 • 4 Le Corbusier, *The City of Tomorrow and Its Planning* (NY, 1987), p. 244; Ebenezer Howard, *Garden Cities of Tomorrow* (London, 1902), p. 18 • 5 Jonathan M. Kenoyer, *Ancient Cities of the Indus Valley Civilization* (Oxford, 1998); R. K. Pruthi, *Indus Civilisation* (New Delhi, 2004); Andrew Robinson, *The Indus: lost civilisations* (London, 2015) • 6 Asko Parpola, *Deciphering the Indus Script* (Cambridge, 1994), p. 21; cf. Dilip K. Chakrabarti (ed.), *Indus Civilisation Sites in India: new discoveries* (Mumbai, 2004), p. 11 and Hans J. Nissen, 'Early Civilisations in the Near and Middle East', in Michael Jansen, Máire Mulloy and Günter Urban (eds.), *Forgotten Cities in the Indus: early civilisation in Pakistan from the 8th to the 2nd millennium BC* (Mainz, 1991), p. 33 • 7 Robinson, p. 47 • 8 Liviu Giosan et al., 'Fluvial Landscapes of the Harappan Civilization', *Proceedings of the National Academy of Sciences*, 109:26 (2012), E1688–E1694; Peter D. Clift and Liviu Giosan, 'Holocene Evolution of Rivers, Climate and Human Societies in the Indus Basin', in Yijie Zhuang and Mark Altaweel (eds.), *Water Societies and Technologies from Past and Present* (London, 2018); Liviu Giosan et al.,

'Neoglacial Climate Anomalies and the Harappan Metamorphosis', *Climate of the Past*, 14 (2018), 1669–86 • 9 Cameron A. Petrie et al., 'Adaptation to Variable Environments, Resilience to Climate Change: investigating land, water and settlement in Indus Northwest India', *Current Anthropology*, 58:1 (February 2017), 1–30 • 10 Arunima Kashyap and Steve Weber, 'Starch Grain Analysis and Experiments Provide Insights into Harappan Cooking Practices', in Shinu Anna Abraham, Praveena Gullapalli, Teresa P. Raczek and Uzma Z. Rizvi (eds.), *Connections and Complexity: new approaches to the archaeology of South Asia* (Walnut Creek, 2013); Andrew Lawler, 'The Mystery of Curry', Slate.com, 29/1/2013, https://slate.com/human-interest/2013/01/indus-civilization-food-how-scientists-are-figuring-out-what-curry-was-like-4500-years-ago.html • 11 Will Doig, 'Science Fiction No More: the perfect City is under construction', Salon.com, 28/4/2012 • 12 'An Asian Hub in the Making', *New York Times*, 30/12/2007 • 13 William Thomas, *The History of Italy (1549)* (New York, 1963), p. 83 • 14 Terry Castle, 'Eros and Liberty at the English Masquerade', *Eighteenth-Century Studies*, 17:2 (Winter 1983–4), 159; Stephanie Dalley, *Myths from Mesopotamia: Creation, The Flood, Gilgamesh, and others* (Oxford, 1989), p. 305 • 15 Simon Szreter, 'Treatment Rates for the Pox in Early Modern England: a comparative estimate of the prevalence of syphilis in the city of Chester and its rural vicinity in the 1770s', *Continuity and Change*, 32:2 (2017), 183–223; Maarten H. D. Larmuseau et al., 'A Historical-Genetic Reconstruction of Human Extra-Pair Paternity', *Current Biology*, 29:23 (December 2019), 4102–7 • 16 Leick, pp. 59–60 • 17 James Boswell, *Boswell's London Journal* (1952), pp. 249–50, 257, 320 • 18 Farid Azfar, 'Sodomites and the Shameless Urban Future', *Eighteenth Century*, 55:4 (Winter 2014), 391–410 • 19 Randolph Trumbach, 'London's Sodomites: homosexual behaviour and western culture in the eighteenth century', *Journal of Social History*, 11:1 (Autumn 1977), 1–33; Gavin Brown, 'Listening to the Queer Maps of the City: gay men's narratives of pleasure and danger in London's East End', *Oral History*, 29:1 (Spring 2001), 48–61 • 20 Leick, p. 59 • 21 Vern L. Bullough, 'Attitudes towards Deviant Sex in Ancient Mesopotamia', *Journal of Sex Research*, 7:3 (August 1971), 184–203 • 22 Leick, p. 264 • 23 Brian Cowan, 'What Was Masculine about the Public Sphere? Gender and the coffee house milieu in post-Restoration England', *History Workshop Journal*, 51 (Spring 2001), 140 • 24 *The Collected Writings of Thomas De Quincey*, Vol. I, p. 181 • 25 H. Brock, 'Le Corbusier Scans Gotham's Towers', *New York Times*, 3/11/1935; Le Corbusier, *The Radiant City: elements of a doctrine of urbanism to be used as the basis of our Machine Age Civilization* (London, 1967), p. 230

3장 국제 도시

1 'Old Oligarch', *The Constitution of the Athenians*, 2.7–8 • 2 Demetra Kasimis, *The Perpetual Immigrant and the Limits of Athenian Democracy* (Cambridge, 2018), p. 22 • 3 Edith Hall, *The Ancient Greeks: ten ways they shaped the modern world* (London, 2016), introduction, chapter 3 • 4 Ibid., chapter 3 • 5 Mogens Herman Hansen, 'The Hellenic *Polis*', in Hansen (ed.), *A Comparative Study of Thirty City-State Cultures: an investigation conducted by the Copenhagen Polis Centre* (Copenhagen, 2000), pp. 141ff • 6 Ibid., pp. 146ff • 7 Ibid., p. 145 • 8 Stavros Stavrides, 'The December 2008 Youth Uprising in Athens: spatial justice in an emergent "city of thresholds"', *spatial justice*, 2 (October 2010); Ursula Dmitriou, 'Commons as Public: re-inventing public spaces in the centre of Athens', in Melanie Dodd (ed.), *Spatial Practices: modes of action and engagement with the city* (Abingdon, 2020); Helena Smith, 'Athens' Unofficial Community Initiatives Offer Hope after Government Failures', *Guardian*, 21/9/2016 • 9 Hussam Hussein Salama, 'Tahrir Square: a narrative of public space', *International Journal of Architectural Research*, 7:1 (March 2013), 128–38; Joshua E. Keating, 'From Tahrir Square to Wall Street', *Foreign Policy*, 5/10/2011, https://foreignpolicy.com/2011/10/05/from-tahrir-square-to-wall-street/ • 10 Jeffrey Hou, '(Not) Your Everyday Public Space', in Hou (ed.), *Insurgent Public Space: guerrilla urbanism and the remaking of contemporary cities* (London, 2010), pp. 3–5 • 11 R. E. Wycherley, *The Stones of Athens* (Princeton, 1978), pp. 91–2 • 12 Judith L. Shear, *Polis and Revolution: responding to*

655

미주

oligarchy in classical Athens (Cambridge, 2011), pp. 113ff; Gabriel Herman, *Morality and Behaviour in Democratic Athens: a social history* (Cambridge, 2006), pp. 59ff • 13 Shear, pp. 178ff • 14 Ibid., p. 50 • 15 James Watson, 'The Origin of Metic Status at Athens', *Cambridge Classical Journal*, 56 (2010), 259–78 • 16 Justin Pollard and Howard Reid, *The Rise and Fall of Alexandria, Birthplace of the Modern World* (London, 2006), pp. 1ff, 24–6 • 17 Abraham Akkerman, 'Urban Planning and Design as an Aesthetic Dilemma: void versus volume in city-form', in Sharon M. Meagher, Samantha Noll and Joseph S. Biehl (eds.), *The Routledge Handbook of Philosophy of the City* (NY, 2019) • 18 Dio Chrysostom, *Discourses*, 32:36

4장 목욕탕 속의 쾌락

1 Fikret K. Yegül, *Baths and Bathing in Classical Antiquity* (Cambridge, MA, 1995), p. 31 • 2 Richard Guy Wilson, *McKim, Mead and White Architects* (NY, 1983), pp. 211–12 • 3 Garret G. Fagan, *Bathing in Public in the Roman World* (Ann Arbor, 1999), pp. 34–5 • 4 Yegül, p. 30 • 5 Ibid., p. 32 • 6 Seneca, *Moral Letters to Lucilius*, 86:4–12 • 7 Fagan, p. 317 • 8 Janet Smith, *Liquid Assets: the lidos and open-air swimming pools of Britain* (London, 2005), p. 19 • 9 Ronald A. Davidson and J. Nicholas Entrikin, 'The Los Angeles Coast as a Public Place', *Geographical Review*, 95:4 (October 2005), 578–93 • 10 Michèle de la Pradelle and Emmanuelle Lallement, 'Paris Plage: "the city is ours"', *Annals of the American Academy of Political and Social Sciences*, 595 (September 2005), 135 • 11 Peter Ackroyd, *Thames: sacred river* (London, 2007), p. 339; *The Works of the Rev. Jonathan Swift* (London, 1801), Vol. XV, p. 62; *The Times*, 24/6/1865 • 12 *Pall Mall Gazette*, 13/7/1869 • 13 Andrea Renner, 'A Nation that Bathes Together: New York City's progressive era public baths', *Journal of the Society of Architectural Historians*, 67:4 (December 2008), 505 • 14 Jeffrey Turner, 'On Boyhood and Public Swimming: Sidney Kingsley's *Dead End* and representations of underclass street kids in American cultural production', in Caroline F. Levander and Carol J. Singley (eds.), *The American Child: a cultural studies reader* (New Brunswick, 2003); Marta Gutman, 'Race, Place, and Play: Robert Moses and the WPA swimming pools in New York City', *Journal of the Society of Architectural Historians*, 67:4 (December 2008), 536 • 15 Marta Gutman, 'Equipping the Public Realm: rethinking Robert Moses and recreation', in Hilary Ballon and Kenneth T. Jackson (eds.), *Robert Moses and the Modern City: the transformation of New York* (NY, 2007) • 16 Gutman (2008), 540; Smith (2005), p. 30 • 17 Jeff Wiltse, *Contested Waters: a social history of swimming pools in America* (Chapel Hill, 2007), p. 94 • 18 Edwin Torres, *Carlito's Way: rise to power* (NY, 1975), pp. 4–6 • 19 Fagan, p. 32 • 20 Jeremy Hartnett, *The Roman Street: urban life and society in Pompeii, Herculaneum, and Rome* (Cambridge, 2017), p. 1 • 21 Juvenal, *Satire*, III:190–204 • 22 Cicero, *Ad Attica*, 14.9; Strabo, V:III, 235; Mary Beard, *SPQR: a history of ancient Rome* (London, 2015), pp. 455ff; Jerry Toner, *Popular Culture in Ancient Rome* (Cambridge, 2009), pp. 109ff • 23 Louise Revell, 'Military Bath-houses in Britain: a comment', *Britannia*, 38 (2007), 230–7 • 24 Ian Blair et al., 'Wells and Bucket-Chains: unforeseen elements of water supply in early Roman London', *Britannia*, 37 (2006) • 25 Fagan, p. 188; Piers D. Mitchell, 'Human Parasites in the Roman World: health consequences of conquering an empire', *Parasitology*, 144:1 (January 2017), 48–58; A. M. Devine, 'The Low Birth-rate in Ancient Rome: a possible contributing factor', *Rheinisches Museum für Philologie* (1985), 313ff • 26 David Frye, 'Aristocratic Responses to Late Roman Urban Change: the examples of Ausonius and Sidonius in Gaul', *Classical World*, 96:2 (Winter 2003), 185–96 • 27 Yegül, p. 314 • 28 Matthew Kneale, *Rome: a history in seven sackings* (London, 2017), p. 40 • 29 Ibid., pp. 94–5

5장 다채로운 식도락의 향연

1 Regina Krahl, John Guy, J. Keith Wilson and Julian Raby (eds.), *Shipwrecked: Tang treasures and monsoon winds* (Singapore, 2010); Alan Chong and Stephen A. Murphy, *The Tang*

Shipwreck: art and exchange in the 9th century (Singapore, 2017) • 2 See Krahl et al., and Chong and Murphy • 3 Justin Marozzi, Baghdad: city of peace, city of blood (London, 2014), p. 92 • 4 Hugh Kennedy, 'From Polis to Madina: urban change in late antiquity and early Islamic Syria', Past and Present, 106 (February 1985), 3–27 • 5 Ibid.; Besim Hakim, 'Law and the City', in Salma K. Jayyusi (ed.), The City in the Islamic World (Leiden, 2008), pp. 71–93 • 6 Marozzi, p. 92 • 7 Lincoln Paine, The Sea and Civilisation: a maritime history of the world (London, 2015), p. 265 • 8 Xinru Liu, The Silk Road in World History (Oxford, 2010), p. 101 • 9 Nawal Nasrallah, Annals of the Caliphs' Kitchens: Ibn Sayyar al-Warraq's tenth-century Baghdadi cookbook (Boston, MA, 2007), p. 35 • 10 David Waines, '"Luxury Foods" in Medieval Islamic Societies', World Archaeology, 34:3 (February 2003), 572 • 11 International Labour Office, Women and Men in the Informal Sector: a statistical picture (Geneva, 2002); 'Mumbai Street Vendors', Guardian, 28/11/2014; Henry Mayhew, London Labour and the London Poor, 4 vols (London, 1861–2), Vol. I, pp. 160, 165 • 12 Omiko Awa, 'Roasted Corn: satisfying hunger returns good profit', Guardian (Nigeria), 21/9/2015 • 13 Mayhew, Vol. I, p. 158 • 14 Charles Manby Smith, Curiosities of London Life; or, phrases, physiological and social of the great metropolis (London, 1853), p. 390 • 15 Teju Cole, Every Day Is for the Thief (London, 2015), p. 57 • 16 S. Frederick Starr, Lost Enlightenment: central Asia's golden age from the Arab conquest to Tamerlane (Princeton, 2013), pp. 132ff • 17 Marozzi, p. 65 • 18 Starr, pp. 167ff • 19 Ibid., pp. 37ff, 62ff • 20 Georgina Herman and Hugh N. Kennedy, Monuments of Merv: traditional buildings of the Karakum (London, 1999), p. 124 • 21 Starr, pp. 28–9 • 22 Ibid., pp. 162–3 • 23 Hyunhee Park, Mapping the Chinese and Islamic Worlds: cross-cultural exchange in pre-modern Asia (Cambridge, 2012), p. 77 • 24 Glen Dudbridge, 'Reworking the World System Paradigm', Past and Present, 238, Supplement 13 (November 2018), 302ff • 25 Pius Malekandathil, Maritime India: trade, religion and polity in the Indian Ocean (Delhi, 2010), pp. 39ff • 26 Paine, p. 273 • 27 Ibid., p. 306 • 28 Kanakalatha Mukund, Merchants of Tamilakam: pioneers of international trade (New Delhi, 2012), pp. 164–6 • 29 Dashu Qin and Kunpeng Xiang, 'Sri Vijaya as the Entrepôt for Circum-Indian Ocean Trade: evidence from documentary records and materials from shipwrecks of the 9th–10th centuries', Études Océan Indien, 46–7 (2011), 308–36

6장 전쟁으로 일군 자유

1 Horst Boog, The Global War: Germany and the Second World War, Vol. VI (Oxford, 2015), p. 565 • 2 Paine, p. 332; Helmond von Bosau, Slawenchronik, ed. H. Stoob (Darmstadt, 1983); A. Graßmann (ed.), Lübeckische Geschichte (Lübeck, 2008), pp. 1–123; H. Stoob, Lübeck (Altenbeken, 1984) • 3 Bosau, p. 304; David Abulafia, The Boundless Sea: a human history of the oceans (Oxford, 2019), p. 424 • 4 Peter Johanek, 'Seigneurial Power and the Development of Towns in the Holy Roman Empire', in Anngret Simms and Howard B. Clarke (eds.), Lords and Towns in Medieval Europe: the European Historic Towns Atlas Project (London, 2015), p. 142 • 5 Roger Crowley, City of Fortune: how Venice won and lost a naval empire (London, 2011), p. 66 • 6 O City of Byzantium: annals of Niketas Choniates, trans. Harry J. Magoulias (Detroit, 1984), p. 317 • 7 M. Schmidt, Veröffentlichungen zur Geschichte der Freien und Hansestadt Lübeck (Lübeck, 1933), Vol. XII, pp. 42–3; Ernst Deecke, Der Lübeckischen Gesellschaft zur Beförderung gemeinnütziger Thätigkeit (Lübeck, 1939), p. 33 • 8 Rhiman A. Rotz, 'The Lubeck Uprising of 1408 and the Decline of the Hanseatic League', Proceedings of the American Philosophical Society, 121:1 (February 1977), 17ff, 24 • 9 Ibid., 31 • 10 J. Kathirithamby-Wells, 'The Islamic City: Melaka to Jogjakarta, c.1500–1800', Modern Asian Studies, 20:2 (1986), 333–51 • 11 Johanek, pp. 146–8; Athanasios Moulakis, Republican Realism in Renaissance Florence: Francesco Guicciardini's Discorso di Logrogno (Lanham, 1998), p. 119 • 12 Manuel Eisner, 'Interactive London Medieval Murder Map', University of Cambridge: Institute of Criminology (2018), https://www.vrc.crim.cam.ac.uk/vrcresearch/london-medieval-murder-map

7장 상업과 교역의 심장

1 Judith B. Sombré (trans.), 'Hieronymus Munzer: journey through Spain and Portugal', http://munzerama.blogspot.com/2017/04/hieronymous-munzer-journey-through.html • 2 Roger Crowley, *Conquerors: how Portugal seized the Indian Ocean and forged the first global empire* (London, 2015), p. 4 • 3 Ibid., p. 19 • 4 Ibid., pp. 64–5 • 5 E. G. Ravenstein (trans.), *A Journal of the First Voyage of Vasco da Gama, 1497–1499* (London, 1898), pp. 48ff • 6 William Brooks Greenlee, *The Voyage of Pedro Álvares Cabral to Brazil and India* (London, 1937), pp. 83–5 • 7 Gaspar Corrêa, *The Three Voyages of Vasco da Gama, and His Viceroyalty* (London, 1896), p. 295; Crowley, chapter 7 • 8 Ibid. pp. 131ff • 9 Ibid., p. 128 • 10 Tomé Pires, *The Suma Oriental*, 2 vols, ed. and trans. Armando Cortesáo (London, 1944), p. 285 • 11 Ibid., p. 287 • 12 Barry Hatton, *Queen of the Sea: a history of Lisbon* (London, 2018), pp. 55ff • 13 Annemarie Jordan Gschwend and Kate Lowe, 'Princess of the Seas, Queen of the Empire: configuring the city and port of Renaissance Lisbon', in Gschwend and Lowe (eds.), *The Global City: on the streets of Renaissance Lisbon* (London, 2015) • 14 Annemarie Jordan Gschwend, 'Reconstructing the Rua Nova: the life of a global street in Renaissance Lisbon', in Gschwend and Lowe (eds.) • 15 Hatton, pp. 71ff • 16 Michael Wood, *Conquistadors* (Berkeley, CA, 2000), p. 53 • 17 Georgia Butina Watson and Ian Bentley, *Identity by Design* (Amsterdam, 2007), p. 74 • 18 Anne Goldgar, *Tulipmania: money, honour, and knowledge in the Dutch Golden Age* (Chicago, 2007), p. 10 • 19 William Temple, *The Works of Sir William Temple*, 2 vols (London, 1731), Vol. II, p. 60 • 20 *The Philosophical Writings of Descartes: volume III, the correspondence*, trans. John Cottingham, Robert Stoothoff, Dugald Murdoch and Anthony Kenny (Cambridge, 1991), p. 32 • 21 Joseph de la Vega, *Confusion de Confusiones* (Boston, MA, 1957), p. 21 • 22 Ibid., p. 11 • 23 Ibid., p. 28 • 24 R. E. Kistemaker, 'The Public and the Private: public space in sixteenth- and seventeenth-century Amsterdam', in Arthur K. Wheelock Jr and Adele Seeff, *The Public and Private in Dutch Culture of the Golden Age* (Newark, 2000), p. 22 • 25 Ibid., p. 21 • 26 *The Travels of Peter Mundy, in Europe and Asia, 1608–1667*, ed. Sir Richard Carnac Temple (London, 1914), Vol. IV, pp. 70–1 • 27 Simon Schama, *The Embarrassment of Riches: an interpretation of Dutch culture in the Golden Age* (Berkeley, CA, 1987)

8장 카페인 공동체와 사교

1 Bryant Simon, 'Consuming Third Place: Starbucks and the illusion of public space', in Miles Orvell and Jeffrey L. Meikle (eds.), *Public Space and the Ideology of Place in American Culture* (Amsterdam, 2009), pp. 243ff; Howard Schultz and Dori Jones, *Pour Your Heart into It: how Starbucks built a company one cup at a time* (NY, 1997), p. 5 • 2 Jee Eun Regina Song, 'The Soybean Paste Girl: the cultural and gender politics of coffee consumption in contemporary South Korea', *Journal of Korean Studies*, 19:2 (Fall 2014), 429–48 • 3 Seyed Hossein Iradj Moeini, Mehran Arefian, Bahador Kashani and Golnar Abbasi, *Urban Culture in Tehran: urban processes in unofficial cultural spaces* (e-book, 2018), pp. 26ff • 4 W. Scott Haine, '"Café Friend": friendship and fraternity in Parisian working-class cafés, 1850–1914', *Journal of Contemporary History*, 27:4 (October 1992), 607–26; W. Scott Haine, *The World of the Paris Café: sociability among the French working class, 1789–1914* (Baltimore, 1998), pp. 1, 9; Barbara Stern Shapiro and Anne E. Havinga, *Pleasures of Paris: from Daumier to Picasso* (Boston, MA, 1991), p. 123 • 5 John Rewald, *History of Impressionism* (NY, 1946), p. 146 • 6 Rowley Amato, 'Brokers Are Now Opening Their Own Coffee Shops in Harlem', Curbed New York, 16/8/2014, https://ny.curbed.com/2014/8/16/10059746/brokers-are-now-opening-their-own-coffee-shops-in-harlem • 7 Markman Ellis, *The Coffee-House: a cultural history* (London, 2004), pp. 7–8 • 8 Ibid. pp. 29–32; Uğur. Kömeçoğlu, 'The Publicness and Sociabilities of the Ottoman Coffeehouse', *The Public*, 12:2 (2005), 5–22; A. Caksu, 'Janissary Coffee Houses in Late Eighteenth-Century Istanbul', in Dana Sajdi (ed.), *Ottoman Tulips, Ottoman Coffee: leisure and lifestyle in the eighteenth century* (London, 2007), p. 117 • 9 Ellis,

pp. 32–3 • 10 Ibid., p. 42; Steve Pincus, '"Coffee Politicians Does Create": coffee houses and Restoration political culture', *Journal of Modern History* 67:4 (December 1995), 811–12 • 11 C. John Sommerville, *The News Revolution in England: cultural dynamics of daily information* (NY, 1996), p. 77 • 12 Pincus, pp. 814–15 • 13 Ibid., p. 824 • 14 Ellis, pp. 157–8; Larry Stewart, 'Other Centres of Calculation, or, Where the Royal Society Didn't Count: commerce, coffee-houses and natural philosophy in early modern London', *British Journal for the History of Science*, 32:2 (June 1999), 133–53 • 15 Stewart, pp. 133–53 • 16 Pincus, p. 833 • 17 Paul Slack, 'Material Progress and the Challenge of Affluence in Seventeenth Century England', *Economic History Review*, n/s, 62:3 (August 2009), 576–603; Ian Warren, 'The English Landed Elite and the Social Environment of London *c.*1580–1700: the cradle of an aristocratic culture?', *English Historical Review*, 126:518 (February 2011), 44–74 • 18 Farid Azfar, 'Beastly Sodomites and the Shameless Urban Frontier', *Eighteenth Century*, 55:4 (Winter 2014), 402 • 19 Anon., *A Trip through the Town: containing observations on the customs and manners of the age* (London, 1735), p. 1 • 20 R. H. Sweet, 'Topographies of Politeness', *Transactions of the Royal Historical Society*, 12 (2002), 356 • 21 Ibid., pp. 355–74; Lawrence E. Klein, 'Coffee House Civility, 1660–1714: an aspect of post-courtly culture in England', *Huntington Library Quarterly*, 59:1 (1996), 30–51; Lawrence E. Klein, 'Liberty, Manners, and Politeness in Early Eighteenth-Century England', *Historical Journal*, 32:3 (September 1989), 583–605; • 22 Markku Peltonen, 'Politeness and Whiggism, 1688–1732', *Historical Journal*, 48:2 (June 2005), 396–7 • 23 Peter Borsay, 'Culture, Status, and the English Urban Landscape', *History*, 67:219 (1982), 12; Lawrence E. Klein, 'Politeness and the Interpretation of the British Eighteenth Century', *Historical Journal*, 45:4 (December 2002), 886ff; Warren, pp. 49ff • 24 'A Letter from a Foreigner to his Friend in Paris', *Gentleman's Magazine*, 12, August 1742 • 25 Jerry White, *London in the Eighteenth Century: a great and monstrous thing* (London, 2012), pp. 322–3 • 26 Ben Wilson, *Decency and Disorder: the age of cant* (London, 2007), p. 17 • 27 Darryl P. Domingo, 'Unbending the Mind: or, commercialized leisure and the rhetoric of eighteenth-century diversion', *Eighteenth-Century Studies*, 45:2 (Winter 2012), 219 • 28 White, p. 130 • 29 Paul Langford, 'The Uses of Eighteenth-Century Politeness', *Transactions of the Royal Historical Society*, 12 (2002), 330 • 30 [Robert Southey], *Letters from England: by Don Manuel Alvarez Espriella*, 2 vols (New York, 1808), Vol. I, p. 39; Helen Berry, 'Polite Consumption: shopping in eighteenth-century England', *Transactions of the Royal Historical Society*, 12 (2002), 375–94 • 31 Ford Madox Ford, *Provence: from minstrels to the machine*, ed. John Coyle (Manchester, 2009), p. 24 • 32 Ellis, pp. 205–6 • 33 Ibid., pp. 177–80, 212–14

9장 지상에 자리 잡은 지옥

1 *The Life and Opinions of General Sir Charles James Napier*, 4 vols (London, 1857), Vol. II, p. 57 • 2 Alexis de Tocqueville, *Journeys to England and Ireland* (NY, 2003), p. 106; Frederika Bremmer, *England in 1851; or, Sketches of a Tour to England* (Boulogne, 1853), p. 15 • 3 Frederika Bremmer, *The Homes of the New World: impressions of America*, 2 vols (NY, 1858), Vol. I, p. 605 • 4 Isabella Bird, *The Englishwoman in America* (London, 1856), p. 156; Paul Bourget, *Outre-Mer: impressions of America* (London, 1895), p. 117 • 5 Tocqueville, p. 108 • 6 Donald L. Miller, *City of the Century: the epic of Chicago and the making of America* (NY, 1996), p. 217 • 7 Frederic Trautmann, 'Arthur Holitischer's Chicago: a German traveler's view of an American city', *Chicago History*, 12:2 (Summer 1983), 42; Miller, p. 493; Simon Gunn, 'The Middle Class, Modernity and the Provincial City: Manchester, *c.*1840–80', in Alan Kidd and David Nicholls (eds.), *Gender, Civic Culture and Consumerism: middle-class identity in Britain, 1800–1940* (Manchester, 1999), pp. 112ff • 8 Miller, pp. 301ff • 9 Friedrich Engels, *The Condition of the Working Class in England* (London, 1958), pp. 61, 63, 64 • 10 M. Leon Faucher, *Manchester in 1844; its present condition and future prospects* (Manchester, 1844), pp. 67–8; John M. Werly, 'The Irish in Manchester, 1832–49', *Irish Historical Studies*, 18:71 (March 1973), 348 • 11 Miller, p. 123 • 12 Ibid., p. 136; Josiah Seymour Currey, *Chicago: its history and builders* (Chicago, 1912), Vol. III, p. 177 • 13 Miller, p. 122 • 14 Gunn, p. 118 • 15 Miller, pp.

273ff • 16 Angus Bethune Reach, *Manchester and the Textile Districts in 1849* (Rossendale, 1972), p. 61 • 17 Andrew Davies, *The Gangs of Manchester: the story of scuttlers, Britain's first youth cult* (Preston, 2008), chapter 2 • 18 Ibid.; Jenny Birchall, '"The Carnival Revels of Manchester's Vagabonds": young working-class women and monkey parades in the 1870s', *Women's History Review*, 15 (2006), 229–52 • 19 Davies, *passim*; Mervyn Busteed, *The Irish in Manchester, c.1750–1921: resistance, adaptation and identity* (Manchester, 2016), chapter 2 • 20 M. A. Busteed and R. I. Hodgson, 'Irish Migrant Responses to Urban Life in Early Nineteenth-Century Manchester', *Geographical Journal*, 162:2 (July 1996), 150 • 21 Richard Junger, *Becoming the Second City: Chicago's news media, 1833–1898* (Chicago, 2010), p. 22 • 22 Miller, p. 137; Frederic M. Thrasher, *The Gang: a study of 1,313 gangs in Chicago* (Chicago, 1936) • 23 Richard C. Lindberg, *Gangland Chicago: criminality and lawlessness in the Windy City* (Lanham, 2016), p. 22 • 24 James Phillips Kay, *The Moral and Physical Condition of the Working Classes Employed in the Cotton Manufacture in Manchester* (London, 1832), p. 72 • 25 Engels, p. 137 • 26 Zubair Ahmed, 'Bombay's Billion Dollar Slum', http://news.bbc.co.uk/1/hi/business/3487110.stm • 27 Janice E. Perlman, 'The Metamorphosis of Marginality: four generations in the *favelas* of Rio de Janeiro', *Annals of the American Academy of Political and Social Science*, 606 (July 2006), 167; Sanni Yaya, Olalekan A. Uthman, Friday Okonofua and Ghose Bishwajit, 'Decomposing the Rural–Urban Gap in the Factors of Under-Five Mortality Rate in Sub-Saharan Africa? Evidence from 35 countries', *BMC Public Health*, 19 (May 2019); Abhijit V. Banerjee and Esther Duflo, 'The Economic Lives of the Poor', *Journal of Economic Perspectives*, 21:1 (Winter 2007), table 9; World Bank, 'Employment in Agriculture', https://data.worldbank.org/indicator/SL.AGR.EMPL.ZS • 28 Hippolyte Taine, *Notes on England* (London, 1957), pp. 290ff • 29 John Burnett (ed.), *Destiny Obscure: autobiographies of childhood, education and family from the 1820s to the 1920s* (London, 1982), p. 107; Frank Norris, *The Pit: a story of Chicago* (NY, 1920), pp. 149ff • 30 Miller, p. 277 • 31 Emma Griffin, *Liberty's Dawn: a people's history of the industrial revolution* (New Haven, 2013), pp. 240ff • 32 Faucher, p. 52 • 33 John B. Jentz, 'The 48ers and the Politics of the German Labor Movement in Chicago during the Civil War Era: community formation and the rise of a labor press', in Elliot Shore, Ken Fones-Wolf, James P. Danky (eds.), *The German-American Radical Press: the shaping of a left political culture, 1850–1940* (Chicago, 1992), pp. 49ff • 34 City of Chicago, Department of Zoning and Planning, 'Vorwaerts Turner Hall, 2421 W. Roosevelt Rd: final landmark recommendation adopted by the Commission on Chicago Landmarks, September 3 2009', https://www.chicago.gov/content/dam/city/depts/zlup/Historic_Preservation/Publications/Vorwaerts_Turner_Hall.pdf • 35 Royal L. Melendy, 'The Saloon in Chicago (II)', *American Journal of Sociology*, 6:4 (January 1901), 433–4 • 36 Eric L. Hirsch, *Urban Revolt: ethnic politics in the nineteenth-century Chicago labor movement* (Berkeley, CA, 1990), p. 163 • 37 Sandra Burman (ed.), *Fit Work for Women* (Abingdon, 2013), pp. 100ff • 38 Gertrud Pfister, 'The Role of German *Turners* in American Physical Education', in Pfister (ed.), *Gymnastics, a Transatlantic Movement* (Abingdon, 2011); Gerald Gems, 'The German *Turners* and the Taming of Radicalism in Chicago', in Pfister (ed.); Gerald Gems, *Windy City Wars: labor, leisure, and sport in the making of Chicago* (Lanham, 1997) • 39 Dagmar Kift, *The Victorian Music Hall: culture, class and conflict*, trans. Roy Kift (Cambridge, 1996), p. 1 • 40 Harvey Warren Zorbaugh, *The Gold Coast and the Slum: a sociological study of Chicago's Near North Side* (Chicago, 1929), p. 3

10장 파리 증후군

1 Caroline Wyatt, '"Paris Syndrome" Strikes Japanese', BBC News, 20/12/2006, http://news.bbc.co.uk/1/hi/6197921.stm; Katada Tamami, 'Reflections on a Case of Paris Syndrome', *Journal of the Nissei Hospital*, 26:2 (1998), 127–32 • 2 Sigmund Freud, *Life and Work: the young Freud, 1885–1900*, ed. Ernest Jones (London, 1953), p. 200 • 3 Emma Willard, *Journals and Letters from France and Great Britain* (NY, 1833), p. 30 • 4 David P. Jordan,

Transforming Paris: the life and labors of Baron Haussmann (NY, 1995), pp. 92–3; Victoria E. Thompson, 'Telling "Spatial Stories": urban space and bourgeois identity in nineteenth-century Paris', *Journal of Modern History*, 75:3 (September 2003), 540 • 5 Anon., *Ten Years of Imperialism in France: impressions of a Flâneur* (London, 1862), p. 30 • 6 Harvey Levenstein, *Seductive Journey: American tourists in France from Jefferson to the Jazz Age* (Chicago, 1998), p. 57; David Harvey, *Paris: capital of modernity* (NY, 2006), pp. 32–3 • 7 Gregory Shaya, 'The Flâneur, the Badaud, and the Making of a Mass Public in France, circa 1860–1910', *American Historical Review*, 109:1 (February 2004), 50; T. J. Clark, *The Painting of Modern Life: Paris in the art of Manet and his followers* (London, 1990), p. 33 • 8 Anna Jameson, *Diary of an Ennuyée* (Boston, MA, 1833), p. 6; Shaya, *passim* • 9 Christopher E. Fort, *The Dreyfus Affair and the Crisis of French Manhood* (Baltimore, 2004), p. 107; Honoré de Balzac, *The Physiology of Marriage*, Part 1, Meditation 3; Charles Baudelaire, *The Painter of Modern Life and Other Essays*, trans. Jonathan Mayne (NY, 1986), p. 9; • 10 Thompson, p. 532, n.34; Shaya, p. 51; Balzac, 1:3 • 11 *Ten Years of Imperialism*, preface; Susan Sontag, *On Photography* (London, 1979), p. 55 • 12 Jordan (1995), pp. 50ff, 166–7; David H. Pinkney, 'Napoleon III's Transformation of Paris: the origins and development of the idea', *Journal of Modern History*, 27:2 (June 1955), 125–34 • 13 Patrice de Moncan, *Le Paris d'Haussmann* (Paris, 2002), p. 28 • 14 Jordan (1995), pp. 186ff • 15 Colin Jones, 'Theodore Vacquer and the Archaeology of Modernity in Haussmann's Paris', *Transactions of the Royal Historical Society*, 6th series, 17 (2007), 167; *Ten Years of Imperialism*, p. 7; David P. Jordan, 'Baron Haussmann and Modern Paris', *American Scholar*, 61:1 (Winter 1992), 105ff • 16 Jordan (1995), pp. 265, 290 • 17 Ibid., pp. 198ff • 18 Donald L. Miller, *City of the Century: the epic of Chicago and the making of America* (NY, 1996), pp. 124–7 • 19 Jordan (1995), p. 274 • 20 Moncan, p. 107 • 21 Elaine Denby, *Grand Hotels: reality and illusion* (London, 1998), p. 84 • 22 Michael B. Miller, *The Bon Marché: bourgeois culture and the department store, 1869–1920* (Princeton, 1981); Meredith L. Clausen, 'Department Stores and Zola's "Cathédrale du Commerce Moderne"', *Notes in the History of Art*, 3:3 (Spring 1984), 18–23; Robert Procter, 'Constructing the Retail Monument: the Parisian department store and its property, 1855–1914', *Urban History*, 33:3 (December 2006), 393–410 • 23 *Galignani's New Paris Guide* (Paris, 1860), p. 13 • 24 Jan Palmowski, 'Travels with Baedeker: the guidebook and the middle classes in Victorian and Edwardian Britain', in Rudy Koshar (ed.), *Histories of Leisure* (Oxford, 2002) • 25 London & Partners, 'London Tourism Report, 2014–2015', https://files.londonand-partners.com/l-and-p/assets/our-insight-london-tourism-review-2014-15.pdf • 26 Pierre Larousse, *Grand Dictionnaire universel* (Paris, 1872), Vol. VIII, p. 436 • 27 Robert L. Herbert, *Impressionism: art, leisure and Parisian society* (New Haven, 1988), p. 21 • 28 Jordan (1995), p. 348; Clark, pp. 34–5; Herbert, p. 15 • 29 Clark, p. 29 • 30 Clark, p. 207; Herbert, pp. 33, 58, 66 • 31 Ibid., p. 35 • 32 Katherine Golsan, 'The Beholder as Flâneur: structures of perception in Baudelaire and Manet', *French Forum*, 21:2 (May 1996), 183 • 33 Herbert, pp. 50ff • 34 Clark, p. 253 • 35 Ibid., pp. 72ff • 36 Aruna D'Souza and Tom McDonough (eds.), *The Invisible Flâneuse? Gender, public space, and visual culture in nineteenth century Paris* (Manchester, 2006) • 37 Clark, p. 208; Ruth E. Iskin, 'Selling, Seduction, and Soliciting the Eye: Manet's Bar at the Folies-Bergère', *Art Bulletin* 77:1 (Mar. 1995), 35 • 38 Markman Ellis, *The Coffee-House: a cultural history* (London, 2004), pp. 201–11; Krista Lysack, *Come Buy, Come Buy: shopping and the culture of consumption in Victorian women's writing* (Athens, OH, 2008), pp. 19ff • 39 Anne Friedberg, 'Les Flâneurs du Mal(l): cinema and the postmodern condition', *PMLA*, 106:3 (May 1991), 425 • 40 Louis Aragon, *Paris Peasant*, trans. Simon Watson Taylor (Boston, MA, 1994), p. viii • 41 *The Notebooks of Henry James*, ed. F. O. Matthiessen and Kenneth B. Murdock (Chicago, 1947), p. 28 • 42 Rebecca Solnit, *Wanderlust: a history of walking* (London, 2001), p. 204; Mary Higgs, *Glimpses into the Abyss* (London, 1906), p. 94; Deborah Epstein Nord, *Walking the Victorian Streets: women, representation and the city* (Ithaca, 1995); Judith R. Walkowitz, *City of Dreadful Delight: narratives of sexual danger in late-Victorian London* (Chicago, 1992); Lynda Nead, *Victorian Babylon: people, streets and images in nineteenth-century London* (New Haven, 2000) • 43 Janet Wolff, 'The Invisible Flâneuse: women and the literature of modernity', in *Feminine Sentences: essays on women and culture* (Cambridge, 1990); Jane Rendell, Barbara Penner and Iain Borden (eds.), *Gender Space Architecture: an interdisciplinary introduction* (London, 2000), p. 164 • 44 Lily Gair Wilkinson, *Woman's Freedom* (London, 1914); Kathy E. Ferguson, 'Women and the Politics of Walking', *Political Research Quarterly*, 70:4 (December 2017), 708–19 • 45 Janice Mouton, 'From Feminine Masquerade to *Flâneuse*: Agnès Varda's *Cléo in the City'*, *Cinema Journal*, 40:2 (Winter 2001), 3–16

11장 마천루가 드리운 그림자

1 Jason M. Barr, *Building the Skyline: the birth and growth of Manhattan's skyscrapers* (Oxford, 2016) • 2 *Architectural Record*, January–March 1899; Henry Blake Fuller, *The Cliff-Dwellers*, ed. Joseph A. Dimuro (Peterborough, ON, 2010), p. 58 • 3 Nick Yablon, 'The Metropolitan Life in Ruins: architectural and fictional speculations in New York, 1909–19', *American Quarterly*, 56:2 (June 2004), 308–47 • 4 Gail Fenske, *The Skyscraper and the City: the making of modern New York* (Chicago, 2008), pp. 25ff • 5 Keith D. Revell, *Building Gotham: civic culture and public policy in New York City, 1898–1939* (Baltimore, 2003), pp. 185ff • 6 Merrill Schleier, 'The Empire State Building, Working-Class Masculinity, and *King Kong'*, *Mosaic: an interdisciplinary journal*, 41:2 (June 2008), 37 • 7 Carol Willis, 'Zoning and "Zeitgeist": the skyscraper city in the 1920s', *Journal of the Society of Architectural Historians*, 45:1 (March 1986), 53, 56 • 8 H. Ferriss, 'The New Architecture', *New York Times*, 19/3/1922 • 9 Kate Holliday, 'Walls as Curtains: architecture and humanism in Ralph Walker's skyscrapers of the 1920s', *Studies in the Decorative Arts*, 16:2 (Spring–Summer 2009), 50; Daniel Michael Abramson, *Skyscraper Rivals: the AIG Building and the architecture of Wall Street* (Princeton, 2001), p. 191 • 10 Holliday, pp. 46ff • 11 Ibid., pp. 59, 61–2, 39 • 12 James Sanders, *Celluloid Skyline: New York and the movies* (London, 2001), p. 106 • 13 Ibid., pp. 105ff • 14 *Shanghai Star*, 11/11/2002 • 15 *Washington Post*, 24/3/2015 • 16 Deyan Sudjic, *The Language of Cities* (London, 2017), chapter 3 • 17 Alfred Kazin, *A Walker in the City* (Orlando, 1974), p. 11 • 18 'Bull Market Architecture', *New Republic*, 8/7/1931, 192 • 19 Gabrielle Esperdy, *Modernizing Main Street: architecture and consumer culture in the New Deal* (Chicago, 2008), p. 53 • 20 Lucy Fischer, 'City of Women: Busby Berkeley, architecture, and urban space', *Cinema Journal*, 49 (Summer 2010), 129–30 • 21 Sanders, p. 97 • 22 Ibid., pp. 156ff • 23 Ibid., pp. 161ff • 24 Ibid., pp. 165ff • 25 Ibid., pp. 161ff • 26 Paul Goldberger, 'Robert Moses, Master Builder, Is Dead at 92', *New York Times*, 30/7/1981 • 27 *New York Times*, 3/3/1945

12장 섬멸

1 W. H. Auden and Christopher Isherwood, *Journey to a War* (NY, 1972), p. 240 • 2 John Faber, *Great Moments in News Photography: from the historical files of the National Press Photographers Association* (NY, 1960), p. 74 • 3 Auden and Isherwood, p. 240 • 4 Richard Overy, *The Bombing War: Europe, 1939–1945* (London, 2013), chapter 1, pp. 19ff • 5 Alexandra Richie, *Warsaw 1944: Hitler, Himmler and the crushing of a city* (London, 2013), pp. 125ff; Ancient Monuments Society, 'The Reconstruction of Warsaw Old Town, Poland', *Transactions of the Ancient Monuments Society* (1959), 77 • 6 Hugh Trevor-Roper, *The Last Days of Hitler* (London, 1982), p. 81 • 7 Joanna K. M. Hanson, *The Civilian Population and the Warsaw Uprising of 1944* (Cambridge, 1982), p. 6 • 8 T. H. Chylinski, 'Poland under Nazi Rule' (Central Intelligence Agency confidential report, 1941), pp. 49ff • 9 Ibid • 10 Ibid., p. 5 • 11 Richie, pp. 133ff • 12 Hanson, p. 23 • 13 Ibid., p. 26 • 14 Chylinski, p. 10 • 15 Ibid., p. 9 • 16 Peter Fritzsche, *An Iron Wind: Europe under Hitler* (NY, 2016), pp. 144, 357 • 17 David Cesarani, *Final Solution: the fate of the Jews 1933–49* (London, 2016), p. 333 • 18 Ibid., p. 435 • 19 Ibid., p. 348 • 20 *Time*, 34:2 (1939), 45 • 21 Williamson Murray, *Military Adaptation in War: with fear of change* (Cambridge, 2011), p. 183 • 22 Stephen A. Garrett, *Ethics and Airpower in World War II: the British bombing of German cities* (London, 1993), pp. 32–3 •

23 Overy, pp. 287–8 • 24 Ibid., pp. 337, 433, 436 • 25 Ibid., p. 400 • 26 Ibid., pp. 172, 478–9 • 27 Ibid., pp. 638–9 • 28 Max Hastings, *Nemesis: the battle for Japan, 1944–45* (London, 2007), p. 320 • 29 Henry D. Smith, 'Tokyo as an Idea: an exploration of Japanese urban thought until 1945', *Journal for Japanese Studies*, 4:1 (Winter 1978), 66ff; Fujii Tadatoshi, *Kokubō fujinkai* (Tokyo, 1985), pp. 198–203 • 30 Hiroshima Peace Media Centre, 'Hiroshima, 70 Years after the Atomic Bomb: rebirth of the city, part 1 (3): "Workers labored to give the city light amid A-bomb ruins"', http://www.hiroshimapeacemedia.jp/?p=47982; part 1 (4): 'Workers take pride in uninterrupted water supply', http://www.hiroshimapeacemedia.jp/?p=47988 • 31 Ibid., part 1 (5): 'Post office workers struggle to maintain mail service in ruined city', http://www.hiroshimapeacemedia.jp/?p=48210 • 32 Grigore Gafencu, *The Last Days of Europe: a diplomatic journey in 1939* (New Haven, 1948), p. 78 • 33 Max Hastings, *All Hell Let Loose: the world at war, 1939–1945* (London, 2011), p. 170 • 34 Anna Reid, *Leningrad: the epic siege of World War II* (London, 2011), pp. 134–5 • 35 Ibid., p. 172; Reid, pp. 167ff, 182ff • 36 Reid, pp. 176ff, 233, 288 • 37 Anthony Beevor and Luba Vinogradova (eds. and trans.), *A Writer at War: Vasily Grossman with the Red Army, 1941–1945* (London, 2005), p. 151 • 38 Georgii Zhukov, *The Memoirs of Marshal Zhukov* (London, 1971), p. 353 • 39 Fritzsche, pp. 18–19 • 40 Cesarani, pp. 340ff • 41 Ibid., pp. 342, 345–6 • 42 Ibid., pp. 342, 487 • 43 Ibid., pp. 493ff • 44 Ibid., pp. 605ff • 45 Richie, pp. 193–4 • 46 Ibid., pp. 241ff • 47 Ibid., pp. 44ff, 249–50, 252ff • 48 Ibid., pp. 275ff, 305ff • 49 Ibid., pp. 591–2 • 50 Fritzsche, pp. 357–8 • 51 Reid, pp. 617ff • 52 Stanislaw Jankowski, 'Warsaw: destruction, secret town planning, 1939–44, and post-war reconstruction', in Jeffry M. Diefendorf (ed.), *Rebuilding Europe's Bombed Cities* (NY, 1990), pp. 79–80 • 53 H. V. Lanchester, 'Reconstruction of Warsaw', *The Builder* (1947), 296; Robert Bevan, *The Destruction of Memory: architecture at war* (London, 2006), p. 97 • 54 Reid, p. 639 • 55 Ibid • 56 Beevor and Vinogradova (eds. and trans.), pp. 312–13 • 57 Richard J. Evans, 'Disorderly Cities', *London Review of Books*, 5/12/2013, 27–9 • 58 Jankowski, 79ff; Jerzy Elzanowski, 'Manufacturing Ruins: architecture and representation in post-catastrophic Warsaw', *Journal of Architecture* 15 (2010), 76–9 • 59 Marian Nowicki, *Skarpa Warszawska* 1 (October 1945), cited in Magdalena Mostowska, 'Post-War Planning and Housing Policy: a modernist architect's perspective', *European Spatial Research and Policy*, 12:2 (2005), 98 • 60 Mostowska, p. 97 • 61 André Sorensen, *The Making of Urban Japan: cities and planning from Edo to the twenty-first century* (Abingdon, 2002), p. 149; C. Hein, J. Diefendorf and I. Yorifusa (eds.), *Rebuilding Japan after 1945* (NY, 2003); Matias Echanove, 'The Tokyo Model: incremental urban development in the post-war city' (2015), http://www.urbanlab.org/TheTokyoModel-Echanove.02.2015.pdf

13장 교외로 범람하는 욕망

1 Marshall Berman, 'Among the Ruins', *New Internationalist*, 5/12/1987 • 2 Ibid.; Francesca Russello Ammon, 'Unearthing "Benny the Bulldozer": the culture of clearance in post-war children's books', *Technology and Culture*, 53:2 (April 2012), 306–7 • 3 Conor Friedersdorf, 'When the Army Planned for a Fight in US Cities', *The Atlantic*, 16/1/2018; William Rosenau, '"Our Ghettos, Too, Need a Lansdale": American counter-insurgency abroad and at home in the Vietnam era', in Celeste Ward Gventer, M. L. R. Smith and D. Jones (eds.), *The New Counter-Insurgency Era in Critical Perspective* (London, 2013), pp. 111ff • 4 William Jelani Cobb, *To the Break of Dawn: a freestyle on the hip hop aesthetic* (NY, 2007), p. 142; https://web.archive.org/web/20110728100004/http://hiphop.sh/juice • 5 Michael Eric Dyson and Sohail Daulatzai, *Born to Use Mics: reading Nas's Illmatic* (NY, 2009) • 6 NPR interview, 'Nas on Marvin Gaye's Marriage, Parenting and Rap Genius', 20/7/2012, https://www.npr.org/2012/07/22/157043285/nas-on-marvin-gayes-marriage-parenting-and-rap-genius • 7 D. J. Waldie, *Holy Land: a suburban memoir* (NY, 2005) • 8 United States Census Bureau, *Patterns of Metropolitan and Micropolitan Population Change: 2000 to 2010* (2012) • 9 Martin J. Schiesl, 'The Politics of Contracting: Los Angeles County and the Lakewood Plan, 1954–1962', *Huntington Library Quarterly*, 45:3 (Summer 1982), 227–43 • 10 Becky M.

Nicolaides, *My Blue Heaven: life and politics in the working-class suburbs of Los Angeles, 1920–1965* (Chicago, 2002) • 11 Christopher C. Sellers, *Crabgrass Crucible: suburban nature and the rise of environmentalism in twentieth-century America* (Chapel Hill, 2012), p. 156 • 12 Laura R. Barraclough, 'Rural Urbanism: producing western heritage and the racial geography of post-war Los Angeles', *Western Historical Quarterly*, 39:2 (Summer 2008), 177–80; Catherine Mulholland, 'Recollections of a Valley Past', in Gary Soto (ed.), *California Childhood: recollections and stories of the Golden State* (Berkeley, CA, 1988), p. 181 • 13 Wade Graham, 'The Urban Environmental Legacies of the Air Industry', in Peter J. Westwick, *Blue Sky Metropolis: the aerospace century in Southern California* (Los Angeles, 2012); Martin J. Schiesl, 'City Planning and the Federal Government in World War II: the Los Angeles experience', *California History*, 59:2 (Summer 1980), 126–43 • 14 Mark L. Morgan and Mark A. Berhow, *Rings of Supersonic Steel: air defenses of the United States Army, 1950–1979, an introductory history and site guide* (Bodega Bay, 2002), pp. 105ff • 15 Robert Kargon and Arthur Molella, 'The City as Communications Net: Norbert Wiener, the atomic bomb, and urban dispersal', *Technology and Culture*, 45:4 (October 2004), 764–77; Kathleen A. Tobin, 'The Reduction of Urban Vulnerability: revisiting the 1950s American suburbanization as civil defence', *Cold War History* 2:2 (January 2002), 1–32; Jennifer S. Light, *From Warfare to Welfare: defense intellectuals and urban problems in Cold War America* (Baltimore, 2003) • 16 Kenneth Jackson, *Crabgrass Frontier: the suburbanization of the United States* (NY, 1985), chapter 11; Tom Hanchett, 'The Other "Subsidized Housing": Federal aid to suburbanization, 1940s–1960s', in John Bauman, Roger Biles and Kristin Szylvian (eds.), *From Tenements to Taylor Homes: in search of urban housing policy in twentieth-century America* (University Park, 2000), pp. 163–79 • 17 Jackson, p. 207 • 18 Tobin, p. 25 • 19 Waldie, p. 162; William Fulton, *The Reluctant Metropolis: the politics of urban growth in Los Angeles* (Baltimore, 1997), p. 10; David Kushner, *Levittown: two families, one tycoon, and the fight for civil rights in America's legendary suburb* (NY, 2009), p. 190 • 20 Josh Sides, 'Straight into Compton: American dreams, urban nightmares, and the metamorphosis of a black suburb', *American Quarterly*, 56:3 (September 2004), 583ff • 21 Richard Elman, *Ill at Ease in Compton* (NY, 1967), pp. 23–4; Sides, 588 • 22 Emily E. Straus, *Death of a Suburban Dream: race and schools in Compton, California* (Philadelphia, 2014), p. 107 • 23 Edward Soja, Rebecca Morales and Goetz Wolff, 'Urban Restructuring: an analysis of social and spatial change in Los Angeles', *Economic Geography* 59:2 (1983), 195–230; Sides, pp. 590ff • 24 Judith Fernandez and John Pincus, *Troubled Suburbs: an exploratory study* (Santa Monica, 1982); Elizabeth Kneebone and Alan Berube, *Confronting Suburban Poverty in America* (Washington DC, 2013), pp. 8ff; 'Crime Migrates to the Suburbs', *Wall Street Journal*, 30/12/2012 • 25 Joan Didion, 'Trouble in Lakewood', *New Yorker*, 19/7/1993; Graham, pp. 263ff • 26 Edward Soja, *Postmodern Geographies: the reassertion of space in critical theory* (London, 1989), pp. 197ff; Edward W. Soja, *Thirdspace: journeys to Los Angeles and other real and imagined places* (Cambridge, MA, 1996); Mike Davies, *City of Quartz: excavating the future in Los Angeles* (NY, 1990); Roger Waldinger, 'Not the Promised Land: Los Angeles and its immigrants', *Pacific Historical Review*, 68:2 (May 1999), 253–72; Michael Nevin Willard, 'Nuestra Los Angeles', *American Quarterly*, 56:3 (September 2004), 811 • 27 Timothy Fong, *The First Suburban Chinatown: the remaking of Monterey Park, California* (Philadelphia, 1994); John Horton (ed.), *The Politics of Diversity: immigration, resistance, and change in Monterey Park, California* (Philadelphia, 1995); Leland T. Saito, *Race and Politics: Asian Americans, Latinos, and whites in a Los Angeles suburb* (Chicago, 1998), p. 23; Wei Li, 'Building Ethnoburbia: the emergence and manifestation of the Chinese ethnoburb in Los Angeles's San Gabriel Valley', *Journal of Asian American Studies*, 2:1 (February 1999), 1–28 • 28 Fong, *passim*; Saito, pp. 23ff • 29 Saito, p. 23 • 30 Wei Li, *Ethnoburb: the new ethnic community in urban America* (Honolulu, 2009), pp. 103ff, 118, 153; Yu Zhou, 'Beyond Ethnic Enclaves: location strategies of Chinese producer service firms in Los Angeles', *Economic Geography*, 74:3 (July 1998), 228–51 • 31 Denise Lawrence-Zúñiga, 'Bungalows and Mansions: white suburbs, immigrant aspirations, and aesthetic governmentality', *Anthropological Quarterly*, 87:3 (Summer 2014), 819–54 • 32 Christopher Hawthorne, 'How Arcadia is Remaking Itself as a Magnet for Chinese Money',

Los Angeles Times, 3/12/2014 • 33 Robert Fishman, *Bourgeois Utopias: the rise and fall of suburbia* (NY, 1987); Joel Garreau, *Edge City: life on the new urban frontier* (NY, 1991); William Sharpe and Leonard Wallock, 'Bold New City or Built-Up 'Burb? Redefining contemporary suburbia', *American Quarterly* 46:1 (March 1994), 1–30; Robert E. Lang and Jennifer Lefurgy, *Boomburbs: the rise of America's accidental cities* (Washington DC, 2009) • 34 Jim Steinberg, '2015 a Big Year for Warehouse Development in the Inland Empire', *San Bernardino Sun*, 6/6/2015 • 35 Robert Gotttlieb and Simon Ng, *Global Cities: urban environments in Los Angeles, Hong Kong, and China* (Cambridge, MA, 2017) • 36 Elizabeth Becker, '2 Farm Acres Lost per Minute, Study Says', *New York Times*, 4/10/2002; A. Ann Sorensen, Julia Freedgood, Jennifer Dempsey and David M. Theobald, *Farms under Threat: the state of America's farmland* (Washington DC, 2018); Farmland Information Centre: National Statistics, http:// www.farmlandinfo.org/statistics • 37 Thomas J. Campanella, *The Concrete Dragon: China's urban revolution* (NY, 2008), chapter 7 • 38 Sellers, pp. 139ff

14장 역동성으로 꿈틀대는 미래도시

1 Jason D. Fischer et al., 'Urbanisation and the Predation Paradox: the role of trophic dynamics in structuring vertebrate communities', *BioScience*, 62:9 (September 2012), 809–18; Amanda D. Rodewald et al., 'Anthropogenic Resource Subsidies Decouple Predator–Prey Relationships', *Ecological Applications*, 12:3 (April 2011), 936–43; Alberto Sorace, 'High Density of Bird and Pest Species in Urban Habitats and the Role of Predator Abundance', *Ornis Fennica*, 76 (2002), 60–71 • 2 Suzanne Prange, Stanley D. Gehrt and Ernie P. Wiggers, 'Demographic Factors Contributing to High Raccoon Densities in Urban Landscapes', *Journal of Wildlife Management*, 67:2 (April 2003), 324–33; Christine Dell'Amore, 'How Wild Animals Are Hacking Life in the City', *National Geographic*, 18/4/2016; Christine Dell'Amore, 'Downtown Coyotes: inside the secret lives of Chicago's predator', *National Geographic*, 21/11/2014; Payal Mohta, '"A Double-Edged Sword": Mumbai pollution "perfect" for flamingos', *Guardian*, 26/3/2019; Alexander R. Braczkowski et al., 'Leopards Provide Public Health Benefits in Mumbai, India', *Frontiers in Ecology and the Environment* 16:3 (April 2018), 176–82 • 3 Menno Schilthuizen, *Darwin Comes to Town: how the urban jungle drives evolution* (London, 2018); Jean-Nicolas Audet, Simon Ducatez and Louis Lefebvre, 'The Town Bird and the Country Bird: problem solving and immunocompetence vary with urbanisation', *Behavioral Ecology* 27:2 (March–April 2016), 637–44; Jackson Evans, Kyle Boudreau and Jeremy Hyman, 'Behavioural Syndromes in Urban and Rural Populations of Song Sparrows', *Ethology* 116:7 (July 2010), 588–95; Emile C. Snell-Rood and Naomi Wick, 'Anthropogenic Environments Exert Variable Selection on Cranial Capacity in Mammals', *Proceedings of the Royal Society B* 280:1769 (October 2013); E. A. Maguire, K. Woollett and H. J. Spiers, 'London Taxi Drivers and Bus Drivers: a structural MRI and neuropsychological analysis', *Hippocampus* 16:12 (2006), 1091–1101 • 4 Schilthuizen; Thomas Merckx et al., 'Body-Size Shifts in Aquatic and Terrestrial Urban Communities', *Nature* 558 (7/5/2018), 113–18 • 5 Karen C. Seto, Burak Güneralp and Lucy R. Hutyra, 'Global Forecasts of Urban Expansion to 2030 and Direct Impacts on Biodiversity and Carbon Pools', *PNAS*, 109:40 (October 2012), 16083–8; 'Hot Spot Cities', http://atlas-for-the-end-of-the-world.com/hotspot_cities_main.html; B. Güneralp and K. C. Seto, 'Futures of Global Urban Expansion: uncertainties and implications for biodiversity conservation', *Environmental Research Letters* 8:1 (2013) • 6 Seto et al. • 7 Christopher Bren d'Amour et al., 'Future Urban Land Expansion and Implications for Global Croplands', *PNAS* 114:34 (August 2017), 8939–44; Mathis Wackernagel et al., 'The Ecological Footprint of Cities and Regions: comparing resource availability with resource demand', *Environment and Urbanizaion* 18:1 (2006), 103–12 • 8 Scott R. Loss, Tom Will, Sara S. Loss and Peter M. Marra, 'Bird–Building Collisions in the United States: estimates of annual mortality and species vulnerability', *The Condor*, 116:1 (February 2014), 8–23; Kyle G. Horton et al., 'Bright Lights in the Big Cities: migratory birds' exposure to artificial light', *Frontiers in Ecology and the Environment*,

17:4 (May 2019), 209–14; Laurel E. K. Serieys, Amanda Lea, John P. Pollinger, Seth P. D. Riley and Robert K. Wayne, 'Disease and Freeways Drive Genetic Change in Urban Bobcat Populations', *Evolutionary Applications*, 8:1 (January 2015), 75–92 • 9 Greenspace Information for Greater London, 'Key London Figures', https://www.gigl.org.uk/keyfigures/; London gov.uk, 'Biodiversity', https://www.london.gov.uk/what-we-do/environment/parks-green-spaces-and-biodiversity/biodiversity; Secretariat of the Convention on Biological Diversity, *Cities and Biological Diversity Outlook* (Montreal, 2012), pp. 9, 24 • 10 Lucy Wang, 'How the Cheonggyecheon River Urban Design Restored the Green Heart of Seoul', https://inhabitat.com/how-the-cheonggyecheon-river-urban-design-restored-the-green-heart-of-seoul/ • 11 Claire Cameron, 'The Rise of the City Bee', https://daily.jstor.org/rise-city-bee-urbanites-built-21st-century-apiculture/ • 12 Sam Jones, 'Can Mexico City's Roof Gardens Help the Metropolis Shrug Off Its Smog?', *Guardian*, 24/4/2014; Ajuntament de Barcelona, *Barcelona Green Infrastructure and Biodiversity Plan 2020*, https://ajuntament. barcelona.cat/ecologiaurbana/sites/default/files/Barcelona%20green%20infrastructure% 20and%20biodiversity%20plan%202020.pdf; Grace Chua, 'How Singapore Makes Biodiversity an Important Part of Urban Life', Citylab, https://www.citylab.com/ environment/2015/01/how-singapore-makes-biodiversity-an-important-part-of-urban-life/384799/ • 13 *Cities and Biological Diversity*, pp. 26, 28; Amy Fleming, 'The Importance of Urban Forests: why money really does grow on trees', *Guardian*, 12/10/2016; International Energy Agency, *The Future of Cooling: opportunities for energy-efficient air conditioning* (Paris, 2018) • 14 Andrew J. Hamilton et al., 'Give Peas a Chance? Urban agriculture in developing countries. A review', *Agronomy*, 34:1 (January 2014), 54ff • 15 Food and Agriculture Organisation of the United Nations, *FAO Statistical Yearbook 2012* (Rome, 2012), p. 214; Francesco Orsini et al., 'Urban Agriculture in the Developing World: a review', *Agronomy for Sustainable Development* 33:4 (2013), 700 • 16 Toni Kan, *The Carnivorous City* (Abuja, 2016), p. 34 • 17 David Pilling, 'Nigerian Economy: why Lagos works', *Financial Times*, 24/3/2018; Robert Draper, 'How Lagos Has Become Africa's Boom Town', *National Geographic* (January 2015); 'Lagos Shows How a City Can Recover from a Deep, Deep Pit: Rem Koolhaas talks to Kunlé Adeyemi', *Guardian*, 26/2/2016; 'Lagos: the next Silicon Valley', *Business Year*, https://www.thebusinessyear.com/nigeria-2018/nurturing-entrepre-neurs/interview; Oladeinde Olawoyin, 'Surviving the Inner Recesses of a Lagos Danfo Bus', *Premium Times*, 17/2/2018 • 18 Saskia Sassen, *The Global City: New York, London, Tokyo* (Princeton, 2001) • 19 Economic Intelligence Unit, Ministry of Economic Planning and Budget, 'The Socio-Economic Costs of Traffic Congestion in Lagos', *Working Paper Series*, 2 (July 2013), 7 • 20 A. T. Kearney, *Digital Payments and the Global Informal Economy* (2018), pp. 6, 7; Ifeoluwa Adediran, 'Mixed Feelings for Lagos *Danfo* Drivers as Phase-Out Date Approaches', *Premium Times*, 15/9/2018 • 21 *Guardian* (Nigeria), 16/7/2017 • 22 Victor Asemota, 'Otigba: the experiment that grew into a tech market', *Guardian* (Nigeria), 15/3/2017 • 23 Jack Sullivan, 'Trash or Treasure: global trade and the accumulation of e-waste in Lagos, Nigeria', *Africa Today*, 61:1 (Fall 2014), 89–112 • 24 T. C. Nzeadibe and H. C. Iwuoha, 'Informal waste recycling in Lagos, Nigeria', *Communications in Waste & Resource Management* 9:1 (2008), 24–30 • 25 'Lapido Market and Audacity of Anarchy', *Guardian* (Nigeria), 24/5/2019; Tope Templer Olaiya, 'Fear Grips Danfo Drivers Ahead of Proposed Ban', *Guardian* (Nigeria), 20/2/2017 • 26 Adediran; Ifeanyi Ndiomewese, 'Ethnic Bias and Power Tussle Surround Appointment of New Leadership in Computer Village, Ikeja', *Techpoint Africa*, 13/5/2019, https://techpoint.africa/2019/05/13/computer-village-iyaloja/ • 27 Manish Chalana and Jeffrey Hou (eds.), *Messy Urbanism: understanding the 'other' cities of Asia* (Hong Kong, 2016); Rahul Srivastava and Matias Echanove, 'What Tokyo Can Teach Us about Local Development', *The Hindu*, 16/2/2019 • 28 Matias Echanove, 'The Tokyo Model: incremental urban development in the post-war city' (2015), http://www.urbanlab.org/TheTokyoModel-Echanove.02.2015.pdf; Ken Tadashi Oshima, 'Shinjuku: messy urbanism at the metabolic crossroads', in Chalana and Hou (eds.), pp. 101ff • 29 Kisho Kurokawa, *New Wave in Japanese Architecture* (London, 1993), p. 11 • 30 Oshima; Jan Vranovský, *Collective Face of the City: application of information theory to urban behaviour of Tokyo* (Tokyo, 2016); Zhongjie Lin, *Kenzo Tange and the Metabolist Movement: urban utopias of modern Japan* (Abingdon, 2010) • 31 Echanove (2015); Matias Echanove and Rahul Srivastava, 'When Tokyo Was a Slum', Nextcity.org, 1/8/2013, https://nextcity.org/informalcity/entry/when-tokyo-was-a-slum; Matias Echanove and Rahul Srivastava, *The Slum Outside: elusive Dharavi* (Moscow, 2013) • 32 Chinmoy Sarkar, Chris Webster and John Gallacher, 'Association between Adiposity Outcomes and Residential Density: a full-data, cross sectional analysis of 419562 UK Biobank adult participants', *Lancet Planetary Health*, 1:7 (October 2017), e277–e288; 'Inner-City Living Makes for Healthier, Happier People, Study Finds', *Guardian*, 6/10/2017 • 33 Devajyoti Deka, 'Are Millennials Moving to More Urbanized and Transit-Oriented Counties?', *Journal of Transport and Land Use*, 11:1 (2018), 443–61; Leigh Gallagher, *The End of the Suburbs: where the American dream is moving* (NY, 2013); Ellen Dunham-Jones and June Williamson, *Retrofitting Suburbia: urban design solutions for redesigning suburbs* (Hoboken, 2009) • 34 Vanit Mukhija and Anastasia Loukaitou-Sideris (eds.), *The Informal American City: from taco trucks to day labor* (Cambridge, MA, 2014); Jake Wegmann, 'The Hidden Cityscapes of Informal Housing in Suburban Los Angeles and the Paradox of Horizontal Density', *Building's Landscapes: journal of the Vernacular Architecture Forum* 22:2 (Fall 2015), 89–110; Michael Mendez, 'Latino New Urbanism: building on cultural preferences', *Opolis: an international journal of suburban and metropolitan studies* (Winter 2005), 33–48; Christopher Hawthorne, '"Latino Urbanism" Influences a Los Angeles in Flux', *Los Angeles Times*, 6/12/2014; Henry Grabar, 'Los Angeles Renaissance: why the rise of street vending reveals a city transformed', Salon.com, 18/1/2015, https://www.salon.com/2015/01/18/los_angeles_food_truck_renaissance_why_the_rise_of_street_vending_reveals_a_city_transformed/; Clara Irazábal, 'Beyond "Latino New Urbanism": advocating ethnurbanisms', *Journal of Urbanism*, 5:2–3 (2012), 241–68; James Rojas, 'Latino Urbanism in Los Angeles: a model for urban improvisation and reinvention', in Jeffrey Hou (ed.), *Insurgent Public Space: guerrilla urbanism and the remaking of contemporary cities* (Abingdon, 2010), pp. 36ff

감사의 말

다음에 열거한 분들의 넓은 아량과 깊은 통찰, 따뜻한 친절에 깊이 감사드린다. 클레어 애쉬워스Claire Ashworth, 클레어 콘빌Clare Conville, 수잔 딘Suzanne Dean, 치지오케 도지어 Chijioke Dozie, 제프 피셔Jeff Fisher, 웨이드 그레이엄Wade Graham, 비 헤밍Bea Hemming, 산지브 카노리아Sanjeev Kanoria, 마크 로벨Mark Lobel, 데이비드 맥스웰David Maxwell, 데이비드 밀너 David Milner, 나타샤 모레노로버츠Natasha Moreno-Roberts, 비르기타 라브Birgitta Rabe, 로진 로보 선존스Roisin Robothan-Jones, 니콜라스 로즈Nicholas Rose, 샤메인 로이Charmaine Roy, 니쉬 세흐 갈Nishi Sehgal, 데이지 와트Daisy Watt, 마니 윌슨Marney Wilson, 크리스트 윌슨Christ Wilson.

메트로폴리스

초판 1쇄   2021년 3월 8일
초판 19쇄   2024년 5월 22일

지은이   벤 윌슨
옮긴이   박수철
펴낸이   허연
편집장   유승현   **편집3팀장**   김민보

책임편집   김민보
마케팅   김성현 한동우 구민지
경영지원   김민화 오나리
디자인   김보현 한사랑

펴낸곳   매경출판㈜
등록   2003년 4월 24일(No. 2-3759)
주소   (04557) 서울시 중구 충무로 2 (필동1가) 매일경제 별관 2층 매경출판㈜
홈페이지   www.mkpublish.com   **스마트스토어**   smartstore.naver.com/mkpublish
페이스북   @maekyungpublishing   **인스타그램**   @mkpublishing
전화   02)2000-2632(기획편집) 02)2000-2646(마케팅) 02)2000-2606(구입 문의)
팩스   02)2000-2609   **이메일**   publish@mkpublish.co.kr
인쇄ㆍ제본   ㈜M-print   031)8071-0961
ISBN   979-11-6484-225-4(03900)

© 벤윌슨 2021